Узы любви

Шрила Прабхупада и его дочери

Авторское право на компиляцию © 2020 by Bookwrights Press

Все права защищены. В соответствии с Законом США об авторском праве 1976 года, сканирование, загрузка и электронное распространение любой части этой книги без разрешения издателя представляет собой незаконное пиратство и кражу интеллектуальной собственности.

Авторы отдельных воспоминаний могут поделиться своими собственными воспоминаниями. Однако, если кто-либо захочет использовать материалы из этой книги (кроме как в целях рецензирования), необходимо получить предварительное письменное разрешение, связавшись с издателем по адресу bookwrightspress@gmail.com .

Фотографии на обложке © Bhaktivedanta Book Trust International. Используется с разрешения пользователя.

Фотография на странице посвящения © Анурадха деви даси.

Bookwrights Press
Charlottesville, VA USA
bookwrightspress.com

ISBN 978-1-880404-55-3

Cover and text design by Mayapriya devi dasi, Bookwrights.

For bulk order discount, contact publisher@bookwrightspress.com Profits from sales of this book go to ISKCON's Vaishnavi Ministry.

Мы посвящаем эту книгу нашему духовному учителю, Его Божественной Милости А. Ч. Бхактиведанте Свами Прабхупаде, который создал вечные узы любви со своими учениками. Эта книга также посвящается всем его последовательницам, которые усердно трудились, чтобы помочь ему установить его миссию, и все еще работают над ее продвижением.

Предисловие

Духовным сестрам, ученицам А.Ч. Бхактиведанты Свами Прабхупады, получившим посвящение в период с 1966-го по ноябрь 1977-й года, был задан следующий вопрос: «После стольких лет ваша жизнь все еще сосредоточена вокруг лотосных стоп Шрилы Прабхупады. Почему? Каковы ваши воспоминания и как это изменило вашу жизнь?» Ответ на эти вопросы породил ароматные цветы для гирлянды воспоминаний, которую мы подарили Шриле Прабхупаде вместе с благодарностью: «Узы Любви: Шрила Прабхупада и Его Дочери».

Цель этой книги – задокументировать общение Шрилы Прабхупады со своими ученицами на благо существующих и будущих членов ИСККОН, а также для всех, кто заинтересован узнать больше о нашем любимом духовном учителе и о том, как он глубоко и лично повлиял на жизнь своих любимых учениц (духовных дочерей). Большинство доступных книг написаны с точки зрения мужчин, и там не так много написано его ученицами или о них. Мы хотим изменить это восприятие. Наши намерения в отношении этой книги включают:

1. Записать голоса женщин-учениц Шрилы Прабхупады для потомков.

2. Показать, как сильно его ученицы-женщины чувствовали особенную любовь и заботу Шрилы Прабхупады.

3. Раскрыть наставления и уроки, которые Шрила Прабхупада передал своим ученицам-женщинам.

4. Показать, что Шрила Прабхупада испытывал равную любовь и привязанность как к своим ученикам-мужчинам, так и к ученицам-женщинам, отдавая должное их служению, выполняемому с любовью.

5. Показать, как Шрила Прабхупада преодолел ограничения физического возраста, времени, места и социальных обычаев, внедряя стандарты древних учений и включив участие женщин в свои успешные усилия по созданию всемирной миссии.

Эта книга – важная совместная работа с ученицами Шрилы Прабхупады. На ее страницах мы объединимся с духовными сестрами по всему миру и станем еще ближе к нашему горячо любимому Духовному Отцу, Шриле Прабхупаде. Мы приложили все усилия, чтобы найти как можно больше наших сестер в Боге через Facebook, попросив духовных сестер рассказать об этом другим, попросив духовных сестер в более крупных сообществах связаться с остальными. Тем не менее, некоторые, возможно, не знали об этой книге, и мы приносим им свои извинения. Также из-за размера проекта и объема работы, выполняемой всего несколькими людьми, большинство записей были отредактированы, но затем не показаны преданному, который их написал. С большинством из них у нас не было возможности связаться, и, если бы мы занялись рецензированинм книги, этот процесс растянулся бы еще на много лет. Итак, еще раз, пожалуйста, поймите, мы сделали все, что смогли.

Одним осенним вечером 2008-го года, когда мы с моей близкой по духу сестрой, ехали на заднем сиденье такси в Мумбаи, обсуждая, казалось бы, вечную тему разногласий между полами даже в богоцентричном учреждении, где эта тема, безусловно, не чужда, я на мгновение остановилась, чтобы поразмыслить над особенно приятным воспоминанием моей духовной сестры, когда Шрила Прабхупада рассмотрел эту тему в перспективе.

«Мужчины должны это услышать!» – воскликнула я. Затем я возразила себе, добавив: «Мы все должны это услышать, мужчины и женщины! Но все же, как услышать женские голоса?» Так родилась идея книги-интервью с инициированными духовными дочерьми Шрилы Прабхупады. Я человек «идеи». Моя учительница в третьем классе однажды дала задание, где каждый из нас должен был написать рассказ. Моя работы была довольно экзистенциальной для третьеклассницы, и она написала: «Откуда ты берешь свои идеи?» В то время, как большинство из нас переполнены «идеями», многие из нас, включая меня, не обладают способностью воплощать наши «великие идеи».

Те же, кто может и делает, – редкие люди, наделенные чудесными способностями. Я хотела бы упомянуть нескольких из тех, кто пришел на помощь, и искренне поблагодарить и оценить их вклад, поскольку именно они воплотили эту «великую идею» в жизнь, доведя ее до финала. Это Их Милости Вишакха деви даси (acbsp), Кайшори деви даси (n bbt) и Маяприя деви даси (acbsp), с помощью Арундхати деви даси (acbsp), Динадьядри деви даси (acbsp) Гокула Прия (rns), Пранада деви даси (acbsp), Гандхарвика Кели деви даси (идентификаторы) и другие.

Кто бы ни был непреднамеренно опущен, я прошу прощения.

Кроме того, было несколько добросердечных преданных, которые то тут, то там делали пожертвования, чтобы колеса вращались, и мы очень благодарны этим душам.

Малати деви даси
29 февраля 2020 года
Нью-Вриндаван, Западная Вирджиния, США

Дочери Шрилы Прабхупады
Эти женщины – не обычные женщины.
Они проповедники.
Они проповедники.
Они Вайшнавы.
Общаясь с ними, человек становится Вайшнавом.

– Шрила Прабхупада, утренняя прогулка,
Бомбей, 27 марта 1974 года

Abhaya devi dasi / Абхая деви даси

В 1975-м году, когда Абхае было двадцать лет, в день явления Господа Нитьянанды она получила инициацию в Портленде.

Я была поражена и глубоко тронута тем, что Прабхупада дал мне женский вариант своего имени, Абхая. Когда я увидела его в Лос-Анджелесе, Калифорния, его сияние поразило меня. Казалось, он царственно и грациозно парил над землей.

Прабхупада направил мою жизнь в нужное русло в то время, когда я была впечатлительна и нуждалась в руководстве, и в этом смысле он был мне как отец. Он привил мне ценности, которые я никогда не забуду, такие как вегетарианство, простая жизнь и возвышенное мышление.

Я живу на земле и выращиваю еду. Я не считаю себя хорошей преданной, но, тем не менее, я всегда старалась прививать своим детям ценности Прабхупады, и, похоже, они их восприняли. Они не являются практикующими преданными, но считают материальный мир преходящим и не привязываются к нему.

Aditi devi dasi / Адити деви даси

В середине 70-х годов Камалакришна дас, ученик Шрилы Прабхупады, который жил в Маяпуре, отправился проповедовать в Бангладеш. В результате семь-восемь семей переехали оттуда в Маяпур. Среди них была Адити со своей семьей.

Родственники моего мужа были так бедны, что не могли обеспечивать свои семьи, поэтому, когда мы с мужем услышали от Камалакришны Прабху, что в Маяпуре мы сможем получать прасад за работу, а трое наших детей будут ходить в гурукулу, мы подумали: «Что ж, может быть, мы сможем себя обеспечить, если поедем в Маяпур».

По приезде в Маяпур первое время я подметала улицы и мыла туалеты в храмовом комплексе ИСККОН. Потом я по утрам лущила рис, который выращивали преданные, и иногда Прабхупада, выходя на утреннюю прогулку, останавливался и наблюдал за моей работой и за тем, что происходило на кухне. Еще я мыла кухню, и она была очень чистая. Прабхупада как-то спросил ответственного за это Тапомайю Прабху: «Кто так замечательно выполняет это служение? Здесь так чисто. Должно быть, какая-то хорошая бенгальская девушка. Кто она?» Тапомая Прабху сказал: «Это все Арати делает». Мое светское имя было Арати. В 1977-м году на Гаура-пурниму Прабхупада дал инициацию моему мужу, нашему одиннадцатилетнему сыну Сундиру (сейчас он служит в храме ИСККОН в Далласе), мне и еще нескольким преданным.

Прабхупада хотел встретиться с преданными, только что получившими инициацию, и сказал нам: «Вы все должны прийти ко мне в комнату». Я не пошла, потому что мой третий ребенок был совсем крохой. Тапомая Прабху сказал: «Нет, тебе туда не нужно идти, тебе не нужно». Он не разрешил мне приближаться к Прабхупаде, поэтому я предложила ему поклоны на расстоянии. Спустя какое-то время Прабхупада заболел и уехал из Маяпура. Я тогда сделала ему красивую пышную гирлянду из роз, и он с радостью принял ее. Это был его последний визит в Маяпур.

Как же мне повезло, что Прабхупада был моим духовным учителем! Я ведь всего лишь лущила зерно и заботилась о чистоте плиты и кастрюль, но Прабхупада был доволен моим служением. Несмотря на то, что его сейчас нет с нами, его можно удовлетворить, предавшись ему, думая о нем и служа ему. Я необразованная и не умею красиво говорить, но я могу готовить и делать гирлянды для Прабхупады и тем самым служить ему. Я могу ходить в храм и получать *даршан*. Я робкая от природы, и поэтому, когда я вижу других женщин-преданных, то просто обнимаю их и спрашиваю, как у них дела. Я стараюсь иметь добрые намерения, желать им всего хорошего и заботиться об их нуждах.

Когда я была здесь новичком, мы просто служили от всего сердца. Для этого нужна простота. Простота в сознании Кришны — это благословение.

Aditya devi dasi / Адитья деви даси

В 1972-м году Адитья вместе с бостонской группой санкиртаны отправилась в Питсбург, чтобы встретиться с Прабхупадой. В Питсбурге она сделала огромную гирлянду из гардений и роз сорта «Американская красавица» темно-красного цвета с мягкими, как бархат, лепестками и упоительным ароматом. Когда Адитья увидела на Прабхупаде свою гирлянду, доходившую ему до стоп, она была просто в восторге.

До того, как Прабхупада произнес приветственную речь в Питсбурге, он категорически заявил: «Никто не должен записывать за мной, если он не может записать все до единого слова. Просто слушайте меня». Я подумала: «Ого, я могу стенографировать. Прабхупада разрешает мне записывать за ним». Я сидела сзади, и мне было не очень хорошо слышно, но тут я увидела свободное место прямо рядом с *вьясасаной*. Я как-то пробралась туда, села, посмотрела на Прабхупаду и улыбнулась. Он посмотрел на меня без улыбки, повернулся и начал говорить. Я застенографировала за ним все до единого английского слова и была очень довольна: «Прабхупада разрешил мне сидеть здесь, среди этого моря шафрана». После того, как он вышел, преданные отчитали меня: «Ты что творишь? Ты кто такая, чтобы здесь сидеть? Ты гордячка!»

Вскоре после этого я приехала в Даллас на должность младшего учителя и секретаря в *гурукуле*. Когда Прабхупада приехал туда, он прошел в алтарную, чтобы увидеть Божества Радха-Калачанджи, и Нандарани открыла ему занавес. Прабхупада сказал: «Нандарани, как ты поживаешь?» Услышав, что Прабхупада вначале обратился к ней, она расплакалась и я вместе с ней.

Вскоре после этого, в 1973-м году я отправилась в Бомбей. Однажды, когда Прабхупада был на прогулке, Махати сделала перед дверью в комнату Прабхупады большое красивое *рангoли* в виде цветка лотоса с именем «Кришна» посередине. Когда Прабхупада увидел его, он строго спросил: «Кто это сделал?» Кто-то ответил: «Махати», и тогда он сказал: «Приведите ее сюда». Пришла Махати, нежная, робкая, хрупкая Махати. Очень мягко Прабхупада сказал ей: «Ты так красиво сделала это *рангoли*. Но ты выложила имя Кришны посередине. Если кто-нибудь наступит на него, это будет нехорошо».

Прабхупаде не нравилось, когда говорили: «Прабхупада сказал». Однажды он возмутился: «Прабхупада сказал! Прабхупада сказал! Все, что я сказал, в моих книгах! Читайте мои книги!»

В 1977-м году рабочие делали резьбу по мрамору двадцать четыре часа в сутки, чтобы закончить храм в Бомбее. Один рабочий-мусульманин работал в одиночку и постоянно повторял «Аллах, Аллах, Аллах, Аллах» даже во время обеда. Сурабхи Махарадж рассказал Прабхупаде о том, что этот рабочий постоянно медитирует на имя Аллаха. Прабхупада сказал: «Я хочу пойти и встретиться с ним». Сурабхи Махарадж сказал: «Я могу привести его к Вам». Прабхупада ответил: «Я не хочу отвлекать его от работы. Я хочу сам пойти и встретиться с ним».

Сейчас я чувствую себя ближе к Прабхупаде, чем в то время, когда он физически присутствовал, потому что я чувствую его присутствие в многочисленных *мурти*. Прабхупада хочет говорить с нами и ждет того, что мы захотим поговорить с ним. Если у вас есть вера в него, вы можете говорить с ним.

Akuti devi dasi / Акути деви даси

Летом 1970-го года Акути была в Боулдере, штат Колорадо, и искала там гуру, у которого были бы глаза-бусины, длинные волосы, у которого от худобы выпирали бы кости, который бы сидел на шкуре оленя и все такое прочее. Но стоило ей услышать философию сознания Кришны, как она забыла о всех своих заранее выдуманных понятиях. Через три недели она отправилась в Лос-Анджелес на Ратха-ятру и даршан Прабхупады.

Я ничего не знала о сознании Кришны, и поэтому увидеть саму Божественную Личность, Шрилу Прабхупаду, и побывать на самом экстатичном фестивале на планете, Ратха-ятре, было для меня очень сильным переживанием. После этого у меня не осталось сомнений; я была убеждена, что сознание Кришны — это не просто идеология, а настоящая, активная духовная жизнь. Вначале меня беспокоило, как я обрету самореализацию, но Прабхупада подчистую снес мои старые представления и в упоении увлек меня и всех остальных настроением спасения других.

Пока я жила в Лос-Анджелесе, Прабхупада приезжал туда несколько раз, и как же здорово было испытывать настроение «к нам едет Прабхупада»: все организовывать, мыть, осыпать его цветами. Прабхупада знал толк в том, как закатить вечеринку — у нас в сознании Кришны было много фестивалей, которые мне нравились. Привлекало меня и то, что Прабхупада был серьезен в сознании Кришны, и то, какой он могущественный, и то, как он был мил, как легок в общении, как смешил нас до смерти. У Прабхупады бывало разное настроение, и он щедро делился с нами его проявлениями. Каждое утро после прогулки он и все преданные обменивались цветами. Это был милый обычай. Однажды он дал мне цветок, я склонилась и увидела перед собой его рыжевато-коричневые парусиновые туфли. Я подумала: «О Боже, может, мне дотронуться до его стоп?» Легким движением я прикоснулась к его туфлям так, что он даже не почувствовал, а потом дотронулась пальцами до своей головы. Я как будто оторвалась от земли.

Однажды он сидел в своем садике в Лос-Анджелесе и читал книгу о Кришне, покачиваясь взад и вперед. Он обожал эту книгу; это был нектар для его ушей. Когда Прабхупада услышал, как Кришна и Баларама крадут масло и йогурт, а мать Яшода бранит их, он, склонившись вперед, рассмеялся от удовольствия. Эта *лила* очень дорога мне, потому что я видела, как Прабхупада переживает ее и упивается ею. Был вечер пятницы, и из садика были слышны голоса преданных, которые садились в мини-автобусы и захлопывали за собой дверцы. Прабхупада спросил: «Что они там делают?» И кто-то ответил: «Они едут на *санкиртану*, Прабхупада». Прабхупада сказал: «Да-да, это движение Господа Нитьянанды. Ходить от двери к двери для того, чтобы все повторяли Харе Кришна». Мы все испытывали восторг от того, что были частью потока милости Господа Нитьянанды.

Я получила сразу и первую, и вторую инициацию на одной церемонии. Тогда Прабхупада посмотрел на меня и дал мне личное наставление. Он сказал: «Просто повторяй Харе Кришна и будь счастлива». Поэтому я до сих пор стараюсь быть счастливой, повторяя Харе Кришна и служа ему.

Прабхупада хотел построить дом, в котором могли бы жить люди всего мира. Сколько бы у меня ни было преданности, она вся — часть фундамента этого большого строительного проекта. Я предана Прабхупаде и хочу помогать ему, и к тому же, я всегда любила что-то строить. Сейчас, когда его нет с нами, несмотря на все, что было хорошего и плохого, несмотря на все неприглядное, все неурядицы и волнения, поддерживать и расширять дом ИСККОН, зная, что в этом сердце Прабхупады — самая захватывающая вещь, которой можно заниматься. Все мы отнюдь не *брахманы* и не чистые преданные, и потому нужно занимать людей в служении Кришне согласно их интересам и средствам, а развивая *варнашраму* мы сможем собрать людей и заполнить ими дом Прабхупады.

Мы — дочери самого замечательного отца, который возвращает своих детей обратно в родной город. Прабхупада не хотел, чтобы мы слонялись туда-сюда; он хотел, чтобы мы всегда были заняты служением Кришне, а иначе *майя* так или иначе настигнет нас. Поэтому я выпрашиваю, беру взаймы или краду, чтобы получить служение Прабхупаде. Он сделал так много для меня и всех нас, он занял нас служением, и, если мы научимся у него, как занять служением других, мы все будем счастливы. Нам есть чем заняться.

Каждый день я думаю о Шриле Прабхупаде и его наставлениях: приходить на *мангала-арати*, читать, воспевать, ходить на *санкиртану* — базовые вещи. Я думаю о его миссионерской работе, которая заключается в том, чтобы донести сознание Кришны до каждого. Я думала о Прабхупаде все двадцать шесть лет моего служения в *гурукуле*, стараясь исполнить его желание, состоящее в том, чтобы у нас была *гурукула*. Эти годы были большой жертвой и борьбой, но Прабхупада хотел, чтобы мы выходили за рамки возможного, и я узнала, что, если мы не будем делать то, что говорил Прабхупада, у нас ничего не получится. К примеру, Прабхупада говорил, что мужчины и женщины не должны общаться между собой. Но девочки-подростки в нашей школе хотели выполнять служение вместе с мальчиками, и когда они это делали, через несколько дней образовывались пары, потому что они думали, что у них должна быть пара, тайком встречались по ночам. Это была катастрофа. Прабхупады обладал совершенной формулой, а наш вызов состоит в том, что мы думаем: «Ладно, Прабхупада говорил так, но он также говорил использовать разум, а сейчас другое время и другие обстоятельств»

Сейчас Прабхупады нет с нами, и это самое трудное. Прабхупада хотел, чтобы мы были изобретательными, и в то же время он не хотел, чтобы мы что-нибудь меняли. Наш вызов состоит в том, чтобы понять, что в словаре Прабхупады означает «инновация», а что «перемена». Нам нужно молится Прабхупаде, а не думать, что мы сможем это понять путем проб и ошибок. Наша искренняя преданность Прабхупаде — и в горе, и в радости, несмотря ни на что. Вот что сохранит чистоту нашего Движения и позволит ему развиваться.

Мы молим Шрилу Прабхупаду дать нам Кришну, но цель моей жизни — служить Прабхупаде, поэтому я молю Кришну помочь мне удовлетворить Прабхупаду. Кришна поможет мне понять, как мне удовлетворить Шрилу Прабхупаду. Нам выпала большая удача быть под руководством Прабхупады, и, если мы будем молиться о том, чтобы удовлетворить его, ИСККОН будет развиваться. Это наш долг — продолжать упорно развиваться и вдохновлять молодое поколение следовать Прабхупаде, например, поддерживать Би-Би-Ти. Би-Би-Ти — это сердце Прабхупады. Как же мы сможем расширяться, если мы не будем поддерживать публикацию и распространение книг?

У нас много возможностей предаться, и мы не должны упустить их, а иначе мы потом будем сожалеть об этом.

Alarka devi dasi / Аларка деви даси

Еще учась в средней школе в Нью-Йорке в 1970-м году, Аларка начала ходить в храм и повторять тридцать два круга, потому что думала, что круг читается туда и обратно (от главной бусины и обратно до нее). В апреле 1971-го года Прабхупада на неделю приехал в Нью-Йорк.

Я переехала в храм за месяц до приезда Прабхупады. Я впервые увидела его, когда он выходил из лифта в аэропорту. Он весь светился, как будто был с другой планеты. Его присутствие очищало. Я поняла, что мне выпала большая удача, и я почувствовала, что он знает меня с прежних времен и любит меня как душу.

Шрила Прабхупада приезжал каждый год, и все наши аскезы стоили того, чтобы побыть рядом с ним. Чем бы мы ни занимались, нашей медитацией было: «Мы скоро увидим Прабхупаду, мы скоро получим его милость». В своем письме на мою инициацию Прабхупада написал, что мы должны распространять маленький буклет «Источник наслаждения». Мы распространили миллионы экземпляров. Однажды в аэропорту он сказал нам распространять «Совершенство йоги», и мы тут же принялись продавать эту книгу. В этот день я распространила самое большое количество книг в своей жизни.

Позже четверо из нас, принадлежавших к нью-йоркской группе *санкиртаны*, поехали во Вриндаван и Маяпур. Как-то раз мы ожидали посадки на самолет в Индии, и Прабхупада захотел устроить *киртан*. Я играла на *мриданге*, а Прабхупада смотрел на меня, кивал головой и улыбался. Он был рад тому, что я играю. Он знал все, о чем я думаю, и смотрел только на хорошее, не на плохое. Он любил всех нас.

Как-то раз в Нью-Йорке на 55-й улице Прабхупада раздавал всем детям печенье. Потом *брахмачари* захотели получить печенье, но Прабхупада сказал: «Сначала женщины», и в тот раз я получила печенье из рук Прабхупады.

В тот день, когда Прабхупада ушел, я смотрела на Манхэттен на закате солнца и испытывала такое горе, думая о земле и всех ее обитателях, ведь ушел чистый преданный, который никогда больше не благословит нас своим присутствием.

Прабхупада спас меня не только духовно, но и материально, потому что я шла по кривой дорожке. Благодаря ему я чувствую связь с Кришной и Его защитой. Подспудное чувство, что Кришна рядом, поддерживало меня все эти годы. Я повторяю шестнадцать кругов и чувствую, что моя духовная жизнь — это личные, внутренние отношения между Кришной и мной.

Мне повезло, что я получила общение Шрилы Прабхупады и смогла впитать немного сознания Кришны, исходившего от него. Кем бы ты ни был, трудно было не попасть под воздействие Прабхупады. Все ощущали его любовь и красоту.

Ambika devi dasi / Амбика деви даси

Австралийские преданные испытывали такое вдохновение по отношению к Шриле Прабхупаде, рассказывали так много чудесных историй о нем, что даже до переезда в храм в конце 1971-го года Амбика привязалась к нему.

Когда Шрила Прабхупада приехал в Сидней в 1972-м году в конце марта, я испытывала чрезмерный трепет и побаивалась его. Но меня впечатлило, насколько личностно он обращался с Читралекхой.

В феврале 1973-го, когда я исполняла обязанности *пуджари* Радха-Гопинатхи, он снова приехал в Сидней. Однажды вечером я готовила. Я приготовила пятнадцать блюд, и Шрутакирти сказал: «Почему бы тебе не дать *маха-прасада* Шриле Прабхупаде?» Я поставила тарелку с *маха-прасадом* на стол Прабхупады, в страхе ретировалась и склонилась в поклоне. Показав на блюда, Прабхупада сказал: «О, что это?» «Шрила Прабхупада, это ананасовое *чатни*, это *пакоры*, а это *халава*», — сказал Мадхудвиша. Подцепив пальцем немножко *халавы*, он откинул голову назад и проворно отправил ее в рот. «Очень хорошо. Кто готовил?» — спросил он. «Она, Шрила Прабхупада», — ответил Мадхудвиша. Прабхупада склонил передо мной голову, а Мадхудвиша сказал: «Итак, она удовлетворила своего духовного учителя. Она пойдет в рай». Прабхупада улыбнулся, и я ушла окрыленная.

В Харе Кришна Лэнде в Джуху я регулярно убирала комнату Прабхупады, когда он был на утренней прогулке. Однажды утром, когда было еще темно, Прабхупада подходил к калитке, проходя мимо нас с ведрами, швабрами и вениками. Мы склонились в поклоне. Он улыбнулся и сказал: «Вся слава преданным *гопи*!» Нас это так воодушевило. Каждый день мы меняли Прабхупаде простыни, но он сказал: «Меняйте их только, когда они грязные». Мы подумали: «Но они ведь никогда не грязные после Прабхупады». И стали менять их раз в три дня.

В Джуху Шрила Прабхупада давал лекции по Третьей песни «Шримад-Бхагаватам» и, говоря о Девахути, упомянул, что она была привязана к роскошной одежде. Он как будто знал, как мне нравились роскошные шелковые *сари*, которые покупали для нас, *пуджари*, пожизненные члены и не одобрял этого. Мне казалось, что он лично поправляет меня и дает наставления.

Прабхупада был сострадателен к детям из бедных семей, живших в окрестностях Харе Кришна Лэнда, и велел Мокша Лакшми организовать для них школу. Ребятишек обрабатывали от вшей, раздавали им *прасад* и приличную одежду. Каждый вечер, когда мы все выстраивались, чтобы получить *маха-прасад*, иногда эти ребятишки пытались получить по второй порции. Мужчины-преданные отгоняли их: «Кыш, идите отсюда, вам уже давали *прасад*!» «Нет, пускай приходят», — говорил Прабхупада.

В Джуху мы каждый вечер получали *даршан* Прабхупады на крыше здания. Хотя в течение дня мы, преданные, не всегда хорошо ладили между собой, во время *даршана* я всегда думала: «Вот я и в духовном мире, и как я их всех люблю». Мы, женщины, не занимали никаких постов в ИСККОН, но у нас никогда не было чувства, что наше служение неважно. Когда мы видели, как происходит обмен между Прабхупадой и Божествами, которых мы одевали, мы думали: «О Боже, как же важно иметь возможность так служить Прабхупаде!».

Помню, как в 1977-м году в Джуху я сопровождала пожизненного члена к больному и слабому Прабхупаде. Он сидел на кровати со скрещенными ногами, держа подушку на коленях. Я была потрясена его худобой. Пожизненный член сказал: «Ох, Свамиджи, они построили храм, фасад которого смотрит не в том направлении». Прабхупада сказал: «А почему бы вам не пойти и не помочь этим юношам и девушкам?» И на протяжении целых двадцати минут он проповедовал ему, как лев. Его проповедь была так сильна, что никто не мог подумать, что его плоть так истощена. Это был нам урок, что мы не это тело и можем проповедовать в любом состоянии.

Приходит время, когда наша внутренняя жизнь в сознании Кришны начинает расти: углубляется понимание, размягчается сердце и появляется вкус к Кришне. Этот процесс работает, нужно только терпеливо и решительно продолжать культивировать в сердце любовь к Кришне, воспевая насколько это возможно с сосредоточенностью и искренней молитвой. Хотя физически Прабхупады нет с нами, мы все равно можем говорить с ним и молится ему, а он может наставлять нас через свои книги и *мурти*. Шрила Прабхупада может поместить благословение на голову любому, кто принимается преданно служить и приходит в его Движение, Движение Кришны.

Шрила Прабхупада перевернул мою жизнь, и я чувствую его благословения и свой вечный долг по отношению к нему. Он всегда подписывал свои письма «Твой вечный доброжелатель». Он доброжелатель всех и особенно тех удачливых душ, кто следует за ним.

Amekhala devi dasi / Амекхала деви даси

В 1971-м году в Манчестере Ранчор дас дал Амекхале журнал «Обратно к Богу». Под влиянием Ранчора Амекхала стала посещать храм в Манчестере. Затем в 1973-м году, спустя какое-то время после приобретения Бхактиведанта-мэнора, она переехала в одно из зданий этого комплекса, а в 1974-м году Шрила Прабхупада инициировал ее письмом.

У меня было чудесное служение — я помогала убирать комнату Шрилы Прабхупады в Мэноре. Во время уборки преданные рассказывали о Шриле Прабхупаде, и однажды мне сказали, что Прабхупада приезжает в Мэнор вместе с другими преданными со всей Англии и из Европы, которые хотят побыть с ним. В день приезда Прабхупады я не попала на встречу в аэропорту, потому что помогала готовить его комнату и алтарную. Когда я услышала мощный *киртан*, что означало, что Прабхупада уже близко, у меня сильно забилось сердце. Меня затрясло. Наконец, дверь в алтарную открылась, и я увидела Шрилу Прабхупаду лицом к лицу. Он сложил руки в *пранаме*, а я бросала лепестки роз под его стопы. После этого волосы на моем теле встали дыбом, а из глаз потекли слезы. Внешне это выглядело непривлекательно, но внутри я чувствовала себя как дома. Это было изумительно.

Как-то раз, спустя несколько месяцев, к моему коттеджу прибежало несколько женщин. Они колотили в дверь и что-то кричали. «О Господи, что происходит? Может кто-то умер?» — подумала я. «Тебе письмо от Шрилы Прабхупады», — кричали они. Я подумала: «Не может быть! Прабхупада даже не знает, кто я». Я распечатала письмо и прочитала: «Моя дорогая дочь, спасибо за то, что убираешь мою комнату. Если ты будешь продолжать выполнять преданное служение и следовать регулирующим принципам, то вернешься к Богу уже в этой жизни». Для меня было честью убирать комнату Прабхупады, и я не могла поверить в то, что он потратил время, чтобы поблагодарить меня за такое маленькое служение.

Впоследствии я отвечала за кухню в Нью-Маяпуре во Франции, и когда туда приехал Прабхупада, мне поручили закупить продукты. Я никак не могла найти муку для *чапати*, но не хотела просить помощи преданных из-за своей болезненной робости. Французские торговцы думали, что я ненормальная «Что это, черт возьми, такое — мука для *чапати*? «Если я не найду муку для *чапати*, Прабхупада больше никогда не напишет мне», — думала я. Я никому не сказала об этой проблеме, а просто купила муку, которая была похожа на муку для *чапати*. Когда я принесла Прабхупаде тарелку с обедом, он посмотрел на тарелку, посмотрел на меня и сказал: «Значит, ты не нашла муку для *чапати*». Это была какая-то мистика. Откуда он мог знать, что это я?

Позже я работала в ресторане в Нью-Йорке. Риши Кумара, потрясающий повар, учил меня готовить. Но у него в тот момент настолько помутился разум, что он оскорблял и винил Прабхупаду. Преданные говорили мне: «Не говори с ним, не смотри на него». Но что-то в сердце подсказывало мне, что бы преданный ни делал, нужно так или иначе дать ему понять, что он наш друг. Я думала: «Если с ним никто не разговаривает, как он сможет вернуться назад, почувствовать, что ему рады?» Поэтому я обращалась с ним по-дружески. Когда Прабхупада приехал в Нью-Йоркский храм, он вышел из машины, подошел к Риши Кумару, погладил его по голове и сказал: «Как дела? Будешь готовить для меня?» Большие лидеры, окружавшие Прабхупаду, сказали: «Прабхупада, он ест мясо, он оскорбляет вас». — «Ничего», — сказал Прабхупада. И Риши Кумар готовил для Прабхупады и попросил меня помочь ему, что я и делала. Прабхупаде очень понравилось.

Этот случай позволил мне увидеть сострадание и любовь Прабхупады к преданным. Прабхупада понимал, что Риши Кумар не полностью отделился, оставалась щелочка. Я полагаю, что важно научиться не закрывать дверь, потому что мы не знаем, когда произойдет перемена в сердце преданного. В конце концов, мы все преданные, и в то же время мы все падшие. Этот опыт с Риши Кумаром и Прабхупадой был удивительным.

Amrita Keli devi dasi / Амрита Кели деви даси

Когда Прабхупада в 1975-м году приехал в Торонто, он сказал преданным: «Я хотел бы, чтобы вы купили церковь на Авеню Роуд». Позже преданные попросили пожертвование у Амриты Кели и ее мужа, Манхар Пателя, чтобы купить ее. Манхар Патель дал им пустой чек и сказал: «Впишите сюда любую сумму, какую хотите». И преданные вписали пять тысяч долларов. У Амриты Кели и Манхара было не так много денег, но они оба работали и были рады послужить Прабхупаде, сделав пожертвование на новый храм.

Прабхупада приехал в Торонто в 1976-м году, и, когда я впервые увидела его, я почувствовала: «У него так много храмов, так много учеников, но он смиренный. Я никогда не видела такого смиренного человека». Я сделала ему гирлянду из ароматных желто-розовых роз из моего сада, и в аэропорту Прабхупада остановился, чтобы мой муж мог надеть на него гирлянду. На Прабхупаде было уже много гирлянд, и я подумала: «Надеюсь, Прабхупада не снимет мою гирлянду». Когда уже в храме он сел на *вьясасану*, он снял все гирлянды, кроме моей. Меня это тронуло.

В своей лекции Прабхупада сказал: «Сколько вы делаете для своего тела, и сколько вы делаете для своей души?» Мой муж подумал: «Я просто служу своему телу, я совсем немного делаю для души». На *даршане* Прабхупада спросил его: «Чем ты зарабатываешь на жизнь?» — «Я инженер», — сказал муж. Прабхупада сказал: «Инженеров очень много, а мне нужны проповедники. В Торонто пятьдесят тысяч индийцев. Нужно, чтобы вы с Шубхавиласой сделали их преданными. Стань проповедником». Поскольку Прабхупада сказал «стань проповедником» не спросив меня, на следующий день мой муж бросил работу. Он пришел домой и сказал: «Если мы будем делать, как сказал Прабхупада, то все будет хорошо». Он стал привлекать пожизненных членов и помогать преданным в храме.

Я рада, что Прабхупада подобрал нас из материального мира. Рада, что мой муж распространял книги и рада выполнять служение дома и работать неполный рабочий день, чтобы содержать семью, чтобы мой муж мог служить Кришне. Мы проповедуем с тех пор, как Прабхупада сказал нам проповедовать. Мы не хотим жить во Вриндаване, мы хотим проповедовать для Прабхупады, и я думаю, он доволен. По его милости наши три дочери вышли замуж за вайшнавов.

Каждый раз, когда у меня возникает какая-нибудь проблема, я открываю книгу Прабхупады или ставлю запись его лекции, и он решает мою проблему. Однажды я расстроилась из-за критики в мой адрес и услышала в записи слова Прабхупады: «Слон идет, а собака бежит за ним и лает, но он все равно идет». Я подумала, что Прабхупада говорит мне: «Не беспокойся о том, кто это сказал. Просто служи мне, и все будет хорошо». Через чтение книг и слушание лекций у меня всегда есть отношения с Прабхупадой. Иногда я думаю, что впустую потратила те двадцать семь лет, которые жила до встречи с ним.

Anandamurti devi dasi / Анандамурти деви даси

Когда в молодости Анандамурти серьезно заболела, она молилась о продлении жизни для того, чтобы познать Бога. Она встретила преданных в Аргентине и была инициирована в 1975-м году в Бразилии.

Я никогда не встречала Шрилу Прабхупаду, но всегда ощущала сильную связь с ним. Перед тем как прийти в Движение, я чуть не оставила тело. Мне было где-то двадцать. В тот момент я молила Бога: «Пожалуйста, не дай мне умереть. Я хочу жить, чтобы узнать Тебя. Я не хочу жить только для того, чтобы иметь семью и детей — все то, что имеют другие. Я прошу Тебя позволить мне жить только для того, чтобы познать Тебя». В какой-то момент я опомнилась: «О чем я попросила? О чем я молилась?» Я спрашивала себя: «Что это за молитва? Зачем я молилась?» Я и не представляла себе, что у меня есть эти сантименты, эти чувства к Богу.

В тот же самый день, рано утром я пошла прогуляться, чтобы в одиночестве подумать о Боге, и увидела преданных. Это было невероятно. Я спросила себя: «Что все это значит?» Я побежала за преданными посмотреть, кто это такие, что они за люди. Они дали мне визитку. Я сказала: «Да, я пойду в храм». Так я начала посещать храм и ходила туда в течение года. Я не сразу переехала туда жить.

У меня сложилось впечатление, что преданные очень любят человека, которого они называют Шрилой Прабхупадой. Я всегда видела Прабхупаду глазами преданных. Все, что они делали, они делали для него, это было очевидно.

В день моей первой инициации Хридаянанда Махарадж принес мне *джапа-малу* от имени Прабхупады. Я подошла к *вьясасане* получить у Хридаянанды Махараджа *джапа-малу*, которую начитал Шрила Прабхупада, и Хридаянанда Махараджа назвал мне мое духовное имя — Анандамурти даси. Он сказал: «Твое имя Анандамурти. Оно означает „служанка вечной формы духовного блаженства"».

Я подумала: «Прабхупада знает меня». Я почувствовала, что он знает меня, потому что это имя было для меня очень особенным. Анандамурти означает духовное блаженство. Я подумала, что, если буду служить тому, что означает мое имя — слуга блаженной формы Кришны, я тоже стану блаженной. Потому что в детстве я была очень несчастлива. И этот контакт со Шрилой Прабхупадой стал началом моей новой жизни. Для меня это было все. Даже если я делаю много ошибок в духовной жизни, я всегда ощущаю чувство Прабхупады ко мне и нашу связь. Я чувствовала, что меня осчастливили, и даже если что-то делала не так, и моя духовная жизнь не была совершенной, я ощущала, что Прабхупада знает меня, и у меня с ним крепкая связь. Я всегда это чувствовала. Каждый день в своей повседневной жизни я испытываю новые чувства по отношению к Шриле Прабхупаде. Может быть, они не кристально чисты, но я стараюсь находиться под защитой лотосных стоп Прабхупады и служить ему изо всех сил.

Я чувствую, что не с должной серьезностью восприняла сознание Кришны и страдаю от того, что жалею об этом. Видя, как много преданных выполняют служение, я сожалею, что не всегда шла по этому пути и была слугой Шрилы Прабхупады. Я так сожалею, что впустую потратила столько времени.

И еще я чувствую, что Кришна сейчас возвращает мне возможность быть с преданными, дает мне возможность вернуться и украсть у *майи*, чтобы дать Кришне и Прабхупаде. Мне это очень важно. Я плачу не только потому, что ничего не делаю для Кришны и Прабхупады. Плакать можно, но очень важно нечто другое, потому что это дает мне вдохновение, силу и мужество приблизиться к преданным.

Ananga Manjari devi dasi / Ананга Манджари деви даси

В шестнадцать лет Анангу Манджари привлекла Харе Кришна маха-мантра, а в начале весны 1970-го года в Бостоне она впервые почувствовала связь с Прабхупадой.

Повторение *мантры* всегда как-то влияло на меня, поэтому я знала, что это глубокий духовный опыт. Однажды я воспевала с преданными на Бостон Коммон рядом с вокзалом Парк-стрит и увидела брошюру «Источник наслаждения». У меня был вопрос: «Что значит эта Харе Кришна *мантра*?» Я открыла эту брошюру и прочитала: «Мы можем восстановить нашу истинную духовную форму и преисполниться блаженства, знания и вечной жизни. Такова цель эволюции. Не нужно упускать этот шанс. Процесс освобождения начинается с момента, когда мы начинаем повторять и слушать. Я хочу подчеркнуть, что повторение святого имени Бога и слушание истин, изложенный в „Гите", ничем не хуже непосредственного общения с Кришной. Об этом говорит „Бхагавад-гита". Этот процесс называется *киртаном*. Даже простое слушание без понимания языка приносит человеку благочестие. Его ценности приведут его к благочестивой жизни, даже если он не понимает, о чем он». И я подумала: «Так вот в чем дело! Вот почему меня это так трогает, потому что *мантра* пробуждает мою душу к любви к Богу». Это было именно то, что мне нужно.

В брошюре я увидела фото Прабхупады и подумала: «У него есть знание, которое я ищу, и я могу у него это знание получить». В тот же день я пошла на воскресную программу в Бостонский храм и погрузилась в полный экстаз, воспевая, танцуя и слушая философские истины от Шарадии. На следующее утро я сказала матери: «Я больше не буду есть то, что ты готовишь» и побежала в храм с мыслью: «Любой, кто услышит такое, станет преданным; это совершенно разумно». Так работала сила знания и любви Прабхупады.

В 1971-м году мы с Хридаянандой управляли небольшим проповедническим центром в Гейнесвилле под названием «Кришна Хаус». Хридаянанда и Амарендра пригласили Прабхупаду приехать туда. Они все приготовили к визиту Прабхупады. Это было так волнительно, к тому же приехало много преданных из Майами.

Прабхупада инициировал меня письмом, а спустя месяц, во время визита Прабхупады в Гейнесвилл, я должна была получить *брахманическую* инициацию. Итак, я вошла в комнату Прабхупады. Он по-домашнему сидел на стуле, и он был без *курты*. «Садись», — сказал он серьезно. Я села у его стоп. «Повторяй за мной», — сказал он. Вначале он был очень строг и серьезен. *Ом бхур бхувар* — я пыталась повторять. Я знала, как передвигать пальцы, но не имела представления о произношении санскритских слов. Когда он дошел до *свах тат савитур*, я сбилась. Я не могла толком повторять. Я не понимала, что говорил Прабхупада, и что бы я ни повторяла за ним, должно быть, звучало как греческий язык. Шрила Прабхупада сказал: «Повторяй, говорю тебе, повторяй!» Я пыталась снова и снова. Мы дошли до середины первой строчки, и я сбилась. Он посмотрел на меня и сказал: «Тебе дали бумагу с письменным вариантом *мантры*?» Я ответила: «Нет, Шрила Прабхупада, никто не дал мне письменный вариант». Он сказал: «Хорошо, Хридаянанда завтра тебе все даст». Я встала и направилась к двери. Я не хотела поворачиваться к нему спиной, поэтому шла, пятясь, со сложенными ладонями и думала: «Я все провалила». «Спасибо, Шрила Прабхупада, спасибо!» — сказала я.

Он взял гирлянду со стола, посмотрел на меня, отклонил голову назад, улыбнулся и со словами «Вот, держи!» бросил мне гирлянду. Я поймала ее и прижала к сердцу. Я вышла из комнаты, у двери которой столпились человек двадцать преданных, слушавших как Шрила Прабхупада говорил со мной. «Он дал тебе гирлянду! Он так милостив к тебе!» — сказали они и наперебой стали хватать гирлянду. Это был чистый экстаз.

Я думаю, что моя духовная жизнь — случай из разряда абсолютной милости. У меня всегда все не так. Я всегда все делала неправильно. Меня наделили милостью, и я рада, я счастлива, что это так.

На одной из лекций в Гейнсвилле Прабхупада сказал одну фразу, ставшую очень известной: «Мы очень признательны вам за то, что за тысячи и тысячи километров от Навадвипы, места рождения Господа Чайтаньи, вы исполняете Его желание, повторяя Харе Кришна *мантру*». Но больше всего в этой лекции меня поразили слова Прабхупады: «Ввиду того, что один из моих учеников, Картикея, находится в сознании Кришны, он много раз говорил о Кришне своей матери. Поэтому, когда пришел ее смертный час, она спросила его: „Где же твой Кришна? Он здесь?" и тут же умерла. Это значит, что в момент смерти она вспомнила о Кришне и достигла освобождения». Хридаянанда и я сидели у стоп Прабхупады. Прабхупада наклонился вперед, в упор посмотрел на нас и продолжил: «Об этом говорится в „Бхагавад-гите". Если в момент смерти человек вспомнит о Кришне, его жизнь увенчается успехом. И благодаря тому, что ее сын был в сознании Кришны, она получила освобождение, не будучи в сознании Кришны. Такова польза сознания Кришны».

Я была во Вриндаване на открытие храма Кришна-Баларамы. Локамангала, Расаягья и другие преданные исполняли спектакль «Век Кали». Прабхупада сидел в кресле-качалке во дворе под деревом *тамала*. Преданные сидели на ступеньках и смотрели, а актеры были в центре внутреннего дворика. Я смотрела спектакль и наблюдала за Прабхупадой. Прабхупада сиял. Он расплылся в улыбке, глаза его были широко раскрыты. Я подумала: «Они забавляют его, они смешат его. Они вызывают у него улыбку. Как бы мне хотелось вот так же вызывать смех и улыбку Прабхупады». Это желание пришло ко мне из глубины сердца.

Хридаянанда написал Прабхупаде: «У меня есть серьезное предложение, которое нам нужно обсудить, когда Вы приедете в Лос-Анджелес». Он хотел принять *санньясу*. Я присоединилась, когда мне было шестнадцать, вышла замуж в семнадцать, а сейчас мне было восемнадцать. Я так разволновалась: «Ух ты! Чего не сделаешь для Прабхупады. Круто!» Я думала, что это лучшее, что мы можем сделать. Мы с Хридаянандой хорошо ладили, как брат с сестрой или друзья — в те дни мы жили не как домохозяева. У нас никогда не было своего дома, мы жили в храме и выполняли служение. Когда мы вошли в комнату Прабхупады в Лос-Анджелесе, он как раз закончил есть фрукты. Он был в радостном, легком настроении. Он дал нам фруктов, и мы сели перед его столом.

Вдруг он серьезно посмотрел на нас. Настроение переменилось. «Ну, что же вы хотите?» — спросил он. Хридаянанда приступил к своей небольшой, заранее заготовленной речи: «Шрила Прабхупада, в ведических писаниях говорится, что вначале человек учится под руководством духовного учителя в качестве *брахмачари*, затем он проходит жизнь *грихастхи*, потом принимает *ванапрастху* и *санньясу*. Я хочу спросить вас, могу ли я принять *санньясу*?» — «Твоя жена согласна?» — серьезно спросил Прабхупада. Я сидела со сложенными ладонями и кивала головой. «Да, Прабхупада, она согласна», — сказал Хридаянанда. Прабхупада некоторое время молча смотрел на нас. Затем он наклонился вперед и сказал: «Иногда бывает очень трудно». У него был строгий, серьезный вид. Я подумала: «Да. Это трудно, но мы взваливаем эти трудности на себя ради духовного учителя, ради проповеди, ради Кришны, поэтому Кришна поможет». Я минимизировала эти трудности.

Прабхупада во второй и в третий раз посмотрел на нас и спросил: «Значит, твоя жена согласна?» Каждый раз я складывала ладони в *пранаме* и говорила: «Да, Прабхупада». «Да, Прабхупада, она согласна», — вторил Хридаянанда. Прабхупада хлопнул Хридаянанду по плечу и сказал: «У тебя хорошая жена, она все время соглашается». Он был очень доволен. «Хорошо», — согласился он и велел Шрутакирти приготовить *данду* и ткань.

Затем он повернулся, посмотрел мне прямо в глаза с таким участием, какого я никогда ни у кого прежде не видела, и сказал: «Чего ты хочешь? Что же ты будешь делать?» Я подумала: «Вот оно. Я могу получить все, что угодно, ибо что бы он ни сказал, все исполнится, Кришна все исполнит». Я отступила на шаг, потому что его присутствие, его *аура*, его любовь ко всем занимали все пространство.

Я помедлила с ответом, потому что множество мыслей мелькали у меня в голове. В долю секунды передо мной промелькнули все мои желания, как на кинопленке, когда вся жизнь проносится у тебя перед глазами в момент смерти. «Откуда это все взялось?» — подумала я и сказала: «Прабхупада, я просто хочу быть в сознании Кришны». Казалось, что Прабхупада дотянулся до глубин моего сердца и оттуда, из крупицы моего желания, которая таилась там, извлек эти слова, и я почти физически увидела, как эти слова выплывают из моего ума. Я посмотрела на Прабхупаду. Он отступил назад и смотрел на меня, как художник смотрит на свое творение и оценивает: «А правильно ли я передал этот ракурс?» От того, как он смотрел на меня, я поняла, что мои слова пришли от него. Это был мистический опыт. И тут он махнул рукой, как бы отпуская меня и сказал: «Но ты уже сознаешь Кришну». И тут я ощутила, что он мне что-то дал. И это опять была милость, потому что я не трудилась, чтобы ее получить. Я ничего не сделала для этого. Я просто оказалась в нужном месте в правильное время. Так или иначе, он извлек правильные слова из моего сердца. Вот почему я до сих пор не ушла, я до сих пор здесь. Затем он опять подошел ближе ко мне, потер руки и сказал: «Эти телесные отношения поверхностны. Наши истинные отношения только с Кришной».

Как-то раз я была на *даршане* в Дели, где собралось около пятнадцати человек: пожизненные члены, индийцы и преданные. Прабхупада говорил о *карме*. Он сказал: «Все пытаются достичь счастья и избежать несчастья. Но как бы мы ни пытались ухватить счастье, мы все равно получим ровно столько счастья и ровно столько несчастья. (И он показал сколько). Поэтому суть в том, чтобы стать преданным, и тогда не будет счастья и несчастья». Он повторил это пару раз и обвел взглядом всех сидевших в комнате. Повисла долгая пауза. Я подумала: «Что Вы имеете в виду? Я стараюсь стать преданной, но я испытываю счастье и несчастье». Я робко махнула рукой, Прабхупада посмотрел на меня, и я сказала: «Шрила Прабхупада, мы стараемся стать преданными, но иногда мы чувствуем себя счастливыми, а иногда несчастными. Это Кришна, или это *карма*?» «Это все Кришна», — сказал Прабхупада. Он посмотрел с состраданием и сказал: «Каждый раз, когда ты счастлива, это счастье исходит от Кришны». Я подумала: «Да. Это понятно. А когда несчастлива?» И выпалила: «И несчастье тоже, Шрила Прабхупада?» Он сказал: «Да, это как птица чатака». Он согнул кисть в виде птичьего клюва. «Птица чатака молит облака: „Когда же дождь? Когда же дождь?“, но порой получает молнию». Прабхупада сделал жест рукой в моем направлении, как будто бросал в меня молнию. «Да, иногда она получает молнию», — сказал он, широко раскрыл глаза и снова метнул в меня молнию. «И все равно птичка молит облака о дожде. Так и преданный зависит только от Кришны. Счастье он получает в ответ или несчастье, все исходит от Кришны».

Это был экстаз, потому что это всегда радует меня. Даже несчастье исходит от Кришны — это не *карма*. Я называю это Кришна-*кармой*. Это то, что нам нужно, то, чего мы заслуживаем, то, через что нам нужно пройти. Но все это исходит не от материальной энергии.

На том же *даршане* молодой западный *брахмачари* сказал: «Шрила Прабхупада, в конце спектакля о Рама-*лиле* люди предлагали деньги стопам Рамы и касались стоп актеров. Я подумал, что это неправильно, они ведь не Рама и Сита, а обычные актеры, и людям не стоит этого делать». Прабхупада ответил: «Нет! Когда актеры исполняют роли, они в тот момент те персонажи, которых они играют. Они Рама и Сита. Это нормально, что люди поклоняются Раме и Сите через актеров».

Ananta devi dasi / Ананта деви даси

В 1972 году Ананта деви даси повстречалась с харинамой в центре Чикаго. Караталы и барабаны, на которых они играли, разожгли ее любопытство, и однажды она спросила преданных, что все это значит.

У одной приветливой преданной была с собой целая сумка журналов, и она пыталась останавливать людей. Я задала ей свой вопрос, и она с удовольствием ответила мне. Она смотрела на меня своими глубокими ясными глазами и рассказала мне, что мы не это тело, и что с помощью сознания Кришны можно служить Богу и любить Его. Со мной никогда так не говорили и не смотрели на меня так. Ее звали Лабангалатика. Не успела я опомниться, как она уже давала мне журнал «Обратно к Богу», а я давала ей пожертвование. Я давала его, потому что она была так приветлива и потому что смотрела на меня не как на это тело, а как на духовную душу. Когда она пригласила меня на следующий день на «Пир любви», я согласилась.

Я пришла в храм в Эванстоне со своими двумя детьми. Запах приятных благовоний поразил меня, преданные приветливо встретили нас, усадили и угостили *прасадом*. Потом, всю обратную дорогу на поезде до южной части Чикаго мы с детьми пели Харе Кришна. После этого мы ездили в храм, стараясь не пропустить ни одного воскресенья, но мой муж в то время неблагосклонно воспринял наши поездки. Ему не нравилось, что я хожу в странное место, встречаюсь со странными людьми, повторяю странную *мантру*. Атмосфера в доме все больше накалялась.

Однажды в воскресенье в 1973-м году, когда я вместе со своим трехмесячным сыном Шьямасундарой на руках выходила из храма, я была очень расстроена, потому что хотела переехать жить в храм, но не знала, правильно ли будет оставить мужа. Я молила, чтобы Кришна дал мне какой-нибудь знак. Со слезами на глазах я держала Шьямасундару, как вдруг услышала: «Кришна!» Мой малыш Шьямасундара отчетливо произнес «Кришна», и это все решило. Спустя неделю-две я приняла трудное решение — оставить мужа и переехать жить в храм.

Я очень хотела увидеть Шрилу Прабхупаду, эту великую душу, которая отвечала на все вопросы моей жизни, те вопросы, на которые не могли ответить ни моя мать, ни христианский пастырь, ни Библия. В июле 1974-го года, когда приехал Прабхупада, во время огромной церемонии я получила инициацию. Прабхупада спросил у меня, знаю ли я четыре регулирующих принципа. Я нервничала, боясь, что Прабхупада увидит мои низкие качества, и, должно быть, Прабхупада увидел это по выражению моего лица, хмыкнул и сказал: «Ничего страшного». Это подбодрило меня. Я назвала четыре регулирующих принципа, а Прабхупада спросил, знаю ли я необходимые требования для повторения шестнадцати кругов. Я ответила, что да, и Прабхупада протянул мне четки. Когда я их брала, я дотронулась до руки Прабхупады. Я испугалась, не сделала ли я чего-то неподобающего, но Прабхупаду это позабавило, он снова посмеялся и сказал: «Ничего страшного». Я никогда не забуду его глубокий, звучный голос, когда он говорил мне: «Твое имя будет Ананта деви даси», и все преданные сказали: «Джая Ананта Прабху!» Это было замечательно.

Во второй приезд Прабхупада был гораздо серьезнее. Когда он уезжал, он махал нам на прощание, и я хотела, чтобы он посмотрел на меня. Я думала: «Прабхупада, только взгляните на меня, только взгляните!» Казалось, он посмотрел на всех, кроме меня. И тогда я подумала: «Здесь собрались все великие преданные *санкиртаны* и *пуджари*, почему Прабхупада должен смотреть на тебя? Ты всего лишь убираешь туалеты». В тот же момент, Прабхупада как будто услышал меня, наши глаза встретились, и я, духовная душа, воссияла. Все для меня озарилось ослепительным светом. Слезы брызнули из моих глаз, и я ощутила любовь такой силы, что едва могла выдержать это, любовь, которой я не ощущала ни от кого, даже от матери. Я почувствовала, что Прабхупада любит меня так сильно, что даже не смогла выдержать его взгляда и отвела глаза. Я плакала и говорила себе: «Прабхупада любит меня, он любит меня. Он меня даже не знает, но все равно любит меня».

Спустя какое-то время мне захотелось сказать Лабангалатике, насколько я ценю дар сознания Кришны, который она мне дала. Увидев ее через несколько лет в Лос-Анджелесе, я сказала: «Прабху, я знаю, что Вы не помните меня, но Вы спасли мне жизнь. Вы дали мне мой первый экземпляр „Обратно к Богу". Я очень хочу поблагодарить Вас». И мы обе разрыдались.

Andha-rupa devi dasi / Андха-рупа деви даси

Андха-рупу инициировали письмом в 1975-м году в Майами. Изначально Шрила Прабхупада дал ей имя Вишну-канта, но письмо затерялось, и когда Прабхупада написал еще одно письмо, он дал ей другое имя: Андха-рупа деви даси.

Много лет я не знала, что означает мое имя. Казалось, никто этого не знал. Я все думала, что найду его в следующей опубликованной книге. Поскольку я была распространительницей книг, я всегда прочитывала все новые книги, а потом распространяла их. Обычно я за семь часов прочитывала книгу, а потом шла на *санкиртану* и рассказывала всем, что прочитала. Но также я искала свое имя.

Спустя двадцать семь лет один человек в Индии сказал мне, что означает мое имя — так звали Радхарани, когда она была ребенком. Она родилась слепой, *андха* значит «слепая», *рупа* — «форма». Это имя встречается в «Брахма-вайварта-пуране». Я была в востроге, когда узнала, что Прабхупада дал мне имя, означающее «служанка Радхарани в младенчестве, когда ее глаза были закрыты». Она открыла их, когда появился Кришна.

В 1974-м году я впервые встретила Прабхупаду в саду *туласи*, в Майями. Я тогда еще не была инициирована. Я читала его книги. Я думала, что он очень большой и величественный, поскольку велико было знание, содержащееся в его книгах. Я была в саду *туласи* и стояла рядом с Прабхупадой. Кожа его была золотистой. Стоя рядом с ним, я подумала: «Он того же роста, что и я». Но он был величественен — он был святым.

В Индии было четыреста преданных, из них выбрали двадцать пять для путешествия со Шрилой Прабхупадой. Среди них были Нартака и Сукхада. Ввиду того, что мы все были из одного храма, мы должны были ездить со Шрилой Прабхупадой. Он читал лекции на хинди в разных *пандалах*. Во время лекций мы сидели на сцене. Мужчины сидели с одной стороны, женщины — с другой. Индийцы фотографировали нас — они не могли поверить, что эти белые преданные с Запада следуют Ведической культуре.

Есть одна фотография, на которой я со Шрилой Прабхупадой. Она напечатана в книге Хари Шаури Прабху «Трансцендентный дневник». Шрила Прабхупада был, как я думаю, в храме Лакшми-Нрисимхи. Он сидел на *вьясасане* позади, а все преданные битком набились в эту маленькую комнату. Я стояла в дверном проеме и не могла зайти. Все мужчины зашли, а женщины были снаружи. Я думала: «Мне не удастся зайти и увидеть Прабхупаду». Вдруг сильным порывом ветра меня внесло в комнату. Я оказалась так близко к Прабхупаде, что мои ноги были прямо под его *вьясасаной*. Я смотрела на Прабхупаду, и кто-то сделал снимок.

Затем мы отправились во Вриндаван и посетили еще четыре города. Мы ехали в школьном автобусе, но Прабхупада с нами не ехал. Во Вриндаване я приводила в порядок его комнаты. Убирая ванную, я брала бритву и осматривала ее, осматривала языкочистку — я осматривала все личные вещи Прабхупады. Я чистила до блеска его плевательницу.

Затем, когда Прабхупада возвращался с прогулки, мы все выбегали встречать его. Прабхупада шел один вдоль стены храма Кришна-Баларамы. Я бежала впереди всех — мне хотелось встать поближе к Прабхупаде. Пока он шел, я говорила: «Джая Шрила Прабхупада». Он искоса бросил на меня взгляд, и в этом взгляде я увидела луч. Это была милость. Это был луч света. Я склонилась в поклоне.

Я чувствовала, что этот луч света наделил меня способностью распространять книги. Он наделил меня способностью распространять книги на *санкиртане* в течение тридцати шести лет.

Однажды он должен был приехать на программу в *пандале*. До его приезда мы все были под навесом, и *пандал* рухнул. Хари-стхану и я пытались выбраться из-под него, нам пришлось выбираться ползком. К счастью, Прабхупада вместе с Божествами Гаура-Нитай приехал гораздо позже. Пандал к тому времени уже поставили. Все были очень рады, что Прабхупады тогда не было.

Я знала Прабхупаду по книгам. У меня есть отношения с Прабхупадой посредством его книг. Когда мы распространяли книги в аэропорту Майями, кто-то сказал, что Прабхупада оставил тело. Мы все вернулись в храм. Нартака, Сукхада и я плакали, пока ехали в машине. Я сидела сзади и держала в руках книгу Прабхупады. «Прабхупада не ушел, он в своих книгах. Я правда чувствую, что он там». Для меня он никогда не оставлял этот мир. Для меня он всегда в своих книгах. Я читаю его комментарии, и это его переживания. Я всегда ощущаю его присутствие, когда читаю его книги. В этом мое общение с Прабхупадой — через его книги.

В тот день, когда Прабхупада бросил на меня тот взгляд искоса, я была в таком восторге! Я больше не распространяю книги в первых рядах — мне шестьдесят — но у меня есть другое служение, связанное с книгами Прабхупады. Я заказываю их из Би-Би-Ти, складываю в наше книгохранилище, представляющее из себя небольшой шкаф. Все, кому нужны книги, приходят ко мне. Я также каждый месяц записываю очки за распространенные книги в бюллетене Би-Би-Ти. Я хожу и собираю сведения, сколько каждый преданный распространил книг. Это непередаваемый экстаз. Семьдесят преданных вышли на рождественский марафон. Все были просто в экстазе. У нас было много точек распространения, бфло даже несколько испаноговорящих преданных. Нам пришлось заказывать больше книг для них на испанском. *Санкиртана*, распространение книг — это настоящая жизнь. Вот что это такое.

Annada devi dasi / Аннада деви даси

Аннада родилась на Цейлоне в семье индусов. В 1972-м году, спустя две недели после того, как она присоединилась к преданным, восемнадцатилетняя Аннада автостопом добралась до парижского храма на Фонтене-о-Роз, чтобы встретиться с Прабхупадой. Хотя алтарная была маленькой, она заметила, что Прабхупада принес с собой ощущение необъятности, где всем хватало места.

Встреча со Шрилой Прабхупадой лицом к лицу была трансцендентным событием, чем-то, чего я никогда не испытывала раньше. Я знала, что нет в мире никого подобного Прабхупаде, и встреча с ним была точкой невозврата — она полностью изменила мою жизнь.

Я только что присоединилась к Движению, когда Бхагаван попросил меня выйти замуж за преданного *санкиртаны*. Я написала отцу, что собираюсь замуж, и мой отец очень огорчился, потому что не знал, за кого я собираюсь выйти. Мой отец попросил Шрилу Прабхупаду о моем возвращении в Индию, и Прабхупада написал Бхагавану, что свадьбы не будет, если не согласятся родители.

В декабре 1973-го года я была в Индии, когда туда приехал Прабхупада. Прабхупада спросил меня, как дела в парижском храме. Я ответила: «Там все развивается динамично. Много проповедуют». Прабхупада был доволен и сказал, что в храме и должно все быть динамично, должно быть много проповеди, воспевания, распространения *прасада*». Однажды вечером Прабхупада в своей комнате беседовал с учениками в неформальной обстановке, потом он начал играть на фисгармонии и петь Харе Кришна *маха-мантру* на разные мелодии. Потом он остановился и сказал: «Можно научиться доставлять Кришне удовольствие таким простым способом — просто пойте святое имя на разные мелодии».

В Дели мне было трудно вписаться в жизнь храма, и я жила у родителей. Однажды Шрила Прабхупада спросил у меня: «Где ты живешь?» — «У родителей, Шрила Прабхупада», — ответила я. «Что ты там будешь делать? Сидеть у матери на коленях?» Он не хотел, чтобы я пряталась дома, он хотел, чтобы я проявила немного мужества для того, чтобы жить и служить в храме. Позже мой отец написал Прабхупаде, что хотел бы, чтобы я поступила в колледж. Прабхупада ответил ему, что, конечно, я могу поступить в колледж, если того хочет мой отец, но лично он считает, что изучения его книг, изучения ведической литературы достаточно для моего образования. Прабхупада благосклонно выразил свои мысли по этому поводу в письменном виде, и это сработало. Я не пошла учиться.

Однажды в Нью-Майяпуре Прабхупада сказал: «Если Кришна признал тебя и послал хорошего духовного учителя, чего еще ты хочешь?» В другой раз Прабхупада спросил: «Сколько лет твоему отцу?» — «Ему около шестидесяти», — ответила я. Прабхупаде было восемьдесят. «О, он годится мне в сыновья». Прабхупада был отцом для всех; его сострадание было безграничным и не имело никакого отношения к телесным привязанностям. После того как Прабхупада увидел Гангу и меня в Лондоне, затем в Индии, затем снова в Лондоне и, наконец, в Нью-Майяпуре, он сказал: «Ты здесь, здесь и оставайся».

Когда Прабхупада был в Бхактиведанта-мэноре в августе 1977-го года, он каждое утро сидел и смотрел на преданных во время *гуру-пуджи*. Он не говорил ни слова, но это был изумительный, чарующий обмен. Мы были влюблены в Шрилу Прабхупаду, а он был влюблен в своих учеников. Вся алтарная была наполнена нежным, любовным настроением. Преданные забывали о любой враждебности по отношению друг к другу, ведь Прабхупада приложил такие усилия, чтобы приехать в Лондон для встречи с ними. Было просто невозможно стоять перед ним, затаив в сердце дурные чувства. *Киртаны* были такими трогательными, такими наполняющими. У Прабхупады часто текли по щекам слезы. В аэропорту, когда Прабхупада покидал Лондон, преданные посадили его в лифт с возгласами «Джая Прабхупада!», лифт поднялся на один этаж, а все преданные рванулись по лестнице, и когда дверь лифта открылась, мы все стояли перед Прабхупадой. Он улыбнулся. Он был нездоров, но у него сохранялось чувство юмора. Воодушевление преданных придавало ему сил.

Когда Прабхупада покинул этот мир, моей первой мыслью было: «Кто же теперь будет давать ответы на все наши вопросы?», и меня осенило: «Да, нужно выбраться отсюда. Нужно вернуться домой, обратно к Богу». Это было в первый раз, как я об этом задумалась. Когда Прабхупада был здесь, в этом мире, куда еще надо было идти? Моей второй мыслью было: «Прабхупада не ушел, он никогда не уйдет. Нужно просто продолжать повторять *мантру*». Прабхупада здесь в своих книгах, в записях, в преданных, в учениках его учеников. Прабхупада доступен любому в любое время, всегда, нет никаких барьеров. Любовь духовна.

Прабхупада ценил любого, в каком бы теле он ни был — в теле мужчины, женщины или ребенка, и был добр и нежен к каждому. Он ни в малейшей степени не выказывал ни к кому предубеждения или несправедливости; он идеально обращался со всеми, и все были довольны. Будучи последователями Прабхупады, мы должны следовать этому примеру. Нам стоит научиться ценить друг друга и смотреть друг на друга с любовью и преданностью, как на слуг Прабхупады. Нам нужно научиться обходиться друг с другом так же нежно, наилучшим образом, как это делал Прабхупада. Если мы сможем следовать ему в этом, мы станем намного счастливее.

Шрила Прабхупада говорил, что, если мы сможем научиться удовлетворять Кришну повторением святого имени, наша жизнь увенчается успехом. Прабхупада изменил мою жизнь, даровав мне святое имя. И он дал мне свой пример, который был настолько привлекателен, что ничто не сможет его заменить. Я молю его, чтобы невозможное стало возможным, и я развила в себе достаточно искренности, чтобы он был доволен мной и направлял меня в том, чтобы я делала то, что он хочет.

Annapurna devi dasi / Аннапурна деви даси

Аннапурна была разведена и у нее был семилетний сын. Она начала посещать храм в Детройте в апреле 1976-го года.

Я получала самые общие представления о том, как быть преданной: не есть мяса, рыбы и яиц — хорошо, это понятно. Прекратить пить и курить — хорошо, я это сделала. Что еще? Не есть чеснока и лука? Хорошо. Говардхан поговорил со мной и замечательно ответил на все мои вопросы.

Когда в июне того года приехал Прабхупада — он в первый раз увидел особняк Фишера с того времени, как преданные купили его — алтарная и балкон были забиты преданными, которые прыгали вверх-вниз, играли на *караталах* и барабанах в оглушающем *киртане*. После того как Прабхупада поклонился Божествам, все расступились, чтобы дать ему пройти к *вьясасане*. Когда он проходил мимо женщин, Шукти и Яшогами вытолкнули меня в передний ряд, как будто выложили на видное место подношение Прабхупаде: «Посмотрите, у нас тут новые преданные!» Прабхупада остановился и улыбнулся мне. Я подумала: «Пожалуйста, примите меня в преданные. Я хочу покончить со всей этой ерундой». Прабхупада посмотрел на меня так, как будто видел мою душу. Казалось, он читает мои мысли. Он кивнул мне, как бы говоря: «Да, я приму тебя». Все это произошло как в замедленной съемке. Казалось, что мы с Прабхупадой одни в алтарной, и больше никого нет. Это было удивительно!

Майя много раз испытывала меня, и много раз у меня были тяжелые времена, но улыбка Прабхупады помогала мне пережить их. Моя встреча с ним была короткая, но она была дороже всего на свете.

Arcana-siddhi devi dasi / Арчана-сиддхи деви даси

Арчана-сиддхи всегда чувствовала себя под защитой и прибежищем Шрилы Прабхупады. Несмотря на то, что она не встречалась с ним лично, она считает, что знает его через служение ему. Она переехала в Потомак, храм в Мэриленде и была инициирована в 1976-м году.

Когда я присоединилась к Движению, у президента храма, женатого человека, имеющего детей, была связь с одной из *брахмачарини*. Когда эта связь получила огласку, он спросил Прабхупаду, можно ли ему сделать эту *брахмачарини* второй женой. Прабхупада ответил, что, если он хочет взять себе еще одну жену, он должен жить за пределами храма. Он не выгнал девушку. Я подумала, что это так удивительно, что Прабхупада продолжает давать ей прибежище.

Этот случай дал мне представление о Прабхупаде и его умонастроении. Его взгляд на эту ситуацию наполнил меня чувством безопасности, а решение, принятое им, восхитило меня. Прабхупада просто изумителен, а его решение идеально.

У меня была очень глубокая связь со Шрилой Прабхупадой с самого начала. Я почувствовала, что он вытащил меня из моей материальной жизни и дал мне прибежище в Движении. Я чувствовала это по-настоящему. В сентябре, прямо перед тем, как Прабхупада приехал в Вашингтон, я поехала в храм. Пока преданные подвозили меня до храма, они включили кассету, где пел Шрила Прабхупада, это были звуки из другого мира. Я никогда раньше не слышала ничего подобного. Меня перенесли на совершенно другой уровень сознания. Я подумала: «Да, вот что мне нужно делать, мне нужно быть здесь». Все в храме было таким незнакомым, но я чувствовала связь со Шрилой Прабхупадой. Он не был незнакомцем.

Я также чувствовала связь с ним еще и потому, что распространяла его книги. Для меня это служение было особенно трудным. Подходить к людям и о чем-то их просить было для меня чем-то противоестественным. Я не любила даже подходить к людям, чтобы спросить сколько времени, что уж говорить о том, чтобы подходить, пытаясь продать книгу. Мне по-настоящему приходилось принимать прибежище Прабхупады, чтобы выполнять это служение. Пять раз в день я поднималась на балкон в слезах, чтобы посмотреть на фотографию Прабхупады в журнале «Обратно к Богу». Я плакала каждый день: «Прабхупада, я не могу выполнять это служение. Вы должны мне помочь. Пожалуйста, дайте мне сил». И после этого я была в состоянии встать, выйти на улицу, подходить к людям, и так в течение часа, пока меня снова не накрывало.

Это было началом моих отношений с Прабхупадой, и я всегда ощущала прилив сил, стоило мне помолиться Прабхупаде. Он никогда не подводил меня. Я всегда чувствовала, что он помогает мне, как только можно. И действительно, мои отношения с ним развивались через служение.

Еще я ощущала его присутствие через служение преданным. Я чувствовала, как он откликается на мое служение слуге слуги слуги. Поэтому мне нравилось служить более старшим преданным и новичкам. Я знала, что он будет доволен, если я возьму под свою опеку новеньких девушек, которые только пришли. Я взяла себе за правило угощать *прасадом* всех, кто бы ни пришел в храм, и разговаривать с ними. Когда я выполняла это служение, я чувствовала столько милости от него.

Я не испытывала недостатка в личном общении с ним только оттого, что не видела его, потому что он был частью моей жизни. Я никогда не чувствовала, что не знаю его. Я не чувствовала, что у меня не было или нет его личного общения. У меня оно точно было.

Я думаю, мне очень повезло, несмотря на мое женское тело, потому что в Потомаке Рупануга всегда обращался с женщинами так, как того хотел Прабхупада. Однажды он заставил меня дать лекцию для преданных. Мне было очень страшно. Вероятно, наш храм был одним из немногих, где после ухода Прабхупады женщины давали лекции. Моя удача состоит в том, что у меня был лидер, который так много общался с Прабхупадой и так хорошо понял его умонастроение.

Archya devi dasi / Арчья деви даси

Когда Прабхупада приехал в Стокгольм, Арчье было всего четырнадцать лет. Преданные арендовали большой дом, который находился всего в одном квартале от ее дома, того же самого дома, в котором они с мужем живут по сей день. Соседи говорили о странных людях, которые стали там появляться. Однажды утром Арчья выглянула из окна спальни и увидела, как группа джентльменов, одетых в оранжевую одежду, идет по улице. Она сразу не поняла, что среди этих людей был Прабхупада, который шел мимо ее дома на утреннюю джапа-прогулку.

Примерно через год, всего через два дня после окончания школы, я присоединилась к стокгольмскому храму. В том же месяце — июне 1974-го года — я вместе с другими преданными отправилась в Германию, чтобы встретиться с Прабхупадой в замке Реттерсхоф. Меня часто спрашивают: «На что это было похоже, когда вы впервые увидели Прабхупаду?» Я чрезвычайно люблю все анализировать, но я не могу описать, как это было, потому что духовные чувства нельзя описать материальными словами. Это было в аэропорту Франкфурта. Прабхупада появился из-за угла, *киртан* взорвался и стал в миллион раз громче, чем был. Вокруг были сотни преданных и сотни *карми*, но для меня не было никого, кроме Прабхупады. Это было странное чувство, и, как бы я ни пыталась выразить его словами, все равно не получается.

Впервые я увидела Божества в замке Реттерсхоф, потому что в Стокгольме мы поклонялись изображениям Гаура-Нитай. Когда занавеси открылись для *мангала-арати*, я увидел маленьких медных Божеств и подумала: «Вот это да! Как чудесно! Я бы хотела Им поклоняться». На следующий день я получила посвящение и имя Арчья, что означает «та, что поклоняется Божеству». Это было потрясающе. Мне было пятнадцать.

В конце 1976-го года, когда Прабхупада приехал навестить Радху-Лондонишвару, я была *пуджари* на Бери Плейс. Мы, *пуджари*, как следует поработали и подумали, что все великолепно. Лила Шакти проводила *арати*, а я сидела на полу рядом с Прабхупадой, который расположился на своей *вьясасане*. Когда Лила Шакти предлагала *чамару*, Прабхупада, взглянув на нее, сказал: «Ее не постирали». Каждый день мы стирали *чамару* в горячей воде с детским шампунем фирмы «Джонсон», чтобы отстирать ее добела. Но в этот раз, несмотря на то что мы сделали все остальное, мы забыли постирать *чамару*. Прабхупада не говорил: «О, этого довольно нехорошо», он говорил: «О, я заметил все, что вы сделали, но вот это вы забыли». Он говорил с любовью.

Впоследствии я отвечала за кухню в Бхактиведанта-мэноре, а мой муж помогал готовить сладости на *мангала-арати*. Шрила Прабхупада пришел, откусил кусочек *бурфи*, приготовленного моим мужем, сказал: «Оно сухое», — и отложил его. Потом он съел кусочек бомбейской *халавы*, которую приготовила я. Позже на той же неделе я сделала еще бомбейской *халавы* для Прабхупады, и один из слуг Прабхупады пришел и сказал: «Есть еще бомбейская *халава*?» Я дала ему еще *халавы*, и, судя по тому, что он не принес обратно остатки, я поняла, что Прабхупада съел вторую порцию моей бомбейской *халавы*. Мы с мужем до сих пор дразним друг друга по этому поводу. Я говорю ему: «Ну, зато он съел мою бомбейскую *халаву*».

Духовное нельзя измерить материальным. Мы можем сосчитать, сколько у Прабхупады храмов и учеников, но влияние Прабхупады на общество, на литературу, на западную философию невозможно измерить. Люди все еще пишут докторские диссертации об использовании Прабхупадой восточной философии в западном мире. Даже для тех, у кого нет духовных интересов, Прабхупада сделал великое дело — он сделал духовное измерение уважаемым, чего раньше не было. Его влияние невозможно описать словами.

Несколько раз Прабхупада говорил: «Если кто-то скажет: „Прабхупада говорит“, немедленно спросите: „Где Прабхупада пишет об этом?“» Самое важное — это читать его книги, потому что все, что сказал Прабхупада, содержится там. Сколько раз за эти годы мы читали одни и те же стихи и комментарии? Но когда мы читаем их снова, мы находим новый нектар и глубину, которые не ценили раньше. Меняются обстоятельства жизни, мы растем, и это помогает нам понять разные вещи. Книги Прабхупады — это сокровище, которое ни в коем случае нельзя терять. Пишутся новые книги, что хорошо для людей новых поколений, но точно так же, как Библия никогда не устареет, так и комментарии Прабхупады. Если мы хотим понять «Бхагавад-гиту как она есть», нам просто нужно прочитать его комментарии. Его наставления просты, и, как с поваренной книгой — если мы будем следовать рецепту, то получим блюдо. Но если мы начнем добавлять что-то другое, мы не получим то же самое. Все очень просто.

Мы не можем недооценивать силу следования наставлениям Прабхупады. Мы должны читать, но, если мы также практикуем и просим Кришну очистить наш ум и помочь нам понять, что означают эти наставления в наших обстоятельствах, картина будет более полной. Люди всегда будут толковать вещи для их собственного блага или для блага других, но мы никогда по-настоящему не узнаем, что имел в виду Прабхупада, пока Кришна не скажет нам. Нет никакой формулы, чтобы остановить неверные толкования, но очень важно быть смиренным, ценить усилия других преданных и вести открытые дискуссии, чтобы мы могли учиться друг у друга. Вместе преданные обладают огромной силой духовного понимания. Мы недооцениваем это.

Будучи *санньяси*, Прабхупада должен был продемонстрировать правильный стандарт поведения, поэтому внешне он относился к женщинам-ученицам иначе, чем к мужчинам-ученикам, но он не игнорировал женщин и не думал, что женщины представляют меньшую ценность, чем мужчины. Прабхупада проявлял свою признательность женщинам по-другому, и он был очень благодарным. Его видение состояло в том, что мы — духовные души; он не смотрел на нас, как на женщин и мужчин.

Ardra devi dasi / Ардра деви даси

Хотя Ардра не любила читать, ее сразу же привлекло сознание Кришны, когда она прочитала "Шри Ишопанишад". Она подумала: «Да, все это правильно!» и попыталась серьезно следовать указаниям Прабхупады. Она переехала в амстердамский храм, повторяла Харе Кришна, служила Кришне и выходила на санкиртану.

Я была в ужасе от мысли, что Абсолютная Истина безлична, как свет, и когда я услышала, что Бог, Кришна, является Личностью с формой, именем, играми, и что Его обитель, Вайкунтха, — место, где нет страха, я была счастлива. Конечно, у меня еще есть страх, потому что я не чистая преданная, но я знаю, что Кришна заботится обо мне и помогает мне, и однажды по Его милости я вернусь домой.

Вкус, который я получила из своего опыта жизни в храме, полностью развеял все мои сомнения в Шриле Прабхупаде и Кришне. Я не могу забыть этот вкус. Я все время думаю: «Когда же я снова почувствую близость к Кришне?» Мне очень понятна *лила*, когда Кришна явился перед Нарадой Муни как Господь Вишну и сказал: «Ты больше не увидишь Меня в этой жизни».

С того дня, как Прабхупада дал мне посвящение, я чувствую себя комфортно, потому что знаю, что Прабхупада всегда рядом со мной. Прабхупада дал нам Кришну, самое большое сокровище. Как только мы вступаем в контакт с Ним и преданными, не остается никаких беспокойств типа «Кто я?» и «Что я здесь делаю?», «Является ли Абсолютная Истина Личностью или нет?» Все тревоги уходят прочь.

Я поддерживаю связь с Прабхупадой, поклоняясь его *мурти* и следуя его наставлениям. Когда я слушаю лекции Шрилы Прабхупады или читаю его книги, всегда находится что-то, что поражает меня: «О да, это то, что мне нужно делать».

Сознание Кришны прекрасно. Все, что мы считаем некрасивым, происходит из-за нашего забвения Кришны. Если мы можем быть удовлетворены тем немногим, что представляет из себя *прасад* или предложенный цветок и можем видеть милость в этих вещах, этого достаточно.

Arundhati devi dasi / Арундхати деви даси

Когда в 1966-м году семнадцатилетняя Арундхати гуляла по Томпкинс-сквер парку, подруга сказала ей: «Я хочу тебе кое-что показать» и привела ее к Шриле Прабхупаде. Арундхати пела Харе Кришна маха-мантру вместе с Прабхупадой.

Прабхупада не привлек меня сразу, и после того, как я ушла, я не вспоминала ни о нем, ни о воспевании. Позже я переехал в Ист-Вилладж и, проходя мимо витрины магазина «Бесценные дары», подумала: «Как-то странно». Затем весной 1968-го года по приглашению Киртанананды мы с моим парнем Рэнди, который впоследствии стал Ранадхиром, посетили Нью-Вриндаван. Однажды утром мы все приняли ЛСД, и у меня начались галлюцинации. Киртанананда играл на фисгармонии и пел, и я спросила, можно ли мне играть. Он сказал: «Хорошо». Как только я произнесла Харе Кришна, это жуткое безумие рассеялось. Я подсела на святое имя и пела весь день без остановки. Но я не знала философии; я все еще принимала ЛСД.

Я переехала в Беркли и на воскресном пире в храме Сан-Франциско отведала самой лучшей еды в жизни. Затем последовали еще галлюцинации с погружением в полное отчаяние. Не отдавая себе отчета в том, что я делаю, я часами пела и танцевала, взывая к Кришне в убежище Университета Беркли. Вся моя жизнь изменилась. Я поняла, что выход — это Кришна, а не ЛСД.

Примерно в сентябре 1968-го года я переехала в бостонский храм и начала транскрибировать записи лекций Прабхупады. Бостон был суров, но мы пребывали в блаженстве, воспевая и служа Прабхупаде. Иногда во время повторения *мантры* я плакала, и я спросила Прабхупаду об этом, написав ему. Он ответил: «Это очень хорошо, что ты плачешь во время *киртана*, это значит, что Кришна доволен тобой».

В апреле 1969-го года вместе со всеми бостонскими преданными я отправилась в Нью-Йорк, чтобы встретить Прабхупаду в аэропорту. Когда я поклонилась, я на секунду замерла, а когда я подняла глаза, то увидела, что Прабхупада стоит рядом. Он погладил меня по голове. Меня охватило блаженство. Я росла в довольно любящей семье, но в тот момент я подумала: «Я не знала, что такое любовь до этого момента». После этого все женщины — Лила-шука, Канчанбала, Индира, Рукмини и я — шли рядом с Прабхупадой, а когда он сел, мы встали перед ним, воспевая *мантру*.

Позже Прабхупада спросил: «Кто-нибудь хочет ухаживать за моими Божествами каждое утро?» Я сразу сказала: «Я хочу, Шрила Прабхупада». Он сказал: «Зайди ко мне в комнату завтра утром». Он показал мне, как купать и одевать маленьких Божеств Радха-Кришны, с которыми он путешествовал, и я делала это каждый день, пока он был в Нью-Йорке и Бостоне.

В Бостоне Сатсварупа сказал Прабхупаде: «Женщины все время ссорятся друг с другом». Прабхупада сказал: «Это потому, что им нужно замуж. Немедленно все устрой, а я проведу свадебную церемонию». Прабхупада сказал, что мне нужно выйти замуж за преданного из Монреаля, но я не испытывала к нему никакого влечения и не хотела выходить за него замуж. Я плакала. Шрила Прабхупада сказал: «Все в порядке. В сознании Кришны нет ничего насильственного. Если не хочешь выходить замуж сейчас, можешь выйти замуж потом».

На следующий день Прабхупада провел свадебную церемонию для других преданных и ушел. Я начала молиться: «Прабхупада, я не вышла замуж, когда вы просили меня об этом, но сейчас я молюсь Вам, чтобы Вы послали мне мужа». Прабхупада подумал, что мы с Прадьюмной были бы хорошей парой, потому что мы оба работали над его книгами, и спросил меня, не хочу ли я выйти за него. Я сразу же согласилась, и Прабхупада обвенчал нас в Колумбусе. Когда ИСККОН-пресс переехал в новый бостонский храм, мы с Прадьюмной тоже переехали туда. В 1970-м году я родила Анируддху и, как только восстановилась, я продолжила свое служение, набирая текст на печатной машинке.

Однажды в письме к Прабхупаде я спросила, можно ли мне поклоняться Божествам, а за Анируддхой будет ухаживать кто-нибудь другой. Он ответил: «Я просто удивлен, что ты хочешь отдать своего ребенка другим людям, даже если они тоже преданные. Для тебя поклонение ребенку важнее, чем поклонение Божеству. Если у тебя нет на него времени, то прекрати выполнять обязанности *пуджари*. Ты должна как следует заботиться о своем сыне, по меньшей мере до тех пор, пока ему не исполнится четыре года. Если после этого ты не сможешь больше ухаживать за ним, тогда я позабочусь об этом. Эти дети даны нам Кришной, они вайшнавы, и мы должны очень тщательно заботиться о них и защищать их. Это не обычные дети, это дети Вайкунтхи, и нам очень повезло, что мы можем дать им шанс продвинуться дальше в сознании Кришны. Это очень большая ответственность, не пренебрегай ею и не заблуждайся на этот счет. Твой долг предельно ясен». Я сразу же принялась снова заботиться об Анируддхе.

Я переехала в Лос-Анджелес, и когда Прабхупада приезжал, я транскрибировала записи его лекций. Однажды он сказал: «Ты очень быстро все делаешь. Твой муж не такой быстрый, как ты». Через несколько минут он позвал меня к себе в комнату, достал браслет и сказал: «Мне подарила его одна индианка. Он из чистого золота. Я бы хотел, чтобы он был у тебя, ты так усердно работаешь над моими книгами!» Я лишилась дара речи и с трудом смогла сказать только: «Спасибо, Шрила Прабхупада». Браслет до сих пор у меня.

В Лос-Анджелесе Анируддха подражал преданным, танцующим в бенгальском стиле. Позже Прабхупада сказал: «Он подражает другим, а в ребенке подражание — признак интеллекта». Шрутакирти сказал: «Он умен, как и его отец». Прабхупада сказал: «Нет, он умен, как его мать. Его мать умнее».

Анируддха провел в *гурукуле* два года и не научился читать. Я была расстроена, и Прабхупада сказал, что я могу сама научить его. Затем летом 1976-го года Прабхупада предложил мне поехать с ним, чтобы транскрибировать записи его лекций, и взять с собой Анируддху. Мы были в Лондоне, Париже, Тегеране. В Тегеране Нандарани сказала Прабхупаде, что дает своим двум дочерям хорошее образование. Прабхупада сказал: «Научи их быть похожими на Анируддху. Он всегда повторяет Харе Кришна».

В конце концов мы добрались до Бомбея, где Палика готовила для Прабхупады. Я подумала: «Жаль, что я не могу готовить для Прабхупады». Через неделю у Палики появилась экзема на руках, и Прабхупада сказал: «Научи Арундхати готовить для меня». Как-то одна индийская женщина приготовила что-то вкусное для Прабхупады, и он сказал мне: «Научись готовить также. Радхарани могла угодить Кришне, потому что так замечательно готовила. Ты тоже должна научиться хорошо готовить».

Прабхупада сказал Анируддхе: «Ну что ж, Анируддха, ты собираешься стать знатоком санскрита, когда вырастешь?» Анируддха сказал: «Нет, Прабхупада, я буду пастушком». Прабхупада сказал: «Ты не хочешь быть знатоком санскрита? Твой отец очень хороший знаток санскрита». Анируддха был непреклонен: «Нет, Прабхупада. Я буду пастушком». Прабхупада рассмеялся.

Анируддха обычно жил со мной, но однажды ночью он остался с Прадьюмной, а на следующее утро Прабхупада спросил Анируддху, почистил ли он зубы. Анируддха ответил: «Да», но Прабхупада знал, что это не так. Позже Прабхупада сказал мне: «Получше заботься о сыне. Муж не может этого делать. Ты должна». Я ответила: «Хорошо, Шрила Прабхупада».

Прабхупада был очень уравновешенным и был в сознании Кришны, где бы он ни находился. Жил ли он в хижине или в особняке, его ничто не беспокоило, он был сосредоточен на проповеди и переводе своих книг.

Я готовила для Прабхупады, печатала его книги и письма и заботилась о Прадьюмне и Анируддхе. Анируддха обычно играл с телятами, и я позволяла ему заходить на кухню, но Хари Шаури это не нравилось. Однажды Хари Шаури накричал на меня так громко, что на кухню пришел Прабхупада. Хари Шаури сказал: «Я много раз говорил Арундхати не пускать Анируддху на кухню. У него грязные руки, а она позволяет ему подавать Вам еду». Прабхупада позвал Хари Шаури к себе в комнату и поговорил с ним несколько минут. Затем он позвал меня и сказал: «Я сказал Хари Шаури, что, если у него есть какие-то жалобы на тебя, он должен сказать об этом либо отцу, либо мужу — мне или Прадьюмне, а не непосредственно тебе. Отныне, если Анируддха захочет чего-нибудь поесть, попроси его подождать у двери и вынеси ему что-нибудь, но не пускай его на кухню. Хорошо?» — «Да, Шрила Прабхупада», — сказала я. Прабхупада удовлетворил всех, включая Анируддху.

В 1977-м году мы вернулись в Бомбей, Палика должна была снова готовить, но я привязалась к этому служению и продолжал готовить для Прабхупады. Однажды у меня получилось плохо, и Прабхупада закричал на меня: «Сабджи пригорели! Я столько лет тебя учу, а ты до сих пор не знаешь, как нужно». «Простите, Шрила Прабхупада», — сказала я. Казалось, я вызывала у него отвращение. «Завтра будет готовить Палика». Я была раздавлена. Позже Прабхупада приготовил себе *бати-чачари*, овощное блюдо, которое подгорело на дне, и позвал нас с Паликой на кухню, чтобы помочь ему.

Теоретически я понимаю, что духовный учитель продолжает жить, но я была привязана к *вапу* Шрилы Прабхупады и очень скучаю по тем отношениям, которые у меня были с ним. Сейчас я не занимаюсь тем служением, которое я делала в прежние годы, но я продолжаю чувствовать прочную связь со Шрилой Прабхупадой. Когда я говорю о нем, я чувствую его энергию.

Arya devi dasi / Арья деви даси

В апреле 1975-го года на праздновании Рама Навами в благоприятный день установки Божеств и открытия Шри Шри Кришна-Баларам Мандира в Шри Вриндавана-дхаме Арья и ее муж Виджета даса получили харинама-посвящение. Бхаргава сделал фото крупным планом как раз в тот момент, когда Его Божественная Милость Шрила Прабхупада вручал Арье ее четки для джапы.

На фотографии Шрила Прабхупада спокойно сидит в окружении своих преданных, занятых различными видами деятельности. Хамсадутта усердно омахивает Прабхупаду, выглядя при этом напряженным, а Акшаянанда озабоченно наблюдает. Индийская *матаджи* и мальчик-преданный стоят позади Прабхупады и внимательно наблюдают. Парамахамса сидит впереди справа от Прабхупады, глядя вдаль, а на переднем плане видна его рука. Приглушенные тона шафрана и цвета слоновой кости, кажется, усиливают трансцендентную композицию, создавая общее настроение безмятежности.

Перед церемонией посвящения я узнала, что на нее по правилам этикета следует надевать новую одежду, поэтому, стараясь почтить традицию, мы потратили время на поиски подходящего *сари*. Но, как вы можете себе представить, эта задача быстро превратилась в утомительное занятие по сравнению с предстоящим трансцендентальным событием, которого я с нетерпением предвкушала. Поэтому я в отчаянии остановилась на мягком *сари* из натурального волокна со скромной отделкой из золота яри, цвета слоновой кости. Тогда мы еще не знали, что чистый белый цвет предназначается только для вдов. Всего четыре месяца назад мы с мужем познакомились с Движением Прабхупады, проезжая через Бомбей по пути на Гоа, эту Мекку для хиппи. Мы, духовные искатели, пришли в Харе Кришна Лэнд и обнаружили к большому нашему удовольствию, что автор духовных книг, которые мы читали, лично присутствовал в то время и будет лично присутствовать в храме на богослужении в тот вечер. По совету Дайви-шакти деви мы отправились на Джуху-Бич собирать цветы, чтобы по возвращении предложить их Шриле Прабхупаде. Потеряв счет времени, мы, наконец, вернулись в 7:25 вечера, как раз когда преданные кланялись, а Шрила Прабхупада, сидя на возвышении, читал молитвы *према-дхвани* своим глубоким, звучным голосом. Это был переломный момент для нас обоих.

В течение трех дней администрация храма беседовала с нами и пригласила нас жить в *ашраме*. Нашим первым служением была уборка покоев Шрилы Прабхупады. Возвращаясь с утренней прогулки, он заметил, что я надела длинное тибетское платье, и велел Палике деви «дать этой девушке *сари*». Я читала, что Прабхупада называет *сари* «чисто вайшнавским одеянием», подчеркивая, что оно не обязано своим происхождением какой-либо другой культуре, кроме как культуре Вайкунтхи. Я очень ценила то, что по рекомендации своих учеников он так охотно и с такой готовностью включил нас в ряды своих учеников. Мы поняли, какой редкий дар он нам предлагает, и очень серьезно отнеслись к сознанию Кришны. Хотя фотография с посвящения вышла всего через четыре месяца после нее, я увидела ее только пятнадцать лет спустя, когда Лола деви узнала меня на фотографии на встрече в Нью-йоркском храме и любезно попросила Пуру даса напечатать для меня копию. Я хочу воспользоваться этой возможностью, чтобы выразить свою благодарность всем этим добрым вайшнавам, преданным Господа Кришны, за их роль в сохранении такого вечного дара — самой драгоценной памяти моей духовной жизни.

По милости Господа Кришны я веду очень простой образ жизни, вращающийся вокруг моей *садханы*, *джапы* и трансцендентного чтения в незатронутом цивилизацией районе Западный Кутеней в Британской Колумбии, Канада.

> Тот, кто сказал: «Вайшнавы умирают»,
> Ошибся — в звуке ты все так же жив!
> Вайшнавы к жизни умирают, продолжая
> Святою жизнью жизнь животворить!

Ashalata devi dasi /Ашалата деви даси

Когда Ашалата, уроженка Уттар-Прадеша, начала ходить в храм в Торонто в 1968-м году, она подумала: «Прабхупада, должно быть, великая личность, потому что он изменил западных людей». Увидев фотографию Прабхупады, она испытала сильное желание прикоснуться к его лотосным стопам.

В 1975-м году мы с мужем, Шубхавиласой, отправились в Чикаго, чтобы встретиться с Прабхупадой. Однажды после лекции Прабхупады Шубхавиласа сказал: «Прабхупада, мы пришли сюда, чтобы исполнить желание моей жены прикоснуться к Вашим лотосным стопам». Прабхупада милостиво сказал мне: «Подойди и прикоснись к моим лотосным стопам». Я так и сделала. Кришна выполнил мою миссию. Это было так чудесно — прикоснуться к стопам Прабхупады, что я не могу передать вам, что я почувствовала.

В Чикаго каждое утро мы с мужем посещали лекцию по «Шримад-Бхагаватам», а каждый вечер — *даршан*. Однажды я не смогла пойти, и Прабхупада спросил Шубхавиласу: «Где твоя жена? Почему она не пришла?» Однажды мы купили пару туфель, точно таких же, как у него. Когда Прабхупада выходил из храмовой комнаты, Упендра надел на него наши новые туфли, а нам отдал нам его старые. Мы до сих пор поклоняемся этим туфлям в нашем доме.

Приехав в Торонто в августе 1975-го года, Прабхупада посетил наш дом. У нас был большой *киртан* и пир. Я хотела нарезать для Прабхупады плод *чику*, но он сказал: «Я сам его нарежу». У нас с ним были чудесные, естественные отношения; не похоже было на то, что Прабхупада был *гуру*.

Кто-то спросил Прабхупаду: «Когда вы снова приедете в Торонто?» Прабхупада сказал: «Когда вы купите здание на Авеню-роуд. Вы должны получить это здание». Купить это здание было трудно, но по благословению Прабхупады Кришна дал его нам.

В начале 1976-го года Прабхупада инициировал меня и моего мужа письмом; мое имя означает «лиана надежды». В июне мы поехали к Прабхупаде в Детройт, но его секретарь не пустил нас в комнату Прабхупады. Шубхавиласа послал Прабхупаде записку: «Прабхупада, это Шубхавиласа и Ашалата, мы хотим вас видеть». Как только Прабхупада прочитал ее, он сказал: «Позовите их прямо сейчас!» Затем, как ученица Прабхупады, я спросила: «Прабхупада, вы оставите нас у своих лотосных стоп?» Он сказал: «Вы уже у моих лотосных стоп». Я чувствовала, что у нас с мужем действительно были близкие отношения со Шрилой Прабхупадой; он знал нас всегда.

В 1976-м году во Вриндаване мы сидели в комнате Прабхупады, и мой двухлетний сын Индреш заснул у Прабхупады на коленях. Шубхавиласа сказал: «Что нам делать?» Шрила Прабхупада сказал: «Идите, я приведу Индреша». Индреш несколько часов проспал на коленях у Прабхупады, а когда проснулся, Шрила Прабхупада отвел его в нашу комнату, куда он шел, держась за палец Прабхупады. Прабхупада думал: «Он мой внук».

Минакши, моя дочь, написала письмо Прабхупаде и Прабхупада ответил: «Из твоего письма я могу понять, что ты и твой брат Индреш — оба великие преданные. Вам очень повезло, что у вас есть родители-преданные, и вы с самого детства приняли сознание Кришны. Мне также посчастливилось иметь отца и мать преданных, и когда я был маленьким, они дали мне Радху-Кришну для поклонения, и я также проводил фестиваль Ратха-ятры со своими друзьями. Я всегда думаю о тебе и твоем брате, о том, какие вы славные преданные. Пожалуйста, продолжайте свое служение Шримати Туласи деви, Радхе и Кришне, и ваша жизнь будет возвышенной».

После смерти Прабхупады ИСККОН столкнулся со многими трудностями. Я чувствовала проблемы — я плакала дома — но моя семья и я не отказались от служения Прабхупаде и все равно ходили в храм, чтобы увидеть Прабхупаду и Шри Шри Радху-Гопинатху. Если у меня есть какая-нибудь сила, она исходит от общения с Прабхупадой. Каждый может видеть, что Прабхупада — необыкновенная личность; каждый может видеть, что он сделал по всему миру, и каждый может с ним общаться, и его милость может коснуться каждого.

Кришна нежный, и все же Прабхупада прошел через столько трудностей и испытаний. Иногда мы переживаем трудные времена, но мы все равно можем оставаться на духовном пути. Мы с мужем рассказываем нашим детям и внукам наши сладостные воспоминаниях о Прабхупаде и о его славе. Слушая о нем, новое поколение также может естественным образом любить его и следовать за ним. Видя, как мы поклоняемся Прабхупаде и Радхе-Кришне, они также остаются в сознании Прабхупады, в сознании Кришны.

Asta-sakhi devi dasi / Ашта-сакхи деви даси

После того как в 1974-м году преданные посетили среднюю школу в Денвере, где училась Ашта-сакхи, она стала интересоваться сознанием Кришны и начала посещать программы в Денверском храме. Год спустя, на следующий день после окончания школы и незадолго до своего восемнадцатилетия, она переехала в храм. Как и другие пятнадцать женщин в однокомнатном ашраме брахмачарини, она получила место на полу, где умещался ее спальный мешок, и армейский шкафчик для хранения своих личных вещей. Через неделю, в июне 1975-го года, Шрила Прабхупада приехал в Денвер на шесть дней.

В это время был пик напряжения в отношениях между преданными мужчинами и женщинами. Группа Радха-Дамодары была в Денвере, и как раз перед приездом Прабхупады почти на каждой лекции в храме говорилось о том, какие плохие женщины. Я думала, что приняла неправильное рождение, и молилась о том, чтобы оставить свое тело и родиться мужчиной.

Когда Шрила Прабхупада приехал, он относился с любовью и добротой ко всем — мужчинам, женщинам, детям, не важно, — и я почувствовала себя лучше, поняв, что Шрила Прабхупада любит нас всех одинаково. Во время *гуру-пуджи* Прабхупада оглядел всех, и когда его взгляд пал на меня, я почувствовала, что он видит за пределами моего материального тела. Он действительно видел меня как духовное существо. Это был урок смирения, потому что я знала, что он видит мои недостатки.

После Денвера мы посетили Ратха-ятру в Сан-Франциско, где Прабхупада дал *санньясу* Гурудасу и в шутку сказал: «Ямуна, жена Гурудаса, очень хорошо себя чувствует, поэтому я посоветовал ее мужу: «Ты тоже прими *санньясу*». Все засмеялись.

На следующий день после Ратха-ятры мы пошли в большой зал, где Прабхупада должен был давать лекцию на хинди, но индийцы разговаривали между собой и общались во время выступления Шрилы Прабхупады. Подобное неуважение возмутило меня, и мне захотелось встать и сказать: «Заткнитесь!» Но Прабхупада был спокоен и невозмутим и продолжал говорить, хотя он говорил по-английски ради своих учеников. Меня тронуло, что Шрилы Прабхупады был таким терпимым и невозмутимым.

Весь 1977-й год, в течение которого Прабхупада болел, был похож на американские горки. Мы получили известие, что он очень плох, и все принялись молиться и устроили двадцатичетырехчасовой *киртан*. Вечером у меня было два часа. Потом мы узнали, что ему стало немного лучше, и мы почувствовали некоторое облегчение. И это продолжалось постоянно с переменным успехом. Мне повезло, что я была в Денверском храме в это время, потому что там было сознание Прабхупады и сознание Кришны. Каждый из нас лично общался с Божествами, зачитывал Им результаты распространения книг, и мы постоянно думали, что Господь Джаганнатха может спуститься по лестнице храма и пройти через храм в любой момент, поэтому все должно быть чистым. Для меня это был курс молодого бойца — годы аскез и предания — и я невероятно благодарна за эту подготовку. Я не знаю, хотела бы я жить так сейчас, но считаю, что возможность жить так была для меня истинным благословением.

Хотя у меня было много сомнений, меня не покидало блаженное чувство, что, несмотря на них, Прабхупада любит и принимает меня. Его любовь и принятие еще больше разжигали мою любовь к нему. Но мне грустно оттого, что я не была достаточно зрелой и мудрой, чтобы ценить Шрилу Прабхупаду, когда он был с нами. Я была слишком молода и неопытна, чтобы полностью понять, что принес нам Шрила Прабхупада.

Asta-sakhi devi dasi / Ашта-сакхи деви даси

Осенью 1971-го года на Бери-Плейс Шрила Прабхупада инициировал двадцатилетнюю Ашта-сакхи, сказав: «Ашта означает „восемь", а сакхи — „друг". Ашта-сакхи — это особо близкий друг восьми главных гопи. Теперь я хочу, чтобы ты стала особым другом всех преданных».

Однажды мы арендовали зал в Кэмденской ратуше для бесед Прабхупады, и я чувствовала себя неловко перед Прабхупадой, оттого что присутствовало мало людей. Но Шрила Прабхупада дал мощную лекцию, как будто зал был полностью заполнен людьми, которых мы не могли видеть. Один христианин в аудитории сказал: «А как же Христос?» Шрила Прабхупада пристально посмотрел на него и объяснил, что любовь Христа к Богу такая же, как и наша любовь к Кришне. Христианин был потрясен.

Издательство Макмиллан, выпускавшее в свет книги Шрилы Прабхупады, организовало мероприятие по продвижению книги с газетой «Таймс» и другими лондонскими газетами, издательствами и известными книжными магазинами. Я готовила еду для этого мероприятия и пришла в ужас, когда Шрила Прабхупада велел мне приготовить *гулабджамуны*. Я подумала, что они не понравятся почетным гостям, и предложила: «Может быть, подадим пирожные или печенье?» Шрила Прабхупада сказал: «Нет, я хочу *гулабджамуны*», и два дня напролет я готовила *гулабджамуны*. Много профессионалов пришло на встречу. Шрила Прабхупада читал лекцию о том, что мы не это тело. Затем он поел *прасада*, выложенного на пластиковую тарелку, и при этом съел семь *гулабов*. На следующий день в «Таймс» появилась замечательная статья, прославляющая Шрилу Прабхупаду, его лекции, *киртаны* и даже *гулабджамуны* — были хитом.

Однажды Шрила Прабхупада сказал: «Всего лишь по запаху хороший повар может узнать, что находится в блюде, вплоть до последней пряности».

Один преданный вел себя странно, и лицо у него было до крайности дикое. Шрила Прабхупада сказал нам: «Когда они находятся в таком состоянии, не проповедуйте им. Просто будьте добры и дайте им *прасада*».

В другой раз слезы текли из глаз Шрилы Прабхупады, когда он ехал по Оксфорд-стрит. Он сказал: «Эти люди так страдают, но даже не осознают этого».

Я была *пуджари* Господа Джаганнатхи на колеснице Ратха-ятры, когда Шрила Прабхупада танцевал, шел и кружился всю дорогу до Мраморной Арки. Я должна была заботиться о Господе Джаганнатхе, но сердцем я все время тянулась к Прабхупаде, так мне хотелось танцевать вместе с ним. Время от времени Шрила Прабхупада останавливался и смотрел на Господа Джаганнатху с такой сильной любовью, что я плакала. Я никогда не видела и не испытывала ничего подобного.

Atitaguna devi dasi / Атитагуна деви даси

Атитагуна присоединилась в Новой Зеландии в 1975-м году и впервые осознала, что у нее есть духовное желание, когда поняла, что хочет получить инициацию лично у Шрилы Прабхупады.

В апреле 1976-го года, когда Шрила Прабхупада прибыл в Австралию, в аэропорту пели *киртан*, и все были совершенно счастливы. Внезапно раздался громкий крик: «Шрила Прабхупада!» Когда я впервые увидела его, я не могла этому поверить, потому что он излучал сияние. Казалось, он шел, паря в тридцати сантиметрах от земли. Я сразу поняла, что он — мой духовный учитель. Увидев его, я поняла, что это тот самый человек, которого я искала.

На следующий день после посвящения я отправилась на утреннюю прогулку вместе с ним. Шрила Прабхупада остановился у дерева, поднял листочек, раздавил его, понюхал и спросил, что это за дерево. Один преданный сказал, что это японское камфорное дерево. Прабхупада сказал, что камфора — любимый аромат Радхарани. Другой преданный спросил: «Шрила Прабхупада, я думал, что мы должны быть на Вайкунтхе, когда занимаемся преданным служением, но я вижу, что мы всегда пребываем в беспокойстве». Прабхупада сказал: «Да, мы всегда должны быть в беспокойстве. Если мы не находимся в духовном беспокойстве, то мы будем в материальном беспокойстве, а если мы не находимся в беспокойстве, то мы зомби». Из этого я поняла, что это Движение живое, что мы не просто делаем свое служение, но делаем это с духовным беспокойством, чтобы угодить Кришне.

Atmavana devi dasi / Атмавана деви даси

Атмаване было восемнадцать, когда в мае 1971-го года она посетила храм в Сан-Диего.

Один очень милый преданный предложил мне взять в библиотеке «Нектар преданности» и книгу «Кришна». Прочитав «Нектар преданности», я начала ходить в храм и примерно через неделю — в июне 1971-го года — Бхакта даса, президент храма, посоветовал мне поехать на Ратха-ятру в Сан-Франциско. Он сказал: «Шрила Прабхупада, наш духовный учитель, будет там». Я подумала: «Конечно, я поеду. Почему бы и нет?»

В Сан-Франциско очень много людей помогали мне попасть на шествие, и еще до его начала я положила перед Прабхупадой манго, когда он сидел на колеснице Госпожи Субхадры. Прабхупада был серьезен и одобрительно кивнул. Вокруг было много людей, но невозмутимый

Прабхупада радостно окидывал взором все происходящее. Я поклонилась, и шествие Ратха-ятры началось.

Позже, после того как мой муж, Аджа и я получили посвящение, мы с детьми переехали в Лос-Анджелесский храм. Шрила Прабхупада часто приезжал туда, и я обычно готовила послеобеденные подношения — печенье и деликатесы. Иногда Шрила Прабхупада почитал мое сахарное печенье и, как я слышала, оно ему очень нравилось.

Идя на *мангала-арати* по аллее рядом с храмом, мы видели в окне затылок Прабхупады, работавшего всю ночь. Нас вдохновляло, что он работает, но мы не могли поверить, что он не спал всю ночь. Но если он это делает, то и мы тоже сможем. И мы шли на *мангала-арати*, таща за собой детей.

Однажды во время приветствия Божеств алтарная комната была настолько переполнена, что меня прижали к углу стены возле Гаура-Нитай, где Шрила Прабхупада обычно предлагал *дандаваты* Божествам. Войдя в алтарную, Шрила Прабхупада строго взглянул на меня и махнул рукой: «Отойди!» Он был настолько добрым и благородным человеком, что не хотел предлагать *дандават* стопами ко мне. Мне было стыдно, что я разочаровала его, но позже подумала, что взмах его руки был моим благословением. Все, что исходит от духовного учителя — благо.

В аэропорту Лос-Анджелеса мне захотелось сфотографировать Прабхупаду, поэтому я обогнала толпу, развернулась и увидела, что Шрила Прабхупада идет по проходу, полностью заполняя его. *Мантра* Харе Кришна звучала эхом так величественно. Прабхупада был так горд, он шел со своей тростью — очень медленно! Прабхупада обычно шел быстро, но сейчас он не торопился, постукивая на ходу тростью.

Затем Шрила Прабхупада сел и, в ожидании своего рейса, принялся тихо повторять *джапу* с преданными, окружившими его. Он посмотрел на каждого из преданных, а также на меня. Наши взгляды встретились. Я почувствовала себя такой грязной. Я чувствовала все свои грехи и *карму*. Затем я телепатически услышала, как он сказал: «И эту девушку нужно защитить». Он заботился о женщинах-преданных и хотел, чтобы их защищали и о них заботились.

Atri devi dasi /Атри деви даси

В 1972-м году в Мельбурне Атри впервые увидела Шрилу Прабхупаду — крошечная фигурка, выходящая из синего фургона на Бернетт-стрит.

Мои первые впечатления были ошеломляющими. Передо мной была личность, которая пугала меня своей неведомой силой. Я никогда не испытывала ничего подобного и понимала, что он не от мира сего.

Я почти чувствовала, что, если последую за ним, он свяжет меня на всю оставшуюся жизнь, и вся моя жизнь изменится. Мне было всего семнадцать, и я ничего не знала, но чувствовала, что это было полное столкновение миров. Я должна была либо убежать, либо попытаться это прояснить.

У меня не было личных отношений один-на-один со Шрилой Прабхупадой, но, наблюдая за ним, я установила с ним любящую духовную связь. Эти отношения необъяснимы в мирском смысле, потому что они не от мира сего. Эта связь основана на служении. Мы любим Кришну только в том случае, если совершаем какое-то служение Ему, и когда мы отдаем, когда вовлекаемся в обмен служением, наши отношения развиваются. Точно так же, когда мы занимаемся служением Прабхупаде, наша любовь к нему развивается. Это была самая сильная любовь, которую я когда-либо испытывала; она переполняла меня.

Шрила Прабхупада был впечатлен преданностью, такой как пение Кришнапреми и Камарупы. Он наслаждался выражением эмоций в их голосах и хотел их слушать.

Когда я приехала в Бомбей и увидела Прабхупаду расслабленным в своей естественной стихии, моя любовь к нему возросла. На одном из *даршанов* Прабхупада увидел, что заходящее солнце светит мне прямо в глаза, что создает мне неудобство. Тогда он сказал: «Подойди и сядь рядом со мной». Я была никем, и все же мой духовный учитель сказал: «Подойди и сядь рядом со мной».

Однажды в Маяпуре после лекции Прабхупада встал со своей *вьясасаны* и пошел к Радха-Мадхаве, а Вишакха фотографировала. Прабхупада вырвал цветы из своей гирлянды и бросил их в нее. Это были необычные цветы, на нее обрушились волны чистой трансцендентальной энергии. Она едва сдерживалась. Если вы посмотрите на это с мирской точки зрения, то ничего особенного не случилось. Но если вы посмотрите на то, что происходило на самом деле, это был полный экстаз.

Все любили Прабхупаду, потому что он всех любил. Его любовь была духовной, и душа откликалась на нее. Оказаться в обществе такой личности — редкий и неописуемый опыт.

Если у человека есть сильное желание, оно приведет его к настоящим вайшнавам. Чем выше качество вайшнава, тем больше оно питает лиану преданности.

Bala Gopala devi dasi /Бала Гопала деви даси

Сестра Бала Гопалы, последовательница Сиддхасварупы, прислала ей фотографию Кришны. Бала Гопала уже тогда была недовольна материальной жизнью. После школы она поехала к сестре на Гавайи. Машина ее сестры заглохла прямо в том месте, где группа преданных Прабхупады проводила харинаму. Она пела вместе с ними и пошла с ними, чтобы остаться на ночь. Она думала, что пробудет там всего несколько дней.

Примерно в августе или сентябре 1970-го года Прабхупада проезжал через Гавайи по пути обратно в Индию. Между ИСККОН и нашей группой были трения, но мы все — шестьдесят или семьдесят человек — пошли к Прабхупаде. Прабхупада был очень рад видеть нас и прочитал лекцию. Сиддхасварупа тут же решил передать всю группу по *йоге* Прабхупаде. Не так давно я узнала, что Прабхупада тогда призывал его не делать этого, но тот все равно это сделал.

Итак, в начале декабря 1970-го года половина из нас отправилась в Нью Йорк, половина в Сан Франциско и очень небольшая группа отправились в Англию — Туласи (жена Тушта Кришны), Сананда Кумара, Бхакти, Судама и я. Мы остановились в Нью Йорке, где познакомились с Киртананандой, а потом полетели в Лондон. Это было большое приключение. Когда мы приехали, стояла зима, и было темно. В первый же вечер нас пригласили для записи в студию «Apple». Мне потребовались годы, чтобы привыкнуть к холоду. На Бери Плейс было аскетично, но вначале было так интересно, что я не помню трудностей.

Я была полна решимости стать ученицей Прабхупады и через несколько недель написала ему письмо с просьбой о посвящении. В январе 1971-го года он написал ответ, принимая меня в ученицы. Он изменил мое имя с Гопалы на Бала Гопалу. Я была первой из нашей группы, кто попросил посвящения.

Это было время всестороннего развития. Мы каждый день выходили на *харинаму*. По утрам мы изучали «Шри Ишопанишад», после обеда — «Нектар преданности», а по вечерам читали книгу «Кришна». Все участвовали во всем. Не было никакого разграничения между мужчинами и женщинами. Никакой сегрегации. Мондакини, пришелица из другого мира, была *пуджари*.

Дхананджая приехал из Амстердама и спросил Мукунду, можно ли ему жениться на мне. Наш брак устроили старшие преданные, и мы поженились в день явления Господа Нрисимхи. Я позвонила родителям, и мама спросила меня: «Ты его любишь?» «Мама, мы всех любим», — ответила я. Мы поехали в Шотландию, чтобы навестить родителей Дхананджаи, затем немного поездили по Европе и отправились в Амстердам.

Когда приехал Прабхупада, у меня все еще было очень много служения в Лондоне. Моя первая короткая личная встреча с ним произошла во время второй инициации. Я сидела очень близко к нему, наедине с ним в его комнате. Он пытался успокоить меня, но я так нервничала, что, когда он спросил, как зовут моего мужа, я не могла вспомнить его имя ни за что на свете.

Я научилась готовить полноценный обед, и готовила для Прабхупады каждый день в течение последней недели его пребывания в Лондоне. В его трехъярусной кастрюле я делала *лауки сабджи*, *дал*, *чапати*, рис. На сладкое было *бурфи* из сухого молока. Он был очень разборчив насчет того, как приготовлен рис — его нужно было готовить в последний момент, чтобы он был горячим. Я обычно сидела на лестнице и ждала, когда он выйдет из своей комнаты, чтобы принять омовение после массажа. Это означало, что у меня было ровно двадцать минут, пока он принимал омовение и повторял свою полуденную Гаятри-мантру. Поэтому я опрометью сбегала вниз по лестнице, чтобы поставить на огонь рис и сделать *чапати*. Я приносила ему еду, а потом *чапати* — по одному, по мере того как они были готовы. Он попросил меня попробовать поджарить на сухой сковороде кукурузные зерна, но, помимо этого, он просто принимал все, что я готовила.

Дхананджая стал президентом, а я стала главной *пуджари*, разделив это служение с Лилашакти. Как жена президента, я в значительной степени имела свободный доступ в покои Прабхупады. Когда мы переехали в Бхактиведанта-мэнор, он оказался таким большим, что в нем можно было потеряться. Я помогала приводить в порядок комнаты Прабхупады. Денег у нас было немного, поэтому все было просто. Мы расстелили белое индийское покрывало поверх подушек. У него был простой хромированный стол со стеклянной столешницей. Он сидел у окна и принимал прасад в одиночестве. Погода стояла прекрасная, и он каждый день сидел на улице. Днем я сидела на лужайке — я могла это делать, потому что мне нужно было шить вручную. Он сидел на траве и просто разговаривал.

Жизнь была очень нелегкой. Были трудные времена, например, когда были противостояния между мужчинами и женщинами, аскезы, холод, скудный прасад, но все это можно было стерпеть, потому что примерно каждые шесть месяцев приезжал Прабхупада. Все аскезы растворялись, как капля воды в ведре. Казалось, что любые трудности — это ничто. Оно того стоило, с ним все становилось лучше.

Прабхупада был по-матерински заботлив. Я никогда не чувствовала, что он меньше меня ценит, потому что я женщина. Он никогда, ни разу не ругал женщин. Он ругал мужчин, но женщин — никогда. Иногда вместо этого он отчитывал слугу. Я всегда испытывала благоговейный трепет.

Прабхупада велел Дхананджае не слишком беспокоиться об индийцах, а сосредоточиться на проповеди западным людям. Он сделал Дхананджаю президентом, но у Шьямасундары были свои собственные идеи относительно того, кого он хотел видеть президентом. Поэтому Прабхупада прислушался к Шьямасундаре. Но чему быть, того не миновать, мы выбрали другое место и отправились туда. В то время у меня не было горьких чувств, но теперь я понимаю, что чувствовала себя уязвленной. Поскольку у нас был Прабхупада, который всегда воодушевлял нас, это не повлияло на нас в то время. Итак, мы отправились в Рим и получили огромную милость. Он велел нам ехать в Рим, найти дом, и тогда он сам немедленно приедет. Это было самое трудное служение в моей жизни. У нас не было денег, мы никого не знали, мы не знали языка, да и с выбором *бхоги* тоже не разгуляешься. Но награда была невероятной. Шрила Прабхупада приехал к нам на десять дней.

На протяжении всей нашей жизни в преданном служении он всегда вдохновлял нас с Дхананджайей быть вместе. Он говорил, что никогда не рассчитывал на то, что его преданные-домохозяева будут жить в храмах. Он говорил, что хочет, чтобы мы жили в хороших домах. Он хотел, чтобы мы хорошо жили и хорошо питались. Он вдохновлял нас начать бизнес по производству *мукутов* и жить в доме с *гошалой*. Это очень отличалось от сурового настроение *санньясы*.

Ballavhi devi dasi / Баллавхи деви даси

Во время поисков смысла жизни и Бога Баллавхи встретила преданных, и они сразу же привлекли ее. Она переехала в храм в Атланте в 1971-м году, когда ей было двадцать два года. Она отправилась в Бостон, чтобы получить посвящение у Шрилы Прабхупады.

Впервые я увидела Прабхупаду в бостонском аэропорту и сразу поняла, что это величественная, возвышенная личность. Он излучал духовную энергию и, казалось, спустился из духовного мира, чтобы быть с нами в этом материальном.

Во время лекции, которую Прабхупада читал после церемонии инициации, он попросил нас назвать десять оскорблений святого имени. Джадурани сказал: «Первое оскорбление — это хулить чистого преданного Господа». Прабхупада сказал: «Нет. Оскорблением считается хулить любого вайшнава, который искренне распространяет сознание Кришны и святые имена». Этот момент — что почитать нужно каждого преданного — так и остался в моем уме и сердце.

После посвящения я стояла у дверей храма, когда кто-то протянул мне гирлянду для Прабхупады. Я надела на него гирлянду, и Прабхупада смиренно выразил мне свое почтение, склонив голову и сложив руки. Это было поразительно.

В 1972-м году во время празднования Джанмаштами в Нью-Вриндаване мне выпала честь еще раз увидеть Прабхупаду и побыть в его обществе. После одной из бесед с ним кто-то спросил: «Прабхупада, почему *майя* так сильна, если цель нашей жизни — быть с Богом?» Прабхупада ответил: «Потому что твоя мотивация не сильна». Это меня поразило. У *майи* есть большой мешок трюков, чтобы увести нас от Кришны, но если мы полны решимости быть в сознании Кришны, если наша мотивация сильна, и мы решительны, тогда мы под защитой. Мешок с фокусами *майи* больше не будет имеет над нами власти и бесследно исчезнет.

Приехав в Атланту в 1975-м году, Прабхупада остался доволен храмом. Один из преданных санкиртаны спросил его: «Прабхупада, что радует вас больше всего?» Все думали, что Прабхупада скажет: «Распространение книг». Но Шрила Прабхупада сказал: «Если вы любите Кришну». Мы были рады это услышать. Пока он был в Атланте, я испытывала экстатический нектар от уборки его покоев; я не чувствовала, что меня оставляют в стороне, но эта уборка была чем-то особенным. Я старалась изо всех сил, и, хотя меня не было вместе со всеми остальными преданными, когда Прабхупада читал лекции или ходил на прогулку, я испытывала удовлетворение и радость от служения.

Те немногие наставления, которые мне удалось услышать непосредственно от Прабхупады — почитать всех вайшнавов, которые помогают распространять движение *санкиртаны* Господа Чайтаньи любым доступным им способом и сохранять твердую решимость в достижении цели — оставались со мной на все эти годы. Мы можем быть распространителем книг или сознающей Кришну матерью — неважно какое служение мы выполняем, — но, если мы делаем это искренне, не позволяя себе отвлекаться на *майю*, мы доставим радость Шриле Прабхупаде.

Несмотря на то, что у меня было немного непосредственного общения с Прабхупадой — *вапу*, я чувствовала близость и связь с ним через молитву и чтение его книг. И я до сих пор это чувствую.

Bhadra Priya devi dasi / Бхадра Прия деви даси

Бхадра Прия была путешествующей хиппи, когда впервые встретила преданных, воспевающих харинама-санкиртану возле офиса American Express в Амстердаме. Через день-два она стала вегетарианкой, а позже вернулась в свою родную Канаду.

Я начала изучать различные практики *йоги* у *гуру* Свами Сатчитананды, который обучал интегральной *йоге*. Мне нужна была «Бхагавад-гита», и я пошла в Монреальский храм купить ее, потому что люди, занимавшиеся интегральной *йогой*, сказали мне, что у кришнаитов есть лучшая «Гита». Я осталась на воскресный пир, где познакомилась и пообщалась с Урваши. Она говорила очень убедительно. Через несколько дней преданные пригласили меня поехать с ними в Нью-Вриндаван увидеться со Шрилой Прабхупадой. Поскольку, как истинная хиппи, в то время я была безработной, я сказала: «Конечно». Мы сели в «Шевроле» 1957-го года выпуска и поехали сначала в Торонто, где меня заворожила громкая и чистая звуковая вибрация в храме. Она была простой, но я никогда ничего подобного не слышала. Я сломалась. Я мгновенно привязался к великолепию раннего пробуждения, общения с духовными людьми и слушания Харе Кришна *мантры*.

В Нью-Вриндаване Прабхупада проводил программы под навесом на холме. На меня это произвело огромное впечатление. Я знала, что с этих пор моя жизнь уже никогда не будет прежней. Я впитывала то, что могла понять, но каким-то образом обнаружила, что впитываю больше из того, что говорили его ученики, а им было что сказать по сравнению с моими друзьями по *йоге* и безмолвной медитации. Через пару дней после того, как мы вернулись в Монреаль, я присоединилась к движению и в последствии стала выполнять служение в Нью-Вриндаване.

В своей жизни я мало сталкивалась со смертью. Из тех, кого я любила, Шрила Прабхупада был первым человеком, который оставил тело. В ноябре 1977-го года я стояла в неотапливаемом Золотом Дворце Прабхупады, пытаясь осознать известие о том, что Прабхупада покинул этот мир, и думала, что жизнь уже никогда не будет прежней. Так и было. После ухода Шрила Прабхупада я не могла найти никакой радости в своем служении. Я вернулась в Торонто, нашла работу и прошла через этап личностного роста.

Потом ушел мой супруг. Потом я сама чуть не умерла. Я вынесла из смерти Прабхупады, смерти моего супруга и из своей почти смерти, что я не ценила того, что у меня было, когда у меня это было. Потребовалось три ужасных события, но теперь я ценю Шрилу Прабхупаду больше, чем, когда он присутствовал здесь. Я также ценю последователей Шрилы Прабхупады и верю, что Шрила Прабхупада живет в них. Даже если они никогда не признают этого, они очень похожи на него, и в них я вижу его. Я стараюсь ценить каждое мгновение с ними и загладить свои оскорбления. Эти уроки дались мне нелегко, но теперь я все понимаю. Шрила Прабхупада научил меня ценить жизнь с ним и его последователями.

Все это было для моего духовного развития. Если бы всего этого не произошло, сейчас я бы не была в хорошем духовном состоянии — я бы продолжала быть «там, в материальном мире», как в то время, когда я действительно отключилась от духовной жизни.

Я вернулась, потому что чувствовала, что преданные — это моя семья, и мне хотелось вернуться домой. Это так чудесно — вернуться домой. Когда я была в материальном мире, я почти не думала об ИСККОН и не отдавала должное преданным за то, что они растут и развиваются. Но росла не только я. Теперь, когда я вернулась, я вижу, что в ИСККОН появилась новая волна сознания Кришны. И мне это нравится.

Несмотря на то, что я продолжаю бороться с болезнью и возможной смертью, в глубине души я глубоко счастлива. Я не могу этого растолковать, это просто есть. У меня бывают грустные моменты, я много плачу, но я счастлива, что я здесь, счастлива, что сделала хороший выбор, приехав сюда.

Bhagavati devi dasi / Бхагавати деви даси

В девятнадцать лет Бхагавати даси получила первое посвящение. Она описывает, что комната Детройтского храма была полна преданных, которые повторяли мантру, и их повторение напоминало жужжание пчел, ищущих нектар. Впечатление было ошеломляющее. Здание походило на трансцендентальный космический корабль. От Шрилы Прабхупады исходило сияние. «Это было самое безопасное, лучшее чувство во всем мире, которое я когда-либо испытывала».

Я стояла в длинной очереди, чтобы войти в покои Шрилы Прабхупады в Нью-Двараке и получить Гаятри-мантру. Я была счастлива и взволнована. Я боялась идти туда одна. Я не боялась Шрилы Прабхупады, но мне было страшно сказать или сделать что-то не то. Прабхупада показал мне, как считать. Потом он сказал: «А теперь покажи мне». Я все напутала. Тогда он сказал: «Просто повторяй за своим мужем». Когда мой муж был в комнате, я чувствовала себя спокойнее и могла считать за ним. Я чувствовала, что Прабхупада знает сердце каждого. Он знал наши страхи, знал наши недостатки. Он вызывал к себе любовь, как это делает отец. Я почувствовала это с самого начала, с того самого момента, как впервые услышала его голос в его комнате, где были только мы втроем.

В Нью-Двараке по пути к храму Прабхупада разговаривал с детьми и гладил их по головкам. Нам приходилось бежать, чтобы не отстать от него, в то время как он просто шел. Когда он приезжал в аэропорт, он шел так же быстро. Он шел по центру, а мы ехали по движущейся дорожке. Мы могли просто стоять, но нам приходилось бежать на эскалаторе, чтобы не отставать от него.

Было очень интересно наблюдать за Шрилой Прабхупадой. Куда бы он ни пошел, он превращал материю в духовное место. Это было неожиданно. Так же, как услышать его голос. Когда мы только присоединились, Индира и Ваманадева подарили нам альбом «Харе Кришна». Мы слушали звуковую вибрацию снова и снова, и нам никогда не надоедало. Повторение не было однообразным, с каждым разом оно становилось все лучше и лучше.

Как поется в песне: «Духовный учитель — это океан милости, и он дарует трансцендентное знание». Это то, что нельзя понять с помощью изучения, только с помощью его милости.

Однажды я сшила *курты* для всех мальчиков в *гурукуле*. Мне было радостно видеть всех мальчиков в новых *куртах*. Я также дала каждому из них по цветку гардении, чтобы они могли подарить его Шриле Прабхупаде. Я хотел увидеть реакцию Прабхупады. Мне было интересно, выразит ли Шрила Прабхупада свою признательность через моего сына Баладеву. Может быть, он поймет, что я сшила все эти *курты* и дала всем мальчикам гардении. Мои рассуждения были эгоистичны. Я не хотела, чтобы он знал все это в подробностях, но мне хотелось, чтобы он обратил внимание на моего сына. В храме было так многолюдно, что я не видела, что произошло, когда вошел Прабхупада, но несколько дней спустя кто-то сказал: «Ты видела, что произошло с твоим сыном в алтарной комнате? Шрила Прабхупада коснулся его головы, и она засияла, как лампочка». Я подумала: «Что ж, очень хорошо, что так говорят, но это новая алтарная, поэтому и освещение там другое». Фото, где запечатлен этот момент, есть в книге на Вьяса-пуджу. Прабхупада дотрагивается до головы моего сына, а тот смотрит на него снизу вверх и улыбается. Прабхупада смотрит на него с улыбкой, и вокруг стоит сияние. Это просто потрясающая картина. Снова Прабхупада исполнил мое желание и осчастливил меня.

Я хотела узнать все о том, как стать *брахмани*. Во время церемонии посвящения Шрила Прабхупада сказал: «Итак, теперь тебе дана Гаятри-мантра, и теперь ты должна стать *брахмани*». Это придало мне смирения и заставило понять свое положение. Это не значит, что нам дан уровень *брахмана*, но мы должны им стать. Я была очень рада это слышать и чувствовала, что мое понимание намного улучшилось.

Матери расхаживали со своими детьми по тротуару взад и вперед, пока один преданный не подошел из переулка к храму и не сказал: «Подъезжает машина Шрилы Прабхупады!» Прабхупада вышел из машины, и кто-то протянул ему тарелку с печеньем. Он взял одно печенье. Затем кто-то взял тарелку и начал раздавать печенье мужчинам-лидерам, но Шрила Прабхупада сказал: «Сначала детям». Поэтому тарелку опустили, чтобы все малыши могли взять печенье. У меня отлегло от сердца. Я и раньше задавалась вопросом, как дети вписываются в духовную жизнь, и как к ним следует относиться. Ведь если они начинали шуметь на лекции, их всегда выводили оттуда. Я чувствовала, что Прабхупада похож на моего отца, и он заступался за детей. Итак, я получила ответ от Прабхупада. Это был особенный момент. Быть рядом со Шрилой Прабхупадой всегда было чем-то особенным.

Я чувствовала себя в безопасности в роли матери. После того как родился мой второй сын, я была в алтарной храма в Лос-Анджелесе, где все матери с детьми стояли впереди, чтобы получить печенье. На *гуру-пуджу* принесли поднос с печеньем, и после службы Прабхупада раздавал его детям. Вокруг толпились преданные, и атмосфера была очень волнительная. Женщины-преданные подталкивали меня вперед: «Бхагавати, ты должна пройти вперед. Подними ребенка повыше, чтобы получить печенье от Шрилы Прабхупады».

Прабхупаде нравилось, когда матери протягивали своего ребенка вперед, чтобы получить печенье. Я просто боялась подойти так близко. Я всегда чувствовала себя в чем-то ущербной: то я плохая ученица, то я все не так делаю, то я ничего не понимаю. Поэтому я передала сына вперед, а другая женщина подняла моего младшенького, Шридхара, чтобы тот взял печенье. Потом они вернули его мне. Я всегда думала: «Боже, как же глупо. Мне нужно было самой пройти с ним поближе, и тогда я могла бы порадоваться, видя, как Шрила Прабхупада смотрит на Шридхара и протягивает ему печенье». Потом я подумала: «Ой, нет». У меня были смешанные чувства и мысли по этому поводу, может быть, это просто мое телесное сознание, привязанность и гордыня.

Потом, спустя некоторое время, Нитья-трипта принесла мне огромную цветную глянцевую фотографию величиной более чем 8x10. На ней было изображено, как Шрила Прабхупада протягивает Шридхару печенье. Это был идеальный кадр в профиль их обоих, и они оба улыбались и касались печенья одновременно. Это была просто идеальная фотография, где были их головы, руки и печенье. Я чувствовал, что Шрила Прабхупада ответил мне взаимностью, так как я сожалела, что не подошла тогда. Он лично пришел на фотографии. Фотография казалась не просто листом бумаги. Это было похоже на подарок Шрилы Прабхупады. Он присутствовал на этой фотографии, и это было полностью трансцендентным переживанием. Я всегда очень благодарна Прабхупаде за то, что, какие бы ошибки я ни совершала, он всегда заверяет меня, что он все равно со мной.

На протяжении многих лет время от времени повторялось нечто подобное. Несколько лет назад умерла моя мать, и я отправилась в Сент-Луис на ее похороны. Моя семья была очень недовольна тем, что я стала преданной. Они вообще ничего не понимали в сознании Кришны. Одинокая и огорченная, я попрощалась с ними и поехала в аэропорт, чтобы вернуться в Калифорнию к своим детям. Было около шести утра. Я была на ногах с 3:30. Я размышляла о том, почему я уехала в Калифорнию и оставила свою семью. Храм в Сент-Луисе закрылся, и мы переехали в Детройт. Но там было очень холодно, и мы переехали в Калифорнию, где родились двое моих младших детей. Я помнила причины переезда, но все равно чувствовала себя опустошенной из-за того, что снова оставляю свою семью в Миссури. В аэропорту я вдруг почувствовала ошеломляющее присутствие Шрилы Прабхупады. Мне казалось, что он идет со мной к самолету. Я больше не чувствовала себя одинокой. Моя мать ушла, и, хотя Шрила Прабхупада ушел физически, он все еще был со мной мистическим образом и знал, что я чувствую в каждый конкретный момент. Меня успокаивало его присутствие. Когда я приехала в Калифорнию, двое преданных — ни один из них не знал другого и не слышал что, по моему мнению, произошло, сказали мне: «С тобой шел Шрила Прабхупада». Это очень успокоило меня в тот трагический момент потери матери.

Однажды я сделала для Шрилы Прабхупады шапку, веревочки на *карталы*, мешочек для четок и *курту*. Шрутакирти все время твердил: «Может быть тебе лучше пойти к Шриле Прабхупаде и попросить его примерить шапку. Тебе ведь нужно знать, куда пришить эту пуговицу». Я сказала: «Нет, вдруг я воткну булавку и уколю его, так что иди ты. К тому же, я женщина, я не хотела бы подниматься наверх. Я могу совершить оскорбление или еще что-нибудь». Я сказала Шрутакирти: «И убедись, что Прабхупада надел шапку шелком наружу и шерстью внутрь». Так или иначе, много лет спустя я отправилась в Бэджер навестить одну преданную, Яшоду. Я просматривала ее фотоальбом и нашла фотографию Шрилы Прабхупады в моей шапке. На ней не было пуговиц, и она была надета наизнанку. Позже, когда я встретила Шрутакирти, я спросил его, почему Шрила Прабхупада носил шапку наизнанку. Он сказал: «Потому что Прабхупада никогда не носит шерсть в соприкосновении с кожей. Нужна подкладка из хлопка или шелка, потому что шерсть высасывает энергию из тела».

Я явственно ощущаю его присутствие и в разлуке, и знаю, что мне доступно его общение. Общение с преданными поддерживает его живое присутствие.

Bhagavati devi dasi / Бхагавати деви даси

В 1971-м году Бхагавати и ее муж Васудева Прабху встретились с западными преданными в Сиднее. Васудева подумал: «Кто изменил этих западных людей? Я хочу встретиться с этим человеком». Он спросил преданных: «Кто ваш гуру?» «Шрила Прабхупада», — ответили они. Бхагавати и Васудева встретились с ним третьего июля 1974-го года, когда Прабхупада ехал транзитом из Мельбурна на Гавайи и на полчаса остановился в Нади, аэропорту Фиджи.

В зале ожидания аэропорта мы предложили Прабхупаде гирлянду и немного прасада — сладких *пури* и томатного *чатни*. Прабхупада спросил Васудеву: «Есть ли на Фиджи храм Радха-Кришны?» Васудева сказал: «Нет, здесь нет храма Радха-Кришны». Прабхупада сказал: «Постройте красивый храм Радха-Кришны». Он велел Васудеве: «Отныне повторяй шестнадцать кругов». С того дня Васудева повторяет шестнадцать кругов. На прощание Васудева сказал: «Приезжайте на Фиджи». Прабхупада ответил: «В следующем году, когда я поеду из Австралии на Гавайи, я остановлюсь на Фиджи», и в мае 1975-го года он приехал.

Мы объявили программу с его участием в Натабуа-холле, Лаутока, и пришло две-три тысячи человек. Был *киртан*, а затем Прабхупада объяснил, что Кришна — это Верховная Личность Бога и что важно повторять Харе Кришна. В моей семье поклонялись Шиве и Дурге, а также Радхе и Кришне. Но после встречи с Прабхупадой мы поняли, что, как полив корня дерева питает все дерево, так и поклонение Кришне включает в себя поклонение полубогам, поэтому мы прекратили поклонение полубогам. Мы с Васудевой принимали у себя многих индийских *садху*, но только Прабхупада научил нас, как ежедневно заниматься служением Кришне, повторяя и читая «Бхагаватам» и «Бхагавад-гиту» Прабхупада сказал: «Вам не нужно ничего прекращать делать, просто добавьте Кришну в свою жизнь. Что бы вы ни приготовили, предложите это Кришне, а затем примите *прасад* и повторяйте имена Кришны».

В 1976-м году Прабхупада снова приехал на церемонию закладки фундамента храма Кришна-Калии. В тот раз он сказал: «Фиджи — прекрасное место, и теперь, когда здесь будет храм, я буду приезжать сюда снова и снова». За день до церемонии Васудева сказал: «Прабхупада, я хочу принять посвящение». Прабхупада сказал: «Хорошо, побрей голову и приготовься». Я сказала: «Я тоже хочу». Поэтому Васудева Прабху, его старший брат Бхуван Мохан и я получили инициацию в день церемонии закладки храма. На следующее утро Прабхупада дал нам с Васудевой второе посвящение и научил нас повторять Гаятри.

Моя сестра Нандарани и моя мать готовили для Прабхупады, и он сказал им: «Готовьте все. что вам нравится, но каждый день готовьте эти две вещи — фаршированную *карелу* и фаршированную *бинди*». Когда я принесла ему маленький горшочек риса, он спросил: «Он горячий?» Он открыл его, из него пошел пар, и он сказал: «Хорошо, закрой его». Он любил горячий рис.

Прабхупада был великой личностью, но при этом он был скромен и прост. Это меня и привлекло. Я не была квалифицирована, но по своей милости Прабхупада принял меня в ученицы.

Как нас с Васудевой привлекал Прабхупада, так книги и лекции Прабхупады привлекают людей, приходящих сегодня. Все, что он дал — поклонение Божествам, *киртан*, *туласи-пуджа*, храмовое служение — также привлекательно. Даже вид преданных, занятых служением Кришне, привлекателен.

Bhaja Govinda devi dasi / Бхаджа Говинда деви даси

Почитав в течение месяца комментарии Шрилы Прабхупады, Бхаджа Говинда переехала в храм Гейнсвилла. Вот какой эффект произвели на нее его слова.

В 1976-м году мы поехали из Гейнсвилла на первую Ратха-ятру, проходившую по Пятой авеню Нью-Йорка, и я, наконец, увидела многих преданных со светлыми лицами и Шрилу Прабхупаду, замечательную личность, о которой я так много слышала. Прабхупада был таким царственным, как будто прибыл с другой планеты. От этого большого человека с золотой кожей исходило золотое сияние и огромное милосердие. Перед лекцией он жестом велел женщинам и детям подойти к нему первыми и взять печенье. Моя двенадцатилетняя дочь и я пошли первыми и получили печенье.

С самого первого дня Амарендра, президент нашего храма, наставлял нас: «Ваши отношения с Прабхупадой строятся на распространении книг. Чтобы угодить ему, нужно распространять его книги». Я была распространителем книг, и, поскольку я общалась со Шрилой Прабхупадой через его книги, то, когда он покинул планету, моя реакция отличалась от реакции моих духовных братьев и сестер. Для меня книги Прабхупады были по-прежнему здесь, поэтому и он по-прежнему здесь. Физическая разлука не была травмой. Прабхупада также находится в сердцах своих замечательных дочерей, которых он оставил, чтобы заботиться обо мне и воспитывать меня; по их милости я по-прежнему здесь.

Bhakti devi dasi / Бхакти деви даси

Муж Бхакти, Брахматиртха, писал ей из Индии письма в стиле «поток сознания». Когда он начал писать об А. Ч. Бхактиведанте Свами Прабхупаде, имя которого Бхакти не могла произнести, она подумала, что это скорее буквы «потока сознания», и не слишком им поверила.

В детстве в моей семье умирало много родственников, и никто не мог ответить на мои вопросы: почему люди умирают такими молодыми? Куда они направляются? Почему в мире существует боль? После того как мой муж вернулся из Индии, и мы начали ходить в храм, я осознала глубину сознания Кришны, но я была человеком «я сама знаю, как надо» и не могла найти общего языка с преданными или философией. Я ходила в храм только из-за своего мужа, и когда преданные говорили мне «Харе Кришна», я отвечала: «Привет». Я никогда не говорила «Харе Кришна». Я думала, что скажу это, когда буду готова.

Через несколько лет мой муж был явно готов к посвящению, а я — явно нет. Мой дорогой друг Атрейя Риши Прабху предложил мне и моему мужу встретиться со Шрилой Прабхупадой в Нью-Йорке четвертого июля 1974-го года. Я была напугана встречей с Прабхупадой и не знала, что я скажу, я не знала даже, зачем мне нужно идти. Мы с мужем вошли в красивую, длинную и узкую комнату Шрилы Прабхупады. Прабхупада сидел за столом во главе комнаты, мой муж сидел посередине, а я, охваченная ужасом, сидела на противоположном конце. Мне хотелось слиться со стеной. У Шрилы Прабхупады была золотая кожа. Он посмотрел прямо на меня и на прекрасном английском сказал: «Значит, вы интересуетесь сознанием Кришны?» Но я не поняла ни слова из того, что он сказал и смутилась. Прабхупада, точно зная, что происходит, сказал моему мужу: «Переведи». Прабхупаде было неважно, что я не поняла, и сразу же я почувствовала, что Прабхупада принял меня. Мне не нужно было церемониться или притворяться. Я могла просто быть собой, и все было в порядке.

Прабхупада спросил, есть ли у меня вопросы, и тут вошла молодая женщина с большой миской белых круглых конфет, похожих на мячи для гольфа. Прабхупада поблагодарил ее, она ушла, и он позвал меня. Я подошла к его столу, и он сказал: «Протяни руку». Я протянула левую руку, а он сказал: «Нет, нет, другую». Он не был снисходительным, он был любящим. Я протянула правую руку, и он положил на нее похожий на мячик для гольфа предмет. Он был мокрым, с него капало. Я понятия не имела, что с ним делать. Он заметил мое замешательство и жестом показал мне, широко открыв рот, и как бы говоря: «Положи это себе в рот». Я подумала: «Как же я положу это в рот?» Я как-то затолкала это в рот. Я, должно быть, выпучила глаза, потому что Прабхупада расхохотался. Я вымыла руку, села и подумала: «Это волшебный опыт. Этот человек сделал сознание Кришны реальным и доступным для меня». Я не могла сосредоточиться на том, что говорил Прабхупада, потому что все, о чем я думала, было: «Как мне отблагодарить этого человека?» Кто-то сказал: «Шрила Прабхупада, пора ехать в аэропорт». Мой муж, который был водителем, выбежал на улицу. Я остановилась на пороге комнаты, собираясь выйти, повернулась, сложила руки и сказала Шриле Прабхупаде: «Большое спасибо». Без малейшего колебания Шрила Прабхупада сказал: «Харе Кришна», и я впервые сказала: «Харе Кришна». Это был волшебный, меняющий жизнь опыт.

Я чувствовала себя белой вороной — меня неправильно понимали, и я никуда не вписывалась. Но когда я встретила Прабхупаду, все изменилось. Он был любящим и приветливым, как отец, в нем было все, что я искала. Я встретила невероятных преданных-единомышленников, которые понимали меня, и стала им хорошим другом. Ядубара Прабху был первым из них. Он признал меня и сказал: «Да, здесь есть место для тебя», и показал мне, где оно. По милости Шрилы Прабхупады и Кришны я по-прежнему здесь.

Bhavatarini devi dasi / Бхаватарини деви даси

В июне 1971-го года Бхаватарини впервые увидела Шрилу Прабхупаду в аэропорту Атланты, штат Джорджия. Она жила в храме Атланты уже несколько месяцев и искала истину.

Я не только нашла истину в сознании Кришны, но и научилась практическому способу ее достижения, повторяя Харе Кришна *мантру*. Читая книги Шрилы Прабхупады и слушая его последователей, я развила в себе некоторое влечение к Кришне и его философии, но у меня не было ни настоящего понимания важности этого, ни понимания могущества духовного учителя.

В тот день, когда я встретила его, Шрила Прабхупада летел обратно в Нью-Йорк из Гейнсвилла, штат Флорида, где он давал телевизионное интервью. Во время его двухчасовой остановки в Атланте преданные забронировали конференц-зал в аэропорту, чтобы ненадолго встретиться с ним. Подготовка к его визиту фактически началась за несколько недель, и преданные из других центров в других городах собрались, чтобы помочь. Атмосфера была наполнена предвкушением и волнением. Несколько преданных устроили для него небольшую *вьясасану* в аэропорту, другие приготовили пьесу, а третьи — пир. Мы украсили конференц-зал тканью, цветами и картинами.

Преданные, их друзья и родственники собрались в аэропорту для встречи Прабхупады. Они воспевали Харе Кришна, танцуя и играя на *караталах* и барабанах. Приземлился небольшой самолет, и к его двери подняли металлическую лестницу. И тут мы увидели в дверях Прабхупаду. Внезапно весь дверной проем наполнился светом. У него был сияющий золотистый цвет лица, и его шелковые шафрановые одежды слегка колыхались, хотя ветра не было. Высоко подняв голову и грациозно держа в руке трость, он спустился по ступенькам на летное поле.

Я была поражена. Я не ожидала, что он окажется таким необыкновенным. Я подумала: «Он выглядит таким царственным — как лев».

Дойдя до асфальта летного поля, он снял с шеи яркую оранжево-желтую гирлянду из ноготков и надел ее на стоявшего рядом ученика. Затем ему надели гирлянду, которую я сделала из красных роз, гвоздик и миниатюрных магнолий. Она доходила ему до стоп, обрамляя все его тело. Когда он направился к нам, казалось, что его ноги не касаются земли, а скользят по тротуару. Я подумала: «Он такой грациозный, как лебедь, скользящий по озеру».

Мы последовали за ним в коференц-зал. Он взобрался на *вьясасану*, стоявшую на столе, и сел на красивое круглое сиденье из синего бархата. Стена позади него была светло-голубой, но она бледнела по сравнению с голубоватым сиянием, которое, казалось, исходило от него. Подобно цветку лотоса, выросшему из грязи, Прабхупада расцвел среди нас. В его присутствии вся комната превратилась в духовный мир, и мы совершенно освободились от беспокойства. Он украл наши сердца и посеял в них семя *бхакти*. Я начала понемногу осознавать величие *гуру*.

Этот случай подробно описан в "Шрила Прабхупада-лиламрите" Сатсварупы даса Госвами, поэтому я оставлю свои личные воспоминания об этом событии на другой раз. Излишне говорить, что эти два часа закончились слишком быстро. Прабхупада сел на самолет, направлявшийся в Нью-Йорк, и улетел, забрав с собой наши сердца.

Bhismaka devi dasi / Бхишмака деви даси

Двадцать третьего сентября 1977-го год, на Радхаштами, перед Божествами Радха-Гопинатхи в храме Торонто Бхишмака и ее муж Вишнутаттва Прабху получили посвящение. Через две недели, чувствуя, что их жизнь будет бесполезной, если они не увидят своего духовного учителя, они решили отправиться в Индию.

Мой муж сказал своему деловому партнеру: «Почему бы тебе не купить этот бизнес?» Его партнер сказал: «Твоя доля стоит двести пятьдесят тысяч долларов, а я могу дать тебе только восемь тысяч долларов». Муж сказал: «Хорошо». Мы продали наш трехэтажный дом по себестоимости и купили билеты во Вриндаван.

Я была неофитом с большим эго и не знала, что такое отношение служения. Во Вриндаване я начал служить Пишиме, а она говорила только о Нитьянанде Прабху, Господе Чайтанье и преданных. Она относилась ко мне как к дочери и дарила мне столько любви, что мое эго было разбито, и я очистилась.

В то время как все мы танцевали в экстазе, Прабхупада на своем паланкине трижды объезжал храм, принимал *чаранамриту* и затем кланялся своему Гуру Махарадже, Кришна-Балараме и Радха-Шьямасундаре. Прабхупада давно не ел, и после *мангала-арати* седьмого ноября все были взволнованы, потому что он попросил приготовить *гуджарати чапати* и *дал*. Меня попросили готовить. Я приняла душ, побежал на кухню Прабхупады и приготовила еду, постоянно молясь Радхарани: «Я не знаю, как хорошо приготовить эти блюда, но они для Твоего чистого преданного. Пожалуйста, помоги мне».

Все хотели, чтобы Прабхупада ел и был здоров, но каждый день он отправлял свою тарелку обратно нетронутой. Когда перед Прабхупадой появилась тарелка с *гуджарати чапати* и *далом*, в комнате воцарилась тишина: будет он есть или нет? Прабхупада пару минут смотрел на еду, затем взял *чапати*, обмакнул его в *дал* и съел. Преданные запрыгали: «Джая Прабхупада!» Из пяти приготовленных мною *чапати* Прабхупада съел три, весь *дал* и половину *чатни* и *шака*. Упендра дал мне тарелку Прабхупады: «Эта милость принадлежит тебе», а я раздала каждому понемногу.

Прабхупада спросил моего мужа: «Бхишмака знает, как сделать *малпуру* и *шрикханд*?» Взволнованный, мой муж сказал: «Да, Прабхупада! Вы можете попросить что угодно в любое время дня и ночи, и она приготовит это для Вас». Прабхупада помолчал и потом сказал: «Вы, преданные, такие хорошие, вы все так хорошо служите мне», — и замолчал.

Вечером четырнадцатого ноября, когда Прабхупада выпил Ямуна-джал и покинул эту планету, все мы были вокруг кровати Прабхупады, громко воспевая и плача. Это сознание, это окружение, этот плач любви всех преданных невозможно передать. Это за пределами материального мира. Я думала: «Почему Прабхупада должен оставить нас? Мы не хотим разлучаться с ним». Гирлянда, которую я сделал для Радхарани в то утро, была на шее у Прабхупады, когда он уходил.

Если умирает обычный человек, его тело становится жестким, но тело Прабхупады было подобно цветку. Оно было не материальным, а полностью духовным. Пришли преданные из Гаудия Матха, и мы пели всю ночь, пока Прабхупада сидел в своем паланкине на *вьясасане* в алтарной комнате. Один за другим все преданные обмахивали его. Никто не спал. Утром мы отправились с телом Прабхупады на *парикраму* вокруг Вриндавана, и *бриджабаси* отдали ему последние почести. По просьбе Прабхупады мы раздали *прасад* всем *бриджабаси*. Я подумала: «Прабхупада спросил о *малпуре* и *шрикханде*», поэтому я сделала их для него, и по его милости они были предложены ему.

Прабхупада — это моя жизнь и душа, и я не могу оставить его. Каждый день я прошу его о милости. Его книги полны нектара, и когда я читаю их, я слышу, как он дает указания о том, что делать, чего не делать, как проповедовать. Если я не послушаю его лекцию хотя бы один день, я чувствую: мне чего-то не хватает. Этот материальный мир полон страданий; мы не всегда можем доверять другим, но если мы следуем за Шрилой Прабхупадой, тогда Радха-Кришна и Гаура-Нитай довольны, и у нас все в порядке.

Bhogini devi dasi / Бхогини деви даси

В августе 1973-го года, когда Шрила Прабхупада установил Шри Шри Радха-Парижишвару в храме на Рю ле Сюер в Париже, он также провел обряд посвящения. В тот раз Бхогини получила от него посвящение.

Раньше мы никогда не видели большие мраморные Божества, и во время установления их омывали в огромных алюминиевых чанах в центре алтарной комнаты. Прабхупада сидел на *вьясасане* и наблюдал. Я ходила с кухни и на кухню и случайно заглянула в комнату, когда Шрила Прабхупада встал с *вьясасаны*, подошел к Радхарани и погладил Ее щеку указательным пальцем. Я почувствовала, что Шрила Прабхупада видит Радхарани как-то по-своему, и это укрепило мое понимание того, что как только Божества установлены, то Радха и Кришна присутствуют лично. Этот нежный момент тронул меня и еще больше поспособствовал моему влечению к служению *пуджари*.

Однажды, когда Шрила Прабхупада предлагал поклоны Радха-Парижишваре, я оказалась прямо позади него. Моя голова была в нескольких сантиметрах от его лотосных стоп. Нас учили не прикасаться к лотосным стопам Шрилы Прабхупады, но я чувствовала исходящее от них очень мягкое и нежное тепло. Это было истинным благословением для меня быть так близко у стоп.

Когда Прабхупада приехал в Париж во второй раз, я получила брахманическое посвящение. Один из учеников Прабхупады проводил церемонию, в то время как Прабхупада сидел на *вьясасане*, полностью расслабившись, как будто заснул. Затем меня внезапно катапультировали в комнату Прабхупады для получения Гаятри-мантры. Я не понимала, что происходит, но Прабхупада похлопал по ковру с правой стороны и сказал: «Сядь сюда». Это был единственный раз, когда я была наедине с Прабхупадой. Я села рядом с ним, и это было прекрасно. Я чувствовала, что я не просто одна из толпы, я не просто женщина на заднем сиденье, но что я что-то значу, что меня попросили сесть рядом с ним. Мне нравилось смотреть, как он своими длинными пальцами показывает мне, как считать шестьдесят мантр от одной цифры до другой. Он сказал: «Можешь так сделать?» И я сделала все в точности. Он заставил меня повторять за ним Гаятри-мантру слово за словом, и я не смогла повторить одно слово в последней строке, поэтому он заставил меня повторить ее три-четыре раза, пока не убедился, что я все правильно произнесла.

Когда я думаю о Шриле Прабхупаде, эти прекрасные длинные лотосные пальцы и мягкие лотосные стопы по-прежнему появляются перед моим мысленным взором.

Однажды утром Прабхупада принял *даршан* Божеств, а затем дал лекцию, в которой подробно рассказал о лотосных стопах Кришны. В конце лекции он сказал: «И поэтому мы спрашиваем, почему Кришна не носит колокольчиков на лодыжках». Он также сделал замечание о том, что Радхарани — пастушка, и она носит юбку и накидку, а не *сари*. После этого мы научились шить юбки и накидки для Радхарани.

Мои бабушка и дедушка умерли примерно в то время, когда я родилась, поэтому я росла без бабушки и дедушки, но Шрила Прабхупада был всем, чем мог бы быть дедушка, поскольку я безоговорочно уважала его, и он был невероятно мудрым и любящим. Он полностью удовлетворял мои потребности, и я знала, что действительно могу доверять ему. Общение со Шрилой Прабхупадой вдохновило меня. Дело не в том, что я самая верная ученица, у меня очень нестрогие стандарты, но они не снимают узы любви, которыми я с ним связана.

Bhranti devi dasi /Бхранти деви даси

В 1974-м году Бхранти, Шранти и Акинчана Кришна жили в Ларго, штат Флорида, когда их общий друг Гаруда Пандит познакомил их с книгами и воспеванием Прабхупады. Когда Бхранти читала «Легкое путешествие на другие планеты», она почувствовала: «О боже, теперь абсолютно все понятно». Тут же все встало на свои места.

В 1974-м году во время рождественских каникул мы с Гарудой Пандитом отправились в храм Сиэтла, где один преданный рассказал нам о распространении книг. Я подумала: «Это так круто, я об этом никогда не слышала. Ты вспоминаешь этого человека, Шрилу Прабхупаду, и наполняешься некоей силой. Это просто потрясающе». Гаруда Пандит и я вернулись во Флориду и присоединились к нашим друзьям, Шранти и Акинчане Кришне, сделали алтарь в нашем доме, начали готовить еду по рецептам поваренной книги Харе Кришна и ходить в Гейнсвилльский храм на воскресные пиры.

Мы слышали, что Прабхупаде не нравились люди, похожие на хиппи, а у обоих мужчин были длинные волосы. Мы подстригли им волосы, купили одежду получше и в феврале 1975-го года поехали к Шриле Прабхупаде в Атланту. Алтарная была переполнена. Когда вошел Прабхупада в роскошном шафрановом пальто с павлиньими перьями, я не могла понять, на кого он больше похож — на короля или на святого. Я сразу же упала на пол и сказала себе: «Я не знаю, кто Вы, но я хочу Вам предаться и служить. Моя жизнь уже никогда не будет прежней».

Это был день явления Шрилы Бхактисиддханты, и то, как Прабхупада предложил *арати* своему духовному учителю, произвело на меня впечатление. Затем мы смотрели хорошо поставленную пьесу Чханд Кази, и я заметила, что преданные наблюдают за Прабхупадой, пытаясь понять, нравится ли ему. Прабхупада был жизнью и душой преданных.

На следующий день во время *гуру-пуджи* алтарная комната снова была полностью забита — женщины стояли с одной стороны, мужчины — с другой, а посередине был проход, чтобы Прабхупада мог видеть Божества. Когда настала моя очередь предлагать Шриле Прабхупаде цветы, я шла по длинному проходу, испытывая страх от того, что Прабхупада видит меня в первый раз, и зная, что не понимаю значения происходящего.

Время, проведенное с Прабхупадой, было важным, но с самого начала меня привлекли его книги. В Гейнсвиллском храме я вставала за час до *мангала-арати*, чтобы читать «Чайтанья-чаритамриту», а за обедом читала «Бхагаватам». Начиная с «Легкого путешествия на другие планеты» и до сих пор — тридцать пять лет спустя — я поддерживаю связь с Прабхупадой, читая его книги. Чтение все проясняет. Бам! И все становится на свои места.

Bhumata devi dasi / Бхумата деви даси

В 1975-м году Бхумата деви даси получила письмо от Шрилы Прабхупады, которое стало для нее источником вдохновения на всю оставшуюся жизнь. В нем он писал: «Ты хорошая женщина и хорошая преданная».

Бхумата присоединилась к движению Харе Кришна в 1970-м году в Кливленде, штат Огайо, в возрасте тридцати восьми лет. Когда она прочитала журнал «Назад к Богу», который ей дал ее старший сын Джаспер, Бхумата поняла, что наконец-то нашла духовную науку, которую искала почти всю жизнь. Будучи с юных лет духовным искателем, дочерью мощного проповедника-баптиста и верующей евангелисткой, Бхумата сильно увлекалась несколькими религиозными практиками, включая «Пентакосталь», «Нацию ислама», Мормонов, Единство и мавританскую науку, а также «Адвентистов седьмого дня». Как давний, преданный последователь Господа Иисуса Христа, она видела в Шриле Прабхупаде продолжение духа Христа и всегда утверждала, что они оба — ее любимые *гуру*. По ее мнению, Шрила Прабхупада исполнил библейское пророчество о том, что в последние дни с Востока придет посланник Бога. Позже, когда она прочитала, что не по годам развитой ребенок назвал Шрилу Прабхупаду «Свами Иисусом», Бхумата нисколько этому не удивилась.

Бхумата немедленно отказалась от «прелестей» материалистической жизни, продала свою мебель и отдала вырученные деньги становящемуся на ноги храму Харе Кришна, расположенному на первом этаже, выходившем на улицу и находившемуся в ведении Шри Говинды и Шрилекхи. Она заставила своих сыновей и мальчиков-учеников постричь волосы и оставить *шикху*, а сама сразу же начала носить *сари* и *тилаку*. Она привела с собой в храм нескольких из своих восьми детей и нескольких учеников (она была преподавателем философии метафизики). Многие родственники Бхуматы, выходцы из строгой христианской среды, были в ужасе от того, что она решила стать последовательницей этого странного культа. Хотя ее первые дни в сознании Кришны были сопряжены со многими испытаниями, она получила посвящение вместе со своим мужем Рупчандом Дасом и тремя детьми в 1972-м году на Радхаштами в Далласе, штат Техас. В тот же день Шрила Прабхупада установил великолепные Божества Радха-Калачанджи. Вместе со своей дочерью Кришнанандини Бхумата открыла храм ИСККОН Радха-Шьямасундаралоки в Кливленде, штат Огайо, в 1974-м году, получив разрешение Шрилы Прабхупады открыть центр в бедном районе. «Птицы одного полета собираются вместе», — писал он им в письме.

Бхумата всегда называла Господа Иисуса Христа своим первым *гуру*, который привел ее к ее любимому Шриле Прабхупаде. Благодаря ее любви и преданности Шриле Прабхупаде многие из ее детей, внуков и духовных детей также приняли сознание Кришны.

Бхумата скончалась в больнице в 2014-м году, повторяя Харе Кришна в час *брахма-мухурты*, в благоприятный день кончины Бхишмадевы. Медсестры в больнице считали себя обязанными сообщить нам о времени ее кончины. Один из ее сыновей, Кришнадас (Отис Ли Христос), спросил медсестру: «Что делала моя мать перед тем, как умерла?» «Ваша мать говорила что-то на иностранном языке», — ответила она. «На каком языке? Она не знала иностранные языки». «Да нет же, — решительно сказала медсестра, — она говорила: „Ха рэй Кришна, Ха рэй Кришна"».

Bhumi devi dasi / Бхуми деви даси

В течение многих лет Бхуми видела, как преданные поют на улицах Нью-Йорка, но ее это совершенно не привлекало. Она считала преданных странными и, как всякий, кто занимается чем-то религиозным, не имела к ним никакого отношения.

Мое мнение о кришнаитах изменилось, когда я услышала их в шоу Дэвида Саскинда. Они объясняли суть сознания Кришны таким образом, что я подумала: «Ого, это круто». Мысль о внутреннем покое и единстве со Вселенной привлекала меня. Моя сестра тоже смотрела шоу, и я сказала ей: «Тебе нужно сходить в Бруклинский храм». Она посмотрела и сразу же переехала туда.

Я несколько раз посещала храм. Я была счастлива, что моя сестра нашла что-то вдохновляющее, но я ни в коем случае не собиралась этого делать. В июле 1972-го года, как раз перед приездом Прабхупады, преданные спросили меня, не хочу ли я остаться в храме на время его визита. Я сказала: «Конечно». Каждое утро они давали мне сладости, предложенные во время *мангала-арати*. Для меня все дело было в *прасаде*. В храме я впервые попробовала *пури* и карамель из сгущенного молока.

Я мало что помню из визита Прабхупады, но, когда он уехал, я вернулась домой, поставила композицию «Говиндам» из альбома «Храм Радха-Кришны» и, глядя на фотографию Прабхупады на обороте альбома, подумала: «Это мой духовный учитель». Это осознание ошеломило меня, я заплакала, потому что знала, что назад пути нет — меня поймали. В июле 1972-го года, сразу после визита Прабхупады я переехала в храм.

Через несколько недель был мой первый Джанмаштами, и я с другими Нью-Йоркскими преданными отправилась в Нью-Вриндаван, чтобы послушать, как Прабхупада читает там лекции по «Бхагавата-дхарме».

Я впервые постилась на Джанмаштами. После полуночного *арати* во время молитвы Нрисимхе мы все сели, и я подумала: «Когда же можно будет принять *прасад*? Жду не дождусь, когда можно будет поесть!» Затем Шрила Прабхупада дал понять, что нужно почитать из книги «Кришна». Мы прочитали первую главу, и там я впервые услышал имя Бхуми.

Когда мы закончили эту главу, я подумал: «Наконец-то можно принять *прасад*. Я такая голодная и усталая». Был час ночи. Прабхупада дал понять, что нужно продолжать читать.

Мы прочитали вторую главу из книги «Кришна». Это длинная глава, а в ту ночь она казалась еще длиннее. Прабхупада был в экстазе, слушая игры Кришны. Я думала: «Когда же это закончится? Я хочу спать. Я хочу принять *прасад*». Прабхупада жестом показал, что нужно прочитать еще одну главу. Мы прочитали три главы из книги «Кришна» для Шрилы

Прабхупады и приняли *прасад* около половины третьего ночи. Мое краткое резюме Нью-Вриндаванского марафона чтения книги «Кришна» Шрилы Прабхупады состояло в том, что я была очень счастлива принять *прасад*.

В апреле 1973-го года Прабхупада снова приехал в Бруклин, и я получила посвящение. Мое имя означает Мать-Земля. Бхуми приняла облик коровы, молилась Господу Брахме, и благодаря ее молитвам Кришна явился и совершил Свои игры на земле. Когда Кришна покинул эту планету, чувство разлуки, которое испытала Бхуми, было чрезвычайно сильным, потому что она привыкла, что лотосные стопы Кришны всегда были на ее теле.

Мне не нравилось распространять книги, но я каждый день распространяла их в Портовом управлении, потому что знала, что это делает Шрилу Прабхупаду счастливым. По вечерам мы пили горячее молоко и читали книгу «Кришна», а также у нас были лекции по «Нектару преданности» и «Бхагаватам», поэтому я знала содержание книг Прабхупады. Я выросла в сознании Кришны, слушая лекции Джаядвайты, Джадурани и разных *санньяси*, которые приезжали в храм. Слушая книги и лекции Шрилы Прабхупады, лекции его последователей и общаясь с его учениками, я чувствовала связь с ним и его Движением.

Прабхупада не был для меня отцом. Он был для меня больше жизни, и я почти не могла относиться к нему как к человеку. Я благоговела перед ним. После того, как он покинул этот физический мир, мои отношения с ним углубились.

Brahmi devi dasi / Брахми деви даси

Первое воспоминание Брахми о встрече со Шрилой Прабхупадой было воспоминанием о встрече с книгой, которую она нашла в букинистическом магазине. Книга называлась «Сознание Кришны: Высшая система Йоги». Еще она нашла «Легкое путешествие на другие планеты. Ее так заинтриговали названия, что она купила обе книги.

Один абзац произвел на меня глубокое впечатление — насколько я помню, он гласил: «Зачем мы посылаем всех этих молодых людей на войну во Вьетнам, когда есть военные?» Вот тогда я поняла, что это мой духовный учитель и сказала себе: «Он прекрасный человек». Я взглянула на оборотную сторону одной из книг и увидела номер телефона храма в Торонто. Я позвонила и спросила, можно ли мне прийти, и, конечно, меня с радостью пригласили. Я полюбила Шрилу Прабхупаду с того момента, как прочитала его книги. С тех пор он стал моей жизнью и душой, и я, по милости Кришны, дожила до семидесяти семи лет, точнее, до того момента, когда жизнь на исходе. Я содрогаюсь при мысли о том, какой была бы моя жизнь без его любящего руководства и наставлений.

Впервые я увидела Шрилу Прабхупаду во время моего посвящения в Западной Вирджинии. Мы были похожи на взволнованных детей, и я чувствовала себя совершенно неадекватной и недостойной того, чтобы получить у него посвящение. Когда я приблизилась к его дорогим лотосным стопам, он посмотрел на меня своими прекрасными, благородными, темными глазами и сказал: «Твое имя Брахми деви». Мне было стыдно, что я посмела встать перед ним. Он сидел на *вьясасане* под открытым небом, и все преданные с обожанием смотрели на эту великолепную, чистую фигуру. Мы были его детьми, заблудившимися в материальном мире и пришедшими к его лотосным стопам в поисках безопасности. Под *вьясасаной* сидела собака, но он не позволил нам убрать ее. «Оставьте ее там», — сказал он. Счастливица!

Преданные ликовали оттого, что Шрила Прабхупада был с нами. Какая же это была радость! Я помню, как танцевала в храме, где было еще примерно пятьдесят преданных, и там был преданный, который танцевал в балете. Он высоко прыгал и парил в воздухе, и мы танцевали с ним, как в балете. Клянусь, я чувствовала, что время остановилось. Я ощущала такую радость в сердце, что не чувствовала, как мои ноги касаются земли. Звенел колокол, и казалось, что время застыло.

То ли в Лос-Анджелесе, то ли в Далласе меня попросили помочь приготовить комнату Шрилы Прабхупады и постелить ему постель. Мне помогала четырнадцатилетняя девочка. Мы все убрали и постелили новые простыни — мы их постирали, и они высохли как раз вовремя. Мы поставили его тапочки и Божества рядом с его сиденьем. Я положила в туалет какую-то синюю безделушку, чтобы напомнить ему о Кришне (такая глупость — но именно так я и думала!). Мы только что закончили и выходили из кухни, когда Шрила Прабхупада с учениками прошли мимо. Шрила Прабхупада посмотрел на меня таким благородным взглядом — его глаза были похожи на черные драгоценные камни. Я подтолкнула свою помощницу, и мы обе заползли обратно на кухню и очень шумно поклонились.

Какое чудесное благословение, когда на тебя смотрит твой возлюбленный духовный учитель. Я не задираю нос, но взгляд его лотосных глаз безмерно осчастливил меня. Мысль об этом заставляет меня плакать даже сейчас.

Когда наш возлюбленный Шрила Прабхупада покинул эту планету, я почувствовала, что плыву по течению. Ушел мой единственный друг и наставник; мир казался пустым. Ушел наш отец и лучший друг. Потом я поняла, что он вовсе не ушел — он всегда будет со мной, если я буду следовать его словам. У меня есть его книги, которые он перевел для нас. Он там, в книгах. Так что теперь его книги стали моей жизнью и душой. Когда я читаю их, я знаю, что Шрила Прабхупада со мной. Я также прекрасно общаюсь со всеми преданными Господа. Они — моя семья и друзья.

С тех пор как Шрила Прабхупада принял меня, я никогда не

переставала обращаться к нему за руководством и силой, необходимой для следования цели. Он всегда со мной. Я никогда не думала иначе. Если мне нужен ответ на какой-нибудь вопрос, я советуюсь с ним по его книгам. Там есть все ответы, написанные черным по белому. Шрила Прабхупада всегда с нами. Мы можем оставить его, но он не оставит нас. Я не смогла бы жить без него. Я снова и снова падаю ниц к его прекрасным лотосным стопам.

Я всегда думаю: «Что бы мой духовный учитель хотел, чтобы я делала в повседневной жизни?» Тогда я вспоминаю его слова и справляюсь с любыми возникающими проблемами. Я должна думать с точки зрения сознания Кришны — эта точка зрения изложена в комментариях Шрилы Прабхупады на «Шримад-Бхагаватам» и «Бхагавад-гиту». Там есть все, что нам нужно знать. Вполне возможно, что я глупа до предела, но, если я буду повторять его слова, люди будут слушать. На самом деле, я видела, что всякий раз, когда я проповедую его словами, люди изумляются. Я и сама изумляюсь. Я твердо верю, что, если я с убежденностью использую его слова, они перенесутся в сердца людей. Люди развиваются с разной скоростью, и мы не можем никого заставить стать преданным. Поэтому очень важно быть добрым, дружелюбным и понимающим, а не осуждающими. Люди страдают. Шрила Прабхупада принял нас и взял на себя обучение и руководство нами несмотря на то, что мы понятия не имели, как себя вести. Когда мы говорим с людьми, нам нужно подражать тому, как он обращался с нами.

В семье нашего возлюбленного Шрилы Прабхупады я — смиренная слуга и духовная сестра. Вся слава Его Божественной Милости, нашему дражайшему отцу и вечному духовному учителю и всем преданным Господа Кришны. Пусть не иссякнут его благословения и продолжится наше служение его прекрасным лотосным стопам.

Caitanya devi dasi / Чайтанья деви даси

Однажды, в 1970-м году, во время оглушительного киртана в храме Лос-Анджелеса, Чайтанья даси вместе с другими преданными неистовствовали, когда внезапно в алтарную вошел Прабхупада, поднял руки вверх и начал танцевать, будто паря над землей.

Некоторое время спустя я вышла замуж за Кануприю, уехала с ним в Тринидад проповедовать, а затем мы вернулись в Лос-Анджелес, где я должна была получить вторую (брахманическую) инициацию. Прабхупада провел церемонию, после нее меня позвали в комнату Прабхупады. Я была беременна и сильно поправилась, поэтому поклонилась, стоя на коленях. Прабхупада спросил: «Как прошла проповедь в Тринидаде?» Я сказала, что все прошло хорошо, но поскольку у меня будет ребенок, я хочу вернуться в Америку. Затем, крайне нервничая, я села на подушку рядом с ним, чтобы получить Гаятри-*мантру*. Я знала, как повторять *мантру* на пальцах, но неожиданно для себя не смогла сделать этого. Прабхупада произнес слова мантры и велел мне повторить. Мне вдруг показалось, что он увидел все мои грехи. Я застыла в шоке и сидела, как полная идиотка. Он взял меня за руку и сказал: «Делай вот так». У меня возникла мысль: «О Боже, нужно это сделать». С колотящимся сердцем я стала шевелить пальцами и произнесла *мантру*.

Прабхупада уезжал из Лос-Анджелеса. Когда он сел в машину, мы с Шримати быстро сорвали розы и пошли к нему. Прабхупада опустил окно, я протянула ему свою розу и выпалила: «Пожалуйста, скорее возвращайтесь, Шрила Прабхупада!» «Да, я скоро вернусь, – сказал он и улыбнулся. Шримати дала ему свою розу, он спросил ее: «Ты едешь в Индию?» Шримати ответила: «Я зарабатываю деньги на билет». Прабхупада сказал: «Хорошо, увидимся в Индии».

В 1972-м году я отправилась во Вриндаван вместе со своими дочерями-близняшками Драупади и Гандхари, в то время им был 1 год и 2 месяца. Прибыв туда, мы вошли в покои Прабхупады в храме Радха-Дамодары. Он был одет в простую одежду *санньяси* и сидел, откинувшись на спинку, расслабившись и заложив руки за голову. Прабхупада сказал: «О, Кришна привел тебя сюда». Я подумала: «Ого, Кришна привел нас сюда!» Затем он сказал: «Ты соблюдаешь *экадаши* сегодня?» Я подумала: «О Боже, я забыла, что сегодня *экадаши*». Я опустила голову и сказал: «Простите, Шрила Прабхупада, я не знала, что сегодня *экадаши*. Я прервала пост». Шрила Прабхупада сказал: «Возьми сладостей». Мы обменялись всего парой слов, но находиться в святой *дхаме* вместе с ним и ощущать его настроение дома было истинным благословением.

По возвращению в Лос-Анджелес моим служением была игра на *мриданге* и пение во время выступлений танцевальной труппы преданных «Игроки с Вайкунтхи». Однажды специально для Прабхупады мы показывали спектакль «Убийство Праламбасуры», во время которого я сидела на полу в алтарной рядом с его *вьясасаной*. Нужно было видеть выражение лица Прабхупады, когда Баларама убил Праламбасуру. Оно было невероятным! Его глаза расширились, и он широко улыбнулся. Ему очень понравилось это шоу. В другой раз я сидел в саду Прабхупады и читала ему главу «Господь Брахма похищает телят и пастушков». Иногда Прабхупада слушал с закрытыми глазами, а иногда комментировал. Это было нечто личное и трансцендентное.

Когда Прабхупада раздавал печенье в алтарной, я была очень тронута тем, что он не торопился и уделял время каждому ребенку, чтобы все дети получил эту особую милость из его рук. Это стало проявлением его терпения, любви, сострадания и того, что для него все были одинаково важны.

Когда Прабхупада осматривал жилые помещения преданных в Лос-Анджелесе, это было похоже на то, как Кришна входит в Двараку. Курились благовония, женщины стояли на балконах, все хотели знать какую комнату он посетит, куда пойдет дальше. Это была трансцендентальная игра. Прабхупада был весел и наслаждался беседами с преданными.

Cakrini devi dasi / Чакрини деви даси

Прабхупада инициировал 24-летнюю Чакрини под большим деревом в саду Нью-Маяпура. Тогда Чакрини впервые увидела его.

Глаза Прабхупады сияли, он говорил со мной взглядом и понимал меня без всяких слов. В тот момент мне стало ясно насколько я падшая. Мое сердце говорило: «Этот человек собирается дать тебе что-то особенное. Как ты отблагодаришь его за это?» Прабхупада на мгновение закрыл глаза и сказал: «Чакрини». Предлагая поклоны, я коснулась головой травы. Он сказал: «Все будет в порядке, если ты будешь следовать моим наставлениям». Мой ум был неуравновешен, но Прабхупада дал мне направление на всю жизнь.

Я никогда не была окружена любовь в этом мире. В 14 лет я потеряла отца, мама осталась одна с пятью детьми. Мы были бедны. Хотя я недолго была с Прабхупадой, потеряв его, я все время плакала. Он был отцом, который, дав мне посвящение, сотворил меня. Я не хотела принимать то, что он ушел.

Я не была интеллектуалкой, но мне хотелось каждый день читать «Шримад-Бхагаватам» и «Бхагавад-гиту», слушать Прабхупаду и хранить его в сердце.

Его слова глубоки. Они никогда не подводят меня, они помогают мне ощущать его любовь и нежность. Он – мое единственное убежище. Никто никогда не сможет заменить Шрилу Прабхупаду в моем сердце. Прабхупада всегда говорит с Кришной. Чтобы быть счастливым, достаточно знать одного единственного человека в этом мире – его. Спасибо за то, что Вы пришли к нам, Шрила Прабхупада.

Camari devi dasi / Чамари деви даси

В 1973-м году Чамари приехала из Сиднея в мельбурнский храм, чтобы помочь в подготовке к приезду Прабхупады.

Мы собрались в алтарной комнате, чтобы приветствовать Шрилу Прабхупаду. Он сидел на *вьясасане*, а я была примерно в 2-х метрах от него. Будучи молодой преданной, я с трудом следовала регулирующим принципам сознания Кришны, ум доставлял мне много хлопот. Помню, как смотрела на стопы Прабхупады и думала: «Если я смогу полностью медитировать на них, мой ум никогда больше не будет доставлять мне неприятностей! Эта медитация победит все». Затем я посмотрела в глаза Шриле Прабхупаде, его устремленный на меня взгляд был очень серьезным и строгим, в нем не было сентиментальности. В тот момент я поняла, что мне нужно снять розовые очки и трезво взглянуть на свое сознание Кришны. Это серьезный выбор образа жизни, мне придется сойти с уровня ума и погрузиться в духовность. Это осознание сняло груз с моих плеч.

В другой раз, когда Шрила Прабхупада посещал мельбурнский храм, ковер в доме, где он остановился, был не очень чистым. Я сшила несколько белых простыней вместе, чтобы покрыть его ими, но швы по центру получились немного не аккуратными. Когда Прабхупада вошел в эту комнату, то сразу же заметил белое покрывало на полу и сказал: «Оно расстелено не по центру. Это неправильно». Это был очень трогательный момент. Служа Прабхупаде и Кришне, нужно делать это правильно.

Во время того же визита Прабхупады мы узнали, что задняя подушка *вьясасаны* в его гостиной была неудобной, поэтому переделали ее. Мы хотели помочь Шриле Прабхупаде в его работе над книгами, это было самым важным для нас, потому что мы были центром распространения его книг. В течение дня мы распространяли книги от всего сердца.

На протяжении многих лет во мне горел огонь служения Прабхупаде благодаря моим воспоминаниям о нем и об общении с его учениками. Появилось новое поколение, которое испытывает ту же любовь к своим духовным учителям и к сознанию Кришны. Шрила Прабхупада живет в своих книгах, храмах и в своих учениках, которые любят его и передают это чувство новым людям, приходящим в сознание Кришны.

Я пришла в сознание Кришны, потому что хотела идти по истинному духовному пути. Я испытала великое счастье, повторяя *мантру* Харе Кришна, поэтому пути назад не было. Сегодня я чувствую все то же самое. Это доступно каждому, кто следует данному процессу.

Candravali devi dasi / Чандравали деви даси

Чандравали искала смысл жизни, когда встретила Шрилу Прабхупаду. Она подумала: «Похоже, что он хороший человек». Шрила Прабхупада пел киртан, Чандравали показалось, что он поет Харе Кришна всю свою жизнь. Хотя Прабхупада был стар, она считала, что он замечательно выглядит и она с трудом верила своим глазам. «Может быть, на нем грим» — подумала она. Подойдя ближе, она поняла, что на его лице не было никакой косметики. Прошло совсем немного времени и в 1967-м году в Сан-Франциско Шрила Прабхупада инициировал Чандравали деви даси.

Мне было 22 года, когда я впервые увидела Шрилу Прабхупаду. Он сидел и повторял Харе Кришна с закрытыми глазами и меня это покорило. Трудно было поверить в то, что он так красив. Я никогда раньше не видел никого, похожего на него. Я присоединилась к *киртану*. Это было здорово! Когда Прабхупада открыл глаза в них было нечто большее, чем праведность – там был духовный мир. Когда я увидела Шрилу Прабхупаду, то на меня снизошло благословение.

После посвящения я попыталась понять, что означает мое имя. Прабхупада объяснил, что Чандравали была одной из *гопи*, возлюбленных Кришны, что ей нравилось притворяться Радхой, и с подругами обольщать Кришну. Я мало что в этом понимала, но была довольна этим именем, потому что оно выводило меня на другой уровень жизни. Сознание Кришны возвышало меня, я никогда такого не испытывала прежде.

Однажды в Лос-Анджелесе я предлагала поклоны Шриле Прабхупаде, а в это время мой маленький сын, у которого был сопливый нос, подполз к Прабхупаде. Прабхупада поднял его и указательным пальцем вытер ему нос. Затем он посмотрел на меня и сказал: «Разве ты не пользуешься горчичным маслом?» Я не знала, что это такое. Прабхупада сказал: «Тебе нужно пользоваться горчичным маслом». Так я научилась пользоваться горчичным маслом.

Когда у меня родился первый ребенок, я написала Прабхупаде, который был в то время в Бомбее. Прабхупада прочитал письмо, повернулся к Малати и сказал: «У твоей подруги Чандравали родился сын, я назвал его Чандрашекхаром». Прабхупада рассмеялся и сказал: «Мать зовут Чандравали, а сына – Чандрашекхар». Когда родился наш второй ребенок, мы написали Прабхупаде, и на этот раз он повернулся к Малати и сказал: «У твоей подруги родилась девочка. Назови ее сама». Малати назвала нашу дочь Налиной, что означает «та, глаза которой подобны лепесткам раскрывшегося лотоса».

В последний раз, когда я видела Шрилу Прабхупаду, все выстроились в очередь, чтобы попрощаться с ним и поклониться ему. Заметив у всех в руках цветы, которых у меня не было, я побежала, чтобы найти их. Я вернулась с обычными цветами и протянула Прабхупаде. Он взял их так, будто они были драгоценными, улыбнулся и посмотрел на меня с благодарностью. Он знал, что я хочу от него особого внимания и дал его мне.

До Шрилы Прабхупады у меня не было жизни. Я спрашивала себя: «Зачем я родилась? Почему я здесь?» Встреча с моим дорогим духовным учителем – это удача. Если бы я не увидела его тогда, я бы умерла. Мне нужно было встретить человека, который был бы доволен своей жизнь и который делал бы что-то значимое.

Catura devi dasi / Чатура деви даси

Чатура впервые увидела Шрилу Прабхупаду в Нью-Двараке на дороге к храму. Он выглядел благородным, красивым, скромным и любящим одновременно. *Она упала на колени и со слезами поклонилась своему любимому гуру.*

В другой раз, когда я шла из «ИСККОН пресс», где мне посчастливилось выполнять небольшое служение, я увидела, как Прабхупада стоит на крыше и смотрит с высоты на город. Я подумала, что не могу упустить эту уникальную возможность, поэтому, поклонившись, я подняла голову вверх и сказал: «Харе Кришна, Шрила Прабхупада». Его глаза встретились с моими, раскатистым голосом он ответил: «Харе Кришна!» Это самое дорогое воспоминание в моей жизни.

А вот другой случай. Однажды я узнала, что Прабхупада решил провести неофициальную беседу в своем саду. Опаздывая и зная, что сад будет заполнен людьми, я все же подошла к Рамешваре Свами и умоляла его разрешить мне как-нибудь протиснуться туда. Он пристально посмотрел на меня и наконец сказал: «Ладно, Чатура». Я с облегчением вздохнула и побежала в сад. Там мне жестом показали сесть где-нибудь, и я оказался рядом с Прабхупадой. Он светился, его трансцендентная энергия распространялась на всех, я уверена, что каждый преданный чувствовал его любовь и заботу. Все мы положили подношения в кучу, которая стала похожа на стог сена. Закончив говорить, Его Божественная Милость потянулся и из середины вытащил одно подношение. Это было мое! Он открыл коробку и вытряхнул из нее инжир, финики, орехи и вишни в наши раскрытые ладони. Это волшебное воспоминание, ведь я увидела, как мой *гуру* принял и оценил мой скромный дар. Джая Прабхупада!

По большой удаче в Нью-Двараке моим служением было убирать ванную Шрилы Прабхупады. Я очень осторожно перекладывала принадлежащий ему маленький золотой зуб, который Прабхупада по утрам оставлял на раковине. Потом я стала раздавать преданным использованные им веточки эвкалипта, что сделало меня очень популярной. Казалось, Шрила Прабхупада был удовлетворен моими усилиями, потому что я не слышала об обратном.

Это те важные воспоминания, которые придают мне энтузиазм, потому что это «мгновение в присутствии чистого преданного ...» Ученики, которые помогли Прабхупаде заложить фундамент его Движения, нуждались в нем. Однако мои самые заветные, глубокие реализации с Прабхупадой происходят тогда, когда я читаю его трансцендентные книги.

Действуя сообща, делясь нашим опытом общения с Прабхупадой, нашими чувствами и мыслями о нем, мы можем каждый день вспоминать его трансцендентных качествах, о том, как он любит каждого из нас, о том, как он спас нас. Мы можем помочь друг другу развить больше качеств преданного, общаясь с уважением, добротой и терпением, вдохновлять каждый день читать книги Шрилы Прабхупады, с любовью напоминать себе и другим о том, что необходимо очень внимательно повторять Харе Кришна, каждый день и делать то, что так нравится Прабхупаде и Господу Чайтанье: рассказывать людям о Господе Кришне, раздавать *прасад* и распространять чудесные книги Прабхупады.

Понимая, что его *вани* важнее, что его *шикша* важнее и что он – наивысший *шикша-гуру* каждого, мы все имеем равную возможность получить милость Шрилы Прабхупады.

Джая Шрила Прабхупада! Джая дочери Шрилы Прабхупады! Джая внучки Шрилы Прабхупады! Джая последователи Шрилы Прабхупады!

Chayadevi devi dasi / Чхаядеви деви даси

В 1969-м году в Сан-Франциско Чхайядеви увидела Шрилу Прабхупаду на втором фестивале Ратха-ятры.

Процессия Ратха-ятры шла по главной улице Сан-Франциско, где тусовались хиппи. Мои друзья и я ждали начала шествия, когда из роскошной машины вышел Шрила Прабхупада, и все вокруг нас немедленно упали в *дандават* прямо на улице. Мы были единственными, кто стоял, и я подумала: «Что за безумие творится?» Шрила Прабхупада стоял в двух шагах от меня. Я посмотрела на него и меня накрыло: «Кто этот человек?» Меня сразу же потянуло к нему, как будто между нами была какая-то связь. Он медленно подошел к колеснице и сел на нее. Все вокруг оживились, запели киртан, и шествие началось. Я в полнейшем восторге тянула за веревки. Руки у меня покрылись волдырями и затекли, и я подумала: «Ой, нужно остановиться», но было слишком весело.

В какой-то момент процессия остановилась перед мостом, Шрила Прабхупада встал, поднял руки и принялся танцевать. Все преданные были так возбуждены и взволнованы, что это передалось и мне. Я тоже пела и танцевала. Потом мы снова покатили колесницу, я тянула за веревки до самого пляжа, где устроили большой пир. Затем, в концертном зале Family Dog, Прабхупада говорил о том, что мы не Бог. Я была потрясена, услышав, что я не Бог. Вся наркокультура Хейт-Эшбери состояла в слиянии с пустотой, белым светом и единении с Богом. Всем присутствующим в зале не нравилось то, что говорил Прабхупада. В публике почувствовалось противостояние. Я подумала: «Какой удивительный человек. Он так бесстрашно говорит правду, хотя и знает, что она непопулярна».

В другой раз я присутствовала на бурной встрече Прабхупады в аэропорту Нью-Йорка. Все здание было заполнено преданными. Увидев Прабхупаду, я сразу же почувствовала: «Он мой духовный учитель на все времена. Я однозначно хочу получить у него посвящение». Знать, что этот человек всегда будет со мной, что наши отношения никогда не прекратятся, было просто прекрасно.

На Гавайях мы с Говиндой даси получили личный *даршан* Прабхупады. Со мной был мой четырехмесячный сын Баладева. С огромной улыбкой Прабхупада посмотрел на него и спросил: «Кто ты?» Говинда даси сказала: «Это сын Балабхадры, Баладева». Прабхупада посмотрел прямо на Баладеву и серьезно сказал: «Ты замечательный». Говинда даси сказал: «А это жена Балабхадры, Чхаядеви». Прабхупада посмотрел на меня и через некоторое время сказал: «И ты тоже замечательная». Тогда Баладева, сидевший у меня на коленях, оживился: он агукал и лепетал, глядя на Прабхупаду. Прабхупада рассмеялся и сказал: «Он с нами говорит!» Прабхупада был добр и ему явно нравилось смотреть на Баладеву. Это было так мило.

В другой раз на Гавайях Прабхупада читал лекцию. Баладева сидел у меня на коленях, пристально глядя на Прабхупаду. Прабхупада говорил о том, как мы ограничены, повернулся к Баладеве и сказал: «В точности как этот мальчик, он ограничен, потому что он в детском теле, но он вырастет. А когда вырастет, он совершит великие дела». Тогда я подумала: «О да, Баладева – это луч Вишну!»

В колледже я училась на учителя, поэтому, став преданной, начала работать с Сатсварупой Махараджем над развитием *гурукулы*. Я написала письмо Прабхупаде, в котором задала вопросы о том, как воспитывать девочек и как быть с совместным обучением мальчиков и девочек. Шрила Прабхупада ответил: «Мои наставления тебе – это тот фундамент, на котором будет строиться *гурукула*». Я также спросила у Прабхупады: «У меня есть желание выйти замуж, но я выполняю служение в *гурукуле*. Как мне поступить?»

В ответ на вопрос о совместном обучении мальчиков и девочек, Прабхупада сказал, что до 10-12 лет нет никаких проблем. Он рассказал об одной девочке, Сарасвати, которая как-то спросила своего отца: «Ты был мальчиком или девочкой, когда был маленьким?» Прабхупада сказал: «Они ничего не знают о различиях между мальчиками и девочками до 10-12 лет, так что не нужно об этом беспокоиться». Прабхупада объяснил, что мальчики и девочки всегда должны спать в разных *ашрамах*, но в классе мы можем не разделить их до 10-12 лет. А в 12 они могут получить посвящение.

Прабхупада также писал: «Я хочу, чтобы каждая женщина в Движении была замужем». А об образовании женщин он сказал: «Их нужно учить готовить и шить, а если есть много молока, они должны уметь делать топленое масло, йогурт, творог». Он сказал: «Какой смысл учить быть женами и матерями? Этому не нужно учить. Они сами этому научатся благодаря общению с вами. Если вы что-то делаете, они будут следовать вашему примеру».

У детей в нашем Движении нет будущего, если мы не установим *варнашраму* в сельскохозяйственных общинах. Представьте себе небольшую общину, сосредоточенную на Кришне, где выращивают овощи, получают молоко от защищенных коров, которые пасутся на ее пастбищах, и все сельскохозяйственные работы выполняются с помощью быков. В такой среде развивается целый уклад жизни – фермеры, торговцы, кузнецы, плотники – все эти профессии необходимы. Дети с разными способностями смогут жить в обществе преданных, им не придется работать на карми, чтобы прокормить себя и из-за этого быть под влиянием материалистов.

Прабхупада сказал, что, защищая коров должным образом, мы получим экономическую базу для развития сельской общины. Вот что такое Международное общество защиты коров, ISCOWP, которое основали мы с мужем. Это служение приближает меня к Прабхупаде. Я счастлива, ведь преданное служение уничтожает всякую зависть, склонность к критике и сомнениям.

Chitralekha devi dasi / Читралеха деви даси

В сентябре 1969-го года, всего через несколько дней после открытия храма в Лагуна-Бич, штат Калифорния, Читралеха переехала туда. Вскоре она перебралась в лос-анджелесский храм, президентом которого и лидером санкиртаны был Вишнуджана. Через несколько месяцев, в декабре, Прабхупада приехал в Лос-Анджелес.

Я впервые увидела Шрилу Прабхупаду. Мы все собирались встречать его в аэропорту, очень радовались и волновались, все было подготовлено для того, чтобы принять нашего *гуру*, как царя. Тамала Кришна, Гаргамуни и Вишнуджана разработали план: один человек бы окроплял розовой водой землю перед Прабхупадой, другой бросал лепестки цветов, чтобы его лотосные стопы ступали по ним, третий нес зонтик над его головой. Все очень хотели узнать, кто же эти трое избранных. Сахадеви должна была бросать лепестки цветов, Нанда Кумар нести зонтик, а я обрызгивать землю розовой водой! Какая милость для первой встречи с моим духовным учителем!

Было нежданным благословение оказаться рядом с Прабхупадой пока он шел через аэропорт к своей машине. Я несла ярко-оранжевую пластиковую миску с розовой водой, которая выделялась на фоне моего синего с цветочным узором *сари*. Идти рядом со Шрилой Прабхупадой и нести чашу с розовой водой было нелегко. Он шел очень быстро, почти плыл по полу. Я должна была не отставать от него и в то же время быть осторожной, чтобы не расплескать воду или не вылить слишком много перед ним. В какой-то момент он посмотрел мне в глаза, я нервно сказала: «Харе Кришна, Прабхупада».

В январе 1970-го года должна была состояться церемония инициации, я была в списке для посвящения. Мне сказали, что санскритское имя обычно начинается с первой буквы твоего обычного имени. Гадая, каким будет мое имя, я подумала: «Интересно, догадается ли Шрила

Прабхупада, что мое второе имя Черил и произносится как «черешня»?» Никто его знал, потому что я им не пользовалась, так же я ни с кем не делилась своими размышлениями о духовном имени. Каким же было мое удивление, когда Прабхупада назвал меня Читралеха! С самого начала он знал, что у меня на уме.

После того как я получила первое посвящение, Гаргамуни предложил мне выйти замуж за Упендру. Это застало меня врасплох. Я подумала: «Упендра – слуга Прабхупады, а быть слугой Прабхупады – это довольно хорошая квалификация». Поэтому я ответила: «Да, я стану женой Упендры». В ближайшие выходные мы поженились, а на следующий день я получила второе посвящение. Пробыв в храме всего 4 месяца, мне выпала возможность пройти большое очищение: посвящение, брак, вторая инициация. Я и понятия не имела, во что ввязываюсь!

Интенсивность трех огненных жертвоприношений за два выходных дня невозможно описать словами. Кульминацией стало то, что Шилавати, пожилая преданная, главная *пуджари*, сказала мне: «Прабхупада придет в храм, а ты будешь проводить *арати*». Я делала лишь первые шаги в служении Божествам и чувствовала себя неумелой и недостойной, но не собиралась упускать возможность предложить *арати* самому Прабхупаде. Во время церемонии *пуджари* ходит от алтаря к алтарю, чтобы предложить различные предметы, сначала Радха-Кришне, затем изображению Панча-таттвы, Господа Джаганнатхи и наконец Прабхупаде, сидящему на своей *вьясасане*.

Я подходила к каждому алтарю, а затем к Шриле Прабхупаде, предлагала ему предметы, затем протягивала их ему, чтобы он мог почтить огонь или понюхать цветок. Это был в высшей степени интимный опыт. Я нервничала, но старалась все сделать без ошибок.

После *арати* со сложенными руками я опустилась на колени на углу алтаря Радха-Кришны. Перед выходом их храма Прабхупада повернулся к Божествам, сложил руки и сказал: *«Говиндам ади пурушам тамахам бхаджами»*. Поскольку я была в двух шагах от Прабхупады, то в меня попала электрический разряд, прошедший от Прабхупады, когда он напрямую обратился к Радха-Кришне. Эта энергия забурлила в моем теле, невозможно было поверить в происходящее со мной. Это было самые поразительные, очищающие переживания в моей жизни – ощущение энергии Прабхупады, общающегося с Божествами.

В октябре 1970-го года мы с Упендрой отправились на Фиджи, чтобы начать там проповедовать. У Упендры были прекрасные отношения с Прабхупадой. Прабхупада был ему как отец, который защищает и иногда наказывает. Упендра писал Прабхупаде письма 2-3 раза в месяц, рассказывая о том, что он чувствует или думает и что происходит на Фиджи. Прабхупада отвечал быстро, направляя нас, воспитывая, как своих маленьких детей, которые распространяли это Движение.

Срок наших виз на Фиджи истек, власти не продлили их, поэтому в апреле 1971-го года по благословению Прабхупады мы отправились в Индию. Пока Прабхупада был в Калькутте, слуга каждый раз перед дневным сном наносил ему на голову *чандану*. Однажды днем слуга любезно спросил меня, не хочу ли я выполнить это служение. Я никогда раньше не служила Прабхупаде лично, поэтому согласилась. Осторожно вошла в комнату Прабхупады, он сидел на краю кровати и просто ждал, пока я цветком нанесу *чандану* ему на лоб. Он кивнул головой и сказал: «Спасибо». Я поклонилась и вышла. Это был трогательный и особенный момент.

В Калькутте мы часто ходили с Прабхупадой домой к пожизненным членам ИСККОН, проводили там *киртан*, беседовали и принимали *прасад*. Однажды, когда мы собирались на одну из таких программ, для женщин не осталось ни одной машины – все были заняты мужчинами. Поэтому мы, женщины, стояли у двери, чтобы попрощаться с Прабхупадой. Он остановился, посмотрел на нас и спросил: «Разве вы не идете?» Мы объяснили, что для нас нет места, и Прабхупада сказал: «О, вы поедете со мной». Он сел на переднее сиденье, а мы все втиснулись на заднее. Прабхупада заботился о своих дочерях. Мы чувствовали себя защищенными, потому что знали, что наш духовный учитель присматривает за нами.

Однажды в Калькутте мы были в комнате Прабхупады на *даршане*, и он начал рассказывать нам историю о Кришне и Джатиле. Внезапно Прабхупада расплылся в улыбке, широко распахнул глаза и захлопал в ладоши совсем как Джатила. Все рассмеялись, его игривость очень подкупала.

Каждое мгновение с Прабхупадой было особенным, трогательным, сладким. Я мало говорила с ним, и он мало говорил со мной, но главным было его присутствие и ощущение того, что его благословения всегда с тобой.

В 1973-м году Шрила Прабхупада должен был приехать в Мельбурн. Моему сыну Шаумье было всего 3 месяца, но я хотела, чтобы он получил особую милость Прабхупады, поэтому стояла в коридоре у входной двери храма с Шаумьей на руках, думая о том, как бы мне приложить его голову к стопам моего духовного учителя. Дверь распахнулась и в нее вошел Прабхупада, окруженный преданными. Я поклонилась и, подняв глаза, увидела, что он стоит прямо передо мной. Я быстро положил голову Шаумьи на лотосные стопы Прабхупады, пока он терпеливо ждал. У Прабхупады были мистические способности знать, о чем ты думаешь, и он откликался на это.

Он понимал, что с тобой происходит, говорил что-нибудь поучительное, что-то, что попадало прямо в цель. Когда мы были в Мельбурне в 1973-м году, Упендра готовил для Прабхупады. Как-то раз, когда Упендра разговаривал с преданными у комнаты Прабхупады, Прабхупада позвал его и сказал: «Что ты делаешь?» Упендра ответил: «Я просто разговариваю с преданными в коридоре, Прабхупада». «Сплетни разрушат наше Движение» – сказал Прабхупада. Он регулярно наказывал Упендру. Упендра сначала отпрянет, а потом вернется.

Упендра был слугой Прабхупады на протяжении многих лет, поэтому я и мои дети могли попасть на личный *даршан* к Шриле Прабхупаде по блату. Когда моему сыну было 2 года, он начал носить очки. Упендра взял его на *даршан* и Прабхупада пошутил: «У него очки больше, чем голова». Когда я взяла Шаумью на *даршан*, Прабхупада терпеливо позволил ему трогать вещи на своем столе, говоря: «Непослушный значит умный». Шаумья прошел в спальню Прабхупады, взял его тапочки и положил их себе на голову. Прабхупада был самым терпеливым, любящим дедушкой, всегда ободряющим, наставляющим нас в том, как помочь нашим детям стать сознающими Кришну.

Когда в 1974-м году мы жили в Лос-Анджелесе, я всегда опаздывала к Прабхупаде, потому что за мной увязывались двое моих детей. Прабхупада уезжал в другой храм и уже сидел в машине, когда я торопилась к нему и изо всех сил толкала коляску с Шаумьей, у которого всегда был цветок для Прабхупады. Я остановилась прямо перед преданными, стоящими возле машины и вытащила Шаумью с цветком из коляски. Шрила Прабхупада посмотрел на него, велел Тамал Кришне остановить машину и опустил стекло, чтобы Шаумья мог подарить ему цветок. Такие сладкие мгновения всегда радовали меня.

Однажды в июне 1975-го года в Лос-Анджелесе, когда Упендра выполнял обязанности слуги Прабхупады, он дал ему 20 долларов. Упендра сказал: «О, Прабхупада, я не могу этого принять, Вы – мой духовный учитель». Прабхупада сказал: «Это не тебе, это твоим детям. Я не их духовный учитель, им придется найти своего собственного духовного учителя». Упендра принес эти деньги домой. В то время моему сыну было 2,5 года, а старшей дочери 6 месяцев. Я купила детям подарки, а затем написал Прабхупаде, поблагодарив его и объяснив, что купила на них ткань, чтобы сшить платье для дочери, и кассеты с озвученной книгой о Кришне. Прабхупада был как дедушка для моих детей, дарил подарки и особое внимание.

Мы участвовал в *гуру-пудже* во Вриндаване. Шаумье было 3 года, и он был довольно серьезным ребенком. Прабхупада сидел на своей *вьясасане* во время громкого энергичного киртана. Шаумья подошел прямо к Прабхупаде и остановился, глядя на него. Один *брахмачари* попытался унести его, но Шаумья брыкался и кричал до тех пор, пока его опустили на землю. Шаумья продолжал смотреть на Прабхупаду и *брахмачари* опять попытался забрать его. Тот снова принялся вырываться и плакать, пока *брахмачари* не поставил его на ноги. Посмотрев на Прабхупаду еще несколько минут, он отправился на улицу поиграть в песке. Когда Прабхупада направился в свои покои, он увидел меня, остановился и спросил: «Где твой сын?» Я ответила: «Играет, Прабхупада». Он слегка кивнул головой, как бы говоря: «Ну и хорошо».

В ноябре 1975-го года мы с детьми прибыли во Вриндаван. В то время Упендра был слугой Прабхупады. Прабхупады проводил *даршан*, поэтому я сразу же пошла за детьми, чтобы с ними отправиться к нему. *Брахмачари* у двери неохотно впустил меня, потому что моей дочери Шантайе был всего год. Прабхупада увидел меня в дверях и жестом пригласил внутрь. Я вошла и села в дальнем конце комнаты вместе с детьми. Шантая увернулась от меня и направилась к Прабхупаде. Я тут же встала, чтобы поймать ее, но Прабхупада поднял руку, останавливая меня. Дочь забралась к нему на колени. Прабхупада поговорил с ней, поддразнивая ее цветком, потом отдал его ей и кивнул мне, чтобы я забрала Шантаю.

Прабхупада уезжал из Вриндавана. Преданные собрались, чтобы проводить его, стоя у ворот. Немного опоздав, я пришла туда с Шаумьей и его цветком, предназначенным для Прабхупады. Шрила Прабхупада остановился, ожидая, когда же Шаумья даст ему цветок, но тот не видел Шрилу Прабхупаду. Прабхупада сказал: «Я здесь, здесь». Затем он поднял трость и похлопал ею Шаумью по плечу: «Вот же я». Этот любовный обмен между Прабхупадой и Шаумьей продолжался нескольких минут, все преданные изумленно наблюдали за ним. Наконец я протиснулась вперед, повернула Шаумью лицом к Прабхупаде и сказал: «Вот он, Шаумья».

Прабхупада знал о наших глубоко скрытых желаниях и блужданиях ума. Он получал очень много подарков, которые потом раздавал своим ученикам, но я хотела подарить ему что-то такое, что он не отдаст. Такой шанс выпал мне в Мельбурне в 1972-м году. Любой преданный, у которого был подарок для Прабхупады, мог получить личный *даршан*. Мама подарила мне овальный медальон с выгравированным на нем цветком. У меня был маленький кусочек холста и хлопка от одеяла в *самадхи* Рупы Госвами во Вриндаване, которое дал мне *пуджари*. Я положила их на одну сторону медальона, а на другою поместил фотографию Шрилы Бхактисиддханты Сарасвати Тхакура. Пришла моя очередь *даршана*, я вошла в комнату Прабхупады и поклонилась. Он сидел за столом, поэтому я наклонился над столом, отдал медальон Прабхупаде и показал ему, как он открывается. Он спросил: «О! Что это?» Я сказал: «Это ткань из *самадхи* Рупы Госвами во Вриндаване в храме Радха-Дамодары». Глаза Прабхупады расширились, и он сказал: «О!»

После того, как Прабхупада оставил тело в 1977-м году, Тамала Кришна Госвами раздал некоторые личные вещи Прабхупады. Я слышала, что он дал Пишиме ожерелье Прабхупады. В начале 1978-го года, когда я жила в Маяпуре, я пошла на *даршан* к Пишиме, которая тоже жила тогда в храме Маяпура. Я не могла поверить своим глазам! На ней была цепочка с тем самым медальоном, который я подарила Прабхупаде. Он знал о моем желании подарить то, что он не отдаст, и этот медальон оставался с ним все эти годы. В отношениях с Прабхупадой я была застенчивой, поэтому, когда я думала о чем-то, Прабхупада скорее откликался на мои мысли действиями, а не словами.

Прабхупада верил в нас гораздо больше, чем мы сами. Он посылал нас с Упендрой распространять сознание Кришны там, где не было преданных и не с кем было общаться. Прабхупада сказал нам: «Вам нужны только двое преданных». Мы были сами по себе, вдали от сообщества преданных и полностью зависели от Прабхупады, который руководил нами. Поэтому с самого начала все, что я знала: нужно всецело полагаться на Прабхупаду и Кришну, потому что это все, что у меня было. Моим единственным прибежищем был Прабхупада. Каждый день я молилась Прабхупаде, чтобы он помог мне справиться со всеми ситуациями.

Где бы мы с Упендрой ни находились, это всегда было для меня испытанием, но пережитые с Прабхупадой минуты не давали мне упасть духом. Он был моим убежищем, всегда был рядом. Он безоговорочно принимал все знаки любви и преданности, которые мы могли ему предложить.

Прабхупада знал, что, если скажет мне что-нибудь грубое, я съежусь, поэтому он пленил меня тем, что откликался на все мои мысли. Он был моим отцом, моим *гуру* и моим доброжелателем в одном лице. Прабхупада знал, что происходит вокруг. Если у тебя что-то на уме или есть какой-то вопрос, ты можешь открыть «Бхагавад-гиту» и там будет *шлока*, которая станет ответом. Что бы ни происходило в моем уме, какой бы глупостью это ни было, Прабхупада отзывается.

Cintamani devi dasi / Чинтамани деви даси

Чинтамани училась на первом курсе университета в штате Огайо, когда туда приехал Прабхупада вместе с Алленом Гинзбергом. Увидев Прабхупаду и услышав лекцию, она поняла, что он – это осознавшая Бога душа. Его присутствие дарило настоящее блаженство, спокойствие и уверенность. Чинтамани присоединилась к Движению и получила посвящение спустя четыре дня.

Спустя 1,5 года меня вместе с Судамой, моим новоиспеченным мужем, и Бали Марданом отправили в Японию открывать первый храм. Так много событий по милости Прабхупады происходило быстро. Он дважды посетил Японию, когда я была там, и благословил много душ. Он сказал, что «эти японцы очень милые». Мы напечатали первый тираж книги «Кришна» в Японии.

После того как в 1972-м году Судама принял *санньясу*, я осталась с японскими Божествами Джаганнатхи и была единственным человеком, который служил Им. Из Токио я отправилась в Гонконг, а затем в Манилу. Вернувшись в Америку, я оказалось одной из немногих, у которых были Божества.

В Лос-Анджелесе преданные считали, что у меня не должно быть

Божеств, потому что Прабхупада хотел, чтобы мы сосредоточились на поклонении Божествам в храме. Хотя я всегда была слишком застенчива, чтобы говорить со Шрилой Прабхупадой, все же я нашла смелость задать ему вопросы о Господе Джаганнатхе, поскольку для меня это было очень важно. Я договорилась о времени *даршана* у Прабхупады и привезла с собой Божеств в красивой коробке.

Когда я вошла в комнату, Прабхупада был один. Улыбнувшись мне, он протянул сладкий шарик и произнес: «Чинтамани прабху». Я был шокирована тем, что он сказал «прабху». После отчета о делах в храме на Филиппинах, который я тоже помогала открыть, я сказала: «Шрила Прабхупада, в этой коробке у меня Господь Джаганнатха, мне бы хотелось, чтобы Он Вас увидел».

Я открыла ее и поставила Божества так, чтобы Прабхупада мог видеть Их. Он, улыбаясь, сказал: «О, очень мило. Они великолепны. *Джаганнатха свами наяна патха гами бхава туме*».

Я начала: «Все говорят мне, что я не могу Им поклоняться». Он сразу же спросил: «Кто говорит?» Я сказал: «Но Шрила Прабхупада, Вы сказали ...»

Он прервал меня и сказал: «Ничего! Просто сделай Господа Джаганнатху своей жизнью и душой, и ты будешь счастлива всю жизнь». Затем добавил: «Твой муж принял *санньясу*?» Я ответила: «Да». Затем он медленно повторил два раза: «Просто сделай Балараму своим сыном, Субхадру своей дочерью, а Господа Джаганнатху своим мужем, потому что каждой женщине нужен сын, дочь и муж».

Он также велел мне не отвлекаться, относиться к Господу Джаганнатхе как к Богу и брать Божества, куда бы я ни шла, «внутрь храма или за пределы храма».

Потом я задала еще один вопрос: «Шрила Прабхупада, есть ли у меня шанс вернуться к Богу?» Он сказал: «Заботься о Господе Джаганнатхе, как я тебе сказал, и ты достигнешь полного освобождения, осознаешь Кришну, и вернешься домой в этой же жизни».

Я испытывала огромное воодушевление и вышла из комнаты без малейших сомнений, счастливая от того, что получила милостивые наставления моего духовного учителя.

С тех пор, куда бы я ни пошла с Господом Джаганнатхой, единственное, что мне нужно было сказать, это то, что Прабхупада сказал мне поклоняться этим Божествам, и в ответ на это я слышала: «Джая! Поставьте Их на алтарь». Это пример разных наставлений для разных людей.

Прошло почти 50 лет, а эти чудесные Божества по милости Шрилы Прабхупады со мной. Нам всем нужно следовать его указаниям изо всех сил, чтобы будущее было прекрасным.

Citraratha devi dasi / Читраратха деви даси

Летом 1976-го года в Нью-Маяпуре (к югу от Парижа) несколько месяцев не было дождя. Было очень жарко. Однажды поздним утром Шрила Прабхупада сидел в тени дерева и руководил огненным жертвоприношением, давая посвящение преданным со всей Европы. Читраратха, ожидавшая посвящения, сидела неподалеку от Прабхупады на самом солнцепеке, и с нее градом тек пот.

Когда меня звали Бхактин Катрин, я подошла к Прабхупаде и низко поклонилась. Все мое тело и лицо были в воде. Когда я подняла глаза, то ничего не увидела, потому что очки запотели. Я подумала: «В любом случае, не нужно смотреть прямо в лицо духовному учителю». Я опустила голову и назвала четыре регулирующих принципа. Затем, когда я сказал, что буду повторять по крайней мере шестнадцать кругов каждый день, я взглянула на Прабхупаду. В этот момент я подумала: «Неужели я действительно смогу повторять шестнадцать кругов каждый день до конца своей жизни?» Я знала, что не смогу, что иногда я, вероятно, не буду этого делать. Прабхупада посмотрел на меня с полуулыбкой, которая, казалось, говорила: «Я знаю, что тебе будет трудно, но я также знаю, что ты будешь пытаться повторять всю свою жизнь». Вот как я поняла и его, и произошедшее.

Когда Прабхупада еще был на планете, моя духовная жизнь сбилась, и когда он ушел, я была в полной *майе*. На самом деле, я была на пути к очень греховной деятельности, когда встретила на улице друга преданных, и тот сказал мне, что Прабхупада покинул планету. Я была раздавлена. Моя мать умерла, когда я была маленькой девочкой, и когда я услышала, что Прабхупада ушел, я почувствовала себя сиротой. Я отказалась от всей той мерзости, в которую была тогда погружена, и через три месяца вернулась в храм в Риме.

Теперь я понимаю, что Прабхупада инициировал революции на разных уровнях: в западных странах люди думают, что кастовая система Индии (и другие аспекты индийской культуры) ужасны, но, следуя наставлениям Чайтаньи Махапрабху сделать сознание Кришны доступным для всех классов людей, Шрила Прабхупада учил нас тому, как прекрасна традиционная индийская духовная культура, несмотря на то, что даже сами индийцы ошибочно применяют систему *варн* и *ашрамов*. Хотя мне, как западному человеку, иногда трудно следовать всем наставлениям Шрилы Прабхупады, я понимаю, что по милости Шрилы Прабхупады и всей *парампары*, каждый независимо от его класса, касты, способностей или пола получает одинаковый шанс стать сознающим Кришну.

В настоящее время я стараюсь культивировать желание иметь личные отношения со Шрилой Прабхупадой, не только предлагая ему свои поклоны, но и постоянно разговаривая с ним, молясь ему, задавая ему вопросы, прося у него прибежища и благодаря его. Я смешиваю почтение и благоговение с тем, что считаю себя вечной дочерью Прабхупады, которая борется со своей мятежной природой.

Одна из трудностей, которую я постепенно решаю, – это «женский вопрос». Семь лет назад, когда я вернулась в сознание Кришны, я хотела проверить свою решимость, прочитав два-три «тяжелых» утверждения на эту тему в «Бхагавад-гите», где, например, говорится, что, в целом, женщины считаются менее умными. Во-первых, «в целом» означает не всех женщин, но только для некоторых. Потом я подумала о своей собственной жизни. Да, я вела себя глупо. Я позволяла себя оскорблять. Я верила лести и воображала, что все было чудесно, когда на самом деле этого не было. Я действовала неразумно.

Прабхупада говорил, что разум – это смирение. Смирение не означает быть тряпкой, об которую вытирают ноги, но быть слугой Кришны и *гуру*. Я решила не подтверждать общее положение *шастр* о женщинах, действуя глупо, но быть разумной, быть преданной, служить Кришне и *гуру*.

Вначале некоторые из наших духовных братьев, которые были лидерами, не знали, как должным образом уважать преданных-мужчин или женщин, как понимать и применять учение Шрилы Прабхупады и как управлять в сознании Кришны. Прежде всего, они не знали, что значит защищать женщин. Своим примером Шрила Прабхупада продемонстрировал, насколько он заботится о материальном, а также духовном комфорте и счастье женщин, и установил стандарт защиты, любви и уважения, которых они заслуживают. Он всегда заботился о нас и хотел, чтобы мы остались в его семье ИСККОН. Как вспоминает Гопалашьяприя деви даси из Нью-Вриндавана, Шрила Прабхупада как-то спросил ее, достаточно ли ей тепло, достаточно ли у нее теплой одежды. Потом Прабхупада сказал коменданту храма: «Женщины нуждаются в защите. Они не будут просить. Поэтому вы сами должны спрашивать их раз в месяц и убедиться, что у них есть все, что им нужно."

Прабхупада также признавал интеллектуальные способности своих учениц и вовлекал их в служение Кришне. Нрихари даса вспоминает, как его сестра Бхакти даси занимала пост художественного директора в Би-Би-Ти, и Джйотирмайи прекрасно выполняла служение в *гурукуле*.

Шрила Прабхупада хотел, чтобы мужчины были ответственными, заботились о женщинах и защищали их, а не осуждали их; такое отношение является основой стабильного и сбалансированного общества. Приехав в Америку, Шрила Прабхупада изучил и осмыслил ситуацию, увидел, что к мужчинам и женщинам относятся более или менее одинаково, и понял, как продвигать сознание Кришны в этой среде. Если мы хотим продолжать двигаться вперед, мы должны продолжать делать то же, что и он, анализируя, наблюдая и тщательно адаптируясь в соответствии с временем и обстоятельствами.

Когда я жила вдали от ИСККОН, я так и не нашла никакой другой философии или философа, никакого другого духовного лидера, живого или ушедшего, который бы удовлетворительно ответил на мои вопросы. Семь лет назад, когда я вернулась в сознание Кришны, я снова начала предлагать пищу, и это уже не та еда, хотя ингредиенты были те же самые. Я также начала повторять круги. Сначала круги были болезненными, как рыдания, застревающие глубоко в горле. Затем, по милости Кришны, воспевание снова стало приятным.

Каждый раз, когда я возвращалась в сознание Кришны после падения, меня не отвергали. Конечно, чем больше преданного знают и чем больше замечательных дел он совершил, тем труднее ему вернуться, но поскольку я никогда не совершала ничего замечательного, мне это было не трудно.

Важно, чтобы мы не отвергали людей, когда они возвращаются. Прабхупаду беспокоило, если преданные не принимали должным образом тех, кто ушел, а редко можно найти преданных, которые никогда не уходили. Вайясаки Прабху цитирует Шрилу Прабхупаду, отвечая на вопрос о том, как распознать преданного, который упал случайно, от того, кто упал целенаправленно. Шрила Прабхупада сказал: «Если человек возвращается, это была случайность».

Daivi-sakti devi dasi / Дайви-шакти деви даси

Дайви-шакти была инициирована в августе 1970-го года в Филадельфии. Ей было восемнадцать. Шрила Прабхупада посоветовал ей учиться искусству любви к Кришне у старших духовных братьев и сестер.

Мои самые приятные воспоминания, связанные с Прабхупадой, — здесь, во Вриндаване. Прабхупада обязал меня пройти трехмесячную программу обучения, во время которой я жила с его сестрой Пишимой и училась у нее готовить для него. Она обучила меня бенгальскому стилю приготовления пищи. Как-то раз Прабхупада позвал меня и сказал, что доволен результатами моего обучения у нее и теперь хочет, чтобы я адаптировала все то, чему она меня научила, так, чтобы это было полезно для его здоровья, и чтобы Пишима могла отдохнуть от готовки. Тогда я начала самостоятельно готовить для Прабхупады. Это продолжалось с 1974-го по 1975-й год.

У Прабхупады здесь был любимый друг, сосед по имени Бхагатджи Вишвамбар Даял. Бхагатджи пожертвовал землю для строительства *гурукулы*, и он обожал Прабхупаду. Он так глубоко уважал проповедь Прабхупады и Прабхупаду как личность, что всегда защищал Шрилу Прабхупаду. Он также любил готовить для Шрилы Прабхупады. Он готовил в стиле *бриджабаси*, будучи родом из Канпура, штат

Уттар-Прадеш. Когда-то он был директором колледжа, но, выйдя на пенсию, переехал жить сюда. Он всегда приносил с собой что-нибудь для Прабхупады, и Прабхупада ходил к нему домой. Что касается приготовления пищи в стиле *бриджабаси*, то тут все должно быть идеально. Огонь должен быть идеальным, рис должен быть десятилетней давности, специи не должны содержать ни малейших примесей, пшеница должна быть очищена вручную, а затем тщательно помолота. Гхи должно быть идеальным. Он очень добросовестно относился ко всему, что касалось здоровья Прабхупады.

Однажды Бхагатджи сказал Прабхупаде, что из-за своего ревматизма и старости он хочет научить одного из учеников Прабхупады готовить. Первым человеком, которому это поручили, была моя дорогая духовная сестра, которая и раньше готовила для Прабхупады, и Бхагатджи начал обучать ее. Но, будучи западным человеком, она имела свои собственные представления о том, что нужно Прабхупаде. Однажды, когда Бхагатджи учил ее готовить *сабджи* из баклажанов, он показал ей, как их нужно резать, но она настояла на том, чтобы очистить баклажаны, потому что, согласно ее стандарту, все, что готовилось для Прабхупады, нужно было чистить. Последовал спор, страсти накалились, и Бхагатджи пошел к Прабхупаде и попросил обучать кого-нибудь другого. Прабхупада назначил для этого одного из своих слуг-*брахмачари*.

В то время кухня Прабхупады была маленькой комнатушкой, где едва помещался один человек, но каждый день Бхагатджи, *брахмачари* и я вместе готовили для Прабхупады на этой маленькой кухне. Я готовила основные блюда в пароварке в соответствии с диетой Прабхупады, а Бхагатджи готовил дополнительные блюда *бриджабаси*, чтобы обучить *брахмачари*. Для приготовления *чапати* и *роти* в стиле *бриджбаси* Бхагатджи настоял на том, чтобы каждый день топить печь углем. Угольную печь растапливали на кухне храмового ресторана, а затем двое мужчин относили ее в нашу кухоньку, чтобы Бхагатджи готовил *роти*. Чтобы угли как следует раскалились, и на них можно было приготовить *роти*, требовалось около часа. Однажды рабочие забыли растопить печь. Когда Бхагатджи собрался приготовить *роти* и обнаружил, что печи нет, с ним чуть не случился нервный срыв, потому что он не смог вовремя приготовить *чапати* для Прабхупады.

Прабхупада строго следил за временем. Бхагатджи не мог компенсировать отсутствие печи, и он не знал никакого другого способа сделать *чапати*. Видя его метания, я сказала: «Бхагатджи, нет проблем. Я приготовлю *чапати* на газовой плите». Он не мог поверить, что *чапати* можно приготовить на газовой плите. Я взяла его тесто и приготовила *чапати*, они раздувались, как воздушные шары, пока он с изумлением наблюдал за процессом. Он никогда не видел ничего подобного. Он отнес *чапати* Прабхупаде и, вернувшись, сказал: «Прабхупада сказал, что я должен учить готовить тебя».

Так мне дали новое задание. Мне нужно было научиться у Бхагатджи готовить в стиле *бриджабаси*. За всю свою жизнь у меня не было лучшего учителя, чем он. Он был отцом, матерью, дядей, старшим братом, учителем, *гуру* кулинарии — всем вместе. Каждый день он ковылял на кухню и учил меня правильно готовить разные блюда. Прабхупада знал, как вызвать любовь в каждом, а Бхагатджи мог выразить свою любовь к Прабхупаде с помощью стряпни.

Бхагатджи был так дорог Прабхупаде, что он был единственным человеком, который поднимался ночью в комнату Прабхупады, чтобы побыть с ним, иначе Прабхупада оставался бы один, не считая слуги, который поднимался к нему наверх. Повар — в то время это была я — приносила ему ужин. Бхагатджи приходил делать Прабхупаде массаж ног по вечерам до одиннадцати часов вечера, и они разговаривали наедине. Больше там никого не было. Однажды вечером я принесла Прабхупаде горячее молоко и *прасад*. Обычно Прабхупада сидел за своим столом, а Бхагатджи был рядом с ним, но в тот вечер Прабхупада сидел на задней веранде с Бхагатджи. Я никогда не разговаривала с Прабхупадой, когда подавала ему еду, но в тот вечер он сказал мне: «Подойди и сядь». Я села у стоп Прабхупады и оказалась зрителем красивой сценки, которую Прабхупада разыграл для Бхагатджи. Он сказал: «Ты училась готовить у Бхагатджи, и он прекрасно научил тебя. Теперь Бхагатджи может отдохнуть, а ты будешь готовить то, чему он научил тебя». Повторялась ситуация с Пишимой. Я понимала, что Прабхупада позволил Бхагатджи выразить всю свою любовь и сделать то, что он хотел сделать, то есть обучить кого-то, а теперь Бхагатджи мог отдохнуть, потому что он был стар. Начиная с того дня, Бхагатджи приходил и наблюдал, как я готовлю, чтобы убедиться в том, что я все делаю правильно, относил тарелку с *прасадом* Прабхупаде и чувствовал себя самим совершенством, передавая свои знания.

Daksinavari devi dasi / Дакшинавари деви даси

Дакшинавари была инициирована в 1973-м году в Сент-Луисе. На следующий год она получила второе посвящение от Шрилы Прабхупады в Чикаго. Там, в Чикаго, было довольно многолюдно.

Там были преданные из автобусной группы Радха-Дамодара, для которых проводилось установление Божеств. Было много посвящений в *брахманы*. В коридоре стояла очень длинная очередь. Несмотря на то, что нас там было так много, человек двенадцать или больше, Прабхупада инициировал каждого из нас лично. Он не проводил никаких групповых Гаятри-инициаций. Каждый человек лично слышал *мантру* из его уст.

Мы все стояли в очереди и очень переживали. Каждый раз, когда кто-то выходил после получения Гаятри, мы расспрашивали его, как все происходит. Каждый говорил: «Не делайте этого, потому что

Шрила Прабхупада был мной недоволен». Например, один преданный поклонился и остался стоять у двери. Он был далеко от Шрилы Прабхупады. Прабхупада велел ему подойти поближе. Мы все пытались запомнить *мантру*, стоя в очереди и думая: «Не делать этого, не делать того».

Когда я вошла, я пытался держать в памяти все, что можно и все, что нельзя, и думала: «Только бы не потратить понапрасну время Шрилы Прабхупады. Только бы сделать то, что он хочет, и уйти, потому что еще так много других преданных. Я здесь не одна». Я села рядом с ним, и он произнес *мантру*. Я повторила. Он показал мне, как передвигать пальцы, и я сделала это. Он показал мне на свою руку — опустил руку и показал, куда положить большой палец. Потом, когда я начала шевелить пальцами, то краем глаза я увидела, что он наклонился и почесывает руку. Неловко говорить об этом, но я была так удивлена тем, что у него, как и у всякого человека, может зачесаться рука, и он может почесать руку. Он был автором книг, изображением на *вьясасане* — я никогда не видела его раньше. Вот такое у меня было двухмерное понимание его.

Итак, я все сделала быстро и успешно без каких-либо явных оскорблений или траты его времени, и я была довольна.

Я была так ему благодарна и хотела сделать подарок, но у меня ничего с собой не было. Я была одной из тех *брахмачарини*, у которых было всего лишь две нижние юбки и три сари, у меня даже не было собственной «Бхагавад-гиты». Я не имела ничего. Поэтому я вышла на улицу и просто ходила вокруг, повторяя *мантру*. Чикагский храм находился в центре города, и там было много заросших пустырей. Я увидела там полевые цветы и подумала: «Я же могу подарить цветы». Я старалась собрать разноцветье и сделала из него букет.

На следующее утро я вышла в вестибюль и ждала там Шрилу Прабхупаду со своим жалким букетиком, потому что хотела ему что-нибудь подарить. Он вернулся с утренней прогулки, и с ним рядом никого не было. В тот момент я ни о чем больше не думала. Я просто подбежала к нему и сказала: «Шрила Прабхупада, я так хочу подарить вам эти цветы, и большое вам спасибо за то, что дали мне посвящение». Не знаю, чего я ожидала, но он был искренне удивлен. Он кивнул и улыбаясь сказал: «Спасибо большое». Он был благодарный. Я не знала, что еще сказать, поэтому просто упала на пол, предложила поклоны и убежала. Он прошел через двери, я полагаю, в свои собственные покои.

Всего через несколько минут я подумала: «О нет, он сейчас пойдет на приветствие Божеств. Там ему преподнесут роскошную гирлянду из настоящих гардений, роз и этих гавайских цветов, а я подарила ему пучок сорняков, которые завянут через несколько минут». Тут я подумала: «Он просто принял мою любовь и признательность к нему». Он не думал о том, что он значимый человек в Движении Харе Кришна. Он был искренне благодарен за то, что кто-то хочет сделать ему подарок. Я была просто в восторге от осознания того, что у меня есть настоящий духовный учитель, который совершенно смиренен и просто хочет служить Кришне и вдохновлять меня служить Кришне. Меня покорила его искренняя реакция. Я чувствовала, что меня любят.

Мы поехали в аэропорт О'Хэр встречать Шрилу Прабхупаду. Когда я впервые увидела его, он показался мне очень маленьким, а я представляла себе его довольно большим. Однако это было из-за того, что я видела его сбоку, когда он шел по проходу аэропорта. Он шел, а все остальные бежали. Его не могли догнать, чтобы подержать зонтик над его головой. Он шел, а они бежали. В этом не было никакого смысла. Я подумала: «Что-то не так в этой картинке!»

У меня такое чувство, что у него достаточно любви для каждого человека, который приходит в это Движение. Нет никаких сомнений в том, что он в самой высшей степени олицетворяет великодушие Господа Чайтаньи. Он любит каждого человека, кто читает его книги и пытается понять, что он написал. Я верю, что он позаботится обо всех, несмотря на явные разногласия. Он обладает качествами, описанными в «Бхагаватам», и в его лице все мы встретили именно такого человека. Он — ходячий «Бхагаватам». В этом произведении описывается мгновение, проведенное в обществе такого человека. Можно рождаться миллионы и миллиарды раз и никогда не встретить такого человека. Я надеюсь, что новые люди присоединятся, услышат эти истории и почувствуют, что они могут узнать и полюбить Шрилу Прабхупаду. Я думаю, что так и будет, потому что эти истории не про обычного человека. Это не просто сентиментальные истории и воспоминания. Это реальные описания личности *бхагаваты*, и просто слушание об этих отношениях приведет человека к тому, что он разовьет любовь к Богу. Я счастлива быть частью этого чуда.

Damayanti devi dasi / Дамаянти деви даси

Хотя Дамаянти видела Шрилу Прабхупаду в Лондоне, Нью-Йорке, Нью-Вриндаване, Чикаго и Детройте, единственная личная встреча с ним состоялась во время брахманического посвящения в сентябре 1971-го года в Лондоне.

У меня было желание узнать «Кто я?» и «Какова цель жизни?» Меня привлекала храмовая жизнь и трансцендентное знание, и я быстро почувствовала эффект очищения от *прасада*, повторения святых имен, распорядка жизни *ашрама* и посещения *мангала-арати*. В сознании Кришны было много замечательного. Я любила петь и думала: «Вот это здорово! Пение на улице, *харинама-санкиртана*, как будто сделано специально для меня».

Преданные помогли мне понять важность Шрилы Прабхупады и его учения, и с того момента я почувствовала вдохновение и желание служить Прабхупаде. Я решила, что хочу быть преданной, ученицей Шрилы Прабхупады. Это стало моей сутью. Кришна привлекает Своих слуг, давая им духовный вкус. Преданный делает маленький шаг и получает некоторую милость от Кришны, и это побуждает преданного делать больше. Просто продолжая делать какое-то служение и следовать наставлениям Прабхупады, простому процессу, который он дал нам — воспевание, предложение пищи Кришне — мы очищаемся, наши духовные глаза открываются, и Кришна постепенно раскрывает Себя и дает нам столько блаженства, сколько нужно для того, чтобы вдохновить нас продолжать, даже если нам нелегко служить.

Хотя храмовая жизнь меня привлекала, многие ее аспекты были трудными, и тогда я подумала: «Мне не нравится жить в *ашраме*. Как я могу здесь оставаться?» Сознание Кришны было делом нелегким. Однако, слушая наставления Прабхупады через его книги, общаясь с преданными, занимаясь преданным служением под руководством *гуру* и будучи настроенной на духовную жизнь, а не на материальную, я была полна вдохновения идти вперед, несмотря на трудности. Чтобы достичь чего-то великого, мы должны терпеть трудности. Прабхупада хочет, чтобы мы сохраняли связь с Кришной, величайшей Личностью, ибо эта связь дает нам настоящую жизнь. Если мы отстранимся от Кришны, мы засохнем, мы умрем.

Я оглядываюсь назад и думаю, что до того, как Прабхупада вошел в мою жизнь, я была сбита с толку, не знала, куда, в какую сторону идти, и что для меня благоприятно. Встретившись с ним, я получила доступ к божественному знанию и милости Господа Чайтаньи и Господа Нитьянанды. Я всегда стараюсь ценить то, что Прабхупада сделал мою жизнь благоприятной, что он дал все благословения. Чрезвычайно важно не упустить этот шанс, который у нас есть.

Жизнь Прабхупады является источником вдохновения для нашей духовной жизни, поэтому полезно слушать его биографию и случаи из его жизни, которые рассказывают его ученики. Мы узнаем, как быть чистым преданным как из наставлений, так и из личного примера чистого преданного. Однако обусловленной душе или новичку в сознании Кришны зачастую трудно понять чистых преданных Кришны, поэтому, вероятно, лучше в большей степени полагаться на его наставления.

Прожив всего несколько недель в *ашраме*, я смогла сесть за «Бхагавад-гиту», до конца прочитать и оценить ее. То, что у человека никогда не было личного контакта с Прабхупадой, не является препятствием. Я устанавливала связь с Прабхупадой через его учеников. Поскольку Прабхупада наделен силой, вы будете связаны не только с одним человеком, но и с *гуру-таттвой*. Через связь с нашим *гуру* мы связаны с Господом Нитьянандой, Господом Чайтаньей, Кришной. Не стоит думать: «Ну, *основатель-ачарья* не мой *гуру*», потому что он ваш *гуру*, если вы находитесь в цепи ученической преемственности. Он — ваш *шикша-гуру*, который иногда может быть даже более важным, чем *дикша-гуру*. У вас по-настоящему есть эта связь также, как у нас есть связь со Шрилой Бхактисиддхантой, Шрилой Бхактивинодой, вплоть до Рупы Госвами. У некоторых возникают подобные сомнения, потому что их связь находится на ментальной платформе, но связь происходит через душу, а не только через ум. Чувствовать себя разъединенным — это происки ума. Через душу мы можем ощутить нашу связь с *гуру-таттвой*, со всей *парампарой*.

Мы должны быть полны решимости установить эту связь, слушая *гуру* и служа ему; в этом состоит процесс. Именно так мы достигнем духовного прогресса и станем полностью сознающими Кришну.

Как я узнаю, одобряет ли Прабхупада мою деятельность, доволен ли он мной, если я не общаюсь с ним лично? Он дал нам наставления о том, что доставляет ему удовольствие, что мы должны делать со своей жизнью, и как заниматься преданным служением. Если мы делаем это, мы можем быть уверены в том, что мы на правильном пути. Иногда ученик падает, прекращает или пренебрегает своей *садханой*, его переполняют сомнения и материальные желания. Тогда, возможно, его привязанность к Шриле Прабхупаде была сентиментальной, и это очень опасно. Нужно иметь твердое намерение: я буду заниматься преданным служением независимо от того, замечает меня Прабхупада или нет. Я убеждена, что стать чистой преданной — высшая цель жизни, цель, которую я должна достичь. Это то, что мне нужно делать. Мне нужно повторять *джапу*, слушать лекции по «Бхагаватам» и «Гите», читать, выполнять свое служение. Наша роль состоит в том, чтобы выполнять обязанности ученика и знать, что Кришна всегда следит за нами, что Он знает все, что есть в нашем сердце, Он видит все, что мы делаем, Он знает каждую нашу мысль. Прабхупада тоже знает, как у нас обстоят дела. У многих преданных был опыт, когда Прабхупада давал им понять, что знает их сердце, их уровень сознания.

В самом начале Движения многие из нас стеснялись писать Прабхупаде или приходить на *даршан* в его покои, хотя это было возможно. Я тоже чувствовала, что на все мои вопросы есть ответы в его книгах, так зачем мне беспокоить его письмами? Даже сейчас те, кто нуждаются в личной помощи или одобрении Прабхупады, получают это. Прабхупада не хочет, чтобы кто-либо чувствовал себя отстраненным, если хочет быть рядом. Любой может поговорить с Прабхупадой, рассказать ему о своих мыслях и проблемах или вознести молитвы. Прабхупада полностью присутствует в своих *самадхи* во Вриндаване и Маяпуре. Мы можем получить его милость там, или в его комнатах в храмах, где он жил, или в любом храме или месте, где его помнят и любят. Прабхупада всегда доступен каждому; мы должны знать, что он заботится о каждом ученике, о каждом ученике своего ученика, о каждом ребенке.

Daru Brahma devi dasi / Дару Брахма деви даси

Двадцатилетняя Дару Брахма делала покупки в торговом центре Ист Ридж Молл в Сан-Хосе, когда распространитель книг вдохновил ее дать пожертвование и получить Вторую песнь «Шримад-Бхагаватам», часть 2, «Господь в сердце».

Я воспитывалась в католической семье, но я сомневалась в своей вере и в том, как все вписываются в мир Бога. Я принесла книгу домой, немного почитала и положила ее на полку. Но она будто звала меня. И вот однажды вечером я села у камина и прочитала ее не отрываясь. Пару лет я перечитывала книгу снова и снова, и она стала моей связью со Шрилой Прабхупадой. Хотя к этому времени я еще не встречалась с ним, в своем сердце я сохранила особое место для любви к Шриле Прабхупаде, который пришел ко мне в этой книге и ответил на мои вопросы. Он был моим *гуру*.

Я начала служить в храмах Беркли и Лос-Анджелеса, и все, что я делала, я делала из любви к Шриле Прабхупаде. Он — причина того, что я преданная. Когда он благословил меня именем Дару Брахма, я подумала: «Вот это да! Шрила Прабхупада, Вы знаете мое сердце!». Я поклонялась Господу Джаганнатхе, а Дару Брахма деви даси означает «слуга Господа Джаганнатхи».

Я отвечала за комнату *пуджари* в Лос-Анджелесе, и когда Шрила Прабхупада приезжал, я работала всю ночь, чтобы слышать, как он надиктовывает — это оказывало такое же мощное влияние, что и находиться в его присутствии. Однажды, проходя через комнату *пуджари*, Прабхупада спросил меня и мою духовную сестру: «Вы счастливы?» У меня перехватило дыхание, но мы обе сказали: «О да, Шрила Прабхупада!» Он сказал: «Очень хорошо», улыбнулся и пошел дальше. Мое сердце наполнилось любовью. Я навсегда сохраню в памяти его взгляд, его любовь, его вопрос. Мне подумалось: «Он не спросил, повторяю ли я шестнадцать кругов. Он спросил, счастлива ли я». Если мы будем следовать наставлениям Прабхупады, мы будем счастливы.

Впоследствии Пушта Кришна, который прежде был *санньяси* и секретарем Шрилы Прабхупады, и я поженились. Пушта написал письмо Шриле Прабхупаде и послал фотографии наших Божеств и пожертвование. Шрила Прабхупада ответил, высказав слова поддержки и признательности. Еще раз я увидела сердце Шрилы Прабхупады: оно жаждало помочь нам служить Кришне и прийти к Нему. В своем письме Прабхупада похвалил наши Божества, но деликатно поправил меня, сказав, что не нужно ставить Нитьянанду и Чайтанью по обе стороны от Радхи-Кришны, так как Гаура-Нитай всегда стоят вместе.

Мои игры со Шрилой Прабхупадой все время проигрываются у меня в уме. Я чувствую, что он со мной каждую минуту. Защищая меня, давая мне хорошее общение, приходя ко мне во сне и ведя меня по верному пути, он тем самым благословляет меня. Он владеет моим сердцем. По какой-то причине Кришна дает мне милость служить Шриле Прабхупаде, который всегда со мной как в первый раз.

Devadidhiti devi dasi / Девадидхити деви даси

Первая встреча с сознанием Кришны у Девадидхити произошла, когда она увидела изображение Шрилы Прабхупады на обратной стороне альбома «Happening». Оно убедило ее в том, что это ее духовный учитель. Он повторял маха-мантру и говорил о том, что она значит.

Большинство из нас противились материальной жизни и искали истину, и Шрила Прабхупада был волшебным джином, который явился нам. Вскоре, в 1971-м году, на Ратха-ятре в Сан-Франциско ко мне пришла удача, когда он одним только взглядом завоевал мое сердце. С тех пор моей единственной целью было стать частью его Движения.

Я жила в храме на Генри-стрит в Бруклине, где он собрал воинство, чтобы помочь всем обусловленным душам. Во время своего визита в храм Шрила Прабхупада выказал своим молодым последователям столько любви, доброты и милосердия.

Позже я уехала в Нью-Двараку в Лос-Анджелесе. У Шрилы Прабхупады была там штаб-квартира, и иногда он оставался там по три месяца, переводя свои книги и укрепляя нашу веру.

Поскольку женщинам с детьми не разрешалось находиться в алтарной комнате во время лекций Прабхупады, они получали от него дополнительную милость. Он был очень любящим и щедрым с детьми. После лекций наступало время раздачи печений. Мы с детьми выстраивались в очередь, и каждому ребенку он давал печенье. Моя дочь до сих пор помнит это угощение печеньем как любовный обмен.

Дочери Прабхупады в изобилии получали его любовь. Его любовь была безграничной, и она до сих пор существует. Наставления Шрилы Прабхупады имеют глубокие корни и являются постоянным напоминанием об истине. Шрила Прабхупада видел внутри тела душу, наше истинное «я». Это связь от души к душе. Он пытался помочь нам осознать нашу истинную природу и поощрял любое служение, которое могло помочь ему служить своему духовному учителю.

Шрила Прабхупада — истинный учитель, *ачарья*, и только он может преобразить нас, низкорожденных. Шрила Прабхупада всегда будет жить в моем сердце. Его любовь и его наставления постоянно звучат у меня в уме. По его милости я принимаю прибежище его лотосных стоп. Я молюсь о том, чтобы не забыть его, и чтобы следующее поколение серьезно отнеслось к его наставлениям, изложенным в его книгах.

Devaki devi dasi / Деваки деви даси

1974-й был тяжелым годом в жизни Деваки. Эмоционально страдая до такой степени, что она даже не могла есть, она понимала, что в этом мире нет счастья, и искала духовную истину. Однажды ей стало так плохо, что она больше не могла этого выносить. Она оставила своего шестимесячного ребенка с бабушкой, и с мужем отправилась из Августы в Атланту, штат Джорджия.

Это может показаться безумием, но мы собирались за пару дней объехать все духовные группы в Атланте: ЗХО, Кундалини, Харе Кришна до тех пор, пока я не нашла бы истину. По дороге мы говорили обо всех этих группах, и я решила: «Сначала нужно пойти в храм Кришны».

Когда мы пришли в храм Атланты, я не смогла оттуда уйти. Я не знала почему, но как только я вошла в храм, то почувствовала, что нам не нужно больше никуда идти. Я даже не могла вернуться в Августу, чтобы забрать ребенка. Поэтому я осталась в храме, а комендант храма Гокуларанджана с моим мужем поехали за ребенком.

Шрила Прабхупада должен был приехать через неделю. Я спросила: «О, а кто такой Шрила Прабхупада?» Преданные рассказывали мне о нем, и мы не спали три ночи подряд, занимаясь шитьем и готовя *вьясасану* Шрилы Прабхупады. Я училась всему. Мне сказали: «Ты должна поклониться Шриле Прабхупаде, когда он войдет». Я сказала: «Да, но у меня нет времени учить молитвы. Кто-то должен меня научить». Мне ответили: «Просто склони голову и скажи „Харе Кришна". Мы потом тебя научим». Еще нужно было столько сделать, чтобы подготовится к встрече.

В аэропорту я хотела произнести молитвы, которые произносили все остальные, но я их не знала. Когда пришел Шрила Прабхупада, я опустила голову на пол, и — такого никогда раньше не случалось — огромная сила прошла через мой мозг, мой рот открылся и закрылся, и я произнесла: «*Нама ом вишну-па̄да̄йа кришна-прешт̣ха̄йа бху-тале*». Я понятия не имела, что говорю, но чувствовала себя прекрасно, чудесно, по всему телу бегали мурашки. Я подняла глаза и увидела, что Прабхупада смотрит в мою сторону. Я подумала: «Что?!» Это был мой первый опыт общения в Прабхупадой. Позже мне пришлось выучить молитвы слово в слово, потому что я их не знала.

Несколько дней спустя я очень хотела послушать лекцию Шрилы Прабхупады, но у меня была высокая температура, и я не могла встать. Я смотрел на изображение Господа Шешанаги на стене, и вдруг температура спала. Я почувствовала такой прилив энергии, что побежала в храм, прослушала лекцию, пока мой ребенок спал, а потом вернулась в свою комнату. Через несколько минут у меня снова подскочила температура, и я была не в состоянии пошевелиться. Я не могу объяснить это с материальной точки зрения. Я знала, что Прабхупада не из этого мира, а из того, куда хотелось бы попасть и мне. Через год Шрила Прабхупада дал мне посвящение.

Я поняла, что Кришна разговаривает со Шрилой Прабхупадой, и Шрила Прабхупада не делает абсолютно ничего без санкции Господа Кришны. Все книги Шрилы Прабхупады исходят непосредственно от Кришны. Они содержат слова Кришны. Когда Шрила Прабхупада читал свои собственные книги, он приходил в экстаз, потому что читал слова Кришны. Он никогда не думал, что эти книги его.

С 1975-го года единственным желанием моего сердца было знать, чего хочет от меня Шрила Прабхупада. Я хотела делать то, что он хотел от меня, и хотела пытаться помнить о Кришне, но на протяжении многих лет я много раз оступалась, и я чувствовала себя очень скверно. Затем, во время одного из празднований дня ухода Прабхупады, я почувствовала, что оставила Шрилу Прабхупаду и настолько низко пала, что не смогу больше получить его милость, но когда я подняла глаза, то увидела, что кто-то бросил в меня гирлянду Шрилы Прабхупады, и она попала мне в лицо, словно пуля. Я заплакала и долго не могла остановиться. Я до сих пор храню эту гирлянду. Я поняла, что милость Шрилы Прабхупады будет всегда, и все, что мне нужно сделать, это взять себя в руки и продолжать идти.

Мой вывод таков: мы должны просто повторять Харе Кришна, следовать принципам, делать какое-то служение и глубже погружаться в книги Шрилы Прабхупады. Если мы сможем это делать, Шрила Прабхупада будет рядом с нами. Пока мы пытаемся это делать, Шрила Прабхупада с нами.

Devamaya devi dasi / Девамайя деви даси

Когда Девамайе даси было около четырнадцати лет, она начала изучать буддизм, Дзэн и даосизм и вскоре стала вегетарианкой.

Когда я занималась секретарской работой на «Радио 1» Би-би-си, я познакомилась с ди-джеями. Я любила музыку и ходила на рок-концерты. Затем меня привлекли преданные, которые пели на улице. Однажды я увидела их по телевизору, и они произвели на меня впечатление. Я начала петь вместе с преданными в разных местах: на сцене, на концертах «Квинтэссенции», иногда на улице, спонтанно, зажигая благовония и пуская пузыри. Я заметила, как воспевание возвышает людей. Я все время хотела это делать. Сначала я ходила на воскресные программы, потом постепенно стала приходить чаще. Моим родителям это не понравилось. Они не хотели меня потерять. Мне разрешили ходить в храм два раза в неделю. Потом я стала ходить в храм каждый день и оставаться там почти на весь день. Эта философия лучше, чем Дзэн. Она более красочная и благочестивая.

Я бросила работу и сбежала из дома. Я взяла свое растение в горшочке и маленький индийский столик, на котором оно стояло, чтобы поставить его в комнате Прабхупады. Жертва, которую я принесла, переехав жить в храм, была намного больше, чем я ожидала. Я помню, что мне очень хотелось есть, и я очень уставала. Но мы думали, что если мы чувствуем себя так, то мы в *майе*. Когда Прабхупада посетил наш храм в 1971-м году, там было так много народу и было так тепло, что было очень трудно не заснуть во время лекции.

Когда я встала, чтобы получить свои четки, Прабхупада сказал: «Тебя зовут Девамайя. Когда ум думает о Кришне, он пребывает в Девамайе. Дева — это Бог, а *майя* — энергия. Когда ум с Кришной, это Девамайя».

Мужчины вынуждали себя не любить женщин, потому что им приходилось отказываться от них. Вначале женщины стояли по правую сторону, а мужчины — по левую. Потом в какой-то момент мужчины начали жаловаться, и нам пришлось вставать в конец.

Я испекла Прабхупаде торт в форме храма. Прабхупада сказал: «Я не хочу есть храм, я хочу строить храм».

Dhanistha devi dasi / Дхаништха деви даси

Когда Шрила Прабхупада пришел, все было омыто его присутствием. Слава Богу за Его чистого преданного, который без разбора благословляет нас во всех уголках земли. Поскольку он гуру для всех нас, мы вечно являемся его духовными детьми. Осознание этой особой привилегии происходит глубоко внутри, но было очень полезно ощущать его физическое присутствие, даже на короткое время.

Поскольку я распространяла его книги, я чувствовала близость с Прабхупадой. Во время его визита мне дали дополнительное служение по уборке его покоев. Ранним утром, перед началом лекции, Прабхупада совершал утреннюю прогулку. Именно тогда мы убирали и освежали его комнаты. Помещения, о которых я говорю, находились в нескольких кварталах от квартиры, где жили Джаянанда и его жена Трайи деви. Мы их прибрали и приспособили под нужды Шрилы Прабхупады.

Шрила Прабхупада любил чтобы на голые полы расстилали белые простыни и заклеивали их края скотчем. Простыни менялись и стирались каждый день. Все всегда содержалось в абсолютной чистоте.

Однажды, когда мы заканчивали уборку, Шрила Прабхупада с несколькими мужчинами, сопровождавшими его на прогулке, вернулись раньше обычного. Лестница на второй этаж вела в квартиру посреди длинного холла. Если вы наверху повернете налево, то окажетесь на кухне; направо — в комнате Прабхупады. Шрила Прабхупада пришел рано, и мы с Кели-лалитой оказались в узком коридоре, ведущем в его комнату. Выйти можно было только через него. Поскольку со Шрилой

Прабхупадой было еще несколько преданных, в таком маленьком пространстве не хватало места, чтобы пройти к лестнице и спуститься вниз, однако Шрила Прабхупада повернул налево и вместе со всеми направился на кухню. Мы с Кели поклонились, а поднявшись, увидели, что все идут в противоположном от нас направлении. Мы потихоньку подошли к кухне посмотреть, что там происходит.

Все стояли тесным кружком вокруг Прабхупады, и поскольку он был невелик ростом, его не было видно. Затем один преданный наклонился, чтобы посыпать его лотосные стопы порошком *кункумы*. Все ликовали, и смотреть на это было умилительно. Преданные смеялись с такой нежностью. Шрила Прабхупада улыбался, отвечая взаимностью на любовь своих преданных. Мне было его видно довольно хорошо. Когда преданный, предлагающий *кункуму*, склонился перед Прабхупадой, остальные мужчины столпились по сторонам, и мы внезапно оказались прямо перед ним, из коридора нам все было прекрасно видно. Мы чувствовали себя невольными зрителями и знали, что нам не поздоровится, если мужчины нас заметят, поэтому мы осторожно вышли. Последнее, что я увидела, был Шрила Прабхупада, который смотрел в нашу сторону и улыбался.

На следующее утро, убирая его комнаты, мы увидели отчетливые следы *кункумы*, оставленные стопами Шрилы Прабхупады по всей комнате на белых простынях и подушках за его столом. Я по сей день корю себя за то, что постирала эти простыни. Однако, прежде чем смыть следы его лотосных стоп, я предложила им свои поклоны и приложила голову к каждому из них.

Мы, уборщики, собирали различные предметы, которыми Прабхупада пользовался во время своих визитов, такие как веточки эвкалипта, которыми он чистил зубы, кусочки цветов и бумаги, к которым он прикасался. Мы относили их в храм, чтобы раздать другим преданным, у которых не было возможности так близко соприкасаться с Прабхупадой. Я раздавала все. Чего бы я только сейчас ни отдала за одну эвкалиптовую веточку!

Однажды во время неофициального *даршана* Прабхупада спросил, есть ли какие-либо вопросы. Я подняла руку. Я только что получила от него посвящение и четки во время огненного жертвоприношения в храме. Он также дал мне имя — Дхаништха деви даси. Прошло несколько дней, и мне стало неспокойно. Шрила Прабхупада скоро уедет и продолжит ездить по другим храмам. Я знала, что уборка, которую я делала, возможно, была моей последней возможностью служить ему непосредственно, поэтому я спросила: «Шрила Прабхупада, как можно получить больше личного общения с Вами?» Прежде чем я успела произнести эти слова, он поднял руку и тихо сказал: «Просто распространяйте мои книги», и улыбнулся. Президент храма сказал: «Именно это она и делает, Шрила Прабхупада. Она каждый день ездит в аэропорт и распространяет Ваши книги».

«Вот и прекрасно», — сказал Прабхупада. Я сидела в самом конце комнаты, рядом с Джаянандой. В этот момент все ментальные препятствия между мной и моим *гуру* были устранены. Я понимала, по крайней мере, для себя, что значит настоящее общение с *гуру*.

Как-то во время того же визита Прабхупада стоял в фойе храма. Один преданный из толпы спросил: «Прабхупада, как получить больше Вашего общения?» Прабхупада сказал: «Просто читайте книгу "Кришна". Даже я читаю книгу "Кришна"», и улыбнулся широкой лучезарной улыбкой. Все засмеялись. Тогда я почувствовала такую близкую связь с ним. Если помнить его слова, то прямо сейчас можно почувствовать, что он совсем близко.

Dhrti devi dasi / Дхрити деви даси

Преданные ученики нью-йоркской средней школы искусств рассказали Дхрити о кришнаитах. Дхрити находила кришнаитов раздражающими.

Раздражало то, что мне нравилось с ними разговаривать, а когда я это делала, то слишком много думала. Я размышляла: «Что такое жизнь?» Я не хотела иметь с этим дело – это было слишком сложно. Поэтому я избегала преданных, которые выглядели слишком странно. Если я видела их в конце улицы, то изо всех сил старалась не вступать с ними в контакт.

Затем, из остатков воскресного пира, некоторые ученики моей школы, интересовавшиеся сознанием Кришны, устроили в понедельник пир в кафетерии. *Прасад* был замечательным. Один из них сказал мне: «Ты должна посмотреть храм». Итак, я пошла с другом в Бруклинский храм на воскресный пир. Храм был крошечным, полным благовоний и цветов. Все казались красивыми и счастливыми. Мой друг был мрачен и ему там очень не понравилось, но почему-то я решила, что хочу быть с этими людьми. В течение года я ходила в храм, даже не сказав об этом своим родителям. Я ходила туда до и после школы и постепенно стала относиться к этому все более и более серьезно.

Однажды утром в храме одна из *брахмачарини* сказала мне, что приезжает Прабхупада. «Поехали с нами в аэропорт!» Я никогда раньше не прогуливала школу, но в тот день я это сделала. Шумиха в аэропорту была нереальной. Моим первым впечатлением от Прабхупады было удивление от того, каким маленьким он был. Я представляла себе его величественным, подобно льву. Но он был красив. С первого взгляда я была в восторге от его духовной манеры, которая была не от мира сего.

В то утро, когда Прабхупада должен был уезжать, снова одна *брахмачарини* сказала: «Ты должна поехать в аэропорт, чтобы проводить Прабхупаду», и дала мне большой мешок с цветочными лепестками, чтобы я бросала их перед ним, когда он шел через аэропорт. Я никогда раньше не была близко к Прабхупаде, и вдруг оказалась в футе от него и была как будто под гипнозом, когда шла через весь аэропорт – долгий путь – разбрасывая лепестки. Мое сердце колотилось, я смотрела на Прабхупаду. Я не могла поверить в свою удачу. Когда Прабхупада сел в ожидании своего самолета, служащий аэропорта пожаловался ему, что мы усеяли коридоры лепестками. Прабхупада рассмеялся и сказал: «Видите, они думают, что красивые цветы – это мусор».

В июне 1975 года, когда мне исполнилось семнадцать, я окончила среднюю школу, а в июле я отправилась с *брахмачарини* на филадельфийскую Ратха-ятру. Шрила Прабхупада сидел на центральной колеснице, а мы наблюдали за ним сбоку. Одна *брахмачарини* сказала: «Между канатами никого нет, кто танцевал бы для Прабхупады. Пошли!» Всю процессию мы танцевали для Прабхупады и полностью завладели его вниманием. Это было чудесно. Мы блокировали все остальное: казалось, что были только мы и Прабхупада, это было так мило. Несколько дней спустя я вылетела в Лос-Анджелес, куда переехал производственный отдел Би-Би-Ти. Преданные были в разгаре безумного марафона «Чайтанья-чаритамриты», и меня сразу же заняли живописью. Моя первая картина подписана Бхактин Мириам. Позже, когда я получила имя Дхрити и услышала, что оно означает «решимость и стойкость», я подумала, что это идеальное имя для меня. Я решила принять значение своего имени, как наставление Прабхупады для меня.

Квартира Прабхупады в Лос-Анджелесе находилась наверху, и однажды утром я стояла с несколькими другими преданными под лестницей. Прабхупада начал подниматься по ступеням, взглянул на нас, спустился и подошел к нам. Мы сложили руки на груди и смотрели на него. Он что-то сказал, но мое сердце колотилось так быстро, что я ничего не слышала. Прабхупада указал пальцем. Я обернулась, чтобы посмотреть, на кого он указывает, но он указывал на меня. Это было похоже на сон. Преданные смеялись, а Прабхупада улыбался. Один из *санньяси*, стоявших рядом с Прабхупадой, объяснил мне, что он сказал: «Я видел твою фотографию в газетной статье о Ратха-ятре, и это было очень мило».

Это было замечательно во многих отношениях. Во-первых, Прабхупада запомнил такую крошечную деталь. Во-вторых, что он приложил это усилие – для меня это было огромным усилием – отметить, что он видел, и сказать, что это ему понравилось. В-третьих, я чувствовала, что он знал, что этот особый вид внимания идеально подходит для меня, молодой девушки. Я не сделала ничего потрясающего. Я хорошо танцевала, он видел это, и это делало его счастливым. Его нежность поддерживала меня в течение многих лет. Когда я слышу, как другие преданные рассказывают о своих нежных беседах с Прабхупадой и о том, что он относился к ним, как к своим дочерям, я чувствую: «Да, он также признал меня своей маленькой дочерью».

Как одна из художниц, я пошла вместе с другими, чтобы принести наши картины Прабхупаде в его покои. Спокойный и непринужденный, он смотрел на картины, когда ему делали массаж. Это было замечательно, что в свободное время он рассматривал картины. Я думаю, ему нравилось смотреть на них. Что я поняла и за что крепко держусь, так это то, что мы, художники, были частью команды Прабхупады. Его книги были дороги ему, и мы украшали его драгоценности. Я всегда и определенно чувствовала эту связь с ним и не нуждалась в физическом присутствии Прабхупады для подтверждения этой связи. Книги принадлежали ему, он испытывал некоторую личную гордость за них, и я знала, что он хотел посмотреть, как они были оформлены.

В художественном департаменте мы постоянно проигрывали лекции Прабхупады. Они были моей связью с Прабхупадой. Его голос не отличался от его присутствия, и он говорил со мной напрямую через эти записи. Лично присутствовать на его лекциях было ошеломляюще, но мне нравилось, как он заканчивал свои лекции summum bonum: «Повторяйте Харе Кришна и будьте счастливы». Услышав это, я думала: «Да, я могу попытаться это сделать». Я пыталась привнести это радостное сознание в любое служение, которое выполняла. Если я не могла этого сделать, то, возможно, это не было моим служением.

Пока Прабхупада был с нами, мое служение в художественном департаменте Лос–Анджелеса, было коротким - с 1975 по 1977 год – всего два года. Это было очень сложно, но в этом была невероятная интенсивность. Я чувствовала невероятную энергию и энтузиазм, попала в этот водоворот, следовала за ним и выдержала это. Это укрепляло. Я старалась выполнять свое служение с добрыми намерениями, радостью и *бхакти*, чтобы оно доставляло удовольствие Прабхупаде и Кришне. Я не сомневалась, что сознание Кришны было совершенным и что Прабхупада был совершенным. Мне очень повезло, что я смогла передать Прабхупаде искусство, которое уже было моим жизненным направлением. Я должна была сделать для него нечто, что много значило для меня. Преданное служение, которое было идеальным для меня, укрепило меня в отношениях с Прабхупадой.

Dinadayadri devi dasi / Динадаядри деви даси

Динадаядри даси так молится царице Кунти Деви, самой умной женщине: «Молю о том, чтобы моя история не вызвала скорби в сердце читателя. Я искренне верю, что для того, чтобы получить великое благословение на встречу с такой возвышенной трансцендентной личностью, как Его Божественная Милость Шрила А. Ч. Бхактиведанта Свами Прабхупада в этой жизни, естественно, нужно чем-то пожертвовать»

В конце 1969-го года, через два месяца после того, как я переехала в храм, я получила посвящение и вышла замуж по обоюдному согласию за преданного, которого не знала. Шрила Прабхупада, конечно же, желал всего благоприятного всем своим ученикам-домохозяевам, когда они служили его миссии с удвоенной силой. Он послал президенту нашего храма письмо, вложив в него засушенные цветки нарциссов. В письме говорилось: «Я прилагаю четки и цветы вместе с моими благословениями для Н. и Динадаядри даси по случаю их свадьбы».

К несчастью, мой супруг вскоре стал применять ко мне насилие. Мои родители принадлежали к среднему классу. Я была «папиной дочкой», которая выросла в Америке середины двадцатого века и была совсем не готова справляться с такой ситуацией в браке. По правде говоря, я буквально разваливалась на части, и преданные это видели. Как случилось так, что никто не замечал этого, когда мой муж устраивал сцены насилия зачастую прямо на людях, и мои крики были слышны даже за закрытыми дверями? Мы с мужем часто переезжали из храма в храм, и в итоге оказались в Индии, где провели год, с 1971-го по 1972-й.

Кто-то из преданных предупредил моих родителей, которым нравилось сознание Кришны, что я попала в беду и нуждаюсь в помощи. Поэтому они отправились на встречу со Шрилой Прабхупадой в Нью-Вриндаван в 1972-м году. Прабхупада милостиво их принял и сам угостил *прасадом*. Он сказал им: «Я тоже беспокоюсь о своих детях». Они поблагодарили его за то, что он спас их дочь от жизни хиппи, ведущей к деградации, и Шрила Прабхупада ответил: «Да, многие родители благодарят меня». Он также заверил их, что я скоро вернусь в Америку, и все будет в порядке. Думая о прошлом, я вспоминаю, что он иногда устраивал так, что я на время оставалась в храме в Детройте, а мужа отправлял в другое место. Я думаю, он делал это для того, чтобы как-то облегчить мое существование и позволить моим родителям увидеть, что со мной все в порядке.

Киртан, *джапа* и лекции в храме были моим единственным прибежищем, и я отдавалась им с таким самозабвением, на которое только была способна, — особенно *киртанам*, которые в те дни пелись на прекрасные, доступные мелодии, которые исполнял сам Шрила Прабхупада. Пение начиналось медленно и медитативно и продолжалось до тех пор, пока все полностью не погружались в трансцендентную звуковую вибрацию святых имен Кришны, постепенно достигая естественного, глубокого прочувствованного упоения в конце крещендо. Иногда казалось, что тысячи полубогов поют вместе с нами и осыпают цветами трансцендентное действо. На самом деле, Шрила Прабхупада несколько раз говорил преданным, что Нарада Муни присутствовал на одном из наших *киртанов*.

К тому времени, как нас послали в Индию, я настолько пала духом, что практически все время всерьез думала о самоубийстве. В Калькутте одна из духовных сестер уговорила меня поговорить со Шрилой Прабхупадой, и мне устроили личную встречу с ним. Я была уверена, что мое затруднительное положение — это отклонение, не имеющее ничего общего с истинным сознанием Кришны. Я читала о качествах вайшнава и видела на примере Шрилы Прабхупады, что преданный добрый, благожелательный, миролюбивый, сдержанный, здравомыслящий и сострадательный, что разительно отличалось от той животной ярости и жестокости, которым я подвергалась. Всю свою жизнь я была под защитой нежного, любящего отца и не могла понять, что я такого делаю, чтобы вызвать такую ярость у моего мужа, который, как считается, должен быть моим защитником и наставником в духовной жизни.

Войдя в комнату Шрилы Прабхупады, я была не совсем готова к тому, насколько сильно на меня подействует его личное присутствие, его пристальный взгляд, с которым он смотрел на меня, ожидая, когда я заговорю. За те несколько секунд, которые мне потребовались, чтобы собраться с мыслями, у меня в сердце появился образ, который Шрила Прабхупада передал мне. Внезапно, словно извне своего тела, я увидела две сияющие духовные искры, себя и Шрилу Прабхупаду — между нами была огромная, существенная разница: моя искра была покрыта горой хлама, в то время как искра Шрилы Прабхупады сияла чисто и ярко во всем своем великолепии. Я поняла, что его намерение состояло в том, чтобы поднять меня из моего сильно загрязненного состояния до его уровня первозданной чистоты, и я прониклась уверенностью, что это действительно возможно, если я буду добросовестно следовать его указаниям. Таким образом установились отношения между Шрилой Прабхупадой, моим учителем, и мной, его ученицей, и я это явственно осознала во вспышке этого видения.

Затем произошло самое удивительное: то, что я считала непреодолимой проблемой, внезапно сжалось до размеров отпечатка копыта теленка (точная аналогия, которая пришла мне на ум). Все это произошло прежде, чем кто-либо из нас произнес хоть слово. Поэтому я вдруг почувствовала себя очень глупо, потому что впустую трачу время Шрилы Прабхупады на то, что теперь кажется таким несущественным. Но я была там и уже побеспокоила его. Поэтому я собралась с духом и выпалила, что мой муж физически и психологически мучает меня, и мой ум был настолько обеспокоен, что я думаю о самоубийстве, и я не могу находиться в сознании Кришны в такой ситуации, и нельзя ли, пожалуйста, мне жить в храме отдельно от мужа.

Выражение лица Шрилы Прабхупады было внимательным и задумчивым, но он ответил не сразу. Я объяснила ему, что, по мнению преданных, брачный обет настолько священен, что только он может принять решение разлучить мужа и жену, и поэтому я пришла к нему. Я также рассказала ему, что мой муж утверждает, что я могу иметь отношения со Шрилой Прабхупадой только через него, и что если я оставлю его, то потеряю связь со своим духовным учителем.

Первое, что сказал Шрила Прабхупада, было: «Нет, это не так. Эти материальные отношения не настолько важны. Важно быть сознающим

Кришну». Когда он сказал это, меня окутало невероятным теплом и сочувствием, словно я погрузилась в отцовские утешительные объятия. Я плачу, вспоминая его кротость и смирение, когда он излагал свои наставления в виде просьб: «Ты останешься в нашем храме?» — «О да, Шрила Прабхупада!» — «Других мужчин не будет?» — «О нет, Шрила Прабхупада!» — «Хорошо, можешь остаться здесь и помогать Палике». Вот и все.

Я, конечно, была в восторге от того, что Шрила Прабхупада милостиво освободил меня от этого бремени, но теперь передо мной стояла страшная задача сообщить об этом мужу. Я совершила ошибку в том, что сделала это сама, потому что он, как обычно, принялся меня запугивать, а мне не к кому было обратиться. Через пару дней, во время Гаура-пурнимы должна была состояться церемонии закладки камня Маяпурского храма, и все преданные лихорадочно готовились к ней.

Мой муж вернулся из проповеднического тура в Кении незадолго до фестиваля, и только когда мы шли по дороге Бхактисиддханты в Маяпуре, я смогла набраться смелости и рассказать ему о том, что я сделала. Следующее, что я помню, это то, что я сижу на земле и вижу звезды. Он сбил меня с ног прямо перед десятками потрясенных бенгальских паломников, которые приехали в Маяпур, чтобы отметить самый священный для гаудия-вайшнавов день. Затем он затащил меня в уединенное место и несколько часов истязал мой ум риторикой, в конце концов убедив меня в том, что я совершила величайшую *гуру-апарадху*, попросив Шрилу Прабхупаду одобрить свои желания, и что я должна следовать своему долгу, как это делал Арджуна в «Бхагавад-гите» и продолжать жить как его жена.

Позже в этот же день мой муж пошел на *даршан* к Прабхупаде, в его соломенную хижину, на котором присутствовали несколько лидеров ИСККОН. Прабхупада приветствовал его улыбкой: «Итак, теперь ты примешь *санньясу*?» Муж смущенно сказал ему, что нет, что он уговорил меня остаться с ним. Шрила Прабхупада умел очень искусно обезвреживать все попытки защититься, которые предпринимало ложное эго человека, а затем преподносил важную истину в только что раскрытые сердце и ум. Прабхупада привел высказывание мудреца Туласи даса: «Можно бить собаку, барабан или женщину до тех пор, пока не извлечете приятный звук». Он повернулся к моему мужу и поддразнивая сказал: «Н. очень хорошо понимает этот принцип». Тогда Прабхупада стал очень серьезным, посмотрел прямо в глаза моему мужу и воскликнул: «Не делай этого! Это не обычные женщины, это преданные!» Затем Шрила Прабхупада, видимо, долго хвалил меня и советовал моему мужу: «Не дразни ее, иначе она закроет дверь».

После того, как Шрила Прабхупада отчитал Н., его поведение ненадолго улучшилось, но затем сошло на нет, и ситуация стала хуже, чем была. Наконец, год спустя, в 1973-м, я сбежала из этого брака. Вернувшись на время к родителям, чтобы оправиться от травмы, я обнаружила, что беременна. Не зная, что Н. взял другую жену, как только я уехала, я написала Шриле Прабхупаде незадолго до рождения сына, чтобы спросить, должна ли я вернуться к мужу, чтобы вырастить ребенка, хотя это было последнее, что я хотела делать. Я объяснила, что живу с родителями, но повторяю шестнадцать кругов в день, предлагая всю свою пищу Кришне, регулярно читаю его книги и слушаю записи его лекций. Шрила Прабхупада ответил:

«Ты очень хорошая девушка и искренняя преданная, поэтому, несмотря на трудности, ты остаешься чистой в сознании Кришны и сохраняешь веру в Кришну и духовного учителя. Я очень доволен твоей верностью. Так много великих преданных прошли через трудности, и великим примером среди женщин была царица Кунти, чья семейная жизнь была в постоянной опасности, но поскольку она всегда думала о Кришне, она спаслась. Вопрос о твоем возвращении к Н. не стоит. Он повторно женился … У тебя есть ребенок, так что теперь сделай Кришну своим мужем и прими прибежище в нашем храме … Принимай духовные наставления от своих старших братьев и сестер, забудь прошлое и продвигайся в сознании Кришны, не скорбя ни о чем материальном и оставив материальные желания».

Получив это письмо, я почувствовала безудержную радость, и меня снова затопило тепло отцовской любви Шрилы Прабхупады. Он не отверг меня из-за того, что я оставила своего мужа, а напротив, он привлек меня ближе под свою защиту и предложил мне убежище в своем храме ИСККОН, где я могла найти духовную поддержку и общение со своими духовными братьями и сестрами. Он также подтвердил, что очень серьезно относится к тому, чтобы его ученики следовали основным регулирующим принципам *бхакти-йоги*, и именно это доставляет ему наибольшее удовольствие.

Будучи представителями Шрилы Прабхупады и Господа Кришны, мужья и руководители ИСККОН, казалось бы, обязаны быть на стороне Шрилы Прабхупады и Господа Кришны в качестве защитников преданных, находящихся под их опекой, а не в лагере хищников и насильников. Конечно, ошибки свойственны жизни в материальном мире, поэтому возникает вопрос: как будет реагировать человек в случае, если такая трагедия действительно произойдет?

Когда естественные эмоциональные и материнские наклонности женщины сочетаются со служением Господу Кришне, они трансформируются в очищающие эмоции преданности, которые дают женщинам преимущество быть «благословленными Господом, потому что они одновременно верят в превосходство и всемогущество Господа, и потому безоговорочно склоняются перед Ним. … Эта простота принятия власти Господа более действенна, чем показной неискренний религиозный пыл». [из Учения Царицы Кунти]

По-видимому, эти благословения, которые Господь проливает на женщин, иногда могут в буквальном смысле быть предметом зависти мужчин. На самом деле именно такая зависть, по признанию моего бывшего мужа, была главной причиной его жестокого обращения со мной во время нашего брака. Я заметила, что женщины, принимающие сознание Кришны, являются одними из самых необычайно умных людей, которых я когда-либо встречала. Жестокое обращение с женщинами-преданными, которое, к сожалению, имело место в ИСККОН, иррационально и разрушительно для всех и должно быть искоренено и уничтожено. Шрила Прабхупада так усердно трудился, чтобы сделать сознание Кришны доступным каждому («даже собака может принять в нем участие»), и мы, как его последователи, не имеем права ограничивать или отказывать в убежище у лотосных стоп Шрилы Прабхупады кому бы то ни было. И уж, конечно, мы не имеем права преследовать таких людей на основании чего-то столь поверхностного, как их верхняя «рубашка и пальто».

Dina-sarana devi dasi / Дина-шарана деви даси

В 1974-м году в Германии, в замке Шлосс Реттерсхоф вместе с тридцатью, а, возможно, и с пятьюдесятью другими преданными Дина-шарана даси была инициирована письмом перед Божествами Радха-Мадана-Мохана, которые сейчас пребывают в Абентоере, Голока-дхама, Германия.

Мне было интересно, какое имя я получу. Я думала: «Какое мое настоящее имя? Было бы хорошо иметь имя, которое означает слуга слуги слуги». То имя, которое мы получаем при посвящении, — и есть настоящее имя души, которое мы носим все оставшиеся жизни. Примерно так я думала. Я медитировала на то, чтобы быть слугой слуги слуги. Меня назвали Дина-шарана, а по-немецки *дина* означает слуга.

Я была совершенно счастлива. Я настроилась на свое имя еще прежде, чем его получила. Мне было важно, что в нем отражено понятие слуги, *дина*. Чакраварти, президент храма в замке, написал Шриле Прабхупаде, прося разрешения жениться на мне. Прабхупада согласился. «С тобой хочет поговорить президент храма», — сказал моя подруга. Я очень удивилась, потому что раньше он никогда не разговаривал со мной. Я подумала: «Чего он хочет? Я что-то не так сделала?» Президент храма сидел на стуле, как учитель, который собирается тебя отчитать. Он протянул мне письмо, и я начала читать. Я так и не могла понять, зачем я здесь. Письмо было адресовано Шриле Прабхупаде, и в нем он описывал свою проповедническую деятельность. В конце письма он писал: «Я подумываю о женитьбе». Я подумала: «О, может быть, он хочет спросить моего совета в выборе жены». Я продолжала читать. «Я думаю о Дине-шаране». Я прочла это имя, как будто это было имя моей соседки. Я подумала: «О, он хочет жениться на Дине-шаране», не понимая, что он имеет в виду меня!

До того, как я стала преданной, у меня было много возможностей выйти замуж, но я всегда этого избегала. Я чувствовала, что моя жизнь — это нечто большее, чем брак. Но потом я подумала: «Если я хочу оставаться в этом Движении всю свою жизнь, то мне следует выйти замуж. В противном случае позже у меня может появиться идея уйти и заняться чем-нибудь другим». Я подумала: «Кришна лучше меня знает, какой человек мне нужен». Очень быстро я поняла, что это устроил Кришна, и согласилась, хотя и не имела ни малейшего представления о том, во что я ввязываюсь.

Затем в середине лекции, которую Чакраварти давал для *брахмачари*, из динамиков раздалось объявление: «Чакраварти, с вами будет говорить Шрила Прабхупада. Немедленно подойдите к телефону». Он прервал лекцию, чтобы ответить на звонок. Но каким-то образом динамик остался включенным, и все мы слышали, как Шрила Прабхупада сказал: «Ты написал, что хочешь жениться на Дине-шаране, я даю тебе свое благословение». *Брахмачари* впали в ступор, потому что их президент храма женился на женщине!

Через шесть месяцев Чакраварти решил, что предпочитает быть *брахмачари*. Он сказал мне, что передумал и посылает меня на Радха-кунду (Индия) в статусе вдовы. Он отправил меня с одной парой туфель и одним сари. Там меня принял *бабаджи* по имени Кришнадаса. Я была молодой девушкой, мне было около двадцати четырех лет. Он спросил меня: «Что тебе здесь нужно?» — «Муж отправил меня сюда, чтобы я провела здесь всю оставшуюся жизнь как вдова», — ответила я.

«Тебе нельзя оставаться здесь. Это только вопрос времени, когда тебя кто-нибудь изнасилует», — сказал он. «Но я должна быть здесь. Мне некуда идти», — ответила я. Тогда он спрятал меня в месте, которое, насколько я помню, было развалинами храма, связанного с Шестью Госвами. Я прожила там три месяца, прячась под разваливавшейся крышей, которая того и гляди рухнет. Туда можно было забраться только ползком. Я должна была оставаться там днем, а ночью Кришнадас приносил мне тарелку *прасада*. Пока все спали, я ходила на озеро и принимала омовение. Так что никто не знал, что я здесь.

Но через некоторое время Кришнадас сказал, что я должна уехать, потому что пошли слухи, что у него живет молодая девушка. Поэтому я пошла в Кришна-Баларам Мандир, и там был Прабхупада. Это было в 1975-м или 1976-м году. У меня был запланирован *даршан* с Прабхупадой. Но каждый раз, когда у меня была назначена встреча, пойти со мной в комнату Шрилы Прабхупады было некому.

Однажды дверь его комнаты была открыта, и я осмелилась заглянуть туда. Прабхупада сидел за своим столом, он увидел меня. Он спросил: «Кто ты?» Я сказала: «Я — Дина-шарана». Прабхупада повторил: «Кто ты?» — «Я — жена Чакраварти». — «Входи», — сказал он и попросил меня подойти к столу. Он сидел по одну сторону стола, а я — по другую, и мне было прекрасно его видно. Мы сидели и говорили лицом к лицу.

Он говорил о моем якобы замечательном муже, который только что отправил меня в никуда. Он сказал, что Чакраварти делает замечательное служение в Германии. Мой разговор с Прабхупадой изменил мое видение ситуации и дал мне силу оставаться в отношениях, несмотря на все взлеты и падения. Прабхупада так высоко ценил этого человека. Я подумала: «Если Прабхупада так высоко его ценит, то кто я такая, чтобы отвергать его?» Он сказал мне, что, если вдруг у меня будет сын, мне нужно будет заботиться о нем, как о Кришне. Я должна сделать его главным в моей жизни.

Я провела три месяца в Кришна-Баларам Мандире, и Шрила Прабхупада был там все это время. Однажды кто-то попросил меня убраться в его ванной. Немцы очень хорошо обучены тому, как делать уборку, поэтому я приложила особые усилия, чтобы убрать ванную комнату Шрилы Прабхупады. Я в том числе протерла его очки и часы, которые лежали на полке.

Днем Шрила Прабхупада давал лекции во дворике, сидя под деревом. *Санньяси* и *брахмачари* было так много, что, казалось, будто перед ним стоит шафрановая стена. За ними шли *грихастхи*, а позади них — *матаджи*. Мне удалось сесть только на верхней ступеньке лестницы. Все это время я сокрушалась: «Какое оскорбление я совершаю, я сижу выше Шрилы Прабхупады!» Посреди лекции Прабхупада вдруг спросил: «Кто убирался в моей ванной?»

Я смутилась. Он еще раз повторил вопрос, и я застенчиво подняла палец. Он посмотрел на меня и сказал: «Чистота стоит рядом с благочестием. Если кто-то стремится к совершенству, успех гарантирован». Он выпустил стрелу, которая пронзила мое сердце. У меня сложилось впечатление, что Прабхупада дал мне личное наставление — для меня, для моей жизни, для того чтобы я определилась со своими намерениями. С этого момента вся моя жизнь пошла в определенном направлении. Казалось, успех в моей жизни гарантирован.

Во время лекции в одной из дверей появилась индианка в красном сари с развевающимися черными волосами и с большим красным цветком в руке. Я приняла ее за проститутку из-за её платья и распущенных волос. Она прошла через всю толпу, перешагнула через *брахмачари* и *санньяси* и подошла к Прабхупаде, чтобы предложить ему цветок. Прабхупада взял цветок, она поклонилась, повернулась, снова переступила через всех и вышла в дверь. Прабхупада следил за ней взглядом.

Это было важно для меня, потому что, хотя она была в женском теле, Прабхупада принял ее служение. Это был еще один признак того, что со мной все в порядке, хотя я и нахожусь в женском теле.

Я чувствовала себя очень неловко и глупо из-за того, что у меня было такое же тело, как у этой женщины. Если бы мой муж не выгнал меня, мне никогда бы не представилась возможность побывать на Радха-кунде и встретиться с Прабхупадой. Я благодарна ему за это.

В конце концов, мой муж приехал и забрал меня, и вскоре у нас родился сын.

Несколько лет спустя мне приснился важный сон. Я была в храме в замке, и вот-вот должен был приехать Прабхупада. На перекрестке он сказал, что слишком устал, чтобы ехать дальше. Он вышел из машины и сел под деревом. Я должна была подойти к нему. Когда я подошла, Прабхупада спал под деревом. Поэтому я села у его ног и стала ждать, когда он проснется. Пока Прабхупада спал, манускрипты писаний на санскрите чередой двигались от Прабхупады ко мне. Они все шли и шли, и я понимала, что все знание, которое имел Прабхупада, передавалось мне. Когда это закончилось, Прабхупада проснулся и сказал: «Теперь ты знаешь все, что нужно знать. Я все рассказал тебе». В моем сне Прабхупада покинул свое тело.

Через одну-две недели Шрила Прабхупада действительно покинул тело. Тридцать лет спустя я чистила кастрюлю у себя на кухне. Шрила Прабхупада «явился» мне, жалуясь, что его Движение разваливается, и некому позаботиться о нем. Я чувствовала, что он обращается непосредственно ко мне и чувствовала себя обязанной что-то сделать. В то время я почти не участвовала в храмовой деятельности. Большинство преданных даже не знали меня. Мне было интересно, как я вообще смогу что-то для него сделать.

На Вьяса-пудже меня попросили украсить гирляндой Шрилу Прабхупаду, хотя там были и другие преданные, которые должны были бы это сделать. Мне не хотелось, но я это сделала. Когда я кланялась у *вьясасаны*, меня стукнули по плечу. Удар был такой силы, что я едва сдержалась, чтобы не закричать. Я встала и пыталась затеряться в толпе, думая: «Что происходит? Что все это значит?» А потом я снова услышала нечто, что прозвучало как наказ: «Я рассказал тебе все, что нужно знать». Но что мне теперь делать? Мне вспомнился сон, и я знала, что должна что-то сделать. Затем я поняла, что Прабхупада сказал мне, что он рассказал мне все, что мне нужно было знать. Но я возражала: «Кто я такая? Я в теле женщины». Ответ пришел: «Ты знаешь, что ты не тело». Другими словами, не волнуйся по пустякам.

Мне пришло в голову, что то, что я должна была сделать, находится в моем уме и в моем существе — все, что я понимала. Так я должна служить его Движению. Этот опыт подтолкнул меня к тому, что я набралась духу и выставила свою кандидатуру на выборах в Национальный совет. Через полгода меня избрали в Национальный совет. Никогда раньше я не была членом никакой организации! Через год я стала заместителем, а еще через год — главным Джи-Би-Си в Евросоюзе.

Прабхупада вложил в меня понимание того, что если кто-то стремится к совершенству, то он достигнет успеха. А потом он сказал мне, что я знаю все, что нужно знать. Я чувствую, что, хотя у меня было очень мало общения со Шрилой Прабхупадой, я всегда нахожусь в контакте с ним.

Dinatarine devi dasi / Динатарине деви даси

Динатарине переехала в храм в Нью-Йорке летом 1970-го года и через несколько дней отправилась в храм в Колумбусе, а затем в Денвере. Странно, но каждый раз, когда она переезжала в какой-нибудь храм, там обязательно случалось что-то ужасное. Она воспевала и следовала принципам. Из Флориды она написала письмо Шриле Прабхупаде, в котором говорилось: «Каково положение человека, который любит сознание Кришны, но не может жить в храмах с преданными?»

Я отправила письмо, но прошел месяц, два, и через три месяца я решила: «Ладно, ничего страшного, перееду я снова в храм». Осенью 1971-го года, когда я добиралась автостопом до Таллахасси, моя подруга сказала: «Давай остановимся у дома, где мы обычно проверяем почту». Она открыла большой почтовый ящик, и там лежал маленький голубой конвертик авиапочты от Шрилы Прабхупады. В письме была одна страница, написанная от руки. Прабхупада писал: «Чтобы достичь успеха в сознании Кришны, необходимы три вещи: у тебя должен быть энтузиазм, ты должна быть решительной, и ты должна быть терпеливой. Если что-либо из этого отсутствует, тебе будет трудно. Поэтому, пожалуйста, научись быть терпеливой». Прабхупада знал о моей проблеме, и его письмо было моим спасением. С тех пор каждый раз, когда у меня возникали неприятности, я заглядывала в это письмо и понимала, чего мне не хватает. Я ходила в храм Таллахасси, потом почти два года жила в Далласе.

Моя большая ошибка заключалась в том, что я стала догматичной и не была способна видеть личность за непоколебимыми строгими наставлениями Верховного Господа. Я видела в Прабхупаде не человека, а видимое воплощение этих наставлений. В 1973-м году я пришла к выводу, что я должна увидеть, кто такой Прабхупада, иначе без этого моя вера и приверженность процессу сознания Кришны могли оборваться. Я самовольно отправилась в Индию, и как только я села перед Шрилой Прабхупадой, моя жизнь изменилась. Я увидела невероятно сострадательного, любящего, с чувством юмора, знающего, уравновешенного, убедительного и верного человека. В одну секунду его личные качества покончили со всеми моими перекосами, вызванными догматизмом.

Мои отношения со Шрилой Прабхупадой были уникальными. Рядом с ним я становилась потерявшей дар речи дурой, а он не обращал на меня никакого внимания. Но каждый раз, когда я сидела рядом с ним, я чувствовала, что нахожусь в духовном мире, на седьмом небе от счастья. И неважно, обращался он ко мне или нет; просто быть в его присутствии было чудесным подарком, который я никогда не принимала как само собой разумеющееся.

Из наставлений, которые Прабхупада дал Ямуне и мне в Орегоне, мы поняли, что он скоро оставит тело, и что он хочет защитить и ободрить нас. Он сказал тогда: «Вы теперь как вдовы, поэтому живите просто и сохраняйте настроение отречения». Он занял нас поклонением Божествам, воспеванием и возможностью чудесным образом помогать другим.

Поведение Шрилы Прабхупады с женщинами, его обращение с ними ясно показало мне, что Шрила Прабхупада не делал различий на основе телесной концепции, а на первом месте для него была душа и ее искренность. Он по-настоящему сильно вовлекал, ободрял и любил своих учениц-женщин. В нас, западных людях, Шрила Прабхупада видел всевозможные сочетания странностей, но управлялся с этим невозмутимо, с состраданием и заботой. Он хотел, чтобы мы приняли культуру вайшнавизма, чтобы, следуя моральными нормам внутри *варн* и *ашрамов*, мы бы освободились от трудностей этого хаотичного мира и узнали, что значит быть преданным.

Сегодняшний мир не вдохновляет нас заглядывать внутрь себя, становиться интроспективными и осознанными; напротив, сегодняшний мир диктует необходимость потери истинного разума, а именно способности различать, рассуждать, видеть все в правильной перспективе, правильно видеть свое место в мире. Истинный разум включает в себя характер, целостность и наличие морального ориентира. Шрила Прабхупада хотел, чтобы мы развивали свой духовный разум, для того чтобы мы могли идти вглубь себя и продвигаться в сознании Кришны.

Одной из удивительных черт Шрилы Прабхупады было то, что он мог услышать всего одну-две фразы от кого-то, кто не соответствовал вайшнавской *дхарме*, и одним-двумя острыми мечами своих слов разрубал все это: «Глупые негодяи». В отсутствие Шрилы Прабхупады никто не может делать этого, поэтому поток пагубных идей льется не прекращаясь. Чтобы оставаться позитивными, сосредоточенными и полными энтузиазма в сознании Кришны, мы должны рассматривать эти идеи как возможность роста, расти как вайшнавы. Если мы обратимся за советом к нашим старшим духовным братьям и сестрам и к книгам Шрилы Прабхупады и посмотрим на них с этой точки зрения, мы сможем оставаться сильными. Мне помогло и меня воодушевил этот факт, когда я прочитала о том, что те же самые проблемы, с которыми мы сталкиваемся, возникали и после ухода предыдущих *ачарьев*. Такие испытания являются милостью Кришны, чтобы мы могли развить твердую веру, заняться самоанализом и понять сознание Кришны на уровне сердца, который не зависит от внешних обстоятельств, и черпать силу из любых обстоятельств.

Целеустремленные преданные могут общаться со Шрилой Прабхупадой каждый день, развивать свои отношения с ним, получать от него поддержку и оставаться сильными, смотря видеозаписи о нем на DVD, читая о том, как он жил, как действовал и как наставлял своих преданных. Одно дело читать его комментарии, но, если мы смотрим видеозаписи, где он принимает *прасад*, идет на утреннюю прогулку, говорит с людьми с любовью, юмором, и как убедительно он это делает, мы получаем представление о его замечательной, необыкновенной, несравненной, непреодолимой природе, и это увеличивает нашу веру и энтузиазм. Затем, когда мы читаем его комментарии Бхактиведанты, мы можем увидеть его слова в перспективе.

Мы столкнемся еще со многими испытаниями нашей веры и приверженности процессу сознания Кришны. Эти вызовы, будь то извне или изнутри, следует рассматривать не как препятствия, а как однозначное подтверждение нашей жизни в преданности. Таким образом, у нас будет достаточно сил, чтобы проходить через постоянные испытания и невзгоды в дополнение ко всей радости, которая приходит от восстановления наших отношений с Кришной. Этот процесс настолько полон жизни, счастья и удивления, что мы никогда не должны впадать в уныние перед испытаниями. Если мы будем продолжать двигаться вперед с верой, энтузиазмом и решимостью, тогда придут чудесные духовные награды.

Dirgha devi dasi / Диргха деви даси

Однажды, когда Диргха жила в Канаде, она посмотрела фильм об Иисусе Христе, проповеднике, который распространял Божью весть по всему миру. Диргху привлекала идея иметь путешествующего и проповедующего духовного учителя, и, решив показать Богу свое желание, она три дня просидела в кресле без еды и сна. Через три дня пришел какой-то человек и дал ей экземпляр «Обратно к Богу», а через два месяца она присоединилась к Движению.

Я жила в парижском храме уже три месяца, когда в июне 1973-го года приехал Прабхупада. Я нарисовала небольшие портреты учителей нашей *парампары* и предложила их Прабхупаде. Прабхупада сказал: «О, очень мило». Затем повернулся к Йогешваре, который переводил на французский, и сказал: «О, она может делать большие плакаты для Движения». Я подумала: «Вот здорово!» Это было благословением. Я была очень застенчива и поэтому, ничего не спросив, поклонилась и выбежала из комнаты.

На следующий день Прабхупада давал посвящения, но Бхагаван сказал мне: «Ты здесь всего три месяца, ты еще не готова. Скорее всего ты даже не понимаешь, что такое инициация!» Я очень расстроилась. Но Прабхупада сказал мне, что мне можно получить посвящение, и я получила.

На следующий год, когда Прабхупада приехал в Нью-Майяпур,

я ходила на все его утренние прогулки. Находясь рядом с ним, я чувствовала себя счастливой и полностью удовлетворенной. Мне больше ничего не было нужно. Когда в 1976-м году я находилась в Лос-Анджелесе, приехал Прабхупада. Мы провожали его в аэропорту, и когда Прабхупада выходил, чтобы садиться в самолет, я заплакала. Я обычно ни о чем не плачу, но я знала, что больше никогда его не увижу, и я чувствовала себя покинутой.

Всю свою жизнь я осуществляла одно желание за другим, и я вижу, что мои желания становятся все более и более чистыми. До присоединения к сознанию Кришны я хотела стать художником, и я это сделала. Я хотела присоединиться к Движению, и я это сделала. Я хотела работать с преданными-художниками, и я это сделала. Я хотела выйти замуж за преданного и вышла за него. Я хотела иметь хороший дом с участком земли, и я это сделала. Теперь у меня есть желание стать чистой преданной, и мне больше ничего не нужно! Я, наконец-то, более или менее исчерпала свои бессмысленные желания.

Теперь я стараюсь следовать наставлениям Прабхупады и читать его книги. Я построила в своем сознании храм, куда я хожу, чтобы увидеть его и поговорить с ним. Но поскольку я не так продвинута, мне трудно быть в одиночестве. Я понимаю, что мне нужно принять прибежище у одного из продвинутых учеников Шрилы Прабхупады. Прабхупада сказал, что можно стать чистыми преданными за секунду, если делать то, что говорит Васудева или его представитель. Я хотела бы снова полностью посвятить себя служению Прабхупаде, созданию картин для него или чему-то еще. Теперь это моя цель.

Divyadristi devi dasi / Дивьядришти деви даси

В Сан-Диего в 1975-м году Шрила Прабхупада инициировал Дивьядришти письмом. Он написал: «Твое имя Дивьядришти, что означает „слуга трансцендентного вкуса", и, читая мои книги и щедро распространяя их, ты разовьешь этот трансцендентный вкус».

В 1974-м году мы с подругой отправились на Ратха-ятру в Сан-Франциско. Это был темный, мрачный, холодный, дождливый, пасмурный, промозглый и ненастный день. Все были тепло одеты. Но когда Прабхупада вышел на сцену, поднял руки вверх и начал танцевать, облака разошлись, и вышло солнце. Кришна в сердце дал мне понять, что Прабхупада — особая личность.

Когда в 1975-м году Прабхупада приехал в Лос-Анджелес, я опоздала в аэропорт. Мы стояли внизу, и Прабхупада, спускаясь по эскалатору, с любовью приветствовал меня и мою подругу. Я была одной из тех, кто распространял наибольшее количество книг, и позже, когда Прабхупада заболел, моя постоянная медитация состояла в том, чтобы попытаться распространить как можно больше книг, чтобы попытаться помочь ему выздороветь.

Сегодня здесь, в Лос-Анджелесе, я вижу, что благодаря Движению Прабхупады и его энергии многие люди становятся вегетарианцами и таким образом делают первый шаг к осознанию Бога. Преданные распространили очень много книг, они содержат храм в течение стольких лет и проводят такие великолепные Ратха-ятры, что многие люди делают этот первый шаг. Он становится все больше и больше, и я чувствую, что я благословлена тем, что могу быть его частью, что Прабхупада все еще позволяет мне делать для него какое-то небольшое служение.

Draupadi devi dasi / Драупади деви даси

Много лет назад Драупади, англичанка, искала жизнь, которая бы отличалась от жизни ее родителей, переживших две мировые войны. Кришна послал ей Прабхупаду, а Прабхупада предложил ей сознание Кришны, высшее из достижимого.

Я три месяца повторяла Харе Кришна и побывала на фестивале Ратха-ятры, когда в 1968-м году Шрила Прабхупада приехал в Англию и читал лекции в Конвей-холле. Хотя я мало что понимала его из-за акцента, я сидела перед ним, впитывая его трансцендентную вибрацию. Я знала: «Это мой *гуру*». После лекции Шрилы Прабхупады я спросила преданных: «Когда мне можно переехать в храм?» Они сказали: «Немедленно».

Неделю спустя я приехала в поместье Джона Леннона Титтенхерст со своим годовалым сыном и всеми своими пожитками. Малати представила нас Шриле Прабхупаде: «Они только пришли в сознание Кришны». Я стояла на коленях и смотрела на Прабхупаду, который смотрел на меня сверху. Это был миг вечности, миг, которого я так долго ждала! Прабхупада сказал: «Харе Кришна!», и с широкой улыбкой принял меня в сознание Кришны.

На следующий день Прабхупада пригласил моего сына погулять с ним, но мой сын был такой застенчивый. Тогда Прабхупада рассмеялся и взял за руку дочку Малати, Сарасвати, которая стояла рядом с ним, и они пошли вместе. Неделю спустя Прабхупада дал мне посвящение и дал имя моему сыну Дхруванандa. Я была молодой, не слишком умной и не чувствовала склонности к философии, но я искренне искала истину. Спрашивая меня о сыне, моей большой привязанности, Прабхупада быстро завладел моим сердцем. Прабхупада всегда принимал все близко к сердцу, как любящий отец.

В Титтенхерсте Радха-Кришна, Божества Прабхупады, находились в маленькой комнатке. Проходя мимо этой комнаты, мы слышали, как Прабхупада играет на своей *тамбуре* и поет Им «Говиндам ади пурушам». Однажды на улице был сильный ливень, и, когда я вышла из кухни, я встретила Прабхупаду, заходящего через калитку. Я уже приготовилась упасть в *дандават* в большую лужу, но Прабхупада, улыбаясь, посмотрел на меня с состраданием и сказал: «Все в порядке». Однажды я спросила Прабхупаду: «Мой сын не привык ко вкусу *прасада*, он для него непривычный, и он мало ест, чем мне его кормить?» Прабхупада ответил: «Возьми немного молока, немного риса, немного сахара и немного топленого масла и дай ему». Он подробно объяснил, как его кормить. Он всегда был очень заботлив и добр по отношению к детям.

На лекции Прабхупады в Конвей Холл мы все ездили на большом грузовике. Прабхупада сидел впереди с водителем, а тринадцатимесячный Дхруванада, пятнадцатимесячная Сарасвати, Малати и я сидели сзади. Когда начинался *киртан*, наши дети начинали повторять «Хари Йия, Хари Йия!», а в конце лекции Прабхупада говорил: «Сознание Кришны так просто, что даже ребенок может его принять». Ему нравилось, когда мы брали детей с собой.

На утреннем мероприятии в Оксфордской ратуше собралось много студентов университета. Прабхупада дал замечательную лекцию. Заиграл *киртан*, и Прабхупада спрыгнул со своей *вьясаны* и принялся танцевать, подняв руки вверх. Студенты тут же вскочили и подняли руки. Прабхупада заставил всех танцевать.

Мы с мужем семь лет прожили в Альпах. В один прекрасный день, когда я сидела на горном склоне, воспевая Харе Кришна, я отчетливо услышала слова Шрилы Прабхупады: «Я хочу, чтобы ты жила в ладу со своим мужем, заботилась о своих детях и рисовала». Это был невероятный опыт! Как художник, я считаю, что должна развивать свое служение Шриле Прабхупаде. Мы с мужем считаем, что наши картины принадлежат Прабхупаде, а наше творчество — это медитация. Мы стараемся как можно глубже осознавать Кришну и служить инструментами для всего того, что хочет выразить Прабхупада. Я молюсь, чтобы Шрила Прабхупада позволил нам быть хорошими инструментами. Мы храним с ним крепкую связь.

Когда по неизвестной причине оставила тело моя дочь, этой же ночью мне приснился сон о Шриле Прабхупаде. Глядя на Прабхупаду, я сказала: «Шрила Прабхупада, я люблю вас. Отношения с духовным учителем вечны?» Он ответил мне: «Да, вечны». После этого я почувствовала умиротворение, потому что Шрила Прабхупада был там, чтобы вести мою дочь дальше. Прабхупада всегда рядом, чтобы провести нас через жизнь и смерть.

Хотя Прабхупада внешне был пожилым человеком, он обладал внутренней красотой, грацией, мудростью и свежестью, которые он проявлял внешне каждую минуту. Каждый из нас может развиться настолько, что Прабхупада будет давать нам указания. Это зависит от нас. Шрила Прабхупада может присутствовать в нашей жизни в той мере, в какой мы этого хотим. Прабхупада сострадателен; он ведет любого, кто за ним следует. Если в моей жизни случается неопределенность, я обращаюсь к Шриле Прабхупаде, и мои сомнения рассеиваются.

Прабхупада говорил, что в древние времена люди искали *гуру*, но в Кали-югу *гуру* приходит сам. По своей милости Прабхупада пришел к нам, поднял и ведет нас. Я не могу себе представить, как существуют чистые преданные — как они видят, слышат, чувствуют запахи и думают. Они находятся в океане трансцендентного опьянения. В материальном мире люди, которые считаются нормальными, на самом деле безумны, а в духовном мире люди, находящиеся в состоянии безумия, на самом деле в здравом рассудке. Радхарани обнимается с деревьями. Но мы так сопротивляемся, мы так боимся нектара, мы так любим страдать. Если бы только мы могли просто покончить с этим материальным миром, наша жизнь была бы так чудесна, что невозможно даже представить. Мы свободны и возвышенны в той мере, в какой мы этого хотим.

Однажды Прабхупада написал мне: «Я так рад, что Кришна благословил тебя еще одним ребенком. Назови ее Деваки и воспитывай убежденной преданной с самого рождения. Увеличивая число детей, мы можем увеличить число преданных Господа Чайтаньи в целом».

Кришна действует на благо всем. Даже если мы не проживем миллионы жизней, наше будущее обеспечено, потому что мы встретили Шрилу Прабхупаду. Теперь все зависит от нас. Все возможно по милости Кришны. Мы должны продолжать умножать послание Шрилы Прабхупады и сохранять веру в наше Движение, даже если иногда не все идет гладко. В чем смысл веры, если путь легок? Если это легко, то смысла нет. В наших силах отдать жизнь Шриле Прабхупаде и Кришне.

Duhkhahantri devi dasi / Дукхахантри деви даси

Дукхахантри увидела преданных на концерте группы «Да» на арене «Спектрум» в Филадельфии и подумала: «Они так счастливы. Я хочу быть такой же счастливой, при этом не принимая наркотики каждый день». Она купила «Шри Ишопанишад».

Я интересовалась восточной философией, поэтому эта книга сразу же обрела для меня смысл. Я подумала: «Автор знает, о чем говорит». В то время я была наборщицей в издательстве Принстонского университета и работала над тысячестраничной книгой под названием «Арабо-израильский конфликт». Однажды я купила «Бхагавад-гиту как она есть» в книжном магазине, а потом купила еще десять ее экземпляров в подарок на Рождество для своих друзей. Когда я увидела, что «Бхактиведанта Бук Траст» опубликовал эту книгу, мне захотелось там служить. Я подумала: «Если бы я работала на этих людей, мне не нужно было бы платить. Я могла бы весь день печатать эти книги».

До того, как пойти в Бруклинский храм, я уже была полностью предана Шриле Прабхупаде, и как только я вошла в храм, я почувствовала: «О да, я дома». В феврале 1973-го года я переехала туда — мне было девятнадцать — я весь день набирала текст и помогала *пуджари*; мне очень нравилось. Через несколько недель приехал Прабхупада.

Я переехала в Лос-Анджелес вместе с Би-Би-Ти и принимала участие в марафоне «Чайтанья-чаритамриты». Это был рай. Однажды я узнала, что Шрила Прабхупада собирается посетить издательство. В панике я подумала: «Нужно что-то сделать!» Я побежала за угол к кустику с маленькими белыми цветками, которые, как мне казалось, чудесно пахли. Я сорвала ветку, и когда Шрила Прабхупада пришел в наборную комнату, Радхаваллабха представил меня: «Это Дукхахантри. У нее большой опыт в верстке». Прабхупада спросил: «Она замужем?» — «Нет», — ответила Радхаваллабха. «И она все еще работает?» — «Да, она все еще работает». Под впечатлением от встречи с Прабхупадой я протянула ему свои цветы, он понюхал их и сказал: «У них нет запаха». Я огорчилась. Он улыбнулся мне и сказал: «Цветок без аромата подобен женщине без разума. Может, она и очень хорошенькая, но что толку?» Он вышел, я поклонилась и была настолько счастлива, насколько это только возможно, ощущая беспредельное счастье, а также чувство вины.

Dwijapriya devi dasi / Двиджаприя деви даси

Двиджаприя даси встретила преданных в 1972-м году в Денвере, штат Колорадо. Ее парень ежедневно развозил газеты, и они обычно ездили на арати, а потом возвращались домой. Ее будущие шурин и невестка присоединились к храму в Нью-Вриндаване.

Однажды я села рядом с матерью и сказала: «Мы с Джеральдом собираемся присоединиться к кришнаитам. Они не едят мяса, не занимаются незаконным сексом и не употребляют алкоголь». В то время я была оторвой, поэтому она сказала: «Ого, думаю, это было бы здорово! То, что надо! Давай!» Я была одной из тех немногих, чьи матери поддержали их в том, что им действительно нужно присоединиться к кришнаитам.

Итак, в шестнадцать лет я со своим парнем переехала жить в храм. Мы собирались пожениться, но в Денверском храме все должны были быть *брахмачари* и *брахмачарини*. Это был очень строгий храм. Нам сказали: «Ну если вы собираетесь пожениться, то вам придется переехать в Лос-Анджелес, потому что только там живут все эти глупые домохозяева». Именно так они и выразились. «Нам тут домохозяева не нужны». И нас отправили в Лос-Анджелес. В 1973-м году, когда мы переехали туда, у меня родился ребенок.

В Денвере я слушала лекции Прабхупады и рассматривала его

фотографии. В виду того, что Прабхупада больше, чем жизнь, вам может казаться, что он такой большой. Когда я его увидела, то подумала: «Он намного меньше, чем я думала». Забавно, что я так думала. Но я представляла, что он возвышается над всеми.

Он был таким лучезарным. Он весь светился. Он шел в группе преданных, и всегда можно было сказать, что он там, потому что оттуда исходило что-то вроде свечения.

Прабхупада регулярно приезжал в Лос-Анджелес и проводил там по крайней мере две недели, поэтому мы часто общались с ним. Поскольку я была беременна, преданные сказали мне подойти и сесть рядом с Прабхупадой, чтобы ребенок мог его слышать. Я постаралась втиснуться в алтарную комнату за два часа до его прихода, потому что там было полно народу. Лекции Прабхупады никто не пропускал. Потом, может быть, через три-четыре дня храм был заполнен наполовину, хотя Прабхупада продолжал читать лекции. Через неделю он спрашивал: «Где все преданные?» Он заметил, что через некоторое время люди перестают приходить на *мангала-арати* и на *гуру-пуджу*. Мы не понимали, как нам повезло слушать чистого преданного. Мы были слишком ленивы.

Он давал удивительные лекции. Однажды он заговорил о Бхактисиддханте, и это действительно было невероятно. Все были там — Джайатиртха, Рамешвара, Хридайананда — все приходили и внимательно слушали. Прабхупада говорил, и абсолютно каждый, кто был в храме, будь то *брахмачари* или *санньяси*, плакали. У всех в зале глаза были на мокром месте, когда он сказал в конце: «Вы все похожи на моего *гуру*, потому что вы помогаете мне распространять миссию моего Гуру Махараджа, поэтому я должен вас всех поблагодарить». Мы просто сидели и плакали, и плакали. Сначала наступила мертвая тишина, а потом все расплакались.

На лекциях он говорил: «Нужно воспевать правильно» или «Нужно рано вставать. Все должны приходить на *арати*». «Нужно приводить с собой детей». Если вдруг ты оставишь ребенка дома, он скажет: «Эти дети должны приходить». Такого рода наставления он давал всем домохозяевам.

Он также давал указания и в более прямолинейной форме. Дочь одной преданной всегда шумела. Девочке было около трех лет, но она постоянно шумела, всем мешала, повсюду ходила. Однажды она села, скрестив ноги, а на ней не было нижнего белья.

Прабхупада сказал: «Нельзя позволять ей так себя вести и сидеть так перед Кришной». Мать вся побагровела, начала рыдать, очень разозлилась, взяла ребенка и ушла. Она так расстроилась, что даже ушла из храма, потому что не могла принять суровое наставление. Но кто приводит в храм ребенка, одетого как попало?

Моему сыну Партха-саратхи было в то время, может быть, полгода-год. Преданная поднесла Прабхупаде поднос с печеньем и сказала: «Я испекла их для вас. Хотите раздать их преданным?» Прабхупада обычно съедал одно, а остальные раздавал детям, каждому по одному. Десятки малышей подходили к Прабхупаде.

Это стало ритуалом. Каждый день кто-нибудь из женщин делал печенье, приносил его, Прабхупада съедал одно-два, а затем раздавал их малышам. Это есть на видеозаписи. Мы все поднимаем детей, а он смотрит на них и на нас. Каждый раз, когда Прабхупада смотрел на меня, я испытывала ужас, как будто в меня ударила молния, настолько он производил глубокое и мощное впечатление. Я не могла этого понять, но всякий раз испытывала ужас. Я приходила на лекцию, и, если он смотрел в мою сторону, я просто замирала.

Прабхупада был так добр к детям. Раздавая печенье, он что-нибудь говорил и гладил по голове или держал за руку. Он тратил дополнительное время и энергию на то, чтобы лично общаться с маленькими детьми по-настоящему хорошо, всегда был добрым и любящим. Иногда он выходил на улицу, а там стоял какой-нибудь пацаненок с мешочком для *джапы*, и он начинал говорить с ним, улыбался и подбадривал его. Сколько же в нем было доброты и любви. Меня поражало то, насколько он был совершенной личностью.

Благодаря его доброте к детям я чувствовала связь с ним. Я была лишь скромной домохозяйкой, что считалось тогда, что я нахожусь не у дел. Моей мотивацией находиться в обществе преданных было его отношение к детям. Исходя из этого, я всегда думала, что независимо от того, что происходит в ИСККОН (а происходило много чего), что у нас есть Прабхупада. Так или иначе, мы должны следовать за ним и стараться быть лучшими преданными, потому что он никогда не разочаровывал нас и не проявлял никакой слабости и нечистоты в духовной жизни.

Я ездила на Ратха-ятру в Сан-Франциско, на ту самую, где, после того как Прабхупада поднялся, все начали танцевать. Все главные *санньяси* были там. Я никогда не забуду, как это было удивительно. Все, что сделал Прабхупада, — это поднял руки вверх, и, казалось, огромная толпа без конца и края поднималась и опускалась, экстатически танцуя в течение самого долгого времени. Если вы там не были, вы даже представить себе не можете, на что это было похоже, насколько это действие было заряжено духовно. Это был незабываемый опыт.

Мы с мужем получили посвящение в конце 1973-го года. Мы получили первое посвящение, а потом где-то через полгода — второе. Оба раза письмом по почте. В то время посвящение получали очень быстро, потому что нужны были *пуджари*. Вы получаете посвящение, а через три месяца — второе посвящение. Все происходило очень быстро. Но, конечно, многие из получивших тогда посвящение, к сожалению, не продержались больше полугода.

Киртанананда приехал с визитом. Амбариша, наш шурин, жил тогда в Нью-Вриндаване, поэтому он сказал, что мы должны поехать в

Нью-Вриндаван, и мы переехали. Моему малышу было года полтора. Казалось, жить на большой ферме — это хорошая идея. Было очень аскетично. Не было ни отопления, ни водопровода. Воду приходилось таскать ведрами. Было очень холодно. На дороге всегда были лед или грязь. Было очень тяжело. Мы ели жидкую овсянку — я уверена, вы слышали об овсянке. Это все, что мы ели каждый день на завтрак, и она было подгоревшей в половине случаев, иногда пересоленой. Все, что можно было раздобыть из овощей зимой, мы ели на обед. Тогда было очень туго с *прасадом*. *Прасад* крали. Комнату, где хранился *маха-прасад*, обычно запирали. Там был один шкаф, на котором было двадцать замков. Но сколько бы ни было замков, кто-нибудь обязательно проникал туда и крал *маха-прасад*. Шкаф был заперт таким образом, что можно было просунуть руку под дверь и взять *маха*. Затем внизу вбили гвозди так, что если просунешь руку, то порежешься. Тем не менее, людям так отчаянно хотелось хорошего *прасада*, что они шли на все, чтобы получить его.

Я делала *бурфи* для Радхи-Вриндаванчандры в Нью-Вриндаване. Вообще-то я не должна была их делать для Прабхупады, но я сделала их, и их передали Прабхупаде. Один раз он назвал меня королевой *бурфи*. Он мне этого не говорил, а я была так рада, что ему они понравилось.

Прабхупада приехал в 1976-м году. Все *санкиртанщицы* вернулись на ферму только ради этого. Прабхупада беседовал с женщинами из *санкиртаны*, и мы задавали вопросы. Я так боялась что-то сказать, но другие женщины спрашивали: «Прабхупада, как нам делать это? Как нам сделать то?»

Махарха была руководительницей женской *санкиртаны*. У нее было много вопросов. Другие женщины спрашивали: «Что делать, если мы не повторяем наши круги на *санкиртане*?», а он всегда говорил, что самое важное — это повторять. «Повторяйте шестнадцать кругов. Принимайте *прасад*. Это основное, это то, что вы должны делать в первую очередь». К тому времени мы уже этого не делали, и нас это очень тревожило. Но мы пытались построить дворец, чтобы Прабхупада приехал туда жить. В то же время он не хотел, чтобы ради этого мы отказывались от сознания Кришны. Он очень ясно дал нам это понять во время разговора.

Бхадра Прия прошла через множество испытаний. Она всегда была такой милой и скромной. Она спросила Прабхупаду: «Что нам делать, если не получается?» Он подбодрил ее и сказал: «Просто продолжай пытаться практиковать сознание Кришны как можно лучше». Все были счастливы просто потому, что он был с нами. Мы были на марафоне, и нам нужно было возвращаться, а Прабхупада вселил в нас столько энтузиазма, что мы могли продолжать в том же духе еще несколько месяцев.

Как только он уехал, нам нужно было сразу же возвращаться на *санкиртану*. Даже когда он был у нас, половину времени нам приходилось выходить и делать выбор. Все дело было в строительстве дворца Прабхупады, именно на этом мы были сосредоточены в течение многих лет.

Пару раз *матаджи* ездили к Прабхупаде в Индию, но я туда не ездила, потому что для того, чтобы поехать, нужно было собрать определенную сумму денег.

Однажды, когда мы были на *санкиртане*, мы узнали, что Прабхупада оставляет тело. Наша группа *санкиртаны* в то время жила в Питтсбурге. Все *матаджи* собрались вместе и плакали не переставая. Мы поспешили в Нью-Вриндаван, чтобы быть там, чтобы смотреть на Божества, молиться и надеяться на то, что Прабхупада не оставит тело. Когда Прабхупада покинул планету, мы были совершенно опустошены. Мы продолжали строить дворец в память о том, что Прабхупада присутствует там.

Я присоединилась в довольно молодом возрасте, и Кришна спас меня, потому что моя жизнь быстро шла под откос. Я понимаю, что, если бы не Прабхупада, я, вероятно, уже не была бы сейчас в этом теле. Я обязана ему жизнью.

Ekabuddhi devi dasi / Экабуддхи деви даси

Когда Экабуддхи училась в старших классах средней школы, ей было шестнадцать, она посетила Нью-йоркский Гринвич-Виллидж, где на каждом углу можно было встретить «духовных учителей». Позже, парень Экабуддхи стал участвовать в жизни нью-йоркского храма ИСККОН и приобщать к этому.

Мой парень часто приносил мне ведические книги и журналы, но только прочитав Бхагаватам, я действительно заинтересовалась ведами. Вскоре после этого я переехала в храм на Генри-стрит. Первое, что я заметила, как мужчины-преданные обращались с женщинами-преданными. Словно с людьми второго сорта. Иногда даже плевали на них. Я чувствовала себя там лишней и нежеланной.

Когда Прабхупада узнал об этом, он был крайне недоволен таким обращением с женщинами-преданными. Он послал к нам своего представителя, чтобы исправить ситуацию. К счастью, все приняли авторитет Прабхупады и непреложность его слов. Прабхупада принимал всех приходящих без осуждения и хотел, чтобы остальные преданные поступали так же. На протяжении многих лет я видела, как преданные, критикующие других, неизбежно падали. Чтобы нас не постигла та же учесть, нужно следовать примеру Прабхупады и смиренно избегать критики.

В 1976-м году, в храме на 55-й улице в Нью-Йорке, я получила посвящение. Это было волнующе и удивительно. Отовсюду собралось множество преданных ради этого события. Любой санньяси, о котором только можно было подумать, непременно был там. Все беспокоились о том, чтобы все прошло как следует.

Однажды Прабхупада посмотрел на меня, словно мы уже встречались где-то в прошлых жизнях. Его взгляд будто говорил: «О, ты снова вернулась!» Я жалею, что из-за собственной лени не воспользовалась в полной мере временем, когда Прабхупада был еще с нами. С другой стороны, Прабхупада никуда не уходил. Он с нами до сих пор. Мы и сейчас можем чувствовать его самого, его огонь, его желание привлечь как можно больше людей в армию Кришны. Нам нужно лишь заглянуть внутрь себя и убедиться, что мы на самом деле действуем согласно наставлениям Прабхупады, а не увещеваниям ложного эго. Прабхупада был действительно гениален в своем умении идти в ногу со временем и правильно использовать людей для достижения духовных целей, при этом позволяя им самовыражаться и оставаться самими собой.

Каждый хочет иметь цель и смысл жизни, движение Прабхупады, может дать это. Каждый может быть частью его движения, каждый может выполнять какое-то служение, ведь Прабхупада милосерден ко всем!

Духовная жизнь и так мне была интересна, но именно книги и настроение Прабхупады помогли мне понять, что все религии прекрасны и весь мир — храм единого Бога. Прабхупада пытался открыть всем неисчерпаемые знания, таящиеся в трактатах Вед, чтобы поколения живущие и после него, смогли открыть для себя сознание Кришны. Он всегда говорил: «Просто думай о Кришне», «Кришна повсюду, все делай ради Него». Таким было настроение Прабхупады. Нашей единственной заботой должно быть: «как помочь ему в его миссии».

Gangamayi devi dasi / Гангамайи деви даси

В своем письме Прабхупада писал Гангамайи: «Ты права, политики следует избегать. Я никогда не участвовал в политических интригах моих духовных братьев. Потому что думал только о том, как исполнить приказ моего Гуру Махараджа. Он дал мне благословение, и теперь я стараюсь строго выполнять его указания. Это спасло меня от участия в политических играх. Как я понял, ты планируешь поехать в Индию, я не возражаю. Нам понадобятся опытные пуджари для нашего храма во Вриндаване».

В храме Англии, где я служила, было много интриг. Меня это беспокоило и Прабхупада сказал, держаться подальше от всего этого и повторять «Харе Кришна», продолжая свое служение. Он сказал, чтобы я никогда не ввязывалась в политику в Гаудия-Матхе.

Одно из ярких воспоминаний о Прабхупаде заключается в том, что обычно после окончания лекции в Бхактиведанта Мэноре, Прабхупада говорил: «Большое спасибо», а потом – «Киртан». И преданные запевали. Сначала киртан был медленный, потом он становился быстрее и быстрее, преданные вставали с мест, начинали подпрыгивать и вскоре все в едином порыве прыгали в такт каратал Прабхупады. Наши сердца раскрывались и хотелось изо всех сил прыгать и кричать: «Харе Кришна!» Это было лучшее время.

Помню, однажды во Вриндаване, я мыла полы в комнате Шрилы Прабхупады. Он посмотрел на это и сказал: «Сейчас я покажу тебе, как правильно мыть пол». Он наклонился, окунул тряпку в ведро и потом протер ею пол, не касаясь его коленями. Затем снова окунул тряпку в ведро, отжал ее и еще раз протер пол. После этого Прабхупада посмотрел мне в глаза и сказал: «Делай так». Я ответила: «Да, Шрила Прабхупада!» На следующий день он спросил: «Ты мыла полы, как я тебе показал?» Я ответила: «Да, Шрила Прабхупада!» Для меня просто находиться в его обществе было уже огромной честью, не то, что разговаривать с ним.

Также Шрила Прабхупада дал мне понять, насколько опасно нарушение четырех регулирующих принципов. Он убедил меня в том, что я должна строго соблюдать их, чтобы майя не захватила меня, что я должна быть такой, какой создал меня Кришна –здравомыслящей. Для этого мне нужно вырваться из оков материально мира, и тогда я смогу всегда помнить о Нем и вернуться в Его обитель, ведь самое главное, чему учит нас сознание Кришны, это вспомнить Кришну в момент смерти. Именно к этому я стремлюсь. Я не хочу снова возвращаться в материальны мир, не хочу разочаровывать Прабхупаду. У меня долг перед ним. За все то, что он вложил в меня. Самое меньшее, чем я могу ему отплатить, это быть осознанной и следовать его наставлениям. Прабхупада никогда не подводил меня, и я не хочу его подвести. Я хочу всегда следовать за ним, но я никогда не принимала слова Прабхупады слепо. Я всегда проверяла их на деле. Я пришла к выводу, что все, что он говорил — истина и это работает, а если нет, то это только из-за моей глупости, которая не дает мне делать что-то как надо, потому что я не усвоила знание до конца.

Моя подруга Аннада и я хотим проповедовать и служить Шриле Прабхупаде, преданным и Кришне. Чем больше мы делаем для этого, чем сильнее сосредотачиваем свою жизнь на следовании наставлениям Прабхупады, тем явственнее мы ощущаем его присутствие в своей жизни. Прабхупада всегда идет к тем, кто идет к нему. Мы с Аннадой испытываем огромное счастье просто слушая лекции и баджаны Прабхупады, и предолгая пищу его Божествам. Это небольшое служение, но очень воодушевляющее.

Gauri devi dasi / Гаури деви даси

В 1985-м году у сорокапятилетней Гаури, которая жила в Нью-Двараке, обнаружили рак в терминальной стадии. Перед отъездом во Вриндаван, для того, чтобы провести там свои последние дни, она прочла преданным эту лекцию.

В Нью-Двараке, во время даршана Прабхупады, я сидела рядом с ним и внимательно наблюдала за выражением его лица. Преданные по очереди рассказывали Прабхупаде о своем проповедническом служении. Кто-то распространял сознание Кришны в кампусе колледжа, кто-то печатал статьи в газетах, кто-то рисовал иллюстрации для книг Прабхупады. Сам же Прабхупада выглядел измученным. Он откинулся на подушки, сидя на вьясасане, и одобрительно кивал. Затем Рамешвара представил отчет о распространении книг. Прабхупада тут же сел, подперев руками подбородок, и улыбнулся. Он стал похож на маленького мальчика. Распространение книг было очень дорого Прабхупаде.

У меня не очень получалось писать картины для книг Прабхупады, поэтому я решила распространять книги, но я была ужасным интровертом. Я была настолько застенчивой, что никто не слышал ни слова из того, что я говорила. Отец всегда повторял: «Элизабет, говори громче!» Да, я могла поддержать любую беседу, потому что была интеллектуально очень развита, но в то же время угрюма и ворчлива. Это совершенно не подходило для того, чтобы знакомиться с людьми на улице и тем более вести легкую, непринужденную беседу с незнакомцами. Первое время распространение книг было для меня сущим адом, но я не сдавалась, потому что видела с каким удовольствием этим занимаются другие преданные. К тому же Прабхупада все время повторял, что все приходит с практикой. Поэтому я подумала: «Если Кришна помогает распространять книги другим, то Он поможет и мне».

Конечно у меня было огромное ложное эго, поэтому я постоянно кичилась тем, что Кришна благословил меня на распространение книг. Но со временем я обнаружила, что Кришна действительно благословил меня на это. Мне стало легко подходить к людям и улыбаться, а главное — я наконец избавилась от мрачности, которая преследовала меня всю жизнь. Распространенные книг больше не было для меня адом. Наоборот, мне нравилось подходить к людям, давать им книги и говорить о Кришне. Я осознала, что чем больше я вкладывала душу в распространение книг Прабхупады, тем сильнее Кришна помогал мне. Он использовал меня как инструмент для привлечения к Себе других людей. Это потрясающе. Но более потрясающе то, что Кришна может превратить самого тупого, как пень, человека в самого блистательного поэта, философа и шутника, только ради распространения книг.

Распространение книг не такое простое дело, как кажется на первый взгляд. Все люди разные, ко всем нужен разный подход. Мне требовалась полная концентрация, самоотдача, а также ясный ум для того, чтобы просто привлечь человека и не дать ему уйти после нескольких слов. Я много молилась Кришне, чтобы Он помог мне, дал понимание человеческой души, чтобы я могла к каждому найти подход, чтобы я могла достигнуть сердец других людей, потому что люди, с которыми мне часто представлялось говорить, были сильно увлечены кармической деятельностью, и до них сложно достучаться. Поэтому распространение книг требует предельного энтузиазма.

Когда я рассказывала о сознании Кришны, я говорила о нем не как о религии, а как о великой древней науке, которая передавалась в Индии тысячи лет из поколения в поколение и вот, наконец, она дошла до западного мира. Я видела, как люди заинтересовывались, даже очаровывались книгами Прабхупады. Они испытывали благодарность, ведь они смогли получить милость Кришны. Я всегда наслаждалась сладостью этого момента. В тот миг, когда мне удавалось привлечь душу, что нуждалась в истинном знании и освобождении от страданий, мне казалось, что милость Господа Чайтаньи очищала меня и эту заблудшую душу, что, наконец, обратилась к свету.

Распространение книг, привлечение обусловленных душ – это игра с Кришной, это высшее развлечение для вайшнава. Оно неизбежно дает ощущение присутствие Господа Чайтаньи, Кришны и Прабхупады. Мы молим их о том, чтобы они наделили нас силой и твердостью в распространении книг. Чем сильнее мы это делаем, тем больше Кришна помогает нам достигнуть взаимопонимания с обусловленными душами.

Майя постоянно заставляет нас сомневаться в том, что мы поступаем правильно. Она внушает, что мы обманываем обусловленные души, потому что так думают материалисты. Хотя на самом деле, мы оказываем им величайшую услугу. Преданный должен обладать таким твердым знанием, чтобы майя не смогла поколебать его. Он должен сильно понимать свое положение, положение обусловленных душ и свое служение, а также цель своего служения — избавиться от всех материальных привязанностей, стать инструментом в руках Кришны и вернуться к Нему домой, чтобы принять участие в Его играх. Мы все хотим предаться Кришне, стать Его марионеткой, Его философским камнем, ведь это открывает дорогу домой. Распространяя книги Прабхупады, мы очищаемся сами и очищаем других. Мы действуем как гуру для обусловленных душ, хотя не обладаем никакими качествами для этого. Это просто невероятно.

Сейчас я осознала, что несмотря ни на что, Кришна гораздо добрее ко мне, чем это кажется на первый взгляд. Кришна очень меня любит, просто из-за того, что я долго занималась всякими глупостями, Он был вынужден применять ко мне жесткие меры, чтобы очистить и избавить от иллюзии.

В жизни каждого преданного наступает момент, когда его мотивация в служении переключается с материалистичной платформы на духовную. Поскольку я скоро умру, у меня есть особая возможность очиститься и осознать истинную цель своего служения. Кришна вынуждает меня собираться домой быстрее, я понимаю, что это великая милость, но сожалею, что не служила больше, что не привязалась к Прабхупаде сильнее. Хотя я и пыталась сильнее предаться последние несколько недель, я осознала, сколько глупостей и лицемерия в моих мыслях. Я знаю, что, если буду продолжать стараться, делать все, что в моих силах, когда придет время уходить, Кришна придет за мной. Он освободит меня ото всех моих глупостей и двуличности. Он поможет мне прийти в себя и сознать свое истинное положение — положение Его смиренной слуги.

Процесс оставления тела сильно меняет сознание. Он усиливает самоотверженность, серьезность и придание. Прежде я цеплялась за множество иллюзий, за чувственные наслаждения и надежду на материальное счастье. Пожалуйста не берите с меня пример, не ждите, пока окажетесь в таком же бедственном положении, как я.

Когда Кришна делает что-то, что не зависит от нас, и становится очевидно, что с этим телом определенно покончено, преданный сразу же думает: «Какую милость дал мне Кришна!» Смерть – это благословение. Мы хотим сделать все возможное, чтобы очиститься, пока находимся в этом теле, но, как молился царь Кулашекара: «Теперь, когда мой ум прояснился и я могу повторять Твое святое имя, пожалуйста, позволь мне покинуть это тело, чтобы я мог найти прибежище в сени Твоих лотосных стоп. Если Ты позволишь мне дожить до глубокой старости, может быть, я буду задыхаться от слизи, а сознание будет спутанным настолько, что я не смогу повторять Твое святое имя или помнить о Тебе».

Кришна для меня все устроил. Если бы Он хотел, чтобы я вылечилась, Он дал бы мне болезнь, которую было бы легко диагностировать на ранних стадиях. Я осознала, что усилить преданность и увеличить служение для меня настолько сложно, что Кришна решил мне помочь таким образом. Кришна хочет, чтобы Его преданные имели все шансы достигнуть истинного Сознания Кришны. Рано или поздно всем придется оставить тело, и это будет не простой опыт. Если мы окажемся не готовы к этому, это будет бесконечно страшно и больно. Я была достаточно молода и сильна, как бык, но Кришна отнял у меня здоровье. Он может это сделать с кем угодно.

Но не стоит бояться смерти. Это просто еще один шаг на пути к очищению, еще один шаг на пути к Кришне. Я постоянно молюсь: «Мне все равно, вернусь ли я в духовный мир или нет. Я хочу быть свободной от всех материальных и сексуальных желаний. Всех чувственных наслаждений. Я хочу быть чистой, чтобы по-настоящему служить Тебе. Стать Твоим инструментом. Повторять Твое святое имя двадцать четыре часа в сутки. Я хочу любить Тебя». Это не те мысли, которые приходят вместе с неизлечимой формой рака, это то, о чем мы должны думать постоянно.

Не думайте, что вы сможете избавиться от меня. Я никуда не ухожу. Распространение книг Прабхупады — это вечная вечеринка для всех распространителей. Но в ближайшем будущем придется сделать что-то с мои материальным телом. Когда ко мне пришла болезнь, я больше приблизилась к пониманию, что материальное тело — это ужасно. Я не собиралась прекращать распространять книги, даже сокращать время, когда я это делаю, хотя бы до шести дней в неделю. Ведь это давало мне силы, я планировала распространять книги до последнего вздоха, но Кришна решил иначе.

Во Вриндаване я буду слушать лекции и повторять святые имена, посещать места игр Кришны, медитировать на Его игры и игры Прабхупады. Я абсолютно убеждена, что это даст мне сил до самого конца. Кришна хочет очистить меня от ложного эго, от желаний чести, славы и почета, чтобы в конечном итоге я смогла сказать: «Джая, Кришна. Я готова. Я Твоя. Чего бы Ты ни захотел, я полностью это принимаю и с нетерпением жду. Я отдам свое сердце и душу, чтобы выполнить Твою волю». Я жду и надеюсь, что увижу Кришну лицом к лицу. Для меня не имеет значения, куда я иду, пока я с Кришной и Шрилой Прабхупадой.

Gayatri devi dasi / Гаятри деви даси

В июле 1971-го года Гаятри, ее муж Амарендра, Хридаянанда, его жена Ананга Манджари и несколько брахмачари пригласил Шрилу Прабхупаду приехать в их маленький храм в Гейнсвилле, штат Флорида, для участия в программах на территории кампуса Гейнсвиллского университета.

Здесь, в Гейнсвилле, у нас не было много денег. Свадебный подарок моих родителей — три тысячи долларов пошел на оплату аренды храма. У нас не было опыта в росписи храмов, но мы старались изо всех сил. За три дня до приезда Шрилы Прабхупады мы разрисовали храм психоделическими, пастельными красками – желтым, розовым и синим, а Ананга Манджари кое-как обтянула вьясасану. Я обожала Анангу Манджари. Именно из-за невероятной преданности ее и ее супруга Хридаянанды, я сама стала преданной.

Помню, Шрила Прабхупада сидел на вьясасане и говорил о Господе Чайтанье двум сотнями преданных из Тампы, Таллахасси, Джексонвилла,

Майами, Гейнсвилла и Атланты, которые втиснулись в нашу маленькую, свежевыкрашенную алтарную комнату вместе с еще двумя сотнями людей из кампуса. Я считала себя не очень хорошим художником, но на удивление, моя картина с Господом Чайтаньей очень понравилась Шриле Прабхупаде. Глядя на нее, он был так тронут, что заплакал и сказал: «Здесь, в Гейнсвилле, мы очень далеко от места рождения Господа Чайтаньи, но тем не менее, Господь Чайтанья — здесь».

Шрила Прабхупада говорил, что воспевание Харе Кришна, вместе с пиршествами и танцами сделает всех, в каждом городе и деревне, счастливыми. Мы часто выходили на санкиртану, и Прабхупада был очень благодарен нам за помощь Господу Чайтанье и ему в распространении движения сознания Кришны. Присутствие Шрилы Прабхупады ощущалось настолько мощно, что у меня постоянно бегали мурашки по коже и наворачивались слезы на глаза пока он был там. Его любовь к обусловленным душам и Кришне были сильнее, чем я вообще когда-либо могла испытать. Однажды Прабхупада сказал, что Господь Чайтанья был с нами, потому что мы так старались. Это очень сильно меня тронуло.

В университете Шрила Прабхупада р ассказывал о процессе аштанга-йоги, описанном в шестой главе «Бхагавад-гиты». Я тогда подумала: «Кто это вообще сможет понять?» Но тысячи студентов и профессоров колледжа, заполнившие Площадь Америки, были настолько поражены словами Прабхупады, что многие слушатели позже пришли и на лекцию в храме. После нее Шрила Прабхупада выступал по университетскому радио. Я была уже измотана до невозможности всеми этими лекциями, но Прабхупада нет. Он продолжал и продолжал.

Когда Шрила Прабхупада говорил, в его голосе была отвага и кротость, а его слова звучали доблестно и мягко. Мне настолько сильно хотелось предаться Прабхупаде, что я желала получить у него посвящение и следовать за ним до конца жизни. Раньше я знала, что Шрила Прабхупада очень возвышенная личность, чистый преданный Господа, но это было только на уровне знания, а не веры. Когда же я лично встретилась с Прабхупадой, увидела, как он поступает и услышала, что говорит, все изменилось. Тогда я глубоко осознала, что Шрила Прабхупада — действительно чистый преданный Господа, и я хочу ровняться на него.

В тот же вечер я получила посвящение вместе с десятью или пятнадцатью другими преданными. У нас не было четок из туласи, только из деревянных бусин, причем эти четки сделали мы сами. Прабхупада дал мне имя «Гаятри», и сказал, что гайя означает «петь», а три — «освобождать». С тех пор у меня постоянно крутится в голове одна мысль: «Мы должны помогать людям, рассказывая им о Кришне. Петь им о Кришне. Тогда они будут освобождены». Я должна донести эту песнь о Кришне до людей, как это делал Прабхупада.

На следующее утро мы отвезли Шрилу Прабхупада в аэропорт Джексонвилла. Там преданные сели у стоп Прабхупады и, глядя на него с безраздельной любовью, запели прекрасные ведические гимны, но Шрила Прабхупада смотрел только на Анангу Манджари и Хридаянанду, которые распространяли его журналы и книги. Взгляд Прабхупады словно говорил: «Вот кто действительно в меня влюблен!» Мне хотелось, чтобы однажды Шрила Прабхупада посмотрел так и на меня, поэтому я тоже начала распространять его книги.

Встреча со Шрилой Прабхупадой была самым сильным переживанием за все девятнадцать лет моей жизни, после которой я почувствовала, что, то, что я сейчас делаю — правильно. Общество, в котором я сейчас нахожусь — лучшее. Ведь это общество возвышенных личностей, которые обучали меня сознанию Кришны, личностей, которых я любила.

Прабхупада был добр, не наказывал, не сердился, просто любил и прощал, словно отец. Я была очень благодарна ему и хотела всегда быть рядом с ним.

В те времена не было дискриминации, и мужчины-преданные обращались со мной, как с матерью, а если нет, я говорила, что они не получат прасада, если продолжат себя так со мной вести.

В 1976-м году я получила самый болезненный опыт в своей жизни. Несмотря на то, что я читала джапу и прилежно следовала всем регулирующим принципам, я чувствовала себя очень подавленной, и не понимала почему. Я молилась, чтобы получить ответ на этот вопрос, но его не было. Тогда мой супруг Амарендра написал Прабхупаде: «Моя жена сильно страдает. У нее депрессия и она все время плачет. Ее разум затуманен». Прабхупада ответил: «Гаятри, твоя жена, должна продолжать повторять шестнадцать кругов на четках каждый день, следовать четырем регулирующим принципам и читать "Бхагавад-гиту". Это ей поможет». Я и так все это делала, но подумала, что читала «Бхагавад-гиту» с недостаточным усердием, ведь в ней точно должны были быть все ответы на мои вопросы. Тогда я всерьез взялась за чтение. Я читала девочкам «Бхагавад-гиту» в швейной комнате, слушала кассеты с записями лекций по ней и выписывала себе шлоки, но в конце концов все равно покинула храм.

С тех пор многие помогали мне справиться с моим состоянием. Наставления, данные мне тогда Шрилой Прабхупадой, и по сей день являются моей путеводной звездой. Я знаю, что боль и страдания касаются только тела и мы должны возвыситься над ним, служа духовному учителю, чистому преданному и миссии Господа Чайтаньи. Сейчас я чувствую, что уже могу выполнять какое-то служение для Шрилы Прабхупады. Сейчас я чувствую, что мне уже стало легче.

Girija devi dasi / Гириджа деви даси

Услышав о Шриле Прабхупаде и узнав, что он уважает и не предвзято относится ко всем искренне исповедуемым религиям, еще будучи богобоязненной христианкой, Гириджа заинтересовалась сознанием Кришны.

По мере того как я становилась старше, я все чаще и чаще задумывалась о том, что моя духовная традиция не отвечала на все мои вопросы. Я так отчаянно нуждалась в ответах, что в поисках истины, шла туда, где, как мне казалось, она должна быть. Целый год я посещала ашрам Шри Ауробиндо, потом – Махариши. Я даже пошла в монастырь, чтобы стать монахиней, но все это было не то. Однако все изменилось, когда в 1976-м году, мне тогда было двадцать четыре, я побывала на фестивале Говардхана-пуджа в Монреальском храме ИСККОН. Я открыла для себя «Бхагавад-гиту», это было удивительно. В этой книге я нашла ответы на все свои вопросы – кто я, что со мной будет после смерти, кто такой Бог и как посвятить себя Ему. Через неделю я отреклась от всего и присоединилась к ИСККОН.

У нас с мужем было пятеро детей, и мы хотели воспитать их в сознании Кришны, поэтому мы выбрали жизнь на ферме в вайшавской общине. Нам часто приходилось переезжать, по разным причинам, но мы хотели, чтобы наши дети росли в обществе преданных. По милости Кришны и Прабхупады, наши дети выросли прекрасными преданными и подарили нам пятерых замечательных внуков, которые тоже стали удивительными преданными.

Общество преданных прекрасно. Быть в числе преданных прекрасно. Я до сих пор сохраняю энтузиазм и вдохновение в духовной жизни, и вижу себя в старости блаженно сосредоточенной на Кришне, потому что очень сконцентрирована на своей цели — вернуться домой, к Богу. Разумеется, это достижимо лишь по милости Прабхупады и других преданных, но я не надеюсь лишь на их милость и прикладываю для этого все силы.

Любой, кто ищет Бога и хочет вернуться домой, в обитель Господа, может быть вдохновлен книгами Шрилы Прабхупады и быть счастлив его по милости.

Girindra Mohini devi dasi / Гириндра Мохини деви даси

Весной 1972-го года Гириндра Мохини и ее муж были хиппи в Колорадо. По счастливой случайности Гириндра Мохини получила от преданных из Денвера журнал «Назад к Богу». Заинтересовавшись сознанием Кришны, супруги начали ходить в денверский храм, но там не было грихастх, поэтому Гириндра Мохини с мужем и ребенком переехала в Нью-Вриндаван.

В 1972-м году, когда мне было семнадцать-восемнадцать лет, Шрила Прабхупада инициировал нас с мужем на фестивале Джанмаштами в Нью-Вриндаване. Там были преданные со всего Восточного побережья. Когда я подошла за четками к Шриле Прабхупаде, он меня спросил: «Каковы четыре регулирующих принципа?» Я ответила то же, что и все остальные на этот вопрос, тогда он сказал: «Твое имя Гириндра Мохини», но меня переклинило, и я не поняла слов Шрилы Прабхупады, хотя услышала их. Для меня это был просто набор звуков без смысла. Заметив это, Шрила Прабхупада повторил: «Гириндра Мохини деви даси», но я по-прежнему была в ступоре. Тогда Прабхупада рассмеялся и сказал: «Я запишу». Я хранила эту бумажку, на которой он написал мое имя, до тех пор, пока она не истерлась и не расползалась на кусочки.

В Нью-Вриндаване я часто присматривала и за сыном Шьямы даси, пока она транскрибировала переводы «Бхагаватам» Прабхупады. Мы с Хладини читали эти транскрипции – Третью песнь. Таким образом я создавала связь с Прабхупадой и больше узнавала о сознании Кришны.

В то время мой сын был еще маленьким, я кормила его грудью и параллельно читала книги Прабхупалы. Кормить ребенка нужно было часто, поэтому читала я много. За это я отдаю должное своим детям, именно они внесли огромный вклад в мое развитие в сознании Кришны и сделали меня действительно сознающей Кришну.

Позже мы переехали в лос-анджелесский храм, где мой муж и вместе с Наранараян делали алтарную комнату. Прабхупада тоже там был и во время обеда отдавал мне свою долю молочных сладостей, которые я же и делала, а мой сын — Киба Джая, вместе с отцом ходили с Прабхупадой на утренние прогулки.

Однажды Прабхупада спросил меня: «Ты особенно заботишься о Киба Джае? Он ведь особенный». Я ответила: «Все дети-преданные особенные». На что Прабхупада сказал: «Нет, Киба Джая особенный среди преданных». Я серьезно задумалась о словах Прабхупады и именно в тот момент осознала, что цель моей жизни — забота о воспитании детей.

Мой отец — пресвитерианский священник, мы с ним были очень близки. Он даже прочитал сокращенную «Бхагават-Гиту» Прабхупады. Когда отец впервые увидел меня с кольцом в носу, серьгами в ушах и в сари, он написал Шриле Прабхупаде письмо, в котором выражал свою радость по этому поводу. Прабхупада ответил, как он сильно ценит всех молодых людей, которые присоединяются к движению сознания Кришны. Мой отец тогда сказал мне: «Я не понимаю ни вашей культуры, ни ее важности, но любой человек, который способен вызвать такие перемены, которые я увидел в тебе и Стиве (моем муже Шьяма Кунде), не вызывает ничего, кроме восхищения». Мой отец полностью поддерживал меня и поощрял на деятельность в сознании Кришны. Однажды он сказал мне: «Моя единственная забота, чтобы ты сдержала все обеты, которые дала Богу». Я ответила: «Я сдержу».

За все время я не так много лично общалась с Прабхупадой, но я думаю, что любой опыт в сознании Кришны важен. Я вижу красоту во всем своем духовном опыте, каким бы он ни был. Я верю, что тот, кто действительно стремиться к духовной жизни, тоже увидит эту красоту, независимо от событий и обстоятельств.

Всю свою жизнь я каждое утро читаю молитвы Гурваштака, потому что для меня это самые прекрасные молитвы и самый возвышенный метод позитивных установок, который когда-либо существовал. Шрила Прабхупада был связан с Господом на уровне, который можно описать только как ананда — блаженство. Я стремлюсь к этому уровню.

Каждое утро я благодарю Шрилу Прабхупаду за то, что он мой духовный учитель и повторяю святые имена. Потому что повторение святых имен, это все, что у меня есть. Вот уже сорок лет я занимаюсь этим с разной интенсивностью и искренне благодарна Богу за то, что я преданная.

Gokularani devi dasi / Гокуларани деви даси

Гокуларани работала медсестрой в Мельбурне, и ей казалось, что ее жизнь бесполезна. Однажды она увидела Шрилу Прабхупаду в мэрии Мельбурна, где он сказал ей: «Займитесь сознанием Кришны, все остальное —бесполезно».

Слова Прабхупады произвели на меня огромное впечатление. Я думала о них постоянно. Снова и снова прокручивала в голове, примеряя на свою жизнь. В итоге я отправилась в путешествие, чтобы действительно не присоединиться к сознанию Кришны. Одно время я жила на ферме в Югославии. Там я услышала по радио песнб: «My Sweet Lord (Милостивый Господь)». Куда бы я ни пошла, везде слышала о Боге, встречала преданных и получала от них журнал «Обратно к Богу». В итоге я сдалась. Когда я добралась до Лондона, была зима, я устроилась в больницу в Ист-Энде и начала посещать храм на Бери-Плейс, где читал лекции Виши.

Переезжая жить в новое место, всегда сталкиваешься с трудностями, потому что еще никого там не знаешь, но в храме меня приняли очень радушно, я сразу со многими подружилась, и прасад там был отличный. Там я познакомилась с Малати и Джаялаштитой.

Как-то в субботу вечером я увидела харинаму, и она настолько меня пленила, что я преодолела свою застенчивость и решилась поучаствовать.

В декабре 1974-го года я бросила работу и присоединилась к храмовой жизни в Бхактиведанта Мэноре, где Химавати взяла меня под свое крыло. В 1975-м году я вместе с Химавати отправилась в аэропорт Хитроу встречать Прабхупаду. Она велела мне поднять руки и кричать: «Прабхупада!» Прабхупада увидел нас и широко улыбнулся. Поведение Химовати привлекало к себе много внимания, это смущало, но я была рада, что Прабхупада улыбнулся. Мне стало легче.

Встретив Прабхупаду, я почувствовала, словно он мой настоящий отец. Отец, которого я искала всю свою жизнь. Эту и много жизней до нее. Та встреча с Прабхупадой в Мельбурне не то же самое, что в аэропорту Хитроу, или на утренних прогулках, на которые мне удавалось пару раз попасть. Тогда я просто не могла приблизиться к Прабхупаде из-за множества мужчин, но в этот раз все было иначе.

Gopa Patni devi dasi / Гопа Патни деви даси

Гопа Патни очень любила растения. Однажды, в 1975-м году, к ней пришла ее подруга, которая так же увлекалась растениеводством, и рассказала о священном растении Туласи деви, что ей поклоняются преданные. Они предлагают ей благовония, воду, цветы, танцуют вокруг нее и даже шьют юбки и надевают на горшок, в котором Туласи деви растет.

Одна моя подруга была преданной, ее завали Шранти Прабху. Помню день, когда она вернулась с фестиваля в Атланте, который проводили в честь ухода Бхактисиддханты, она зашла ко мне и часами рассказывала, как Шрила Прабхупала всех любит, что он поведал всем об абсолютной истине, которой является Кришна, а Кришна — это Бог, и что все люди не тела и я не тело, я и все остальные — души, частички Кришны, Верховной личности Бога.

Я тогда подумала: «Ого, это самые удивительные вещи, которые я когда-либо слышала!» Шранти ушла, а я продолжила жить той же материальной жизнью. Периодически Шранти заходила ко мне, рассказывала о Кришне и Прабхупаде. Однажды она пригласила меня на концерт рок-н-ролла на стадионе Тампа, в котором принимала участие группа санкиртаны Радха-Дамодара. Мне не хотелось идти, потому что нужно было работать. Я тогда была помощником менеджера в кафе Пицца-хат. Это очень ответственная должность, но Шранти сказала: «Ты просто обязана прийти, потому что Радха-Дамодара – это что-то неземное!» И я пошла. Увидев выступление преданных, их песни и танцы, я подумала, что они действительно невероятно прекрасны. Они даже позвали меня к ним в храм, но я ответила, что мне нужно идти на работу. Но даже после моего отказа, они продолжали меня звать и проповедовать о Кришне. В итоге я сдалась.

В храме я встретил Амарендру и Гаятри, они покормили меня и окутали своей любовью. Я подумала: «Хорошо, останусь и на выходные». Через некоторое время мне пришла в голову мысль: «А что, если я вообще не пойду домой?» Я рассказала об этом Шранти и она очень обрадовалась. Тогда, через неделю, мне должно было исполниться двадцать один.

На следующий год, в мае 1976-го года, в Гейнсвилле, штат Флорида я получила посвящение в день явления Господа Нрисимхадевы, а в июле отправилась на Ратха-ятру в Нью-Йорк. Я стояла рядом с сыном Каулини, трехлетним Рамачандрой, в тот день, когда в храм вошел Прабхупада с тростью в руках. Голова Рамачандры была гладко выбрита, и у мальчика были большие красивые глаза. Взгляд Прабхупады сразу же остановились на Рамачандре и у него заблестели глаза. Глубоким голосом Прабхупада произнес: «Харе Кришна!»

В течении трех дней Шрила Прабхупада читал нам лекции по «Чайтанья-чаритамрите». Все это время мы делали гирлянды для колесниц на Ратха-ятру, во время которой Прабхупада был на колеснице Субхадры, и я помогала тащить эту колесницу до самого парка.

Так случилось, что 1980-х годах мы с мужем покинули сознание Кришны. У нас было двое детей, которых нужно было кормить и водить в школу. Мы кое-как справлялись, но конечно майя вылила на нас немало горестей. Вскоре у мужа диагностировали рассеянный склероз. Потом у него оказали почки и его положили в больницу. Мужу нужен был диализ, но он отказался. Он сказал: «Гопа, принеси мне мой мешочек с четками и "Нектар Преданности"». Я сначала не поняла, я думала он шутит, но муж был серьезен. Потом он попросил отвезти его домой, он сказал: «В этой больнице одни ракшасы, они берут мою кровь, давай вернемся домой?» Я не смогла отказать мужу. Чтобы вытащить его из больницы, мне пришлось подписать тонну бумаг. Доктора укоризненно смотрели на меня и в один голос твердили, что я убийца, но я просто отвечала, что это желание моего мужа и не буду ему препятствовать.

Спустя неделю я увидела, как муж сел в постели и начал повторять: «Харе... Харе... Харе...» Я испугалась и в голове было только: «Он покидает тело! Он покидает тело!» Я немедленно включила киртан, но паника все нарастала. Я думала: «О Боже! Он покидает тело. Что делать? Что же мне делать?!» А муж все повторял и повторял: «Харе... Харе...

Харе...» Он это делал только лишь из-за наставления Шрилы Прабхупады повторять святое имя. Хоть мы для Прабхупады почти ничего не сделали, он все равно был так милостив и добр, что пришел через свое наставление к моему мужу и велел повторять «Харе Кришна», чтобы тот мог вернуться домой, к Богу.

В скором времени мой муж оставил тело. Я сильно переживала эту утрату, с материалистичной точки зрения. Лишь спустя полтора года мне пришло осознание: «Шрила Прабхупада пришел сюда, чтобы нам помочь. Он так добр и милостив, что дал нам сознание Кришны, чтобы мы знали, как покинуть этот материальный мир навсегда. Сознание Кришны находится там, где оно есть. Вот в чем все дело».

Прабхупада вытащил меня обратно, и с тех пор я хочу что-то сделать для него, но тщетно. Каждый раз, когда я смотрю на него, Прабхупада говорит: «Распространяй мои книги». Все время я умоляю Шрилу Прабхупаду позволить мне быть пылинкой у его лотосных стоп, позволить мне как-то держаться и позволить мне помочь сделать что-то для него, даже если это произойдет в моей следующей жизни.

Gopalasapriya devi dasi / Гопаласаприя деви даси

Гопаласаприя провела месяц в храме Энн Арбор, прежде чем переехала в Нью-Вриндаван в 1975-м году. Осенью 1975-го года она была инициирована. Она увидела Шрилу Прабхупаду, и когда он на какое-то время оставался в Нью-Вриндаване, она испытала на себе его сострадание.

Я стала преданной, но встретилась с Прабхупадой не сразу. Я ничего не знал о Прабхупаде, хотя постоянно видела его фотографии. Я увидела журнал «Обратно к Богу», а затем посетила храм в Энн Арборе, которым в то время руководил Бадринараяна. Я не имела обо всем этом ни малейшего представления, но так или иначе вегетарианская еда и пение были привлекательны, также как индийская одежда и благовония. Меня привлекали разные вещи. Я задавалась вопросом, кто такой Прабхупада, почему он вызывает такой ажиотаж и почему повсюду его фотографии. Я просто не понимала, но потом, когда я начала оставаться в храме, я услышала запись пения Прабхупады во время принятия *прасада*. Бадринарайана рассказывал нам разные истории о том, что с ним происходило, когда он был с Прабхупадой, истории о самом Прабхупаде. Спустя месяц я стала думать: «Да, я понимаю, почему Прабхупада вызывает такое волнение».

Просто слыша его голос и манеру речи, вы слышали в этом чистоту, искренность и заботу. Казалось, он очень пееривал об обусловленных душах и был озабочен всеми страданиями, которые происходят в мире. Мне самой казалось, что я страдаю. Мне было всего двадцать, в то время мне еще не исполнилось и двадцати одного. Мне был двадцать один год, когда я приняла посвящение, но я чувствовала себя так, словно за все двадцать лет своего существования в материальном мире я прошла все круги ада, и у меня больше нет желания участвовать во всем этом после того, что я пережила. Очевидно, преданным, было что предложить хорошего. В храме было так спокойно. Я чувствовала, что мне больше не нужно беспокоиться о многих неприятных вещах, с которыми мне приходилось сталкиваться. Четыре регулирующих принципа обретали столько смысла.

Когда летом 1976-го года Прабхупада приехал в Нью-Вриндаван, в доме, где он остановился, проходили *даршаны*. *Вьясасану* выставили прямо на траву. Не все сразу могли пойти к нему. Преданных разбили его на небольшие группы, чтобы не было много посетителей. Около тридцати-сорока человек в один вечер, и еще тридцать-сорок в другой. В тот вечер, когда я была там со всеми *санкиртанщицами*, он заговорил со мной.

Мы все сидели на улице, и был уже вечер. Солнце клонилось к закату. На улице было не очень тепло. На большинстве преданных были *чадары*, свитера или что-то в этом роде. На мне больше ничего не было, только *сари*. Он посмотрел на меня и сказал: «С тобой все в порядке?» Я не подумала, что он обращается ко мне. Он сидел и молчал. Несколько минут было тихо, он просто смотрел на меня, потом произнес: «У тебя все в порядке?» Наконец, я, прижав руку к груди, сказала: «Вы со мной говорите?» Он сказал: «Такая тонкая ткань, разве у тебя больше ничего нет?» Я сидела позади. Я ответила, что есть, просто не с собой, но он не услышал. Он повернулся к Куладри, который стоял рядом с ним – Куладри в то время был одним из главных менеджеров – и сказал: «Вы должны раз в месяц спрашивать у женщин, есть ли у них все необходимое. Женщинам очень нужна защита». Он сказал, что раз в месяц они должны приходить к нам и выяснять, не нужно ли нам чего-нибудь.

Я помню, когда мы уходили, одна из преданных, с которой я была, плакала от счастья, что она ученица Прабхупады и у нее есть возможность видеть, насколько он обо всех заботится. К сожалению, не так уж много людей всерьез восприняли это наставление, но почему-то меня оно поразило. Не знаю, я всегда воспринимала его как личное наставление мне. Мне всегда было очень хорошо, когда я давала кому-то то, что ему нужно. Я открыла благотворительный магазин, потому что у меня всегда все было. Если кому-то нужна была толстовка или что-то еще – мне нравилось обеспечивать людей предметами первой необходимости. Не знаю почему, но мне это не так уж трудно – у меня всегда есть все, что мне нужно, поэтому я люблю помогать другим людям, когда им что-то нужно.

Govardhan devi dasi / Говардхан деви даси

В 1972-м году Говардхан даси впервые встретилась с преданными, когда те пригласили ее в храм в Манчестере. Она поняла, что сознание Кришны – это то, что она искала, так ей это понравилось, а через две недели – за день до своего семнадцатилетия – она присоединилась к храму.

Я была чрезвычайно довольна и мне льстило, что я принадлежу к чему-то столь необычному, духовно сильному и мощному, как движение Харе Кришна. Это было еще до того, как я встретила Шрилу Прабхупаду. Однажды Кишоре сказала: «Кто из вас еще не видел Прабхупаду?» Многие подняли руки, и она сказала: «Подумать только, вы отдали свои жизни Прабхупаде, и даже не видели его!» Позже, когда в мае 1973-го года Прабхупада должен был приехать в храм на Бери-Плейс в Лондоне, мы все вместе поехали туда, и, сгрудившись в маленькой, узкой алтарной, и мужчины, и женщины долго пели *киртан*, ожидая прибытия Прабхупады

Многое из того, что говорил Прабхупада на лекциях, прошло мимо меня. Философия сознания Кришны вдохновила меня присоединиться, но именно личность Прабхупады и его беспричинное и полное принятие меня ошеломило меня. У Прабхупады не было причин принимать меня, но он принял. То, что Шрила Прабхупада принял меня в ученицы, является высшим достижением моей жизни.

Когда Пабхупада уезжал, все преданные набились в храмовые фургоны, как багаж, чтобы проводить в аэропорту. Один шотландский преданный, Брахмаджанани, висел снаружи фургона и кричал: «Он и мой духовный учитель! И я тоже поеду!» Почему-то после того, как Прабхупада улетел, мы не смогли поместиться в те же самые фургоны, которые доставили нас в аэропорт. Прабхупада принес с собой трансцендентную, духовную энергию, которая вывела нас из нашего телесного представления о жизни, смела нас с ментальной платформы и заставила вспомнить, что мы вечные слуги Кришны.

Летом 1973-го года в комнате, где проходил *даршан* в Бхактиведанта Мэноре, Прабхупада лично дал мне Гаятри-*мантру*. Мне все еще было семнадцать. Я поклонилась у двери и сказала: «*Нама ом вишну-падайа* ...» Я знала, что означает каждое слово *пранама-мантры* Прабхупады – мне доставляет огромное удовольствие понимать то, что я говорю на других языках. Поскольку Прабхупада лично слушал меня, я улыбалась, когда произносила слова. Когда я подняла глаза, то увидела, что с другого конца своей большой комнаты Прабхупада улыбается мне. Он отечески похлопал по полу, как бы говоря: «Иди, садись здесь». Я подошла, и он взял у меня полоску бумаги, на которой была Гаятри-*мантра*. Она была слабо пропечатана, и, посмотрев на нее, он сказал: «Для этого нужны трансцендентные глаза». Я подумала: «Ого!» Потом он стал серьезным. Он произнес *мантру* и показал мне, как считать на пальцах.

Я – обычный человек, но не нужно быть кем-то особенным, не нужно видеть Прабхупаду или получить у него посвящение. Если вы любите Прабхупаду, он любит вас. Я чувствовала его любовь и чувствую ее до сих пор. С ним, как с отцом, я чувствую защиту и покой. Если человек хоть на мгновение испытает чувство благодарности к Прабхупаде, это навсегда останется с ним и создаст связь любви, которая никуда не исчезнет. С чего бы вдруг Кришне и Прабхупаде забыть о душе, которая способна отбросить *майю* даже на короткое время, но достаточное для того, чтобы присоединиться к их Движению, воспевать Харе Кришна, правильно видеть Божество? Эти мимолетные переживания создают связь, которая никогда не исчезнет, и когда мы осознаем эту связь, мы чувствуем свою близость к Кришне и Прабхупаде. Это так чудесно ощущать, что ты к чему-то причастна, что ты защищена, и это не имеет ничего общего с тем, чтобы ты женщина. Это связано с желанием души вернуться домой; это связано с тем, что чистая душа ищет чистого преданного и прибежища у лотосных стоп Кришны.

В комментарии к «Бхагавад-гите» Прабхупада пишет: «Человек может не полностью выполнять предписания Господа, но поскольку он не сопротивляется этому и искренне трудится, не думая о поражении и безнадежности, он, несомненно, достигнет уровня чистого сознания Кришны». Мы просто продолжаем делать то, что можем, чтобы служить. Какое бы духовное продвижение и экстаз мы ни испытывали, все исходит от доброты Прабхупады, потому что он дает нам Кришну и доставляет нас к Кришне.

Мой опыт того, что Прабхупада любит и принимает меня, не был результатом тех считанных раз, когда я была в его обществе, потому что в те дни я была чрезвычайно застенчивой, витающей в облаках. Те чувства, которые я испытываю сейчас, пришли не тогда; они пришли в отсутствие Прабхупады. Так чудесно знать, что ты был в нужное время в нужном месте и смог откликнуться на призыв. Но блаженство в сознании Кришны всегда доступно. Это может быть такая мелочь, когда ты читаешь в книге «Кришна», что Кришна берет тапочки отца, ставит их себе на голову и приносит их Своему отцу. Что бы ни любили преданные в Кришне, что бы ни вдохновляло их, будь то *киртан*, лекция, отрывок из книги о Кришне, их преданное служение или общение друг с другом, весь этот экстаз приходит к нам, потому что Прабхупада сделал то, что он сделал. У нас не было бы доступа к Кришне и блаженству сознания Кришны, если бы не Прабхупада. Он дает Кришну каждому из нас. Это доброта Прабхупады, и она одинакова для всех. Без Прабхупады не было бы движения сознания Кришны, не было бы этого духовного океана, в котором мы плаваем. То, что он сделал, было чудесно, замечательно, и каждый, кто узнает об этом, увидит, что его сердце полно благодарности.

Если мы просто выполняем какое-то служение, будь то в храме или у себя дома, держась в стороне от всего, что отвлекает, мы получим нектар, который дает Прабхупада. Делясь тем, что приносит нам блаженство, мы вместе возвращаемся к Богу. Прабхупада ответит на наши молитвы, обращенные к нему, и позволит нам воссоединиться с нашей вечной семьей. Мы – вечные, неотъемлемые частицы Кришны, и мы делаем шаги, какими бы «детскими» они ни были, чтобы возродить сознание этого.

У нас у всех есть свои особые отношения с Прабхупадой; он знает нас независимо от того, много мы общались с ним или нет (я одна из тех, кто общался мало). Он знает наши сердца и наше служение, потому что он находится в тесном контакте с Кришной. Так как же мы могли бы бросить его, а он нас?

Просто думать о Прабхупаде печально, но и блаженно и сладко. Я ощущаю свою близость к нему, и с течением времени он значит для меня все больше и больше. В Прабхупаде отражалась привлекательность Кришны; в этом мире нет ничего подобного привлекательности Прабхупады. Он признает наше желание служить ему, несмотря на то, что наше служение так незначительно. Шрила Прабхупада неотразим. Я его обожаю. Его любовь беспричинна, и ему дороги все мы. Кем же мы были и что сделали, чтобы «заслужить» его любовь?

Govinda dasi / Говинда даси

Говинда даси познакомилась со Шрилой Прабхупадой в январе 1967-го года, когда он приехал в Сан-Франциско на концерт Мантра-Рок-Дэнс. Она училась на последнем курсе университета в Техасе, и занималась художественным творчеством для храмов, книг и журнала «Назад к Богу». Она больше года была его секретарем, слугой и поваром вплоть до января 1969-го года, когда ее послали распространять сознание Кришны на Гавайских островах.

В Сан-Франциско мы с моим мужем Гаурсундаром ежедневно наслаждались *киртанами* и лекциями Шрилы Прабхупады. Он также дал мне много личных наставлений о том, как рисовать духовный мир. Однажды я спросила какого цвета глаза у Кришны, и он с выражением любви во взгляде, направленном куда-то далеко-далеко ответил: «Черноватого!» Я почувствовала, что он и вправду видит Кришну в комнате!

В течение двух лет, с января 1967-го года по январь 1969-го года, я почти непрерывно находилась с Прабхупадой. После сердечного приступа, который случился с ним в мае 1967-го года, мы с мужем несколько недель служили ему на побережье Нью-Джерси. Это было самое чудесное время в моей жизни. Там я услышала от него чудесные игры Кришны, а также испытала его любовь и заботу обо мне как о своей духовной дочери. Каждый день я собирала розы для его комнаты, тихо напевая Харе Кришна. Он сказал моему мужу: «Говинда даси простодушна. Это хорошо для *бхакти*».

В самом начале Прабхупада расспрашивал нас о нашей жизни. Он задавал вопросы типа: «Ты умеешь водить? Ты умеешь плавать?» Он понимал, что и юноши, и девушки на Западе получают одинаковое образование. Поэтому он создал свой ИСККОН по тому же образцу: он поощрял и своих сыновей, и дочерей изучать священные писания, давать лекции, вести *киртаны*, создавать храмы и проповедовать миру о Кришне. Он занимал каждого ученика в соответствии с его способностями и психофизической природой. Он поощрял нас использовать наши таланты в служении Кришне для достижения совершенства жизни.

В начале 1967-го года Прабхупада проводил занятия по санскриту для меня и моего мужа. Каждый день он читал санскритский алфавит, а мы повторяли. Однажды утром он научил меня прекрасной шлоке: *ванде шри-кришна-чайтанья, нитьянандау саходитау, гаудодайе пушпавантау, читрау сандау тамонудау*. Этот стих описывает Господа Чайтанью и Господа Нитьянанду, как одновременное восхождение Солнца и Луны. Каждое утро он спрашивал: «Говинда даси, ты помнишь этот стих?» Я произносила его, как он меня учил, а он сиял от радости и довольно хмыкал. Казалось, ему доставляло огромную радость слушать, как молодая американка воспевает *шлоки*, прославляющие Господа Чайтанью и Господа Нитьянанду. Он хотел, чтобы все его ученики изучали *шлоки* и проповедовали славу Господа Чайтаньи и Нитьянанды по всему миру.

Прабхупада однажды сказал моему мужу: «Говинда даси очень красивая девушка. Не пытайся наслаждаться ею, отправь ее к Кришне. Кришна любит всех красивых молодых девушек!» Девушки, приходящие в его Движение, должны знать, что их мягкие сердца очень привлекательны для Кришны, а их попытки с любовью служить Ему высоко ценятся Шрилой Прабхупадой.

Когда Божества Джаганнатхи прибыли в Нью-Йорк, Прабхупада объяснил: «Просто посмотрите, как Они едут на колеснице с Баларамой по одну сторону и Кришной по другую, а Их сестра Субхадра сидит между ними. Кришна и Баларама защищают Ее от всякого зла. Я хотел бы, чтобы юноши в нашем Движении защищали наших девушек, точно так же, как Кришна и Баларама защищают свою сестру Субхадру». Такое определение слова «защита» дал Прабхупада. Это была любовная защита, как будто мы были их сестрами, а не угнетение или насилие.

Он часто говорил: «Я хочу, чтобы вы все работали вместе для распространения движение Харе Кришна по всему миру. Оно спасет от всех напастей. Оно изменит лицо планеты Земля!» Прабхупада хотел, чтобы его ученики и ученицы работали сообща и распространяли сознание Кришны повсюду, и в самом начале так и было. Ямуна, Малати, Джадурани, Палика, Рукмини и другие являются замечательными верными примерами этого. Но из-за честолюбия некоторых мужчин эта изначальная концепция извращалась и часто превращалась в женоненавистничество и насилие. Прабхупада пытался исправить это, но после его ухода изменилось все – от наставлений о том, как общаться друг с другом, до *киртанов* и даже его книг! Итак, теперь мы должны попытаться вернуть первоначальное настроение, данное нам Шрилой Прабхупадой.

1968-й год был прекрасным годом. Весь год я служила секретарем Прабхупады, записывая под диктовку его письма, транскрибируя его книги, а также готовя ему прасад. Прабхупада иногда говорил: «Мы стали как одна семья».

В мае 1968-го года я сидела в комнате Прабхупады и писала под диктовку, когда вошел мой муж и спросил: «Свамиджи, могу ли я называть Говинду даси Говиндаджи?» Прабхупада ответил: «Нет, "джи" – очень третьесортное обращение». «Тогда почему мы называем вас "Свами-джи"?» – спросила я. Он с присущей ему скромностью ответил, что это не так важно. Но я настаивала на том, что для нас это очень важно и что мы хотим обращаться к нему как можно уважительнее. Он сказал: «Хорошо, если вы будете называть меня Шрилой Прабхупадой».

Он объяснил: «Шрила Прабхупада означает "великий учитель, у лотосных стоп которого находят прибежище все учителя". *Прабху* означает "учитель". Вы все учителя, которые приняли прибежище у меня, Прабхупады. Поэтому вы все, кто приняли прибежище у меня, Прабхупады, должны называть друг друга "Прабху"». Он велел всем нам и юношам, и девушкам, всегда так обращаться друг к другу. В наши дни слово «прабху» приобрело гендерный оттенок, но Прабхупада, знавший санскрит, не связывал его с полом. Он называл меня «Говинда даси Прабху», а моего мужа «Гаурсундар Прабху», и других, например, «Малати Прабху», даже в письмах. Это привело к тому, что мы стали уважать друг друга, независимо от пола.

Через несколько лет Прабхупада приказал мне вылепить Божества Гаура-Нитай и разослать Их по всем храмам. Это был важный проект, очень дорогой его сердцу. Но *санньяси*, отвечающий за Гонолулу, блокировал меня со всех сторон. Когда Прабхупада услышал об этом, он начал восклицать: «Почему?! Почему?! Почему?!» – с каждым разом все громче и громче. Он практически ревел: «ПОЧЕМУ?!» Затем он с отвращением покачал головой и сказал: «Что тут поделаешь?» Он знал, что не всегда может контролировать своих независимых и своенравных лидеров. Мне так и не удалось создать эти Божества, и то, что я впервые не смогла выполнить просьбу Шрилы Прабхупады разбило мне сердце.

Покидая Кумбха-Мелу в 1977-м году, один *санньяси* хотел там оставить меня, мою сестру в Боге и ее маленького ребенка. Там было около двадцати миллионов человек, и для нас это было бы катастрофой. Прабхупада был непреклонен и воскликнул: «Женщины и дети пойдут с нами!» Он защитил нас от беды, и мы ехали в соседнем купе.

Видя тот аскетический образ жизни, который мы вели, переезжая с места на место и проповедуя повсюду, особенно в Индии, Прабхупада однажды сказал мне: «Ты не женщина, ты что-то другое!» Зачастую женщины бывают материалистичны, они привязаны к одежде, украшениям и семье, но дочери Прабхупады не были такими. Они, как солдаты, готовы были принять любую аскезу во имя служения миссии Господа Чайтаньи, и по сей день остаются таковыми. Он часто говорил: «Мой Гуру Махарадж послал всех вас, чтобы помочь мне».

В 1969-м году Прабхупада отправил меня на Гавайи. Он сказал: «Проповедуй людям, они страдают, хотя и не знают этого», и слеза сострадания скатилась по его щеке. Еще он сказал: «Ты – хороший повар, отличный секретарь, ты очень хорошо служишь мне. Единственная проблема в том, что ты – женщина, а я *санньяси*». Поскольку мой муж уже уехал на Гавайи, его беспокоило, что *санньяси* могут подвергнуть его критике за то, что его близкой слугой была девушка-ученица, хотя он по возрасту годился мне в деды. Шрила Прабхупада был выше всякой критики, но люди этого мира не таковы.

Я молилась Кришне о том, чтобы мне всегда было позволено посещать Прабхупаду, где бы он ни был. Он был моим возлюбленным отцом. Я молилась так, потому что как ни много было много замечательных духовных братьев по вере, все же были и такие, кто был неуравновешен и откровенно жесток, и отношение к женщинам становилось ненормальным. Однажды в 1974-м году Прабхупада был в Гонолулу. Я поднималась по лестнице и была на полпути к его комнате, когда *санньяси* преградил мне путь, сказав: «К нему нельзя. Он отдыхает!» В тот самый момент Прабхупада открыл дверь и позвал: «А, Говинда даси, заходи!» Прабхупада все предвидел. Он видел проблемы с мужчинами и часто пытался их исправить. Он даже сказал, что если их так волнует присутствие женщин, они должны уйти в лес,

С юных лет жизнь благословила меня тем, что Шрила Прабхупада был моим возлюбленным отцом, духовным учителем и «доброжелателем». Еще одним благословение было иметь такого прекрасного мужа, которого я очень любила, преданного, обладающего многими талантами, знатоком санскрита и бенгали. Именно мой муж сделал транслитерацию «Чайтанья-чаритамриты» Шрилы Прабхупады, а я транскрибировала записанные на пленку главы. Многие ценили его статьи и лекции. Однако даже такие блестящие способности могут представлять опасность, так как ученые часто очаровываются собственной ученостью. Такой высокий уровень интеллекта легко может стать ловушкой для эго. Так было и с моим мужем, и после того, как он покинул храм, Шрила Прабхупада сделал све знаменитое замечание: «Он страдает от болезни слишком большого интеллекта. Теперь он думает, что знает больше, чем его духовный учитель!» Вскоре после того, как мой муж ушел, в апреле 1974-го года я получила письмо, в котором Шрила Прабхупада писал: «Забудь всю эту чепуху [мужа]. Это материальные отношения, которые не имеют ничего общего с духовным прогрессом».

Глава «Молитвы царицы Кунти» была у Шрилы Прабхупады любимой частью «Шримад-Бхагаватам». Он объяснял, что ее простодушная любовь к Кришне, ее самоотверженность и преданность являются образцом для всех независимо от пола. Иногда он говорил, что женщины по своей природе нежны, потому что их предназначение – материнство, которое являет собой пример самой бескорыстной любови в этом материальном мире. Он говорил, что их сердца не деформированы честолюбием и ложным эго, поэтому им легче предаться Верховному Господу. Он указывал, что в каждой церкви, храме или мечети большинство паствы – женщины и мало мужчин, потому что, как он объяснял, у женщин обычно нет огрубевшего ложного эго, присущего мужчинам. Именно мужчины эксплуатируют их, развязывают войны и сеют страдания, и женщины сбиваются с пути из-за таких мужчин. Шрила Прабхупада также говорил: «Если у женщин есть хороший *гуру*, хороший муж или наставник, они могут очень быстро достичь духовного прогресса».

В январе 1977-го года в Бхубанешваре Шрила Прабхупада жил в любимой им хижине из коровьего навоза. Он сидел снаружи, тихо повторяя джапу, а солнечный свет мерцал на его золотистом лице. Я присела на землю неподалеку от него. Он задумчиво смотрел на свежевспаханные поля и пророчествовал: «Итак, поля вспаханы, и теперь семена проклевываются, прорастают и скоро станут маленькими кустиками. Со временем они вырастут в большие деревья и принесут плоды». Затем, широко раскинув руки, он воскликнул: «И тогда ты увидишь, что это за движение Господа Чайтаньи!»

Тем преданным, которые не имели личного общения с ним, Шрила Прабхупада сказал: «Я присутствую в своих книгах». Шрила Прабхупада не ограничен временем и пространством, как мы. Он доступен каждому даже сейчас в своих книгах, фотографиях и *мурти*.

Несмотря на все трудности, мы должны сохранять веру в то, что Шрила Прабхупада всегда наблюдает за нами, подбадривает нас и поощряет нас полностью использовать нашу жизнь в служении Кришне, будь то проповедь, служение в качестве *пуджари*, создание храмов, воспитание наших детей преданными, независимо от того, какое служение дает нам Кришна. Давайте жить, ощущая его любовь и защиту, под сенью его лотосных стоп, как «Прабху, принявшие прибежище у Прабхупады».

Gunamai (Gunamayi) devi dasi / Гунамайи деви даси

Гунамайи родилась и выросла в Лагуна-Бич, штат Калифорния, и всегда была своего рода искателем. В 1960-е годы все переживали период перемен, с любопытством глядя на Восток, рассматривая все, что он предлагал в форме философии, йоги, мистицизма, самопознания, гуру и благовоний. Это вибрировало в эфире, и все это чувствовали.

Окончив университет в 1968-м году, я глубоко задумалась о том, чем буду заниматься всю оставшуюся жизнь. Я задавалась вопросом, как я впишусь, потому что я не представляла для себе нормальной жизни, как у всех. Если не считать музыки, меня не слишком привлекала жизнь «под кайфом», типичная для 1960-х. Я была вегетарианкой, соблюдала посты, что привносило в мою жизнь больше осознанности и больше вопросов.

На Коуст Хайвей был книжный магазин под названием «Мистические искусства». Там в продаже были духовные книги и индийская атрибутика. В одной комнате на стене висели фотографии *гуру* и святых. Это были типичные бородатые *гуру*, некоторые из которых выглядели немного неряшливо, и не произвели на меня ни малейшего впечатления. Затем мой взгляд упал на фотографию А. Ч. Бхактиведанты. Тут я подумала: «Этот человек абсолютно честен, и он знает Бога». Его глаза сострадательно заглядывали в душу. Я купилась.

Позже я услышала, как преданные поют на улицах, получила от них журнал «Обратно к Богу», в котором была статья, объясняющая, как предлагать еду. Я подумала: «О, вот чего мне не хватает». Еда не только для того, чтобы есть. Я прочитала «Бхагавад-гиту», «Нектар преданности» и книгу «Кришна» за очень короткое время. Первое, что привлекло меня, это то, как звучали имена: Баларама, Кришна, Радха, Шри Чайтанья, пастушки, *гопи*. Все складывалось в совершенную картину. Мой первый воскресный пир в храме в Лагуна-Каньоне состоялся после того, как я постилась. Вкус был неземной, но я не понимала, почему эти «йоги» так много едят!

Когда я услышала, что Шрила Прабхупада будет читать лекции в Лос-Анджелесе, мне нужно было приехать! Шел сильный дождь, я никогда не был там одна, но я отправилась на своем старом хлебном грузовике 1950-х годов. Когда я впервые увидела Прабхупаду, мне показалось, что я вижу Бога. Он сиял и казался всеведущим.

Я была в храме, когда впервые зазвучали молитвы «Говиндам». Небеса разверзлись и свершилось неописуемое, трансцендентное перемещение в трансцендентный мир.

Все преданные, живущие в храме, носили *сари* из полиэстера, которые брали из общего запаса. Мы набивались в фургоны и отправлялись на *харинаму* по улицам Голливуда, которую часто вел Вишнуджана.

Вскоре мы переехали на Ватсека Авеню, и Шрила Прабхупада был с нами. Там в апреле 1971-го года я была инициирована вместе с еще четырьмя преданными.

Бывало, что я сидела допоздна и рисовала. Однажды ночью я работала над картиной, изображающей Кришну и Арджуну. Я хотела подарить ее Прабхупаде. У меня было предчувствие, что сейчас что-то произойдет, и вдруг меня позвали в его комнату. Доброту Прабхупады трудно выразить словами. Я недоумевала, как я смогу находиться в обществе такой великой личности. Он хотел, чтобы я помогла проиллюстрировать «Бхагавад-гиту», но я чувствовала себя недостойной и так и не завершила это служение. Тогда он сподвиг меня нарисовать ученическую преемственность. Он спросил, нравится ли мне мое имя, и сказал, что я могу приходить к нему в любое время.

Его присутствие с нами было похоже на жизнь в трансцендентальном пузыре. Встреча со Шрилой Прабхупадой казалась мне судьбой, как будто меня специально выбрали для участия в *санкиртана-лиле* под руководством Шрилы Прабхупады. Самое главное, что его любовь и доброта смягчила мое сердце, и я смогла принять трансцендентное послание Бога и воспевать Харе Кришна. Джая Нимай, Джая Нитай!

Gunavati devi dasi / Гунавати деви даси

Прочитав принадлежавший другу журнал «Обратно к Богу», Гунавати начала ходить в Мельбурнский храм. В феврале 1973-го года она увидела там Шрилу Прабхупаду. Его сострадание и мудрость захлестнули ее. Она знала, что он из духовного мира и может привести ее туда.

Когда я впервые увидела Шрилу Прабхупаду, я сразу же приняла его своим духовным учителем и впервые в жизни заплакала холодными слезами. Я был поражена, что такой человек мог существовать в эту ужасную Кали-югу, который как лебедь плыл через Кали-югу. На все мои вопросы были даны ответы в его книгах и лекциях, и остался только один вопрос: «Как я могу служить вам?» Когда я получила посвящение, Прабхупада сказал: «Гунавати – очень красивое имя». В качестве гуру-дакшины, я подарила ему пару розовых туфель ручной работы со шнурками.

У меня есть сильная привязанность к Шриле Прабхупаде и абсолютная вера в него, как в чистого представителя Кришны. Он был образцом в том, как он исполнял любовное служение Кришне; он был высшим примером бескорыстного чистого преданного служения. Когда я открываю книгу или слушаю лекцию, я чувствую связь с ним. Когда я читаю его книги бесед, я нахожусь на всех *даршанах*, которых мне не хватало. Совершенно трансцендентная личность Шрилы Прабхупады и его невероятный пример вдохновляют и оживляют меня также, как и общение с преданными, которые преданы ему.

Я была страдающей потерянной душой, которая не знала, в какую сторону идти. Шрила Прабхупада полностью изменил мою жизнь. Поначалу это было трудно, потому что храм был маленький и переполненный; никто ничего не знал, а мужчины плохо относились к женщинам, но моя привязанность к Прабхупаде и моя вера в него помогли мне пройти через все эти тяжелые испытания. Пока я нахожусь под защитой его лотосных стоп, я знаю, что связана с *парампарой*.

Guru Charana Padma devi dasi / Гуру Чарана Падма деви даси

Гуру Чарана Падма, девушка из еврейской семьи, находилась в духовном поиске. Она практиковала Трансцендентальную медитацию, читала всевозможную духовную литературу, а затем бросила университет и уехала в Израиль. В Амстердаме она получила «Бхагавад-гиту» и «Назад к Богу», и по всей Европе она постоянно встречала преданных. Она подумала: «Бог пытается мне что-то сказать».

За те два дня, что я провела в Израиле, у меня появилось сильное желание отправиться во Вриндаван и узнать, что такое сознание Кришны. Я ехала на автобусе. Поездка заняла три-четыре недели, и в июле 1975-го года, когда там было 60 градусов, я прибыла во Вриндаван. На обратном пути, тоже по суше, я пела святые имена. Когда я приехала домой в Виннипег, мои родители не знали, что произошло, потому что я говорила о Кришне. Я должна была вернуться в университет, но все больше разочаровывалась в материальной жизни и хотела погрузиться только в духовную. Я мечтала о преданных и развила в себе страстное желание быть с ними.

В конце концов, я прочитал все тома «Чайтанья-чаритамриты», которые были в университетской библиотеке, и в ноябре 1976-го года, наконец, присоединился к чикагскому храму. В чикагском аэропорту О'Хара я почувствовала вкус к распространению книг, стала одной из лучших распространителей и погрузилась в служение Шриле Прабхупаде, полностью сосредоточившись на нем. Через это служение и через людей, которых я встречала, я чувствовала свою связь со Шрилой Прабхупадой и ее взаимность. Трипурари, Прагхоша и Вайшешика также были распространителями книг, и все мы были едины в попытке удовлетворить Шрилу Прабхупаду, распространяя его книги. В апреле 1977-го года, когда мне исполнился двадцать один год, я получил посвящение.

Я никогда не видела Шрилу Прабхупаду и прожила жизнь, служа ему в разлуке, но по его милости и благодаря обществу моих духовных сестер и братьев, чья великая любовь к нему придает мне силы и укрепляет мою веру, я все еще здесь. Я молилась за своих детей, и это дает мне дополнительную веру в то, что они также развили вкус к святому имени и любовь к Шриле Прабхупаде. Мне повезло. Я стараюсь разделить жизнь и миссию Шрилы Прабхупады с маленькими детьми, которых я учу в *гурукуле* Бхактиведанта Мэнор, и помочь им развить в себе самоотверженность и вкус.

Моя жизнь – пример того, как мы можем иметь отношения со Шрилой Прабхупадой и чувствовать связь с ним, следуя его наставлениям. Теперь я очень хочу укрепить свои отношения и связь, изучая его книги и размышляя над тем, что он сказал.

Harakanta devi dasi / Хараканта деви даси

С самого детства Хараканта чувствовала, что та жизнь, которой она живет, не настоящая. Она все время искала ту настоящую жизнь, то место, откуда она родом.

Зимой 1974-го года мои друзья, с которыми я когда-то ходила в школу, пришли в гости ко мне и к моему парню. Они побывали в бостонском храме и горели желанием рассказать нам о сознании Кришны. Мы проговорили несколько часов. Я была поражен тем, что философия, о которой они рассказывали, давала исчерпывающие ответы на все мои вопросы. В следующее воскресенье мы впервые отправились в храм. Мы посетили программу и познакомились с преданными. Мы купили кассеты с лекциями, «Бхагавад-гиту» и после этого начали регулярно читать и слушать Шрилу Прабхупаду. Мы жили в чуть больше часе езды от храма и были заняты своим садом и огородом, поэтому храм посещали нечасто.

Что мне особенно запомнилось, так это то, что преданные, которых я там встретила, были преисполнены огромного счастья. Их любовь к Шриле Прабхупаде привлекала и заражала. Они были полностью поглощены преданным служением. Находясь рядом с ними, я познакомилась со Шрилой Прабхупадой, почувствовала его любовь и нашла дом, который давно искала.

В преданных проявлялось все великодушие Шрилы Прабхупады, они нашли время, чтобы направлять нас в наших поисках сознания Кришны. Они приезжали на нашу ферму, заняли нас выращиванием овощей для храма, учили нас готовить и предлагать пищу и вдохновляли повторять шестнадцать кругов. Мы начали также служить в храме — в новом здании в алтарной комнате нужно было перестелить пол, чтобы он мог выдерживать экстатические танцы! Мой парень работал там до завершения реконструкции, я же начала шить для преданных, а по прошествии некоторого времени и для Божеств.

Летом 1976-го года Шрила Прабхупада должен был приехать в Нью-Йорк на Ратха-ятру. У Йолы и Гаса, наших новых друзей-преданных, был успешный цветочный бизнес в Бостоне, и они отвезли в Нью-Йорк целый фургон с цветами, заодно подбросив и нас. Мы отправились на утреннюю программу в Радха-Говинда Мандир. Большой зал, море взволнованных преданных, которые с нетерпением ждали Ратха-ятры и, конечно, встречи со Шрилой Прабхупадой!

Я была в фойе, когда Шрила Прабхупада вернулся с утренней прогулки. Двери открылись наружу, на тротуар, где был целый океан одетых в шафран *санньяси*, которые просили преданных расступиться, чтобы сделать проход. Шрила Прабхупада вошел с элегантностью и грацией, которых я никогда прежде не видела. Казалось, его ноги не касаются земли. Это было что-то нереальное. Все до единого сантиметра было занято преданными, и все поклонились, как только он вошел. Мне не нашлось места, чтобы поклониться, поэтому я сложила руки и смотрела, как Прабхупада проходит мимо, сияя и неся в себе глубину любви, неизведанной для меня. Я не могла отвести от него глаз, но все же чувствовала, что хочу спрятаться от него. (Я поклонилась после того, как он прошел).

Шрила Прабхупада прочитал лекцию, потом была *гуру-пуджа*, после которой он раздал печенье детям, а затем женщинам. Я была слишком застенчива, чтобы подойти к нему, но Виджая деви даси толкала меня сзади до тех пор, пока я не оказалась перед Шрилой Прабхупадой. Он посмотрел на меня, он по-настоящему взглянул на меня, он увидел меня насквозь, и все, абсолютно все, что происходило во время моих многочисленных жизней, раскрылось. Как это невероятно чувствовать себя такой маленькой, по-настоящему смиренной, и когда тебя не осуждают. Он протянул руку с печеньем, я протянула свою, чтобы взять его. Он вложил мне его в руку с твердостью, которой я не ожидала. Мгновение общения, мгновение зрительного контакта, мгновение физического контакта в комнате, заполненной сотнями людей, — это была моя единственная встреча со Шрилой Прабхупадой, и, тем не менее, все же это было очень личностная связь.

Зимой того же года мы переехали в бостонский храм, а когда пришла весна, мой парень вернулся на ферму, а я осталась в храме. Осенью 1977-го года некоторые из нас получили официальное посвящение письмом от Шрилы Прабхупады. Вскоре после этого, когда я еще была в самом начале своего посвящения, Шрила Прабхупада покинул этот мир. Я чувствовала себя потерянной.

Я плыла по течению храмовой жизни и принимала меняющиеся условия. Весной 1978-го года Сатсварупа Махараджа дал мне второе посвящение от имени Шрилы Прабхупады (он сказал, что Шрила Прабхупада все равно дал бы его мне). Затем меня отправили служить в нью-йоркский храм.

Шрила Прабхупада продолжает направлять эту начинающую ученицу с помощью своих книг и лекций. Это действительно удивительно, но он тут же дает мне идеальный комментарий в ответ на мой вопрос. Его лекции исправляют все, что я неправильно понимаю. Он приходит ко мне во сне, наставляя меня выполнять какое-либо служение или гладя меня по голове, когда я склоняюсь перед ним в поклоне. Я вижу его руку в уроках, которые жизнь преподносит мне на моем пути, и чувствую его любовь, когда взываю к нему, переживая боль, причиненную этими уроками. Чем больше я думаю о нем, тем больше чувствую, что он отвечает мне взаимностью. Шрила Прабхупада все еще проповедует и продвигает свое Движение. Просто смотрите и слушайте его. Он доступен для всех, кто его ищет.

Harilila devi dasi /Харилила деви даси

В детстве отец часто говорил Харилиле: «Когда ты станешь старше, ты сама откроешь для себя Бога». Повзрослев, она обнаружила, что ищет в жизни нечто большее, чем простой материализм, поэтому она покинула свою родную Англию и уехала в Африку, где жила в глиняной хижине, преподавала в средней школе и училась обходиться без газет, радио и телевидения.

Каждому предстоит долгий путь, прежде чем он заинтересуется духовной жизнью и начнет искать духовного учителя. Я искала с восьми лет. В восемнадцать я отправилась на один греческий остров и, находясь там, почувствовала присутствие Бога в чистой красоте Его творения. Я не могла поверить, что провела всю свою жизнь, не зная о Его существовании. И все же меня не удовлетворило то, что я узнала о Нем.

В молодости я умела хорошо выступать на публике и убеждать толпы людей соглашаться со мной. Однажды кто-то сказал мне: «Твоя речь была просто сокрушительной. Я не помню ни слова из того, что ты сказала, но это было здорово». В тот момент я поклялась себе, что не буду выступать публично до тех пор, пока у меня не будет сказать нечто стоящего.

Мне нравились африканцы, и я ценила ту простую жизнь, которой жила там, но спустя два года я отправился в Индию в поисках духовного знания. Я хотела наполниться изнутри, стать внутренне сильной. Как-то на побережье Южной Индии один *садху* сказал мне: «Если ты действительно хочешь познать духовную жизнь, тебе нужно поехать в Маяпур, к Шри Чайтанье Махапрабху». До Маяпура я так и не добралась — я поехала в Непал, где впервые встретилась с преданными Харе Кришна. Я помогла им покрасить и установить маленький алтарь в их первом храме в Непале. Кришна вел меня по моему пути несмотря на то, что в тот раз я не добралась до Маяпура.

После Непала я путешествовала по Пакистану, Афганистану и Ирану. Затем, вернувшись в Англию, я некоторое время преподавала в бедных районах, а затем отправилась в Канаду, где встретила своего первого мужа Нитай-паду, который познакомил меня с ИСККОН и сознанием Кришны. Он читал мне истории о Кришне, и мы вместе повторяли *мантру*.

В разных книгах, которые я читала до книг Прабхупады, авторы колебались или гадали: «Бог может быть тем или этим». Но Шрила

Прабхупада сказал: «Бог — это Кришна». Впервые я ощутила свою связь со Шрилой Прабхупадой, когда осознала, что он знает Бога. Я прочитала «Учение Господа Чайтаньи», и глубина и точность этого произведения настолько подействовали на меня, что я плакала, когда заканчивала чтение. Я чувствовала сильную личную связь со Шрилой Прабхупадой и знала, что он мой *гуру*.

Когда меня спрашивают, были ли у меня личный опыт общения с Прабхупадой, я не знаю, что сказать, потому что он действительно был: Шрила Прабхупада был рядом со мной, и между нами установилась связь, которая с тех пор никогда не покидала меня. Я нашла человека, которого искала, человека, который смог привести меня к Богу. Шрила Прабхупада был кульминацией моего духовного путешествия.

Мы с Нитаи-падой путешествовали автостопом по всем Штатам, по пути останавливаясь в разных храмах. В 1975-м году мы приехали в храм в Ванкувере и больше уже не уезжали оттуда. В Ванкувере и в Шаранагати я провела большую часть своей жизни в преданном служении Шриле Прабхупаде, найдя там удивительную, вдохновляющую духовную семью, и это настоящий дар Божий.

Я воспитала своих детей на примере Шрилы Прабхупады, и они любят его. Шрила Прабхупада — распространитель духовного знания; он олицетворяет собой все богатство сознания Кришны. Нам нужно понять, насколько он велик. Это понимание вызовет в нас любовь к нему и к Кришне. Шрила Прабхупада воплощал сострадательное понимание, которое приходит от осознания Кришны. Он наш магнит, корень нашего сознания Кришны, и он связывает нас с *парампарой* и с Кришной. Если мы чувствуем эту связь, мы всегда будем стабильны в сознании Кришны.

Много раз Шрила Прабхупада помогал мне. Мой муж умер. Я попала в автомобильную аварию. Я была одинока, глубоко несчастна, внутри меня копились непролитые слезы. Это было очень трудное время для меня. Я молилась Шриле Прабхупаде: «Я твоя. Ты должен мне помочь. Я одна просто не выживу», а затем все изменилось.

Шрила Прабхупада заботится о нас. Если мы сможем обрести твердую веру в него и Кришну, то справимся с чем угодно. Эта вера приходит через чтение, практику, переживание, размышление, желание, поиск, воспевание и общение. Связь со Шрилой Прабхупадой, с *парампарой*, с Господом в сердце дает нам все.

Harinama devi dasi /Харинама деви даси

В старших классах Харинама приняла решение, что, поскольку мир суров, она никому не покажет своих эмоций. Она решила, что на публике у нее никогда не будет слез или признаков слабости на лице. Она называла себя «крепким орешком». Но когда она оказалась среди девушек, которые осыпали Шрилу Прабхупаду лепестками цветов, то была поражена, обнаружив, что из ее глаз рекой текут слезы.

Я и не думала, что кто-то так легко может заставить меня расплакаться. У Шрилы Прабхупады не было ложного эго, поэтому не было никакой разницы между тем, смотришь ты на его изображение, слушаешь его лекции или видишь его вживую. Не было никакого разочарования, не было никакого: «О, а я-то думала …». Как будто человек, которого я слышала и видела на фотографиях, просто ожил, встал и вошел в алтарную комнату, где мы все собрались.

Я поехала на Ратха-ятру в Филадельфию с Анангой Манджари. Я постоянно держала ее в поле зрения, потому что знала, что она полна решимости увидеть Прабхупаду. Когда прошло пять минут, а она еще не появилась, я поняла, что что-то случилось. Я выяснила, что она перешла на другую сторону улицы. Конечно же, Балаванта стояла на страже. Она как раз собиралась подниматься наверх, поэтому я схватилась за нее, а она схватилась за меня, и мы вместе поднялись наверх. Там должна была состояться пресс-конференция, стоял низенький столик, за которым должен был сидеть Шрила Прабхупада. Ананга Манджари позаботилась о том, чтобы мы сели впереди, потому что, если комната заполнится, будет очень неудобно оттуда выбираться. Ананга была очень смелой.

Я думаю, что больше всего меня удивила грация Шрилы Прабхупады, я была достаточно близко, чтобы наблюдать за его движениями. Одна из журналисток была очень умная и задавала хорошие вопросы, но делала это с вызовом. Прабхупада отвечал ей односложно и кратко. Другая женщина-репортер надела *сари*. Было чувство, что она хотела порадовать Шрилу Прабхупаду. Она ценила его и была более покладиста. Несмотря на то, что ее вопросы не были особенно умными, Шрила Прабхупада подробно отвечал на них. Но когда другая женщина задавала вопросы, Прабхупада давал довольно односложные ответы.

В какой-то момент он положил немного сахара себе в чай, и я подумала: «Как удивительно … Он сейчас выронит ложку». Казалось, он не прилагал никаких усилий, и ложка просто поднялась сама собой. А потом, когда он держал чашку, я подумала: «Чашка сейчас упадет», потому что чашка поднялась без усилий. Наблюдать за тем, с каким изяществом он делает самые простые вещи, было просто потрясающе. Я подумала: «Теперь я понимаю, что значит грациозный, как лебедь».

Когда я оглядываюсь на свои годы *санкиртаны*, я понимаю, насколько умен Кришна, потому что я была не очень покладистая. В те дни юношей и девушек натравливали друг на друга в борьбе за баллы *санкиртаны*. Я хотела быть самой лучшей и самой аскетичной — так проявлялось мое большое эго. И, конечно, я хотела сделать приятное Шриле Прабхупаде, и я верила в то, как сказал Прабхупада, что эти книги спасут людей. Я хотела помочь миру, потому что в мире так много страданий.

Всего в метре с небольшим от того места, где Шрила Прабхупада проводил *арати* для Шрилы Бхактисиддханты Сарасвати Тхакура, было большое окно. Некоторым из нас одновременно пришла в голову одна и та же идея. Мы выбежали на улицу, столпились у окна, чтобы увидеть Прабхупаду. Я подумала: «Потрясающе! Мы все тут вперемешку навалились друг на друга, парни и девушки, и никого это не волнует». Мы просто сосредоточились на Шриле Прабхупаде, и вся враждебность, которая возникала из-за того, что мы были неофитами, полностью исчезла. Мы просто сконцентрировались на Шриле Прабхупаде. Это было чудесно!

Я тогда очень гордилась своим интеллектом, о чем сейчас не могу вспомнить без стыда. Я задавала очень заумные вопросы. Они не имели никакого отношения к пути *бхакти*. Это были вопросы, которые мог бы задать *гьяни*, например: «Существует *вирата-рупа*, океан Карана и материальный мир. Где именно находится это, а где то?" Как будто до этого кому-то есть дело!

Так или иначе, Шрила Прабхупада сказал что-то в своей лекции, что вызвало один из этих вопросов, а я сидела очень близко к *вьясасане*. Поэтому я горела желанием получить ответ на этот вопрос. Я думала, что этот вопрос самый важный на всем белом свете и почем зря размахивала рукой. Прабхупада так и не обратился ко мне. Я была в полном шоке: «Как он меня не видит? Я сижу прямо перед ним и машу рукой, он должен меня видеть». Но он не вызвал, и я не могла в это поверить. Я недоумевала: «Как так я не могу получить ответа на свой вопрос?» Как всегда бывает с чистыми преданными Господа, они — великие учителя, и если однажды мы, наконец, получаем урок, то можем считать это Божьим даром, потому что это нечто особенное для нашего путешествия. Вот об этом я часто размышляю.

В Атланте Шрила Прабхупада впервые за много лет играл на *мриданге* и учил нас петь «Парама Каруна». По приезде он также прочитал лекцию, но она была самой короткой из лекций, данных им, потому что, как только он начинал говорить, он произносил: «О, это самые прекрасные Божества», плакал и не мог продолжать. Это было что-то — увидеть, как он был тронут, говоря о милости Шри Шри Гаура-Нитай.

Поскольку Шрила Прабхупада сказал, что он присутствует в своих книгах, они действительно стали моим прибежищем. Книги Прабхупады — это невероятное руководство и прибежище, а также очень мощный процесс очищения. Я абсолютно верю в то, что «Бхагаватам» неотличен от Кришны, и что все хорошее, что развилось в моей жизни, исходит непосредственно из милости Прабхупады через его книги и через его замечательных учеников, которые приняли его настроение и миссию близко к сердцу. Я так благодарна им всем!

Я также хочу призвать всех слушать Шрилу Прабхупаду напрямую и слушать тех, кто действительно впитал его настроение, потому что это очень мощная прямая связь. Шрила Прабхупада не испытывает зависти. Он пришел в этот мир только для того, чтобы освободить нас, и сделал это из такого глубокого сострадания, что у нас даже нет возможности понять его.

Во время путешествий я встречала многих людей, которые не слушают записи Шрилы Прабхупады; они слушают только лекции своего *гуру*. Я думаю, что очень важно слушать лекции своего *гуру*, но так важно слушать слова Шрилы Прабхупады, потому что эти слова очень сильны. Они дадут более глубокое понимание отношений, которые вы имеете со своим *гуру*, потому что именно оттуда приходят знания и вдохновение.

Haripuja devi dasi /Харипуджа деви даси

В 1971-м году, когда Харипудже было девятнадцать лет, она присоединилась к Питтсбургскому храму в Пенсильвании. В 1972-м году она получила от Шрилы Прабхупады инициацию письмом после того, как написала ему письмо с просьбой о посвящении.

Я была простой преданной в Питтсбургском храме, которая ежедневно ходила на *санкиртану*, продавала благовония, ухаживала за алтарем и Туласи Деви.

Однажды приехало роуд-шоу с Вишнуджаной Свами. Мне предложили возможность использовать мои художественные таланты в роуд-шоу, и я согласилась. Поэтому меня «обменяли» на повара, которого оставили. Роуд-шоу привело меня в Бруклин, где вскоре я вышла замуж за Киртираджа даса в 1973-м году.

Вскоре мы отправились в Индию в Калькутту, где встретились со Шрилой Прабхупадой. Однажды он выразил свое удовлетворение, увидев, что жена польского консула посещает *арати*. Кто-то сказал Шриле Прабхупаде, что у Киртираджа польские корни, и Шрила Прабхупада сказал: «Ты должен ехать туда проповедовать».

Позже мы с Киртираджей жили в Лос-Анджелесе, где родилась наша дочь Рагу. Во время визита Прабхупады в Лос-Анджелес в 1975-м году он сказал Киртираджу: «Немедленно отправляйся в Польшу. Я хочу, чтобы наша проповедь продвигалась в странах Восточной Европы. Ты умный молодой человек, и я знаю, что ты там добьешься успеха в проповеди».

Мы оставили комфортную жизнь в Лос-Анджелесе и в середине зимы отправились в Польшу с нашей годовалой дочкой Рагой.

В то время Польша была очень мрачной и серой. Небо, здания и одежда людей были серыми. Найти еду, которая подошла бы годовалому ребенку, было очень трудно. Морковь, картофель и капуста — вот все, что можно было достать.

По приезду мы арендовали все десять кроватей в общежитии, чтобы у нас было личное пространство. Но общежитие было холодным и сырым, а цементные полы, казалось, только усиливали холод и сырость. Мы жили очень аскетично.

Мы решили, что будем делать сладости и раздавать в вестибюлях отелей и там знакомиться с людьми. Всех, кого мы там встречали, мы приглашали на воскресный пир в дом профессора. Я готовила все, что только было можно из ограниченного числа доступных ингредиентов.

Шрила Прабхупада написал нам вдохновляющие слова. «Я очень рад, что вы рискуете ради Кришны, делайте все очень тщательно и искренне. Кришна поможет вам».

Я хотела принимать участие в этой захватывающей проповеднической миссии, но мне было двадцать три года, я была молодой матерью, я находилась в чужой коммунистической стране посреди серой зимы, я не знала языка и не имела ни одного друга, кроме моего мужа. Я очень беспокоилась о том, что я не смогу адаптироваться.

Шрила Прабхупада снова написал: «Я очень доволен вашей деятельностью в Польше. Если вы сможете организовать перевод моих книг на польский язык, мне будет очень приятно. Я рад, что вы проявили столько мужества, и я молюсь, чтобы Кришна благословлял вас все большим и большим успехом».

Мы потеряли место жительства и решили временно покинуть Польшу и попытаться найти выход из ситуации. Мне было совсем нерадостно жить в холодном общежитии.

Мой муж написал Шриле Прабхупаде о нашей дилемме, и он ответил: «Что тут посоветовать, если твоя жена не хочет терпеть неудобства? Проповедь означает некоторые неудобства. Нет никаких причин, по которым вам нужно поселиться в одном месте. Мой совет — проповедуйте вместе».

Я была подавлена. Я рассердила своего духовного учителя. У меня не хватало сил жить в таких условиях в Польше и проповедовать. Я переживала днем и ночью.

Однажды ночью Шрила Прабхупада пришел ко мне во сне. Он поднимался по лестнице, очень похожей на ту, что была в замке Ретершофф в Германии. Шрила Прабхупада посмотрел на меня, и я сказала: «Я буду проповедовать в Польше и в коммунистических странах!» Шрила Прабхупада сказал: «Большое спасибо».

Прабхупада поднялся на несколько ступенек, а затем повернулся и снова посмотрел на меня. Я посмотрела на него и сказала: «Я буду проповедовать в коммунистических странах, Шрила Прабхупада!»

Шрила Прабхупада снова ободрительно сказал: «Большое тебе спасибо».

Когда я пробудилась от этого сна, мое сердце подтвердило, что Шрила Прабхупада даст мне волю, уверенность, силу и способность проповедовать его миссию вместе с моим мужем и семьей в коммунистических странах.

Мы переехали в Англию, а затем в Швецию. Мы потратили двенадцать лет на перевод, печать и распространение книг на многих языках Восточной Европы, Польши и Советского Союза, как он тогда назывался.

Мы всегда чувствовали, что мы просто марионетки в руках Шрилы Прабхупады в его миссии распространения славы Господа через миссию *санкиртаны*.

Участие в такой миссии в коммунистических странах приносило духовное удовольствие. Как сказал Шрила Прабхупада: «Проповедь в снегах России слаще любого манго».

Hrimati devi dasi /Хримати деви даси

В одиннадцать лет Хримати, любительница животных, решила стать вегетарианкой. Позже ее брат-близнец подарил ей старую пластинку «Говиндам» в исполнении Ямуны деви и других исполнителей. На обложке альбома была фотография Кришны, поклоняющегося корове. Поскольку Хримати уже была вегетарианкой, для нее было важно, что Бог поклоняется корове. Через некоторое время, услышав голос Шрилы Прабхупады, она потянулась к нему. Она выучила английский, слушая записи лекций Прабхупады. Когда ей было пятнадцать, разочаровавшись в своей семье и религии, она пришла в сознание Кришны.

Я чувствовала, что Шрила Прабхупада был моим отцом, и я страстно желала увидеть его. Я была в Германии, когда он приехал в Швецию, поэтому я села в поезд, идущий в Швецию, и во время путешествия связала для него шапку из мягкой белой ангорской шерсти. Я хотела делать что-то для Прабхупады, а не просто брать у него. На следующее утро Прабхупада надел шапку, которую я связала. Он застегнул ее под подбородком.

Шрила Прабхупада отправился в Университет Уппсалы читать лекцию, и когда он вошел в зал, я упала на пол в полном *дандавате* (как и все женщины и мужчины), не осознавая, что мои вытянутые руки не дают ему пройти к его *вьясасане*. Шрила Прабхупада наступил мне на обе руки, когда подходил к *вьясасане*. Это было удивительное чувство — он был легким, а его лотосные стопы мягкими. Прабхупада был не из этого мира.

Когда в 1976-м году я отправилась в Индию со своим двухлетним сыном Рагхунатхой, я была беременна вторым ребенком. Я родила во Вриндаване в день *вьяса-пуджи* Прабхупады. Прабхупада сидел за столом в своей комнате во Вриндаване, когда Химавати потерла голову моей малышки, которой было две недели отроду, о его стопы и положила ее Прабхупаде на колени. Он поднял руки и улыбнулся: «О, такая маленькая!» Затем он рассказал о своем детстве и детях, пока моя дочь лежала у него на коленях. Я сказала ему, что она родилась в день его явления, и Прабхупада, улыбнувшись, назвал ее Нандини. Я спросила, что это значит, и он сказал: «О, в тот день было столько радости для Махараджи Нанды, его дочери и сына». Шрила Прабхупада все связывал с Кришной, а не с самим собой.

Однажды на ферме в Хайдарабаде, где не было ни водопровода, ни еды, в час ночи я услышала, как Прабхупада переводит свои книги. Он самоотверженно служил Кришне с преданностью и решимостью, которые были за пределами моего понимания.

На той ферме мой сын так часто плакал, что Прабхупада рассердился. Он сказал: «Почему твой сын плачет двадцать четыре часа в сутки? Разве ты не можешь позаботиться о нем?» Раньше Прабхупада не проявлялся мне с такой стороны, и мне хотелось провалиться сквозь землю. Я потеряла дар речи, мне было стыдно. Спустя какое-то время, после массажа, Прабхупада сидел в кресле на солнце, одетый в *дхоти*, но без *курты*, опустив одну ногу и положив другую на колено. Мой сын показал ему самодельную книгу с изображениями Кришны из немецкой книги о Кришне. Прабхупада погладил моего сына по голове, обнял его, и они вместе принялись смотреть картинки. Мой сын сказал: «Вот это Кришна». Прабхупада посмотрел на меня, улыбнулся и сказал: «Твой сын хочет подружиться со мной». В глазах Прабхупады была доброта, он дарил любовь этому невинному ребенку. Он избавил меня от всех страхов, которые могли возникнуть у меня из-за его резкости.

Иногда акцент делается на статусе и рангах, но я думаю, что Прабхупада это не выделял. Он делал акцент на настроении служения. Прабхупада много работал над созданием Движения, в котором у нас была возможность служить Кришне и помнить о Нем. Точно так же, как любовь, которую матери прививают своим детям, останется с детьми, когда они вырастают, так и Прабхупада воспитал нас с любовью и сделал нас частью вечной семьи. Мы можем любить других так, как любил нас Прабхупада. Он внушил мне, что долг моей жизни — давать сознание Кришны другим. Этим я обязана ему. Из любви к нам он объехал все уголки мира и собрал нас. Он отправился в Германию, чтобы найти меня, и он любил меня так, как любил бы отец или дедушка.

Jadurani (Syamarani) devi dasi / Джадурани (Шьяманари) деви даси

Шьямарани пыталась игнорировать смутные, но проницательные вопросы, всплывающие у нее в уме: «Куда мы все на самом деле направляемся? Откуда мы на самом деле? Что все это значит? В чем смысл всего этого?» В 1966-м году, в девятнадцать лет, привлеченная трансцендентными звуковыми вибрациями, которые она услышала, прогуливаясь по Томпкинс-сквер парку, она впервые встретилась со Шрилой Прабхупадой.

Прабхупада был одет в одежду бледно-персикового цвета и играл на маленьком барабане бонго. Он сидел, скрестив ноги, на восточном ковре под огромным дубом, его глаза были закрыты, его поведение было спокойным, но сконцентрированным. Он казался полностью поглощенным своим пением, как будто переживал иную реальность. Он казался нестареющим, неподвластным времени и все же находился прямо здесь, среди нас.

Это был человек, который знал ответы на мои самые сокровенные вопросы. С добротой, исходящей из его глаз, он объяснил, что, поскольку повторение мантры Харе Кришна шло из глубины души, нет необходимости понимать ее язык. Она была универсальной; все национальности могли получить равную выгоду. Я не могла себе представить, где находятся глубины души, но его голос был таким звучным и повелительным, что казалось, как будто он точно исходил оттуда. Когда он, наконец, обратил на меня свое внимание, я ощутила как будто удар током.

Взгляд его сияющих глаз пронзил меня насквозь, словно в попытке развеять мои умозрительные заблуждения. Я чувствовала, что он видит саму мою душу, и что он уже хорошо меня знает, но я боролась с этим чувством и отвела взгляд. Я сказала себе: «Ты все это выдумываешь! Этот человек — плод твоего собственного воображения!» Ранее в тот день я приняла ЛСД, что объясняло мое раздутое самомнение. Он посмотрел мне прямо в глаза и спокойно сказал: «Это не придуманный процесс или что-то, что мы придумали. Этот процесс очень древний, простой и возвышенный». Он откинулся поудобнее и медленно оглядел комнату. «Мы вечны, а все вокруг нас — временно». Хотя он говорил тихо, его слова проникли в мое существо. Я поймала себя на том, что жадно хочу услышать, что он скажет дальше. Однако вместо того, чтобы излагать другие философские истины, он вежливо спросил меня: «Ты живешь недалеко отсюда?»

Я нервничала, не зная точно, как ответить так, чтобы продемонстрировать, насколько я «просвещена». Я намеренно растягивала слова странным наигранным тоном. Пытаясь намекнуть, что я, как высшее божественное существо, жила повсюду, я ответила: «Дааааа... Я живу очень близко». Опять же, это больше за меня говорил ЛСД, чем я сама. «Хорошо, — сказал он улыбаясь. — Тогда ты сможешь посетить утреннюю программу в 7:00 утра». Я сразу поняла свою ошибку. Я жила в Бронксе в полутора часах езды на метро отсюда! И все же убежденность в голосе Свами заставила меня захотеть попробовать. Как я могла сказать «нет»?

В этот момент я задала ему совершенно несвязанный с этим вопрос: «Должна ли я отказаться от ЛСД?» Он вопросительно посмотрел на меня. Вспомнив состояние, похожее на транс танцоров в парке и в храме, я спросила: «Есть ли способ, при котором я могу оставаться под кайфом вечно?» — «Нет. Это материально и, следовательно, временно. Только сознание Кришны может доставить длительное удовольствие. Оно духовно и, следовательно, вечно».

Позже, когда он впервые попросил меня нарисовать картину, мне потребовалось несколько минут, чтобы осознать серьезность этого взаимообмена. На самом деле он просил меня нарисовать для него — нарисовать ту же самую Высшую Сущность, которую я ранее представляла себе неограниченной, но бесформенной. «Ты можешь нарисовать копию? — спросил он, указывая на танцующие фигуры на индийской гравюре. — Это группа *санкиртаны* Чайтаньи Махапрабху, — объяснил он. — Это спутники Махапрабху и чистые преданные. Все они поют в экстатической любви к Богу».

Я была взволнована мыслью о том, как по милости *гуру* я могла бы стать проводником, разъясняющим его послание детям этого мира через искусство. Я накрывала газетой угол пола в алтарной и, окружив себя красками, палитрой, кистями и бутылкой скипидара, садилась на индийский ковер и рисовала по нескольку часов в день.

В 1967-м году он предложил мне должность своего первого арт-директора. Размахивая рукой в воздухе, как будто рисуя, он сказал начинающему художнику: «Я научил ее рисовать. Харе Кришна Харе Кришна, Кришна Кришна Харе Харе, Харе Рама Харе Рама, Рама Рама Харе Харе». Девять лет спустя он сказал: «Вначале она не умела рисовать, но, следуя процессу *шраванам*, *киртанам*, *вишну-смаранам*, проявился талант».

Я рисовала его духовного учителя, Шрилу Бхактисиддханту Сарасвати Тхакура Прабхупаду. Однажды вечером я оставила недорисованную картину и фотографию, с которой рисовала, на газете, покрывающей пол. Когда я вернулся на следующее утро, я была удивлена, обнаружив мягкие подушки как под холстом, так и под маленькой фотографией. Я улыбнулась, узнав этот простой жест уважения, оказанный нашим Прабхупадой своему господину. Я решила всегда поступать так же.

Год спустя я нарисовала «вечного космонавта» Шри Нараду Муни, который путешествует по вселенным без помощи космического корабля, воспевая имя и славу Кришны. Когда я прикоснулась кистью к холсту, чтобы нарисовать прядь волос Нарады, я почувствовала, что общаюсь с реальным человеком. Это маленькое начало подарило мне радость, которую я не знала до встречи со Шрилой Прабхупадой.

Когда моя кисть касалась холста, я испытывала трепет, всего мельком осознавая, что божественные личности на холстах действительно живые. Хотя я знала, что миссия Чайтаньи Махапрабху распространялась по милости Шри Гуру и Самого Махапрабху, в то же время, работая над картинами, я чувствовала себя жизненно важной для их миссии. Наличие картинок в книгах Прабхупады помогло бы преданным распространять их, и это помогло бы каждому визуализировать содержащуюся в них философию и историю. Шрила Прабхупада не раз писал нам, художникам, что картинки помогают сделать послание в книгах более ясным.

Шрила Прабхупада часто описывал свою работу по переводу и объяснению древних ведических текстов как жизнь и душу своей миссии. О роли своего художественного отдела он сказал во время посещения своего бруклинского храма в 1971-м году. «Картины — это „отдел жизни" ИСККОН, а публикация книг — это „отдел души"».

Были времена, когда срочность миссии Шрилы Прабхупады по распространению движения *бхакти* казалась непреодолимой для художников Би-Би-Ти. Например, он написал в письме (21-го октября 1968-го года Муралидхаре, второму художнику, присоединившемуся к нему): «Я хотел бы, чтобы некоторые из моих учеников, индивидуально или коллективно, могли создавать по крайней мере полдюжины картин ежедневно. В любом случае, я думаю, что Кришна будет давать тебе все больше и больше сил».

В попытке исполнить его желание, иногда несколько художников работало над одной картиной в форме эффективного совместного искусства, которую они называли «процессом сборочной линии». В другие времена каждый член команды работал индивидуально, и в начале работы над каждой серией картин, они собирались на то, что они называли «встречей идей». Они садились в круг на полу, чтобы обсудить темы для предстоящей серии, вместе читали неопубликованные записи Шрилы Прабхупады и выбирали конкретные игры или философские концепции.

Сидя в небольшом кругу, мы работали над нашими индивидуальными эскизами идей размером два на три дюйма так быстро, как только могли, с большой концентрацией — у нас была одна минута, чтобы сделать это. Эти наброски были нашими инстинктивными чувствами, перенесенными на бумагу в ответ на какую-то *лилу*. После этого мы все размещали наши идеи-эскизы в середине круга. Затем, после того как был выбран один эскиз или комбинация нескольких элементов из более, чем одного эскиза, это становилось основой для картины.

Когда у художников возникали вопросы относительно каких-то аспектов картин, они отправляли их Шриле Прабхупаде. Ожидая его ответов, они продолжали свое служение. Им никогда не приходилось просто ждать, потому что они обычно работали над несколькими картинами одновременно — было много книг для иллюстраций. Помимо подробных ответов Прабхупада осыпал художников своими ободряющими словами. В письме ко мне от 26-го мая 1970-го года он написал: «Вы все вдохновляетесь тем, как изобразить Господа и Его спутников глазами преданных, чтобы каждый, кто увидит эти трансцендентные картины, стал преданным. Это наша цель».

Когда я слишком сильно критиковала чужие работы, мне давали знать, и когда я слишком чувствительно относилась к чужой критике моих работ, мне тоже давали знать. Это было преимуществом для моего творчества и большим подспорьем в моем личном духовном развитии.

(Выдержка из мемуаров Шьямарани «Искусство духовной жизни»)

Jagaddhatri devi dasi / Джагаддхатри деви даси

Джагаддхатри всегда интересовалась духовным. Сестра ее первого мужа, Джоани, встретила Шрилу Прабхупаду в Нью-Йорке и рассказала им о Кришне. Несколько лет спустя она увидела преданных на хариламе в Сиэтле и подошла к ним. Она купила несколько книг, и они пригласили ее на воскресный пир. Она приняла приглашение и больше не уходила от преданных.

В первый раз я встретила Шрилу Прабхупаду, по-моему, в декабре 1973-го года в Лос-Анджелесе. В те дни женщины и мужчины стояли в алтарной друг напротив друга. Позже, я полагаю, под влиянием Тамала Кришны и Радхи-Дамодары женщинам пришлось стоять сзади мужчин. Но в те дни мы были бок о бок с мужчинами. Поэтому я вставала рано, примерно в три часа утра, и садилась, чтобы занять место рядом с *вьясасаной* Прабхупады. Нужно было найти свободные места, чтобы быть рядом с ним. Так что мне довелось сидеть рядом со Шрилой Прабхупадой и видеть его, когда он давал лекции. Так много замечательного можно рассказать о Шриле Прабхупаде. То, как он играл на *караталах*, поразило меня. Движения его рук были так грациозны, а его большие пальцы поднимались вверх, чтобы *каратали* звенели немного дольше. Я была просто очарована этим. Но у меня не было настоящего личного общения с ним, потому что я была всего лишь маленькой *брахмачарини* среди леса *санньяси*.

Я получила *брахманическое* посвящение в Лос-Анджелесе. Это была моя первая возможность лично встретиться со Шрилой Прабхупадой. Я слышала, что он любил гардении. Я наскребла немного денег, чтобы купить пачку прекрасных гардений, красиво завернутых в целлофан. Я поднялась по лестнице и поклонилась, чтобы получить *брахманическое* посвящение. Прабхупада сидел на подушках на полу перед своим столом, он похлопал правой рукой по полу справа от себя. Он поднял колено. Я предложила ему цветы, но все они были завернуты, так что он не смог их понюхать. Он несколько секунд пытался развернуть их, ему это не понравилось, и он отложил их.

Он повторил мантру Гаятри, а затем показал мне на пальцах, как считать мантры Гаятри. Конечно, я не смогла этого понять. Ему приходилось повторять снова и снова. Таким образом стало понятно (конечно, он все равно знает мое сердце, но это просто еще подтвердило то, что он интуитивно знал), что я просто бестолковая. Однако, поскольку он хотел послужить своему духовному учителю, он позволил мне стать *брахманом*, получив от него посвящение. Я всегда пряталась по углам, и когда Шрила Прабхупада проходил мимо со всеми мужчинами, я говорила: «Джая Прабхупада!» Он глядел на меня как-то сухо и говорил:

«Джая». Но он был таким терпеливым. Он терпел меня. Это случалось несколько раз на протяжении многих лет. Я помню, как однажды Хамсадута очень разозлился на меня за это и посмотрел таким взглядом, который как бы говорил: «Что ты здесь делаешь, женщина?» Я просто ответила ему: «Он мой *гуру* тоже!»

В 1973-м году я написала Прабхупаде письмо. Когда все распростерлись на полу, выражая смиренные поклоны, я подбежала к Прабхупаде — никто не мог остановить меня, так как все лежали на полу — и вручила ему письмо. Я написала ему всего три или четыре письма, и каждый раз я доставляла свое письмо вот таким образом. Он знал, это было похоже на заговор между ним и мной. Он хватал письмо, засовывал его в карман и притворялся, что никогда его не получал. А потом я бежала на свое место и ложилась на пол, и никто даже не знал, пока его секретарю не приходилось отвечать на письмо.

У меня было кольцо из платины с сапфиром и бриллиантом. Я дала его своему сыну Рагхунатхе с небольшой запиской, просунутой в него, чтобы Рагхунатха мог подняться наверх и встретиться со Шрилой Прабхупадой. Так я подарила это кольцо через своего сына. Я при этом не присутствовала. Он подарил кольцо Шриле Прабхупаде, а затем Прабхупада написал мне письмо: «Я получил твой подарок в виде одного (он написал „один", а затем в скобках (1)) кольца. Прямо сейчас я ношу его от имени моего Шрилы Гурудева, хотя я этого недостоин». И он сказал: «Я встретился с твоим сыном. Его прекрасные черты лица очень привлекательны, и он кажется очень милым *брахмачари*. Всегда продолжай быть ему примером в сознании Кришны, и твое материнство будет совершенным». Есть несколько фотографий Шрилы Прабхупады, на которых он носит это кольцо. Он носил его на мизинце левой руки. И у меня есть одна из этих фотографий. Так что он действительно носил его какое-то время.

В Маяпуре весной 1977-го года я снова попросила своего сына передать записку Шриле Прабхупаде. Меня хотели выгнать. Даллаский храм закрылся. В те дни с преданными обращались как с бейсбольными карточками. Меня должны были обменять на Тамала и Ади Кешаву, чтобы я отправилась служить в Нью-Йорк. Я очень не хотела ехать туда. Я сказала Прабхупаде, что не хочу ехать в Нью-Йорк, я хотела собирать деньги для Вриндаванской *гурукулы*, что означало бы, что Вриндаван будет моим домом и храмом. Прабхупада был болен, и это было единственное письмо, на которое он не ответил в письменной форме, но он попросил Тамала Кришну сказать мне, что я могу поехать во Вриндаван.

Я была во Вриндаване в октябре 1977-го года, когда Шрила Прабхупада очень сильно болел, но у меня не было никакого общения с ним. Мой сын Рагху был в его комнате, когда Прабхупада покинул этот мир.

Jagaddhatri devi dasi / Джагаддхатри деви даси

Джагаддхатри ходила в католическую школу для девочек в Эдинбурге, Шотландия. Когда ей было тринадцать, подруга предложила им сходить к людям, которые открыли Центр, находившийся в пяти минутах ходьбы от их школы. Ее подруга хотела пойти в недавно открывшийся Центр Гуру Махараджа Джи на одной стороне улицы, но по ошибке они пошли в храм Харе Кришна, который был прямо напротив!

С тринадцати до шестнадцати лет я регулярно посещала храм, и меня очень привлекала чистота философии и преданность преданных. К сожалению, храм иногда закрывался из-за нехватки преданных. Но я восприняла это как план Кришны, что, возможно, мне следует попытаться «наслаждаться» жизнью какое-то время. Кришна всегда был добр, и еще одна группа преданных из Лондона приезжала в Швецию и поддерживала меня в моей жизни как преданной.

Когда мне исполнилось шестнадцать, и мне разрешили уйти из школы, храм снова решили закрыть. Я решила уйти из дома и переехать в Бхактиведанта Мэнор, чтобы иметь возможность продолжать свою духовную жизнь. Я уехала из Эдинбурга с парой преданных, которые вызвались меня подвезти.

Под присмотром Шри Шри Радхи-Гокулананды в Бхактиведанта Мэноре я чувствовала себя счастливой и старалась служить так, как руководство считало нужным! Посещение утренней программы, слушание, воспевание, уборка, раздача прасада, *санкиртана* и общение с преданными-единомышленниками убедили меня в том, что, следуя наставлениям Шрилы Прабхупады, я также могу быть преданной Господа.

В 1975-м году Шрила Прабхупада приехал с визитом, и нас, нескольких девушек, спросили, не хотим ли мы получить посвящение. Конечно же, мы хотели этого! Мы были так взволнованы и счастливы от того, что Шрила Прабхупада приезжает в Бхактиведанта Мэнор и лично даст нам посвящение! За день до нашего посвящения слуга Шрилы Прабхупады попросил нас дать ему наши четки для *джапы*, чтобы Шрила Прабхупада мог их начитать. В те дни было трудно достать четки для *джапы*. Нам подарили, как мы думали, чудесные разноцветные деревянные бусины из «Магазина Бусин» в Лондоне. У меня были фиолетовые, и я думала, что это здорово! Когда я доставала четки из своего мешочка, чтобы отдать слуге Шрилы Прабхупады, я увидела неодобрение на его лице и сразу же испугалась. Он не взял мои четки, сказав: «Я не могу отдать их Шриле Прабхупаде». Затем он ушел. Мы не знали, что делать и получим ли мы посвящение на следующий день. Совершили ли мы какое-то оскорбление, повторяя *джапу* на этих четках? Мы провели бессонную ночь и утром все еще не были уверены, получим ли мы посвящение. Мы решили готовиться к церемонии в надежде на то, что Шрила Прабхупада будет милостив к нам.

Вокруг *вьясасаны* Шрилы Прабхупады на полу были разложены подушки. Несколько мужчин сидели на некоторых из них, но мы все еще ждали, сильно волнуясь. В конце концов слуга Шрилы Прабхупады оглянулся и указал нам на подушки, и мы нетерпеливо сели. Вскоре после этого пришел Шрила Прабхупада и сел на *вьясасану*. После короткой речи нас позвали для получения новых имен. Я никогда не забуду доброту и милость Шрилы Прабхупады к шестнадцатилетней неквалифицированной девушке, и я уверена, что мне выпала огромная удача получить мои новые четки из рук Шрилы Прабхупады, поэтому я все еще здесь, пытаюсь быть преданной.

Jagajanani devi dasi / Джагаджанани деви даси

На следующий день после окончания средней школы парень Джагаджанани увез ее в горы Северной Калифорнии, где они прожили три года. Сразу же она со своим бойфрендом Ларри перестали принимать одурманивающие вещества и есть мясо, рыбу и яйца. Стремясь к чистоте, они вели простой образ жизни, занимаясь садоводством и пытаясь найти себя.

Мать Ларри прислала нам журнал «Назад к Богу», который она купила в «Kmart» в Беркли. Мы были поражены тем, что нашлись люди, которые верили в то же, во что верили и мы. Ларри заказал «Бхагавад-гиту», а я заказала кулинарную книгу и книгу «Легкое путешествие на другие планеты», которая мне очень понравилась. Благодаря этой книге я почувствовала связь со Шрилой Прабхупадой и доверие к нему. Мы покинули горы в день моего двадцать первого дня рождения, 26-го мая 1976-го года, и отправились в Денвер, штат Колорадо. Неделю спустя мы переехали в денверский храм.

Мы оба стали преданными *санкиртаны* в аэропорту, и Ларри решил, что у нас не должно быть никакой связи в течение шести месяцев, потому что у нас не было должной подготовки. Я была молодой девушкой в новом городе, в новом штате, с новым образом жизни, в новой группе людей, и первые две недели мне было сложно.

Однажды Курушрештха, президент храма в Денвере, сказал Ларри: «Ты должен проводить время со своей девушкой — читать с ней или обедать с ней. Я присоединился к храму со своей девушкой, и, так как я не хотел общаться с ней, она оставила сознание Кришны». Ни с того ни с сего я сказала: «О, я никуда не уйду». Тогда я подумала: «О Боже, откуда взялось это заявление?»

После этого как-то вечером я разозлилась на Ларри (который позже стал Лалитанандой): «Почему ты так со мной поступаешь? Почему ты не можешь мне помочь? Мне сложно!» Затем я пошла на *арати*, пела и молилась Божествам, и за эти полчаса моя тревога, страх и отчаяние ушли. Я чувствовала себя умиротворенной, защищенной, и мне было комфортно. Я сказала Ларри: «Я понимаю, что ты делаешь, и почему ты это делаешь. Со мной все будет в порядке». Это был мой первый ощутимый опыт общения с Кришной и Прабхупадой.

Во время *санкиртаны* в аэропорту я постоянно мечтала о том, как Шрила Прабхупада приедет к нам в храм. Я представляла, как увижу своего духовного учителя. Но когда Шрила Прабхупада физически покинул планету в 1977-м году, я все еще не видела его. Однако некоторое время спустя Прабхупада позволил мне увидеть его во сне так ярко, что я упала на пол и заплакала. Сон был настолько реальным, что я знала, что Шрила Прабхупада исполняет мое глубокое желание.

Когда я оглядываюсь на свою жизнь до и после того, как я стала преданной, я чувствую, что Шрила Прабхупада всегда заботился обо мне и вел меня к себе. В юности у меня не было твердой веры или религии, но я знала, что Бог существует и всегда чувствовала себя защищенной в удивительных ситуациях, хотя и не знала, кем и как.

Шрила Прабхупада помог мне во многих сферах моей жизни. Он дал мне моего мужа, Найкатму Прабху, который направлял меня, помогал держаться верного пути и подарил мне замечательную дочь Ремуну, которая сейчас является моим лучшим другом. Я благодарна всем другим преданным, которых дал нам Шрила Прабхупада для общения и в помощь, и я надеюсь, что смогу быть им полезной. Я счастлива участвовать в семейном проповедническом деле и распространять сознание Кришны, где бы мы ни были.

Я не могу представить себе жизнь без ощущения присутствия Шрилы Прабхупады каждую минуту. Поэтому я благодарна ему и каждый день молюсь о том, чтобы вечно служить ему.

Jaganmurti devi dasi / Джаганмурти деви даси

Джаганмурти была слишком неуверенная и застенчивая, чтобы ходить в храм в Сент-Луисе, штат Миссури. Наконец, в 1975-м году мать Джаганмурти привела ее в храм. Джаганмурти читала книги Прабхупады. Преданные были добры к ней, поэтому в день своего первого посещения она переехала к ним. Три месяца спустя она увидела Шрилу Прабхупаду, когда он приехал в Нью-Йорк.

В аэропорту Шрила Прабхупада пел молитвы «*самсара*» — четко, красиво и духовно. Он был вне возраста и национальности, и его пение вызывало слезы на глазах преданных.

Шрила Прабхупада сразу понял, что меня с четырех лет привлекает вселенная и звезды. Он дал мне имя, которое означает «слуга вселенской формы». На утренней прогулке в Чикаго в 1975-м году Прабхупада посмотрел прямо на меня, в мое сердце и увидел сквозь все мои загрязнения и слабости духовную душу, ту часть меня, которую я сама не вижу. Это было мощно, почти как если бы меня ударила молния, но это было блаженство.

Шрила Прабхупада никогда не пытался произвести впечатление. Он изложил чистую философию сознания Кришны прямо, как она есть — без отклонений или компромиссов, и он сделал это так, как никто не сможет повторить. Без него трудно чувствовать вдохновение. Я мало общалась с ним, но никогда не смогу забыть, какое влияние он оказал на мою жизнь. Он мог видеть Кришну и все время был с Кришной. Он был первоклассным преданным, выступавшим на второсортной платформе для нашего блага, для проповеди. Ему не нужно было приезжать в эту суровую, холодную, чужую страну Америку, но он прошел через столько трудностей, чтобы приехать сюда. Наша миссия состоит в том, чтобы показать миру, какой великой личностью является Шрила Прабхупада.

Я надеюсь так или иначе служить преданным, и я молюсь, чтобы лотосные стопы Шрилы Прабхупады, его наставления, его слова, его красота и его разум навсегда запечатлелись в моем сердце. В каком бы состоянии я ни находилась, все, что имеет значение — это лотосные стопы Шрилы Прабхупады и Кришны, потому что нет такой материальной ситуации, которая удовлетворяла бы меня. Я много раз пыталась наслаждаться, но без Кришны это просто страдание. Но если вы страдаете, вспоминая Кришну, это не страдание. Шрила Прабхупада дал нам драгоценность: безграничное, вечное богатство — сознание Кришны, потому что никто не может быть удовлетворен материальным богатством или красотой. Я очень несовершенна в сознании Кришны, но если я попытаюсь быть в сознании Кришны и буду молиться Кришне и Шриле Прабхупаде, то в один прекрасный день я проснусь в духовном мире.

Jagannathesvari devi dasi / Джаганнатешвари деви даси

В двадцать два года Джаганнатешвари даси получила инициацию у Шрилы Прабхупады. Не разговаривая с ним напрямую, она наслаждалась его общением на лекциях и даршанах во Вриндаване, Маяпуре и Лондоне в течение последних двух лет его пребывания с нами.

Я вернулась во Вриндаван всего за два дня до того, как Шрила Прабхупада покинул этот мир, поэтому я должна была присутствовать на этом знаменательном событии, которое также было очень тяжелым. Во время обеда нам объявили, что Кавираджа дал Шриле Прабхупаде всего несколько часов — пять часов или что-то в этом роде, и он ушел. Я не смогла осознать эту новость. Было трудно принять или даже поверить, что можно было бы продолжать жить без Шрилы Прабхупады, поэтому мне потребовалось много времени, чтобы справиться с этим. Когда об этом сообщили, я просто подумала: «Все эти аюрведические врачи — фальшивки. Они не знают, о чем говорят».

Но двери в комнату Шрилы Прабхупады были открыты для всех, и мы все пошли туда и провели там весь день. В комнате было много преданных, которые пели *бхаджаны*. Мне дали растирать сандаловую пасту для Шрилы Прабхупады. По своей наивности я думала, что паста поправит здоровье Шрилы Прабхупады. Я не понимала, что эта сандаловая паста будет нанесена на тело Шрилы Прабхупады после его ухода.

Я все натирала и натирала. В какой-то момент я вышла из комнаты, чтобы сделать перерыв и поесть немного *прасада*, потому что чувствовала себя очень слабо. Время, когда Шрила Прабхупада должен был уйти, уже прошло, поэтому я подумала: «Этого не случится, не волнуйся. Сделай перерыв и возвращайся». Как раз возвращаясь в его комнату, я услышала, как кто-то сказал, что Шрила Прабхупада перестал дышать. Я подумала: «Ну, он перестал дышать, но он снова начнет дышать, буквально через мгновение. Это не может быть правдой». Затем, в конце концов, через несколько мгновений до меня дошло, что время пришло, и это было очень, очень опустошающе.

Мы не спали всю ночь, делая гирлянды в алтарной. После того, как Шрилу Прабхупаду омыли и одели, на его тело нанесли сандаловую пасту и его перенесли на его *вьясасану* в алтарную. Все гирлянды были возложены на его трансцендентное тело, и мы оставались там всю ночь.

Утром с группой *харинамы* тело Шрилы Прабхупады пронесли по всем семи храмам Вриндавана. Мы все последовали за ним. Затем мы вернулись, чтобы поместить его тело в *самадхи*. После этого был устроен пир для преданных.

Я плохо себя чувствовала, поэтому не пошла на пир. Я просто пошла в *ашрам* и решила поститься. На самом деле в тот момент я просто подумала, что буду поститься, пока не покину свое тело. В чем смысл жизни? Но потом пришла Парвати и уговорила меня что-нибудь съесть, и таким образом мы придали друг другу сил. Мы должны были дать силы друг другу, чтобы продолжать. Потребовалось какое-то время, чтобы смириться с разлукой со Шрилой Прабхупадой и научиться по-настоящему общаться со Шрилой Прабхупадой в разлуке.

В течение многих лет я поклоняюсь своему Божеству Шрилы Прабхупады. Я получаю много милости за то, что могу лично служить Шриле Прабхупаде, омывая его, одевая, предлагая ему еду и *арати*. И, конечно же, у меня есть *вани* Шрилы Прабхупады. Шрила Прабхупада сказал нам, что *вани* важнее *вапу*. По милости преданных у нас есть все его записанные лекции, и, конечно же, по милости Шрилы Прабхупады у нас есть его книги. Так что у нас так много всего. У нас так много всего есть.

Я думаю, что физическое общение с духовным учителем — это на самом деле только начало наших отношений, потому что это вечные отношения. Мы просто должны продолжать пытаться служить Шриле Прабхупаде. Как ученица Шрилы Прабхупады, я чувствую некоторое бремя ответственности, которое я не способна нести. Надеюсь, по милости преданных я смогу продолжить распространять его учение.

У меня было несколько важных для меня снов. Шрила Прабхупада оказал мне большую поддержку. Наверное, потому что мне нужно чувствовать, что он дает мне прибежище. Всего один маленький сон может быть настолько особенным, что впечатление от него может сохраниться на всю оставшуюся жизнь. Небольшой обмен эмоциями может означать все: например, Шрила Прабхупада позволяет мне принять прибежище у его лотосных стоп или он прикасается ко мне во сне — касается моей руки, похлопывает меня по плечу и тому подобное.

Я чувствую, что получила много милости Шрилы Прабхупады через его учеников, которые были близки к нему, и которые были уполномочены им возглавить это Движение. Любой из его учеников или преданных на самом деле может действовать как его инструмент, чтобы вдохновлять нас или ободрять нас. Так что это тоже было очень важно, и это все еще важно для меня. Например, я замужем за учеником Тамала Кришны Махараджа, и таким образом я получила от него прибежище. Он очень помог мне в моей духовной жизни. А также многие другие: Гирираджа Свами, Индрадьюмна Свами, Радханатха Свами и многие другие преданные помогли мне и заняли меня служением Шриле Прабхупаде.

Когда я была молодой преданной во Вриндаване, там был двадцатичетырехчасовой *киртан*, который установил Шрила Прабхупада, когда открывался вриндаванский храм. У всех нас было свое время. Химавати, Расаджна и я обычно пели вместе с одиннадцати до двенадцати во время подношения *раджа-бхоги*. Мы обычно пели «Бхаджа-бхаката-ватсала» — песню о полуденном подношении. Это было очень красиво. Шрила Прабхупада какое-то время оставался во Вриндаване. Химавати иногда брала меня с собой на утреннюю прогулку. Большинство женщин не ходили, но она ходила и иногда брала меня с собой, чтобы быть в задних рядах на утренней прогулке Прабхупады. Химавати была очень добра ко мне.

Jagarini devi dasi / Джагарини деви даси

В Лос-Анджелесе в мае 1973-го года Шрила Прабхупада дал инициацию Джагарини, которой в то время было двадцать лет. Прабхупада сказал, что «джага» означает сон, а «джагарини» означает тот, кто победил сон, а сон — это невежество. Джагарини — это та, кто победила невежество.

В 1971-м годуНиракула, Тиртхарти, Брахмарупа и я дружили, мы были хиппи, жили в Бруклине, штат Нью-Йорк. Однажды в доме Тиртхарти по телевизору мы смотрели бейсбольный матч. Там был специальный выпуск новостей о прибытии Свами в аэропорт Нью-Йорка. Мы все выросли в католических семьях, мы ничего не знали о сознании Кришны и никогда раньше не видели ничего подобного. Это был первый раз, когда мы увидели Шрилу Прабхупаду. Мы все четверо были прикованы к экрану. «Ух ты, посмотри на него!» Его лицо было царственным, но в то же время смиренным, и он был сильным и нежным одновременно.

Когда я начала жить в храме в Лос-Анджелесе, мужчины и женщины находились в разных частях алтарной и не общались друг с другом близко, но между нами было настроение как между братьями и сестрами. Шрила Прабхупада проводил в Лос-Анджелесе много времени, его стол находился наверху рядом с окном. Всякий раз, когда я прогуливалась по аллее, я видела в окне голову Шрилы Прабхупады.

Однажды неожиданно Шрила Прабхупада посетил нашу квартиру, которая находилась рядом с храмом в Лос-Анджелесе. Он заглянул в каждую комнату, кладовую и шкаф. В конце Прабхупада посмотрел на меня, улыбнулся и сказал: «Очень мило, очень чисто». Я не зря убиралась, это понравилось Шриле Прабхупаде, и я была счастлива. Мой дом был благословлен его лотосными стопами.

Недавно я начала заниматься проектом хосписа в больнице Мумбаи. Я усердно молилась *мурти* Прабхупады в больнице и размышляла о том, как бы послужить так, чтобы это понравилось Прабхупаде. Я чувствовала его участие в этом, я чувствовала, что он ведет меня. Мы можем общаться с Прабхупадой. Сейчас он здесь, в своих книгах и наставлениях. Он сильный и ощутимый, успокаивающий и замечательный. Как нам повезло!

Мои родители не поддерживали меня в сознании Кришны, мой муж был алкоголиком, и я одна растила троих сыновей. Я всегда была полна решимости остаться, и в трудные времена я молилась Прабхупаде и чувствовала его наставления, утешение и силу. Я чувствовала себя счастливой! Моя мать говорила мне: «Разве у тебя не нервный срыв?» Но это чудесное мироощущение, которым Прабхупада благословил нас, эта удача, что мы действительно можем чувствовать себя счастливыми в любой ситуации — это дар Шрилы Прабхупады всем нам. И он все еще дает нам этот дар.

Jagatam devi dasi /Джагатам деви даси

В 1975-м году Джагатам уже месяц жила в храме Питтсбурга, когда она с преданными поехала в аэропорт Нью-Йорка встречать Шрилу Прабхупаду.

Двести преданных из разных районов Восточного Побережья участвовали в удивительном экстатичном *киртане* в аэропорту. Когда появился Прабхупада, мне показалось, что слезы выступили у меня на пальцах ног и устремились вверх по всему телу, чтобы хлынуть из глаз. Я не знала, что такое чистый преданный, но в глубине души понимала, что Прабхупада был чистым преданным. Я плакала, и все остальные плакали. Было ощущение, что мы оказались в океане.

Во Вриндаване у меня была возможность помочь сделать фруктовое подношение для Шрилы Прабхупады. Мы должны были тщательно очистить все фрукты: из каждого апельсина нужно было изъять все белые участки, каждый плод винограда очистить от кожуры и косточек. Столько заботы и преданности было вложено в это подношение, что я поняла: служить духовному учителю — то же самое, что служить Богу.

Я была настолько заражена имперсонализмом, что, поскольку Прабхупада никогда не смотрел на меня, я была убеждена, что не нравлюсь ему. Это был своего рода эгоизм, основанный на материальной концепции, а не на духовных отношениях между *гуру* и учеником. Годами это беспокойство жило в моем сердце. Затем во сне я увидела Шрилу Прабхупаду, сидящего со скрещенными ногами на подушке и смотрящего на меня с невероятно красивой, лучезарной улыбкой, от которой веяло мягкостью и любовью. Казалось, Прабхупада лично присутствовал там. Он наклонил голову в сторону и сказал: «Ты должна обучать моих преданных». Это наставление и его личностный любящий взгляд были для меня самыми особенными моментами.

Однажды в Мэноре я сказала Ямуне: «Ты такая удачливая, что имела столько общения с Прабхупадой. Мне так не повезло, что у меня этого не было». Нежноголосая Ямуна с такой силой хлопнула рукой по столу, что я подпрыгнула. Она сказала: «Это заблуждение. Если ты читаешь книги Шрилы Прабхупады и следуешь его наставлениям, ты общаешься со Шрилой Прабхупадой. Так много преданных лично находились рядом со Шрилой Прабхупадой, а теперь они ушли». Для меня было важно услышать это.

Прабхупада хочет, чтобы я действовала в соответствии со своей природой, то есть проповедовала и давала сознание Кришны. Я не могу делать ничего другого, и по милости Прабхупады — это единственное, что я когда-либо могла делать. Когда я не проповедую, я несчастна. Я молюсь, чтобы Шрила Прабхупада помог мне оставаться на этом пути и продолжать делиться сознанием Кришны с другими, потому что на самом деле все остальное — просто суета. Как говорит Прабхупада: «Без проповеди нет жизни».

Jagatpriya devi dasi / Джагатприя деви даси

На выступлении в здании городского совета в Сиднее в 1973-м году Джагатприя увидела Шрилу Прабхупаду, получила немного прасада, ей понравились преданные, а позже она посетила храм.

В конце 1975-го года, после того как мы с мужем прочитали книги Шрилы Прабхупады, мы переехали в храм в Сиднее, где все вращалось вокруг Шрилы Прабхупады. Все знали о нем и говорили о нем. Выполняя служение, следуя регулирующим принципам, повторяя шестнадцать кругов в день и посещая программы, я все больше и больше привязывалась к Шриле Прабхупаде.

Когда Шрила Прабхупада приехал Мельбурн в 1976-м году, мы посещали его утренние лекции по «Бхагаватам» и его вечерние *даршаны*. Но то, что укрепило мои отношения с Прабхупадой, произошло после его ухода в 1977-м году. Я жила в общине Нью-Говардхан. Я сидела и размышляла о том, что теперь будет без него, и в этот момент ко мне подошел Прабхупада и сказал: «Не думай, что я ушел». Это был решающий момент в моих отношениях. Я подумала: «Конечно, он не ушел. Он с нами», и я почувствовала себя намного ближе к нему. Именно эти пять слов, прозвучавших из уст Шрилы Прабхупады, укрепили мои отношения с ним, и я никогда не думала о том, чтобы заниматься чем-то другим в своей жизни, кроме как служить ему.

Из моего опыта, *вани* важнее *вапу*, слушание важнее личного присутствия. Прабхупада вовсе не ушел. Преданным, которые не видели его, повезло ничуть не меньше, чем тем, кто видел его. На самом деле преданные, которые никогда не виделись с ним, намного лучше меня и намного лучше тех преданных, которые много общались с ним лично.

Сейчас мои друзья-преданные вдохновляют меня своим служением, своим отношением и своей *садханой*. Если мы настоящие преданные, Прабхупада и Кришна помогут нам вернуться к Богу. Это довольно просто: нам нужно следовать четырем регулирующим принципам и повторять шестнадцать хороших кругов в день.

Jagattarini devi dasi / Джагаттарини деви даси

В начале 1970-х годов в Сиднейский храм стала приходить киноактриса Джагаттарини.

Когда я встретила Шрилу Прабхупаду в Лос-Анджелесе, он был милостивым и как дедушка милым. Услышав, что я была актрисой, сказал: «Я когда-то был актером. Я играл роль Адвайтачандры». Он сказал: «Мы привлекаем хиппи, но, если мы представим культуру сознания Кришны, мы сможем привлечь более высокий класс. Тебе следует ставить пьесы для Кришны». У нас был восторженный разговор о спектаклях, и в конце он сказал: «Вы замужем?» Я ответила: «Нет». Он посмотрел на меня мягкими, проницательными глазами и сказал: «Ты одна?» Я ответила: «Да». Он серьезно кивнул и произнес: «Я найду тебе хорошего мужа». Это был удивительный момент, потому что, с одной стороны, мне было почти противно при мысли о том, что кто-то найдет мне мужа, в отношении нашей культуры это было невероятно, но, с другой стороны, поскольку он был таким привлекательным и милым, я была тронута и польщена. Я вышла из комнаты в замешательстве и подумала: «Не думаю, что я кому-то об этом расскажу».

Прошло несколько месяцев, и Шрила Прабхупада благословил меня выйти замуж за Бхуриджана Прабху. Мы с Бхуриджаном познакомились и поженились в Гонконге, где открыли центр. Гонконг был перенаселенным, грязным и пропитанным запахом собачьих испражнений. На крыше нашей кухни было крысиное гнездо, и мы были изолированы от преданных. Мой муж хотел там остаться, но я не хотела. Я все время думала о Прабхупаде, и когда я увидела его в следующий раз, в 1972-м году, после полутора лет борьбы, я разрыдалась и плакала, и плакала. Прабхупада спросил: «Вы ведь не ссоритесь со своим мужем?» Обеспокоенная и взволнованная, я ответила: «О, нет, нет, нет, Прабхупада», и подумала: «Черт возьми, я только что сказала ему неправду». Он произнес: «Хорошо. Муж и жена не должны ссориться. Когда муж и жена ссорятся, не стоит воспринимать это всерьез. Это как будто иногда бывает молния и гром, но нет дождя». Сначала он высказался серьезно, а затем стал веселым и милым.

Позже мои родители встретили Прабхупаду в Мельбурне. Мой отец был уважительным, мама нервничала. Прабхупада сказал моему отцу: «Ваша дочь возродит ваш род». Мой отец сказал: «Да, да. Мы всегда думали, что она сделает что-то подобное». Прабхупада сказал: «Не думайте, что она бросила служение вам. Благодаря ей многие поколения вашей семьи будут освобождены». Мой отец ответил: «Да, это очень хорошо». Шрила Прабхупада сказал: «Куда бы я ни приехал по всему миру, родители приходят навестить меня и поблагодарить за то, что я сделал для их детей». Затем повернувшись к моей маме, он медленно, мягко и изящно снял свою гирлянду и отдал ей. Моя мама любила цветы и была рада получить гирлянду. После этого мои родители стали более разумно относиться к сознанию Кришны.

В Гонконге я чувствовала, что Шрила Прабхупада просил меня делать что-то невозможное, и когда я это делала, он добавлял к этому еще и еще. В моем уме возникли горечь и гнев по отношению к Шриле Прабхупаде, и я начала незаметно восставать и отталкивать его. Это посеяло в моем сердце семена обид, которые позже превратились в сорняки. Я вернулась к своей карьере, начала общаться с богатыми индийцами, вошла в моду, носила *сари* из шелкового шифона, много макияжа и делала прическу.

Итак, к тому времени, когда Шрила Прабхупада приехал в Гонконг, чтобы спасти Бхуриджану и Джагаттарини в конце 1973-го года, я была другим человеком. Я чувствовала себя неловко и нервничала из-за того, что Прабхупада будет критиковать меня. В аэропорту Шрила Прабхупада с суровым и серьезным видом смотрел сквозь нас с мужем (у моего мужа были волосы), и он как будто продолжал искать: «Где преданные?» Мой муж едва не упал в обморок. Я была напугана и несколько дерзка.

Шрила Прабхупада спросил: «Какая у вас утренняя программа? Я слышал, вы закрыли храм. Почему?» У меня не было *садханы*, я не повторяла *джапу*. Мы с мужем думали, что Сиддхасварупа был особенным, и у нас была некоторая злоба по отношению к преданным ИСККОН, мы не симпатизировали им. Шрила Прабхупада сказал, что Сиддхасварупа был глупцом, и серьезно спросил: «Джагаттарини, что ты думаешь о вашем образе жизни?» Он поймал меня. Я сказала: «Не знаю». Он продолжал: «Вы следуете за мошенником, вас обманули, и теперь вы обманываете других». Я была ошеломлена и хотела выйти из комнаты, но старалась сохранить спокойствие. Позже я расплакалась и плакала всегда во время того визита Прабхупады. Я чувствовала себя потерянной, отчаявшейся, мятежной, беспокойной и несчастной. Я ползла вместе с нашим движением без всякого рвения или сочувствия к Прабхупаде.

Затем за день до отъезда Прабхупады из Гонконга, я сидела возле его комнаты и слушала, как Прабхупада с диктофоном переводил «Чайтанья-чаритамриту», Мадхья, девятнадцатая глава об учении Рупы Госвами. Он говорил: «Оскорбление ... щелчок ... — это как ... щелчок ... бешеный слон. Когда слон входит в сад, ... щелчок ... он все разрушает, ... щелчок ... он все искореняет, ... щелчок. Точно так же происходит при оскорблении духовного учителя — ... щелчок ... оно выкорчевывает все ... щелчок ...». Все мое тело обмякло, когда я услышала, как он объяснил мою ситуацию. Мой муж сказал мне: «Пожалуйста, зайди, чтобы увидеть Прабхупаду». Я вошла, поклонилась и не смогла подняться, потому что я плакала. Прабхупада осторожно снял кольцо со своего пальца, грациозно повернулся и сказал: «Джагаттарини, это для тебя». Я надела кольцо на палец, поклонилась и заплакала.

За два напряженных дня Шрила Прабхупада перестроил меня и моего мужа, и перед отъездом он попросил нас приехать на Маяпурский фестиваль в феврале. Мы договорились, чтобы преданный из Китая поехал с нами в Маяпур, и когда этот преданный получил инициацию, Прабхупада был взволнован и сказал: «От собакоеда. Так же как в лесу, если есть одно сандаловое дерево, весь лес наполняется ароматом. Благодаря этому одному преданному вся китайская раса прославилась». А в Маяпуре на глазах у всех своих *санньяси*, Шрила Прабхупада сказал мне: «Большое спасибо, что вы приехали».

Однако, когда мы вернулись в Гонконг, у нас возникли проблемы, и мой муж решил уехать. Я сказала ему: «Прабху, я так страдала, когда Прабхупада гневался на меня. Я не хочу, чтобы Прабхупада снова был недоволен мной». Мой муж сказал: «Когда мы снова увидим Прабхупаду, он будет сердится не на тебя, а на меня».

Прабхупада узнал, что мы покинули Гонконг, и написал: «Что они делают? Что это за беспокойство?» Он был не зол, а обеспокоен, и в Мельбурне Шрила Прабхупада попытался вернуть нас к служению. Он был опытным психологом. Он сказал: «Значит, вы не хотели оставаться в Гонконге. Может, тебе лучше поехать в Китай?» Мой муж нашел какое-то оправдание, почему мы не можем поехать в Китай. Прабхупада сказал: «Может быть, вы поедете в Африку?». И: «Ты можешь стать моим слугой и путешествовать со мной». В какой-то момент мой муж сказал, что ему нравится Сингапур, и Шрила Прабхупада ответил: «Вы можете поехать в Сингапур, открыть книжный магазин и продавать всевозможные книги вместе с нашими книгами. Тебе не нужно будет носить *дхоти*, и вы можете наносить *тилаку* водой». Он не акцентировал внимание на внешнем. Но к тому времени я была на пятом месяце беременности, поэтому вместо Сингапура мы остались в Австралии и начали бизнес по изготовлению гобеленовых сумок. Каждый месяц мы отправляли Прабхупаде деньги, и он каждый раз отвечал нам: «Я очень вам благодарен».

В 1976-м году мой муж решил, что снова хочет быть активным в ИСККОН. Мы начали путешествовать со Шрилой Прабхупадой, но, когда мы были на Фиджи, и Хари Шаури критически отозвался о Сиддхасварупе, я сказала: «Я не хочу жить в храме». Шрила Прабхупада позвал нас. Он спросил: «В чем трудность? Это продолжается так долго. Вы здесь, и я здесь. Давайте решим эту проблему навсегда». Шрила Прабхупада умело и искусно затронул многие вопросы, и у нас состоялась удивительно содержательная дискуссия. Я объяснила, что у меня сложилось впечатление о духовном учителе как о человеке, который обременяет нас задачами, превышающими наши возможности. Прабхупада сказал мне: «Твой долг — слушать своего мужа», и он склонился над своим столом и по-отечески сказал: «И если ты считаешь, что твой муж некомпетентен, то напиши мне, и я направлю тебя, но никто другой». Это было мило.

Он остановился в доме брата Васудевы. Он сказал: «Вы только посмотрите на эту пару. У нее есть свои Божества, и она совершенно счастлива и никогда не беспокоится». Я ответила: «Но, Прабхупада, я выросла не в этой культуре». Он этого не отверг. Он сказал: «Я знаю. Но если что-то хорошо, почему бы не попробовать?» Это был такой разумный, осмысленный ответ. Тогда Прабхупада спросил моего мужа: «Почему она не следует за тобой?» Муж ответил: «Потому что я часто меняю свое мнение». Прабхупада сказал: «Ты меняешь свое мнение, тогда и она расстраивается. Конечно, она не может следовать. Самое первое: сосредоточься на духовном учителе и следуй его указаниям».

Это был последний раз, когда мы видели Прабхупаду.

Мне невероятно повезло, потому что Прабхупада научил меня, что делать, если возникают трудности с духовным учителем: Шрила Прабхупада настаивал на послушании. Я видела, что он спасет нас, если мы останемся послушными и будем продолжать практиковать. Мне потребовались годы, чтобы исцелиться и восстановить свою преданность. Сейчас мои отношения со Шрилой Прабхупадой процветают. Я молюсь ему и уважаю всех, кто служит ему, потому что я знаю, что Шрила Прабхупада уважает их.

Jahnava devi dasi / Джахнава деви даси

В письме от 14 февраля 1969 года Шрила Прабхупада принял Джахнаву как свою ученицу и написал ей: «Процесс сознания Кришны доступен каждому, но только один из многих тысяч людей примет его. Поэтому ты должна очень серьезно отнестись к совершенствованию своей жизни в сознании Кришны и тогда, став достойной, ты сможешь войти в царство Бога, Голоку Вриндавана. Поэтому, пожалуйста, прими эти четки, начитанные мною должным образом, и повторяй по меньшей мере 16 кругов маха-мантры ежедневно, а также следуй всем регулирующим принципам. Обращайся за помощью к своим духовным братьям и сестрам, и полностью займи себя служением в сознании Кришны. Это принесет тебе успех. Ты можешь быть уверена в этом».

Одним из моих первых впечатлений о Шриле Прабхупаде было то, что он был невообразимо смиренным, и его смирение было многогранным, как драгоценный камень. Всего лишь после мгновения общения с ним мы смогли получить представление об отношениях духовной души с Кришной, мы смогли увидеть как Кришна прекрасен, как Он щедр. Мы поняли, что Он — раздающий милость, и что душа находится в положении принимающей эту милость, милость быть защищенной. Шрила Прабхупада показывал нам все это. И так мы стали уверены в нем и в Кришне.

В каждый момент времени Шрила Прабхупада помнил о своем духовном учителе, Шриле Бхактисиддханте Сарасвати Тхакуре. Шрила Прабхупада гордился тем, насколько велик Господь Кришна, он гордился тем, насколько милостив Господь Чайтанья, а себя он считал простым слугой своего духовного учителя. Он наш вечный доброжелатель, потому что он представитель Параматмы и представитель Шрилы Бхактисиддханты Сарасвати Тхакура. А мы, в свою очередь, стремимся стать представителями Шрилы Прабхупады.

Вместе мы можем приблизиться к его лотосным стопам через преданное служение. Мы все страдаем в этом материальном мире, и Шрила Прабхупада любезно создал это общество, благодаря которому мы можем общаться друг с другом и сострадательно помогать друг другу в сознании Кришны. Это настоящая дружба. Это подарок, который дал нам Шрила Прабхупада. Новые преданные могут развить свою преданность Шриле Прабхупаде, слушая о том, как он говорил, как он ходил, что он делал, как он общался. Мы можем выступить посредниками в чем-то, что сделал Шрила Прабхупада, а затем проанализировать, как именно эти наставления могут относиться к нам здесь и сейчас, а также подумать о том, как мы можем применить эти наставления в будущем. Каждое слово Шрилы Прабхупады очень значимо, каждое его действие, каждый обмен мнениями, преисполнены смысла, который мы можем обсуждать и которым можно руководствоваться. У нас достаточно времени на это. Преданные рассматривали деятельность Шрилы Прабхупады под разными углами. Иногда наши впечатления были одинаковыми, но иногда мы, естественно, видели одно и то же действие с разных точек зрения. И это замечательно.

В 1969-м году, когда Шрила Прабхупада прибыл в аэропорт Бостона, слегка моросил дождь и мы вместе с Рукмини выбежали к самолету, чтобы поприветствовать его, пока он спускался с лестницы. В его руках был зонтик. Мы были молоды и с детским рвением хотели служить ему. Мы поклонились ему под дождем, и Шрила Прабхупада остался доволен нами. Это было похоже на то, как если бы он прибыл с духовного неба. Мы не видели Шрилу Прабхупаду уже очень давно, и когда мы вернулись в храм из аэропорта, Брахмананда отправил меня в комнату Прабхупады с серебряным бокалом воды. Я просто упала в дандаваты — полные, распростертые поклоны, — перед Шрилой Прабхупадой. Как только я легла, я стала думать: «О, я не знаю, позволено ли женщинам делать это!» Мне стало страшно и тогда я неуверенно и медленно стала подниматься, и я внимательно наблюдала за ним, пытаясь понять, не совершила ли я какого-нибудь оскорбления. Шрила Прабхупада был очень доволен. После этого все стали делать дандаваты — и мужчины, и женщины, — а Шрила Прабхупада был доволен.

Шрила Прабхупада объяснил, что по мере продвижения в сознании Кришны мы можем стать экспертами в различных искусствах и науках, но Кришна удовлетворен нашей преданностью. Шрила Прабхупада был доволен даже детским рисунком Кришны, который был не более чем каракулями, но в то же время, увидев некоторые технически точные и хорошо выполненные работы, Шрила Прабхупада мог отругать кого-то: «Ты не представил Кришну должным образом».

Еще один момент, касающийся Шрилы Прабхупады, заключается в том, что он уже дал нам абсолютно все. Путь для нас открыт. В каком-то смысле единственный уместный вопрос, который остается в глубине наших сердец: «Как мы можем принять ту милость, которую он дарует?» Настоящее смирение означает иметь веру в то, что Прабхупада может сделать из нас преданных. Все что необходимо от нас — просто подчиниться ему и принять его милость. Если мы любим Шрилу

Прабхупаду, то будем по крайней мере стараться постоянно принимать его милость, и мы не нарушим данных ему обещаний. А это значит, что у нас будет возможность вернуться к Богу уже в этой жизни.

Однажды, когда я жила в храме менее двух недель, у меня появилась возможность находиться в комнате Шрилы Прабхупады вместе с ним на протяжении двух часов, но тогда у меня были трудные времена. Я не могла как следует слушать Шрилу Прабхупаду из-за его акцента, и я была не в состоянии внимательно слушать и запоминать то, что он говорит. Шрила Прабхупада был полон сострадания. Он видел, что я пыталась его слушать, пыталась получить пользу от общения с ним, и он пристально посмотрел мне через плечо и сказал: «Просто посмотри, как прекрасен Кришна». Тогда я подумала: «Ну, если я повернусь, я могу увидеть воздух, или изображение, или фигуру из латуни. Я не знаю, какая из форм Кришны там находится, но у меня такое приземленное видение». Впервые я начала понимать свою зависимость от Шрилы Прабхупады и подумала: «Моя позиция заключается в том, что я не знаю Кришну, а Прабхупада описывает Его для меня. Поэтому, пожалуйста, позвольте мне услышать его описание, вместо того, чтобы пытаться увидеть Его своим мирским зрением. Позвольте мне увидеть Кришну, слушая Шрилу Прабхупаду». Это было важно. Я являюсь свидетелем милосердия Шрилы Прабхупады, потому что я была практически неспособна справиться с этим материальным миром, но Шрила Прабхупада смог придать моей жизни смысл и надежду.

Шрила Прабхупада тщательно заботился о своих только что инициированных преданных неофитах, которые были пионерами движения ИСККОН. Он проводил свадебную церемонию для нас с мужем и еще двух пар преданных одновременно. Вот он, вайшнав парамахамса, санньяси, и все же он любезно взял на себя роль заботливого отца и священника. Он такой милосердный.

Другим качеством Шрилы Прабхупады было то, что, когда он хотел обратить на тебя внимание, он обязательно делал это и тем самым вселял уверенность в то, что ты только что сделал что-то правильное в сознании Кришны. Но если он не хотел замечать тебя, чтобы подавить твою гордость, он бы не заметил тебя ни за что на свете. Мне потребовалось двадцать лет, чтобы дойти до понимания того, что не нужно пытаться наслаждаться духовным учителем, но необходимо постараться понять глубинные аспекты служения его миссии.

Я отдала свою жизнь Шриле Прабхупаде. Я хочу быть честной относительно того, насколько я прогрессирую или отступаю в сознании Кришны, и я постоянно пытаюсь исправить себя. Одним из важных моментов является *джапа* — это один из основных способов, посредством которого я ощущаю связь со Шрилой Прабхупадой. Также важно проявлять энтузиазм в самостоятельном изучении его книг, поскольку в них содержатся решения всех жизненных проблем.

Jalatala devi dasi / Джалатала деви даси

У Джалаталы была родственная связь со Шрилой Прабхупадой: мать Прабхупады была младшей сестрой прабабушки Джалаталы. Брат Прабхупады, Кришна Чаран Де, жил в доме Джалаталы и воспитывал ее. Джалатала часто ходила с ним повсюду, и он часто покупал ей маленькие сари. Кришна Чаран говорил ей, как сильно он любит своего брата, Шрилу Прабхупаду.

Когда у Шрилы Прабхупады был аптечный бизнес в Аллахабаде, он иногда посещал дом моего деда во время деловых поездок. Прабхупада любил большой фруктовый сад моего деда с джекфрутами и многими другими фруктовыми деревьями, и обычно дарил моему отцу и девяти его братьям зубную пасту с нимом из своей аптеки.

Много лет спустя европейские и американские ученики Прабхупады организовали большую успешную программу в пандале в парке «Майдан» в Эспланаде, Калькутта, где ежедневно выступал Прабхупада. Мне тогда было восемь лет, и мы с отцом, сестрой и мамой посещали эти программы.

Несколько лет спустя на программе в пандале в калькуттском парке «Дешаприя» Прабхупада читал лекцию, и несколько наксалитов бросили туда бомбы. Я испугалась, но Прабхупада был спокоен. На бенгальском он сказал этим наксалитам: «У нас есть бомба, которая больше вашей». Наксалиты удивились: «У Прабхупады есть большая бомба?» Прабхупада сказал: «Кришна может все. Он может покончить с вами». Эти наксалиты больше не бросали бомб. Прабхупада был бесстрашен и удивителен.

Однажды я играла на *мриданге* и пыталась петь перед Радха-Говиндой в калькуттском храме ИСККОН, в это время вошел Прабхупада. Я подумала, что он рассердится, но он сказал на бенгали: «Играй, играй, нет проблем». Прабхупада милостиво принял мою неумелую игру и пение. Я жила дома и посещала школу, но всякий раз, когда Прабхупада приезжал в Калькутту, я оставалась в храме с девушками-преданными. Я помогала убирать комнату Прабхупады и помогала Пишиме и Ямуне готовить для него. Когда Прабхупада обедал, он с удовольствием пробовал понемногу все, что мы приготовили, но всегда доедал до конца свою большую миску сукты. *Санньяси* Бхавананда Махарадж, Тамал Кришна Махарадж, Гаргамуни Махарадж ждали снаружи комнаты Прабхупады, и, когда выносили его тарелку, они брали остатки. Это удивило меня. Никогда раньше я не видела, как ученики почитают своего *гуру*. Со временем я научилась поклоняться и любить *гуру* и стала праздновать каждый приезд Прабхупады в Калькутту: «Прабхупада приезжает! Прабхупада приезжает!»

Я из *вайшнавской* семьи и всю жизнь проводила *пуджу* и ходила в храмы. Я видела многих *гуру* и знала, — то, каким образом проповедовал, писал книги и принимал учеников по всему миру Шрила Прабхупада, было экстраординарным. Когда для меня пришло время выбирать *гуру*, как я могла выбрать кого-то, кроме Шрилы Прабхупады?

Прабхупада был безупречно организованным. В момент, когда принимал омовение, когда спал, когда ел, и что он ел. Я не понимаю, как он был таким организованным. Каждый день в четыре часа я подавала ему разрезанную гуаву, сок кокоса, сандаловую пасту с шафраном, немного камфоры для лба и гирлянду, которую я делала.

В нынешние дни я иногда болею и нахожусь дома в одиночестве, но я включаю лекцию и слышу, как Прабхупада говорит мне: «Ты – не это тело. Почему ты думаешь, что это тело твое?». Прабхупада сказал: «Я никогда не умру. Я живу в своих книгах, и вы должны использовать их». Он всегда с нами. Он наблюдает.

Шрила Прабхупада – представитель духовного мира. Когда люди чувствуют его любовь к ним, они магнетически привлекаются и привязываются к нему. Что и произошло со мной.

Jambuvati devi dasi / Джамбувати деви даси

Джамбувати воспевала дома около полутора лет, прежде чем перебралась в нью-йоркский храм в 1969-м году. Ей было семнадцать.

Из Нью-Йорка меня отправили в Бостон стать *брахмачарини*, и когда приехал Прабхупада, я вместе со всеми преданными Восточного побережья отправилась встречать его в аэропорт. Увидев его, я почувствовала его глубоко в своем сердце и поняла, что сознание Кришны предназначено для меня. Я плакала.

Каждый раз, когда Прабхупада говорил, все страдания и страхи, которые я чувствовала, рассеивались. Я решила последовать за ним, поэтому села в автобус и поехала в Филадельфию, и именно там Прабхупада в письме инициировал меня и выдал замуж за Лалит Кумара, моего друга детства, который впервые рассказал мне о сознании Кришны. Затем по телефону Прабхупада сказал нам открыть храм в Уилмингтоне, штат Делавэр. Он сказал: «Просто поезжайте, и вам будет предоставлено финансирование».

Уилмингтон был в Библейском поясе, и мы с Лалит объяснили Прабхупаде, что нас там не приняли. Прабхупада сказал: «Просто продолжайте двигаться вперед, потому что кто-нибудь там станет преданным, даже если вас рано или поздно вытолкнут оттуда», что и произошло.

Генри-стрит в Нью-Йорке была похожа на Вайкунтху, и когда приехал Прабхупада, мы с Лалитом должны были получить брахманическое посвящение. Я сделала несколько конфет «Простое чудо» размером с мяч для гольфа и положила их в большую корзину. Мы с Лалитом вошли в комнату Прабхупады, и Прабхупада коснулся моей головы и велел мне сесть позади Лалита. Его прикосновение прошло через все мое тело. Затем Прабхупада положил руку Лалиту на голову и сказал: «А, Лалит Кумар, очень хороший парень». Он дал Лалиту мантру Гаятри и сказал мне: «Следуй за своим мужем, вместе читайте Гаятри и станьте идеальной парой в сознании Кришны». Затем он спросил: «О, что это?» Я ответила: «Это «Простое чудо». Он сказал: «О, Простое чудо — просто чудесны», взял одну, откусил ее и сказал: «А теперь раздайте остальные преданным». Я спросила: «Прямо сейчас?» Он сказал: «Нет, не сейчас». И рассказал Лалиту, как правильно обо мне позаботиться, а мне посоветовал как быть хорошей женой, следуя наставлениям Лалита. Я была в экстазе. Когда я вышла, преданные спросили: «Что он сказал? Что он делал?» Я ответила: «Он хочет, чтобы у всех было по одному шарику», и я раздала всем «Простое чудо».

Я часто писала Прабхупаде: «Что мне делать с этим? Что мне делать с тем?» — и, к моему удивлению, он каждый раз отвечал. В своем первом письме он написал: «Давай ребенку пол литра молока каждый день». Он также написал: «Иногда нам приходится принимать помощь обычных врачей. Но дай своему ребенку сознание Кришны, а по поводу вопросов, которые не в твоих руках, обращайся к обычному врачу. Поскольку этот врач будет работать с твоим ребенком-преданным, врач получит благо».

В Нью-Йорке я основала первую гурукулу ИСККОН, и Прабхупада наставлял меня заботиться об учениках, давать им Кришну и добавлять академическое знание, которое я могу. Прабхупада написал моему мужу: «Скажи Джамбувати, чтобы она продолжала развивать школу», и дал мне свои благословения. Для меня каждое слово Шрилы Прабхупады было вдохновляющим. И его наставления сейчас такие же, как и в 1969 году.

Janaki devi dasi / Джанаки деви даси

В конце лета 1966-го года, на 21-ый год жизни, Джанаки получила посвящение на Второй авеню, 26 в Нью-Йорке. Она стала первой женщиной среди учеников Прабхупады.

Мы с Мукундой собирались поехать в Индию. Сделали паспорта, визы и прививки. Когда однажды Мукунда пришел домой и сказал: «Я встретил *гуру* на улице», я была настроена скептически: «*Гуру* на Бауэри?» Но мы пошли послушать Прабхупаду. Было непросто понять его чудной говор. На листе бумаги он написал слова, которые мы должны были петь: «Харе Кришна, Харе Кришна, Кришна Кришна, Харе Харе, Харе Рама, Харе Рама, Рама Рама, Харе Харе». Это было трудно, потому что не было ни малейшей идеи в том, что я пела. На третий раз мы сказали ему, что едем в Индию. Он ответил: «Я могу дать вам то, что вы хотите найти в Индии». После этого я увидела, как он в одиночестве шел по улице — яркий шафран посреди зловония Бауэри. Я подошла к нему. Он улыбнулся, и я спросила: «Вы меня помните?» Он сказал: «Да, конечно». Я ответила «Рада вас видеть. Мы живем в квартале вверх по улице», и он стал приходить к нам домой раз в неделю, иногда чаще.

Он наставлял меня: «Когда я прихожу, тебе следует предлагать мне еду». У меня не было еды в доме, потому что Мукунда ел один раз в день в макробиотическом ресторане. Я предложила Прабхупаде апельсиновый сок. Прабхупада задавал вопросы о Соединенных Штатах, жизни мальчиков и девочек, а также о том, почему мы с Мукундой жили вместе, не поженившись. Он хотел понять, как работает американское общество. Пару раз мы гуляли вместе, и это было прекрасно. Он нес свой зонтик, его одежды развевались на ветру, и от него исходил пьянящий восхитительный запах пачули и сандалового дерева. Быть рядом с ним всегда было потрясающе. Иногда из-за ветра его одежды касались меня, они казались мягкими и восхитительным, как сам Прабхупада.

Он жил на огромном пустом чердаке с сумасшедшим молодым человеком. В своей части этого чердака он проводил регулярные занятия и *киртаны*. Пройдя через темный, сырой коридор, мы открывали его дверь, смотрели через комнату на Прабхупаду. Он сидел на забавной маленькой платформе под лампочкой, свисающей с потолка над его головой и играл на *караталах*. Он вешал свою одежду на бельевой веревке, обозначающей границы его жилья. Всего 2 на 4 метра! У него была кровать на полу, небольшая парта и классная доска. Раз в неделю он давал нам очень интересные уроки санскрита. Он научил нас играть на *караталах*, давал знания о ритме и как правильно петь Харе Кришна. Он любил, когда мы приходили, и мы с Мукундой делали это регулярно. Мукунда спокойно плыл по течению, вверяя себя учению. Я же была более недоверчивой, не доверяла религии и потому мой прогресс был медленнее.

Когда его сумасшедший сосед по комнате стал еще безумнее, Прабхупада спросил, может ли он жить с нами. Я отказалась: «Нет, это плохая идея. Мы не можем этого сделать». Это привело к тому, что вскоре он получил квартиру на Второй авеню, 26. Затем он сказал, что необходимо зарегистрировать Общество; Мукунда стал секретарем, а я казначеем.

Когда Прабхупада инициировал меня, весь мой мир перевернулся. Я недавно приехала в Нью-Йорк из Портленда и увидела там очень много необычного — 1966-й год был пиком серьезных перемен в Америке. Квартира Прабхупады на Второй авеню, 26, была размером с большой чулан. Тем удивительнее был большой костер посреди этой комнаты. В ней собрались шесть человек, получающих посвящение, в том числе Мукунда. Я была там единственной женщиной. Горящие в огне бананы, уголь, которым намазывали наши тела, всевозможные чуждые мне заклинания и невероятная жара. После всего этого я ушла оттуда одна.

Мне нужно было пройтись по улице, дать голове отдохнуть.

В конце концов Прабхупада сказал Мукунде и мне, что мы не должны просто жить вместе — нам подобает вступить в брак. Меня это полностью устраивало — я была человеком 50-х годов, и выйти замуж было правильным поступком. Прабхупада сказал мне тогда: «Ты станешь богиней дома, и это важно. Он станет твоим владением, и ты будешь за него отвечать, готовить *прасад* и заботится о своем муже». Он объяснял, что женщины не бессильны в своем окружении, что на нас лежит большая ответственность и большая свобода находить способы управлять своим хозяйством. Он сказал мне, что мое свадебное *сари* должно быть из красного шелка. Я сама выбрала, и мы с Мукундой купили его. Оно было дорогим и красивым: чудесный мягкий шелк с золотыми нитями. Прабхупада завернул меня в это *сари*, так чтобы оно на мне держалось.

Некоторое время оно было единственным *сари* в ИСККОН, и его носили другие невесты — Ямуна, Малати. Оно стало атрибутом нашего сестринства. У меня было обручальное кольцо моей матери, и я давала его Ямуне и Малати, когда они выходили замуж.

Важно было приготовить еду на нашу свадьбу. К счастью, я спросила свою сестру из Орегона, не хочет ли она приехать. Она откликнулась, хоть это и неблизкий путь — поехать в Нью-Йорк. Она прилетела на свадьбу, и Прабхупада немедленно отправил ее на кухню.

Тем временем я покупала большие индийские серьги, делала гирлянды для Прабхупады, Мукунды и себя. Украшала всю комнату хвойными ветками. В некотором смысле свадьба была похожа на посвящение: большой костер посреди комнаты и фрукты, помещенные в огонь. В этой маленькой комнате было человек двадцать или тридцать. Люди стояли в коридоре и смотрели в дверной проем, потому что не хватало места. Прабхупада привязал конец моего *сари* к *чадару* Мукунды и сказал, что оно должно оставаться привязанным в течение семи дней.

Прасад был прекрасным и царила праздничная атмосфера.

Во время нашего медового месяца мы с Мукундой планировали поехать в дом моей тети на Лесном озере недалеко от Кратерного озера. Прабхупада сказал: «Пока вы будете там, подумайте о храме в Сан-Франциско». Моя сестра Джоан, ее друг Морис, Мукунда, я и мой черный кот Скетцельбренцер сели в арендованную машину и по дороге решили навестить наших друзей Мелани и Сэма [позже Малати и Шьямасундар], которые работали на смотровой вышке на вершине 3-ех километровой горы в «Трех сестрах». Я приготовила для них *прасад*, и Мелани была потрясена надувающимися *чапати*. Прабхупада дал мне *караталы*, и мы научили их петь Харе Кришна. Кастрюли, сковороды и ложки были сопутствующими инструментами, и у нас получился хороший *киртан*. Сэм предложил нам немного ЛСД, но я отказалась. Малати сказала: «Ого, здесь что-то действительно изменилось. Они женаты, не едят ни мяса, ни кислоты».

Мукунда сказал: «Мы собираемся открыть храм в Сан-Франциско», и попросил их помочь. Малати спросила: «Что такое храм?» Мукунда очень серьезно сказал: «Это выкрашенный в белый цвет магазинчик». Малати сказала: «Хорошо». Мы были счастливы обустраивать храм. Нашли магазин хиппи на Фредерик-стрит, повесили там изображения Иисуса и Будды и пригласили Прабхупаду. Прабхупада сказал: «Было бы лучше, если бы мы сняли изображения Иисуса и Будды. Зачем нужны они, если вы можете познать Верховную Личность Бога? И, кстати, может быть, Ральф, пес Сэма, может подождать снаружи?». Он не критиковал — он учил нас как сосредоточиться и погрузиться в Кришну, очистить наше сознание и двигаться в правильном направлении. Предлагал нам как сделать лучше: «Возможно, это была бы хорошая идея», но оставлял окончательное решение за нами.

Он всегда был замечательной личностью. Я с улыбкой вспоминаю те счастливые дни, потому что у меня было много личного, неформального общения с ним. Если я хотела, чтобы он попробовал что-нибудь — картофельное пюре с маслом или взбитые сливки, он шел по коридору босиком и с радостью это пробовал. Точно так же он научил меня премудростям на кухне, которые были невероятно замечательными, например, как сделать *пури* пышным. Однажды я предложила ему артишок и сказала: «Вот, я покажу вам Свамиджи». Я сорвала лист, окунула его в топленое масло, протаскивая между зубами и предложила: «А теперь попробуйте». Он попробовал несколько листьев и удивился: «Так много проблем?»

Когда Прабхупада съел немного взбитых сливок, подслащенных сахаром, восхитительно пушистых и чудесных, его глаза раскрылись, как *пури*. Его так взволновал необычный вкус, что он на кухне откусил еще один кусок. Я в шутку сделала замечание: «Вы едите на кухне?» — и он улыбнулся в ответ.

Чтобы сделать Сюрприз Кришны, я смешала взбитые сливки, ананас, мандарины, мараскиновую вишню, немного риса и принесла ему: «Попробуйте это, Свамиджи». Ему понравилось, и он сказал: «Что это?» Я заколебалась, подумала и сказала: «Сюрприз Кришны». Прабхупада сказал: «Да», и это стало одним из наших основных блюд. В другой раз я положила ему на тарелку два или три маленьких коктейльных зонтика, сделанных в Японии. Шрила Прабхупада поднял глаза, улыбнулся и сказал: «Да, Радхарани тоже знала искусство служения Кришне, поэтому Он был доволен. Он был так доволен, что вкусил все одним просто взглядом». Прабхупада находил много способов воодушевить нас.

Однажды почтальон привез Свамиджи аэрограмму из Индии. Это было очень необычно и захватывающе. Мы с Малати побежали с ней наверх и постучали в дверь. Прабхупада подошел к двери, и я прокричала: «Свамиджи, вам письмо из Индии!» Он взял его и сказал: «Да?». Я сказала: «Свамиджи, разве вы не собираетесь его прочитать?» Он открыл письмо, прочитал и сложил. Я спросила: «Свамиджи, хорошие новости?» Он сказал: «Да, моя сестра умерла». Мы с Малати переглянулись: «Это хорошие новости?» Он сказал: «Она была преданной Кришны. Она вернулась к Богу». Это приоткрыло нам глаза на мир, в который мы стремимся. Он начал вспоминать сестру со слезами на глазах. Между этими двумя *вайшнавами* была большая любовь. Прабхупада предложил нам множество знаний и учил нас как знаниям из учений, так и на жизненных примерах. Мы узнали, что смерть — это неплохо, и ее не следует бояться. Мы узнали, что он может вспоминать и испытывать сильные эмоции о своей сестре, но при этом быть счастливым, что она вернулась к Богу.

Мы раньше погружались в безличную нематериальную философию, но здесь была иная философия, охватившая все, включая эмоции, но при этом было место и непривязанности, трансцендентности.

Прабхупада никогда не переставал учить нас. Я стояла у окна, когда из Индии прибыла первая *мриданга*. Свамиджи был так взволнован, что вертелся по комнате, ожидая, когда ее поднимут наверх. Затем он выбежал в коридор. Ему не терпелось сыграть на ней. Он сел и начал радостно играть, а потом разорвал конец своего *дхоти*, чтобы обернуть *мридангу*.

Как-то раз принесли сухое молоко и Прабхупада смешал его с маслом и сахаром, раскатал шарики и попросил меня попробовать один. «Что думаешь?» Я ответила: «О, Свамиджи, это просто чудо!» Он сказал: «Да», и мы стали называть их «Простое чудо». Это были восхитительные дни с Прабхупадой. А когда он уходил, сразу становилось плохо. Есть фотография, на которой я в аэропорту перегнулась через перила, а он сидит по другую сторону. Я выхватила у него билет на самолет и сказала: «Теперь, Свамиджи, вы не сможете улететь. У меня ваш билет». Он посмотрел на Мукунду как будто бы просил: «Сделай что-нибудь». После того, как он уехал, мне приснилось, что все пели, и по всей планете разносилась *мантра* «Харе Кришна». Мой сон был настолько реален, что я написала Прабхупаде. Он ответил: «Да, так и должно быть».

Прошло некоторое время, и мы услышали, что у Прабхупады случился сердечный приступ, он был очень болен и может не выжить, поэтому мы начали петь и не останавливались почти сутки. Мы пели так усердно и интенсивно, глядя на Божества Джаганнатхи и думая о Прабхупаде, что Божества начали танцевать. Это было невероятно. Я повернулась к Малати со слезами на глазах и сказала: «Они настоящие». Я была едина с Ними. Ничто физическое, материальное не прерывало моего единения с пением и Божествами. Все мы пели и пели, и Прабхупада выжил. У нас были подготовлены для него королевские апартаменты на Стинсон Бич. Там он много отдыхал, вкушал замечательный *прасад* и поправлялся. Сан-Франциско был местом новых начинаний, где наша невинность сочеталась с большим энтузиазмом и необузданным укращением нашего духа.

Любимым уголком для сна моего кота Скетцельбренцера была ванна Прабхупады. Порой мне говорили: «Джанаки, сходи за котом». Я спускалась и вытаскивала Скетцельбренцера из ванны. Прабхупада терпеливо относился к коту в своей ванне, но в какой-то момент предложил нам освободиться от кошек. Он сказал: «На данный момент вы не хотите иметь животное сознание. Вы хотите сосредоточить всю свою энергию на сознании Кришны». Он хотел, чтобы в нашей жизни было больше дисциплины.

У меня случился выкидыш, а затем я снова забеременела, и Прабхупада сказал мне: «Ты должна делать то, что говорят врачи. Не стой на ногах и следуй их указаниям», потому что он знал, что я не умею слушаться. Он также сказал: «Но если у тебя не будет этого ребенка, то ничего страшного». Мне было очень грустно и больно. Он сказал: «Не держись за эту грусть. Отпусти ее, потому что, возможно, тебе не предназначено быть матерью». После трех выкидышей я решила, что он прав — это был явный знак. Я отказалась от дальнейших попыток. Прабхупада сказал: «Может, тебе стоит поехать к своей тете Эдне и позволить ей позаботиться о тебе», и я послушалась. Я поехала на Лесное озеро и написала оттуда Прабхупаде. Он наставлял меня как отец. Он сказал мне, что Кришна не хотел, чтобы я забеременела, и сказал: «С этим ничего не поделать. Ты тут бессильна. В конечном итоге это зависит от Кришны». Когда я впервые подошла к нему, я плакала, но он не похлопывал меня по голове, говоря: «Ой, мне тебя так жаль». Он не был глупо сентиментальным, а давал наставления и заставлял меня двигаться вперед.

Позже он сказал: «Отправляйся в Лондон». Так мы и сделали, остановившись по пути, чтобы отпраздновать Джанмаштами и Вьясапуджу в монреальском храме. В Бэттери Плейс я учила новых преданных готовить. В этом храме было многолюдно, и нам приходилось готовить много *прасада*. На кухне я придерживалась строгой дисциплины, следуя правилам Прабхупады: не перекусывать и не пробовать *прасад* на кухне, содержать все в чистоте, не наслаждаться *прасадом* до того, как его предложили Радхе и Кришне.

Через некоторое время я устала от храмовой политики и необходимости все время кланяться мужчинам. Казалось, что мужчины берут верх, что они привносят в сознание Кришны что-то, что на самом деле с ним не связано. Дошло до того, что мне пришлось покинуть Движение. Я вошла в комнату Прабхупады и сказала, что ухожу. Он спросил меня: «Ты уверена, что тебе нужно уйти? Я ничего не могу сделать?» Я ответила ему: «Нет, вы ничего не можете сделать — мне нужно уйти». Он попросил меня позаботиться о себе и сказал, что где бы я не была, он будет молиться за меня и что для меня найдется место. Я могу вернуться в любое время, когда захочу, и после этих слов он заплакал.

Jarati devi dasi / Джарати деви даси

В 1972-м году, четырнадцатилетняя Джарати, жившая в Англии менее года, привлеклась харинамой в торговом центре Мандер в Лондоне. Она видела харинамы в Индии, но лондонские преданные выглядели по-другому. Казалось, будто они спустились с небес.

Я думала, что преданные пришли из духовного мира, и хотела посмотреть, как они уйдут обратно в духовный мир.
— Пойдем, — не унималась сестра.
— Нет, иди одна, — ответила я.
— Вот твой билет на автобус. Доберешься до дома сама, — сказала она.
Преданные увидели мой интерес и спросили:
— Хочешь пойти с нами?
— Да, конечно — ответила я.
Я пошла с ними в храм на Бэттери-Плейс. В храме кипела жизнь: все старались как можно лучше подготовиться, чтобы порадовать Шрилу Прабхупаду. Он должен был приехать на следующий день. Преданные накормили меня вкусным *прасадом*, и я забыла, что мне нужно ехать домой. Я осталась ночевать в храме. На следующий день приехал Шрила Прабхупада. Кто-то сказал:
— Шрила Прабхупада, это индийская девочка, которая хочет присоединиться к нам.
— Прекрасно, — ответил Прабхупада.
— Я не уверена, кто такой Бог. Вы Бог? — спросила я Шрилу Прабхупаду.
— Нет, я слуга Бога. Господь Чайтанья — это Бог, — ответил он.
Я почувствовала, что Шрила Прабхупада приведет меня к Богу.
— Я не сказала родителям, что стала прихожанкой храма, — добавила я.
— Это не очень хорошо. Возвращайся к родителям, — отчитал меня Прабхупада.
Я заплакала.
— Теперь тебя зовут Джарати. Воспевай шестнадцать кругов каждый день.

Он дал мне четки, и я ушла. Мой отец был вне себя от ярости.

Когда мне было пятнадцать с половиной лет, отец выдал меня замуж. Я ничего не говорила мужу и его семье о Кришне, но моя свекровь любила меня и одобряла все мои занятия. Она попросила меня получить инициацию у ее *гуру*.

– Нет, я не могу – сказала я.

– Почему? – спросила свекровь.

– У меня есть *гуру* в Кришна-мандире.

– Да? Почему же ты мне не сказала? – удивилась она.

– Я совсем недавно вошла в вашу семью и не была уверена, стоит ли говорить об этом.

– Пригласи их в гости – предложила она.

Мы позвали домой всех преданных Кришны и приготовили для них пир. Мой муж, его братья и все домочадцы стали пожизненными членами ИСККОН. Мой муж имел привычку курить и выпивать, но после того как преданные ушли, он всю ночь и весь следующий день читал Первую Песнь «Шримад-Бхагаватам». Он сразу бросил курить, пить алкоголь и чай. Он сказал: «Я собираюсь навестить преданных в храме». Мы пошли в храм, он скупил все книги, и потом ходил от двери к двери, распространяя их. Он не знал, что занимается *санкиртаной*, но отнес деньги в храм. В Рождество преданные предложили ему уйти с работы и посвятить себя *санкитане*. В конце концов, он все-таки бросил свою работу, мы продали дом и переехали в Бхактиведанта Мэнор.

Сейчас мы с мужем не занимаемся непосредственным служением, как раньше, но мы все так же пытаемся удовлетворить Шрилу Прабхупаду. Шрила Прабхупада ушел, но остался в наших сердцах. Он говорил: «Если вы думаете обо мне, я буду с вами». Мы с мужем ощущаем присутствие Шрилы Прабхупады в книгах, и это придает нам сил. Я видела Шрилу Прабхупаду четыре раза и разговаривала с ним лишь единожды. Все же, я часть его огромной семьи, и он всегда будет присутствовать в моей жизни.

Jatila devi dasi / Джатила деви даси

В 1969-м году, когда преданные в Сан-Франциско одевали на себя белые простыни, Джатила участвовала в воспевании вместе с ними и посещала фестивали. На рок-н-рольную танцплощадку под названием «Фэмили Дог» она пришла с распущенными волосами, в туфлях «Мэри Джейн» из лакированной кожи, белых кружевных колготках, кукольном бело-розовом платье в клетку с белым кружевом, а ее голову украшал пышный ободок в духе викторианской эпохи. Джатила увидела, как преданные приносят свои поклоны.

Тогда я не знала, что они делают, и подумала: «Интересно, а я могла бы так же?» Тут мое внимание переключилось на человека небольшого роста, который вошел в комнату и твердым шагом направился к огромному стулу. Он взошел по ступенькам, сел и начал говорить. Я не могла разобрать ни слова. Мне показалось, что он говорил на иностранном языке, и я ждала перевода. Все слушали с большим вниманием, хотя я не уверена, что они поняли больше, чем я. Каким-то образом мы осознали важность сказанного. Немного устав, я подумала: «На сегодня достаточно. Пойду раздобуду еще немного еды Кришны». Позже, читая транскрипт лекции Прабхупады, я обнаружила такие слова: «Они ходят, чтобы вкусить *прасада*. Ничего страшного. Пусть поют, и танцуют, и едят *прасад*, и однажды они поймут».

Перейдем к середине 1970-х. Мы с мужем управляли судовым вегетарианским рестораном. Мы оставили службу на корабле, переехали в храм в городе Атланта и помогали готовиться к приезду Прабхупады. Участвовать в организации такого знаменательного события было для нас в диковинку, мы волновались. Мне посчастливилось сшить белый зонтик для Прабхупады. Зайдя в храм, Прабхупада сказал: «Хм, свежая краска». Он велел нам выучить *бхаджан* «Парама Каруна» и мы спели его вместе с ним.

Jaya Gauri devi dasi / Джая Гаури деви даси

В четырнадцать лет Джая Гаури твердо знала, что ее огромное желание встретить мудрого старца, который станет ее гуру, исполнится. Когда она увидела фотографию Шрилы Прабхупады на вьясасане в храме в Сан-Паулу, она сразу же сказала: «Это он».

Шрила Прабхупада был действительно настоящим на своей фотографии. Когда я получала инициацию в Нью-Маяпуре в 1976-м году и оказалась лицом к лицу с ним, у него был тот же взгляд, который я видела на фотографии. У меня было ощущение, что я его знаю, что он мой *гуру*, потому что он был так близок моему сердцу, он был частью меня. Шрила Прабхупада держал в руке мои четки для *джапы* и смотрел на меня, наблюдая за душой. Он спросил: «Каковы принципы?» Будучи твердой и уверенной в себе, я посмотрела прямо на него и назвала ему четыре регулирующих принципа на португальском языке, потому что по-английски я не говорила. Он посмотрел на меня глубоким взглядом, выходящим за рамки материального общения, и пытался понять: «Что это за девушка? Я не понимаю, что она говорит, поэтому мне нужно присмотреться к ней получше», а затем он дал мне мое имя.

В том же году мы с моим мужем Махавирой приехали во Вриндаван. На закате мы подошли к храму Кришна-Баларамы, и там под тамаловым деревом сидел Шрила Прабхупада. Я получала второе посвящение. Войдя в комнату Прабхупады за *мантрой*, я испытывала неловкость и неуверенность, но он был совершенно спокоен. Я села рядом с ним, как будто он был моим родным отцом, взяла в руки лист с *мантрой* Гаятри, а он указал на слова. Теперь, всякий раз, когда у меня возникают сомнения в том, куда я иду, я вспоминаю Шрилу Прабхупаду и он ведет меня по жизни.

Однажды днем Шрила Прабхупада наблюдал за нашим с Махавирой разговором и сказал Махавире: «У тебя хорошая жена». Я была счастлива это услышать. Я воспринимала свой брак как служение Шриле Прабхупаде и хотела соответствовать его словам. Но воспитание детей и попытки быть хорошей женой взяли свое, потому что я потеряла свою спонтанность. Я была практически в оцепенении. Но теперь я полностью отдала долг — мне не нужно думать о семье, и я могу сосредоточиться на служении Шриле Прабхупаде всей своей жизнью и душой. Я хочу совершенствоваться, чтобы преподнести ему что-то, от чего он будет доволен. Мне хотелось бы написать книгу для своих внуков и своими словами, как женщина, мать и бабушка, рассказать кто я, кто такой преданный и что такое сознание Кришны, чтобы они вдохновились на преданное служение. Мои дети говорят: «Мама, ты только и говоришь, что о Кришне». Я отвечаю: «Да, я такая, какая есть. Когда меня не станет, вы будете помнить, как я говорила о Кришне».

Меня не покидает ощущение, что Шрила Прабхупада любит меня и это вдохновляет меня каждый день. Я знаю, что в этой или следующей жизни он собирается задействовать меня в своем служении и я с нетерпением жду этого. В семьдесят лет Шрила Прабхупада отправился через океан в страну, где его никто не знал. Он постоянно находился на духовном уровне и это то, где хочу быть и я. Поэтому я работаю в этом направлении и, если возникает препятствие, я справляюсь с ним и продолжаю двигаться вперед. Решительность важна в духовной жизни. Сейчас я работаю над внимательным воспеванием *джапы*, потому что хочу служить Шриле Прабхупаде вечно. Наследие Прабхупады вселило в нас страсть к духовной жизни. Мы — страстные *бхакты*, бегущие к лотосным стопам Кришны.

Jayabhadra devi dasi / Джаябхадра деви даси

Когда Джаябхадра впервые встретила Прабхупаду, она поняла, что никогда прежде не встречала такого смиренного человека. Она осознала, что вообще раньше никогда не видела смирения. Его смирение покорило ее сердце.

Прабхупада шел по залу в аэропорту Лос-Анджелеса со сложенными руками и опущенными глазами, а преданные сходили с ума: «Джая Прабхупада!» Он же прославлял Кришну. Когда на него надели гирлянду, мне показалось, что он растворился в океане смирения. Я чувствовала, что единственное, чего я хочу, это удовлетворить его. Это было очень яркое и сильное желание, исходившее из глубины моего сердца. Это было необычное ощущение для обусловленной души, но чистый преданный пробуждает духовные чувства.

Во время моей инициации 6-го декабря 1973-го года в Лос-Анджелесе, мой ум не поддавался контролю и где-то блуждал. Я не могла сконцентрироваться на лекции Шрилы Прабхупады. Поэтому была расстроена и подавлена. Меня не покидало ощущение, что Прабхупаду слушают все, кроме меня. В середине лекции я не выдержала и начала кричать: «Прабхупада! Прабхупада!» Он остановился ненадолго и взглянул в зал. Прабхупада не был зол от того, что его потревожили. Скорее ему было интересно, кто же так звал его? В это мгновение я почувствовала его заботу и сострадание. Его взгляд полностью успокоил меня. Затем он продолжил лекцию, а я наконец смогла слушать его.

Прабхупада дал мне имя Джаябхадра. Он сказал, что Бхадра — это одно из имен Кришны, означающее «самый нежный», и что я – служанка Кришны. В тот момент все, что я могла видеть, были его золотые руки, приближающиеся ко мне с четками.

Однажды Прабхупада сказал, что материальное наслаждение похоже на попытку насладиться *расагуллой* с пластырем на языке.

Затем он закатил глаза и одновременно показал язык, было очень экспрессивно. Он выглядел прекрасно. Лицо его было похоже на лотос, а язык напоминал лепесток лотоса. Но в то же время это было забавно и преданные рассмеялись.

На своих лекциях он говорил: «Вы не это тело». В его голосе звучало негодование, как если бы он восклицал: «Как вы вообще можете думать, что вы — это тело?!» Я была под большим впечатлением, ибо мы пытались осознать то, что мы не являемся этим телом. Но в то же самое время я понимала, что пока для нас это всего лишь слова, сухая теория, а вот для Шрилы Прабхупады это было фактом.

Я не получала личных наставлений от Прабхупады, которые бы запали глубоко в мое сердце. Он просто давал нам это знание, что мы не являемся телами; что есть Верховная Личность Бога, которая может дать полное прибежище, которая может освободить от любых страхов и несчастий, и все, что нам нужно делать — это научиться предаваться Ему. Когда я слышала, как сильно Прабхупада убежден в том, что мы не являемся телами, это заставляло меня видеть насколько глубоко мое телесное отождествление. Это возмущало меня и придавало мне сил, когда я сталкивалась с различными трудностями. Я старалась помнить, что я не это тело, я вечная духовная душа, и любые материальные сложности меня не касаются, они преходящие. Это знание, даже с учетом того, что оно не было полностью осознанно, оказывало очень сильное влияние на меня.

Еще Прабхупада говорил, что если мы проповедуем и следуем четырем регулирующим принципам, то мы вернемся обратно к Богу в этой жизни. Это гарантировано. Он говорил это с полной убежденностью, в этом не было никаких сомнений.

Если мы хотим развить отношения со Шрилой Прабхупадой, мы должны глубоко проникнуться духом его книг, и некоторые преданные сделали это. Бывало, я писала Прабхупаде письма, после того, как он оставил тело, и всегда это было очень действенно. Я мгновенно получала от него ответ. Когда я испытывала сложности личного характера, то писала ему письмо и понимала, что он ответил. Я чувствовала, что при любых обстоятельствах, какими бы трудными они не были, Прабхупада всегда будет рядом.

После того, как Прабхупада оставил тело, многие из его последователей оказались не способны поддерживать свою духовную жизнь. Я понимала, что, если бы была более сдержанной, уравновешенной, целеустремленной и чистой, то для меня не имело бы значения, кто пришел, а кто ушел. Настоящая проблема заключалась в том, что я недостаточно утвердилась в сознании Кришны. Если его представители не смогли продолжить свою духовную жизнь, это не должно быть поводом для меня прекращать предаваться. Позже мы поняли, что нет необходимости быть сверхчеловеком, чтобы представлять Шрилу Прабхупаду. Нужно просто быть искренним и также искренне сотрудничать с его слугами. Сейчас моя связь со Шрилой Прабхупадой укрепилась благодаря преданным, которые приняли у него прибежище. Эти преданные прошли через многие испытания и выдержали; они смогли научиться сотрудничать, потому что были искренними. Видя эту искренность, моя вера стала крепче. Со временем Кришна раскрыл мне разных людей, у которых я смогла принять прибежище, которые вдохновляли меня на преодоление собственных слабостей и восполняли недостаток уверенности. Они вдохновляли меня углубленно изучать книги Шрилы Прабхупады и улучшать мою *садхану*. Теперь я ощущаю присутствие Прабхупады в своей жизни гораздо сильнее.

Я также чувствую связь со Шрилой Прабхупадой через его *мурти*, которому служу. Его присутствие в моей комнате дисциплинирует меня, вдохновляет поддерживать чистоту и чаще направлять свое сознание на Кришну. Я уже не могу позволить себе быть неряшливой или ленивой.

Для меня также очень важно обсуждать игры Шрилы Прабхупады, чтобы всегда помнить о его примере, чтобы эти воспоминания не стерлись. Видео с Прабхупадой тоже очень важны, иначе Прабхупада может стать теоретической личностью. Распространение книг является важным способом почувствовать связь с ним, потому что это одно из важнейших его наставлений и распространение книг очень дорого Прабхупаде.

Однажды девушка спросила меня: «Что держит всех вас, людей Харе Кришна, вместе?» Я ответила: «Это Кришна. Так или иначе, Прабхупада поселил Кришну в наши сердца. Несмотря на то, что мы не очень хорошо понимаем наши отношения с Ним или то, кто Он такой, Он так могуществен и так привлекателен, что мы можем отбросить все глупости материальной жизни».

Всякий раз, когда появлялись сложные ситуации, меня поддерживала любовь, личностная любовь Прабхупады, которую он дарил мне. Когда я думаю о его уходе, самым тягостным для меня является чувство разлуки с Прабхупадой. Я полностью завишу от его милости. У меня нет никакой квалификации, никаких качеств, но цель моей жизни — стать его настоящей ученицей. Я должна предаваться ему в той мере, в которой он того заслуживает.

До встречи со Шрилой Прабхупадой я жила в аду страданий. У меня не было понимания истинной цели жизни, и мне не хватало энтузиазма ставить материальные цели и успешно достигать их. Для меня не оставалось иного пути, как путь по наклонной. Еще до того, как я увидела его, Прабхупада изменил ход моей жизни через своих учеников. Они дали мне его книги, взяли с собой в храм на воскресный пир, и с тех пор я никуда не ушла. Прабхупада действует через своих учеников, через преданных *санкиртаны*.

Если мы сможем развить любовные отношения с Прабхупадой, то это будет тождественно тому, что полюбить Кришну. Потому что единственное желание Прабхупады — удовлетворить желания Кришны. Если мы можем отдать наши сердце и душу Шриле Прабхупаде, то получим тот же результат, как если бы мы предались Кришне. Мы наполняемся духовной энергией, мы сходим с телесной платформы, и наш ум и чувства оказываются под контролем.

Jayarama devi dasi /Джаярама деви даси

Парень Джаярамы взял ее с собой на воскресный пир в храм Каракаса, Венесуэла. Чуть позже она переехала в храм, но одна и вскоре поняла, что беременна. Она спросила одного преданного: «Что Шрила Прабхупада говорит об абортах?» Услышав ответ, Джаярама решила родить ребенка.

Спустя три месяца Шрила Прабхупада посетил храм в Каракасе. Там он пробыл шесть дней. Мне было восемнадцать лет, и, хотя я уважала Прабхупаду как великую личность, на тот момент любви к нему я не испытывала.

Один непреданный послушал утреннюю лекцию Шрилы Прабхупады по «Шримад-Бхагаватам» и сказал: «*Брахмачари, брахмачарини* и *грихастхи* в этом храме находятся в *майе*! Почему вы говорите о *майе* за пределами храма? *Майя* находится в храме». Шрила Прабхупада ответил ему: «Скажи мне где нет *майи* и я отправлюсь туда».

В 1976-м году в Нью-Йорке, когда Шрила Прабхупада приехал на Ратха-ятру, я получила инициацию.

Однажды, когда Шрила Прабхупада получал *даршан* Шри Шри Радха-Говинды, я подошла и увидела, что он плачет. Его слезы были похожи на бриллианты.

Мы счастливчики. Шрила Прабхупада сделал нам прекрасный подарок! Мы получили его милость и милость Господа просто так. Теперь мы должны делать то, что он говорит. Я бы хотела, чтобы все мы поняли, что Шрила Прабхупада — наш отец, а мы — близкая, дружная семья без каких-либо разногласий и зависти. Чтобы вечно радовать Шрилу Прабхупаду, мы должны глубоко любить друг друга, отбросив на второй план материальные соображения.

После ухода Прабхупады, когда в нашем Обществе было так много проблем, я осознала, что Кришна — главный контролирующий, а мы не контролируем ничего. У Кришны есть план, и мы должны предаться Его воле. В своем сердце я всегда храню наставления Шрилы Прабхупады о распространении его книг. В этом вся суть. Нет ничего важнее этого, потому что обусловленные души находятся в кромешной тьме, но книги Шрилы Прабхупады — это свет, который освещает наше сознание.

Я знаю, что смогу изменить свою жизнь, если буду строго

следовать этому, потому что у меня есть учитель. Я стремлюсь быть смиренной, вести простую жизнь, быть честной и любить других. Мы можем учиться друг у друга, у наших духовных братьев и духовных сестер. Каждый день, каждую минуту Кришна учит нас. Мы должны продолжать распространять послание Прабхупады, чтобы все люди могли воспользоваться этим и вкусить драгоценный нектар любви Господа! Когда я вижу, как страдают живые существа, я тоже страдаю.

Перед отъездом из Каракаса Прабхупада сказал нам: «Если вы будете следовать четырем регулирующим принципам, воспевать шестнадцать кругов и заниматься *санкиртаной*, я обещаю, что вы вернетесь к Кришне в этой жизни». Я бы хотела создать тесную связь между Шрилой Прабхупадой, четырьмя принципами, шестнадцатью кругами, распространением книг и мной. Если я сделаю это, он обещал, что вернет меня обратно к Богу. Это мое истинное желание и, если я буду усердно стараться и трудиться ради него до самой смерти, я буду счастлива.

Jayasri devi dasi / Джаяшри деви даси

Джаяшри было двадцать лет, когда она встретила Шрилу Прабхупаду на Гавайях в марте 1969-го года.

Я была девушкой-хиппи из обеспеченной семьи с Гавайских островов, которая в восемнадцать лет ушла из дома ради духовных поисков. Я ежедневно медитировала и пыталась понять смысл жизни. На Гавайях многие из моих друзей после окончания школы находились в похожем духовном поиске. У одной из моих подруг был храм размером со шкаф, и я садилась в нем и читала *маха-мантру*, которую она разместила на стене. Это было еще до того, как последователи Шрилы Прабхупады прибыли на Гавайи, но так или иначе, я уже следовала четырем регулирующим принципам и читала «Бхагавад-гиту», переведенную индийским Свами, Библию и различные буддийские тексты. Я пыталась найти Бога, но все больше и больше запутывалась. Каждый из этих текстов утверждал что-то свое, поэтому я была сбита с толку.

Однажды я лежала в своей комнате и молилась: «Дорогой Господь, я не знаю, существуешь ли Ты, но если Ты существуешь, пожалуйста, пошли меня к тому, кто знает Тебя». Уже на следующей неделе я увидела на окне небольшой пекарни Сансет Бич написанный от руки плакат с надписью: «Воспевайте, пока можете: Харе Кришна, Харе Кришна, Кришна Кришна, Харе Харе, Харе Рама, Харе Рама, Рама Рама, Харе Харе, А.Ч. Бхактиведанта Свами». Там был адрес. Всего несколько миль по побережью. Я попросила друга отвезти меня туда.

Мы подъехали к дому. Это был старый гавайский дом на холме

с большим двором, коровами и ветряной мельницей. Когда мы припарковались, я повернулась взглянуть на верхнюю часть наружной лестницы. Там стоял пожилой джентльмен в оранжевой одежде, который помахал нам рукой, приглашая войти. Мы вошли в дом через огороженную веранду, прошли алтарную с приклеенными к стене отпечатками больших пальцев Бриджабаси и протянутой через всю комнату веревкой, на которой висела простая занавеска, скрывавшая алтарь, и поднялись по лестнице. Шрила Прабхупада был в доме один. Преданные ушли на *харинаму*.

Мы вошли в его комнату. Он сел за стол на старую гавайскую подушку. Стол был сделан из куска фанеры, подпертого шлакоблоками. Шрила Прабхупада сразу же начал говорить о Боге. То, что он говорил, было очень простым, но в то же время очень глубоким, и в ходе беседы я видела, как он словно вглядывается в мой ум и сердце и понимает, что я хочу услышать. Он ответил на все мои духовные вопросы, причем я даже ничего не спрашивала. Это был глубокий опыт. Он был динамичным, лучезарным, милым и показался мне таким знакомым. Он был тем человеком, которого я искала. Господь ответил на мою молитву и через Шрилу Прабхупаду на все мои вопросы. Это было чудо, что я встретила Прабхупаду.

Затем вернулись преданные. Один из них вошел и предложил Прабхупаде тарелку свежесрезанного сахарного тростника. Прабхупада спросил меня, не хочу ли я немного, но я сказала: «Нет, спасибо, я не ем сахар». Он взял кусочек сахарного тростника, откинул голову назад, закинул его в рот и сказал: «О? В Индии мы едим сахар». Когда он это сказал, целые тома информации пронеслись у меня в голове: конечно, сахар натурален. Что плохого в сахаре? Когда я вышла из комнаты и увидела тарелку с сахарным тростником, стоящую на полу в соседней комнате, я наклонилась и положила немного себе в рот. Он уже был разжеван: скорее всего, Шрилой Прабхупадой.

В течение следующей недели я почти ежедневно возвращалась в этот дом, и Прабхупада попросил меня принести «Бхагавад-гиту», которую я читала. Он попросил меня сесть рядом с ним и открыл мою книгу на стихе 6.33, где Арджуна говорит: «О Мадхусудана, система йоги, которую ты описал, кажется мне непосильной, ибо ум мой беспокоен и неустойчив».

В комментариях этот Свами написал: «Аштанга-йога предназначена для этого века и каждый должен заниматься ею». Прабхупада сказал: «Видишь, что он делает? Он берет слова Кришны и говорит, что они означают прямо противоположное тому, что Кришна сказал на самом деле. Он вставляет свою собственную философию».

Он закрыл книгу, достал переведенную им «Бхагавад-гиту» в фиолетовой мягкой обложке и сказал: «Это "Бхагавад-гита как она есть". Хочешь взять?» Я сказала: «О, да!» И я подумала, что он собирается подарить ее мне, потому что считала все связанное с Богом дается бесплатно. Шрила Прабхупада дал мне книгу, сел и сказал: «Это будет $2,95». И тогда я подумала: «Да, конечно, $2,95. Печать книги стоит денег. Это богоугодное дело». (Я купила четыре книги и три из них раздала своим соседям).

После этого Шрила Прабхупада повернулся ко мне и сказал: «Я тебе нравлюсь?» Я засмеялась и ответила: «Да, я люблю вас!» Он улыбнулся. С ним было так приятно иметь дело.

До его отъезда, я старалась видеться с ним каждый день.

Однажды Говинда даси сказала, что у нее сломался утюг, и спросила, могу ли я постирать и погладить одежду Шрилы Прабхупады. Я взяла одежду домой и постирала в цементной раковине на улице. Во время стирки я обнаружила, что благоухание и духовная энергия его одежды просто опьяняют. Я испытала то же самое, когда одежда высохла, и я стала ее гладить. Каким-то образом в последующие годы всякий раз, когда Шрила Прабхупада приезжал в храм, где я находилась, кто-то просил меня постирать его одежду. Это моя удача!

Вскоре после того, как Шрила Прабхупада покинул Гавайи, Говинда даси помогла мне переехать в храм. Там жили Гаурсундар, Говинда даси, Балабхадра и я. Через месяц приехал Турия даса.

Через некоторое время у Говинды даси возникла идея изготовить для Шрилы Прабхупады шафрановое пальто, и она попросила меня сшить его. Мы были на Гавайях, поэтому шерсть было трудно найти, что уж говорить о шафрановой шерсти. Я отправилась в отдел тканей в «Sears», и не поверите, но Кришна устроил так, что первой же тканью, которую я увидела, была эта прекрасная шафрановая шерсть. У Говинды даси было старое пальто Шрилы Прабхупады, и я примеряла его, чтобы измерить детали для пальто, которое мне предстояло сшить. Мы добавили павлиньи перья на кисточки и капюшон с шерстяной подкладкой. Говинда даси также попросила меня сшить фланелевую шафрановую накидку с капюшоном, которую Шрила Прабхупада мог бы надевать рано утром, чтобы переводить. Она сказала, что его *чадар* всегда соскальзывает с головы или коленей, поэтому она хотела, чтобы у него был предмет одежды, который бы укрывал и согревал. После того как Прабхупада получил одежду, он написал Говинде даси в ответ, что теперь ему так тепло, как будто он сидит на коленях у своей матери.

Однажды я написала Шриле Прабхупаде, и он ответил: «Ты настолько искренняя преданная, что Кришна помог тебе понять философию так быстро. И эта искренность намерений – единственное средство для достижения совершенства в сознании Кришны. Я очень рад узнать, что ты считаешь сон пустой тратой времени. Это не обычно. Поэтому мне было очень приятно услышать от тебя это утверждение. Да благословит тебя Кришна. Ты уже поняла благо этого движения сознания Кришны, подобным образом старайся осознавать это благо сильнее и сильнее и распространять его среди страдающего человечества. Наше Движение

— это величайший дар человеческому роду. Возможно, они не сразу оценят его, но придет время, и история подтвердит, что это Движение спасло человеческое общество от погружения в варварство.

Что касается вещей, которые Кришна дает тебе, то все принадлежит Кришне, и Он дает все даже непреданным, даже животным, у которых нет сознания Кришны; что уж говорить о Его преданных. Точно так же, как отец поддерживает всех своих детей без какого-либо пристрастия, но о ребенке, который очень послушен приказам отца, он проявляет особую заботу. Подобным образом Кришна, будучи отцом всех живых существ, обеспечивает их всем необходимым для жизни; но к Своим преданным Он проявляет особое внимание. Поэтому полагайся на Кришну, регулярно повторяй "Харе Кришна", и ты увидишь, что Он разговаривает с тобой лицом к лицу, что уж говорить о том, чтобы обеспечить тебя предметами первой необходимости. Это великая наука и, пожалуйста, постарайся хорошо понять ее».

Много лет спустя Шрила Прабхупада вернулся на Гавайи, чтобы исправить ситуацию с отклонением от стандарта, и в лекции, которую читал в «Ala Aloha Loop», он серьезно сказал: «Если вы не видите, что ТО, ЧТО я дал вам, является наивысшим, тогда я ничего не могу поделать». У Шрилы Прабхупады была причина, по которой он просил нас соблюдать правила и предписания, носить определенную одежду и следовать определенным стандартам. Он хотел, чтобы эти стандарты поддерживались.

По сей день, как только я чувствую аромат гардений, то вспоминаю Шрилу Прабхупаду, потому что, когда он уезжал с Гавайев, на нем была гирлянда из гардений, а когда он отправлялся в аэропорт, то обернулся с заднего сиденья машины и улыбнулся. Я подумала: «Это последний раз, когда я вижу его». Так оно и было. Вся слава Шриле Прабхупаде!

Jijnasi devi dasi /Джиджнаси деви даси

После того как американцы в оксфордской школе-интернате, в Англии, познакомили Джиджнаси с миром радикальной политики, наркотиков, поэзии и джаза, она взбунтовалась против казавшихся лицемерными ценностей ее родителей. Ее мать считала свою дочь «трудным подростком».

Я задавалась вопросом: «В чем смысл работать целую неделю? Для чего?» Я была разочарована и подавлена, тщетно пытаясь найти ответ на свой вопрос. Венцом моих поисков стала песня «All You Need Is Love» группы The Beatles (Битлз «Все, что тебе нужно – это любовь»). Казалось, общество катится вниз. Для меня было невыносимо находиться в этом потоке мирских страстей. Образ жизни и философия хиппи предложили мне значимую альтернативу. Меня также привлекала индийская культура. Но в то же время, я видела, что жизнь хиппи была идеалистической мечтой о мире и любви, которой не суждено было воплотиться в реальность, потому что она была искусственной. Эта идеальная картинка держалась на наркотиках и рассыпалась под гнетом людской жадности.

В конце 1970-го года мне в руки попала упаковка благовоний, на которой был написан адрес храма на Бэйери-Плейс. Хотя никто из друзей не согласился пойти со мной, я все же пошла. Во время лекции на воскресной программе Раначора ответил на все мои вопросы. Его ответы звучали так убедительно, что я почувствовала — это именно то, что я искала. Через месяц я уже жила в *ашраме*.

Мондакини и Джйотирмайи всегда говорили о Шриле Прабхупаде. Наконец, в августе 1971-го года человек, о котором я столько слышала, сообщил о своем скором приезде. Мы собрались в аэропорту Хитроу (Лондон), одетые в *сари* и *дхоти*. В руках у нас были цветы и мы воспевали святые имена, волнуясь в ожидании его появления. Большинство из нас никогда не видели Шрилу Прабхупаду.

Неожиданно он предстал перед нами. Я почувствовала, как по всему телу покатилась волна из мурашек, а из глаз градом хлынули слезы. Со мной никогда прежде не случалось ничего подобного. Мы опустились на пол, чтобы принести поклоны, и уже не помнили себя: бросали цветы, воспевали и плакали. Сумасшествие ощущений, вызванное приездом Шрилы Прабхупады, не шло ни в какое сравнение с тем, что я чувствовала, когда слушала рассказы о нем. Этот удивительный маленький человек с сияющей золотистой аурой, казалось, плыл по воздуху, и выглядел таким величественным. Когда он подошел к нам в своих шафрановых одеждах, он был умиротворен, а на его лице сияла широкая, прекраснейшая улыбка.

Увидев его, я поняла, что все, что о нем говорят, и все, что написано в его книгах – сущая правда. У меня не осталось и тени сомнений. Я встречала многих необычных личностей, но еще никогда не встречала такого особенного человека, как Шрила Прабхупада. Могу предположить, что Иисус Христос тоже был живым воплощением того, о чем он говорил.

Шрила Прабхупада был живым олицетворением своих наставлений, и я чувствовала силу в его словах. Благодаря личному общению с ним мне удавалось поддерживать твердую веру в его учение на протяжении всех этих лет. Я никогда не отказывалась ни от его слов, ни от созданной им организации. Ничто не могло пошатнуть мою убежденность в том, что он был живым воплощением своего учения.

В храме на Бэйери-Плейс мы жили как сплоченная, счастливая семья, а Шрила Прабхупада был нашим любимым отцом, который вернулся домой. Мы словно дети собирались вокруг него в его комнате. С его приездом вся атмосфера в храме поменялась. Я ожила и стала счастливой.

Когда Шрила Прабхупада давал мне посвящение, он сказал: «Твое имя Джиджнаси. Оно означает "та, кто всегда вопрошает об Абсолютной Истине"». Все рассмеялись, потому что за мной закрепилась репутация человека, который всегда спрашивал: «Почему это? Почему то?», но Прабхупада сделался серьезным и добавил: «Ничего смешного в этом нет». Я почувствовала, как он, мой отец, меня защищает. Он же продолжил: «Я говорю совершенно серьезно. Пока человек не начнет задавать вопросы, он не может встать на духовный путь». Это было поистине прекрасно.

Jitamitra devi dasi /Джитамитра деви даси

Джитамитра присоединилась в 1970-м году к храму на Генри-стрит в Бруклине, Нью-Йорк.

Я проводила выходные в храме и ходила на воскресные пиры. Затем в июле преданные сказали мне, что приедет Прабхупада. Все были взволнованы, занимались уборкой и ремонтом. Когда приехал Прабхупада, он изложил нам основы философии: почему мы не являемся этими телами, и как мы не можем наслаждаться в этом мире без Кришны. Его миролюбие, удовлетворенность и осознание Кришны были уникальными, я никогда не видела никого, подобного ему. На протяжении многих лет, в каком бы храме я ни была: в Бруклине, Далласе или Лос-Анджелесе — Прабхупада благословлял нас своим общением, приезжая летом. Я стеснялась, беспокоилась о том, что буду чувствовать, когда Прабхупада увидит меня. Но, когда он действительно посмотрел на меня, я поняла, что он не смотрел на меня как на тело; он смотрел на меня как на духовную душу, и поэтому я не чувствовала себя неловко или смущенно.

Однажды, после того как Прабхупада прибыл в один из храмов, он собирался провести беседу с преданными в своей комнате. Его комната была заполнена *санньяси* и другими мужчинами. Прабхупада заметил, что женщины пытаются протиснуться через заднюю дверь, и сказал: «Пусть женщины выйдут вперед». Некоторые мужчины отошли в сторону, чтобы мы могли сесть рядом с Прабхупадой. Он был джентльменом.

В ноябре 1977-го года, когда я услышала, что Прабхупада покинул тело, я села там, где была и попыталась пропустить это через себя. Мне было интересно, как все будет без него. Теперь действительно начнутся испытания. Это напугало меня.

Шли годы, и временами я чувствовала, что сегодняшний ИСККОН — это не то Движение, к которому я присоединилась, но, как Движение, мы многое проработали.

Я чувствую связь с Прабхупадой, читая его книги и особенно повторяя круги. Повторение *джапы* и следование четырем регулирующим принципам — это обещание, которое я дала Прабхупаде. Я знаю, что некоторым трудно поддерживать обеты, данные при инициации, но они нашли другие способы сохранить связь со Шрилой Прабхупадой. Они могут выполнять служение и ощущать много преданности через это служение, или у них есть другие способы показать, что они любят Прабхупаду. Я не считаю себя лучше них, но для меня соблюдение обетов — это минимальный способ оставаться на связи со Шрилой Прабхупадой. Я очень падшая и не могу сохранять такой энтузиазм в распространении Движения Прабхупады. Тем не менее, я чувствую связь, держа обеты, которые я дала ему.

Я всегда осознаю то, что делаю в своей жизни. Я расцениваю все исходя из того, доставит это удовольствие Шриле Прабхупаде или нет. Отнюдь не всегда чаша весов склоняется в пользу благоприятной стороны, но, по крайней мере, по милости Шрилы Прабхупады я могу осознавать и понимать разницу между тем, что я должна и не должна делать как его ученица, и молиться о силе и решимости для совершенствования.

Выполняя свои основные обещания, данные Прабхупаде, и читая его книги, я получаю доступ к Прабхупаде, и этого, похоже, достаточно. Это прекрасное чувство — иметь одного человека, которому вы полностью доверяете и в которого имеете веру. Это нелегко найти где-то еще.

Я испытываю определенного рода тоску по Прабхупаде, потому что, когда он был здесь, я могла легко обратиться к нему и полностью принять все, что он сказал по любому возникающему вопросу. Я скучаю по простоте Движения, которая была у нас, пока он был с нами. Определенная чистота ушла — чистое доверие, которое ребенок испытывает к своим родителям. Это то, что мы испытывали по отношению к Прабхупаде. Это было приятно. Полное принятие было очень приятным чувством.

Jivan Mukta devi dasi / Дживан Мукта деви даси

Муж Дживани Мукты, Барри, общался с преданными в храме на Генри-стрит в Бруклине, и зимой 1973-го года Дживан Мукта увидела там Шрилу Прабхупаду.

Прабхупада хотел приобрести здание в Нью-Йорке, и в 1976-м году, когда он впервые взглянул на дом номер пятьдесят пять по улице Вест, он увидел в нем возможный элемент для проповеди и благословил его, сложив руки. Увидеть Прабхупаду было совершенством зрения; услышать, как он говорит, было совершенством слуха; а получить *прасадное* печенье, которое он раздавал после лекций по «Бхагаватам», было совершенством милости. Проповедь — это суть, а Шрила Прабхупада был совершенством проповеди.

Летом 1976-го года я тянула колесницу Субхадры, когда Прабхупада присоединился к Ратха-ятре в Нью-Йорке. Не могу передать словами, насколько это было особенным. Это была первая Ратха-ятра в Нью-Йорке, и к фестивалю присоединились тысячи людей. Прабхупада читал лекцию в парке на Западной Четвертой улице, преданные разносили *прасад*, и когда Прабхупада уходил, я была всего в нескольких ярдах от него и ясно видела его, когда он благословлял нас.

Позже я поехала в Бхактиведанта Мэнор. Мне нравились женщины, которые занимались *санкиртаной*, и я думала: «Эти девушки самые лучшие». Я служила им, стирала их одежду, и однажды кто-то сказал мне: «Иди и распространяй». Я сказала: «Хорошо, я пойду».

Я распространяла книги в Амстердаме, в группе *санкиртаны* под руководством Малати деви даси в Дании и в аэропортах Парижа. Однажды мне сказали: «Бхактин Джулия, ты получишь посвящение летом». Я ответила: «О нет, этого не может быть! Я еще не готова». Но это случилось. Я получила посвящение в Нью-Маяпуре летом 1977-го года. Шрила Прабхупада был в то время во Вриндаване, и это было последнее посвящение во время его пребывания на планете.

Однажды в ноябре я вернулась в храм и узнала, что Прабхупада оставил тело. Это сбило меня с толку. Я не понимала, что происходит. Милость Прабхупады вытянула меня, а теперь он ушел. Даже до сегодняшнего дня я этого не понимаю.

Jnana Murti devi dasi / Джнана Мурти Деви даси

Джнана Мурти была преданной около года, а затем отошла. В 1974-м году она получила телеграмму от преданных, в которой говорилось, что Прабхупада приезжает в Мельбурн. Она отправилась туда, чтобы встретиться с ним, и в конце концов осталась там.

Я делала сандаловую пасту с шафраном и камфарой на лоб Шрилы Прабхупады, делала для него гирлянду, убиралась в его комнате, готовила завтрак для преданных. Однажды утром на Данкс-стрит я пропустила лекцию. Я шла через двор, а Прабхупада вышел из алтарной комнаты в сопровождении нескольких мужчин. Я спонтанно упала на землю, чтобы предложить ему *дандаваты* и коснуться его стоп. Шрила Прабхупада ничего не сказал, но *брахмачари* поднял меня с земли и строго отчитал за то, что я коснулась стоп Прабхупады. Я думала, что совершила какое-то ужасное оскорбление и чувствовала себя совершенно ужасно, но позже *матаджи* сказали мне: «Ты такая удачливая! Тебе так повезло!»

Воспоминания о Шриле Прабхупаде — это то, что поддерживает меня и по сей день. Бывают моменты, когда я так подавлена, что думаю: «А реален ли Кришна на самом деле?» Затем я думаю о Прабхупаде, о его преданности, его целеустремленности. Я знаю, что сознание Кришны реально, потому что Прабхупада был живым примером этого. Тогда моя убежденность возвращается.

Прабхупада оставил все свои книги для нас, чтобы мы читали их. Он уже все организовал: общество преданных, *прасад*, поклонение Божествам и другое служение. Все это есть здесь. Нам просто надо быть преданными Шриле Прабхупаде и служить ему или кому-то, кто предан ему и служит ему. Тогда мы почувствуем глубокую связь со Шрилой Прабхупадой.

Jyestha devi dasi /Джьешта деви даси

В Амстердаме Джешта слышала о Прабхупаде, и у нее на стене висели его фотографии, но она была привязана к своей так называемой свободе и не хотела посвящать себя сознанию Кришны. Наконец, Вишва деви убедила ее переехать в храм, но Джешта не была уверена в том, что останется, потому что преданные не общались друг с другом личностно. Джешта искала ответы на такие вопросы, как «Если Бог есть, почему Он так жесток? Почему один человек рождается калекой, а другой богатым?»

Я совсем не была готова ко встрече со Шрилой Прабхупадой в июне 1974-го года в Париже, когда впервые увидел его. Он был великолепным, величественным и самым красивым человеком, которого я когда-либо видела. Его красота была абсолютно за пределами всего материального. Я мгновенно влюбилась. Я плакала и плакала от удовольствия находиться рядом с ним, и я знала, что сделала правильный выбор. Я общалась с анархистскими группами и видела, что небезопасно отдавать свое сердце кому бы то ни было, но со Шрилой Прабхупадой я чувствовала: «Вот тот, кто не предаст меня. Вот кому я могу отдать свое сердце и жизнь». У Шрилы Прабхупады были прекрасные ответы на все вопросы, которые могут возникнуть в жизни.

Я жила от одного его визита до другого, и, хотя я служила в храме дни и ночи напролет, перед Шрилой Прабхупадой я чувствовала, что между его визитами год прошел зря. Мне казалось, что я недостаточно служу, чтобы отплатить ему за его доброту. Во время моего посвящения Прабхупада, повторяя *мантру* на моих четках, сказал: «Назови четыре регулирующих принципа». Я плакала и перечисляла все принципы, и с сияющими, полными слез глазами и с состраданием он отдал мне мои четки. Прабхупада видел меня насквозь и принял меня как свою ученицу со всеми недостатками, и это величайшая любовь, величайший дар. До Шрилы Прабхупады у меня ничего не было, а он дал мне все — моих детей, мое служение, все, чем я являюсь. Он — причина моего существования, а его милость — это мои якорь и мачта.

На протяжении многих лет я принимала прибежище у моих духовных сестер, вела с ними философские дискуссии, и вместе мы углублялись и находили ценные реализации за годы нашего сознания Кришны.

Когда мы присоединились, мы думали, что знаем все это, но теперь мы понимаем, что мы можем к этому только стремиться.

У нас есть вечная семейная связь со Шрилой Прабхупадой и со всеми замечательными преданными. Любовные отношения между Прабхупадой и преданными всепоглощающи. Влияние, которое он оказал на нас, подобно американским горкам. Некоторым из нас может потребоваться чуть больше времени и, возможно, придется возвращаться сюда несколько раз, потому что мы не закончили еще свое путешествие. Но потом мы все равно встретимся снова, когда жизнь в теле закончится. Я говорю: «Кришна, если у меня будет достаточно времени, может быть, я смогу догнать остальных».

Шрила Прабхупада сказал, что служение преданным является самым важным. Трудности случаются, но, если мы сможем быть личностными, близкими и сохранять дух единения, миссия Шрилы Прабхупады будет продолжаться. Служение Шриле Прабхупаде вечно. Он все еще с нами, и мы связаны с ним через служение.

Jyotirmayi devi dasi / Джьотирмайи деви даси

В сентябре 1969-го года пять преданных приехали во Францию, чтобы по просьбе Прабхупады открыть первый французский храм. Джьотирмайи планировала отправиться в Непал, чтобы стать буддийской монахиней вместе с Мондакини, но перед отъездом из Франции они начали посещать новый храм и каждую неделю участвовали в киртанах, пели бхаджаны и читали джапу. Затем преданные в Париже посоветовали им встретиться с Прабхупадой в Лондоне.

В день нашего прибытия в Лондон в декабре 1969-го года, там были установлены Божества. На следующий день Прабхупада пригласил нас к себе. Ему сказали, что мы были тремя первыми французскими преданными. Я ожидала, что со мной произойдет озарение, как будто некая трансцендентная субстанция наполнит мое тело. К моему разочарованию, этого не произошло. Прабхупада был практичным, и это сначала меня оттолкнуло. Тем не менее, меня привлекло то, что, когда Прабхупада посмотрел на меня, я почувствовала, что он видит меня насквозь. Он был очень добр к нам и посоветовал нам учиться у старших преданных: Ямуны, Малати и Джанаки. К моему удивлению, он спросил у нас, умеем ли мы печатать. Позже я поняла, что он уже думал о переводе своих книг на французский.

Три вещи заставили меня стать преданной Кришны, а не буддисткой. Во-первых, мне нравилась Харе Кришна *мантра*, и самое необычное, что я когда-либо слышала, было повторение *мантры* Прабхупадой. Прабхупада превратил *киртан* в медитацию. Он был полностью поглощен *мантрой*, и он погрузил в нее и нас. Во-вторых, хотя я не оценила философию персонализма Шрилы Прабхупады и, слушая его лекции, подумала: «Я не согласна с этим, это неправильно», он противопоставил моим мысленным аргументам философские аргументы. Я взвешивала имперсонализм и персонализм, вайшнавизм и буддизм. На каждой лекции, которую он читал в течение пяти дней в Лондоне, он побеждал мои сомнения, как будто он знал мои мысли. Я начала думать: «Это действительно странно». Постепенно я убедилась, что эта философия выше буддизма. В-третьих, я видела, как Прабхупада любил своих учеников, и как они любили его и друг друга. Прабхупада был очень личностным в общении с преданными, и они относились к нему также, как и друг к другу. Я никогда не видела ничего подобного, и это меня так привлекало. Эти три вещи меня убедили. В последующие годы, когда у Прабхупады были тысячи учеников, я удивлялась, наблюдая, как он личностно относится к каждому своему ученику. Всякий раз, когда он приезжал во Францию и не видел меня, он спрашивал моего мужа Йогешвару: «Как дела у Джьотирмайи?»

Пятого декабря Прабхупада давал инициации и сказал Тамал Кришне, что хочет инициировать и нас. Тамал Кришна сказал ему, что мы живем в лондонском храме всего пять дней, что для нас это слишком рано, поэтому Прабхупада инициировал нас письмом через месяц, в январе 1970-го года. Было принято, что каждый вновь инициированный преданный делал подарок *гуру* во время инициации. Так как я любила рисовать, то в качестве подарка я нарисовала небольшой рисунок Радхи и Кришны. Шрила Прабхупада повесил его в своей комнате. Позже, по просьбе Ямуны, я нарисовала еще две картины для украшения храма. Та картина, на которой был изображен Господь Чайтанья, висела на стене у лестницы, ведущей на второй этаж, где находилась комната Прабхупады. Прабхупада увидел ее и спросил, кто это нарисовал. Я как раз была позади него и сказала ему, что это моя работа. Он сказал, что я должна рисовать для его книг. Я не выполнила это наставление, потому что стала слишком занята переводом его книг и проповедью.

К счастью, Прабхупада вел себя с женщинами точно так же, как и с мужчинами, иначе я бы не присоединилась к этому движению. И мужчины, и женщины ходили на утренние прогулки Прабхупады, и все находились так близко к Прабхупаде, насколько это было возможно. Когда Прабхупада сказал мне и Мондакини: «Учитесь у старших женщин храма» (Малати, Ямуны и Джанаки), я постаралась следовать этому. Эти женщины были такими замечательными, они были для меня настоящими героинями — умные, любящие Прабхупаду, активные, предприимчивые, способные выполнять самое разное служение. У всех преданных было столько же женщин-героев, сколько мужчин-героев. В то время у мужчин не было ни резкости, ни напряжения, ни пренебрежения к женщинам, ни снисходительности. Между полами было разделение, а не разобщенность; и между нами были нежные, добрые, ласковые отношения.

Денег у нас было мало, отопления не было, только холодная вода, а в комнате нас было десять человек. Храмовая жизнь была аскетичной, но мы были счастливы, потому что атмосфера была трансцендентной, и нас связывали крепкие любовные отношения. Каждый вечер, когда мы лежали в постели, Гурудас, который был президентом храма, как наш отец, читал нам книгу «Кришна». Ямуна, которая словно была нашей матерью, учила и мужчин, и женщин. У мужчин не было дурного отношения: «Ох, меня учит женщина». Прабхупада принес с собой любящую духовную атмосферу, и преданные создавали практически такую же атмосферу любви для нас. Мы все делали так, как это делал Прабхупада, потому что его пример был единственным для нас, и мы не знали как что-то делать по-другому. Мы испытывали постоянный духовный экстаз. Это было совершенно не от мира сего. В то время замечательной частью Движения было то, что мы мгновенно брали на себя ответственность, что придавало нам силы и опыт. Мы учились и развивались.

Я была студенткой Сорбонны в Париже, где изучала этнологию — науку о культурах и религиях различных древних традиций. Я бросила учебу, чтобы посвятить себя преданному служению, но позже подумала: «Было бы хорошо закончить учебу, потому что тогда я смогла бы учить сознанию Кришны». Я спросила об этом Прабхупаду, и он сказал, что я очень умная девушка, и я должна это сделать. Но я этого не сделала, потому что начала переводить книги Прабхупады. Когда я переводила, я была поглощена трудами Прабхупады и пыталась передать их смысл наилучшим образом. Мне нравился разум Прабхупады, и я думала: «Боже мой, он такой умный!»

Поскольку я была главным переводчиком на французский, я обычно переводила лекции Прабхупады, когда он приезжал во Францию. Однажды у нас проходило мероприятие в Архитектурном колледже в Париже, и я попросила Прабхупаду говорить короткими предложениями, и он старался выполнить мою просьбу. Когда я пропустила одно слово, он сказал мне то слово, которое я пропустила. Я подумала: «Он понимает по-французски?» Когда Прабхупада увидел, что я стала лучше переводить, он стал говорить все более длинными предложениями. Он учитывал мои способности.

Когда я переводила его лекции, мне приходилось концентрироваться на том, что он говорил, и я поняла, что его лекции были идеально структурированы, у них было введение и заключение. Даже когда он уходил в сторону от темы, он всегда возвращался к своей главной мысли. Больше всего я заметила это, когда вице-мэр Парижа оказал официальный прием Прабхупаде в мэрии Парижа, и я переводила речь Прабхупады. Позже, когда преданные захотели узнать, что сказал Прабхупада, я смогла пересказать всю лекцию, потому что она была идеально структурирована.

Кроме того, Прабхупада умел находить подход к разным личностям.

С некоторыми людьми он разговаривал мягко, ласково и дружелюбно, некоторых учил, с некоторыми был строг. Когда он разговаривал с христианами, он говорил об убийстве животных и о том, что у животного есть душа. Всякий раз, когда он проповедовал в своей комнате, он всегда просил преданных войти. Я ценила то, как Прабхупада хотел, чтобы преданные учились у него проповедовать. Мне нравилось, как Прабхупада учил преданных, заставляя их читать лекции перед ним, как он это делал с Ямуной и другими. Прабхупада понимал, что у некоторых преданных было меньше знаний, но они производили впечатление на людей своей любовью.

Следуя примеру Джадурани, Ямуны, Рукмини и Химавати, я очень быстро начала читать воскресные лекции для гостей и лекции по «Шримад-Бхагаватам» и «Бхагавад-гите» для преданных. Поскольку я любила читать книги Прабхупады, я читала научные лекции, которые преданные, мужчины и женщины, очень ценили. Я изучала философию и практиковалась в проповеди. Я пыталась давать «живые» лекции, как это делал Прабхупада. Иногда он заставлял нас смеяться, иногда рассказывал истории, иногда он был настойчив и суров. Преданным нравились мои лекции, а я любила их читать. Помимо переводов, чтение лекций было моим главным служением, моей жизнью.

Но примерно в 1974-м году приехали преданные из Америки и сказали: «Женщины не должны читать лекции, женщины не должны вести *киртан*», и мне стало настолько противно такое отношение, что я перестала это делать. Я спросила об этом Прабхупаду, и Прабхупада сказал, что да, женщины могут проводить лекции. Он сказал: «Согласно *варнашраме*, Ваш муж — *брахман*, а Вы — *брахмани*, поэтому он проповедует, и Вы проповедуете». Но это было время, когда женщины не должны были брать на себя никаких обязанностей. Я перестала давать лекции, и меня лишили моего служения по переводу. Я написала Прабхупаде и объяснила ситуацию. В конце письма, написанного Бхагавану, который был Джи-Би-Си во Франции, Прабхупада ответил мне. Он написал: «Что касается письма Джьотирмайи, она может читать лекции». Бхагаван никогда не говорил мне, что написал Прабхупада. Он положил это письмо в корзину для бумаг, где я случайно нашла его.

В 1972-м году в храме в пригороде Парижа Прабхупада во время своей лекции заметил, что я произношу санскрит лучше, чем другие (меня учил в храме Нью-Йорка Нитай, его личный секретарь по санскриту). Поэтому он сказал, что отныне я должна проводить чтение *санскритских шлок* перед лекцией.

В июне 1974-го года я, возглавляя отдел по связям с общественностью, при помощи Йогешвары и Притху Путры пригласила многих влиятельных французов на встречу с Прабхупадой. Один из нас переводил их беседы со Шрилой Прабхупадой. Мы приглашали разных людей, таких как, например, христианский кардинал, член ЮНЕСКО, преподаватели *санскрита*, веданты и индуистской философии, христианские священники и монахини, православные священники, предводители розенкрейцеров, журналист-коммунист, член Сената, президент буддийского общества, основатель первого французского вегетарианского магазина и других.

Мы также пригласили Прабхупаду прочитать лекцию в концертном зале Плейель, который вмещал две тысячи человек. Я организовала рекламную кампанию по всему Парижу, и пришли тысяча восемьсот человек. Но, как правило, в те времена мужчины получали признание за организацию программы. Так или иначе, Прабхупада читал лекции, а я переводила. Когда Прабхупада сказал: «Если мы будем соблюдать законы государства, тогда мы — хорошие граждане, мирные граждане», члены аудитории начали свистеть и возмущаться. Французский народ был настроен против власти и против правительства. Один из них бросил вызов Прабхупаде: «Разве Бог дал вам полномочия сидеть на этом большом сиденье и принимать поклоны от ваших учеников?» Мне было неловко переводить то, что он сказал, поэтому я перевела не все. Прабхупада сказал мне: «Нет. Скажи мне, что именно он сказал». Я передала ему в точности то, что сказал молодой человек, и Прабхупада сказал ему: «Вы также можете занять это положение. Если вы знаете Бога и можете говорить о Боге, тогда вы также можете сидеть здесь и говорить о Боге». После того, как мы уехали, Прабхупада сказал преданным: «Отныне, когда я буду проповедовать во Франции, не предлагайте мне *вьясасану*. Дайте мне обычный стул». Прабхупада прекрасно умел адаптироваться к различным ситуациям и умел справляться с трудностями. У него я научилась отвечать быстро и так, чтобы избежать конфликта, но при этом донести свою точку зрения.

Прабхупада позволял всем преданным развиваться в сознании Кришны так, как они могли в силу своей природы. Все мы были разными, и все мы были незаурядными и сильными личностями. Мы оставались такими же личностями, какими были. Это сделало каждого из нас счастливым, и, когда мы выросли как личности, используя в служении все то хорошее или плохое, что у нас было, мы смогли сделать очень многое. Прабхупада использовал в людях даже плохое. Как он сказал: «Эти преданные — члены Джи-Би-Си, потому что у них большое эго». Он мог взять все хорошее или плохое, что было в человеке, и связать это с Кришной; хорошие качества становились сильнее, а плохие становились хорошим.

В августе 1973-го года мы написали письмо мэру Парижа Жаку Шираку (который позже стал президентом), где предлагали ему встретиться с Прабхупадой. Он принял Шрилу Прабхупаду в величественной мэрии Парижа, где ему оказал прием вице-президент Парижского совета М.Ассуад. Я переводила приветственную речь вице-президента, а Йогешвара переводил речь Прабхупады.

В 1975-м году я стала возглавлять французскую *гурукулу* в Нью-Маяпуре, которая начала свою работу несколькими месяцами ранее. Я узнала, что дети во многих *гурукулах* чувствовали себя несчастными и обеспокоенными, когда повторяли *джапу* в алтарной вместе со взрослыми на обычных четках для *джапы*. Прабхупада сказал, что преданное служение никогда нельзя навязывать детям, оно должно быть приятным для них. Он также сказал: «Применяйте здравый смысл». Поэтому я изменила подход и попросила их повторять на специальных маленьких четках для *джапы*: для самых маленьких длина четок составляла четверть длины обычных четок, а для детей постарше — половина длины, и я научила их воспевать вместе в особом ритме. Им это понравилось, и они с энтузиазмом повторяли много кругов в очень забавной манере. Однако, преданные жестко раскритиковали меня за такой подход, который они сочли неподобающим. Когда Прабхупада приехал в Нью-Маяпур, он попросил представить ему детей *гурукулы*. И вот, все тридцать учеников, их учителя и я вошли в комнату Прабхупады. После очень приятной беседы Прабхупада попросил детей повторять *джапу*, и они начали повторять в унисон в том ритме. Прабхупаде это понравилось, он просил их повторять вновь и вновь. Затем он попросил их встать и продолжить воспевание. Дети были в восторге.

Прабхупада также дал мне очень хорошие наставления, когда я спрашивала его об уроках истории, географии и биологии в программе *гурукулы*.

Когда я возглавляла различные *гурукулы* во Франции, США и Бельгии, я составила руководство по *гурукуле*. В руководстве я процитировала беседу с учителем *гурукулы*. Некоторые преданные задавались вопросом, должны ли девочки также ходить в *гурукулу* или им лучше просто обучаться исполнению женских обязанностей дома. Прабхупада сказал: «Путра, путри («сын» и «дочь»), и мальчики, и девочки должны ходить в *гурукулу*».

Однажды в замке Нью-Маяпура Прабхупада проходил по коридору первого этажа в окружении множества преданных. Я шла им навстречу, занятая исполнением своих обязанностей в *гурукуле*. Когда мы встретились посреди зала, Прабхупада всех остановил, позвал меня по имени и спросил, как у меня дела.

Что мне особенно нравилось в Прабхупаде, так это его разум. Он был одновременно трансцендентным и практичным. Сознание Кришны невозможно понять только по его книгам. Мы также должны понять сознание Кришны через личный пример Прабхупады и все те наставления, которые он давал в беседах и письмах.

Kalalapa devi dasi /Калалапа деви даси

В свой девятнадцатый день рождения, шестого августа 1973-го года, Калалапа деви даси получила инициацию в Чикаго. Она считала это замечательным подарком, на самом деле лучшим подарком — возможностью больше «не рождаться».

Впервые я увидела Шрилу Прабхупаду на лекциях по «Бхагавата-дхарме» в августе 1972-го года в Нью-Вриндаване. Мой брат пригласил меня приехать. В то время он практиковал «трансцендентальную медитацию». Он также стал инициированным учеником Прабхупады. Один инициированный преданный приехал в наш родной город в Сагино, штат Мичиган, и сказал: «Ах, ребята, вам нужно встретиться с Прабхупадой». Это было просто замечательно! Так или иначе, это происходило в Нью-Вриндаване. Мне только что исполнилось восемнадцать, и я закончила среднюю школу. Я думала, что мне делать со своей жизнью. Мы добрались автостопом из Сагино, который находится в центре Мичигана. Нам потребовался целый день, чтобы добраться до Нью-Вриндавана. Беседы о «Бхагавата-дхарме» были трехдневным мероприятием. Я шла по одной из холмистых дорог в Нью-Вриндаване, и вдруг ни с того ни с сего услышала бип-бип-бип-бип. Что это такое? Лучше убирайся с дороги, а то тебя переедут. Прабхупада находился в машине, я думаю, это был Линкольн «Континенталь». Это было интересно: они гудят, когда он едет в машине. Это была сельская местность.

Когда я действительно увидела Шрилу Прабхупаду, вокруг него была аура, которую я не училась видеть, но он действительно светился. Она распространялась примерно на пять футов от него. Это был красивый кремовый желто-оранжевый цвет, в каком-то смысле похожий на ауру Иисуса Христа. Очень заметный. Я не читала книг, ничего. Это была моя первая встреча с сознанием Кришны. Я сказала: «Вау!» На всех деревьях были перечислены все четыре регулирующих принципа. Таблички гласили: «Если вы хотите остаться в этом поместье, вы должны следовать этим принципам». Я подумала: «О Боже, это мои люди». Это был первый раз, когда я увидела Прабхупаду.

Несколько лет спустя, я переехала в Чикаго. В то время это был маха-взрыв Харе Кришна по распространению книг. Чикаго был ключевым центром во многих, многих отношениях. Прабхупада написал нам письмо, и в этом письме он сказал, чтобы мы оставили в храме одного человека, а все остальные вышли распространять книги. Так что утром у нас был большой пир, а потом все весь день распространяли книги. Все были в таком восторге!

Однажды утром я проснулась с сильной болью в горле. Мне пришлось обратиться к специалисту. У меня на голосовых связках выросли узелки. Врач сказал, что мне запрещается говорить около года, чтобы все зажило. Я подумала: «Я сойду с ума! Это невозможно! Я не могу повторять Харе Кришна!» Я решила: «Я должна быть разумной в этом вопросе». Я должна была поумнеть. У меня была запись *джапы* Прабхупады, и я мысленно повторяла свои круги, все шестнадцать. Я подумала: «Какой замечательный урок», потому что в момент смерти, когда все функции тела отказывают, и мы, возможно, не сможем произнести ни звука, кроме как в уме, Кришна всегда будет рядом. Это было чудесно — учиться повторять Харе Кришна в уме, но слушать, как Прабхупада повторяет *джапу*.

Интересно, что Прабхупада был в Чикаго, я думаю, в 1975-м году. Автобусы группы Радха-Дамодара были в Чикаго, и Прабхупада тоже был там, и тогда в автобусах были установлены Божества Гаура-Нитай. Во время *даршана* мой тогдашний муж, Вишалакша, задал вопрос от моего имени: «Шрила Прабхупада, если моя жена не сможет воспевать, что тогда? Что делать? Что можно сделать?» Прабхупада сказал, что существует девять способов преданного служения, поэтому выберите один. Слушание, повторение, памятование — это, конечно, самое важное. Он выделил слушание в своем ответе. В некотором смысле это дало мне понимание того, как обращать внимание на аспект слушания. *Шраванам-киртанам. Киртанам, шраванам, смаранам.* Памятование приходит потом. Но слушание и повторение являются самыми важными.

Kamadhuk devi dasi /Камадхук деви даси

Камадхук присоединилась в 1972-м году в Эдинбурге, в том же году она переехала на Бери-плейс, а затем в поместье Бхактиведанта Мэнор, где она была первой преданной, которая отвечала за кухню. Именно в Мэноре Камадхук впервые встретила Шрилу Прабхупаду.

Я была довольно молода, из маленького городка в Шотландии и совершенно не понимала индийскую философию. Когда вы новый преданный и слышите о духовном учителе, это совершенно новая концепция. Я подумала: «Боже, пойму ли я Шрилу Прабхупаду, когда он будет говорить? Будет ли у меня с ним связь? Как я буду смотреть на него? Буду ли я чувствовать, что у меня с ним есть отношения?»

Когда Прабхупада впервые прибыл в Мэнор, моя связь установилась мгновенно. Это произошло прямо там, на месте. На самом деле, она всегда существовала, и я надеюсь, что она останется навсегда. В те дни я была занята служением на кухне, и это было центром моей деятельности. У меня не было личных отношений со Шрилой Прабхупадой, но всякий раз, когда он приходил, он смотрел на меня и улыбался. Одна его улыбка была как тысяча благословений. Один жест его руки походил на тысячу действий. Ему не нужно было говорить.

Я была в группе преданных, которые убирали комнаты Прабхупады, когда он отправлялся на утреннюю прогулку. Однажды утром мы убирались, и, поскольку в камине горел огонь, нам было слишком жарко, поэтому мы открыли окна. Затем вошел один из преданных и сказал: «Прабхупада возвращается раньше, все должно быть готово быстро!» Мы поспешили закончить и забыли закрыть окна. Прабхупада вошел и сказал с широкой улыбкой на лице: «О, вы дочери очень богатых людей».

Мы оставили окна открытыми, пока горел огонь, поэтому мы выпустили все тепло наружу. Шрила Прабхупада нас мягко отчитал, и это было прекрасно.

Прабхупада прекрасно ладил с детьми, и ему сразу же понравился сын Свати, Шивадвара. Когда Прабхупада сидел на лужайке, мы все сидели вокруг него и тихо пели, а Шивадвара играл. Прабхупада с любовью дразнил Шивадвару, а Шивадвара не знал, как это принимать. Прабхупада говорил ему: «Подойди, подойди!», и Шивадвара подходил к Прабхупаде, глядя на свою мать, чтобы убедиться, что он поступает правильно. Отношения Прабхупады с Шивадварой продолжались годами. Возможность видеть это и быть частью этого была самым трогательным и чудесным, что мы когда-либо испытывали.

В 1974-м году Президент храма какое-то время не хотел, чтобы женщины жили в храмах Мэнора или Бери-плейс, и многие преданные, включая меня, поехали в Индию. Свати, Шивадвара и я разместились в Бомбее, и Прабхупада немедленно послал за нами. Мы были в его комнате вместе с несколькими *санньяси*, и он сказал: «Зачем вы приехали в Индию?» Мы рассказали о проблемах, с которыми столкнулись в Англии, и Прабхупада сказал: «Если этих мужчин волнуют женщины, тогда мужчины должны жить в лесу». Прабхупада был искренне обеспокоен.

Я поехала в Маяпур и стала заведовать диспансером. По утрам мне довелось приносить завтрак Прабхупаде. Это было замечательно, потому что Прабхупада был один. Я подавала ему завтрак, а он улыбался и был признателен мне. Однажды я спросила Прабхупаду, правильно ли я поступаю, оставаясь в Маяпуре, и он сказал: «Да, ты должна быть здесь до конца своей жизни». Это очень много значило для меня. Это те мелочи, которыми вы дорожите в своем сердце, несмотря на все плохое. Я оставалась в Маяпуре до марта 1977-го года.

Впоследствии я стала ответственной за *санкиртану* в Англии и присутствовала там, когда Прабхупада посетил Англию в последний раз. Таким образом я присутствовала, когда Шрила Прабхупада впервые посетил Мэнор, и когда он нанес свой последний визит. Мы очень страдали, потому что физическое состояние Прабхупады очень огорчало, но это было также экстазом, насколько мы могли понять экстаз в то время. Юноши очень осторожно переносили паланкин, чтобы Прабхупада не чувствовал неудобства. *Киртаны* были замечательными, и даже несмотря на то, что его здоровье ухудшалось, у Прабхупады была энергия для своих учеников. Также все заботились друг о друге. В то время у нас была сильная английская *ятра*, а духовные братья и сестры были для нас ближе, чем может быть любая семья. Мы все чувствовали себя глубоко в долгу перед нашим духовным учителем, и все мы хотели поступать правильно.

Слуга Прабхупады попросил меня делать покупки для Шрилы Прабхупады в Лондоне, и именно так я служила своему духовному учителю. Ему не нужно было каждый раз признавать меня или говорить со мной. Честно говоря, я не чувствовала, что мне это нужно. Я не говорила, что не хочу этого, но я не чувствовала, что мне это нужно. Мои отношения с Прабхупадой основывались на служении. Я была лидером *санкиртаны*, и деньги, которые мы собирали на строительство храма на улице Сохо, были моим вкладом в дело Шрилы Прабхупады. Мое служение было и прямым, и косвенным. Мне было приятно видеть тех, кто был близок со Шрилой Прабхупадой, но я была на периферии, и именно там я всегда и находилась.

Благодаря чудесной энергии тех преданных, которые имели личный опыт общения со Шрилой Прабхупадой, и тех преданных, которые служат ему, и тех преданных, которые читают его книги, новички начинают понимать, кто такой Шрила Прабхупада, и насколько он велик. По мере того как эти вновь прибывшие слушают осознания преданных, в глубине их сердец появляется желание больше узнать о Шриле Прабхупаде и о том, как они могут служить ему. В результате каждый становится сильнее и лучше.

Мы все можем тем или иным образом внести свой вклад в распространение Движения, и мы, безусловно, можем заботиться друг о друге, как одна семья. У Кришны есть план для нас. Будет намного больше проповеди. Все хотят иметь возможность проповедовать, все хотят делиться сознанием Кришны. Мы будем делать это естественным и органичным способом, с любовью и заботой. Привлечь можно только тех людей, которые видят, как это прекрасно. Это всегда возвращается к людям, к преданным, которые красивы изнутри. Это происходит сейчас и будет происходить все чаще и чаще. Ученики Шрилы Прабхупады подобны ветеранам Первой мировой войны: мы не собираемся оставаться здесь надолго. Важно, чтобы после нас осталась реальная идея, чтобы каждый мог продолжить и делился своим опытом со следующим поколением. Пора стать серьезнее. Приятные воспоминания, которыми мы делимся, поддерживают нас, сохраняют свежесть ощущений и помогают понять, чего мы хотим достичь в будущем, и в то же время мы понимаем, что такое настоящая любовь.

Kamagiri devi dasi / Камагири деви даси

Когда Камагири была ребенком, ее мать делилась с ней всем, что знала, и Камагири любила ее больше самой жизни. Когда ее мать умерла, Камагири было восемнадцать лет, и она была опустошена. Она начала руководить магазином сладостей «Barasini's» в торговом центре «Severance» в Кливленде, штат Огайо, но она не была счастлива и не знала, что может сделать ее счастливой.

В сердце я чувствовала, что в жизни должно быть нечто большее, чем бесполезный цикл работы, встреч с друзьями и употребления одурманивающих веществ. Я думала: «Господи, в жизни должно быть что-то большее, чем это»., и вот однажды в мой магазин сладостей пришел преданный, *бхакта* Тони, и мы подружились. Тони никогда не рассказывал мне о Кришне, но после того, как прошло около месяца с нашего знакомства, я сказала ему: «Мне кажется, что я должна чему-то учиться, но я не знаю, чему», хотя никогда в жизни никому этого не говорила. Он дал мне книгу «Кришна», которую я взяла домой.

Когда я открыла книгу и увидела фотографию Шрилы Прабхупады, то подумала, что это самый красивый мужчина, которого я когда-либо видела. Я не могла перестать смотреть на него и впервые в жизни влюбилась. Когда я прочитала эту книгу, я была так привлечена и очарована, что не могла ее опустить. Я читала ее везде, куда бы ни пошла.

Однажды в воскресенье Тони пригласил меня на пир в кливлендский храм на Эвклид-авеню. Когда я открыла дверь алтарной комнаты, мне в лицо ударило облако ладана и мирры — самый прекрасный запах, который я когда-либо чувствовала. Преданные воспевали и танцевали, и я тоже начала немного двигаться. Я подумала: «Вау, это словно другой мир!» Я была поражена тем, как преданные улыбались, с радостью занимались служением (ведь в материальном мире никто не хочет работать). К тому же *прасад* был настолько хорош, что я всю неделю не могла перестать о нем думать.

Я стала ходить туда каждое воскресенье и приносила *прасад* домой для своих соседей. Затем я пошла на *мангала-арати*, и после этого, когда восходило солнце, пока я повторяла *джапу*, я почувствовала, что солнце поднимается внутри меня. Я сказала: «Это то, чем я хочу заниматься всю оставшуюся жизнь». Меня привлекало экстатическое настроение бескорыстного служения в преданных.

Я читала «Бхагавад-гиту», начала предлагать свою пищу и стала рассказывать о Кришне всем своим друзьям. Я чувствовала, что получила самый чудесный подарок, и хотела, чтобы он был у всех. Но мои друзья больше не хотели быть рядом со мной: они хотели веселиться в невежестве.

В те дни в храме мы все делали вместе, и никто не хотел пропускать *мангала-арати*, лекцию по «Бхагаватам», *туласи-пуджу* и *гуру-пуджу*. Год за годом целыми днями преданные в экстазе проповедовали и служили Божествам. Это было удивительное, чудесное время.

Весь 1975-ый год я молилась: «О Кришна, пожалуйста, я должна встретиться со Шрилой Прабхупадой хотя бы один раз! Пожалуйста, Кришна, пожалуйста, один раз!», и однажды я действительно встретила его в Бахулаване в Нью-Вриндаване в 1976-м году.

Когда я увидела Шрилу Прабхупаду, я была ошеломлена. Я не могла поверить, что Кришна дал мне такую возможность. Преданные подтолкнули меня вперед, чтобы я могла получить одно из печений, которые раздавал Шрила Прабхупада. Я была так счастлива, что Кришна исполнил желание моего сердца.

Без преданных я никогда бы не встретила Шрилу Прабхупаду, и у меня не было бы возможности или даже желания заниматься служением. Чтение о Кришне вдохновляло меня, но это были просто замечательные истории, которые мне нравились. Они не стали для меня реальностью, пока я не начала общаться с преданными и заниматься служением. Я очень благодарна за милость преданных, которые получили милость Шрилы Прабхупады и делятся ею со мной даже по сей день.

Kamalini devi dasi /Камалини деви даси

В октябре 1972-го года Камалини впервые приобрела журнал «Назад к Богу». Первый абзац, который она прочитала, был из статьи Шрилы Прабхупады. Она подумала: «Вот оно! Вот ответы на мои вопросы». Она почувствовала глубокую связь с Прабхупадой.

Я читала книги Прабхупады и посещала бруклинский храм, и тем летом приехал Прабхупада. Когда я увидела его, то подумала: «Ого, это тот самый человек! Его фотография на моем алтаре, и я предлагаю ему свою еду, и, поскольку он сказал, что я должна следовать регулирующим принципам и повторять шестнадцать кругов, я изменила всю свою жизнь, чтобы делать это».

Я переехала в бруклинский храм и сначала помогала Расаджне с шитьем. Затем Ромапада дас, *брахмачари*, лидер *санкиртаны*, взял меня в качестве распространителя книг, и я начала распространять журналы «Назад к Богу». Через некоторое время Прабхупада явился мне во сне и сказал: «Я хочу, чтобы ты распространяла мои большие книги». Я отнеслась к этому серьезно и на следующий день начала распространять большие книги, в основном «Бхагавад-гиту», и я все еще делаю это сегодня. Именно когда я распространяю его книги, я чувствую наибольшую связь с Прабхупадой, и я благодарна за возможность передать его слова другим.

Вместе со многими другими преданными я получила посвящение Гаятри в Майяпуре в 1976-м году, и мне пришлось ждать и ждать, прежде чем мне разрешили войти в комнату Прабхупады, чтобы получить от него *мантру*. После двух напряженных дней, когда я слышала: «Нет, ты не можешь его видеть, он слишком занят», я, наконец, вошла в его комнаты. Прабхупада был один и полностью расслаблен, как будто у него было все время в мире. Он сидел на полу за своим низким столиком и жестом правой руки пригласил меня сесть рядом с ним. Я поклонилась, села, и он показал мне, как считать. Затем он терпеливо повторял каждое слово Гаятри-*мантры*, и, если я не произносила слово идеально, он повторял его снова и снова. Ему не приходилось произносить слово больше трех раз, но он позаботился о том, чтобы я усвоила произношение. После этого я поклонилась и ушла, но чувствовала: «О, я хотела бы поговорить больше».

Книги Прабхупады настолько динамичны, что я поражаюсь, как кто-то мог их написать. Когда я читаю «Шримад-Бхагаватам», я чувствую, что он участвует в этих играх, и в то же время его слова обращены к людям любого уровня духовного развития. Независимо от того, является ли человек *парамахамсой* или только подходит к Кришне, книги Прабхупады говорят с ним.

Я распространяю книги Прабхупады с 1974-го года, особенно во время рождественских марафонов. Мой муж всегда был и остается большой поддержкой для меня. Мы даже планировали рождение наших детей так, чтобы я могла продолжать участвовать в рождественских марафонах. В эти дни я выхожу на *санкиртану*, по крайней мере, раз в неделю, но, конечно, хотелось бы чаще.

Kancanbala devi dasi /Канчанбала деви даси

Канчанбале деви даси было всего шестнадцать лет, когда девятнадцатого декабря 1967-го года Прабхупада принял ее в число своих учеников. Канчанбала отправила Прабхупаде, который находился в Сан-Франциско, письмо и четки для джапы с адреса Вторая авеню, 26.

Гаргамуни позвонил из Сан-Франциско и сказал: «Шрила Прабхупада спросил: „Это имена девочек или мальчиков?"» Затем, хотя многие из принимавших посвящение были в Нью-Йорке, Шрила Прабхупада совершил огненное жертвоприношение и прочел *мантры* на наших четках, освятив их, а также все наше существование.

Я была несовершеннолетней и жила в доме, который находился примерно в часе езды от храма. Никого не спрашивая, я отправила свои четки и письмо Шриле Прабхупаде. Это было сделано не из-за неповиновения, но, когда Брахмананда, который был президентом нью-йоркского храма, узнал, что я неожиданно получила инициацию, он отвел меня в сторону и сурово спросил, знаю ли я о серьезности принятия инициации и следую ли я всем регулирующим принципам. Я это и делала.

Поскольку я была молода, а моя мать не была настроена благосклонно, мне не разрешали ходить в храм. Поэтому я оставалась дома и рисовала картины с изображением Кришны. Я писала Прабхупаде, рассказывая обо всем, что делала. Я рассказывала, что на моем алтаре были хворост, мох, желуди и интересные кусочки коры. Шрила Прабхупада написал: «Я очень рад, что ты не выходишь на улицу, а занимаешься деятельностью, связанной с сознанием Кришны. Я искренне благословляю тебя за то, что ты так хорошо практикуешь сознание Кришны. Все, что ты делаешь в данный момент, одобрено мной, и я думаю, что благодаря тому, что ты стала искренней душой, Кришна диктует тебе изнутри, а ты так хорошо все делаешь».

Когда я встретила его впервые, Шрила Прабхупада возвращался из Индии. Мы все погрузились в микроавтобус и поехали в аэропорт. Я думала, что Прабхупада очень высокий и возвышается над нами. Когда он приехал, я увидела, что его рост всего около пяти футов, но благодаря своему достоинству и величию он казался царственным и более высоким, нежели был на самом деле.

Однажды я убиралась в его комнате. Я подметала соседнюю комнату, когда Шрила Прабхупада вернулся с утренней прогулки и, увидев меня, улыбнулся и спросил глубоким и мягким голосом, держа большим пальцем свою *кантхималу*: «Ты инициирована?» Я ответила: «Да, Свамиджи». Он спросил: «Как тебя зовут?» Я ответила: «Канчанбала даси». Шрила Прабхупада кивнул с добрым чувством и сказал: «А, Канчанбала даси».

В другой раз я стирала его *дхоти* в ванной. Шрила Прабхупада проходил мимо открытой двери, чтобы выйти из своей комнаты и спуститься вниз, где он читал лекцию. Проходя мимо ванной, он остановился и спросил: «Ты тоже спустишься послушать?» Я кивнула и сказала: «О да, Свамиджи». Затем он ушел, а я закончила и поспешила следом, чтобы послушать лекцию.

Когда Шрила Прабхупада во второй раз приехал на Вторую авеню, мы бросились его встречать. Когда я подняла голову после поклона на тротуаре, я увидела, как Шрила Прабхупада нежно провел рукой по голове Балая. Затем, подойдя ко мне, он нежно погладил и мою голову. Мы испытали величайшую радость, просто освященные его святым прикосновением.

Брахмачари стали называть девушек «коровами». Ни с того ни с сего Шрила Прабхупада сказал: «Эти девушки не обычные девушки, они подобны Лакшми, богиням удачи». Такова отцовская доброта Шрилы Прабхупады.

Я и примерно четыре или пять моих духовных сестер жили дома и ходили в среднюю школу. Я подумала, не следует ли отказаться от посещения этой «кармической» школы и переехать в храм, чтобы полноценно общаться с преданными и выполнять преданное служение? Лилашука написала об этом Шриле Прабхупаде. Он сказал, что мы все должны закончить школу и получить дипломы: «Если мы просто бросим учебу, что о нас подумает общество?»

Я нарисовала акварелью Кришну с коровой, дающего корове тарелку *прасада* и ласкающего ее рукой. Когда картина была закончена, я купила деревянную раму и покрасила ее в золотой цвет. Затем я отдала ее Райраме, который собирался в Сан-Франциско, чтобы увидеться с Прабхупадой.

Райрама сказал, что, когда Шрила Прабхупада получил ее, он повесил ее на стену над своей кроватью. Это меня безмерно обрадовало!

Я была очень счастлива, будучи *брахмачарини*, у меня не было желания выходить замуж, но примерно в это время Шрила Прабхупада подчеркнул, что все молодые девушки должны быть замужем. Впоследствии было решено выдать меня замуж. Я и мой будущий муж, а также еще одна будущая пара поднялись в покои Прабхупады на *даршан*. В какой-то момент Прабхупада решительно заявил: «Женщины всегда должны быть под защитой. В детстве их защищает отец, в зрелом возрасте — муж, а в старости — взрослые сыновья. Так что она никогда не остается одна или свободной». Поскольку я все еще думала, что буду счастлива, не выходя замуж, я была потрясена тем, как Шрила Прабхупада, казалось, читает мои мысли и решает этот вопрос.

Когда моя мать узнала, что я собираюсь замуж, она пришла поговорить со Шрилой Прабхупадой и беседовала с ним в его комнате наверху. Она сказала: «Я мало что поняла из того, что он сказал, но я вижу, что он очень мудрый человек, и он выполняет для тебя роль отца». Мои духовные братья рассказали, что моя мать сказала Прабхупаде, что хочет, чтобы я встречалась и общалась с другими мальчиками. Шрила Прабхупада рассказал о системе *варнашрамы* и о том, как женщины защищены на всех этапах жизни. После ее ухода Прабхупада сказал: «Вот видите, она хочет, чтобы ее дочь стала проституткой».

В 1968-1969-х годах Прабхупада был в Монреале, и я навестила его там. Один преданный подошел ко мне и сказал, что слуге Шрилы Прабхупады, Химавати, нужно, чтобы кто-то принес *бхогу*. Я от всего сердца согласилась. Подойдя к двери, я прислушалась, не слышно ли где-нибудь шорохов, не желая шуметь и беспокоить его. Затем я осторожно постучала, и Химавати приоткрыла дверь. Я не собиралась встречаться со Шрилой Прабхупадой, но через щель в двери я увидел его струящиеся шафрановые одежды. Он сидел у стены напротив двери. Я передала Химавати *бхогу*. Прабхупада спросил: «Кто за дверью?» Она ответила: «Канчанбала пришла и принесла *бхогу*». Прабхупада сказал: «Скажи ей, пусть войдет». Она широко открыла дверь.

Я была несказанно рада такому неожиданному и милосердному жесту. Я просто воскликнула: «Ах, Свамиджи», и поклонилась. Шрила Прабхупада сказал: «Очень хорошо», и указал мне сесть в нескольких футах от него. Затем Химавати отправилась на кухню, чтобы приготовить еду для перелета тем же днем.

Мы со Шрилой Прабхупадой вместе читали *джапу*. Я восхищалась его красотой и безмятежностью в то время, пока читала. Он мелодично и тихо повторял *джапу*. Вдруг Прабхупада спросил: «На улице холодно?» Я ответила: «О да, очень холодно, Свамиджи», и мы возобновили чтение *джапы*. Вскоре прибыли президенты из разных храмов, принесли поклоны и сели на свободные места передо мной, ближе к Прабхупаде. По мере того, как прибывало все больше людей, Прабхупада начал вести светскую беседу. Через некоторое время Химавати принесла огромное блюдо с красиво разложенными фруктами, аккуратно порезанными, с печеньем по краям. Он отправил в рот один или два кусочка фруктов, а затем начал раздавать *маха-прасад*. Я была сзади и самонадеянно думала, что смогу дотянуться через всех и получить свой кусочек. Когда он раздавал *маха-прасад* с моей стороны, то посмотрел прямо на меня и сказал: «Ты получила что-нибудь?» Я тут же протянула руку, чтобы с радостью принять кусочек. Он раздавал *маха-прасад* всем три раза по кругу, и я, конечно же, каждый раз безоговорочно протягивала руку вперед.

В 1975-м году, в год открытия храма Кришна-Баларамы, большая группа преданных отправилась в Хайдарабад на программу в пандале. Находясь там, мы совершили поездку на недавно приобретенную ферму в Хайдарабаде, которая находилась в сорока пяти минутах езды. Прабхупада прочитал лекцию. Позже, в жаркую часть дня, группа из примерно пяти или семи женщин во главе с Паликой отправилась к ручью, чтобы искупаться и охладиться. Хотя мы вернулись раньше времени, автобус обратно в Хайдарабад уехал без нас. К нашему облегчению, через несколько минут мы узнали, что грузовик с открытым кузовом, перевозящий оборудование для пандала, скоро отправится, и мы сможем поехать на нем.

Мы ждали у входа, читая *джапу*, как вдруг появился Шрила Прабхупада со своим слугой и несколькими *санньяси*. Мы все поклонились, а когда встали, Прабхупада улыбался и кивал нам. Он спросил: «Вам нравится Индия?» Мы все кивнули и сказали: «О да, Прабхупада!» Затем он добавил: «Лучше, чем Америка?» Мы все кивнули, сияя, хотя многие из нас боролись с жарой и ухудшением здоровья. Я была так благодарна за то, что получила неожиданный *даршан* Шрилы Прабхупады. Когда он уже собирался сесть в свою машину, он повернулся к преданному, стоявшему рядом с ним, и спросил: «Они придут сегодня в пандал? Смогут ли они туда добраться?»

Летом 1976-го года Шрила Прабхупада приехал в Лос-Анджелес. В то время в Лос-Анджелесе существовали такие департаменты, как департаменты *санкиртаны*, Би-Би-Ти, главных *пуджари*, художников книг и так далее. Они собирались на *даршан* с Прабхупадой в его саду. Это продолжалось всю неделю, и я все больше и больше волновалась, поскольку не входила ни в один из департаментов, но желала попасть на один из *даршанов*. Наконец, в последний день мне удалось получить разрешение и попасть на *даршан* в сад Прабхупады. Шрила Прабхупада прошел через комнату *пуджари* в свой сад, и мы все последовали за ним. Он сел на свою *вьясасану*. Я стояла впереди и предложила ему свое подношение. Затем я поклонилась ему, а когда встала, увидела, что Прабхупада кивает и улыбается мне. Я почувствовала себя такой счастливой. Его кивок словно говорил: «Приятно видеть, что ты все еще занимаешься сознанием Кришны». Все тревоги были полностью смыты. Это был последний раз, когда я видела его Божественную милость в его *вапух*-форме.

Что заставило меня оставаться все эти годы со Шрилой Прабхупадой, так это его искренняя забота и любовь ко всем живым существам, что уж говорить о его дочерях-ученицах. На протяжении многих лет в движении сознания Кришны были трудные времена с многочисленными проблемами в развитии, вызванными либо незрелостью, либо мотивацией отдельных людей или групп. Но вспоминая сострадание Шрилы Прабхупады к своим ученикам и то, как он вершил правосудие в наших межличностных отношениях, меня охватывает такое облегчение, которое напоминает мне о том, почему я хочу быть здесь.

Вся слава Шриле Прабхупаде, нашему любящему отцу! Харе Кришна!

Kanka devi dasi / Канка деви даси

В апреле 1970-го года в Берлине девятнадцатилетняя Канка прочитала статью Прабхупады «Кто здесь сумасшедший?» и книгу «Кришна — Верховная Личность Бога». Она нашла то, что искала. Канка посетила храмы в Гамбурге, Лондоне и в конце концов обосновалась в Бруклине.

Год я жила в *ашраме брахмачарини* в Бруклине. В мае 1971-го года мы получили письмо от Шрилы Прабхупады, в котором говорилось: «Да, я дал разрешение Сварупе Прабху жениться на Сьюзи О'Нейл (мне)». В июне Шрила Прабхупада написал Сварупе: «Итак, теперь ты создал семью в сознании Кришны. Это прекрасно. Однако семейная жизнь — дело рискованное: из-за привязанности к жене человек забывает Кришну. Если и муж, и жена помнят Кришну, то их семейная жизнь становится Вайкунтхой. Наш *ачарья* Бхактивинода Тхакур был идеальным семьянином, и мы должны следовать его примеру: каким хорошим домохозяином он был и каких хороших детей воспитал. Один из них — мой Гуру Махарадж. Вот кого нужно ставить в пример. Следуй по его стопам, и ты достигнешь успеха в сознании Кришны».

Двадцать первого июля 1971-го года я получила посвящение от Шрилы Прабхупады. Он сказал, что Канка была дочерью великого царя, который также был великим преданным. «Ты станешь великой преданной?» — спросил Прабхупада. Я смутилась и сказала, что постараюсь быть хорошей преданной. Он сказал, что давал своим ученицам имена, как у великих *вайшнави*, чтобы они шли их по стопам. Когда я сказала, что каждый день буду воспевать шестнадцать кругов, он округлил глаза и сказал: «Это все?» «Больше, если получится» — ответила я. «Как тебя теперь зовут?» — спросил Шрила Прабхупада. Я не могла вспомнить. Он посмеялся и ответил: «Ты уже забыла».

Однажды я поделилась с Прабхупадой, что каждый раз, когда мой двухгодовалый сын Кришна Кумар видел его или его изображение, то говорил: «Прабхупада печенька! Прабхупада печенька!» Прабхупада откинул голову назад, посмеялся и сказал: «Да, если хотите, чтобы у вас появился друг, подарите ему печеньку». Как-то раз мне сказали увести Кришна Кумара с лекции. Я уже было пошла к выходу, но Шрила Прабхупала остановил меня и спросил: «Куда ты идешь?» «Мне сказали, что нужно увести малыша» — ответила я. «Нет. Иди сядь», — велел Шрила Прабхупада. Шрила Прабхупада как будто чувствовал, что я хотела остаться на лекцию. В конце он погладил Кришна Кумара по голове — малыш все время вел себя тихо.

В 1975-м году в городе Беркли журналист спросил Шрилу Прабхупаду: «Что произойдет с Движением в Соединенных Штатах, когда вы умрете?» «Я никогда не умру» —ответил Прабхупада. «Джай! Харибол!» —хором воскликнули преданные. «Я буду жить в своих книгах, которые вы будете читать».

В те далекие времена мужчины относились к женщинам, как к равным. Не было никакой дискриминации. Мы были любящей семьей братьев и сестер, вдохновленных и счастливых. Мы, как женщины, чувствовали, что способны служить Прабхупаде ничуть не хуже мужчин. Иногда женщины вели *киртан* и стояли рядом с Прабхупадой.

Я получила и до сих пор получаю много милости. Я учусь у Шрилы Прабхупады любви и состраданию. Я одна из дочерей Прабхупады, и я стараюсь жить в соответствии с его наставлением: «Повторяйте Харе Кришна и будьте счастливы!»

Kanta devi dasi /Канта деви даси

Канта присоединилась в июне 1970-го года и получила инициацию в феврале 1971-го года в Лос-Анджелесе.

Примерно через месяц после того, как я присоединилась, Бхавананда сказал: «Возьми измерительную ленту, ты будешь измерять Шрилу Прабхупаду». Я только училась шить и еще не была профи, но в те дни, даже если вы не знали, как что-то делать, вы все равно это делали – таковым было настроение. Я предложила *дандаваты* Шриле Прабхупаде, и, когда поднялась с пола, он улыбался. Прабхупада снял свою гирлянду и передал ее мне. Я не знала, что с ней делать, поэтому надела ее на себя. Затем Прабхупада встал, развернул шелк и спросил, хватит ли этого, чтобы сшить две *курты*? Мой ответ был утвердительным. Тогда он развернулся и я измерила его плечи. Стараясь не прикасаться к нему, я все же дотронулась до его шелковой *курты*. После я измерила длину его рук, длину *курты* и его шею. Когда я мерила шею, то не могла не прикоснуться к нему. О, какое это было удовольствие!

Я сшила две *курты*, но они оказались слишком малы. Бхавананда пришел в ярость. Тогда я добавила небольшую панель на плече и это сделало их достаточно большими. Прабхупада надел одну из них на следующее утро, чтобы приветствовать Божества. Его комментарий был таким: «Если кто-то делает ошибку и не старается ее исправить, он негодяй, но если кто-то делает ошибку и исправляет ее, значит, он эксперт в своем искусстве».

Позднее, когда Шилавати была главной *пуджари* в Лос-Анджелесе, я была главной *пуджари* в Сан-Франциско; я проводила все семь *арати* каждый день.

Затем в октябре 1971-го года я переехала в здание «Акаш Ганга» в Бомбее, где Тунгавидья поклонялась Радха-Расабихари. Однажды Риши Кумар готовил там суп: он кипятил молоко и потом добавлял шпинат, чтобы он сварился в молоке. Когда шпинат готов – всего минуту спустя – следует выжать туда лимон, чтобы молоко свернулось, и получится отличный суп из творога и сыворотки со шпинатом. Но во время кипячения молока Риши Кумар добавил в него соль. Я не знаю откуда пришел Шрила Прабхупада, но я стояла снаружи у кухонной двери и услышала, как он рычит подобно льву на Риши Кумара: «Я говорил тебе не класть соль в молоко!» Внезапно Прабхупада оказался в дверном проеме рядом со мной. Я не могла пройти ни назад, ни вперед, поэтому выразила свое почтение, соскользнув вниз по боковой стороне двери. Когда я опустилась, то оказалась прямо у его стоп, но когда я закончила произносить «Нама ом», его уже не было. Он ушел.

Kanti devi dasi / Канти деви даси

Канти и ее школьная подруга Шрутирупа путешествовали по Европе и возвращались в Америку. Когда уставшие, изможденные и голодные они прибыли в Париж, то решили: «Пойдем в храм Харе Кришна. Мы сможем поесть там вегетарианской пищи».

Мы были молоды — восемнадцать и двадцать лет — и не говорили по-французски, поэтому нам было трудно добраться до храма. По дороге за нами кто-то гнался, что усилило наше волнение и придало драматизма путешествию. Мы примчались в храм на Руе Ле Сюр, когда уже стемнело, и постучали в дверь. Индрадьюмна дас открыл дверь и пригласил нас войти. После вкушения *прасада*, президент храма Бхагаван поговорил с нами. Он сообщил, что завтра Ратха-ятра и нужна помощь, которую мы можем оказать им сегодня вечером.

Я была швеей, и в конце концов провела всю ночь за шитьем нарядов для Господа Джаганнатхи, которого никогда не видела. Я не понимала, что происходит, но Крипа, жена Индрадьюмны, дала мне несколько наставлений, и, когда я запуталась, собирая все воедино, она сказала:

«Не волнуйся, у него красивая улыбка. Все получится».

На следующий день мы посетили Ратха-ятру и послушали лекцию Бхагавана. Шрутирупа и я были ошеломлены тем, что услышали. Она сказала мне: «Я не уйду». В юношеских поисках я взяла на себя обязательство, что если когда-нибудь услышу истину, то приму ее. В тот день в парке я плакала, потому что нашла истину, но теперь мне придется отказаться от чувственных удовольствий. Я оказалась не готова к этому. Бхагаван сообщил: «Наш духовный учитель приедет через несколько недель. Почему бы вам не остаться и не помочь в подготовке?» Мы так и сделали. В храме кипела жизнь. Мы шили наряды Божествам, занавески, делали *вьясасану*, обставляли комнаты мебелью. Преданные были общительными и дружелюбными, и всегда все объясняли, и я начала молиться Богу: «Я хотела бы знать, является ли Прабхупада Твоим слугой?»

Когда приехал Прабхупада, это было захватывающе. Несмотря на упорный труд, я была не очень внимательна, но однажды я услышала разговор Шрилы Прабхупады с кардиналом Дэнилоу, который был католиком. В юности я тоже была католичкой, но так и не нашла удовлетворительного ответа на вопрос: «А как насчет животных?» Теперь в этой беседе, как молния в моем сердце, Прабхупада осветил тот же вопрос: «А как насчет животных?» У меня волосы встали дыбом от неожиданности. Кардинал, казалось, был сбит с толку. Прабхупада продолжил: «Предположим, у человека есть два сына, не имеющих равных заслуг. Один может быть судьей Верховного суда, а другой — простым чернорабочим, но отец считает обоих своими сыновьями. Он не делает различия, что сын-судья очень важен, а сын-работник не важен. Если сын судьи скажет: «Мой дорогой отец, другой твой сын бесполезен; позволь мне порезать его и съесть, отец позволит это?» Я была просто ошарашена. Прабхупада ответил на мой вопрос, который возник, когда мне было двенадцать, вопрос, о котором я не думала почти восемь лет. Как будто он знал мое сердце. Было совершенно ясно, что он был тесно связан с Богом.

После того, как Прабхупада покинул этот мир, а я жила в Америке с мужем и детьми, мой пятнадцатилетний сын покинул свое тело в автокатастрофе. Я была так расстроена его утратой, что полностью изменила свою точку зрения. Я сожалела, что не была сильной преданной и что мой сын не имел более тесного общения с преданными. Это заставило меня сосредоточиться на своей повседневной деятельности в преданном служении, но я уже не чувствовала связи с преданными и Шрилой Прабхупадой.

Затем два случая изменили это. Одним из них был сон, в котором Шрила Прабхупада принял мое служение. Другой произошел, когда я увидела фотографии украшенной *вьясасаны* Прабхупады в алтарной комнате Нью Раман Рети в Алачуа в день Вьяса-пуджи. Я была ошеломлена, ибо мое служение было видно на каждой фотографии. Вот

Прабхупада сидит на *асане*, которую сделала я, вот на кресле-качалке, которую я украшала, а вот перед занавесом, который сшила я, на своей бирюзовой *вьясасане* и улыбается своей потрясающей улыбкой, и рука его застыла в воздухе. Когда я делала покрытие этой *вьясасаны*, то медитировала будто Прабхупада жемчужина, а *вьясасана* — его украшение. На фото у него на коленях лежала подушка, которую я сделала, чтобы положить на нее «Бхагавад-гиту» и предложить ему. На другом фото я стояла рядом с Прабхупадой, обмахивая его веером. Это было прекрасно. Я чувствовала, что Прабхупада протягивает руку и сообщает, что принял мое служение. Вместо того, чтобы чувствовать себя одинокой и брошенной, я почувствовала связь с ним. Я ощутила, что у меня есть уголок в доме, который создал Прабхупада, чтобы дать прибежище всему миру. Даже уголок делает вашу жизнь успешной.

Теперь каждый день я чувствую, что милость Прабхупады реальна. Я стараюсь слушать его лекции каждый день. Просто поразительно как часто он угадывает то, что меня беспокоит, или отвечает на мой вопрос. На глубоком уровне любой может связаться со Шрилой Прабхупадой в любое время. Он отвечает, если мы протягиваем руку, если пытаемся понять, искать или задавать вопросы без скорби. Или, может быть, это обидно! Несмотря на то, что я застряла в скорби, он ответил. Это и есть отношения.

До сих пор я понимаю, что не всегда мне удается удовлетворить Шрилу Прабхупаду своей деятельностью в духовной жизни. Я все еще борюсь с этой проблемой, но я приняла свое видение паучка. Не все Хануманы. Некоторые могут делать великое служение, могут бросать большие камни. Я ношу песчинки. Но, приняв свой уровень паучка, я убеждена, что Шрила Прабхупада принимает песчинки, которые я бросаю, чтобы помочь ему построить огромный мост. Также я благодарна Хануманам, которые бросают гигантские валуны.

Если мы сможем научиться быть такими же любящими, нежными, добросердечными, как Шрила Прабхупада, если мы будем уважать друг друга (хотя бы потому что нам каким-то образом удалось найти прибежище у лотосных стоп Шрилы Прабхупады), если мы будем вдохновлять друг друга оставаться на этом пути и быть в *парампаре*, то мы будем поддерживать ту структуру, которую создал Шрила Прабхупада. Это служение. Иногда я чувствую, что мое служение — быть позитивной.

Я каждый день молюсь, чтобы преданные успешно развивали служение в материальном мире ради движения Господа Чайтаньи. Я благодарна за то, что Прабхупада поймал меня в свои сети служения Кришне, и я благодарна, что преданные не бросили меня!

KantiMati devi dasi / Канти Мати деви даси

Отец Канти Мати погиб в результате несчастного случая еще до ее рождения. Ее семья по материнской линии была католической, члены семьи ее покойного отца были мормонами, а у самой матери отец был еврей. Таким образом, по происхождению она была католичкой, мормоном и еврейкой. Ее мать в отношении выбора религии придерживалась либеральных взглядов и потому дала полную свободу в поисках Бога.

Я прожила с бабушкой и дедушкой большую часть своей жизни, потому что моя мама была очень занята. Я действительно хотела знать, кто такой Бог. Бабушка водила меня в католическую церковь, где я сидела на передней скамье, смотрела на священника, слушала все, зажигала свечи и ходила на катехизис. Когда мне было двенадцать, я начала задавать вопросы о Боге, но священник выгнал меня с урока катехизиса, сказав, что я задаю слишком много вопросов, что я неверующая и оскверняю детей в классе. Тогда я решила, что должна выяснить, почему мне запрещают задавать вопросы о Боге.

Позже я вышла замуж, родила ребенка и стала больше думать о Боге. Мой тесть всегда нес какую-то чепуху, но был большой «шишкой» в церкви. Это навело меня на мысль, что мне нужно выйти за пределы церкви и поискать Бога в другом месте, и я стала изучать восточную философию.

«Лето любви» 1967-го года *(фестиваль хиппи – прим.переводчика)* я была хиппи в Сан-Франциско. Мы с друзьями начали изучать Мехер Бабу, Кирпала Сингха, Бабу Рам Даса и многих других, но ничего из этого не находило отклика в душе. Я не чувствовала, что они знают Бога больше, чем люди в христианской церкви. Однажды мы увидели плакат на телефонном столбе с надписью: «Оставайся под кайфом навсегда» и рекламой концерта в зале Авалон с участием Джеферсон Эирплейн, Большого Брата и Холдинговой компании, Моби Грейпа и других. Мы пошли, и все были под кайфом. В какой-то момент Аллен Гинзберг вышел на сцену вместе со всеми этими «розовыми людьми». Преданные начали *киртан*, который значительно отличался от рок-музыки. Затем заговорил Прабхупада. Я не хотела быть похожей на них, не хотела быть «розовым человеком», но почувствовала, что в этом что-то есть.

Когда моей дочери исполнилось пять лет, я искала для нее школу, так как нас не устраивала местная государственная школа. Я слышала, что у преданных была школа, поэтому пошла в храм Сиэтла в воскресенье, и вкусила *прасад*. Там я спросила президента о школе. Он сказал: «Я мало что знаю об этом, но наш духовный учитель скоро приедет в Салем, штат Орегон. Может быть, вы могли бы пойти и спросить его лично». Мы поехали в Салем, чтобы увидеть Шрилу Прабхупаду.

Встреча проходила в баптистской церкви, и я сидела на первой скамье, как это было в детстве. Я не могла понять акцент Прабхупады, но его присутствие было чем-то таким, чего я никогда не испытывала ни с одним другим *гуру*. В конце беседы Прабхупада спросил, есть ли какие-либо вопросы. Один христианин встал и спросил: «Что вы думаете об Иисусе Христе?» Шрила Прабхупада ответил: «Господь Иисус Христос — наш *гуру*, потому что он учит чистой любви к Богу, Отцу». Я всегда чувствовала, что Иисус был моим *гуру*. Другой христианин грубо процитировал: «Иисус Христос сказал: "Я есмь путь, истина и свет, и только через меня можно прийти к Отцу"». Шрила Прабхупада сказал: «Да, все так». Тогда встал третий и сказал: «Вы пытаетесь сказать, что Вы правы и Иисус тоже прав?» Прабхупада ответил: «Да, почему бы и нет?» Христиане были встревожены этим ответом, и Прабхупада добавил: «Пожалуйста, попытайтесь понять. Если у мужчины есть сын, значит ли это, что у него не может быть другого сына?»

Это ужасно, но когда Шрила Прабхупада начал объяснять, я заплакала. Я подумала: «О, черт! Вот человек, который не собирается лгать мне». Но я не хотела быть «розовым человеком»! Я не хотела сдаваться и делать то, что делали все эти «розовые люди»! И все же я знала, что это тот самый человек, потому что ни в моем сердце, ни в моем разуме не вспыхнуло никакого сопротивления. Я не хотела, чтобы кто-нибудь видел, как я плачу, поэтому двинулась к выходу. Ко мне подошел преданный с тарелкой, полной «Простого Чуда». Я тогда предпочитала органическую пищу, без сахара, без белой муки или белого риса. Преданный спросил: «Не хотите ли Простого Чуда?» Я сказала: «Конечно, почему бы и нет?» Я взяла «Простое Чудо», вышла на улицу и съела его. Я подумала: «Ладно, вот и все». Но это было лишь начало.

Я опасалась отправлять свою дочь в Даллас в школу, но она очень хотела поехать. В конце концов мы отвезли ее туда, и она осталась там на семь лет. Тем временем мы начали ходить в храм и служить. Когда мы начали общаться с преданными и слушать лекции, я поняла, что это путь к Богу. На самом деле, Шрила Прабхупада действительно знал, кто такой Бог. Никто из тех, с кем я когда-либо общалась, не мог сказать, что знает, кто такой Бог. Все йоги, все *свами*, все философии, которые я изучала, никто не ответил на мой вопрос о том, кто такой Бог. И вот этот замечательный маленький человечек из Индии говорит нам, что Кришна — это Бог. Это было так просто. Все в моем существе твердило: «Это абсолютная истина. Этот человек не будет мне лгать». Так же я подумала, когда увидела его в первый раз. Было очень комфортно находиться под защитой Шрилы Прабхупады.

Шрила Прабхупада сказал, что считает всех нас дочерьми. У меня никогда не было отца, поэтому он взял на себя эту роль моего духовного отца, того, кому я могла доверять во всех аспектах своей жизни. Я была чрезвычайно счастлива, что у меня не было отца, потому что Шрила Прабхупада стал таким отцом, защитником и учителем, какого только можно желать в своей жизни, чтобы стать счастливым человеком. Поэтому на протяжении всех этих лет, пройдя через множество испытаний и невзгод, Шрила Прабхупада остается единственным человеком, которому я всегда могу доверять. Я верю всему, что он когда-либо говорил нам. Когда у меня возникают какие-либо проблемы, я вспоминаю то, что сказал Шрила Прабхупада. Это огромное удовлетворение и утешение — знать, что Шрила Прабхупада присутствует в своих наставлениях, что мы никогда не потеряем его. Шрила Прабхупада дал нам жизненный путь, который ведет к абсолютному совершенству, если мы действительно следуем ему.

Я больше ничего не хочу, только, так или иначе, удовлетворять моего духовного учителя. Материальный мир – это в значительной степени фантасмагорическое, сумасшедшее место, где без общения с преданными, вкушения *прасада* и наличия всех духовных вещей, которым нужно уделять внимание, мы – потерянные души. Шрила Прабхупада нашел нас, вытащил из трясины и сказал: «Теперь вы очищены, как слон, который входит в реку и становится чистым. Не выходите и снова не обливайте себя грязью».

Когда у меня вдруг всплывает мысль сделать что-то для своего удовольствия, то в голове сразу возникают слова Шрилы Прабхупады, насмехающиеся надо мной, и я понимаю: «Это не сработает». Единственное, что может сработать в нашей жизни, – это попытка развить в себе чистую любовь к Богу, чего и желал для нас Прабхупада.

То, что Прабхупада принял нас всех – со всем нашим багажом, убеждениями, привычками, проблемами, талантами, и свел нас вместе - это огромная милость для нас. Как и общение с ним, каким бы кратким оно не было. У меня никогда не было много личного общения со Шрилой Прабхупадой, но он сказал нам, что присутствует в своих наставлениях больше, чем в своей материальной форме.

Я изгой. Мало что может привлечь меня в материальном мире после того, как меня привлекло лучшее из всего, что есть. Шрила Прабхупада дал нам лучшее из всего, что есть. Все в материальном мире страдают по различным причинам, какими бы они ни были, потому что у них нет окончательного решения. Материальный мир дает только временное. Ни одна из этих вещей не принесет высшего удовлетворения душе.

Каждый хочет понять: «Кто я?» Вишнуджана Свами однажды сказал: «Все ищут Кришну. Они просто ищут не в тех местах».

Karana Karana devi dasi /Карана Карана деви даси

Карана Карана и другие преданные из храма в Оттаве отправились на встречу с Прабхупадой в Филадельфию. Там ей поручили заниматься детьми. В этой связи она пропустила все лекции Прабхупады по «Бхагаватам» и большинство киртанов, что очень огорчало ее. Да, она была очень расстроена.

Шесть месяцев спустя мы поехали в Торонто, когда там находился Прабхупада. На этот раз я была полна решимости увидеть его. Когда он шел по тротуару, окруженный *санньяси* с их настроением: «Держитесь подальше от нашего Прабхупады!», я думала: «Нет, он мой Прабхупада». Несмотря на громкий *киртан* с грохочущими *мридангами*, в тот миг, когда Прабхупада подошел ближе, я подала голос: «Джая Шрила Прабхупада!» Он остановился, повернулся прямо ко мне, посмотрел в мои глаза и ответил: «Джая!» *Санньяси* были потрясены. Я была вдохновлена, что он остановился ради меня – ничтожества – и ощутила глубокую связь с ним.

Другой случай произошел в Чикаго. Я только вернулась с *санкиртаны*, положила сумку с книгами и пошла в храм. Как только я поклонилась, внезапно *мантра* открылась мне. Каждое слово было прочувствовано и оно было прекрасным, духовным, вечным, парящим. Я будто пребывала вне времени и даже не осознавала, где я нахожусь. Я не хотела, чтобы *мантра* заканчивалась, но когда это произошло, я подумала: «Спасибо, Прабхупада. Это было так хорошо. Почему это произошло?» Несколько минут спустя я услышала, что Прабхупада оставил тело и поняла, что получила его милость. Он выкроил несколько мгновений, чтобы прийти ко мне и позволить мне быть с ним.

Иногда, когда я сбиваюсь с пути и Божества и духовный мир кажутся надуманными, я смотрю на фотографию Прабхупады и знаю, что он реальный человек. Он связал меня веревкой любви и крепко держит. Когда я читаю его книги, я точно знаю, что он говорит со мной и он все еще рядом.

В своей семье, в своей школе и даже в храме я была чужой. Я никогда не занимала руководящую роль и всегда была никем. Сейчас я все еще аутсайдер. Я принимаю это как свою *карму*, но Прабхупада заставил меня почувствовать, что я принадлежу ему. От Прабхупады я научилась не беспокоиться о том, кто я такая. Каждый из нас может быть тем, кто он есть – нет необходимости меняться – мы можем добавить Кришну и Прабхупаду в нашу жизнь.

Мой опыт общения со Шрилой Прабхупадой был коротким, но мне он кажется безграничным.

Karlapati devi dasi / Карлапати деви даси

Карлапати даси начала повторять Харе Кришна маха-мантру в 1968-м году, когда услышала эту мантру в бродвейском рок-мюзикле «Волосы». Годом позже она посетила храм Лагуна Бич в Калифорнии.

Шукадева (суровый проповедник) и Рукмини (милая и добрая) заняли меня в преданном служении. Я не была каким-то типичным хиппи-йогом имперсоналистом. Я не хотела быть Богом. Я хотела служить Ему и молилась об Учителе.

Из Лагуны я направилась в храм в Лос-Анджелесе, чтобы встретиться со Шрилой Прабхупадой. Я помню, что с того самого момента, как я услышала *маха-мантру* и начала повторять ее, это было похоже на пробуждение. У меня появилась причина вставать по утрам, причина петь и танцевать. Я узнала, что все можно делать для удовлетворения «величайшей личности» — Верховного Господа Кришны и Его чистого преданного — не ради славы, денег или моего личного чувственного удовлетворения. Когда я увидела форму Господа Кришны, она полностью пленила мое сердце. Когда я услышала голос Шрилы Прабхупады, мне показалось, что извне я слышу голос, который руководил мною изнутри на протяжении всей моей жизни. Я «была призвана» на службу Шриле Прабхупаде. Чтобы быть честной с самой собой, не желая быть лицемерной или размышлять о том, как меня следует обучать, я переехала жить в храм.

Даянанда и Карандхара сказали, что моим служением будет окончание университета — не самое обычное наставление в те первые дни Движения. Я совмещала жизнь в храме и обучение в университете.

Именно в это время я впервые почувствовала вкус служения Божествам. Несмотря на то, что я не была инициирована, Рукмини-Двараканатх, главенствующие маленькие медные Божества в Лос-Анджелесе, и Шилавати, их *пуджари*, позволили мне подняться на алтарь и починить металлический трон Божеств, так как у меня была прекрасная художественная подготовка в работе с металлом. О, я почувствовала себя такой удачливой!

Летом 1971-го года были установлены Божества Рукмини-Дваракадиш. Их короны не приехали из Индии вовремя, и из-за этого мне пришлось провести с Ними день и ночь в комнате Шрилы Прабхупады перед Их инсталляцией. Я изготовила проволочные короны, а затем украсила Божеств цветами. Я все еще не была инициирована.

Той осенью я очень серьезно заболела. Четыре часа ежедневных поездок на автобусе, полный учебный день на факультете искусств и оставшиеся три часа на отдых ночью. Это оказалось слишком тяжелым испытанием для моего организма. Я переехала обратно в свою квартиру рядом с университетом, чтобы восстановить силы, откладывая тем самым свою инициацию, потому что Шрила Прабхупада считал, что его западные ученики не могут получить инициацию, если они не живут в храме.

Я старалась делать все как служение Кришне. Я ходила в институт в *сари* и с *тилакой*, повторяла свои круги на институтской дорожке, открыла клуб *бхакти-йоги* под руководством Данавира, распространяла книги Шрилы Прабхупады из своего шкафчика и делала творческие проекты, направив их на форму Господа.

Осенью 1972-го года, после завершения обучения английскому языку и искусству, я переехала обратно в храм и наконец получила инициацию.

Я получила первую и вторую инициации и вышла замуж в течение нескольких месяцев. Карандхара забыл обо мне, в чем и признался, как только я спросила, что я делаю не так и из-за чего пропускаю огненные *ягьи*, продолжающиеся несколько дней. Я хотела непосредственно служить Божествам, поэтому вторая инициация была особенно важна для меня.

По его наставлению, я каждые несколько часов обращалась к Брахмананде Свами, спрашивая, когда мы сможем собраться все вместе, чтобы Шрила Прабхупада мог дать нам *мантры* Гаятри. Нас было около десяти или более преданных, ожидающих встречи со Шрилой Прабхупадой. Когда я пришла в комнаты Шрилы Прабхупады, он спросил: «Есть ли там кто-то из мужчин?», на что Брахмананда Свами ответил, что есть, но я была так нетерпелива, что ему пришлось сначала научить меня. Я сожалею, что в те моменты, когда у меня была возможность сидеть рядом со Шрилой Прабхупадой и получать личные наставления, я не знала, о чем спросить его или как на самом деле попросить его благословений и милости. Мои трепет и почтение были слишком велики.

Шрила Прабхупада всегда был центром моей духовной жизни. Вскоре после получения брахманического посвящения меня попросили возглавить заботу о его квартире в Лос-Анджелесе. Он проводил там по нескольку месяцев подряд. Я чувствовала себя его дочерью, а его квартира была тренировочной площадкой для меня. Пунктуальность, чистота, внимание к деталям, точное следование наставлениям, возможность вовлекать других в служение Господу, умонастроение слуги, не стремящегося к почестям или признанию, и любовь к *гуру* — вот некоторые из уроков, которые я помню лучше всего. Даже когда Шрила Прабхупада путешествовал, я ежедневно делала уборку в квартире, чтобы по возвращении все всегда было готово. Тогда я узнала, что Кришна отвечает взаимностью на желание человека служить Ему и Его чистому преданному.

Однажды Упендра спросил меня, знаю ли я кого-нибудь, кто мог бы приготовить завтрак Шриле Прабхупаде. Сам он не мог, так как должен был уйти на лекцию. Я спросила, могу ли сделать это сама. Разнообразные свежие фрукты по сезону, горячий приправленный специями воздушный рис, изюм и орехи, соль, перец, имбирь, свежий апельсиновый сок и *сандеши* были типичным завтраком Прабхупады в то время. От меня требовалось приготовить эти блюда, доставить их в комнату, где сидел Прабхупада, чтобы он почтил *прасад*, а затем забрать остатки *прасада* и раздать преданным. Упендра приказал мне первой выбирать что-то из остатков *прасада* Шрилы Прабхупады. Служение все увеличивалось и все больше привлекало меня вплоть до 1975-го года, когда я уехала из Лос-Анджелеса в Ванкувер.

Осознанием моей жизни является возможность видеть, как Шрила Прабхупада продолжает обучать и направлять всех нас. Мы до сих пор можем получить его милость, развить с ним близкие отношения, если будем служить ему и удовлетворять его, а эта милость — это то, из чего все мы сделаны. Наиболее счастливой я ощущаю себя в те моменты, когда следую наставлению Шрилы Прабхупады: «Я сделал тебя счастливой, теперь сделай счастливыми других». Моя цель — быть похожей на Шрилу Прабхупаду, когда он попросил Кришну заставить его танцевать: «Заставь меня танцевать!»

Karunaksi devi dasi /Карунакши деви даси

Во-первых, я выражаю безграничное почтение от всего сердца Ом Вишнупаде Аштоттаре Шате Шри Шриле А.Ч. Бхактиведанте Свами Прабхупаде, который по милости Шри Нитьянанды Рамы Прабху мистическим образом перенес меня и двух моих маленьких дочерей из Мичигана в Лагуна-Бич, Калифорния, чтобы встретиться с ним во время его последнего турне в Лос-Анджелесе. Мы получили от него высшую милость — *харинама* инициацию. Это произошло по почте в храме Сиэтла в день Вьяса-пуджи Ом Вишнупады Шри Шрилы Бхактисиддханты Сарасвати Тхакура Госвами Махараджа Прабхупады в 1977-ом году. После этого он пришел ко мне во сне и подарил свой мощный, трансцендентный взгляд, который посеял экстатическое семя *бхакти* в моем сердце. Все происходящее было очень реалистичным: сама встреча была реальной и его присутствие было реальным. Этот взгляд сладчайшей высшей любви навсегда запечатлелся в моем сознании. Наш возлюбленный Шрила Прабхупада не просто навсегда изменил наши жизни, он подарил нам вечную жизнь.

Kaulini devi dasi /Каулини деви даси

Вначале у Каулини не было влечения или желания жить духовной жизнью, но она следовала за своим мужем, Кешавой Бхарати, который очень серьезно относился к духовной жизни. Каулини подумала: «Я застряла, потому что беременна, но как только родится ребенок, я уйду». Таков был ее план в январе 1973-го года.

Мы сняли квартиру в квартале от храма на улице Валенсия в Сан-Франциско, и сразу же Джаянанда и Вайшешика взяли Кешаву Бхарати под свое крыло, и он нырнул прямо в *санкиртану*. Когда я впервые пришла в храм, я услышала гул ото всех, кто повторял *джапу* в алтарной. Я была ошеломлена. В вестибюле со мной разговаривала Хариваллабха. Это немного отвлекло, но на самом деле мне было неинтересно.

Джаянанда знал, что мне нужно служение, чтобы почувствовать связь с Прабхупадой и Кришной. Он поручил мне каждый день писать на доске стих из «Бхагаватам», а еще я помогала собирать букеты. Позже, когда президент храма рекомендовал Кешаву Бхарати для посвящения, я пошла вместе с ним. В мае, когда нашему сыну Раме едва исполнился месяц, нас инициировали по почте.

Вскоре после этого все девушки, включая меня и моего двухмесячного ребенка, упаковали вещи в машину и поехали на встречу с Прабхупадой в Лос-Анджелес. Там были сотни преданных. Когда мы приехали, остальные девушки выскочили из машины. Я сидела в машине на стоянке и думала: «Что мне делать?» Я чувствовала себя одинокой.

Прабхупада давал лекцию, но из-за ребенка я сидела в машине. До этого я еще ни разу не видела Прабхупаду, но вдруг один преданный сказал мне: «Завтра утром, прежде чем Прабхупада отправится на прогулку, подожди в переулке». Держа Раму на руках, я так и поступила. Когда Прабхупада подошел, у него была широкая красивая улыбка, и я сразу почувствовала, что он узнал меня. Он посеял в моем сердце первое семя, которое заставило меня пожелать не покидать сознание Кришны.

На Ратха-ятру в Сан-Франциско в 1974-м году Прабхупада собирался остановиться в том же доме, что мы с мужем делили с несколькими другими парами, и я помогала подготовить дом. Я осознала справедливость того, что говорил Джаянанда, что служение устанавливает связь. В конце концов ты начинаешь любить того, кому служишь. У Прабхупады был *даршан* с преданными в нашем доме, но, к сожалению, из-за Рамы, которому тогда было около года, я не смогла там присутствовать.

Затем мы с Рамой переехали в Даллас и были там, когда Прабхупада посетил нас. Прабхупада раздавал *расагулы*, и я хотела ему что-нибудь подарить, поэтому я дала ему ароматизатор — апельсин, утыканный гвоздикой, от которого в комнате приятно пахнет. Когда я передала этот шарик Прабхупаде, он был озадачен: «Что это?» Он посмотрел на него и положил на стол с милой улыбкой: «Я не знаю, что это такое, но я понимаю, что вы пытаетесь мне что-то предложить».

На Ратха-ятре в Филадельфии, с Рамой на плечах, я не отходила от колеса колесницы Субхадры на протяжении всего шествия. Когда я поднимала глаза на Прабхупаду, я видела, что он смотрит на меня.

Прабхупада отвечал всем своим духовным дочерям особой взаимностью. Каждый раз, когда я видела его, дистанция, которую я поначалу чувствовала между нами, сокращалась. Он приближал меня к себе, и взаимность становилась глубже. Я никогда не испытывала такого ни с одной другой личностью в своей жизни. Благодаря Прабхупаде весь мой жизненный опыт в сознании Кришны был замечательным. Он — сила, стоящая за всем этим, человек, ответственный за мою хорошую жизнь. Непреданные пребывают в сильном беспокойстве, и я уверена, со мной без сознания Кришны было бы то же самое, но Кришна не отпускает меня.

Кришна дает нам именно то, что нам нужно, чтобы обратиться к Нему, и Он делает все, чтобы очистить нас и помочь нам приблизиться к Нему. Это не всегда легко, не всегда обходится без борьбы и испытаний, и мы не всегда думаем, что все, что с нами случилось — правильно, но Прабхупада защищает нас и заботится о нас. В соответствии с нашим умонастроением, мы можем смотреть на вещи отрицательно или положительно. У нас есть свобода выбора, поэтому мы делаем выбор и иногда совершаем ошибку – такова человеческая природа, но может ли что-то плохое перевесить все то хорошее, что приходит от жизни в сознании Кришны?

Прабхупада освобождает нас от материальных тревог и страха, которые сопутствуют материальной жизни. Каждый день нам дают возможность и напоминают о необходимости обратиться к Кришне. Мы защищены, и это подарок Прабхупады каждому из нас.

Kausalya devi dasi / Каушалья деви даси

В свои девятнадцать лет Каушалья искала возможности духовно реализоваться. Когда она впервые встретила Шрилу Прабхупаду, то сразу поняла, что он сможет ответить на все ее вопросы.

Когда я впервые встретила Шрилу Прабхупаду, меня больше всего поразили его доброта, теплота, мудрость и любовь. В то время я еще не знала о существовании движения Харе Кришна.

Мне посчастливилось поехать в Индию в 1970-м году с Малати, Ямуной, Химавати, Мадри и малышкой Сарасвати. В первой группе было всего шесть женщин и Прабхупада так заботился о нас, что куда бы мы ни отправились, он всегда спрашивал: «А где женщины?» В Амритсаре, самом святом городе сикхов, преданным и Прабхупаде выделили две небольшие комнаты в *ашраме*. Прабхупада сказал: «Разумеется, девушки займут одну комнату, я займу вторую, а остальные (мужчины) могут спать на территории». Он заботился о том, чтобы нас всегда оберегали и защищали.

Прабхупада никогда не заставлял чувствовать себя человеком второго сорта только из-за того, что я была женщиной. Совсем наоборот. В те дни я не осознавала этого. Я не думала о себе как о женщине или мужчине, я думала о себе как о слуге Прабхупады. Когда мы были рядом с ним, он давал нам силы отбросить все наши телесные концепции. Он дал нам достаточно проницательности и энергии, чтобы понять, что мы — души, и что эти тела — всего лишь временное жилище души. Когда мы находились рядом с Прабхупадой, это была реальная практика. Не было такого: «О, они женщины, они не могут этого сделать». Нет. Прабхупада на сто процентов поддерживал наше желание преуспеть в этой практике.

В декабре 1971-го года мы находились в *дхармашале* в Дели во время войны между Пакистаном и Индией. Каждую ночь отключали свет и Прабхупада расстраивался, потому что мы сидели в темноте, и он не читал лекции. В качестве эксперимента я заклеила окна черной бумагой, и в ту ночь, когда я включила свет, Прабхупада сияя сказал: «Первоклассный интеллект. Первоклассный интеллект — это когда ты видишь потребность и делаешь это. Интеллект второго класса, когда я говорю тебе, что делать и ты делаешь это хорошо. Интеллект третьего класса, когда я говорю тебе, что делать, а ты говоришь: "Да, Шрила Прабхупада", убегаешь, а потом возвращаешься и спрашиваешь: "Что я должен был сделать?"»

В храме в Калькутте, когда я принесла Прабхупаде тарелку с фруктами, он сидел один на полу в своей комнате. Я спросила: «Шрила Прабхупада, почему вы сидите на полу?» Он ответил: «Потому что комары заняли мою *асану*». Я сказала: «Хотите я принесу вентилятор?» Он сказал: «Нет, ничего страшного, на полу очень удобно». Он также сказал: «Каушалья, мы должны пойти на берег Ганги, воспевать Харе Кришна и кто-нибудь придет и принесет нам *чапати*. Ты согласна?» Я засмеялась и ушла. У Прабхупады было потрясающее, райское чувство юмора. Он заставлял нас смеяться. Когда он читал лекции или дискутировал, он был серьезен, но в личных отношениях он был теплым и веселым.

Однажды я жаловалась Прабхупаде на то, что меня критикуют. Я сказала: «Не хочу иметь дело с моими духовными братьями, которые говорят обо мне такие вещи, я просто хочу, чтобы меня оставили в покое». Он сказал: «Каушалья, почему ты жалуешься? Одна небольшая критика и ты уже жалуешься. Посмотри, что мне приходится терпеть. Ты ищешь спокойное море, но ты не найдешь его здесь, в этом материальном мире. Ты найдешь его только тогда, когда будешь с Кришной».

Однажды, перед группой из ста человек он попросил: «Каушалья, спой для них Ишопанишад». Я спела весь Ишопанишад, а Прабхупада глядя на меня сиял. В нем было столько внутреннего достоинства, что когда он улыбался, его лицо озаряло всю комнату. Когда я закончила, он сказал: «Иди сюда», — и хлопнул себя по колену. Я принялась кланяться, а он взял мою голову и положив ее себе на колени погладил меня по голове и спине. «Ты очень, очень хорошо справилась» — сказал он. Это было очень мило.

Прабхупада отправил Шримати и меня в Джайпур, чтобы приобрести мраморных Божеств для нескольких храмов в Соединенных Штатах. В Джайпуре мы познакомились с *пуджари* из храма Говиндадеваджи и другими известными людьми, которые, узнав от нас о Шриле Прабхупаде, сказали: «Мы хотели бы встретиться с вашим *гуру*». Состоятельные люди в Джайпуре выделили средства, чтобы Прабхупада и группа преданных приехали в Джайпур на программу в пандале, где Тамал Кришна принял *санньясу*. Прабхупада был доволен тем, что две женщины в городе, где они никогда не были, смогли провести программу в пандале. Это был единственный пандал ИСККОН, за который ИСККОН не платил — его полностью финансировали местные жители. Прабхупада сказал, что это должно стать стандартом для ИСККОН. Прабхупада наделил нас силой, он никогда не говорил: «Вы всего лишь женщины, вы не можете этого сделать».

Прабхупада снова и снова нарушал правила. Он был настоящим бунтарем. В Индии мы делали то, чего не делали женщины: Ямуна вела огромные публичные *киртаны*, Малати и Химавати выступали перед огромными толпами, я проводила *арати* на глазах у всех. Мы были наделены силой, потому что Прабхупада не ограничивал нас.

Шрила Прабхупада наделял своих дочерей теми же возможностями, что и всех остальных. Он не делал различий. За все то время, что я провела со Шрилой Прабхупадой, я ни разу не почувствовала, что он видит во мне женщину. Прабхупада видел во всех нас души. Величайшая форма уважения и любви к Шриле Прабхупаде — это пример, а не подражание его качествам. Мы должны брать пример с его бесстрашия. Мы должны быть бесстрашными, продвигаясь вперед в нашей духовной и материальной жизни. Мы должны быть бесстрашными в наших усилиях учить людей науке о Кришне.

Если на кого-то наложены какие-то телесные концепции, то их нужно убрать. Пока мы не обретем свободу души, пока мы не будем свободно проявлять себя в полной мере — Движение не сможет развиваться так, как должно. Женщины являются важной и неотъемлемой частью этого Движения, женщины обладают уравновешивающей энергией, которой пренебрегают и которую игнорируют. Движение Прабхупады будет прекрасно расти и развиваться благодаря объединению всех наших замечательных вайшнавских сил.

Kelilalita devi dasi / Келилалита деви даси

Келилалита пришла в движение в 1974-м году в Сан-Франциско после того, как получила тяжелые ожоги в автокатастрофе. Она встретила преданных в Исла Виста, студенческом сообществе Калифорнийского университета в Санта-Барбаре, где она училась.

Я получила от преданных «Бхагавад-гиту, как она есть» и книгу «Кришна», и купила в книжном магазине «Нектар преданности». Я начала погружаться в сознание Кришны. Потом я попала в аварию. Я потеряла мужа и все имущество, и в течение следующих полутора лет, после реабилитации, я читала, изучала и начала сама воспевать Харе Кришна. Я с уверенностью говорю, что Прабхупада спас меня своими книгами. Мое будущее выглядело очень мрачным, а он давал мне надежду на счастливую жизнь, наполненную смыслом. Что и говорить, как только у меня появилась возможность, я собралась переехать в храм.

Будучи молодой преданной, мне посчастливилось общаться с Джаянандой прабху. Он был очень добр ко мне, и именно его пример и общение показали мне, как ученик преданно служит и любит Шрилу Прабхупаду. Я очень хотела, чтобы Шрила Прабхупада был моим духовным учителем, и была под большим впечатлением, ощутив принятие и любовь со стороны этого преданного. Моя вера в истину сознания Кришны и авторитет Шрилы Прабхупады росла. Я начала распространять журнал «Назад к Богу» и узнала, что рассказывать другим о сознании Кришны и распространять книги — это то, что больше всего нравится Шриле Прабхупаде. Это стало моим вдохновением.

Примерно через год руководство храма решило определить меня в женскую группу *санкиртаны*, с которой я выходила распространять книги много лет. Мы распространили тысячи книг и собирали сотни и тысячи долларов. Это были времена экстаза, и одновременно очень трудные, страшные и болезненные времена. Аскезы, которые мы совершали, а также незрелость и падшее положение наших лидеров были благодатной почвой для сексуального, физического и психологического насилия — в большей или меньшей степени все женщины этой группы подвергались жестокому обращению, иногда ужасному.

Чтение книг Шрилы Прабхупады спасло меня во время этого испытания. Я приходила домой после долгого, трудного и полного испытаний дня, читала книгу «Кришна» в постели и засыпала, чувствуя милость и утешение от слов Шрилы Прабхупады. Я чувствовала, что со мной все будет в порядке. Много раз случалось так, что я оказывалась в пучине какой-нибудь катастрофы, и Прабхупада всегда спасал меня. Удивительно, как Шрила Прабхупада смог использовать такие несовершенные и падшие души для помощи другим.

Личное общение со Шрилой Прабхупадой выпало мне всего несколько раз. Я видела и прослушала несколько его лекций, и с небольшой группой женщин получила от него лично во Вриндаване *мантру* Гаятри. Прабхупада ответил взаимностью на мое служение, дав мне практическое блаженное осознание того, что мне и моим духовным сестрам была дарована духовная энергия и материальная сила, чтобы помогать другим, чтобы распространять литературу и собирать пожертвования. Мы были убеждены, что люди получают милость Господа Чайтаньи, и теперь жизнь их увенчалается успехом, поскольку они были на пути домой к Богу!

После ухода Шрилы Прабхупады, когда в нашем Движении царил хаос и преданные разбегались, я знала, что решением всех этих проблем было совместное чтение книг Шрилы Прабхупады и воспевание. Я начала проводить ежемесячное чтение, куда старалась приглашать также моих духовных братьев и сестер в надежде, что это поможет исцелить наши разбитые сердца и уведет нас с неверного направления, которое, казалось, захватило все Движение. Снова Шрила Прабхупада спас меня через свои книги, и я хотела напомнить об этом другим и убедить их в этом.

Прошло так много лет, а Шрила Прабхупада по-прежнему единственный человек, которому я действительно могу доверять. Он дает мне внутреннее понимание и силу, чтобы терпеть многие вещи, которые я не понимаю, особенно сейчас, когда движение сознания Кришны расширилось и изменилось. Я живу так, чтобы защитить свою веру, и на самом деле не хочу слышать или находиться рядом с тем, что, по моему мнению, не соответствует словам Прабхупады в его изначальных книгах, письмах или лекциях.

В настоящее время я живу в обществе нескольких преданных. Я вижу, как Шрила Прабхупада продолжает и всегда готов спасать меня, даже в незначительных ситуациях. Я знаю, что он меня не забыл. Думаю, я все еще испытываю горе, что его больше нет здесь физически, и скучаю по тем счастливым временам, которые мы пережили, когда он здесь был. Одна вещь, которую я сохранила — это надежда и уверенность что, что бы ни случилось, Прабхупада никогда не бросит меня, если я не откажусь от него. В моем сердце всегда есть надежда, что есть новое направление или цель, к которой я могу стремиться, когда я нахожусь у его стоп. Я терпеливо жду его милости, которой он одаривает меня, когда считает нужным. Быть может, однажды я смогу стать светом милости Шрилы Прабхупады для тех, кто страдает.

Я слышала, как один преданный вспоминал, что Шрила Прабхупада сказал ему: «То, как ты относишься к людям, показывает им, как сильно их любит Кришна». Любовь Шрилы Прабхупады ко мне, к его ученикам, последователям и несчастным душам Кали-юги устанавливает стандарт, которого никто из нас не может достичь, но только по нему можно сравнивать наши отношения с другими. Осознавая собственное несовершенство, я верю, что, пребывая у его лотосных стоп и служа его лотосным стопам, я смогу видеть и испытывать пример любви и сострадания, которые он проявляет по сей день. Это помогает мне подняться над существующими противоречиями и оскорблениями, и я могу краем глаза взглянуть на духовный мир, где вечно происходит обмен любовью. Спасибо, Шрила Прабхупада. Спасибо. Пожалуйста, позвольте мне всегда помнить и прославлять Вашу любовь, Ваше сострадание, Ваши экстатические высказывания и откровения, которые всегда присутствуют в Ваших книгах!

Kilimba devi dasi /Килимба деви даси

В 13 лет по беспричинной милости Килимба смогла поучаствовать в приветствии Шрилы Прабхупады в аэропорту Лос-Анджелеса в июне 1976-го года вместе со своей матерью, двенадцатилетней сестрой и сотнями преданных, проводящих киртан внутри у выхода. Всего за десять месяцев до этого они смело переехали из Гранд-Рапидс, штат

Мичиган, в Лагуна-Бич, предчувствуя, что там их жизнь расцветет.

«Его Божественная Милость прибудет через три минуты» — объявил голос по громкоговорителю. Наконец появился самый последний, но самый сияющий человек из этого самолета из Гонолулу. Его Божественная Милость возник подобно парящей золотой горе, величественный и прекрасный. Это было потрясающее зрелище. От его головы исходило четко различимое золотое сияние. По сей день я не знаю, все ли это видели, или это было субъективным и личным для тех, кому было позволено это увидеть, но это действительно произвело на меня глубокое впечатление. Мне удалось пробиться сквозь толпу, чтобы подойти ближе к эскалатору, на котором он теперь двигался. Он держал четыре кусочка сахарного тростника, два из которых каким-то образом получили мы!

Затем мы поехали в штаб-квартиру Международного Общества Сознания Кришны по Ватсека-авеню за дополнительными к первым впечатлениями. Храмовый пол из твердого мрамора был покрыт лепестками роз. Это было первым впечатлением от этого грандиозного центра, и я предположила, что здесь так принято. Как в раю! Вдруг толстые резные деревянные двери алтаря начали медленно открываться, и не было видно ничего, кроме клубов дыма от ладана. Первым, что мне удалось увидеть сквозь дым благовоний, были очень большие белые круглые глаза с насыщенно-черными зрачками в центре: совершенно изумительно, но было некоторое ощущение дежавю, как будто это уже происходило раньше. Джая Джаганнатха Дэва!

Рано утром на следующий день мы снова приехали из Лагуна-Бич, чтобы послушать утреннюю лекцию Его Божественной Милости и принять участие в церемониях. Наши школьные подруги, сестры Пайпер и Порша, остались у нас на ночь после того, как накануне съездили с нами на встречу в аэропорт. В какой-то момент, когда мы все вчетвером стояли на балконе и наблюдали за происходящим, мы заметили детей, выстроившихся перед божественным креслом Шрилы Прабхупады. Мы посмотрели друг на друга и совместно выразили настроение: «Эй, мы души, но так получилось, что сейчас мы дети. Давайте спустимся туда!»

Уже стоя в очереди, мы заметили, что у каждого ребенка было что-то в руке для предложения Шриле Прабхупаде. Мы тут же начали занимать места друг друга и по очереди искать, что бы такое предложить. Бархатцы лежали повсюду! Трое из нас взяли несколько штук, а подруга моей сестры Порша нашла гирлянду из бархатцов. Вау! К счастью, мы ничего не знали насчет «предложено» или «не предложено». Мы просто почувствовали, что Порша «заполучила» лучшее подношение. Мы наблюдали, как она подошла к его креслу, держа эту гирлянду обеими руками как драгоценное подношение. Шрила Прабхупада положил печенье, которое он держал в руке, и, поискав, взял печенье побольше и протянул ей с широчайшей улыбкой. Как трогательно!

Когда подошла моя очередь, я начала пересекать большое пустое пространство перед его креслом и шла вперед, глядя на него, глядящего на меня, как будто видящего все насквозь, смотрящего вглубь моей души. В этот момент я почувствовала, что он знает все о путешествии моей души через различные жизни. Я чувствовала, что, хотя его взгляд был серьезным, вероятно, более серьезным, чем любой взгляд, который я когда-либо встречала, он был надежным, как любовь Бога. Мое сердце распахнулось. Я почувствовала: «Чему бы он здесь ни учил, я в этом заинтересована».

Этот взгляд и все события, что произошли в тот момент, стали для меня поворотными. Это до сих пор остается самым важным моментом всей моей жизни, который изнутри направляет мои решения. Теперь я знаю, что тот взгляд – это и есть тот единственный «момент общения» с чистым преданным, который может освободить из цикла повторяющихся рождений и смертей. Через этот взгляд милости, *крипа-дришти*, семя трансцендентной веры в Шри Кришну пришло в мое сердце из сердца Его Божественной Милости. Одно из имен Кришны – Адхокшаджа. Его не знает никто, и Он непознаваем. Разве что по милости чистого преданного Кришны. Мы не можем познать Кришну с помощью умственных спекуляций или даже через науку! Кришна, на самом деле, сокрыл Себя в сердцах Своих чистых преданных, которые всецело любят Его, и они обладают силой дать эту трансцендентную веру, или *шраддху*, в Кришну нам.

Забавно, но я не помню, как вручила ему цветок или получила печенье из его руки, хотя знаю, что две эти вещи произошли, но я никогда не забуду, что было в тот момент, когда я встретила его взгляд, и как простое воспоминание об этом событии пробудило меня два месяца спустя.

Через некоторое время после всех этих дней в Лос-Анджелесе, когда мы ежедневно могли видеть Шрилу Прабхупаду, в школе начались летние каникулы, и мы вернулись к нашему привычному ритму жизни с нашими друзьями и пляжами Лагуны. Периодическое издание миссии Шрилы Прабхупады вышло с особой статьей о *гурукулах*, его школах-*ашрамах* для детей, которые были частью некоторых из его храмов. Моя сестра, которой тогда было двенадцать, прочитала эту статью и решительно заявила нам с мамой, что осенью она будет ходить в «эту школу».

Это заставило меня задуматься. Моей первой мыслью было: «Я могла бы вернуться в Мичиган и жить с папой». Но затем: «Зачем мне это делать? Это было бы движением назад!» После того как я посидела с этими мыслями минуту-другую, на меня нахлынул поток воспоминаний о том, как я стояла перед Шрилой Прабхупадой, и я вспомнила свой личный опыт веры: дар в его взгляде. Мое умозаключение было естественным: «Я тоже! Я тоже хочу туда ходить». Фух! Я рада, что у меня была своя личная причина, подкрепленная некой милостью, о которой я могу вспомнить сейчас, в очередной поворотный момент своей жизни. Следовать за кем-то другим в процессе предания, принимая

Шри Гуру, может быть опасным. Кришна Сам говорит это в «Шримад Бхагавад-гите»: «Опасно следовать чужому пути». Человек должен найти свою собственную причину для того, чтобы предаться служению. Эта причина должна иметь смысл для его собственного сердца. Я думаю, что в этом рассказе я заново переживаю чувство благодарности за то, что Шрила Прабхупада дал мне эту причину в том взгляде милосердия.

Тем временем, пришел сентябрь. Созвав наших друзей и раздав им почти все, что у нас было, мы приняли предложение Махатмы Прабху (президента храма в Лагуна-Бич) поехать в Сиэтл. Он сказал, что там руководит его друг, Бала Кришна Прабху, которому он очень доверяет. Он даже подвез нас. Махешвари даси ехала в Сиэтл в своем большом и практически пустом универсале, чтобы навестить своих родителей. Это было очень кстати. Мы приехали в Сиэтл, и у входа нас приветливо встретила Мадхумати деви даси, державшая на руках двухмесячную Кришну Девату. Это были жена и дочь Бала Кришны Прабху, который оказался великолепным президентом храма, как и обещал Махатма.

Пять месяцев спустя, после того как мы усвоили дисциплину и практику *садханы* — пути *бхакти-йоги,* установленные Шрилой Прабхупадой, пришло подписанное им письмо в ответ на просьбу Бала Кришны Прабху о принятии нас троих в качестве инициированных учеников. В письме были наставления и наши новые имена, которые были даны нам на нашей церемонии посвящения в день явления духовного учителя Шрилы Прабхупады – Ом Вишнупады Шри Шримад Бхактисиддхантхи Сарасвати Тхакура Прабхупады. Это было в феврале 1977-го года.

Нашими именами стали: Карунакши Даси (моей маме было 36 лет), Тамра Даси (моей сестре было двенадцать) и Килимба Даси (мне было тринадцать).

Через девять месяцев, 14-го ноября 1977-го года, Шрила Прабхупада ушел из нашего земного поля зрения. Это был одновременно очень печальный день разлуки и пения и очень радостный вечер, когда мы осознали, распространяя его «Бхагавад-гиту», что он всегда рядом с теми, кто следует его божественным наставлениям.

На данный момент в 2020-м году мы по-прежнему ощущаем присутствие Шрилы Прабхупады каждый день через процесс *бхакти-йоги,* которому он ясно обучает в своих книгах. Мы с мужем наслаждаемся по крайней мере одним стихом и комментарием из «Шримад-Бхагаватам» каждый день. Я также ежедневно читаю «Шри Чайтанья-чаритамриту», а после завершения начинаю заново, каждый раз находя новые жемчужины трансцендентного вдохновения и руководства. В начале 2019-го года мы начали проводить ежевечернюю часовую конференцию (групповой звонок) по «Бхагавад-гите», к которой присоединяются от трех до десяти преданных и которая продолжается, даже когда один или оба из нас не могут участвовать. Опять же, независимо от того, сколько раз мы перечитываем эти трансцендентные писания, они каждый раз новые! Разные аспекты выделяются в качестве динамичных подсказок, всегда. «Он живет вечно в своих божественных наставлениях, и тот, кто следует им, живет с ним». Харе Кришна!

Kishori devi dasi / Кишори деви даси

Семью Кишори забрали в Освенцим. После этого у нее появились галлюцинации и она повсюду видела нацистов, отвозивших людей на автобусах в лагеря. У нее был плакат с изображением Вишну, и она думала: «Не знаю что со мной будет, но вверяю себя Тебе». Она рассказывает: «Я была в таком состоянии, когда преданные нашли меня. Это чудо, что они нашли меня». Кишори получила посвящение в Лондоне, когда Прабхупада давал там инициации во второй раз.

Врачи сказали, что я умру. Затем я услышала *маха-мантру* Харе Кришна и увидела Дхананджайю и Бала Гопалу. Они светились. Дхананджая сказал: «О, у нас есть лекарство для тебя. Прасадный попкорн!» Они рассмешили меня, и я пошла в храм. Там было три мальчика. Я помню Акшаянанду и Дхананджайю. Они прыгали и повторяли: «Харибол! Харибол! Харибол!» Я не могла в это поверить и подумала: «Теперь я пришла к духовной жизни. Пора отдохнуть». Она стала для меня отдыхом.

Незадолго до инициации я разместила объявление о том, чтобы кто-то помог мне изготовить флаги для Ратха-ятры. Пришла одна девушка, Вивиан. Я спросила ее: «Кем ты хочешь быть на Голоке Вриндавана? Прабхупада даст нам имена. Он расскажет нам, кто мы такие». Она сказала: «Я хочу быть коровой для Кришны», а я сказала: «Я хочу быть *гопи* Кришны». Мы ни с кем больше об этом не говорили.

Затем мы поехали на Бери Плейс, чтобы увидеть Шрилу Прабхупаду. Я упала к его стопам и коснулась их. Я была худшей из падших людей. Навсегда пленник, навсегда, и что невероятно, он пришел и спас меня, поэтому я закричала: «Помогите, помогите! Пожалуйста, спасите меня, спасите меня! Пожалуйста!"

Позже Прабхупада сидел на *вьясасане*, и мы проводили *киртан*. Это было невероятно — увидеть Шрилу Прабхупаду. Он был абсолютно не из этого мира. Я посмотрела на Сурабхи, моего мужа, и увидела слезы в его глазах. Он сказал: «Я никогда не видел в этом мире никого подобного этому человеку. Он невероятен».

Шрила Прабхупада позвал Вивиан и дал ей имя Сурабхи деви даси. Я была удивлена. Когда она подошла ко мне, она подпрыгивала: «Я корова Кришны!» Затем Прабхупада позвал меня. Он сказал: «Тебя зовут Кишори деви даси, вечная *гопи* с Голоки Вриндавана, вечная служанка Шримати Радхарани». Я не могла двинуться с места. Я просто смотрела на Шрилу Прабхупаду и не могла в это поверить.

Когда я отправилась во Вриндаван, я прибыла в храм Радхи-Дамодары. Ямуна, Палика, Мадира и Майтхили служили там и страдали от жары. Прабхупады не было, но иногда он приходил. Ямуна отвечала за комнаты Прабхупады и заботилась о нем. Старшие преданные доставляли Ямуне неприятности и относились к ней плохо, поэтому однажды Ямуна уехала из Вриндавана.

Сатсварупа Махарадж сказал: «Кишори, мы ищем кого-нибудь, кто позаботится об апартаментах Прабхупады и будет готовить для него». Прабхупада сказал: «Кишори может это делать». Я приготовила несколько *самосов* для Шрилы Прабхупады в Бхактиведанта Мэнор, и ему они очень понравились. Он сказал: «Она хорошо готовит». Прабхупада всегда помнил о служении, всегда.

Я начала готовить и приносить ему еду. Иногда в полдень я прикладывала *чандану* ему ко лбу. Однажды он сделал мне резкий выговор. Бхагатджи был хорошим другом Прабхупады. Бхагатджи очень привязался к моей семье. Каждую ночь мы были с Бхагатджи и Шрилой Прабхупадой. Прабхупада пил молоко, и они разговаривали.

Однажды после того, как я принесла тарелку Прабхупады, два *санньяси* сказали мне: «Ах, Кишори такая удачливая!». Прабхупада сказал: «Просто посмотри на Кишори. Она такая молодая, такая красивая, такая умная, и она очень счастлива, просто служа мне». Как будто Прабхупада сказал: «Вы приняли *санньясу* и все такое, но посмотрите на эту девушку».

Однажды я сидела со Шрилой Прабхупадой в маленьком саду после того, как накормила его и убралась в его комнатах. Я просто пришла и сидела там. Пришли члены руководящего совета и *санньяси*. Тамал Кришна сказал: «Все наши проблемы в ИСККОН исходят от незамужних женщин. Мы хотим вывести их из храма». Шрила Прабхупада поднял голову, не глядя на Тамала, немного склонил набок. Он был очень недоволен и сказал: «Тамал, самое большое бремя в этом мире — быть женщиной с детьми».

Прабхупада был таким нежным, он знал все обо всех. Затем он сказал: «Возьмите всех этих женщин в храм, пусть они живут там, защищайте их. Позволяете им просто играть со своими детьми. Конечно, если они хотят послужить, они могут это сделать». Тамал немного подождал, он был недоволен. Затем он сказал: «Но Шрила Прабхупада» — и повторил то же самое, в точности то же самое. Прабхупада подождал пока все замолчат, и сам повторил то же самое в том же порядке. Потом снова тишина. Затем Тамал начал говорить. Прабхупада ответил: «Достаточно на сегодня. Можешь идти».

Шрила Прабхупада ценил каждого. Я просто чувствовала его любовь.

Однажды, когда я была рядом с ним, у меня возникло необычное ощущение. Оно было таким, поскольку и сам Прабхупада не был таким как все. Мы получаем от него лучи не из этого мира. Они меня пронзили

— будто что-то проникло в самое нутро. Я думала, что никто не любит меня так, как меня любит Прабхупада: ни мой отец, ни моя мать. Я быстро осознала, что получаю любовь от него. Сама любовь, ее лучи как будто пронизывали меня. Мы были всегда окружены его любовью. Прабхупада относился к нам с любовью, он источал ее. Таким он был.

Я готовила для трех пар Божеств во Вриндаване в Кришна-Баларам мандире после открытия храма. Это была тяжелая работа на весь день. Не было газа, многого не хватало. Готовить на огне было непросто. Мне приходилось накрывать лицо тканью, чтобы защититься от дыма, но я была очень счастлива готовить для преданных. У нас не было большого запаса продуктов, но я готовила из того, что было. Когда однажды пришли Акшаянанда и другой президент храма, они сказали, что я слишком много готовлю. «У нас нет денег» — сказали они. Я спросила: «Почему вы мне это говорите?» Я философски смотрела на жизнь с самого рождения, но была также очень простым человеком и сказала: «Прабхупада сказал мне готовить для Кришны. Я вижу, что вы едите и что все едят. Как я могу давать меньше? Прабхупада сказал, что Кришна — личность». Президент храма сказал: «Ты глупая, сентиментальная женщина. У Кришны нет желудка. Когда ты духовно продвинешься, будешь давать Кришне сухую *чапати* без соли».

Я ответила: «Я не Санатана Госвами. Я просто Кишори, и Прабхупада сказал мне готовить для Кришны». *Пуджари* стал забирать еду с уже приготовленной тарелки: «Заберите это и это». Я не выдержала: «Ты не можешь это делать!» Так как я эмоциональна, после этого разговора мне не удалось заснуть.

В тот день приехал Прабхупада. Брахмананда сказал: «Кишори, Прабхупада хочет съесть то, что ты приготовила для Кришны сегодня утром». У меня были *паратхи*, *сабджи*, сладости — все. Я отдала ему тарелку. Брахмананда вернулся и сказал: «Кишори, ты не должна так готовить, потому что я сказал Прабхупаде: "Не ешьте это, у Вас больной желудок"». Прабхупада откинулся назад и сказал: «Что я могу сделать? Все было слишком вкусно. Она слишком хорошо готовит. Я ничего не мог с собой поделать». Я воспарила от счастья услышав это.

Кто-то крикнул на кухню (я никогда не уходила с нее): «Акшаянанда хочет, чтобы ты пришла, у нас встреча». Потом он сказал что-то ужасное. «Я не хочу, чтобы преданные служили в храме. Мы будем нанимать людей со стороны. Так будет проще». Иногда преданные заболевали или приходили и уходили из храма, но Прабхупаде не платили, и нам не платили. Была просто любовь. Он пришел с любовью, и мы любили его в ответ. Узы любви. А это предложение словно удар в сердце – смертельный удар по мне.

Один *брахмачари* пришел и сказал: «Шрила Прабхупада зовет тебя». Я поняла, что должна собраться, иначе заплачу. Внутри было темно, шторы были задернуты, потому что было очень жарко. Прабхупада сидел на своей подушке, откинувшись назад. Я поклонилась. Было очень уютно, приятно находиться там. Сильным голосом Прабхупада сказал: «Кишори, мне не нравится идея нанимать людей со стороны для выполнения служения здесь».

Я посмотрела на Прабхупаду и сказала: «Это чудо! Это чудо!» По крайней мере четыре раза: «Это чудо, Шрила Прабхупада!» «Какое чудо?» — он спросил. Я все объяснила: «Я просто готовлю для Него все, что Он дает нам. Я знаю, что все это исходит от Него». Прабхупада наклонился вперед, вскинул руки вверх и улыбнулся до ушей. «Да, да, Кишори! Так и нужно готовить для Кришны! Так и нужно готовить для Кришны!»

Я спросила: «Шрила Прабхупада, пожалуйста, скажите мне, что я должна приготовить Кришне, чтобы доставить Ему удовольствие, что Он любит поесть?» Прабхупада начал составлять список. «Приготовь по одной тарелке для каждого Божества». Я готовила три тарелки. Когда я вышла из его комнаты, то стала готовить по десять тарелок!

Перед тем, как я вышла из его комнаты, Шрила Прабхупада сказал: «Кишори, ты можешь готовить для ресторана?» «Да, Шрила Прабхупада». Я всегда говорила «да». Так я хотела служить ему. Затем: «Ты можешь готовить и для преданных?» «Да, Шрила Прабхупада». «А для Божеств? А для Кришны?» «Да, Шрила Прабхупада».

Однажды вечером Шрила Прабхупада спросил: «Знаешь, как приготовить намкин?» Я сказала: «Да, Шрила Прабхупада» — хоть и не имела об этом ни малейшего понятия.

Порой Прабхупада говорил: «Сходи на Лой-базар и посмотри, как они готовят то-то и то-то, чтобы ты могла научиться». Так что я подумала, что пойду на следующий день, чтобы научиться делать намкин, но Прабхупада спросил: «А, у тебя есть машинка?» У меня не было машинки, но я сказала: «Да, Шрила Прабхупада». Он сказал: «Покажи мне машинку». Но у меня ее не было.

О боже, это ужасная ситуация. Итак, я побежала на кухню — не ту маленькую кухню, где я готовила для него, а где мы готовили для преданных. Я увидела сито и очиститель для *дала*. Итак, я положила тяжелый очиститель из стали себе на плечо и вернулась в комнату Шрилы Прабхупады. Прабхупада засмеялся и не мог остановиться. Бхагатджи сказал: «Это твоя машинка?» «Да, Шрила Прабхупада». Он сказал: «Хорошо. Сделай мне намкина».

Я до сих пор не знаю, что на меня нашло. У меня не было рецепта намкина! Я спросила: «Шрила Прабхупада, как Вам нравится? Вам нравится пшеничная мука, майда или нутовая мука?» Прабхупада сказал: «Нутовая». «Вам нравится с тмином, с аджаином, с…?» Таким образом, он дал мне рецепт, хоть я напрямую его и не просила.

Я была в комнате Прабхупады с Бхагатджи, и он спросил Прабхупаду: «Шрила Прабхупада, что произойдет, когда Вы уйдете? Кто будет лидером? Прабхупада сказал: «Ночью на небе так много звезд. Все могут видеть звезды, но когда восходит луна, все видят ее».

Однажды Сатсварупа позвал меня: «Подойди, Шрила Прабхупада зовет тебя». Это было примерно через пять минут после того, как я принесла ему тарелку с *прасадом*. Он был великолепен и удивительно серьезен. Он сказал: «Ты так много приготовила. Я ем одно блюдо, второе, потом третье. В конце концов, все остальное остывает. Я не могу съесть все. Не делай так больше». Для меня это стало испытанием. После этого я стала готовить рис и *дал* только в его кастрюле. Каждый день он ел горькую дыню, иногда *тинду*, *самосы* или *качори*. Так что я просто готовила то, что он хотел, и ничего больше.

Но однажды я поехала в Джайпур с Сурабхи и Гунарнавой. Они отвезли меня в отель. У меня были какие-то намкины — смесь пахи, гороха, специй, нима и масла. Когда я попробовала это, я подумала: «О, я должна сделать это для Шрилы Прабхупады».

Так что я приготовила их и, нервничая, положила ему на тарелку. Через несколько минут кто-то позвал меня. Я переживала: «Мне конец. О чем я думала?» Но Прабхупада ел и нахваливал: «Было очень вкусно. Где ты научилась готовить такие намкины, Кишори? Я хочу есть их каждый день, куда бы я ни отправился в этом мире. Позови Хари Шаури».

Пришел Хари Шаури, но он был не особо-то доволен. Ему пришлось учиться у девушки как готовить. Несколько месяцев спустя, когда Прабхупада вернулся во Вриндаван, он сказал: «Кишори, позвони Хари Шаури, потому что у него не получается готовить так, как у тебя. Можешь снова его поучить». Спустя столько месяцев Прабхупада все помнил.

Когда мой сын Киртан приехал из далласской *гурукулы* навестить меня во Вриндаване, я почувствовала, что что-то не так. Однажды я услышала, как учитель сказал ему: «Ты в *майе*, проснись!» Я подумала: «Почему бы тебе не научить их петь Хари Бол, Харе Кришна?» Я отвела Киртана в свою комнату и дала ему *маха-прасад*. Мы оба сидели на моей кровати, пока он ел. Человек, ответственный за *гурукулу*, подошел и постучал в дверь. Он сказал: «Что ты делаешь, Киртан? Сидишь на кровати с женщиной!»

Прабхупада не видел разницы между мужчинами и женщинами. Он видел, искренен человек или нет, так что я встала и сказала: «Прабху, эта женщина — его мать!» Вы знаете, что иногда мужчины путаются в сильных утверждениях священных писаний. Они неправильно их применяют. Никакого здравого смысла. Прабхупада всегда взывал к нему.

Киртан начал понемногу открываться мне. Он рассказал мне много всего. Его хотели поместить в стиральную машину в *гурукуле*. Его избивали, заставляли его и других сидеть, держась за руки, перед *прасадом*, запрещая есть. Ужасные вещи. Я всегда была немного импульсивным человеком. Я взяла ведро, положила туда кое-что из своих вещей и свои четки, схватила Киртана и мою маленькую девочку за руку: «Хорошо, пойдем».

На выходе я прошла мимо мужа. Он спросил: «Куда ты идешь?» «Мы немедленно отправляемся в Бомбей, чтобы рассказать обо всем Прабхупаде». Я рассказала все Сурабхи за две минуты. «Расскажу ему, что именно происходит в школе».

Я села на поезд до Бомбея. Мы приехали в сумерках, и я оставила своих детей с подругой. Я поспешила на строящуюся крышу храма в Бомбее и стала кричать: «Это очень важно!»

Прабхупада был на *даршане* со многими влиятельными богатыми людьми из Бомбея. Присутствовали также многие члены управляющего совета: Бхавананда, Джагадиша, Тамал Кришна Махарадж, Гопал Кришна Махарадж, Хари Шаури, многие важные люди. Прабхупада увидел меня и остановился: «Кишори! Что происходит? Что-то случилось?» «Да, Шрила Прабхупада, большая проблема». «Подойди». Затем он сделал *пранамы* руками, посмотрел на всех и сказал: «Все могут идти». Он приказал им покинуть комнату. Всех этих важных людей попросили уйти, чтобы он мог поговорить с расстроенной матерью.

Я поклонилась. Сначала я просто рассказала ему о том, как *брахмачари* разговаривал с нами, когда Киртан кушал *маха-прасад* со мной на кровати. Прабхупада сказал: «Ты посмотри, ты посмотри!» Он сказал это дважды. «Мать дает своему сыну *маха-прасад*. Просто посмотрите, что они делают. Что это?» Ему было действительно противно.

Затем я набралась храбрости. Говорила долго, потому что рассказывала обо всем с того дня, как отправила Киртана в школу. Прабхупада смотрел мне прямо в глаза. Я продолжала и рассказала ему все, что поведал мне Киртан.

В какой-то момент один из мужчин сказал: «Шрила Прабхупада, Кишори — женщина. Она мать, поэтому сентиментальна. Она преувеличивает — ничего такого не было».

Прабхупада вышел вперед, как лев. Я никогда не видела его таким. Как лев! Он грозно ударил кулаками по *вьясасане*. Мы были лицом к лицу. Он никогда не терял зрительный контакт со мной. Не глядя на этого человека, Прабхупада сказал: «Она говорит правду!» Он был очень зол.

Словно гром он пророкотал: «Она говорит правду! Вы только посмотрите, что они делают от моего имени! Все они учителя-Хираньякашипу! Я никогда не говорил бить детей, никогда! Только показывать палку! Я сказал, что иногда можно постучать двумя пальцами по щеке, но не шлепнуть. Увольте этих учителей! А прежде чем уволить, повесьте их!» Прабхупада был невероятно зол. Я никогда не видела его таким. Не было и речи о двусмысленности. С ним не могло быть и речи о двусмысленности. Все было ясно. Все было достойно. Перед ним не чему было стыдиться.

Он сказал: «На самом деле женщины должны преподавать, потому что у них более мягкое сердце. Конечно, нет никого лучше родителей, для воспитания своих детей». Тогда женщины еще не были учителями. Я была так благодарна, что Кришна не показал Прабхупаде остальные ужасы *гурукулы*.

Мы сидели на лужайке за Бхактиведа Мэнор. Преданные читали «Чайтанья-Чаритамриту», а я сидела немного в стороне. Среди них были только мужчины. Прабхупада позвал меня: «Давай, давай, сядь здесь». Йогешвара сказал: «Преданные, которые приходят в ИСККОН, должно быть, в прошлом совершали какие-то добрые дела». Прабхупада сказал: «Никогда не думайте, что вы совершили хотя бы один благочестивый поступок. Это все милость Господа Чайтаньи». Йогешвара снова что-то сказал, а Прабхупада ответил: «Все — милость Господа Чайтаньи, благословения Господа Чайтаньи».

В Бомбее я опоздала на прогулку, потому что готовила ему завтрак. Я побежала со своей дочерью Бхакти Кишори к пляжу и увидела, как Шрила Прабхупада возвращается с пляжа. Когда я подошла к нему, я собиралась встать в очередь и пойти с ними, но Прабхупада остановился и сказал: «Кишори, будь очень осторожна». Он указал тростью: «Там всегда лает собака. Думаю, в заборе дыра. Будь очень осторожна, потому что никогда не знаешь, сможет ли эта собака выбежать и укусить тебя». Он не был равнодушен.

Притху Путра принял *санньясу*, а у его жены Вишвадеви было несколько золотых браслетов. Омкара сказал ей отдать их Божествам. Я пошла с Вишвадеви к Шриле Прабхупаде, потому что она была одна. У нее не было денег, ничего для жизни. Прабхупада сказал нам, что Вишвадеви должна сохранить браслеты на всякий случай.

Некоторые люди говорят, что Прабхупада сказал Сурабхи принять *санньясу*. Это неправда. Каждый раз, когда кто-то принимал *санньясу*, Прабхупада говорил с его женой. Он спрашивал: «Что я скажу Мадри, если Тамал примет *санньясу*?» Ему было не все равно, он заботился.

Сурабхи пришел навестить меня и сказал: «Я должен принять *санньясу* сейчас». Я сказала: «Нет, ты не можешь этого сделать. У меня трое детей. Я помогла тебе, пожалуйста, помоги мне сейчас». Всю ночь, … Я была почти… Затем очень рано утром я встала, еще до посвящения. Я схватила Сурабхи и упала перед ним на колени: «Пожалуйста, пожалуйста!» Но он принял *санньясу*.

Прабхупада позвал меня. Ему было нехорошо. Я села там со своими тремя детьми, и Прабхупада разрабатывал план как меня защитить. Бхагаван отвез меня во Францию.

Kripa Mayi devi dasi / Крипа Майи деви даси

Бхакта Брайан (Индрадьюмна Свами) и бхактин Эйлин (Крипа Майа) были искателями, живущими в Энн-Арборе, штат Мичиган, где

Эйлин заканчивала обучение на бакалавра. Однажды они прогуливались по кампусу и услышали прекрасную музыку: дзынь-дзынь, дзынь-дзынь-дзынь. Восхищенные, они последовали за звуком и встретили Вишнуджана, Гаргамуни, Субала и Брахмананду. Вишнуджана сказал им: «Я хотел бы рассказать вам о моем духовном учителе». Слушая, как говорит Вишнуджана, Крипа Майи почувствовала, что она уже встретилась с Прабхупадой.

Когда я увидела Шрилу Прабхупаду в аэропорту Детройта, мне показалось, будто весь духовный мир снизошел на меня. Аэропорт превратился в Голоку. Прабхупада был прекрасного золотого цвета, царственный, и каждая часть его существа излучала настроение духовного мира.

Я пряталась на кухне дома Шрилы Прабхупады и была очень испугана, когда кто-то закричал: «Принесите воды для Шрилы Прабхупады!» Вокруг не было никого другого, поэтому я принесла воды и предложила свои поклоны. Я убежала обратно на кухню и вновь услышала крик: «Принесите фрукты для Шрилы Прабхупады!» Я нарезала немного фруктов, вбежала в комнату, положила фрукты и уже собиралась выбегать из комнаты, когда Прабхупада сказал: «Сядь». Я нервничала и была переполнена эмоциями от его присутствия, но все же села. Прабхупада раздавал фрукты, и каждый брал понемногу. Прабхупада сказал: «Когда мы выполняем наше служение и принимаем *прасад*, мы никогда не должны стесняться этого». Я добросовестно, с полной верой следовала этому наставлению.

Когда Прабхупада был на пути в Нью-Вриндаван, чтобы дать лекцию о Бхагавата-дхарме, я сделала для него гирлянду из желтых роз и молилась, чтобы она понравилась Прабхупаде. Он надел ее в тот день, а также на следующее утро. Прабхупада отвечал взаимностью нам даже тогда, когда наши желания были эгоцентричны и глупы.

Когда Прабхупада давал лекцию в Нью-Вриндаване, я чувствовала, что ничего не может быть лучше, чем сидеть в этом прекрасном месте со Шрилой Прабхупадой и созерцать Радху и Кришну. Ощущение покоя и счастья, которое я никогда не испытывала прежде, наполняло меня. Жизнь была идеальна. Прабхупада сказал: «Этот материальный мир — тяжелая борьба за существование, но когда это закончится, и вы вернетесь обратно к Богу, тогда жизнь станет возвышенной». Я подумала: «Прабхупада, я так счастлива в данный момент!» Присутствие Шрилы Прабхупады полностью удовлетворяло любое наше желание, касающееся безопасности, защищенности и любви. У меня не было ни единой мысли о том, какие трудности есть в материальном мире.

Даже с учетом того, что приготовления к его приезду были сумасшедшими, мы пытались сделать их замечательными для него. Каждый раз, когда Прабхупада приезжал в Париж, у меня возникало ощущение духовного мира. Я чувствовал глубокую радость, покой, безопасность, защищенность и привязанность.

Когда Прабхупада устанавливал Божества Радха-Парижишвару, кто-то закрасил маленькое темное пятнышко в мраморе на щеке Радхарани. Масла, которыми омывали Божеств, смыли часть краски, и Прабхупада протер Ее щеку. Мое сердце забилось быстрее, и я подумала: «О Боже, неужели Прабхупада расстроен?» Он стер всю оставшуюся краску, и мы одели Божеств во все Их великолепные наряды. Они выглядели прекрасно. Прабхупада сел на *вьясасану* и сказал: «Женщины Кашмира обладают самыми красивыми телами, а у женщин Парижа самые красивые лица. Кришна пришел в Париж, чтобы забрать Свою парижскую *гопи*, Она самая красивая». Я очень глубоко усвоила этот урок. Я осознала, что глаза Прабхупады были застланы любовью к Господу, и он видел Кришну и Радху такими, какие Они были на самом деле. У нас же не было таких глаз, чтобы увидеть Их.

Есть фотография, где Прабхупада стоит со сложенными ладонями и смотрит на Радху-Парижишвару. Когда Прабхупада увидел это фото, его глаза увеличились. Он сказал: «Ах, фотограф поймал меня в очень интимный момент. В момент, когда я смотрю на Кришну, а Кришна смотрит на меня».

Krishna Katha devi dasi / Кришна Катха деви даси

Кришна Катха деви даси встретила Шрилу Прабхупаду в Хайдарабаде, и он поприветствовал ее словами «Харе Кришна».

Я сидела в углу и делала гирлянды для Гаура-Нитай в храме Кришна-Баларам в Хайдарабаде. Прабхупада спросил своего секретаря, инициирована ли я. Затем он сказал: «Я дам ей посвящение в следующем году». Я ни о чем его не спрашивала, но он продолжал смотреть на меня.

На Экадаши я готовила для Прабхупады картофель. Он любил картофель. Я сварила несколько штук и посыпала их небольшим количеством экадашной соли. Они ему очень понравились, и он спросил, кто их приготовил.

Я получила разрешение убраться в комнате Прабхупады, и он находился там в это время. Мне удалось убраться у него в комнате и постирать его одежду. Я была счастлива, я смогла совершить хорошую *гуру-севу*.

На следующий день приползла большая змея, и Прабхупада приказал, чтобы никто не беспокоил ее, сказав, что она уползет сама.

Я видела многих псевдо-*гуру* в Южной Индии, в частности Амму и других женщин-*гуру*. Они не привлекали меня. Они производили впечатление материалистов. Когда я встретила Шрилу Прабхупаду, то почувствовала, что нет никого подобного ему, он был неподдельно духовен. Прабхупада ежедневно давал лекции по «Бхагавад-гите». Он сказал, что у нас не было бы проблем, если бы мы каждый день читали один стих из «Бхагавад-гиты». Он сразу же очень мне понравился. Я ощущала, что он был моим отцом, матерью и доброжелателем. Он постоянно был в моих мыслях, и я чувствовала себя очень удачливой из-за того, что смогла встретить его. Я испытывала огромную благодарность по отношению к нему. Я думала: «Что еще мне нужно? У меня есть хороший *гуру*».

Прабхупада дал мне мою *шакти*. Я говорю новичкам, что есть только один *джагат-гуру*: Шрила Прабхупада. Остальные – просто *майявади*. Вы нигде не найдете никого подобного ему. Вы можете оставаться дома, заниматься повторением святых имен и следовать процессу *бхакти*.

Krishna Kirtan devi dasi / Кришна Киртан деви даси

Кришна Киртан в пятнадцать лет, будучи активной христианкой, встретила преданных на улице своего родного города, Парижа. Она была впечатлена, хотя ничего в них не поняла.

Моя жизнь полностью изменилась после того, как я увидела преданных, воспевающих на улице. Я стала вегетарианкой, начала практиковать *йогу* и медитацию и заинтересовалась Индией.

В 1976-м году, тогда мне было восемнадцать, я поднималась по лестнице храма на Рю ле Сюэр, когда увидела большое фото Прабхупады. Прабхупада смотрел на меня с фото. Я узнала: «Да, это он» — и сразу предложила поклоны. Я чувствовала, что он был моим авторитетом и мог говорить с моим сердцем. Я осталась на ночь в библиотеке храма и начала читать «Вопросы Мудрецов» из первой песни «Бхагаватам». Я читала и читала, а в 3 часа приняла душ и отправилась на *мангала-арати*. Лочанананда запел, а я заплакала. Я чувствовала: «Теперь я в безопасности, это хорошее окружение для меня».

Я убирала ванные комнаты, туалеты, лестницы и вход, а когда у меня выдавался свободный момент, я садилась у *вьясасаны* Прабхупады и пела *маха-мантру*. В 1977-м году Прабхупада дал мне мое имя, Кришна Киртан, и я почувствовала: «О, Прабхупада, Вы могли слышать, как я пою для Вас, и именно поэтому Вы дали мне это имя». Затем я начала распространять книги Прабхупады. Его книги были моей жизнью, и, хотя распространение книг было интенсивным и аскетичным, я была вдохновлена осознанием того, что распространение книг нравится Прабхупаде. Вся моя жизнь, как преданной, была служением в разлуке: изучение книг Прабхупады, проповедь по его книгам и распространение его книг.

После того как Прабхупада оставил тело, я продолжила свое служение. Прабхупада все еще был рядом. Каждый раз, когда у меня возникала проблема, я рассказывала о ней Прабхупаде, и он меня ободрял. Каждый раз, когда становилось слишком сложно, Прабхупада принимал меры, чтобы я могла продолжать. Прабхупада позаботился обо мне, и я бесконечно благодарна ему за это. В христианской религии я готовилась отправиться на райские планеты, но Прабхупада украл мое путешествие и дал мне великое сокровище трансцендентного знания через свои книги, своих сильных учеников, свое служение, служение Божествам и *санкиртану*.

Он сделал мою жизнь трансцендентной, и теперь я в безопасности. Что бы ни случилось, если я буду продолжать следовать его наставлениям, Прабхупада будет рядом со мной. Мне не о чем беспокоиться. Я могу сосредоточиться на том, чтобы делиться сознанием Кришны с другими, а Прабхупада позаботится обо всем остальном

Krishna Kumari devi dasi / Кришна Кумари деви даси

Кришна Кумари деви даси жила отшельницей в горах. Она переписывалась с несколькими друзьями, один из которых был преданным. В своем письме этот преданный написал мантру Харе Кришна и пригласил Кумари навестить его в храме. Когда она, наконец, добралась до храма, оказалось, что тот преданный уже уехал. Однако Кришна Кумари осталась там.

Я в первый раз увидела Прабхупаду в 1972-м году и в том же году получила посвящение. Было ощущение, что все до единого преданные съезжались в Нью-Вриндаван на Джанмаштами, чтобы встретиться с Прабхупадой. В то время все Движение вращалось вокруг Прабхупады. Каждый преданный знал о его местонахождении, думал о нем, переписывался с ним, читал его книги или читал о нем.

Я воспевала святые имена около года. Когда я увидела Прабхупаду, мне показалось, что от него исходило сияние, а его стопы не касались земли. В день явления Прабхупады большие Божества Джаганатхов и сам Прабхупада находились в пандале вместе с пятьюстами или шестьюстами преданнымх, среди которых были участники странствующей группы *санкиртаны* Радхи-Дамодары. Мы с Гаятри испекли торт на день рождения Прабхупады. Это было очень аскетичное служение, потому что нам пришлось готовить его в дровяной печи на больших погнутых, видавших виды подносах, но каким-то чудом торт получился. От него немного пахло деревом, но вышло довольно хорошо. После *арати* Прабхупада произнес речь, затем мы разрезали торт и подали кусок Прабхупаде, который сидел перед всеми собравшимися.

Как только Прабхупада доел, мы втроем или вчетвером судорожно принялись разрезать торт на маленькие кусочки. Казалось, что на нас налетели миллионы преданных. Мы и глазом моргнуть не успели, как торт был съеден. Вскоре к нам подошел слуга Прабхупады и сказал: «Прабхупада просит добавки». От торта ничего не осталось – разве что крошки и кусочки глазури. Я расплакалась: «О боже, Прабхупада хочет еще торта, а торта уже нет!»

Некоторое время спустя слуга Прабхупады подошел и сказал: «Прабхупада готов приступить к обеду». Но в праздничной суматохе обеденное подношение для Божеств, которое полагалось на обед для Прабхупады, раздали гостям и журналистам. Мы с Гаятри снова заплакали: «Кто-то съел обед Прабхупады». Слуга передал эти слова Прабхупаде и, вернувшись, сказал: «Прабхупада говорит, что нужно приготовить снова». У меня душа ушла в пятки при мысли о том, что у нас почти не осталось продуктов. Мы были в расстроенных чувствах, а Прабхупада сохранял полное умиротворение.

Из лекций, которые Шрила Прабхупада давал в Нью-Вриндаване, я поняла, что, становясь преданными, мы присоединяемся к семье Кришны. Все трудности, через которые нам приходится проходить в жизни, временны, а когда мы становимся частью семьи Кришны, эти трудности медленно сходят на нет. Я чувствовала, что нашла твердую опору в своей настоящей семье, которая навечно связывала меня с Кришной. Прабхупада настолько чутко чувствовал всех и каждого, полностью отдавая себя людям, что, казалось, даже дети замирали и ловили каждое его слово.

Я на несколько лет переехала в Даллас, чтобы помогать в *гурукуле*. Казалось, будто под моей опекой были сотни детей, хотя в действительности их было около тридцати. Иногда мы ради шутки наряжали детей в коров: у них были бумажные ушки и хвостик. Один раз, когда дети мычали и ходили на четвереньках, их увидел Прабхупада. Подойдя к маленькой корове, которая шла последней, он дернул ее за хвост и рассмеялся. Тогда все дети обернулись, увидели Прабхупаду и, радостно мыча, принесли ему свои поклоны. Они помчались к Прабхупаде, издавая дружное «му-му», точь-в-точь как коровы, а Прабхупада смеялся. Ему было радостно видеть, как они резвятся, словно телята.

Когда Прабхупада приезжал в *гурукулу*, он всегда раздавал детям *расагулы*, *сандеши* или печенье, затем угощал женщин и в конце мужчин – таков был порядок. Однажды все дети собрались в алтарной, и одна девочка не переставая плакала. Я не знала, что делать, поэтому отвела ее в класс, усадила на коврик в углу и сказала: «Посиди здесь, хорошо?» – и вернулась в алтарную. Я забыла про нее, а Прабхупада после лекции направился из алтарной по коридору, прямо в класс, где я оставила девочку. Прабхупада увидел девочку, которая к тому времени уже уснула на коврике в углу. Она проснулась, увидела Прабхупаду, улыбнулась, подбежала к нему и принесла поклоны его стопам. Склонившись, он погладил ее по голове и немного поговорил с ней. Наблюдая за происходящим, я многое осознала. Мне было двадцать один или двадцать два, и я ухаживала за детьми с утра до вечера: перед *мангала-арати* помогала им принимать омовения, и заплетала косы, которым, казалось, не было конца и края, а после *гаура-арати* читала книгу на ночь, в промежутках воспевала *джапу* и готовилась к урокам на следующий день. Иногда я чувствовала, что не справлялась с грузом обязанностей и не проявляла к детям должного тепла и заботы. Смотря на Прабхупаду, я поняла, что детей можно научить чему-то исключительно любовью. Я не наказала девочку, а просто вывела ее из алтарной и усадила на коврик, но Прабхупада отнесся к ней совсем по-другому. Он общался с ней с платформы любви. Даря ей любовь, он показал ей, что значит любить Кришну и преданных. Эти осознания, словно молния, ударили мне в голову, пока я наблюдала, как Прабхупада разговаривал с девочкой. С той самой минуты я поняла, что должна измениться, стать более внимательной, дарить любовь этим детям, как делал Прабхупада.

Этот случай показал мне, что главным оружием Прабхупады была любовь. Я поняла, что мой духовный учитель хотел, чтобы мы относились к детям с любовью и состраданием, вдохновляли их заботливым отношением, а не строгостью. Поэтому с тех пор я всегда пыталась нести именно настроение любви, хотя иногда мне было очень непросто справиться с большой нагрузкой.

Шрила Прабхупада был для меня как отец. Я чувствовала в сердце такой же обмен любовью, который чувствует человек, когда делает хорошее для отца, и отец ласково улыбается ему, говорит добрые слова или дает что-то. Рядом со Шрилой Прабхупадой я всегда ощущала этот обмен любовью на уровне сердец, даже если нам не удавалось поговорить. Я чувствовала, что получала весточки поддержки, любви, благословений и наставлений по внутреннему сердечному каналу. Эти воспоминания до сих пор живы в моей памяти.

Пришло время, когда Шрила Прабхупада уже не мог общаться со всеми учениками напрямую – так много нас было по всему земному шару! Он постоянно путешествовал, поэтому мы надеялись видеть его хотя бы один или два раза в году. Куда бы ни шел Шрила Прабхупада, его всегда окружали сотни последователей, но я никогда не чувствовала себя «затерявшейся» в толпе. Стоило Шриле Прабхупаде взглянуть в мою сторону, как я ощущала, что его взгляд пронизывает меня словно рентген: он видел меня настоящую, видел всю мою сущность. Я трепетала от смирения и смущения, но в то же время от любви. Я знала, что нас ничто не может разлучить. Многие его ученики ощущали то же самое. Это как встретить человека из прошлого, чья любовь неподвластна времени.

Почти все мы с самого начала привыкли к тому, что у нас не было возможности общаться со Шрилой Прабхупадой лично, поэтому научились служить ему в его отсутствие. Все жаждали удовлетворить Шрилу Прабхупаду, поэтому мы вместе старались служить его миссии, не общаясь с ним ежедневно. Мы следовали его наставлениям, посещали программы, читали книги, слушали его лекции и с большой радостью задействовали свой юношеский энтузиазм в служении *гуру*. Мы спрашивали старших: «Как бы поступил Шрила Прабхупада?» или «Что бы сказал Шрила Прабхупада?» Шрила Прабхупада дал нам наставление «зависеть от Кришны», и все непрерывно медитировали на эти слова. Мы чувствовали себя непобедимыми и совершенно умиротворенными, как дети под опекой любящего обеспеченного родителя, и считали, что все успехи приходят к нам по милости Шрилы Прабхупады. Он в ответ говорил, что своими успехами обязан нам и своему духовному учителю, который по своей милости направил нас всех к нему. Шрила Прабхупада давал нам почувствовать себя нужными и значимыми, хотя мы понимали, что без него мы практически ничего из себя не представляем.

Когда нам пришлось «разлучиться» со Шрилой Прабхупадой, мы научились молить его о том, чтобы он указал нам верный путь, и мысленно обращались к нему в трудные моменты. Очень часто мы подходили к полке с книгами, брали одну, и, искренне прося о помощи, открывали первую попавшуюся страницу, и чудесным образом, помощь приходила. Иногда мы сидели перед его фотографией или перед изображением в полный рост на *вьясасане*, или перед его красивой фигурой в усыпальнице. Мы доверяли его стопам все наши трудности и беспокойства. Я, как и многие другие, тем или иным образом получала ответ. Мы чувствовали, что Шрила Прабхупада лично защищает нас, и принимали его покровительство как особую милость Господа.

Мне и многим другим довелось услышать о том, как Шрила Прабхупада приходил к преданным, которые оставляли тело. Будучи на пороге смерти, многие преданные видели Шрилу Прабхупаду, либо получали какое-то откровение, которое, как они верили, было от него. Благодаря этому они уходили с миром и надеждой. Это показывало нам, что милость Прабхупады не знает границ времени и пространства и обязательно прольется на тех, кто верит в него.

Krsna Premi devi dasi / Кришна Преми деви даси

В 1970-м году Кришна Преми и трое ее друзей пошли на воскресный праздник в храм Бонди. Когда она услышала, как Упендра играет на мриданге и поет, Кришна Преми подумала: «Это кажется очень знакомым, мне нравится эта музыка». Когда Упендра рассказывал о Прабхупаде, она почувствовала, что Прабхупада — это очень особенный человек. А когда Упендра заговорил об учении Прабхупады, она поняла, что именно так и устроен мир. Она сказала друзьям: «После того, как мы услышали эту информацию, нам просто необходимо сделать что-то на практике». Они воскликнули ей: «Что?!» — и отправились своей дорогой, а она переехала жить в храм.

Каждый день в храме мы включали записи того, как Прабхупада поет. Глубина и красота его голоса уносили меня далеко-далеко, в глубину души, и я не могла остановить слезы. Я знала, Он — мой духовный учитель. Днем, когда мы выходили с харинамой на пляж, мне хотелось убежать: «Что я вообще делаю здесь? Что я делаю в этой простыне?» Толстые простыни, которые мы надевали как сари, заставляли меня чувствовать себя как в палатке. Пот тек с меня ручьем, в то время как все вокруг были в бикини и кушали мороженое. Но, когда мы возвращались обратно в храм и читали книги Прабхупады, я вспоминала: «А, хорошо, так вот что я здесь делаю», — и повторение мантры вновь обретало смысл.

Я чувствовала связь с Прабхупадой через ту силу убеждения, которую я ощущала в его пении, в его книгах, в том, как он описывал Бога и материальный мир, а также через его связь с Господом в его собственном сердце. У Прабхупады была непоколебимая вера в Кришну и полное осознание того, что Кришна существует, и, поскольку у него были близкие взаимоотношения с Кришной, Прабхупада знал, что у нас тоже получится, что мы сможем. Именно потому, что он жил и делился тем, что у него уже было, Прабхупада оказал такое влияние на наши жизни.

Когда он инициировал меня в Сиднее в 1971-м году, он сказал: «Она — Кришна Преми, потому что она всегда плачет о Кришне». Каким-то образом это вдохновило меня. Он смотрел глубоко в душу и разжигал все, что там было. Позже, когда я получала Гаятри *мантру*, я сидела рядом с Прабхупадой в его комнате, и он сказал мне считать, используя пальцы, но я не поняла его. Мой ум был мертв, темен и заморожен. Затем он шлепнул меня по руке: «Проснись!» — и показал мне, как двигать пальцами, сказал мне, что говорить, и я поняла. Прабхупада прикрыл глаза в раздумье. Открыв их, он сказал: «Прими помощь от своих духовных братьев и сестер, они помогут тебе». В тот момент у меня не было друзей, так как люди уже причиняли мне боль, поэтому они были мне противны, и я относилась к ним так же. У меня был синдром «чистого преданного»: я думала, что стану святой за одну ночь, поэтому была очень критична и осуждала всех. Я думала, что существовали только несколько типов взаимоотношений: я с Прабхупадой, и я с Кришной. Прабхупада хотел, чтобы я перестала быть такой замкнутой. С течением времени это замкнутое настроение улетучилось, а все мы стали добрее.

Прабхупада казался злым, когда что-то не было выполнено должным образом. Он хотел показать нам надлежащий стандарт, и чтобы мы относились ко всему серьезно. Он был глубоко любящим человеком, а его гнев был направлен только на то, чтобы научить нас чему-то.

Прабхупада хотел, чтобы мы с моим мужем Аджитом поехали в Швецию. Он сказал нам: «Выступайте в университетах и школах». «Что мы должны надевать, Прабхупада?» «Ты можешь надеть длинное платье, а он может быть одет в костюм».

Он поощрял нас сливаться с толпой, смешиваться с окружающими людьми. Когда мы спросили его о том, каким Божествам нам служить, он ответил: «Радха-Кришна или Гаура-Нитай». Мы сидели прямо перед ним на протяжении десяти минут, а он был поглощен глубокими размышлениями. Затем он широко открыл глаза и с широкой улыбкой на лице сказал мне: «Кого ты любишь больше, Кришну или своего мужа?» Я была в замешательстве, что я вообще могу на это сказать? Прабхупада видел, что мы несовместимы, но он продолжал вдохновлять нас. Он сказал: «Независимо от проблем в браке, если вы поедете в Швецию от имени Чайтаньи Махапрабху, вы получите Его благословения». Мы отправились в Швецию и создали там общины, откуда позже проповедь распространилась по всем районам Скандинавии, России и другим восточным странам.

Мы связаны со Шрилой Прабхупадой через его наставления. Господь и Его представитель находятся рядом с каждым, кто хочет обрести связь с ними, и они постоянно проливают на нас свои благословения. Если наши сердца закрыты, если нам причинили боль, отвергли или бросили, мы можем не почувствовать и не получить этих благословений. Всем вайшнавам надо научиться чувствовать на глубоком уровне. Мы даже можем позволить себе проживать негативные эмоции внутри себя. Пусть это всплывает, передайте это Господу, и пусть Он заберет это. Он может участвовать в наших жизнях. Когда у нас есть какие-то нерешенные дела или проблемы, мы можем взять одну из книг Шрилы Прабхупады и найти в ней ответ. Прабхупада — наш опекун, наш вечный доброжелатель.

Krsnalaulya devi dasi / Кришналаулья деви даси

В 1971-м году, когда Кришналаулье было одиннадцать лет, ее старший брат, Джим, присоединился к храму в Гонолулу, который представлял собой старый дом, расположенный за углом от ее школы. Кришналаулья навещала Джима, задаваясь вопросом: «Что все это значит? Что происходит?»

Мне было любопытно, и я ходила туда всякий раз, когда выдавалась возможность. У моей семьи во дворе росло манговое дерево, и, когда Прабхупада приезжал в гости, Джим и я наполняли большую коробку этими манго. Джим обгонял преданных, несших эту коробку, и лично предлагал их Шриле Прабхупаде.

Все время, пока Прабхупада был на планете, я не могла понять его акцент, но Он всегда поражал меня, гипнотизировал. Когда он заходил в комнату, я сразу начинала рыдать.

Krishnarupa devi dasi / Кришнарупа деви даси

Преданные из Мельбурна всю ночь красили алтарную к приезду Прабхупады, а затем отправились в аэропорт, чтобы встретить его. Кришнарупа, которая прожила в храме две недели, и еще несколько человек остались в храме и вскоре услышали клич о прибытии Прабхупады.

Я слышала: «Прабхупада сказал это, Прабхупада сказал то, Прабхупада сделал это, Прабхупада сделал то» – и беспокоилась, что я разочаруюсь Прабхупадой, но, как только я его увидела, с моих глаз спала пелена. Не сомневаясь, я осознала, что он был чистым преданным, которого Кришна послал, чтобы вернуть нас к Богу.

Позднее я стала швеей в Маяпуре и хотела сделать что-нибудь для Прабхупады, чтобы услышать от него похвалу: «О, это очень мило. Кто это сделал?» Я вышила мешочек для *каратал*, и, когда Прабхупада взял его, он просто сказал: «Спасибо». В глубине души я засмеялась, потому что, делая этот мешочек, я хотела получить что-то взамен, и каким-то образом Прабхупада знал про это и отреагировал соответствующим образом. Неважно, насколько незначительными были наши взаимодействия с Прабхупадой, мы сохраняем их на всю оставшуюся жизнь, даже простую улыбку.

Самое счастливое время в моей жизни было, когда я глубоко погрузилась в изучение «Бхагавад-гиты» и «Шримад-Бхагаватам» и давала лекции. Сначала заявление о том, что женщины менее разумны, было для меня камнем преткновения, но позже, когда я прочитала, что причина того, что женщины менее умны, заключается в том, что ими управляют эмоции, я приняла его.

Почему тысячи, тысячи и тысячи людей обоих полов, всех возрастов, разных рас и религий были привлечены сознанием Кришны? Благодаря чистоте Шрилы Прабхупады. Прабхупада – олицетворение своих книг, и, читая их, следуя процессу Сознания Кришны, мы очищаемся, и наша вера углубляется.

Кришна послал Прабхупаду утвердить сознание Кришны, а Прабхупада трансцендентен ко всем географическим и временным ограничениям. Поколения будущих преданных могут быть вдохновлены Прабхупадой и развивать свою любовь к нему, слушая о нем, просматривая видео с ним и читая его книги. Я знаю Кришну только через него, и именно моя любовь к нему заставляет меня общаться с преданными, приезжать в Маяпур и молиться ему каждый день. Прабхупада – центр и опора всего.

Krishnavilasini devi dasi /
Кришнавиласини деви даси

В октябре 1969-го года при поддержке экспериментального колледжа Калифорнийского университета по вторникам и четвергам Хансдутта проводил вечерние лекции по «Бхагавад-Гите» в храме Харе Кришна в Беркли. Кришнавиласини также посещала их.

Четверть длилась девять недель, и, поскольку каждое занятие мы читали по одной главе, мы прошли все восемнадцать глав. Во время рождественских каникул я познакомилась с Вишнуджаной Свами, который был в сознании Кришны около двух с половиной лет. Я подумала: «Если все преданные такие, я тоже хочу быть преданной».

Я переехала в храм Беркли и испытала высшее наслаждение. Я подумала, что только кто-то необыкновенный может дать такую возможность, и почувствовала огромную любовь к Шриле Прабхупаде, ведь он дал мне Кришну. Мне захотелось узнать о Шриле Прабхупаде абсолютно все.

Через месяц мы приехали в старый храм на улице Ла Сьенега в Лос-Анджелесе, и Шрила Прабхупада инициировал меня. Я боялась, что забуду четыре регулирующих принципа, но когда подошла моя очередь, Прабхупада посмотрел мне прямо в глаза, и все мое беспокойство улетучилось.

Спустя пару лет во время лекции в Лос-Анджелесе Прабхупада особым трансцендентным образом сокрушался над женщинами, говоря, что они не такие умные как мужчины. Затем он посмотрел на женщин с невероятно чарующей улыбкой и произнес: «Так что вы можете сделать?» Почему-то мы, женщины, не злились на него за то, что он нас принижал. В другой раз я отправилась в сад Шрилы Прабхупады, где он слушал, как преданный читал книгу «Кришна. Верховная Личность Бога», и почувствовала, как будто меня поразила исходящая от Прабхупады и заполняющая весь сад атмосфера чрезвычайной чистоты.

Однажды мой тогдашний муж сказал Шриле Прабхупаде: «Мы женаты шесть лет» С океанической улыбкой Шрила Прабхупада спросил: «О, вы много ссоритесь?» Я почувствовала, что его улыбка не помещается в той комнате, она должна объять всю Вселенную своей красотой.

Я любила Шрилу Прабхупаду, потому что он смог дотронуться до моего сердца и сердец многих людей и дал нам нечто чистое и трансцендентное. После его ухода сначала было очень сложно, но почему-то в моем сердце мои отношения с ним не изменились. Я приняла *шикша-гуру*, который всем сердцем любил Шрилу Прабхупаду и помог мне взрастить мою любовь к нему.

Следуя принципам Шрилы Прабхупады и избегая оскорблений преданных, мы ощутим вкус сознания Кришны и автоматически почувствуем любовь к Шриле Прабхупаде.

Krodhasamani devi dasi / Кродхасамини деви даси

В 1970-м году Кродхасамини изучала восточную религию в университете, когда от одного преданного получила журнал «Обратно к Богу».

Я интересовалась жизнью йогов, Ведической жизнью, но я не могла найти никого и нигде, кто мог бы показать мне, как жить таким образом. Однако, когда я прочитала замечательную статью Шрилы Прабхупады в журнале «Обратно к Богу», я пошла в храм в Кливленде и встретила там преданных, которые старались вести жизнь *бхакти-йогов* изо дня в день, каждое мгновение. Я была убеждена, что Шрила Прабхупада мой *гуру*. Я присоединилась к храму, а также получила учительскую степень.

В 1972-м году в Нью-Вриндаване я впервые увидела Шрилу Прабхупаду. Он шел по дорожке, за которой находился лес. Лес выглядел, как Вриндаван, а Прабхупада весь сиял. Он был величайшим, сострадательным йогом и чистым преданным. Я стояла рядом с ним, пораженная и блаженная. Я вернулась домой к своему настоящему отцу, моему *гуру*. Прабхупада называл нас, своих последователей, своими детьми и был счастлив, что мы принимаем сознание Кришны. Он видел наши хорошие качества. Находя внутри нас чуточку добра, он делал это основным направлением нашего развития. Он действительно никогда не видел негатива.

В моем письме на инициацию он писал: «Теперь вы все должны тщательно следовать этим четырем регулирующим принципам: воздерживаться от употребления мяса, не заниматься незаконным сексом, не принимать интоксикации и не участвовать в азартных играх. Всегда повторять минимум шестнадцать кругов в день. Внимательно изучайте мои книги, совершайте *санкиртану* и поклоняйтесь Божествам в храме. Вы все очень искренние юноши и девушки, и теперь я прошу вас сделать свою жизнь успешной, чтобы вернуться домой, обратно к Богу». Он попросил нас: «Пожалуйста, глубоко изучайте философию сознания Кришны, чтобы вы могли проповедовать». Поскольку я знала, что проповедь очень важна для Прабхупады, то всем, кого я встречала, я старалась рассказать о Кришне.

После того, как я вышла замуж и у меня появились дети, я почувствовала, что это мое служение – быть внимательной к ним. Я обнаружила, что моим мальчикам и мне полезно читать книгу «Кришна». Однажды в аэропорту Лос-Анжелеса мой младший сын подарил Прабхупаде серебряное кольцо. Прабхупада засмеялся, надел его на палец и сказал: «Большое спасибо». Мой сын помнит, как получил печенье от Прабхупады, а затем снова побежал за еще одним, а потом еще за одним. Прабхупада знал, что он делает, но смеялся. Прабхупада любил детей.

Теперь мои мальчики выросли. Я преподаю *хатха-йогу* и стараюсь привести моих учеников к сознанию Кришны. Мой долг перед Прабхупадой в том, чтобы стараться постепенно привлекать каждого, насколько это возможно, в соответствии с их способностями. Если мы будем просто развивать в себе качества преданного: энтузиазм и позитивное отношение, не сетовать о прошлом, двигаться вперед, пытаясь перейти на трансцендентный уровень, стараясь видеть в каждом, кого мы встречаем, слугу Кришны – тогда человек, узнав, что мы преданные, будет ценить нас и сможет духовно продвигаться.

Я всегда общалась со Шрилой Прабхупадой через его наставления, поэтому, когда он покинул этот мир, я продолжала им следовать, делая все, что могла, и продолжала чувствовать, что он рядом. Я все еще чувствую, что он каждую минуту со мной. *Садхана, мангала-арати, гуру-пуджа* – хорошая часть процесса очищения, которую он нам дал.

Я каждый день благодарна, что у меня есть *гуру*, Джагат Гуру, который вытащил меня из океана невежества по своей беспричинной милости. Я стараюсь выполнять для него служение.

Krishna Bhamini devi dasi / Кришна Бхамини деви даси

Летом 1967-го года Кришна Бхамини привлеклась преданными, которые пели и танцевали вокруг первой колесницы Ратха-ятры в Сан-Франциско. Сразу обратив на них внимание, она естественным образом повторяла мантру Харе Кришна, которая вскоре изменила ее судьбу. Семя этого сладкого звука было посеяно в ее сердце, но занятия в школе заставили ее уйти. Она и не подозревала, что Кришна направит ее к Шриле Прабхупаде, чистому преданному.

Я из Буффало и хотела поехать в Калифорнию, чтобы испытать «Лето любви», поэтому я записалась на несколько занятий в Калифорнийский университет в Лос-Анджелесе (UCLA). Однажды субботним вечером мы с другом решили добраться автостопом из Лос-Анджелеса в Сан-Франциско.

На следующее утро, когда мы шли в сторону Хейт-Эшбери, мы услышали невероятное пение и увидели блаженных молодых людей, танцующих и направляющих вниз по проспекту украшенный цветами грузовик с платформой. Я подняла глаза и прочитала баннер, который они держали, на нем было написано: «Харе Кришна Харе Кришна Кришна Кришна Харе Харе /Харе Рама Харе Рама Рама Рама Харе Харе». Я сказал себе: «Я не знаю, что это значит, но это так прекрасно». Сотни лепешек (*чапати*) раздавались из грузовика прохожим. Хотя в то время я не знала, что такое прасад, я почувствовала необходимость проникнуться этим духом, зашла в ближайший продуктовый магазин, купила большой пакет попкорна и начала раздавать его. Это была моя первая *санкиртана*!

Полтора года спустя, в 1969-м году, я была выпускницей Университета Буффало, и мне посчастливилось посещать занятия под названием «Изучение ведической литературы», которые вел профессор Рупануга. Снова по беспричинной милости Кришны, Шрила Прабхупада пришел в Университет. В первый раз, когда я услышала, как Прабхупада говорит, я сразу поняла, что он был капитаном корабля, на котором я хотела бы быть. Я и не подозревала, что его корабль может перенести нас через весь материальный океан повторяющихся рождений и смертей к лотосным стопам Шри Шри Радхи-Кришны.

Моя церемония бракосочетания и посвящения состоялась 10 июля 1969-го года в Нью-Вриндаване. Втайне я хотела, чтобы Кришна был в моем имени. После повторения *джапы* на моих четках и расспросов о четырех регулирующих принципах, Прабхупада спросил как меня зовут. «Инес» – ответила я. Поэтому он назвал меня Индумати, но уже была преданная с таким именем, поэтому он дал мне имя Индира даси. Снова оказалась преданная с таким именем, поэтому Шрила Прабхупада, зная глубочайшее желание моего сердца, сказал: «Я пытаюсь найти что-то, начинающееся с «И», но не могу. Хорошо, тогда твое имя будет Кришна Бхамини даси, что означает служанка того, на кого Кришна смотрит с удовольствием». Излишне говорить, что я была в восторге!

Мой муж, Бхагаван дас, и я отправились в Детройт, чтобы основать там первый храм. Мы приветствовали много новых молодых людей, которые присоединились к нам, и храм рос не по дням, а по часам. Мы установили Божества Господа Джаганнатхи. Там, наряду с нашими ежедневными занятиями *санкиртаной* и приготовлением пищи, мне было разрешено помогать в редактировании книги «Кришна». Шрила Прабхупада написал нам много писем с наставлениями и, когда я забеременела, написал мне, что я не должна путешествовать на поезде или на самолете в поздние сроки беременности или быть слишком активной в *санкиртане*. Всегда действующий как любящий отец, он назвал нашего сына совершенно особым именем - Вайшнава дас.

Когда мы переросли наш храм, то построили прекрасный, гораздо больший храм. Шрила Прабхупада посетил нас, и мы участвовали во всех приготовлениях и украшениях к его благоприятному прибытию. Он был мил с моим сыном, так как он был одним из первых детей, родившихся в нашем недавно созданном Обществе. Часто он предлагал ему манго со своей тарелки, которые Вайшнав жадно поглощал. Однажды утром, после того как Прабхупада закончил петь молитвы *према-дхвани*, Вайшнав, все еще в пеленках, играл на *караталах* в идеальном ритме. Прабхупада сказал: «Просто посмотри. Он продолжает с того места, на котором остановился в своей прошлой жизни. Иначе откуда бы он знал, как играть на них в таком юном возрасте». Затем он продолжил в то утро лекцию по «Бхагаватам» по стиху из «Гиты», где Кришна подтверждает, что какой бы духовный прогресс ни был достигнут в этой жизни, он никогда не теряется.

В Детройте в 1971-м году я родила дочь, и Шрила Прабхупада написал мне прекрасное письмо, в котором дал свои благословения моему новорожденному ребенку, Манджари деви даси, и заявил: «Устройте пир, совершите огненную *ягью*, предложите ей гирлянду и объявите: «Наш духовный учитель дал ей это прекрасное имя». Так что теперь вашей первой обязанностью должен быть присмотр за тем, чтобы ваши дети хорошо развивались. Нет сомнений в том, что они продвинутые души, поэтому, просто находясь в обществе своих родителей и других преданных, они очень быстро добьются прогресса».

Мы переехали в Париж в 1972-м году, чтобы помочь Шриле Прабхупаде с его миссией там. Через некоторое время мы смогли приобрести потрясающий центр с лифтом в самом сердце Парижа. Там он тщательно и с любовью установил Радху-Парижишвару и вдохновил многих на служение. Однажды Прабхупада прервал лекцию по «Бхагаватам», чтобы сказать мне, что я должна нанести что-то горькое на палец моего сына, чтобы он перестал его сосать.

В 1975-м году мы смогли обеспечить безопасность нашей прекрасной фермерской общины под названием Нью-Маяпур. Она находилась в трех часах езды к югу от Парижа и представляла собой большой замок площадью восемьдесят гектаров. В какой-то момент у нас там жило триста преданных, включая сто детей. Когда Шрила Прабхупада посетил нас, мы подготовили и убрали его замечательные покои. Он позволил мне обмахивать его веером во время всей лекции по «Бхагаватам», убирать его комнаты, учить детей, ходить на *санкиртану*, готовить и одевать Божеств, шить для Божеств, работать в цветочной и овощных садах и выполнять много другого служения. Прекрасные Божества Кришна-Баларама были установлены там Шрилой Прабхупадой в 1976-м году. Там родился мой третий ребенок, Гауравани. В то время, когда у меня был сильный личный стресс и трудности в жизни, Шрила Прабхупада сказал нам всем на лекции, что наши самые трудные времена в сознании Кришны на самом деле намного лучше, чем счастье в материальном мире, которое в итоге оказывается временным. Это наставление глубоко проникло в мое сердце и помогало мне на протяжении многих лет в трудные времена.

Когда Шрила Прабхупада посетил Бхактиведанта Мэнор в Англии, мы все отправились туда, чтобы увидеть его.

Поскольку я всегда была со своими маленькими детьми, у меня не было большой возможности оказывать ему личное служение, и визиты Прабхупады были редкими. Хотя я была не очень хорошей швеей, я была полна решимости сшить для него *курту*. Я раздобыла немного хорошего шелка и всю ночь трудилась в швейной комнате, пока мои дети спали.

Незадолго до 5:00 утра, когда я подумала, что наконец закончила, я вывернула *курту* наизнанку и, к своему ужасу, увидела, что вставки под мышками были пришиты неправильно и торчали, как длинные конусы. В самый последний момент единственная женщина, которая была в швейной комнате кроме меня, помогла мне исправить это, и я смогла отдать *курту* секретарю Прабхупады Шрутакирти. Он сказал мне, что Прабхупада надел ее и закружился, как танцор, любезно принимая мои несовершенные усилия. Я чувствовала такую любящую взаимность.

Во время того же визита я хотела посетить его лекции, но мой маленький сын плакал. Некоторые из моих духовных сестер посоветовали мне, что, если мать Яшода могла связать малыша Кришну, возможно, и я могла бы поместить своего сына в открытый павлиний сарай, чтобы пойти на лекции. Звук плача был хорошо слышен, и Шрила Прабхупада был встревожен моим плачущим сыном, Вайшнавом, и сказал: «Какая мать пренебрегает своим ребенком!» Мне было так неловко и стыдно, что я тут же умчалась, как собака, поджав хвост, спасать своего маленького мальчика. Как наказание, так и похвала духовного учителя одинаково важны в его уроках.

Я так счастлива, что смогла прожить с преданными в храмах почти двадцать лет, служа нашим изысканным Божествам, посещая так много лекций, распространяя трансцендентную литературу Шрилы Прабхупады и святые имена на улицах Парижа. Мы практиковали самоотверженное служение и терпимость ко многим суровым условиям, а также учились смирению, ладили со столькими людьми из разных слоев общества. Мы все собрались вместе под покровительством Шрилы Прабхупады и Кришны. По милости Шрилы Прабхупады и *вайшнавов* три поколения моей семьи сейчас стремятся продолжать идти по пути преданного служения. За такое короткое время Шрила Прабхупада пожертвовал столь многим, чтобы сделать самых несчастных счастливыми, идущими по стопам Господа Нитьянанды. Как мы можем когда-нибудь отплатить ему? У меня есть надежда и вера, что однажды некоторые из трансцендентных капель нектара пронзят мое сердце, как это было, когда я впервые услышала *маха-мантру* более пятидесяти лет назад, и моя естественная привязанность к Шри Гуру и Шри Шри Радха-Кришне сможет проявиться в моем жестком сердце.

Krsna-lila devi dasi / Кришна-лила деви даси

Кришна-лила родилась и выросла в семье бенгальских вайшнавов, и позже вышла замуж за Мурари Хари, который был из семьи гаудия-вайшнавов из Бенгалии. Через три месяца после приезда Мурари Хари в Маяпур он позвал Кришна-лилу присоединиться к нему там. Она приехала в декабре 1974-го года с двумя сыновьями и семимесячной дочерью.

Мой отец скончался незадолго до моего приезда в Маяпур, и когда я увидела Шрилу Прабхупаду, то сразу почувствовала к нему отцовскую привязанность. Позже, на Джанмаштами в 1976-м году, он дал мне инициацию и таким образом стал моим духовным отцом.

В Маяпуре я была занята приготовлением пищи на кухне Радха-Мадхавы, но чаще всего по утрам я предлагала Прабхупаде цветок во время *гуру-пуджи* и брала *прасад* из его рук. Однако у меня не было возможности поговорить с ним. В то время маяпурские лидеры, Бхавананда и Нитай Чанд, говорили мне и другим: «О, вы из Бенгалии, зачем вы приходите к Прабхупаде? Не сейчас, не сейчас. Идите, идите, идите». Иногда эти лидеры даже не хотели, чтобы я участвовала в *гуру-пудже* или отправлялась на *парикраму*. Они говорили: «Просто заботься о кухне Божеств. Ты должна готовить для Гуру Махараджа и Радха-Мадхавы». Они были такими серьезными, что я боялась подойти к Прабхупаде и очень горевала по этому поводу. Я думала: «Я не говорю по-английски, поэтому не могу объясниться с Бхаванандой и другими лидерами, но мой Гуру Махарадж говорит на бенгальском. Я хочу поговорить с ним». Наконец я решила: «Мои старшие духовные братья сказали мне просто готовить. Что же я могу еще поделать? Шрила Прабхупада находится в моем сердце, и я буду молиться ему, чтобы он принял мое скромное служение». Несмотря на то, что мне очень хотелось поговорить с Прабхупадой, я считала, что, если буду выполнять служение для него, это станет его *даршаном* для меня, и более того, самым лучшим *даршаном*. Прабхупада говорил нам: «Готовьте так, чтобы люди были довольны вкусом и объемом пищи». Преданным в Маяпуре нравилось то, что я готовила.

Однажды Бхавананда сказал моему мужу: «Мурари Хари, Прабхупада хочет видеть тебя!» Мурари Хари был рад встретиться с Прабхупадой, и первый вопрос, который задал Прабхупада, был: «Где моя матушка?» Мурари Хари не мог понять, кого Прабхупада имеет в виду, и Прабхупада сказал: «Почему ты не отвечаешь? Моя матушка Кришна-лила, где она?» Тогда мой муж понял. Мурари Хари сказал Прабхупаде: «Гуру Махарадж, Кришна-лила готовит на кухне Божеств. Она готовит *бхогу* для Радха-Мадхавы». Услышав это, я поняла, что Прабхупада знает все наши желания. Я ухаживала за сестрой Прабхупады, Пишимой, и она рассказала мне много замечательных историй о Прабхупаде и наставлений от него, благодаря которым я все больше и больше привязывалась к нему. Она также сказала мне: «Твой Гуру Махарадж любит бати *чарчари, качори, пури, бегуни* (баклажаны, обжаренные в нутовом кляре)». После того как я услышала это, я стала готовить эти блюда, чтобы доставить удовольствие Прабхупаде.

Теперь, когда я слушаю записи бесед Прабхупады, утреннюю или вечернюю игру на шенаи, которая нравилась Прабхупаде, когда слышу, как Прабхупада воспевает *джапу* или поет, особенно молитвы шести

Госвами, в моем сердце возникает чувство: «О, мой Прабхупада здесь, мой Прабхупада все еще здесь!» В то же время, когда я вспоминаю о Прабхупаде, когда слышу его голос, то чувствую какое-то жжение в сердце, потому что Прабхупады здесь уже нет. Если бы он был здесь, я могла бы омыть ему стопы и предложить *прасад*.

Даже если многие из нас не имели личного общения с Прабхупадой, благодаря служению ему и по его милости Кришна узнает о нас. Прабхупада – лучший друг Кришны, и он наш Гуру Махарадж. По его милости мы можем осознать, что Кришна тоже наш друг, мы можем узнать Кришну. В ином случае положение Кришны настолько высоко, что мы не в состоянии осознать Его.

Мы благодарны Прабхупаде за то, что он может принять нашу любовь и наше служение. Наше материальное положение настолько плачевно, что без него нам не удалось бы заниматься служением Кришне. Без Шрилы Прабхупады это было бы невозможно. Люди повсюду должны знать, кто такой Прабхупада, почему мы оплакиваем его отсутствие, и почему мы служим и поклоняемся ему. Они должны узнать, и тогда они также станут преданными Кришны. Благодаря милости Прабхупады во всем мире есть места, озаренные светом, даже в Индии, даже в Маяпуре.

Мои чувства такие: «Я служу Прабхупаде, Радха-Мадхаве», и мне хочется меньше спать и больше служить. В моей семье каждый день, прежде чем съесть какую-либо крошку пищи, мы сначала предлагаем ее Шриле Прабхупаде и Господу. Мы никогда ничего не берем, не предложив сначала им. Таков наш обет. Мы соблюдаем этот обет все эти годы, и я надеюсь соблюдать его до последнего дня, до последнего вздоха.

Krsnavesa devi dasi / Кришнавеша деви даси

Солнечным лондонским летом 1972-го года Кришнавеша впервые встретилась с преданными Харе Кришна, с этими чудесными духовно разумными людьми, которые имели ответы на все жизненно важные вопросы и вызывали в ней глубокое изумление. Она была английской школьницей 14 лет, наслаждавшейся летними каникулами.

Год спустя, летом 1973-го, я была в восторге от того, что Джордж Харрисон подарил ИСККОН Бхактиведанта Мэнор и находилась в предвкушении предстоящего установления Божеств Радхи-Гокулананды. Одну ночь я провела в Мэноре в качестве гостя, когда там пребывал Прабхупада, благословляя своим присутствием это замечательное мероприятие.

Рано утром я отправилась на свою первую *гуру-пуджу*. Когда мы танцевали и пели вместе с преданными перед *вьясасаной* в алтарной комнате, через боковую дверь слева передо мной вошел Прабхупада.

Я впервые взглянула на него, отмечая золотистый блеск его тела, облаченного в шафран, и миниатюрную фигуру. Казалось, будто маленькое солнце осветило дорожку от входа до трона Вьясадевы. Все ученики склонились до земли, и я вместе с ними.

К январю 1974-го года я уже четко осознавала, что хочу присоединиться к ИСККОН, поэтому решила убежать из дома в храм в Германии. Когда я находилась там, приехал Прабхупада и я имела честь сопровождать его с другими преданными во время утренней прогулки. Когда все собрались, я обнаружила себя в нескольких футах от машины, в которой сидел Прабхупада с опущенным окном. Он посмотрел прямо мне в глаза. Я сказала себе: «Просто старайся держать свое сердце открытым», и удерживала зрительный контакт еще несколько мгновений. Не было ни слов, ни улыбок, ни гримас. Все, что я знала: он видел меня и теперь он меня знает. Этого было достаточно.

Перед тем как убежать из дома, я написала Прабхупаде письмо и рассказала, что планирую сделать и почему, а также спросила, хорошая ли это идея. Прошло 3 месяца, но ответа не было. Ситуация дома достигла апогея, и в определенный момент я упорхнула из гнезда. Когда я уже какое-то время жила в Германии и получила первую инициацию, один преданный принес мне письмо от Прабхупады с ответом на мое. Я уже не рассчитывала его получить и, приняв собственное решение, боялась открывать его, мои руки дрожали.

Конечно, Прабхупада сказал мне оставаться дома, несмотря на трудности, повторять 16 кругов каждый день, следовать 4 регулирующим принципам и закончить образование. В таком случае, писал он, в будущем я могла бы делать какое-то полезное служение для Кришны. Не существует никаких материальных препятствий для того, чтобы сознавать Кришну, написал Прабхупада, и привел пример Прахлады Махараджа, который был великим преданным, несмотря на то, что у него был демоничный отец, который, кстати, был более демоничным, чем мои бедные родители.

Какое-то время я корила себя за то, что сделала выбор, оказавшийся не по вкусу Прабхупаде. Теперь я рада событиям, в результате которых Прабхупада дал мне то наставление. Ведь несмотря на мою ошибку, его руководство сделало меня мудрее в долгосрочной перспективе, и мы все узнали отношение Прабхупады к побегу несовершеннолетних из дома.

Когда я покидала дом, произошел интересный случай. Я убегала не только к Кришне, но и от тяжелой обстановки в семье. Привязанная к скудной коллекции материальных ценностей я умудрялась собрать 2 или 3 большие картонные коробки с одеждой, кассетным магнитофоном и прочим, и спрятать их под покрывалом в моей комнате, чтобы отправить в храм. Понятия не имею, как я планировала вынести эти вещи из дома так, чтобы родители не поняли моих намерений. Вот вам и разум ребенка.

Незадолго до моего побега родители догадались, что должно

произойти. Стало понятно, что надо действовать быстро, поэтому я решила уйти ночью. Холодным январским утром 1974-го года в 3 часа ночи я оделась, взяла одну из своих больших картонных коробок в руки и стала медленно спускаться по лестнице к входной двери, которая всегда была закрыта на ночь. Вдруг дверь родительской спальни распахнулась, оттуда выскочил отец в пижаме, рыча на меня. Понимая, что нужно сделать что-то решительное, я бросила коробку и изо всех сил побежала к выходу.

От удара коробки об пол магнитофон внутри нее заиграл, загрохотал мощный мелодичный голос Прабхупады, поющий с невероятно высокой громкостью *киртан*. Это был настолько драматичный момент, насколько можно себе представить. Каким-то чудом входная дверь оказалась незапертой, я с легкостью открыла ее и вылетела в ночь, не имея ничего, кроме одежды на теле и Харе Кришна *мантры* на своем языке.

После нескольких месяцев в Германии я вернулась в Англию, чтобы служить в Бхактиведанта Мэноре. Одним утром, когда Прабхупада приехал и давал лекцию по «Бхагаватам», он спросил, есть ли у кого-то вопросы. Я подумала: «Почему бы не воспользоваться возможностью общения со своим духовным учителем?», и подняла руку.

Мне хотелось узнать, всегда ли Кришна рассказывает «Бхагавад-гиту» одному и тому же человеку, Арджуне, и всегда ли Он рассказывает ее в одно и то же время, наставляя Арджуну перед битвой на Курукшетре, но внезапно все это показалось мне слишком сложным, чтобы выразить словами перед великим духовным учителем и сотнями преданных! Поэтому у меня вырвалось: «Рассказывает ли Кришна "Бхагавад-гиту" на адских планетах?»

Казалось, будто все атомы в комнате на долю секунды остановили свое движение, поскольку все присутствующие замерли, чтобы обдумать странность моего вопроса. Я хотела провалиться под землю. Тогда Прабхупада ответил: «Да, этот Лондон – адская планета, и Кришна рассказывает здесь "Бхагавад-гиту"». Внезапно все преданные засмеялись. Слова Прабхупады были интеллигентными, остроумными и забавными – идеальный ответ на заданный вопрос.

После нескольких месяцев моего пребывания в Бхактиведант Мэноре там возникла запутанная ситуация между двумя партиями преданных. Некоторые из них выступали за смену действующего президента храма и уполномоченного руководящего органа. Я была озадачена и обратилась к Прабхупаде за наставлениями. Вот отрывок из письма, которое он написал мне в ответ: «Моя просьба к тебе заключается в том, чтобы ты постаралась следовать за местными представителями власти: президентом храма, Джи-Би-Си и т.д. Дружелюбно сотрудничай с ними. Наше движение основано на любви и доверии, поэтому, если мы не сотрудничаем, то о каких любви и доверии может идти речь?»

Я приняла это наставление Прабхупады как главный духовный

вызов в моей жизни. Наша способность работать сообща была крайне важна для него. Перед уходом из этого мира Прабхупада сказал, что его ученики продемонстрируют свою любовь к нему тем, насколько хорошо они будут сотрудничать после его ухода. У меня не было гена сотрудничества, поэтому я прошла долгий насыщенный событиями путь к личностной трансформации.

Отношения между *гуру* и учеником горько-сладкие. Есть болезненные удары по ложному эго, которые наносят резкие слова *гуру*, когда он лепит из нас очищенные версии нас самих. Затем из горечи возникает сладость, когда ученик предается и начинает свой личный многолетний путь самосовершенствования. Оглядываясь на свою жизнь, я благодарна, что Кришна благословил меня возможностью стать вечной ученицей Прабхупады, и я счастлива, что мне хоть немного удалось склонить свою голову к лотосным стопам моего учителя.

Krsnanandini devi dasi / Кришнанандини деви даси

Когда Кришнанандини было 17 лет, она получила стипендию для обучения в университете Чикаго. Проучившись год, она ушла оттуда, будучи студенткой с хорошей репутацией, чтобы выйти замуж. В 19 лет, в 1971-м году, ее мама, которая позже получила инициацию как Бхумата деви даси, приехала навестить дочь с зятем и дала им «Бхагавад-гиту», написанную Шрилой Прабхупадой. Оставила без каких-либо комментариев или фанфар. Кришнанандини быстро прочитала книгу и поняла: «Прабхупада — это мой гуру, Кришна — Бог и мое предназначение — служить им». Кришнанандини не встречала никого из Харе Кришна и вскоре почувствовала необходимость переехать к матери, чтобы серьезно практиковать сознание Кришны. Вместе с двухлетней дочерью и подругой она отправилась из Чикаго в Кливленд, заручившись обещанием мужа, что он приедет позже.

В середине 1971-го года моя мама, преподаватель метафизики, христианка-евангелистка арендовала большой дом рядом с храмом Харе Кришна, где некоторые из ее детей и бывших студентов практиковал сознание Кришны. Мы повторяли 16 кругов *маха-мантры* в день, изучали «Бхагавад-гиту» и те несколько томов «Шримад-Бхагаватам», которые были доступны, старались посещать местный храм.

Это было незадолго до того, как нам бросили вызов. Молодой президент храма Бату Гопал отговаривал нас от ношения *тилаки*, *шикхи* и обращения друг к другу по духовным именам. Усердно следуя вайшнавской практике, моя мама дала своим детям и другим ученикам санскритские имена. Бату Гопал сказал, что она не может этого делать, не получив духовное посвящение. Бхумата не возражала против инициации и немедленно с энтузиазмом приступила к духовной практике.

Конфликт между президентом храма и моей матерью вместе с нашей группой начинающих преданных нарастал. Мы с мамой писали письма Шриле Прабхупаде, который был в Индии. Называли себя его учениками, хотя и не встречались с ним лично, и информировали о сложностях, с которыми столкнулись. Настроение доброжелательности и сострадание Шрилы Прабхупады читались в его письмах. Он сказал, что нам будут рады в любом из его храмов, поэтому мы снова стали его посещать.

Но Бату Гопал выдал деревянные палки преданным храма, чтобы они выгнали нас. Он убрал Божеств с алтаря, якобы защищая Их от конфликта. Позже он вызвал полицию. Какая странная ситуация! Мою маму и одного из ее студентов арестовали за нарушение общественного порядка. Я была беременна вторым ребенком, и этот опыт поразил нас до глубины души. В одной из местных газет Кливленда появилась статья об этом инциденте. Мы были твердо убеждены, что Шрила Прабхупада был абсолютно не согласен с таким поведением, но все же были в растерянности. Куда нам идти? Сознание Кришны только начало распространяться, поэтому в США было всего несколько храмов, а в нашей христианской семье было много напряжения, так как они решили, что мы попали в ужасную секту.

Настало время для углубления нашей веры. Мы хотели поехать куда-нибудь, где могли бы практиковать сознание Кришны. Куда мы могли поехать? Несколько дней мы повторяли *мантру* и молились. Мама хотела покинуть Кливленд и переехать куда-то западнее, упаковав вещи, мы тронулись.

Путь занял нескольких дней, в конце концов мы остановились в Далласе, штат Техас. Это место было родиной первой *гурукулы* ИСККОН. В этой загадочной истории очень много деталей, но мы знали, что каким-то образом Шрила Прабхупада направляет нас именно в Даллас. На следующий день после нашего приезда, он сам приехал туда, хотя мы думали, что в то время он был в Индии.

Пять членов моей семьи получили инициацию на Радхаштами 12-го сентября 1972-го года. Моя мама, Бунсье, стала Бхуматой деви даси. Отчим Рой стал Рупчандом дасом. Двое моих братьев Артур, которому было 14 лет, и Соломон, которому было 12, превратились в Ашутоша даса и Субхану даса, а я получила имя Кришнанандини деви даси. В тот же день Шрила Прабхупада установил Их прекрасные Светлости Шри Шри Радха-Калачанджи. Прабхупада инициировал нас, несмотря на протесты некоторых из его старших учеников, занимающих места руководителей, потому что, по его словам: «Всякий раз, когда я вижу искру сознания Кришны, я должен разжечь ее».

Спустя несколько лет Бату Гопал прабху искренне извинился за то, как вел себя с нами. Но мы не держали на него зла. Его негативное отношение к нам привело к такому благословенному результату.

Возможность *вапу*, общения с моим возлюбленным Гурудевом была у меня всего 4-5 раз, но мои настоящие отношения со Шрилой Прабхупадой возникли тогда, когда я поняла, что он в моем сердце. Эта глубокая внутренняя связь с Прабхупадой поддерживала меня в преданном служении.

Шрила Вишванатха Чакраварти Тхакур, один из мудрых *махаджан* в нашей цепи ученической преемственности, подчеркнул: «Точно так же, как человек не может отделить тело от души, находясь в обусловленном состоянии, ученик не может отделить наставления духовного учителя от собственной жизни». Другими словами, для ученика следование наставлениям *гуру* означает жизнь, а не следование им равнозначно смерти.

Одно конкретное наставление, которое я получила от Шрила Прабхупады, заключалось в том, чтобы стать инструментом, показывающим людям по всему миру, что такое настоящий брак в сознании Кришны. Я посвятила всю свою жизнь следованию этому.

Я вижу заботу Прабхупады и его защиту во всех потрясениях, поворотах судьбы и неудачах на пути *бхакти*. Он позволил мне общаться с фантастической командой *вайшнавов* из Grihastha Vision Team, которые преданно служат укреплению и поддержке здоровых браков, счастливых семей и сильного сообщества.

Мы отвечаем за программу *нама-хатт* в Кливленде больше 20-ти лет, регулярно проводим программы, выходим на *санкиртану*, распространяем *прасад*, проводим фестивали в районе большого Кливленда. Только благодаря Шриле Прабхупаде я смогла вырастить 10 биологических детей, множество духовных детей и быть замужем за мусульманским джентльменом почти 30 лет. Как пара мы представляли собой мост между разными религиозными общинами. Мы создали семейный институт «даси-зияд» для реализации духовных принципов в светском обществе. Это все стало возможно по милости Шрилы Прабхупады, потому что он разжег искру сознания Кришны во мне.

На протяжении многих лет он раздувает ее своим примером, книгами, своими учениками и личными наставлениями, которые давал мне в письмах и снах. Я молюсь о том, чтобы у меня была возможность служить под его руководством и для его прославления всегда.

Ksama devi dasi / Кшама деви даси

Кшама впервые познакомилась с преданными в индуистском храме в Бирмингеме, в Англии, в 1970-м году, и еженедельно посещала его, несмотря на то, что еще училась в средней школе. Ее родители были очень недовольны этим, поэтому девушка не могла переехать жить в храм. В итоге она сбежала из дома и поселилась в амстердамском храме, но потом все же вернулась в Англию.

Комната Шрилы Прабхупады на Бери Плейс находилась на втором этаже, поэтому приходилось проходить мимо нее. Прабхупада обычно выходил из своей комнаты и через лестничную площадку шел в ванную. Мы сидели внизу лестницы, чтобы смотреть на Прабхупаду, когда он выходил. Дверь открывалась и проливающемся из нее свете кожа Шрилы Прабхупады казалась золотистой. Он выглядел таким красивым, лучезарным. Я показывала Бхакти Киртану, сыну Кишори, каким сияющим и золотым был Шрила Прабхупада. Выйдя из комнаты, он посмотрел на Бхакти Киртана с широкой улыбкой и сказал: «Этот мальчик будет большим лидером *киртана*». Потому что он выглядел точно как Брахмананда — очень большой и сильный, с ярко выраженными голландскими чертами лица.

Прабхупада был очень активным и одновременно казался очень расслабленным. Дверь в его комнату была открыта все время, за исключением тех случаев, когда он отдыхал или ему делали массаж. Сколько бы ни было посетителей, особенно индийцев, все входили к нему. Все утро и вторую половину дня люди приходили на *даршан*. Прабхупада сидел в своем кресле-качалке и говорил, а они просто сидели и слушали.

В Лондоне Прабхупада проводил много мероприятий. В доме Кширодакшая прабху Шрила Прабхупада установил Божества Радхи-Кришны. Семь дней он читал «Шримад-Бхагаватам» и там же провел огненное жертвоприношение, а я получила посвящение в Гаятри. Прабхупада разозлился на Прадьюмну в середине *ягьи*, потому что тот неправильно повторял некоторые *мантры*.

Каждый день я вставала в 3.30 утра, чтобы подготовить подношение для *мангала-арати*. Шрила Прабхупада в то время был очень болен, поэтому я старалась вести себя очень тихо. И хотя было темно, мы не решались включать свет. Я на цыпочках спустилась по лестнице, чтобы посидеть у комнаты Шрилы Прабхупады. Через 30 секунд он вышел и спросил что я делаю. Я объяснила, что встала рано и начала читать *мантру*. Он оглянулся, затем снова посмотрел на меня и озадачено спросил: «А где же свет?» С того дня я никогда не повторяла *джапу* в темноте.

В другой раз я сидела снаружи его комнаты, «охраняя» Прабхупаду. В те дни мы были немного наивными и не могли представить, что кто-то мог захотеть причинить ему вред, поэтому каждый, не имея особой квалификации, по очереди охранял его.

Было время обеда. Сидя у комнаты Шрилы Прабхупады, мы с преданным ели *прасад*. Прабхупада вышел, прошел мимо, мы склонились, чтобы выразить ему почтение, но он отчитал нас. Прабхупада не хотел, чтобы мы кланялись, когда мы почитаем *прасад*.

Перед получением Гаятри я купила несколько подарков для

Шрилы Прабхупады. Мы знали о *гуру-дакшине*. Я приготовила для него маленькую банку орехов макадамии, которые были очень дорогими, накрыла банку с орехами красным бархатом и приклеила к ней украшения. Еще у меня было очень большое спелое манго. Когда я вошла Шрила Прабхупада сидел за своим столом на большой подушке, а другую подложил под спину. Его стол стоял напротив окна, так что Шрила Прабхупада полулежал спиной к нему. Я поклонилась, а выпрямившись увидела, что он рассматривает что у меня в руках. Прабхупада спросил: «О, что это?» Я протянула ему манго, он широко раскрыл глаза, как маленький ребенок, а затем похлопал себя по животу и сказал: «О, манго». Затем он взял маленькую банку с орехами и потряс, чтобы услышать, что внутри. Прабхупада спросил меня, что это, а затем положил все на свой стол.

Шрила Прабхупада произносил строки Гаятри и показывал мне, как их читать, и как считать на пальцах. Когда он добрался до строк *клим кришнайя говиндая*, то остановился и закрыл глаза. Я не знала, что делать, поэтому просто ждала. То, как он просто сидел, было неописуемо: вторая половина дня, солнце проникло через окно, освещая Прабхупаду, на нем бледно-оранжевый, очень мягкий шерстяной свитер, и он как бы наполовину лежал. У него было блаженное выражение лица, левой рукой он нежно поглаживал свой живот, и казалось просидел так целую вечность.

Внезапно Прабхупада открыл глаза и спросил: «Что дальше?» Я ответила: «Не знаю. Вы мне еще не сказали, Шрила Прабхупада». Он посмотрел на бумагу и продолжил читать следующую строчку. Я ожидала, что перед уходом он задаст мне какой–нибудь эзотерический вопрос, чтобы убедиться, что я готова к Гаятри, но единственное что он спросил: «Ты повторяешь 16 кругов в день?» На самом деле это был важный вопрос, но я была очень удивлена, потому что считала, что мы в любом случае должны повторять 16 кругов.

Когда Шрила Прабхупада был в Лондоне, то всегда казался очень расслабленным. Он позировал для фотографий в любое время, когда его снимали. Например, он мог спускаться по лестнице и, если видел кого-то с камерой, сразу же останавливался, поворачивался лицом к фотографу и широко улыбался. Вы делали снимок, и Прабхупада шел дальше.

Прабхупада был подобен удару молнии. Как-то один преданный заснул на лекции по «Шримад-Бхагаватам». Шрила Прабхупада очень разозлился, остановил лекцию, закричал на него и велел ему уйти. Преданный колебался, думая, что Прабхупада просто разозлился и хочет, чтобы он проснулся. Но это было не так. Прабхупада сказал, что ему следует выйти из комнаты, что больше не хочет, чтобы этот преданный сидел на лекции, и что ему следует поспать. Прабхупада также злился на Прадьюмну, когда тот опаздывал на «Шримад-Бхагаватам» и всегда спрашивал, где он был.

Однажды Прабхупада пришел в храм на *даршан*. Для Божеств были сшиты новые одежды. Мы слышали, что Шриле Прабхупаде нравились юбки-баллоны: большие и пышные, похожие на воздушный шар, которые делают для Господа Джаганнатхи. Но он любил их потому, что эти юбки были именно для Господа Джаганнатхи. Мы сшили эти новые наряды с большим количеством слоев под юбкой Радхарани.

Прабхупада сказал, что это очень мило, но так не надо. Он сделал движение руками, показывая, как юбка расширяется полностью от талии, добавив: «Вот так», и делал еще один жест, чтобы показать как плавно юбка идет от талии и расширяется к низу. Он сказал, что Радхарани выглядит беременной в юбках, которые мы сшили, поэтому они должны быть прямыми и внизу становиться пышными. В ту ночь Лила Шакти, я и Бала Гопала не спали всю ночь, перешивая все наряды.

В другой день Прабхупада сказал нам, что в комнате Божеств должно быть два маленьких трона, по обе стороны от алтаря. Один для Нарады Муни, а другой — для Господа Брахмы и что так мы оказываем им почтительный прием. Махавишну не спал всю ночь, чтобы их сделать. Высота тронов не была даже 3-х футов, в лучшем случае — 2,5 фута. Мы за ночь обили их тканью и украсили, чтобы они были готовы уже на следующий день и Шрила Прабхупада смог их увидеть.

А еще у нас была огромная ваза для цветов. Она была почти такой же как Божества, может быть, в две трети Их роста. Вазу поставили между Радхой и Кришной, но Шрила Прабхупада сказал, что ее нужно передвинуть, объяснив, что ничто и никогда не должно стоять между Ними. Хотя есть знаменитая картина, на которой между Кришной и Радхой стоит корова, Прабхупада сказал, что это неправильно.

В другой раз я увидела Шрилу Прабхупаду в Далласе в 1974-м году. Тогда я работала учителем.

В июле 1975-го года он снова приехал. Храму принадлежал дом с красивым садом прямо по соседству. По крайней мере, мы старались сделать его красивым и посадили в нем Туласи. Летом по ночам там очень жарко, поэтому по вечерам Прабхупада сидел в саду. Мы брали его кресло-качалку и электрический вентилятор, и он просил кого-нибудь почитать книгу «Кришна», время от времени делая комментарии, а мы задавали вопросы.

Как-то Прабхупада рассказал нам о своем детстве, о том что отец позволял ему учиться играть на *мриданге*. Шрила Прабхупада хотел стать знаменитым мридангистом, а его матери эта идея не нравилась. Джнанагамья прабху спросил: «Как мы можем отплатить вам, Шрила Прабхупада?» Прабхупада сказал, что мы никогда не сможем отплатить духовному учителю.

Однажды Нандарани не могла готовить для Прабхупады, поэтому я делала ему завтрак. Потом Нандарани не смогла приготовить обед и им тоже занялась я. Шриле Прабхупаде не понравилось, что сначала один готовил для него, а потом другой. В первый день, когда я помогла

Упендре с обедом и отнесла тарелку Шриле Прабхупаде, он спросил: «Где Нандарани?» Тем не менее, он был чрезвычайно терпелив.

Я готовила завтрак, пока Прабхупада давал лекцию по «Шримад-Бхагаватам». Кто-то из преданных обычно спускался вниз, хватал чашку с тарелки Божеств и приносил *прасад* Шриле Прабхупаде, но в тот раз принесли поднос с завтраком и поставили перед ним без ложки, а он просто терпеливо сидел и ждал, не выказывая никаких признаков гнева из-за нашей некомпетентности.

Я хотела чтобы Прабхупада взял с собой чидву-лапшу в самолет на завтрак. Он уезжал утром сразу после лекции по «Бхагаватам» и собирался позавтракать в самолете. В ту ночь я уложила всех детей спать и допоздна делала лапшу вручную, думая о том, чтобы послужить Шриле Прабхупаде. Раскатала тонкое тесто, нарезала его и пожарила лапшу, не приправляя специями, не добавляя арахис. Я накрыла ее фольгой и попросила Ваманадеву, который охранял комнату Прабхупады, отнести ее наверх. Когда Ваманадева пришел туда, Шрила Прабхупада вышел из своей комнаты и спросил его, что это такое. Посмотрев на лапшу, он сказал: «Слишком большая». За секунду все мои старания сошли на нет. Так было разбито мое эго.

Kulangana devi dasi / Кулангана деви даси

Кулангана родилась в Польше, познакомилась с преданными в Лондоне в 1972-м году. Когда она впервые услышала санкиртану, ее озарило: это трансцендентный звук, он из духовного мира.

Все мои успехи в сознании Кришны полностью зависят от милости *вайшнавов*. Мои духовные сестры, которые уже были инициированы, помогали мне. Сарвамангала пригласила меня отправиться на Ратха-ятру в 1972-м году. Мондакини, Ямуна и Малати тоже пошли туда. Я была поражена тем, что у них не было никаких материальных желаний. Я поняла, что они были чистыми преданными, как и Дхананджая прабху и Бала Гопала. Я полностью полагаюсь на милость этих *вайшнавов*. В этом движении я только по их милости.

После инициации в 1974-м году у меня появилась прекрасная возможность служить Шриле Прабхупаде, готовя *прасад*. Когда однажды он приехал на Бери Плейс, президент храма попросил меня предложить Прабхупаде кешью, имея ввиду сырые орехи, но в моем сердце было столько любви к Прабхупаде, что помимо сырых кешью и миндаля я также приготовила жареные орехи. Президент меня отчитал, сказал, что если *гуру* просит стакан воды, нельзя давать стакан молока. Это был первый урок: предлагайте то, что просит *гуру*.

В один из приездов Прабхупады, когда я уже была известна как повар, готовящий пиры, особенно в Бхактиведанта Мэноре, Мондакини попросила меня приготовить гулабджамуны ему на обед. Я вложила всю себя в эти гулабы. Шрила Прабхупада принял их. На следующий день я снова готовила гулабы, но Прабхупада сказал: «Они такие твердые, что я не могу их есть». Я поняла, как сложно готовить для Кришны и очень огорчилась.

В другой раз мне довелось готовить обед для Шрилы Прабхупады и Джорджа Харрисона. По совету Мукунды Махараджа я сделала кулфи. Понятия не имея что это такое, я прочитала об этом блюде в кулинарной книге и потратила все свое время на приготовление, добавив в него немного манго, и поставила в холодильник. Шриле Прабхупаде понравилось то, что у меня получилось. Он спросил, кто готовил, потому что это было очень вкусно.

В другой раз я в очень экстатическом настроении готовила заварной крем, будучи полностью поглощена мыслями о приезде Шрилы Прабхупады. Перед этим в течение полутора дней я не могла ни есть, ни спать. Пир подали Шриле Прабхупаде и он сказал: «Мне очень нравится этот заварной крем. Пожалуйста, дайте мне еще». Но крема не осталось, меня попросили снова приготовить. Получилось удачнее, чем с гулабами.

В последний раз, когда Шрила Прабхупада приезжал в Бхактиведант Мэнор, я каждый день распространяла книги. Утром готовила для него завтрак, а затем шла на *санкиртану*. Вечером Прабхупада спрашивал, сколько книг мы распространили. Он сказал Тамал Кришне Махараджу: «Эти матери *санкиртаны* очень дороги мне. Пожалуйста, собери их вместе и скажи им, что Шрила Прабхупада — маленький мальчик». Для меня было очень важно это услышать. Каждый день я размышляю над его посланием. Великий, серьезный, образованный и эрудированный Прабхупада говорит, что он маленький мальчик. Благодаря этому я осознала, что определенно не являюсь этим телом.

Шрила Праббупада дал нам наставление через Вичитравирью прабху, который в то время был президентом храма. Он сказал, что мы не должны тратить впустую ни капли молока, а наливать воду в бутылки, ополаскивать их и так использовать все молоко. Я вспоминаю об этом каждый день, потому что занимаюсь приготовлением сладостей для *мангала-арати*. После того как я беру маслобойку, наливаю в нее немного воды и ополаскиваю, чтобы убедиться, что каждая капля молока вылита из маслобойки. Где бы я ни готовила сладости для *мангала-арати*, а делаю я это почти каждый день, я помню это наставление.

Однажды преданные предложили Шриле Прабхупаде молоко, но оно было слегка теплым, поэтому он отказался от него. Тогда преданные сделали очень-очень горячее молоко и Прабхупада пил его с маленькой ложечки. Теплое молоко превращается в мочу, а горячее идет в мозг, объяснил он. Потому я пью много молока, ведь раньше у меня не было мозга.

Помню первую лекцию Шрилы Прабхупады на Бери Плейс. Будучи

последовательницей Господа Иисуса Христа, я каждый день изучала Библию, сидела в церквях и молилась, чтобы меня послали куда-нибудь в качестве миссионера. Я была физиотерапевтом, а в Корее шла война, поэтому думала, что Господу Иисусу Христу будет приятно, если меня отправят туда помогать калекам.

Но у меня не было знаний. Священники католической церкви не говорили ничего конкретного, поэтому я даже не осознавала, что Бог все это время был в моем сердце.

Затем Прабхупада рассказал о Боге, объяснил, что Он – личность. Меня это очень поразило. Затем он сказал: «Будьте как лебедь. Лебедь может брать воду из молока. Пейте только молоко, а не воду». Это очень важно для меня, особенно в наши дни, когда существует так много разных наставлений, а преданные на самом деле не следуют тому, чему учил Шрила Прабхупада. Он никогда не ошибается и неотличен от Бога, поэтому следует полностью следовать тому, что говорил Прабхупада.

На меня не сильно влияют разные тенденции, поскольку я стараюсь пить только молоко, как сказал Шрила Прабхупада. Молоко означает наставления только Шрилы Прабхупады. Прабхупада никогда не разочаровывал меня, потому что всякий раз, подчиняясь его наставлениям, я вижу, что могу добиться духовного прогресса.

Kulapriya devi dasi /Кулаприя деви даси

В 14 лет, летом 1970-го года, Кулаприя привлеклась преданными в Беркли, штат Калифорния. Годом позже небольшая группа вайшнавов из храма Лос-Анджелеса выступила с докладом в средней школе, где она училась, на уроке отношения сравнительных религий. Это еще больше усилило ее интерес, но ее настоящие отношения со Шрилой Прабхупадой начались только в 1974 -мгоду после чтения «Бхагавад-гиты как она есть».

Хотя мне посчастливилось лично видеть и слышать Прабхупаду всего лишь несколько раз, отношения с моим духовным учителем развивались через чтение его книг и писем, слушание аудиолекций, служение.

Впервые я увидела Прабхупаду, когда он приехал в Нью-Двараку в июне 1975-го года, то есть всего через месяц после того, как я переехала в храм. Я была в большой группе преданных, которые приехали в аэропорт Лос-Анджелеса, чтобы встретить его. В те дни можно было подойти прямо к воротам прибытия. Когда я увидела Шрилу Прабхупаду, он будто плыл, а не шел, его сияние было таким ярким, что казалось буквально осязаемым. Я очень замкнутый человек, по крайней мере на публике и с незнакомыми людьми, но увидев Его Божественную Милость, начала сильно плакать. Чем больше я пыталась взять себя в руки, тем более неконтролируемым становился плач. Никогда не забуду ту первую встречу со Шрилой Прабхупадой, она останется в моем сердце на всю жизнь. Казалось, что Прабхупада только что сошел с самолета, который прилетел прямо с Кришналоки.

В тот же его приезд, или может быть в следующий, в июне 1976=го года, когда Шрила Прабхупада снова посетил Лос-Анджелес, он сидел на *вьясасане* в алтарной комнате. Я расположилась между дверями и *вьясасаной*, почти напротив него. Он повторял «Джая Радха Мадхава» и оглядывал собравшихся перед ним преданных. Я смотрела на Шрилу Прабхупаду, в которого у меня уже была большая вера, но затем мой ум улетел. Не помню, что пришло мне в голову в тот момент. Вдруг Шрила Прабхупада резко повернул голову в мою сторону, наши взгляды встретились, для меня это стало настоящим испытанием. Он не злился, но я чувствовала: он очищал и отчитывал меня. Кришна показал мне, что действует через Шрилу Прабхупаду, как Сверхдуша.

Моя единственная личная встреча с Прабхупадой произошла в 1975-м или 1976-м году. Я была в команде преданных, убирающих комнаты Шрилы Прабхупады во время его утренних прогулок. Однажды он вернулся довольно рано и нам следовало быстро покинуть его апартаменты, но времени не хватило даже на то, чтобы спуститься по лестнице, поэтому мы спрятались в туалете в конце коридора. Когда мы подумали, что можно выходить, я первой выскочила наружу и оказалась лицом к лицу со Шрилой Прабхупадой. Он удивился, увидев меня, и сказал низким голосом: «Харе Кришна». Я была так взволнована, что, кажется, ничего не ответила, сразу же предложив ему свои поклоны и не поднимала голову, пока Прабхупада не ушел в другую комнату. Поднявшись, я поняла, что другие девушки все еще прятались в туалете, так что я выглядела глупо не только перед моим духовным учителем, но и перед *вайшнавами*, рассказывая эту историю.

Не могу представить жизнь без встречи со Шрилой Прабхупадой. Тогда она была бы всего лишь еще одним поворотом колеса *самсары*. Какой бы успех или счастье я не испытала, в конечном итоге все бы закончилось только смертью. Теперь у меня настоящая жизнь. Я нахожусь в процессе восстановления своих вечных отношений с Господом Кришной, начала обратный путь к Богу, а мое настоящее и будущее действительно очень светлые. Я никогда не смогу отблагодарить Шрилу Прабхупаду, я состою из его милости. Джая Шрила Прабхупада! Харе Кришна!

Kumkum devi dasi / Кумкум деви даси

Кумкум, жаждущая постичь смысл жизни и полностью потерявшая надежду найти истину в колледже, бросила учебу. Она осталась в университетском городке, пытаясь докопаться до цели бытия, задавая вопросы философам, историкам и антропологам. В какой-то момент она решила, что истины просто нет и усомнилась в своей вере в Бога. В тот день к ней в руки попал журнал «Назад к Богу».

Это было в июне 1971-го года. Листая страницы журнала, я чувствовала, что на них обязательно найду ответы на свои вопросы. Когда я прочитала молитвы Прабхупады «Маркине Бхагавата Дхарма» («Проповедь сознания Кришны в Америке»), то поразилась тому, что он знал Бога и как разговаривать с Ним, как молиться Ему и как достичь Его. Абсолютное смирение Прабхупады, его воодушевление продолжать его миссию просто покоряли.

В тот момент стало ясно: мне необходимо встретиться с Прабхупадой. В храме Атланты преданные безостановочно рассказывали мне о смысле жизни, их энтузиазм проник в мое сердце. Я погрузилась в движение с головой, следовала за преданными, пыталась сотрудничать, служить и поняла, как много получаю от них.

Перед тем, как Прабхупада прибыл в Атланту, я сшила для него подушку, думая про себя: «Если я собираюсь сделать что-то для личности, которая дает мне Бога, тогда я сделаю лучшее, на что способна». Мое сердце разрывалось от счастья, когда я его увидела. Позже в Далласе Шрила Прабхупада написал много писем о том, что он хочет, чтобы дети были счастливы, образованы и росли в сознании Кришны.

Во время визита Шрилы Прабхупады прибыли Божества Шри Шри Радха Калачанджи. К нашему удивлению, он сказал: «Я останусь, и мы сможем установить Их». Одна из преданных считала, что Божества нужно перекрасить, хотела изменить Их всевозможными способами. Шрила Прабхупада ласково и по-доброму отчитал ее. Но когда она сказала, что это уже делали в другом храме, Прабхупада высоко поднял свою трость и громко сказал: «Почему вы не спрашиваете меня? Я прямо здесь!» Он заботился обо всем, что связано с Господом. Шрила Прабхупада провел первое *арати* для Радха Калачанджи и на следующий день уехал. Мы с трудом могли поверить, что всего лишь за 3 дня так много получили. Все продолжили служить Божествам, стараясь с энтузиазмом и должным образом следовать новым указаниям.

Даже с учетом того, что физически мы находились в разлуке с Прабхупадой, как его последователи мы чувствовали, что он будет в наших сердцах пока мы пытаемся распространять то, что так много значит для него. Он никогда не отворачивается от нас. Если наши сердца открыты, если мы жаждем его наставлений, то от него всегда будет исходить поток милости. Это то, что я чувствую каждый день. Это то, чего я хочу. Прабхупада всегда рядом, он мой вечный проводник.

Kusha devi dasi / Куша деви даси

Куша присоединилась к ИСККОН в мае 1969-го года на Гавайах и получила инициацию в 1970-м в храме Гонолулу.

Первые в ИСККОН деревца Туласи мы с Джаяшри вырастили из семян, которые Шрила Прабхупада дал Говинда даси. Мне очень хотелось найти траву куша, для этого я отправилась в местный университет. Я была очень тронута, получив письмо об инициации и четки. Мое имя было коротким и сладким, Прабхупада послал мне четки из Туласи, которые я так хотела, прочитав мои мысли. Я вздрогнула, осознав доброту и сострадание нашего любимого Гуру!

После моего переезда в храм Сан-Франциско в середине 1972-го туда же приехал Прабхупада. Когда он вошел в храм, я заканчивала шитье. Прабхупада сказал: «Пожалуйста, принеси мне воды помыть ноги. Если помыть ноги, все тело освежится»

Тем вечером Джаянанда привез нас на Телеграф Авеню для проведения *харинама-санкиртаны*. Он взял контейнер с попкорном на 55 галлон и пакетики с напечатанной на них *маха-мантрой* Харе Кришна. Шрила Прабхупада приехал на машине и *киртан* разошелся вовсю, Джаянанда прабху вручил Прабхупаде пакетик попкорна. Прабхупада все съел и сказал: «Мне очень понравился попкорн!» Но на следующий день напомнил, что такая еда не так уж хороша для его здоровья.

В декабре 1973-го года родился мой сын Атмарама. Ему должен был исполниться год, когда его отец решил развестись со мной, чтобы жениться на очаровательной семнадцатилетней девушке. Я была сбита с толку и опечалена, понятия не имела как вести себя в этой ситуации. Джаятиртха прабху посоветовал написать Шриле Прабхупаде. В своем ответе Прабхупада сказал, что я не должна общаться с таким человеком, что мне нужно улучшить свое слушание и воспевание и всегда жить в обществе преданных.

Однажды, когда я готовила для Прабхупады, то пересолила *раджа-бхогу*. Он сказал мне больше ничего не солить, что он потом сам посолит пищу. На следующее утро на лекции по «Бхагаватам» Шрила Прабхупада привел в пример пересоленную пищу, как символ чрезмерных усилий, пояснив, что они все разрушают, как и пересаливание. Я думала, что умру, но никогда не забывала это наставление.

Когда моему сыну было две недели, мы жили в храме в Моана Лоа Луп на Гавайях. Шрила Прабхупада приехал, и мы ежедневно ходили на утренние прогулки. Я укутала Атмараму покрывалом, потому что утренний воздух был холодным. Шрила Прабхупада повернулся ко мне и спросил: «Он умеет ходить?» Дрожа, как лист, я ответила: «Нет, Шрила Прабхупада». Он видел мою сильно выраженную материнскую природу и предостерег от чрезмерной опеки над сыном. Спустя 20 лет я наконец осознаю, насколько тяжело мне было следовать этому наставлению. Шрила Прабхуапда действительно видит нас насквозь.

В другой раз Прабхупада приехал на Гавайи, чтобы спасти храм. Все преданные там отошли от духовной практики, Прабхупада послал группу из 8 преданных, среди которых были 6 *санкиртанщиков*, чтобы они собрали пожертвования для Божеств и заботились о Них. Чтобы поддержать наше дух, Шрила Прабхупада ходил по саду, выбирая растения, которые можно было использовать в пищу. Он собрал цветы тыквы и парвал для пира. Я сидела за занавеской и украдкой наблюдая за тем, как он готовит и очищает нас во время этого процесса. Из нута он приготовил *качори*, мы никогда не пробовали таких лакомств. Это было восхитительно! Наше настроение поднялось. Шрила Прабхупада снова и снова спасал нас.

Мой сын вел себя хорошо и на протяжении многих лет ежедневно дарил Шриле Прабхупаде гирлянду. Снова и снова Прабхупада подмигивал и с любовью отдавал Атмараме одну из своих гирлянд в ответ. Обмен происходил ежедневно. Трижды Шрила Прабхупада сказал: «Этот мальчик — большой преданный». Еще он сказал, что в прошлой жизни Атмарам танцевал в *киртане*.

Однажды Атма был рядом с Прабхупадой, когда он принимал *чаранамриту*, и Прабхупада окропил голову Атмарамы водой, которой омыл свои руки после этого.

Я занималась служением *пуджари*, распространяла книги, готовила и выполняла различные виды *севы*, но я была сполна вознаграждена за это, видя внимание Шрилы Прабхупады ко младшее поколение и то, как много любви и света он проливает на них. Прабхупада любил нашу молодежь.

Мы недавно научились выращивать бобы и семена, и все, что у нас получалось, хотели предложить Шриле Прабхупаде. Положили ростки ему на тарелку, но в своем бесконечном сострадании он сказал, что каждый из них надо предлагать и уважать, а не тратить зря.

Зная, как Шрила Прабхупада любит манго, мы отправляли их ему, где бы Прабхупада ни был, подписывая каждую коробку «Хрупкое фотографическое оборудование», чтобы с плодами обращались осторожно. Одна коробка манго благополучно прибыла в Маяпур, и Шрила Прабхупада был рад их съесть. Он передал косточку Тапамойе и велел ему посадить ее. Из косточки выросло огромное манговое дерево, которое десятилетиями росло в Маяпуре. Его убрали, чтобы освободить место для Храма Ведического Планетария.

Шрила Прабхупада курировал большую часть того, что мы делали. Мы поклонялись Шримати Туласи Деви, используя бенгальские огни для Туласи-пуджи вместо фитилей с *гхи*. Шрила Прабхупада пресек это на корню, сказав: «Вы, жители Запада, такие изобретательные. Но следуйте моим наставлениям, не выдумывайте».

Мы спросили, что делать с Туласи, ветви которых раскинулись над дорожками. Сначала он сказал, что мы можем пригнуться, чтобы проходить под ними — дерево было высотой в 6 футов и с очень широкой кроной. Затем сказал, что мы можем подвязать Ее веревкой и добавил: «Не наступайте на Ее тень».

Мы приземлились во Вриндаване в День благодарения в 1976-м

году. В последнюю минуту перед отъездом Говинда даси пыталась отменить поездку, я возразила: «Если ты откажешься, я больше никогда не заговорю с тобой, я поеду в любом случае». Это были последние 3 месяца, которые мы провели со Шрилой Прабхупадой, и путешествие с ним по Индии стало большим приключением.

Мы немедленно отправились в квартиру Прабхупады и дали нашу *гуру-дакшину*, пока Бхагатджи размышлял о славе Вриндавана. Шрилу Прабхупаду очень занимало, когда Бхагатджи хвастался им и прославлял *дхаму*. Он рассказал нам о том, как заключил пари с Прабхупадой, что он не сможет приготовить для 100 человек за один час. Бхагатджи сказал: «Я с радостью проиграл пари». Шрила Прабхупада всегда безоговорочно побеждал его. Широкие глаза Прабхупады заблестели. Затем Бхагатджи продолжал говорить, что Вриндавана *дхама* — это такое особенное место, где каждая песчинка говорит: «Харе Кришна Харе Кришна Кришна Кришна Харе Харе». Каждая капля воды Ямуны говорит: «Харе Кришна Харе Кришна Кришна Кришна Харе Харе». Что кости святых тоже сделаны из *маха-мантры*. Он сказал, что рыбы в Ямуне остаются исключительно в Ямуне, и, если они случайно приблизятся к Ганге, они обязательно поплывут обратно и будут плавать только в Ямуне.

Шрила Прабхупада попросил Бхагатджи показать нам безопасное место для жилья рядом с храмом. Бхагатджи знал, как опасно жить за пределами ИСККОН. Он тоже водил нас по Враджу.

Я помню, как мы поехали на поезде в Бомбей в купе рядом со Шрилой Прабхупадой! Прибыв туда мы узнали, что очень много преданных болели. Вишвадеви стала нашим лучшим другом. Она действительно знала свой путь.

Здоровье Шрилы Прабхупады было не очень хорошим, поэтому преданные даже по коридорам носили его в паланкине. Выходя из него, Прабхупада садился в один из тех красивых автомобилей «Амбассадор» с развевающимися на ветру флагами, и так благородно выглядел. Тогда сын Гопала Кришны Махараджа сидел на коленях Шрилы Прабхупады во время его поездок на машине, но однажды утром его не было, и мой сын поднял шум, чего он обычно не делал. Атмарама хотел поехать со Шрилой Прабхупадой. Я была никем, поэтому сказала: «Пожалуйста, успокойся», но Прабхупада услышал его и сказал: «Поехали!» Прабхупада погладил его шелковистую блондинистую *шикху, и* снова радости моей не было предела. Эти моменты наполнили мою жизнь любовной *севой*.

Когда мы собрались ехать на Кумбха Мелу билетов в Аллахабад не было ни на поезда, ни на самолеты, ни на автобусы – все было забронировано на несколько месяцев. Шрила Прабхупада хотел посмотреть, как будут действовать его ученики в такой ситуации. Абхирама прабху обратился к начальнику железнодорожного вокзала в Бомбее г-ну Гупте, с которым был знаком, и тот прицепил 2 вагона к заполненному поезду. Один вагон первого класса и один — второго. Мы ехали в вагоне со Шрилой Прабхупадой, покупали на разных остановках фрукты и передавали их Прабхупаде через моего сына Атму.

Шрила Прабхупада сказал Говинде даси, что именно эта Кумбха Мела была самой благоприятной за 144 года, что многие йоги придут из Гималаев и со всего мира, чтобы почтить этот праздник своим присутствием. Он сказал Говинде даси: «Я возьму тебя с собой!»

Прабхупада объяснил, что, если мы будем принимать холодное омовение, следовать регулирующим принципам и повторять 16 кругов в день в течение двенадцати лет, то все, что мы скажем, сбудется. В тот момент мы обе осознали, что у Шрилы Прабхупады есть *вак сиддхи* и все, что он говорит сбывается.

Мы приехали в Аллахабад ночью, вышли из поезда в кромешную тьму и хаос, устроенный на вокзале разными паломниками, а затем направились к лагерю. Его расположение не впечатлило Шрилу Прабхупаду. Он отправил нас на *харинаму*, во время которой мы так же распространяли *прасад,* но его оказалось недостаточно, поэтому Шрила Прабхупада сказал организаторам: «Мы должны заниматься раздачей *прасада*».

Люди глазели на нас, называли *млеччхами,* но нас это не беспокоило, ведь мы были рядом с Прабхупадой. Толпы собирались вокруг моего маленького Атмарамы, в результате он потерял свои золотые браслеты.

В 11:27 мы приняли священное омовение. Из реки принесли ведра с водой для омовения Прабхупады, поскольку он был слишком слаб, чтобы находиться в большой толпе. Я привязала сына к себе, чтобы он не потерялся. Был невероятный поток на *тривени сангам* (слияние трех рек) и это было опасно, поскольку среди такого количества людей можно было легко утонуть.

По пути с Кумбха Мелы один из наших духовных братьев-*санньяси* пытался забрать наше купе первого класса для одного важного преданного. Об этом нас предупредил г-н Гупта. Возник риск того, что мы застрянем на Меле, но Прабхупада предупредил нашего духовного брата, говоря: «Они самые важные преданные». Заговор с целью снять нас с поезда был сорван благодаря защите Шрилы Прабхупады! На железнодорожной платформе он был без охраны. Говинда даси очень встревожилась и раскинула руки, чтобы защитить Прабхупаду. Тогда Рамешвара Махарадж, вдохновленный ее действиями, поставил свою *данду* так, что она стала похожа на перила.

В Маяпуре я встретила Пишиму – полную женскую версию Шрилы Прабхупады. Она тоже любила молодежь, поэтому Атма привлекал ее внимание. В то время мы жили очень аскетично. Пишима носила только *гамчу,* обернутую на мужской манер вокруг талии. Некоторые наши духовные братья начали жаловаться Шриле Прабхупаде на его собственную сестру, которая была уже очень старой. Я подумала: если им хватает наглости жаловаться на Пишиму, то они будут точно так же поступать с любой другой женщиной. Я не относилась к этому всерьез и считала, что им просто надо повзрослеть и как можно скорее.

Мы снова ехали со Шрилой Прабхупадой в поезде до Бхуванешвара. Он собирался навестить Гоур Говинду даса — *брахмачари*, который только что купил там землю. Для Шрилы Прабхупады зарезервировали хороший номер в отеле, но он предпочел жить в глиняной хижине на приобретенной территории. Сейчас я понимаю, что Прабхупада освящал собой это место, готовил его к появлению великолепного храма. Находясь в той хижине, Шрила Прабхупада посмотрел на поля и сказал: «Теперь у нас достаточно преданных. Нам нужно просто кипятить молоко». Он был мистиком, а его слова, то что хотел сконцентрироваться на развитии нашей *према-бхакти*, стали нектаром для наших ушей. Прабхупада снова и снова защищал нас и спасал.

Шрила Прабхупада хотел отправиться в Пури, там мы встретили Бхагавана Сингхари из семьи Сингхари, о которой написано в «Чайтанья-чаритамрите». Я была *пуджари* Господа Джаганнатхи на Гавайях и хотела, чтобы нам вырезали еще несколько Божеств. Г-н Сингхари устраивал все, включая ежедневный *прасад* Джаганнатха и церемонию поднятия флага. Мы устроили ему встречу со Шрилой Прабхупадой, во время которой у них состоялась оживленная беседа на родном языке. Бхагаван Сингхари был впечатлен божественной милостью Шрилы Прабхупады.

Говинда даси разработала целый план, как попасть в храм Господ Джаганнатха, но *чокидхары* заметили ее, сорвали *чадар*, схватили ее трость и начали бить. Она сбежала, в панике выскочив за ворота, рухнула мне на руки. Мы немедленно отправились к Шриле Прабхупаде и обо всем ему рассказали. Он слушал очень внимательно, его глаза стали огромными, как блюдца, он все время повторял «Ачча», что значило «Правда?» Прабхупада глубоко задумался о том, как защитить своих отважных учеников.

Куда бы мы ни пошли, везде встречали отряды преданных, которые сформировали Гуру Крипа Махарадж и Гаргамуни Махарадж. У них были фургоны Mercedes, и они чуть не сбили нас, поэтому мы держались от них как можно дальше. Наши духовные братья так часто бросали нам вызов. Шрила Прабхупада оставался нашим прибежищем и защитником.

На следующий день пришло приглашение от служителя храма в Пури. В *пандале* недалеко от *самадхи* Харидаса Тхакура он проводил программу, посвященную своей новой книге, и пригласил Шрилу Прабхупаду в качестве основного докладчика. Прабхупада прибыл в сопровождении примерно 30 преданных, и служитель храма подарил ему копию своей книги. Прабхупада приложил его ко лбу, благословляя, и сказал: «Я не читал это». Он сказал им, что Джаганнатха — это не Пури Натха или Орисса Натха, Он – Господь Вселенной, и преданные со всего мира приезжают, чтобы получить Его *даршан*. Если они этого не позволяют, тогда Джаганнатха соберет Свои чемоданы и переедет к нам.

С этими словами Шрила Прабхупада поднял руки вверх и на пляже вблизи *самадхи* Харидаса Тхакура состоялось безумное восхваление Святого Имени. *Киртан* был настолько вдохновляющим, что все подпрыгивали на 3 фута от земли. Мы знали, что Прабхупада ведет нас обратно к Кришне, что бы ни говорили об этом кастовые *брахманы*. Его *киртан* был таким воодушевляющим. Да он всегда был поразительным. Бхагаван Сингхари сказал: «Я никогда не участвовал в таком *киртане*».

На следующее утро Бхагаван Сингхари поспешил навестить Шрилу Прабхупаду и сообщил, что в Управлении Пури прошло голосование. *Пандит*, чью книгу должны были прославлять, говорил, что иностранцев нельзя пускать в храм. Но мы все знали, что это вопрос времени, если Прабхупада этого захочет.

Шрила Прабхупада — наше вдохновение, наш защитник, наш проводник и наш господин. с ним мы в безопасности. Мы живем по милости Прабхупады. Он подарил нам радостную жизнь блаженной *Кришна-севы*.

Lalita devi dasi / Лалита деви даси

Лалита деви даси получила посвящение во время Говардхана-пуджи в Монреале в 1974-м году. Примерно за 9 месяцев до этого она присоединилась к ИСККОН. Ей было 19 лет.

Когда мне было 15 лет, каждое утро я разносила газеты. Однажды утром, вернувшись домой и положив себе кашу, я начала листать газету и увидела фотографию преданных в Монреальском храме во время молитвы.

Отец устроил меня на работу на Канадскую национальную железную дорогу, где сам трудился всю жизнь. Моя будущая подруга Энн подошла к моему столу, положила на него «Бхагавад-гиту как она есть» и спросила: «Хочешь пойти в храм?» Мы договорились отправиться туда вместе.

Ночью мне приснился сон, будто мы с мамой кланяемся Шриле Прабхупаде. Я понятия не имела, кто такой духовный учитель, но взяла фотографию Прабхупады и сделала для нее рамку, потратила 40 долларов.

Позже вместе с группой харинамщиков я пошла в храм. Кто-то из преданных спросил меня, смогу ли я сшить несколько *дхоти*, и мне стало по-настоящему страшно, потому что в тот момент я поняла, что такое смирение.

Так Кришна и Прабхупада заманили меня в свои сети. Сначала разобрали моих кошек. Я рассказала на работе, что дома у меня их много и в тот же вечер коллеги забрали каждую из них. Затем по почте я получила извещение о том, что дом, в котором я жила с парнем, собираются снести. Родители и братья пришли ко мне домой забрать необходимые им вещи, остальное я отнесла в храм.

Прежде, чем войти в алтарную, мы вымыли ноги. Комната *брахмачарини* находилась слева от храма. Там я познакомилась с Садхви, которая произвела на меня огромное впечатление. Однажды она сказала мне, что наши души скованы телами. Я все еще относилась к телу как хиппи, но Садхви была очень чистой душой.

Чандра деви была шеф-поваром. Когда я впервые вошла в кухню, она выкладывала на противень слой обжаренных во фритюре баклажанов и слегка посолила, затем покрыла их творогом с шафраном и сахаром. Сверху она снова положила баклажаны, творог и отправила все в духовку. У меня было ощущение, что я оставила этот мир, когда попробовала готовое блюдо, настолько оно было мощным.

Со Шрилой Прабхупадой я встретилась в Нью-Йорке. Это было незабываемо. Он давал лекцию по «Шримад-Бхагаватам» в алтарной, наполненной преданными и потрясающей атмосферой. Мы словно перенеслись в другой мир, наполнились экстатичным чувством воссоединения с самым дорогим. Мы очень любим Шрилу Прабхупаду. Когда мы жили в храме, следовали принципам, повторяли 16 кругов, вставали на *мангала-арати*, совершали служения и ходили на *санкиртану*, то чувствовали, что возвращались домой.

Однажды мне нужно было поехать к Шриле Прабхупаде в Торонто. Там я познакомилась с Рукмини деви даси и Шрикари. Матаджи развесили свои *сари* на лестничной площадке. Все были молоды и красивы. Мне казалось, что я нахожусь в духовном мире.

Когда Прабхупада приехал в Монреаль, для нас это было чудом. Мы все бегали, готовились. Преданные обновили обивку *вьясасаны*. Я одела Картамашу, сплела гирлянду для Шрилы Прабхупады, занималась приготовлением пищи и сделала для духовного учителя яблочные чипсы по маминому рецепту. У меня не было личного общения с Прабхупадой, как у других *матаджи*, но я получала благо от их общества.

Я преодолела множество невзгод. Попав в серьезную автомобильную аварию, пока машина катилась, я все время повторяла «Кришна Чайтанья, Кришна Чайтанья, Кришна Чайтанья!», несмотря на то, что не воспевала Святые Имена уже много лет. Автомобиль приземлился на крышу, на улице шел дождь. Это был очень драматичный момент. Я вспомнила, что Прабхупада познакомил меня с Кришной, а затем поняла, что они не забыли меня и не позволили мне забыть Святое Имя. Кришна был со мной в близкий к смерти момент. Это дало мне огромную силу. Мне пришлось примириться с прошлым, и я поняла, что даже если мы повторяем Святые Имена, но у нас нет сильной связи с Кришной, то это очень сложно.

Затем я получила благословение присоединиться к группе *санкиртаны* и снова попытаться искренне служить. Процесс вечен, он никогда не кончается. Будучи очень маленьким ребенком, я разглядывала небо и гадала, где же находится Бог. Кришна говорит, что иногда приходит, даже когда Его не ищут. Энн положила «Бхагавад-гиту как она есть» прямо мне на стол. Кришна очень добр.

Я просто продолжаю молиться о том, чтобы научиться слышать Святое Имя, искренне служить, и, возможно, когда-нибудь я пойму, что такое смирение. Я замечаю в своем муже одну *анартху* за другой. Так мощно – видеть эти вещи и мощно видеть, как ясно он осознает свои привязанности. В Карттику мы дали обет читать «Бхагавад-гиту» каждый день, но только во время нее, а потом решили продолжать читать. Однажды вечером я очень устала и легла отдохнуть, подошел муж и сказал: «Ну, когда тебя разбудить? Мы еще не читали "Бхагавад-гиту"».

Мой муж гордится тем, что я получила посвящение у Шрилы Прабхупады, говорит всем: «Мою жену инициировал Прабхупада». Он очень благодарен ему и говорит, что все преданные такие милые. Шрила Прабхупада находится вне времени и места.

Я тоже очень благодарна за то, что мне посчастливилось служить в *дхаме* Беркли, заботясь о Божествах 35 лет назад. Помню, когда у меня была пневмония, я все равно вставала каждый день и шла одевать Их. Несмотря на то, что в храме царил беспорядок, я чувствовала: «Вау, я могу прикоснуться к Богу! Я могу вложить Туласи в руку Радхарани. Я могу сшить тюрбан Кришне, и это по милости Прабхупады».

Lalita Madhava devi dasi / Лалита Мадхава деви даси

Лалите Мадхаве было около 28 лет, когда она начала задумываться о том, почему так много людей умирают от рака? Почему они принимают так много наркотиков? Она начала изучать философию и читать Библию.

Я узнала, что в Мельбурн приезжает замечательный человек и решила отправиться туда, чтобы посмотреть на него. Мы с парой друзей вошли в выставочные здания, где цветы и благовония создавали прекрасную атмосферу, а собравшиеся там преданные выглядели так, как будто прибыли с другой планеты. Внезапно красивый пожилой мужчина, как лебедь, проплыл к сцене и сел на красивый стул. Его лицо светилось, он сиял в своей мантии и сказал: «Все ищут Бога. Я могу показать вам Бога. Его зовут Кришна». Я была очарована и так сильно дрожала, что друзьям приходилось меня обнимать, а Прабхупада продолжал говорить о «Бхагавад-гите» и послании Кришны человечеству.

Моя полуторагодовалая дочь и я начали ходить в храм Кришны по воскресеньям, чтобы есть прекрасную пищу и находиться в мире любви, в трансцендентной реальности. Это было воплощением моей мечты. Затем мы поехали в Маяпур. Пока я сидела сзади, чувствуя себя подавленной, моя светловолосая дочь подошла прямо к Прабхупаде и он спросил: «Кто ее мать?» Тогда меня представили ему.

Теперь я понимаю, что следующей большой церемонией в моей жизни будут мои похороны, и я не хочу возвращаться на эту планету. Прабхупада дал нам регулирующие принципы, чтобы спасти нас от страданий этого материального мира. Принимая философию и действуя в соответствии с наставлениями Шрилы Прабхупады, мы живем хорошо, у нас есть шанс больше не рождаться и не умирать в этом мире.

Lalita-sakhi devi dasi / Лалита-Сакхи деви даси

Лалита-Сакхи встретила преданных в Филадельфии. В старшем классе средней школы она начала повторять джапу и предлагать еду Господу, а сразу после своего 17-летия, в 1972-м году, ушла из дома, чтобы жить в храме.

В 13 лет я гуляла с мамой по центру Филадельфии. На противоположной стороне улицы небольшая группа молодых людей в мантиях, пели и играли на маленьких ручных цимбалах. Когда я посмотрела на них, девушка из этой группы взглянула мне прямо в глаза, ее взгляд пронзил меня так глубоко, что я помню его спустя 50 лет. Так я неосознанно вступила в первый контакт с моим вечным гуру — Его Божественной Милостью А.Ч. Бхактиведантой Свами Прабхупадой — по милости его учеников.

Примерно через год, снова в центре города молодой человек в мантии вручил мне карточку с надписью «Повторяйте эти имена Бога, и ваша жизнь станет возвышенной. Харе Кришна, Харе Кришна, Кришна Кришна, Харе Харе / Харе Рама, Харе Рама, Рама Рама, Харе Харе». Дома я пробовала, но не знала, как правильно говорить «Харе». То ли как «кролик» (по-английски звучит «хэа»), то ли как «Гарри» («Хэрри»)? Карточка осталась лежать в ящике стола, но Шрила Прабхупада не забыл меня.

В последний год моей учебы в школе преподаватель дал нам задание подготовить презентацию на любую тему. Я выбрала кришнаитов и отправилась в центр города, чтобы найти их, и несколько часов проговорила с одним преданным. Он провел со мной так много времени, что опоздал на фургон *санкиртаны*, поэтому ему пришлось возвращаться в храм на общественном транспорте.

Потом несколько преданных пришли в мой класс, пели, рассказывали о сознании Кришны и раздавали сладости «простое чудо» из сливочного масла. Я купила книгу о Кришне и всю ночь ее читала, чувствуя силу *бхакти* Шрилы Прабхупады. Философия сознания Кришны захватила меня в тот момент, и вскоре я стала жить в храме, где долгие дни были наполнены восторженным служением, а ночи предназначались для короткого отдыха.

Я видела Шрилу Прабхупаду всего несколько раз и никогда с ним не разговаривала, но, как все преданные, преклонялась перед ним и служила его миссии. В 1972-м году, проведя несколько месяцев в храме, мы отправились в Нью-Вриндаван на большой фестиваль Джанмаштами, где мне предстояло получить посвящение.

В одно утро вместе с другими *матаджи* мы отправились наводить порядок в доме Прабхупады, пока он читал лекцию по «Шримад-Бхагаватам». Но во время уборки увидели возвращающуюся машину Шрилы Прабхупады, быстро выбежали через парадную дверь и сели в наш фургон, чтобы вернуться в храм. Только вот второпях все оставили свою обувь у черного входа. Я бросилась за ней обратно, пробежала через весь дом, а когда подошла к задней двери вошел Шрила Прабхупада. Никогда не видела Прабхупаду так близко перед собой. Он был красивым и небольшого роста. Я предложила ему свои поклоны, а когда встала Шрила Прабхупада сложил руки в *намасте* и сказал: «Большое спасибо». В фургон я вернулась с обувью и в полу-шоковом состоянии. Как мог кто-то, кто наделен силой, большей, чем сама жизнь, кто соприкасался с настоящей реальностью, воплотиться в человеческом теле? Мне было трудно понять сочетание божественности с человеческой природой.

Когда Шрила Прабхупада дал мне посвящение, он сказал: «Тебя зовут Лалита-сакхи». Затем посмотрел на меня так, будто мог видеть мою душу, и с нажимом добавил: «даси». После этого Прабхупада продолжил: «Повторяй не меньше 16 хороших кругов на четках ежедневно». Это единственное личное прямое наставление, которое я получила от него, оно было моим спасательным кругом и основой моей *садханы*. С того дня это моя самая главная практика. Шрила Прабхупада видел мою душу, он знал, что мне нужно. Я все еще пытаюсь понять, что значит по-настоящему быть слугой *вайшнавов*, а не слугой своего разума и чувств.

В 1976-м году мне посчастливилось поехать в Маяпур на фестиваль. Шрила Прабхупада ежедневно в алтарной обходил Шри Шри Радху-Мадхаву и звонил в большой колокол, проходя мимо алтаря. Во время *киртана* появился Прабхупада, окруженный *санньяси* и *брахмачари*, он потянул за веревку колокола и воспевание стало просто безумным. Я стояла в первом ряду преданных в конце прохода, прямо лицом к Шриле Прабхупаде и так хотела танцевать, но сомневалась уместно ли это, ведь вокруг было много мужчин, а так же *санньяси*. Глядя на сиявшего Шрилу Прабхупаду, я увидела, что он поднял руку ладонью вверх и была уверена, что это означало «Танцуй!» Со счастливым видом я подчинилась.

Во время напряженной работы и наполненных блаженством фестивалей, служения великолепным Божествам, приготовления специальных для Шрилы Прабхупады, издания книг Прабхупады, во время кошмаров, связанных с оскорблениями со стороны тех, кто занимал доверенное положение, когда я чувствовала боль и отсутствие поддержки, Шрила Прабхупада был моим якорем. Он по-прежнему им остается. Полученные от него знания и философия дают силу моей *садхане* и проблески духовной реальности.

После того, как Шрила Прабхупада покинул этот мир, в его движении начались ужасные вещи. Я молилась ему о том, чтобы он помог мне это пережить. Прабхупада явился мне во сне, чтобы воодушевить на продолжение духовной практики.

Будучи наивной 16-летней девушкой, я думала, что духовная жизнь будет мирной, что теперь жизненные проблемы решены, и на все вопросы есть ответы. В *садхана-бхакти* жизнь все еще продолжается. Спустя много лет после нашей последней встречи одна духовная сестра сказал мне: «Мы все еще держимся». Это происходит по милости Шрилы Прабхупады. Потребовалось время, чтобы осознать, что *садхана-бхакти*, которую представил мне Шрила Прабхупада, это не цель, а лишь начало долгого пути, по которому предстоит идти в течение многих жизней. В этой жизни он направляет меня своими наставлениями, демонстрируя самую твердую веру и любовь к Кришне и Его преданным. Я была плохой ученицей, но стремлюсь стать *даси* с твердой верой, стать слугой, какой меня хотел видеть Шрила Прабхупада. Он дал мне метод, как достичь этого. Есть его знаменитое высказывание о том, как добиться его милости: «Вот она! Возьми ее!» Я должна взять на себя бремя ответственности и проделать тяжелую работу, чтобы снискать его милость. Он отличный наставник, способный привести меня к цели.

Спустя годы после ухода Шрилы Прабхупады, когда я чувствовала возрастающую утрату духовного руководства и молилась ему о помощи, то вскоре четко осознала, что Шрила Прабхупада снова приходит ко мне через других *вайшнавов*. Круг замкнулся. В этой жизни я впервые узнала Прабхупаду через людей, которые хранили его в своих сердцах. После его ухода из этого мира, когда я нуждалась в нем больше всего, он проявлялся в чужом сердце сильнее, чем я могла чувствовать его в своем.

Кажется, что духовная жизнь — это мир друзей. Я молюсь, чтобы у меня была возможность узнать моего самого дорогого друга в каждой будущей жизни и служить моему Гурудеву, Шриле Прабхупаде.

Lalita Sakhi devi dasi / Лалита Сакхи деви даси

Преданные проводили киртан в Общественном Колледже Катонсвилля в окрестностях Балтимора, и на столе у них был прасад и книги. Лалита Сакхи попробовала прасад и спустя некоторое время начала посещать уроки по вегетарианской кулинарии, которые давали преданные. Ее первая книга о сознании Кришны, «Шри Ишопанишад», была для нее живой. Через эту книгу она чувствовала душевную связь с Прабхупадой. Она была инициирована в июне 1976-го года в Нью-Вриндаване.

Я жила в балтиморском храме, когда Шрила Прабхупада посетил Вашингтон в 1976-м году. Мы не спали всю ночь: красили потомакский храм, готовясь к его визиту. Утром, когда Прабхупада должен был приехать, я сделала ему гирлянду из лепестков. В Балтиморе мы соревновались, кто сделает самую красивую гирлянду из лепестков для Нитая-Гаурасундары. В тот вечер на *даршан* я взяла с собой «Шримад-Бхагаватам»: я подумала, что Прабхупаде это понравится. В его комнате я увидела, что сделанная мной гирлянда была предложена *туласи*. Было приятно, что Прабхупада поместил ее туда.

Во время лекции в Балтиморе Прабхупаду беспокоила муха, и он сказал: «Проблемы придут. Даже если вы их не хотите, они придут». Это меня тронуло: проблемы приходят независимо от того, хотим мы их или нет. Однажды утром в Потомаке Прабхупада гулял вокруг парковки с учениками. Я взмахнула руками и сказала: «Джая, Прабхупада!» Он повернулся, посмотрел на меня, поднял руки и улыбнулся.

На протяжении многих лет я всегда занималась служением, и, хотя у меня было много проблем, я всегда повторяла шестнадцать кругов. Я не пропустила ни дня. Это не самые лучшие круги в мире, но вычитывание своих кругов — это то, к чему я отношусь серьезно. Я чувствую умиротворение от воспевания и пожизненную приверженность к нему. Некоторые преданные более серьезно относятся к другим аспектам сознания Кришны, но я отношусь серьезно к чтению своих шестнадцати кругов. Я также читаю книги Прабхупады каждый день, по крайней мере, несколько стихов и комментариев.

Книги и воспевание — это моя сильнейшая связь со Шрилой Прабхупадой, душевная связь. При всей неразберихе, происходящей в материальном мире и во всех ситуациях, которые случаются с нами как следствие наших собственных поступков или чьих-то еще, книги Прабхупады и повторение святых имен Кришны определенно являются той лодкой, которая несет нас вперед.

Lavangalatika devi dasi / Лавангалатика деви даси

В 1968-м году двадцативосьмилетняя Лавангалатика жила в вигваме на холмах близ Санте-Фе, когда она прочитала «Бхагавад-гиту как она есть» и обнаружила, что она проста и понятна и имеет больше смысла, чем все другие книги, которые она читала: «Дзен», «Суфизм», «Мать». В храме Санта-Фе Харинама Прабху сказал ей: «Приходи. Мы встречаемся со Шрилой Прабхупадой в Лос-Анджелесе».

Когда я увидела Шрилу Прабхупаду, мои волосы были спутаны, я была одета в *сари*, которое Индумати надела на меня. Он выглядел совершенно замечательно, и я была ошеломлена, потому что никогда не видела такой чистой личности. Мой сын был в ковбойских сапогах, а его четки свисали с руки. Прабхупада забрал четки, сказав: «Отдай их ему позже. Он слишком молод и испортит их». Затем Шрила Прабхупада спросил меня: «У тебя есть какие-нибудь вопросы?» Я не могла говорить, но Индумати сказала мне: «Пожалуйста, спроси Прабхупаду, как выглядит Кришна», и я так и сделала. Шрила Прабхупада стал серьезным и, казалось, излучал недовольство. Он указал на фотографию Кришны рядом с собой и сказал: «Вот Кришна». Затем он указал на другую картину: «Вот Кришна». Я поняла, что должна быть чистой, чтобы знать, каков Кришна, и было неправильно пытаться узнать о Нем до того, как я начну служить своему духовному учителю.

Прожив в храме месяц или два, я попросила: «Шрила Прабхупада, я хотела бы получить посвящение». Он ответил: «Любовь уже здесь. Ты служишь, так что просто продолжай служить, и однажды ты получишь посвящение. Это формальность, о которой тебе не нужно беспокоиться». В следующем месяце, в феврале 1969-го года, я получила посвящение. Шрила Прабхупада рассмеялся, когда назвал меня по имени, которое означает «гвоздика». До того, как я присоединилась к Движению, я не заботилась о своих зубах и обычно жевала гвоздику.

Мы с сыном поехали в Нью-Вриндаван, но Хаягрива не хотел, чтобы я находилась там и спросил: «Шрила Прабхупада, ей обязательно оставаться?» Шрила Прабхупада сказал: «Вы можете определить дерево по плодам, которые оно приносит. Ее сын поет, она поет. В чем проблема? Они оба поют».

Мы, женщины, спали в алтарной, и около двух я просыпалась, чтобы услышать трансцендентный звук *джапы* Шрилы Прабхупады, доносящийся из его комнаты. Мой разум погружался в его воспевание, и все мои тревоги, *майя* и *карма* были смыты. Каждое утро Шрила Прабхупада приходил на *мангала-арати*, стоял перед Божествами в тусклом свете.

Однажды я спросила Шрилу Прабхупаду: «В чем заключается мое служение?» Он ответил: «Твое служение — это твой сын. Следи, чтобы он никогда больше не родился в другой утробе». Поскольку у меня не было мужа, в другой раз я спросила: «Шрила Прабхупада, мне следует побрить голову?» Он сказал: «Нет, нет, не делай этого». Он не хотел, чтобы я была ложным отреченцем.

Однажды Сатьябхама сказал: «Шрила Прабхупада, мне приснился сон о Вас». Прабхупада ответил: «Нет, нет. Если духовный учитель присутствует, сон не имеет смысла. Только после того, как учитель оставит тело, ваш сон будет иметь значение. Пока я здесь, не обращай на это внимания».

Шрила Прабхупада дал мне *брахманическое* посвящение в Новом Вриндаване. По ошибке я сказала *горух* вместо *гурох*, и он поправил меня: «Нет, *горух*. Духовный учитель — это не корова».

Однажды мой сын Дваракадиша плакал, потому что лошадь испражнилась на его маленькие Божества Джаганнатхи в коробке, и он не знал, что делать. Мы спросили Шрилу Прабхупаду, следует ли нам очистить коробку *гобаром* (коровьим навозом). Шрила Прабхупада сказал: «Нет. Вы можете просто показать Господу Джаганнатхе *гобар*, и все будет чисто. Вам не нужно на самом деле тереть Божество *гобаром*». Когда ему было двенадцать лет, Дваракадиша получил первое и второе посвящение от Шрилы Прабхупады.

Шрила Прабхупада проявлял сострадание к животным в Новом Вриндаване. Он говорил: «Эти животные необычные; им очень повезло, и преданные никогда не причинят им вреда».

Однажды Шрила Прабхупада увидел, как я распространяю книги в Лос-Анджелесе и бросил на меня быстрый взгляд, который, казалось, говорил: «Будь осторожна, не слишком беспокой людей». Он вел себя по-джентльменски, и я сразу поняла, что тоже должна вести себя прилично.

Я была счастлива выполнять свое служение и мало разговаривала со Шрилой Прабхупадой, но я написала ему письмо. Он ответил, что я была преданной в прошлой жизни, и что я должна заботиться о себе и о Кришне, и тогда я всегда буду счастлива. Я знаю, как сильно Шрила Прабхупада хотел защитить коров, и теперь я защищаю коров. Прабхупада говорил: «Эта негодная современная цивилизация, основанная на убийстве коров и технологиях, обречена, и Махараджа Парикшит не дал Кали убить корову, и теперь Кришна хочет посмотреть, что мы будем делать, и как мы будем это делать». Он оставил это на наше усмотрение.

Laxmimoni devi dasi / Лакшмимони деви даси

У двадцатилетней Лакшмимони были друзья, которые посещали лекции Рупануги Прабху в университете Буффало. Под влиянием своего друга она понемногу начала повторять маха-мантру. В апреле 1969-го года она увидела Прабхупаду в первый раз и была шокирована тем, что преданные кланялись ему. Тем не менее, в течение года она присоединилась к ним, получила инициацию и вышла замуж за преданного.

Джагадиша, мой муж, и я переехали из Буффало в Детройт, а затем открыли храм в Торонто. В январе 1974-го года Бхадра Прия и я поехали в Индию, чтобы купить все необходимое для Божеств в Торонто. Пока мы были в храме в Дели, мы договорились сделать *вьясасану* для Прабхупады. Но *вьясасана* получилась абсолютно не такой, как мы планировали. Мы не спали ночами, пытаясь как-то исправить ее, и к моменту, когда приехал Прабхупада, я была полностью истощена и разбита. Когда Прабхупада сел на мягкую подушку *вьясасаны*, она издала звук «ууу». Когда он встал, подушка наполнилась воздухом и снова издала «ууу». Прабхупада погрузился в подушку, как будто он находился внутри морской раковины. Мы даже не могли видеть его коленей! Внезапно он широко улыбнулся, посмотрел на меня и сказал: «Спасибо тебе большое». Я испытала огромное облегчение. Прабхупада был удивительно терпимым.

В Дели я готовила для Прабхупады, и как-то раз он сказал мне: «Все очень вкусно. Только я бы хотел немного *сукты*». В то время я не знала, что такое *сукта*. Снова, Прабхупада знал, что я была неквалифицированная и очень нервничала, но он любезно принял то, что я предложила ему. В день явления Нитьянанды я вошла в его комнату и подарила ему пушистый оранжевый *чадар* из мохера, который я купила и покрасила, а затем пришила к нему пуговицу и сделала петлю, чтобы он мог легко застегивать его при необходимости. Он застегнул пуговицу, а потом надел *чадар* через голову — все идеально подошло. Он поблагодарил меня и спросил:

— Джагадиша придет на собрание Джи-Би-Си?
— Придет, — ответила я.
— А он привезет вашего сына?
— Нет, он не собирался.
— Он должен привезти его, — ответил Прабхупада.

Я позвонила Джагадише и сказала ему, что Прабхупада хочет, чтобы он привел нашего четырёхлетнего сына Нирмала. Прабхупада был добрым, дружелюбным, теплым и милостивым по отношению ко мне и Нирмалу. В Майяпуре, когда я была беременна Нитаем, он организовал ежедневную раздачу горячего молока для всех беременных, кормящих мам и детей. Он был внимателен и заботлив. Я всегда считала Прабхупаду добрым, доступным, готовым слушать и говорить, готовым общаться и отвечать взаимностью.

В 1972-м году мы были в Торонто, когда Прабхупада попросил одного добровольца стать членом Джи-Би-Си Индии. Вызвался Джагадиша. В то время я была беременна Югалой и очень злилась на то, что Джагадиша собирается уезжать в Индию. Я села в машину и поехала из Торонто в Нью-Вриндаван, поднялась по лестнице в комнату Прабхупады и сказала: «Как Джагадиша может уехать? У меня скоро будет ребенок. Как мы будем жить?» Прабхупада сказал присутствующим преданным: «Да, она права. Джагадише придется подыскать ей хорошую квартиру в Бомбее. В противном случае она не сможет остаться». Прабхупада заботился о том, чтобы женщины были под защитой, чтобы о них заботились. Где-то в тот промежуток времени я играла на *мриданге*, сидя на полу. Прабхупада прислал мне послание: «Ты не должна играть на *мриданге*, потому что *мриданга* — это тяжелая работа, а беременная женщина не должна заниматься тяжелой работой».

Однажды в своей комнате в Майяпуре Шрила Прабхупада сказал, что мужчины всегда должны думать о женщинах как о матерях. Тогда Пушта Кришна сказал:

— Вы знаете этот стих, Прабхупада? «Когда я думаю о женщинах, я сплевываю только лишь от одной этой мысли»? И мужчины думают, что, когда они видят женщин, они должны плевать на них.

— В первую очередь, — немного подумав сказал Прабхупада, — пусть они освободятся от сексуального желания, а затем плюют.

Когда Гурукрипа раздавал *прасад* в комнате Прабхупады после *даршана*, Прабхупада сказал: «Женщины и дети должны получать *прасад* первыми». В даласской *гурукуле* Прабхупада регулярно виделся с детьми, всегда был добр к ним и общался с ними.

Джагадиша был секретарем Прабхупады, когда Нирнаша умирал от лейкемии. Джагадиша сказал Прабхупаде:

— Родители Нирнаша хотели бы, чтобы вы посоветовали ему пройти химиотерапию. Тогда он смог бы жить нормальной жизнью.

— Нормальной жизнью? — ответил Прабхупада, — нормальная жизнь это жизнь без смерти. Могут ли они дать ему нормальную жизнь?

Мы видели сострадание в одном аспекте, а Прабхупада мгновенно изменил нашу точку зрения. Говоря прямо, его сострадание было духовным. Один преданный убедил Нирнаша обратиться в онкологическую клинику, которая использовала методы альтернативной медицины, а позже он умер от лейкемии.

Прабхупада был очень строг в отношении того, как мы следуем четырем регулирующим принципам и выходим из материальной жизни. Он дал нам ощущение срочности и укрепил нас в решимости вернуться обратно к Богу. Он старался вдохновлять нас на простую жизнь, на совместное служение и хотел, чтобы мы сосредоточились на проповеди. Сейчас мы говорим о более изотерических аспектах духовной жизни, чем те, о которых мы когда-либо говорили во времена Прабхупады, но наш образ жизни во многом утратил это настроение срочности. В то же время Прабхупада был чрезвычайно любящим отцом, сострадательным и заботился о детях, женщинах и о людях в целом. Он хотел, чтобы мы все были счастливы на всех уровнях сознания.

Прабхупада умел балансировать между способностью быть розой и способностью быть молнией, мог легко смеяться с детьми и шутить с женщинами и мужчинами. Он мог видеть обе стороны проблемы и понять, когда стоит провести черту, а когда нет. В отношении поклонения Божествам он был всеобъемлющ, хотел охватить этим служением всех и каждого. Он дал нам простые наставления: поддерживайте чистоту, будьте пунктуальны, красиво украшайте Божеств и предлагайте им красивые цветы. Он не концентрировался на сложностях, связанных с поклонением, и не делал служение исключительным. Он хотел, чтобы Божества выглядели так великолепно и были настолько привлекательными, чтобы никто не мог оторвать от Них взгляд.

Однажды в Лос-Анджелесе Прабхупада спросил: «Все ли повторяют шестнадцать кругов?» Никто не ответил. Тогда Прабхупада сказал:

«Есть ли кто-то, кто не повторяет шестнадцать кругов?» Вновь никто не ответил. Тогда он задал следующий вопрос: «Кто-нибудь врет?» Несколько преданных подняли руки, и он сказал: «Вы должны читать шестнадцать кругов. Вам нет необходимости идти и искать *майю*. *Майя* — это обратная сторона Кришны. Как только вы не видите Кришну, сразу же появляется *майя*. Повторение шестнадцати кругов — это несложно. Вы можете повторять час утром и час вечером, но так или иначе вы должны вычитывать шестнадцать кругов».

Бхакта Дас сказал: «Прабхупада, я много и усердно работаю, чтобы сделать храм Кришны красивым. Иногда я сплю всего четыре часа в сутки». Прабхупада незамедлительно сказал: «Тогда спи по два часа. Но так или иначе повторяй шестнадцать кругов». Он не требовал многого от нас: четыре регулирующих принципа и шестнадцать кругов. Но он хотел, чтобы мы это делали.

Lila Avatara devi dasi / Лила Аватара деви даси

В 1976-м году, когда Шрила Прабхупада приехал в Венесуэлу, Лиле Аватаре, уже получившей посвящение, было девятнадцать лет.

Мой внешний вид бросался в глаза: ногти на руках были покрашены в разные цвета. Окинув всех взглядом, Прабхупада снова уставился на меня. Я не могла выдержать его взгляда. Я отвела глаза и стала соскребать лак с ногтей. Я снова подняла голову, Прабхупада по-прежнему не сводил с меня глаз. Я почувствовала себя тупицей. «Что я делаю? Я получила инициацию, я знаю, что хочу продвигаться по духовному пути, но все же потакаю чувствам. По его глазам я поняла, что хочу быть в сознании Кришны. В его взгляде читалось: «Где ты была? Откуда ты пришла?» Когда я смотрю на *мурти* Прабхупады, передо мной оживает тот самый взгляд. Когда я чувствую, что сбилась с пути, я смотрю на его *мурти*, и его послание звучит с новой силой.

Однажды в Венесуэле мне выпала честь отнести тарелку с мандаринами для Шрилы Прабхупады. Шрутакирти вернул мне нетронутую тарелку и сказал: «Он хочет, чтобы мандарины были очищены от кожуры и белой кожицы. Затем порежь их напополам и вынь все косточки. Мне пришлось довольно долго корпеть над этой задачей. Я плакала и не находила себе места оттого, что Прабхупаде пришлось ждать. Шрутакирти снова отнес тарелку Прабхупаде. Прабхупада принял ее, спросив: «Кто порезал фрукты?»

В 1976-м году многие преданные поехали на Ратха-ятру в Нью-Йорк, на которой присутствовал сам Прабхупада. Нам не разрешалось пользоваться храмовым лифтом, но я была с одной полной *матаджи*. Я сказала ей на испанском: «Может быть, скажем, что вы беременны, чтобы воспользоваться лифтом?» Вдруг я услышала, что кто-то тихо откашлялся. Я обернулась и увидела Шрилу Прабхупаду. Он понял, что я сказала на испанском. Впредь я больше не пользовалась этим лифтом.

В Нью-Йорке произошел еще один случай. Все старались как можно скорее протиснуться в комнату, где вкушали *прасад*. *Матаджи*, в основном латиноамериканки, были в самом конце очереди. Прабхупада остановился, и все замерли. Он распахнул дверь и сказал: «Дамы вперед». После этого, как и следовало ожидать, кто-то еще подошел и стал придерживать дверь. Прабхупада был настолько внимателен, что первым подал пример.

Я впервые встретила преданных в шестнадцать лет. Я начала читать «Легкое путешествие на другие планеты» и подумала: «Эту книгу написал Шрила Прабхупада». Он обладал смирением. Его лекции, его взгляд, его мягкая проповедь вызывали во мне желание быть рядом с ним. Шрила Прабхупада притягивал к себе людей.

Я не настолько глубоко изучила писания, но все же я думаю, что если бы Прабхупада не приехал на Запад, не пожертвовал бы всем, то как бы мы узнали о самом дорогом, что есть в жизни — о святом имени? Каждый день утром и вечером я переодеваю Божеств на фермерской общине в Новом Талаване. Мне нравится наряжать и украшать Их и менять убранство алтаря, чтобы создавалось впечатление, будто Они танцуют. У меня не хватает красноречия, чтобы выразить словами свою бесконечную благодарность Шриле Прабхупаде и всем моим духовным братьям и сестрам.

Некоторые из моих духовных братьев и сестер — особенные души, к которым я испытываю привязанность. Брахмананда Махараджа дал мне хороший совет, когда я развелась. Я не могла понять, как же мог случиться развод, если я преданно служу Божествам? «Некоторые люди обладают силой вселять веру в других, а ты здесь для того, чтобы распространить Движение Господа Чайтаньи и предаться Шриле Прабхупаде».

Я делаю уборку в домах, забочусь о людях, выгуливаю собак — делаю то, что нужно, чтобы поддерживать себя. Но моя истинная миссия — это служение в храме. Прабхупада заразил нас своим энтузиазмом в служении Кришне.

Lila Katha devi dasi / Лила Катха деви даси

Инициированная в 1976-м году, Лила Катха никогда не встречалась со Шрилой Прабхупадой лично, и все же она чувствовала прямую связь со Шрилой Прабхупадой во время своего посвящения.

Я стала членом храма в Монреале в 1976-м году и была инициирована за день до установления Божеств Радха-Манохара. Старшие преданные видели Шрилу Прабхупаду много раз во время его визитов в Монреаль, Торонто, Нью-Йорк и получили посвящения непосредственно от него. Во время моей инициации новые преданные получили письмо с духовными именами и никогда не получали благословения личного общения с

Прабхупадой.

Мне показалось мое новое *санскритское* имя совершенно потрясающим! «Лила Катха» означает говорить об играх Кришны и Его преданных. *Лила* означает «игра», и *катха* означает «говорить». Мне это показалось довольно интересным. Шутка заключалась в том, что Шрила Прабхупада знал, что я никогда не умолкну. Хотя я никогда не встречала Шрилу Прабхупаду лично, но, дав мне это имя, я почувствовала, что он знал, кем я была. Таким образом я немедленно почувствовала, что у меня есть прямая связь со Шрилой Прабхупадой.

Я переехала в Нью-Вриндаван и служила Божествам с очень особенной *матаджи* по имени Хладини. Хладини показала мне огромное количество писем от Шрилы Прабхупады. Через эти письма я увидела, что Шрила Прабхупада был очень личностным в своих ответах. В письмах к Шриле Прабхупаде Хладини излагала все свои вопросы и сомнения. В своих ответах Шрила Прабхупада обращался к ней: «Дорогая, любимая Линда, моя дорогая дочь» и объяснял значение духовного имени, которое он дал ей. Это было по-настоящему удивительно: видеть, с какой любовью Шрила Прабхупада терпеливо отвечал на каждый вопрос. Это было так мило. Я дала эти письма матушке Ямуне, когда она писала свою книгу.

Сострадание, терпение и все эти прекрасные качества мы получаем от Шрилы Прабхупады. Он научил нас, как освободиться от зависти, вожделения и безумных материальных желаний, показав нам еще более прекрасную любовь. Я чувствую, что только по милости Шрилы Прабхупады мы смогли испытать это. И его книги все еще здесь, каждое предложение.

Несколько лет назад у меня появился шанс отправиться в Индию в первый раз. Я побывала в Джаганнатха Пури и затем в Маяпуре. После возвращения из Индии ощущение, что Шрила Прабхупада любит нас, было еще более сильным. Если бы Прабхупада не пришел сюда, я бы никогда не подумала о поездке в Индию. До встречи со Шрилой Прабхупадой я была очень близка с американскими индейцами, так что я бы поклонялась деревьям или красивому солнцу, или чему-то еще. Я бы никогда не подумала о поклонении Кришне! Шрила Прабхупада поистине сделал нам удивительный подарок. Его любовь так сильна!

Lilasakti devi dasi / Лилашакти деви даси

Лилашакти не знала, кто такой Бог и в Его поисках изучала разные религии, беседовала с людьми из разных общин. Она прочитала книгу «Назад к Богу», которую ей дали преданные и поняла: «Ого, так это и есть Бог!»

Я распространяла книги и ежедневно выходила на улицу, чувствуя связь со Шрилой Прабхупадой от осознания того, что являюсь одной из его воинов. Каждый вечер Прабхупада увлеченно слушал результаты по распространению книг, и все мы с радостью отчитывались перед ним.

В Нью-Дварке в начале 1970-х годов не имело значения, чего мы хотели или не хотели, мы делали то, что хотел Прабхупада. Хотя я хотела посвятить свою жизнь Кришне и покончить с материальными отношениями, поскольку Прабхупада считал, что все женщины должны быть замужем, я согласилась выйти замуж, но продолжала жить в храме и распространять книги Прабхупады. Через полтора года мой муж, Мадхукара, сказал мне: «Лилашакти, я хочу иметь семью», и он написал Шриле Прабхупаде письмо о том, что если у нас не будет ребенка, то он хотел бы принять *ванапрастху*. Прабхупада написал ему в ответ длинное письмо:

«Я знаком с твоей женой Лилашакти и знаю, что она очень серьезная и продвинутая ученица. Но теперь, после того как ты женился на ней, у тебя есть некоторые обязательства в соответствии с сознанием Кришны, или ведической системой. К этим вещам нельзя относиться так легкомысленно, иначе все это превратится в фарс. Просто пожениться, не задумываясь о том, насколько серьезна супружеская жизнь, а потом, если возникнут небольшие проблемы или если мне не понравится моя жена или мой муж, я уйду. Все так делают. Таким образом, все это превращается в фарс. Вы пишете, что ваша совместная жизнь мешает вашему прогрессу. Но супружеская жизнь в сознании Кришны не должна восприниматься таким образом, что если есть какие-то проблемы, значит, что-то мешает моему духовному развитию, нет. Приняв эту систему, жизнь *грихастхи*, даже если временами она становится хлопотной, ее нужно выполнять как свой профессиональный долг. Конечно, лучше оставаться неженатым, холостым. Но так много женщин приходит, мы не можем их отвергать. Если кто-то приходит к Кришне, наш долг — дать ему защиту. Кришна поведал нам в «Бхагавад-гите», что даже женщины, *шудры* и другие низшие классы людей могут принять у Него прибежище. Поэтому проблема заключается в том, что у женщины должен быть муж, который сможет дать ей защиту. Конечно, если женщина остается незамужней, и есть подходящая возможность, чтобы храм защищал ее, так же как в христианской церкви есть женские монастыри для систематического привлечения женщин и их защиты, это приемлемо. Но если есть сексуальное желание, как его контролировать? Женщины обычно очень похотливы, более похотливы, чем мужчины, и они — слабый пол, им трудно достичь духовного развития без помощи мужа. По многим причинам наши женщины должны иметь мужа. Однако, если муж так быстро уходит, это не приносит им большого счастья.

Мне неизвестна ситуация в вашем конкретном случае, я просто даю вам общую картину, или общее понимание. Мы никогда не должны думать, что наше так называемое развитие обусловлено или зависит от какого-то набора материальных обстоятельств, таких как брак, *ванапрастха*, то или иное. Зрелое понимание сознания Кришны означает, что в каком бы состоянии я ни находился сейчас, это особая милость Кришны ко мне. Поэтому позволь мне воспользоваться этим наилучшим образом для того, чтобы распространять это движение сознания Кришны и выполнять миссию моего духовного учителя. Если я думаю о своем личном прогрессе или счастье, или о чем-либо еще личном, то это материальные соображения. Если в вашем браке не было никаких причин для счастья, зачем вы вообще женились? Что сделано, то сделано, это факт, я лишь указываю на то, что однажды вы уже сделали что-то без должного изучения своей реальной ответственности и теперь снова обдумываете какое-то решительное действие в том же духе. Поэтому рассмотрите все внимательно в этом свете.

Есть один стих из «Бхагавад-гиты» (12.15): *йасмāн нодвиджате локо локāн нодвиджате ча йах̣ / харшāмарша-бхайодвегаир мукто йах̣ са ча ме прийах̣* — «Тот, кто никому не причиняет беспокойств, кто не испытывает тревоги, кто устойчив в счастье и беде, очень дорог Мне». Одна из основных ошибок в оценке, которую часто допускают преданные-неофиты, заключается в том, что каждый раз, когда возникает какое-то беспокойство или какая-то трудность, они считают, что условия или внешние обстоятельства, при которых возникла трудность, являются причиной самой трудности. На самом деле это не так. В этом материальном мире всегда есть какие-то трудности, независимо от того, в какой ситуации они возникли. Поэтому простое изменение рода занятий или образа жизни ничему не поможет. Потому что на самом деле, если у других есть какие-то трудности, то это мой дефицит сознания Кришны, а не их. Ясно ли это? Кришна говорит, что Его самый дорогой преданный — это тот, кто не ставит других в затруднительное положение, фактически не ставит в затруднительное положение никого другого. Поэтому постарайтесь судить об этом по данным пунктам: создаете ли вы трудности для своей жены или для самого себя?

Правильное понимание «Бхагавад-гиты» — это понимание Арджуны. Другими словами, Арджуна пришел к выводу, что он должен выполнять свой профессиональный долг не как материальную обязанность, не ради жены, семьи, друзей, репутации, профессиональной целостности, вроде этого — нет. Скорее, он должен выполнять свои обязанности только как преданное служение, совершаемое ради Кришны. Это означает, что важно именно преданное служение, а не специальность. Но это не значит, что, поскольку профессиональный долг не является настоящим фактором, я должен отказаться от него и заняться чем-то другим, думая, что преданное служение может продолжаться при любых обстоятельствах, которые я могу создать по своей прихоти. Кришна советовал Арджуне оставаться таким, какой он есть, не нарушать порядок общества и не идти против собственной природы только ради собственного блага.

Наш профессиональный долг не является произвольным. То есть, занявшись каким-то делом, если мы продвинулись в своем понимании, мы не должны менять его на другое. Важным фактором является наша преданность. Так какая разница, чем я занимаюсь, если моя работа и силы полностью направлены на Кришну? Так же и Кришна, Он — Верховная Личность Бога, у Него нет работы, Ему нечего делать, и все же Он приходит сюда, чтобы преподать нам этот урок. Он принимает не только Свой профессиональный долг пастушка, царевича, но Он также принимает супружескую жизнь, Он занимается политикой, Он философ, Он даже управляет колесницей во время великой битвы. Он не подает примера того, что Сам уклоняется от исполнения Своего профессионального долга. Поэтому если Кришна Своим поведением показывает, в чем заключается совершенство существования, то мы, если мы разумны, должны следовать этому примеру. Даже если дома есть жена, дети, это не имеет значения, это не помеха для нашей духовной жизни. И как только мы принимаем эти вещи, профессиональные обязанности, мы не должны легкомысленно от них отказываться. Вот в чем суть. Конечно, наша профессиональная обязанность — проповедовать сознание Кришны. Поэтому мы должны придерживаться этого дела при любых обстоятельствах, это главное. Поэтому женат, не женат, разведен, в каком бы состоянии я ни находился, от этих вещей не зависит моя проповедническая миссия.

Система *варнашрама-дхармы* научно устроена Кришной, чтобы обеспечить возможность возвращения падших душ домой к Богу. И если мы насмехаемся над этой системой, капризно нарушая порядок, то в этом случае мы должны задуматься. Это будет не слишком хороший пример, если множество молодых парней и девушек легкомысленно вступают в брак, а затем уходят друг от друга. Жена становится несчастной, муж пренебрегает ею во многих отношениях и так далее. Если мы будем подавать такой пример, то как тогда правильно будет идти развитие общества? Жизнь домохозяина — это жена, дети, дом, эти вещи понятны всем. Почему же наши преданные воспринимают это как что-то другое? Они просто испытывают какое-то сексуальное желание, женятся, а когда дело не оправдывает их ожиданий, тут же наступает разрыв. Эти вещи подобны материальной деятельности, проституции. Жена остается без мужа, а бывает, что нужно растить ребенка, и во многих отношениях предложение, которое делаете Вы и некоторые другие, становится неприемлемым. Мы не можем рассчитывать на то, что наши храмы станут приютом для стольких вдов и отвергнутых жен, это будет большим бременем, и мы станем посмешищем в обществе. Кроме того, появится нежелательное потомство. Возникнет незаконная половая жизнь, которую мы уже наблюдаем. А женщинам, как слабому полу, необходимо иметь мужа, сильного в сознании Кришны, чтобы можно было воспользоваться этим и добиться прогресса, крепко держась за его стопы. Если муж уходит от нее, что ей делать? В нашем обществе уже так много примеров, так много разочарованных девушек и юношей.

Поэтому я и ввел эту систему брака в ваших западных странах, потому что тут принято свободное общение между мужчиной и женщиной. Следовательно, брак нужен только для того, чтобы вовлечь юношей и девушек в преданное служение, не обращая внимания на разницу в жизненном положении. Но в нашей супружеской системе все немного иначе, чем в вашей стране, мы не поощряем политику быстрого развода. Предполагается, что мы берем мужа или жену как вечного спутника или помощника в служении сознания Кришны и даем обещание никогда не расставаться. Конечно, в случае если речь идет об очень опытных учениках, супружеской паре, и они договорились, что муж теперь примет *санньясу* или отреченный образ жизни, будучи обоюдно очень счастливыми в этом соглашении, то есть все основания для такого расставания. Но даже в этих случаях не может быть и речи о разводе. Муж, даже если он принимает *санньясу*, должен быть уверен, что в его отсутствие о жене будут хорошо заботиться и защищать ее. Сейчас так много примеров несчастного положения жен, которых мужья бросили против их воли. Как же я могу разрешить такое? Я не хочу подавать плохой пример будущим поколениям, поэтому я с такой осторожностью рассматриваю вашу просьбу. Однако если в брак вступить будет так легко, а потом бросить жену под предлогом того, что супружеская жизнь мешает духовному развитию, это совершенно нехорошо. Это неправильное понимание того, что такое прогресс в духовной жизни. Профессиональный долг должен быть — либо этот, либо другой, но если я занимаюсь чем-то по профессии, то я не должен менять это или отказываться от этого, это грубейшая ошибка. Преданное служение не связано с такими понятиями. Поэтому, раз уж решил, лучше придерживаться этого пути и развивать свою преданность до истинной любви к Богу. Таково понимание Арджуны.

Надеюсь, что вы находитесь в добром здравии,
Ваш вечный доброжелатель,
А.Ч. Бхактиведанта Свами»

После получения этого письма мы с мужем раз в месяц ездили в гостиницу, повторяли пятьдесят кругов, и в результате у меня родился замечательный сын, Манаса Чандра. С ним у меня не было никаких проблем. Он подарил мне замечательного внука, и я не жалею о том, что выполнила это служение.

Прабхупада дал нам Бога, Кришну, он рассказал нам, кто такой Бог, где Он живет, и как Он выглядит. Если мы захотим, то в любой момент мы можем прикоснуться к невероятному, заветному дару Прабхупады.

Нет ничего более удивительного, чем это.
Lila Shakti devi dasi / Лила Шакти деви даси

Лила Шакти всегда находилась в поисках чего-то большего. У нее было много вопросов, на которые служители христианской церкви, куда ходили ее родители, не могли на них ответить. Когда ей было девять лет, она поняла, что жизнь в основном состоит из страданий. Позже, после того как одна из ее одноклассниц погибла в результате несчастного случая, она подумала: «Я бы хотела быть на ее месте. Теперь она свободна. Когда ты умираешь, все становится лучше». После окончания колледжа и перед поступлением в высшее учебное заведение она решила взять перерыв на год и поехать в Лондон. За несколько дней до отъезда она услышала по радио мантру Харе Кришна, которая очень ей понравилась. Лила Шакти — одна из тройняшек, и одна из ее сестер, Инга, приехала с ней в Лондон.

В октябре 1969-го года мы с Ингой шли по Оксфорд-стрит, когда увидели преданных и услышали, как они поют ту же мелодию, что и по радио. Мы подбежали к ним и спросили: «Что вы делаете?» *Брахмачари* ответил: «Это очистит ваше сердце от пыли, накопившейся за годы жизни» и дал нам листовку, чтобы мы отправились в Конвей-холл.

В Конвей-холле я познакомилось с Ишаном и спросила его: «После того как ты умрешь, прежде чем принять свое следующее тело, ты отправишься куда-нибудь еще или просто перейдешь прямо из одного тела в другое?» К тому моменту я уже понимала смысл слова «реинкарнация». Ишан был честен и сказал: «Я не знаю ответа на этот вопрос. Но рождение, смерть, болезни и старость — в этом нет ничего особенного, кроме страданий. Секрет в том, чтобы выбраться отсюда». Я подумала: «Наконец-то! Кто-то думает так же, как я думала всю свою жизнь. Это место страданий. Мы должны найти способ выбраться отсюда».

Меня привлекло пение преданных, но больше всего меня поразил Прабхупада, сидящий на высоком столе, и все преданные, кланялись ему. Когда мы пришли во второй раз, Сарасвати подбежала к нему, и он перестал разговаривать с большим залом, полным людей, чтобы улыбнуться ей и уделить ей немного внимания. Это помогло мне понять: «Он не высокомерный гуру, он другой».

Личность Прабхупады была всепоглощающей. Он был такой же, как Кришна, и знал, о чем ты думаешь. После того, как Прабхупада дал мне мою Гаятри, он взял «Учение Господа Чайтаньи» и спросил: «Ты читаешь эту книгу?» Я сказала: «Да, но мне трудно это понять». Он сказал: «Если ты не понимаешь, тогда спроси старших преданных здесь. Но пока я здесь, приходи и спрашивай меня».

В 1971-м году мы с Бала Гопалой поклонялись Радхе-Лондонишваре и решили, что нам нужно задать Прабхупаде несколько вопросов. Мы пошли в комнату Прабхупады на Бери Плейс и спросили о подношениях Божествам. Прабхупада сказал: «Большие тарелки — много разнообразных блюд. Кришна — Высший Наслаждающийся». Он развел руки в стороны, показывая, что тарелки должны быть размером в один метр шириной.

А еще был случай, когда я находилась рядом с комнатой Прабхупады и услышала, как преданные этажом выше громко смеялись, шутили и шумно пели, играли на гитарах. Прабхупада тоже услышал это, вышел из своей комнаты, посмотрел на меня и спросил: «Божества сейчас отдыхают?» Я сказала: «Да, Прабхупада». Он был зол, что они так шумели, пока Кришна отдыхал. Он сказал: «Останови их!»

У меня было много сомнений, когда я была *пуджари*. Я часто думала: «Действительно ли я хочу остаться? Это то место, где я хочу быть?» Прабхупада приезжал примерно раз в год, и один его кивок и улыбка заставляли меня думать: «Даже если никто больше не знает, Прабхупада знает, что происходит». В 1976-м году некоторые немецкие преданные говорили, что женщины не могут быть главными *пуджари*, и они не могут занимать ответственные посты. Всякий раз, когда Прабхупада приезжал в храм, он всегда заходил в алтарную, чтобы увидеть Божества. Однажды я была там одна. Я стояла рядом с Прабхупадой, и он смотрел на Божества, как будто разговаривал с Ними. Затем он повернулся ко мне и тихо спросил: «Ты главная?» Я ответила: «Да, Прабхупада». «Очень хорошо», — был его ответ. Это вдохновило меня.

Однажды Прабхупада приехал с коротким визитом, и я дала ему несколько фотографий Радхи-Лондонишвары с запиской: «Вот несколько фотографий моего Кришны». В своем ответном письме Прабхупада написал: «Большое тебе спасибо за фотографии твоего Кришны».

В какой-то момент мы сделали блестящий зеленый наряд из полиэстера и атласа, покрытый блестящими белыми и золотыми блестками с золотым хромовым фоном. Такого раньше никто не делал. Прабхупада вошел в храмовую комнату, остановился на полпути, поднял руки и сказал: «Ааа! Это Кришна. Каждый раз, когда я прихожу сюда, Божества одеты так красиво». Он был так доволен тем, как Они выглядели. Позже в письме он написал: «Я так рад видеть, что Божества украшены самым лучшим образом! Вы все так усердно трудитесь, и это не пройдет даром. Это твоя вечная заслуга».

Это произошло, когда Прабхупада приехал в 1971-м году. Мы сидели в его комнате, и Малати подошла к двери с Сарасвати. Прабхупада обратился к ней как Малати прабху и с блеском в глазах обратился к Сарасвати как Сарасвати прабху. Когда я присоединилась к этому Движению, все были *прабху*. Теперь это стало проблемой, и преданные, казалось, забыли, что сам Шрила Прабхупада обращался к женщинам как к *прабху*. Я никогда не слышала, чтобы Прабхупада обращался к своим ученицам-женщинам как к *матаджи*, *мате* или матери. Прабхупада наставлял нас своим примером, и, поскольку это исходило от него, это много значило для нас. Я не привязана к тому, чтобы меня называли так или иначе, но я хочу следовать примеру и стандартам Шрилы Прабхупады.

Lilamrita devi dasi / Лиламрита деви даси

Лиламрита переехала в храм Ванкувера незадолго до Гаура-Пурнимы 1976-го года. Несколько недель спустя президент храма спросил ее, не хочет ли она получить посвящение. Он спросил: «Вы знаете, что значит получить посвящение?» Она сказала, что нет. «Это означает, что ты никогда не сможешь уйти», — сказал он. Она сказала ему, что даже представить себе не может, что ей захочется оставить сознание Кришны. «Хорошо, — сказал он, — я добавлю тебя в список».

Вскоре пришло ответное письмо. Шрила Прабхупада принял нас как своих должным образом инициированных учеников. Это был самый важный момент за все мое пребывании в материальном мире. Год спустя я получила второе посвящение. Вначале моим основным служением было распространение книг, а моей любимой молитвой была молитва, написанная Шрилой Прабхупадой на борту «Джаладуты». Я читала ее ежедневно для вдохновения на проповеди.

Мое общение со Шрилой Прабхупадой всегда заключалось в чтении его книг, прослушивании его лекций и *бхаджанов*, его записи с *джапой*, просмотре видео с ним и, когда это возможно, общении с теми удачливыми учениками, с которыми он лично общался. Рассказы о полных любви отношениях Шрилы Прабхупады со своими учениками всегда меня сильно мотивировали. Если у кого-то получилось найти прибежище у его лотосных стоп, я буду и дальше пытаться достичь этого, следуя его наставлениям в меру своих возможностей. Я надеюсь на это всем сердцем. Это чем-то похоже на рекламу: нужно услышать о чем-то, чтобы развить желание это получить.

В ноябре 1977-го года я была в Анкоридже, Аляска, вместе с Радхикой деви даси раздавала книги в аэропорту. Когда мы получили известие об уходе Шрилы Прабхупады, мы вернулись в храм Ванкувера, чтобы побыть с другими преданными. Это было очень тяжелое время. С того момента я большую часть времени проводила вдали от храма, путешествуя с еще одним преданным в фургоне-прибежище по северо-западным провинциям Канады. В нашем фургоне был книжный шкаф со всеми книгами Шрилы Прабхупады и небольшой алтарь наверху, на котором у нас было маленькое медное *мурти* Шрилы Прабхупады. Мы уезжали на недели, а иногда и месяцы, звоня в храм раз в неделю. В нашем фургончике мы читали книги Шрилы Прабхупады, слушали его лекции, служили его *мурти* и проводили иное служение.

Политика и проблемы возникали в храме, но мы никогда и не слышали о большинстве из них, пока они уже не решались. Тогда еще не было интернета. Милость Шрилы Прабхупады была доступной, реальной и поддерживала нас. Сознание Кришны было для меня реальным. Проблема для меня возникла только тогда, когда я позволила чужим тяготам мешать моей собственной практике. Таким образом, хоть я и зависела от преданных и наших лидеров, я обнаружила, что если я сохраняю связь со Шрилой Прабхупадой, то могу продолжать свой путь в сознании Кришны, даже когда со временем некоторые преданные испытывали трудности или оставляли сознание Кришны. Постоянно слушая Шрилу Прабхупаду, я поняла, что самые большие проблемы, с которыми мне приходится сталкиваться — это мои собственные недостатки и моя неспособность подчиниться наставлениям Шрилы Прабхупады.

Однажды, несколько лет назад, один гость спросил меня, каково это быть в присутствии Шрилы Прабхупады. Я сказала, что на самом деле я с ним не встречалась вживую — я получила посвящение через письмо. После этого мой ум забеспокоился, и я стала думать: «Неужели я хуже, как ученица, потому что не встречалась со Шрилой Прабхупадой?» В ту ночь мне приснился сон. Собралась небольшая группа распространителей книг из разных стран, и Шрила Прабхупада вошел в комнату. Я плакала от счастья. И когда подошла к Шриле Прабхупаде, предложив поклоны, сказала: «О Шрила Прабхупада, я так счастлива познакомиться с Вами!» Шрила Прабхупада стоял там, очень красиво улыбаясь, а потом я заметила, во что он был одет. Это было шерстяное одеяло ручной вязки, точно такое же, как я связала для его *мурти* в храме Ванкувера.

Я не могу утверждать, что хорошо разбираюсь в сознании Кришны, но что я действительно понимаю, так это то, что Шрила Прабхупада необычайно сострадателен, и он дал нам выход из этого жалкого материального мира. Недавно я прочитала в одном комментарии к «Шримад-Бхагаватам» красивое предложение. Шрила Прабхупада просто сказал: «Кришну можно любить». Шрилу Прабхупаду, чистого преданного Кришны, тоже можно любить. В моих глазах те преданные, которые привязаны к нему и посвятили себя его служению, достойны любви. Я очень хочу иметь возможность быть рядом с ними и служить им.

Вся слава Шриле Прабхупаде!

Lokadristi devi dasi / Локадристи деви даси

В Тандер-Бей, Онтарио, Локадристи иногда спрашивала своих учеников, занимающихся с ней хатха-йогой: «Зачем вам нужен гуру?» Слышав их нелепые ответы, она задумывалась: «Зачем вам для этого вообще нужен гуру?»

После того, как мой муж Камсаханта прочитал «Бхагавад-гиту как она есть», он купил остальные книги, написанные Шрилой Прабхупадой к тому времени: Первую, Вторую и Третью песни «Шримад-Бхагаватам». В том городе, где мы жили, не было общества преданных, но Камсаханта воспринимал каждое слово в книгах Прабхупады так, будто они были так же хороши, как сам Бог.

Мы добрались автостопом до храма в Торонто, где кто-то открыл нам дверь и сказал: «Входите, входите, сегодня Радхаштами!» Урваши продала мне кулинарную книгу «Харе Кришна» и объяснила, что это древняя наука, которая берет свое начало тысячи лет назад. Впечатленная, я подумала, что в этом заложено так много смысла!

Затем мы отправились в Бхактиведанта Мэнор, и каким-то образом получилось так, что мы прибыли в тот же день, что и Шрила Прабхупада. Я была на третьем месяце беременности, но оставалась в хорошей форме, потому что преподавала йогу. В тот день получилось так, что до полуночи я мыла кастрюли в ледяной воде. Я спала на голом полу в *ашраме брахмачарини* до 3:30 утра, пока кто-то не сказал: «Просыпайтесь на *мангала-арати*». Мое тело не могло и не хотело делать это. В 6:30 кто-то сказал: «Пришло время для приветствия нашего духовного учителя, тебе нужно встать». Я увидела Шрилу Прабхупаду, сидящего на *вьясасане* и подумала: «Какое ужасное сиденье. Если они любят своего *гуру* так сильно, как они могут предлагать ему такое уродливое место?» Годы спустя я услышала, что, когда Шрила Прабхупада увидел эту *вьясасану*, он сказал: «О, вы что, ожидаете Господа Шиву?»

Пока Камсаханта путешествовал вместе с группой выездной *санкиртаны*, я застряла в храме в Торонто, где плакала по ночам от непонимания того, что я здесь делаю, зачем нахожусь тут. Никого не заботил тот факт, что я беременна, и что там практически нечего было есть. Но Чинтамани спасла меня. Она рассказывала мне истории о Прабхупаде, и мы смеялись до полуночи. Она оживила для меня личность Шрилы Прабхупады и соединила меня с Ним.

Храм в Торонто находился в очень плохом районе. Поэтому в нем был установлено двадцатичетырехчасовое наблюдение за Божествами. На своих сменах в течение полутора часов по утрам и полутора часов в обед я читала «Нектар преданности» и книгу «Кришна». Я была просто околдована словами Прабхупады. Лакшмимони как-то попросила меня сшить наряд для Божеств, и я также медитировала на то, как это сделать наилучшим образом. Чтение книг Прабхупады и служение по созданию этих одежд сделали меня преданной.

Я прошла через множество сложностей в ИСККОН. Я сталкивалась с людьми, которые говорили мне разные вещи по поводу того, как воспитывать моего ребенка, как делать те или иные вещи. Шрила Прабхупада был сострадательным, логичным и разумным, и если то, что мне говорили, не было таковым, то я сомневалась в этих словах.

У нас с мужем никогда не было возможности служить Шриле

Прабхупаде лично или близко взаимодействовать с Ним, но он всегда был рядом в наших сердцах. Прабхупада благословил нас тем, что дал возможность соединиться с Кришной. Я очень хочу поделиться Прабхупадой с другими людьми и дать им возможность заниматься преданным служением.

Madan-Mohan-Mohini devi dasi / Мадана-Мохана-Мохини деви даси

В августе 1966-го года в Нью-Йорке Мадана-Мохана-Мохини, выпускница школы, услышала дзинь-дзинь-дзинь-дзинь и увидела поющих людей в странной одежде. Она поделилась с другом: «Нью-Йорк – это, однозначно, чудаковатое место. Надо делать ноги отсюда». Несмотря на это, год за годом она то и дело сталкивалась с преданными.

В 1970-м году я посетила храм в городе Мадисон, штат Висконсин. Стоило мне увидеть на стене изображение Прабхупады, как меня пронзила мысль: «Это мой отец». Я почувствовала, что он никогда меня не подведет, почувствовала родственную связь с ним, его защиту и покровительство. Любовь преданных к Прабхупаде усилила мою собственную связь с ним. Меня все сильнее привлекала его личность, поэтому я стала серьезно практиковать Сознание Кришны.

В начале лета 1972-го года я стала прихожанкой храма в Гамбурге. Я чувствовала себя счастливой и удовлетворенной. Несколько лет я делала гирлянды и надевала их на Прабхупаду. Для меня, плести и предлагать гирлянды, было значимым служением. Я желала сделать подношение Прабхупаде, а Прабхупада великодушно исполнял мое желание. Он смиренно складывал руки и делал кивок головой в знак того, что принимает мое маленькое, незначительное служение. У меня никогда не возникало мысли: «Я женщина, я не могу этого делать». Прабхупада одинаково относился к мужчинам и женщинам. Я надевала ему гирлянды перед *санньяси*. На заре становления Движения мы были большой семьей, члены которой изо всех сил старались удовлетворить Прабхупаду своим служением.

Когда я получила инициацию, Прабхупада объяснил: «Мадан означает Купидон, который очаровывает всех. Мохан – это имя Кришны, который настолько привлекательный, что он очаровывает самого Купидона. Но Мохини – это та, что очаровывает Кришну, покорителя Купидона, или Шримати Радхарани». Я выпорхнула из комнаты. Прабхупада словно видел меня насквозь. Я чувствовала его животворящую любовь и заботу.

Я всегда поклонялась Божествам в храме, а сейчас я поклоняюсь домашним Божествам. Прабхупада хотел, чтобы мы поклонялись Божествам как следует, и был доволен нашими высокими стандартами. Он также хотел, чтобы преданные хорошо питались и заботились друг о друге.

Я много общаюсь с Прабхупадой через сны. После пробуждения от этих снов я чувствую глубокое удовлетворение от того, что Прабхупада рядом: он знает, что у меня на сердце, знает, в чем и когда я нуждаюсь. Например, он сказал мне, чтобы я не переживала, когда происходят перемены. Я все еще этому учусь.

У меня в голове не укладывается, насколько мне повезло прийти в Сознание Кришны. Это невообразимая удача.

Madhuryalilananda devi dasi / Мадхурьялилананда деви даси

Мадхурьялилананда жила в Боулдере, как хиппи, и была несчастна. Каждый день она молилась: «Я просто хочу быть счастливой, это все, что я хочу». Один хиппи постоянно воспевал и однажды он сказал ей: «Ты знаешь, ты не это тело». Она ответила: «Боже мой, это такое облегчение, узнать об этом!» Он дал ей «Бхагаватам» Шрилы Прабхупады, «Нектар Преданности», «Учение Господа Чайтаньи» и книгу «Кришна». Книги были настолько замечательны, что, прочитав их, она переехала в храм.

Я присоединилась весной 1972-го года в Денвере, спустя месяц или два после моего двадцать первого дня рождения, и следующей осенью была инициирована через письмо. В моем письме на инициацию Шрила Прабхупада написал: «Повторяй шестнадцать кругов, и ты освободишься от помутненного сознания». В то время я действительно чувствовала, что мое сознание затуманено. Когда следующей весной я поехала вместе с другими преданными из Денвера в Новый Вриндаван на Джанмаштами, то впервые увидела Прабхупаду в аэропорту Питсбурга. Его маленький рост удивил меня, а его присутствие и манера поведения были чем-то такими, чего я никогда раньше не видела.

На Джанмаштами все бодрствовали до полуночи, читая книгу «Кришна» в алтарной, все были изнурены и засыпали. Наконец, после полуночи Прабхупада сказал: «Пришло время принять *прасад*», и все закричали: «Джай! Джай!»

Когда Прабхупада посещал Атланту, алтарная была переполнена. Это была стена преданных, и Шрила Прабхупада смотрел на каждого из нас. Я думала: «Боже мой, я буду следующей, он посмотрит на меня!» Мне хотелось нырнуть вниз и убежать, но я этого не сделала. Конечно же, он посмотрел прямо на меня, и у меня было ощущение, что он точно знал, что со мной происходит, он смотрел прямо в душу.

Шрила Прабхупада был центром нашей жизни. Все, о чем мы думали, и все, что мы делали, было для него и для Кришны. Мы были полностью погружены. По милости Кришны у меня никогда не было серьезных проблем. Я всегда чувствовала, что Кришна защищает меня и ставит в такую ситуацию, где я могу выполнять какое-то служение.

Шрила Прабхупада сказал: «Повторяйте шестнадцать кругов в день», — и я делаю это, хотя иногда не помню зачем. Я думаю: «Я делаю это, потому что Шрила Прабхупада сказал мне». Может быть, у меня нет такого сильного влечения, но я все равно этим занимаюсь. И почему-то я все еще здесь, спустя все эти годы.

Madira devi dasi / Мадира деви даси

В июле 1971-го года, когда ей было семнадцать лет, Мадира поехала в Нью-Йорк с другими преданными из Буффало. Она ждала два года, чтобы получить посвящение, и потому сразу получила как первое, так и второе посвящение.

Во время инициации Прабхупада шутил с теми, кто принимал посвящение. Многие из названных им имен были забавными. Был один преданный из Буффало по имени Питер, который стал Кусакратой и много лет работал переводчиком в Лос-Анджелесе. Прабхупада спросил его о четырех принципах, и Питер вспомнил три. Прабхупада сказал: «Какой вам нравится больше всего?» Питер ответил ему: «О, опьянение, Шрила Прабхупада». Все отмечали хорошее настроение и юмор Прабхупады. Когда Прабхупада вручил мне мои четки, он сказал: «Тебя зовут Мадира. Это значит опьяненная». Я отреагировала: «О, Боже». Затем он улыбнулся и сказал: «От повторений Харе Кришна». Я пришла в Движение совсем молодой и никогда не испытывала никакого опьянения, но я любила петь *киртан*, поэтому, когда он это сказал, я поняла, что имя мне очень подходило.

Позже, когда я пошла получать у Шрилы Прабхупады *гаятри-мантру*, я почувствовала себя не на своем месте. Я не могла понять движения пальцев, которые показывал мне Прабхупада. В конце концов, Прабхупада взял мой большой палец и положил его в нужное место, и тогда я поняла. Это было несложно, но в присутствии Шрилы Прабхупады я была будто бы парализована. Его присутствие меняло сознание: это было похоже на вступление на *Вайкунтху*.

Незадолго до инициации я вышла замуж за Теджияса и переехала в храм Буффало. Мы с Теджиясом пообещали моим родителям, что останемся в Буффало, но я получила посвящение в июле, и мы с Теджиясом переехали в сентябре.

Мы с Теджиясом служили в Дели, и когда приезжал Шрила Прабхупада, я поклонялась Божествам, убирала храм и комнату Прабхупады, готовила для него. Это было невероятно личностно – приносить *прасад* Шриле Прабхупаде. Однажды во время вечернего *киртана* в Дели я подумала: «Ну, здесь никого нет», поэтому я села рядом со Шрилой Прабхупадой и играла на барабане, а он играл на *караталах* и вел *киртан*. Когда преданные услышали *киртан*, они стали приходить. Прабхупада, сидящий на *вьясасане*, посмотрел на меня и ускорился. Я ускорилась следом. Потом он ускорился еще больше, но и я не отставала. К тому времени комната была заполнена преданными. Прабхупада закрыл глаза, полностью погрузившись в *киртан*. Он был в доволен моей игрой на барабанах.

Однажды, когда мне было девятнадцать, Теджияс сказал Прабхупаде, что хочет принять *санньясу*. Прабхупада спросил: «Почему?» Теджияс ответил: «Она не делает то, что я ей говорю». Шрила Прабхупада сказал ему: «У тебя умная жена. Если она не делает то, что ты ей говоришь, то ты сам делай то, что говорит она». Мне понравился этот ответ, но этого не произошло, и Теджияс не принял *санньясу*.

Когда у нас родилась дочь, Прабхупада сказал: «У Теджияса была дочь, поэтому ее зовут Теджасини», — и засмеялся. Он был добр к детям и часто играл с Теджасини. Однажды мы были на крыше *ашрама* в Дели, когда моя дочь болела корью и плакала. Шрила Прабхупада собирался прийти на сеанс массажа, поэтому Хари Шаури, увидев нас там, драматично указал мне на дверь. Я собрала Тедж и ушла, но увидела Шрилу Прабхупаду, поднимающегося по лестнице. Он посмотрел на нас и спросил: «Куда вы идете?» Я ответила: «Шрила Прабхупада, мы собираемся пойти в храм». Он сказал: «Тебе не нужно уходить». Он излучал доброту.

Однажды во Вриндаване, когда Божества Радха-Шьямасундара только что прибыли из Джайпура, Прабхупада захотел Их увидеть. Когда Божеств открыли, Прабхупада посмотрела на Радхарани, а затем на Ямуну и сказал: «Она похожа на тебя. Когда ты была в Джайпуре, мастера увидели тебя и сделали Ее лицо похожим на твое». Мы засмеялись, а затем Прабхупада посмотрел на меня и сказал: «Нет, она похожа на тебя». Это был замечательный обмен эмоциями.

Однажды вечером мы были в храме Радхи-Дамодары, когда очень набожный человек, Бриджмохан Джанивала, приехал из Дели во Вриндаван, чтобы получить *даршан* Прабхупады. Они говорили на хинди, а затем Прабхупада начал играть на фисгармонии и петь *бхаджан*. Это был одно из тех совершенно чудесных, редких событий, когда Прабхупада отправлял всю комнату на Голоку.

Однажды во Вриндаване он спросил меня, хорошо ли я ухаживаю за своим мужем. Я действительно заботилась о Теджиясе в болезни и здравии, но внутренне я не заботилась о нем. Он мне не очень нравился, и я не ладила с ним, поэтому я не знала, как честно ответить на вопрос Прабхупады. Я ответила: «Да, Шрила Прабхупада», — но показала, что глубоко не забочусь о нем.

Во время программы в *пандале* в Дели на территории КСЖ в Коннот-Серкл у Ямуны была желтуха. Мы все остановились в *дхармашале* в Дели, и Прабхупада пришел навестить Ямуну и узнать, как о ней заботятся. Прабхупада беспокоился о том, чтобы у преданных был хороший *прасад* и чистые условия для проживания.

Прабхупада пригласил нас посетить святые места во Вриндаване, а потом, когда мы вернулись в Дели, развязалась война между Пакистаном и Индией. Каждую ночь мы затемняли окна, зажигали свечи, и, пока над головой пролетали военные самолеты, Прабхупада читал лекцию. Он рассказывал нам, как во время Второй мировой войны все уезжали из города, а он остался. Также отключалась электроэнергия, и он гасил все огни, кроме небольшого огонька, при свете которого он делал *качори* для своих маленьких Божеств. Он рассказывал: «Бомбы падали, а я делал *качори* для Радха-Говинды».

В Джайпуре Прабхупада провел церемонию посвящения в *санньясу* для Тамала Кришны Госвами. Прабхупада выглядел серьезным, а событие было мрачным и шокирующим для меня. Наша команда женщин была небольшой и сплоченной, и я всем сердцем сочувствовала Мадри, бывшей жене Тамала Кришны Махараджа.

Однажды в Дели г-жа Бакши, щедрый спонсор, пригласила Шрилу Прабхупаду и всех преданных к себе домой. Мы сидели в длинном ряду и принимали *прасад*, когда некоторые из нас поняли, что в блюде из нута есть лук. Встревоженные, мы обратились к Шриле Прабхупаде. Вместо того чтобы смущать хозяйку, Прабхупада прокомментировал: «Я не ем лук. Я ем нут». Таким образом, мы узнали этикет, соответствующий данному моменту. Эта женщина была мягкой и искренней доброжелательницей преданных, и Прабхупада не хотел причинять ей боль. Мы же, в свою очередь, были склонны к догматам и ревностному служению.

В разных местах Индии Прабхупада часто просил Ямуну и некоторых других учеников выступать с лекциями. Он ценил то, как преданные говорили от всего сердца, а также философию, которую они передавали. Шрила Прабхупада очень любезно принимал наше служение. Его доброта всегда поражала меня.

Maha Bhagavat devi dasi / Маха Бхагават деви даси

Подруга Маха Бхагаваты повесила изображение Шрилы Прабхупады на стене у себя дома и через некоторое время показала ей, как повторять джапу.

Когда моя подруга начала повторять *джапу*, что-то произошло в моем сердце, и мне пришло чудесное осознание, что человек на картинке был моим духовным учителем. Он был не только моим духовным учителем, он был *джагат-гуру* — духовным учителем каждого. Я поняла, что всю свою жизнь была глупа, и мне посчастливилось найти Шрилу Прабхупаду. Эти осознания были такими ясными, что я поняла, что никогда не засомневаюсь в Шриле Прабхупаде. На следующий день я переехала в портлендский храм. Это был 1975-й год, мне было тридцать четыре года.

В храме Шрила Прабхупада ощущался повсюду, но я не испытывала к нему любви. Затем мне стали сниться сны о Шриле Прабхупаде, которые сильно изменили мою жизнь. Эта так называемая реальность, в которой я сейчас нахожусь, далеко не так реальна, как мои сны. В одном сне я смотрела на лицо Шрилы Прабхупады и впервые в жизни почувствовала удовлетворение. В другом сне Кришна сказал мне: «Не сомневайтесь в Шриле Прабхупаде, ни в едином его слове. Он никогда не обманет тебя». На следующий день после этих снов я чувствовала, как меня переполняло счастьем, энергией и радостью, чувством личной связи со Шрилой Прабхупадой. Эти сны заставляют меня двигаться дальше. Они напоминают мне о важности повторения *джапы* и следования четырем регулирующим принципам, и о том, чтобы никогда не сдаваться. Они мое прибежище, мое личное время с Прабхупадой и Кришной. Мне еще предстоит полностью признать и оценить величие Шрилы Прабхупады, но теперь я могу сказать, что в какой-то мере люблю Шрилу Прабхупаду.

Mahadevi devi dasi /Махадеви деви даси

В 1970-м году Джордж Харрисон выпустил песню «Мой дорогой Господь». Эта песня изменила жизнь Махадеви, приведя ее к Шриле Прабхупаде и его преданным. Окончив старшую школу, она переехала в дом музыкантов в Джорджтауне, округ Колумбия. Однажды преданные харинамы воспевали и танцевали на улице Кью в Джорджтауне. Верный Махадеви лабрадор по кличке «Мир» последовал с ней за преданными к храму на улице Кью. Тогда президентом храма был Дамодара дас, и дружелюбная Манкумари деви даси дала им обоим тарелку прасада.

Меня сразу же привлекли духовные ощущения и фотография Шрилы Прабхупады на *вьясасане*. Манкумари рассказала мне много чудесного о Прабхупаде. «Прабхупада описывает божественную формулу для свободы и мира из древних Вед. Свобода от отождествления себя с этим телом — вот настоящий мир». На следующий день моя группа, известная как «Простая правда», отправилась в путешествие на большой концерт в Кей Вест во Флориду. Мы с Миром проехали автостопом тысячу двести миль. Это был безумный и смелый опыт, который готовил меня к высокоскоростным приключениям в миссии *санкиртаны* Прабхупады.

В Кей Весте проходит известный ночной фестиваль под названием «Закат на причале», который отмечается, когда огромное оранжевое солнце медленно садится. В 1972-м году каждый вечер три недели подряд Вишнуджана Махарадж воспевал Харе Кришна на причале с очень очаровательными Божествами Радхи-Дамодары. Пение Вишнуджаны мгновенно привлекло мое внимание. Как ласково он говорил о Шриле Прабхупаде, каким ангелом он выглядел, играя на тамбуре, и какое счастье наполняло мое сердце, когда я стояла перед Радха-Дамодарой!

Каждый вечер Махарадж кормил нас с Миром черничной *халавой*, описывая при этом славу Шрилы Прабхупады и Харе Кришна Мантры. Он показал мне статью из старого номера «Обратно к Богу» о пологих зеленых холмах Нового Вриндавана и убедил меня съездить туда.

На следующий же день я покинула группу, и мы с Миром отправились автостопом в Нью-Вриндаван в Западной Вирджинии. Когда я приехала, там была Манкумари деви! Мы были так счастливы снова увидеть друг друга.

«Это организовал Кришна», — сказала она с теплой улыбкой. «Мэри, *шраванам* или слушание — самый важный аспект процесса *бхакти-йоги*, поэтому, если ты уложишь волосы за уши, ты сможешь лучше слышать». Мы собрали мои волосы за ушами. Манкумари продолжила: «Чистота идет рядом с благочестием. Мыть посуду Кришны — все равно что чистить наши сердца. Если бы ты могла помочь нам с мытьем посуды для сладкого риса, мы были бы очень благодарны. Мы можем предоставить тебе и твоей собаке бесплатную еду и жилье». Я обещала Вишнуджане Махараджу, что попробую пробыть там месяц.

Я читала книгу «Кришна» с изображением Шрилы Прабхупады на *вьясасане* и Радхой-Вриндаваначандрой в алтарной. Книга «Кришна» стала моей любимой книгой для чтения и распространения. Когда Джордж Харрисон давал свои концерты в Америке, мы следовали за ним и распространяли пачки и пачки голубой «трилогии» книги «Кришна» в мягком переплете, где Джордж написал во введении: «Все, что вам нужно, это любовь (Кришна)».

Две недели спустя я распространяла «Обратно к Богу» на стоянке в Уилинге и собрала пятьдесят долларов. Так началась моя жизнь как преданного *санкиртаны*. В течение шести лет мы, двадцать пять молодых женщин, жили в фургонах «Додж» (по шесть человек в фургоне) в спальных мешках. Мы пробирались в гостиничные номера или незапертые общежития, чтобы принять душ. Мы собрали тысячи и тысячи долларов для дворца Прабхупады, а затем и для Вриндавана.

В начале 1975-го года я получила первую и вторую инициацию от Шрилы Прабхупады. Киртанананда Свами сказал Прабхупаде, что я «маха сборщик пожертвований», а Прабхупада сказал: «Тогда она будет Махадеви даси. Она будет делать великие дела». Прабхупада так подбадривает.

Мы везде и всюду ходили с книгами Прабхупады. Иногда мы собирали от шестисот до одной тысячи долларов в день, когда работали на ярмарках штата, Дерби Кентукки, Инди-500, Лас-Вегасе, на рок-концертах, спортивных мероприятиях и в большинстве национальных аэропортов. Мы также провели шесть месяцев в аэропорту Пуэрто-Рико.

Прабхупада открыл каждый город и деревню, чтобы зажечь Сознание Кришны. Мы всегда рассчитывали на милость и успех Прабхупады в нашей повседневной жизни, поэтому я взывала к нему через все наши испытания и невзгоды.

Меня с моей дорогой духовной сестрой, Рагатмикой, отправили в Анкоридж на Аляске, чтобы открыть там проповеднический центр и работать в международном аэропорту Анкориджа. У трубопроводчиков, работающих на севере Аляски, в день зарплаты по дороге домой в кошельке лежат сотни долларов. На стодолларовых банкнотах изображено лицо Бенджамина Франклина. Итак, каждый раз, когда мы получали пожертвование в размере ста долларов, мы пели: «Джая Бхакта Бен! Джая Прабхупада!» Мы чувствовали, что Прабхупада был с каждым из нас и со всеми нами, как Кришна с каждой отдельной *гопи*. Хотя мы никогда не видели Шрилу Прабхупаду лично, но мы чувствовали силу Его Божественной Милости.

Сначала мы были счастливы путешествовать, участвовать в захватывающих приключениях для удовольствия Шрилы Прабхупады. Затем в женских группах *санкиртаны* началось сексуальное, физическое и эмоциональное насилие. Это было ужасно и действительно испытывало нашу веру. Многие из нас хотели уйти, но преданность миссии Прабхупады поддерживала нас. Я попадала в тюрьму четыре раза за сбор денег и распространение литературы Прабхупады в незаконных местах, но мы начинали петь *киртаны* в тюрьмах!

Я впервые увидела Прабхупаду в 1975-м году в аэропорту О'Хара в Чикаго. Шрила Прабхупада остановился, чтобы посмотреть, как мы распространяем его книги. Нам строго сказали не бросаться к Прабхупаде, хотя мы очень хотели быть с ним рядом. Нам сказали, что Прабхупада был бы более доволен, если бы мы продолжали привлекать падшие души, когда он будет смотреть на нас. Прабхупада затопил нас своими божественными взглядами и внезапно очень высоко поднял трость, размахивая ею в воздухе и так щедро улыбаясь нам. Мы все упали на пол прямо здесь, на оживленном вокзале, и быстро встали, чтобы увидеть спину его золотой формы, которая, казалось, едва касалась земли, пока он шел, скользя, как лебедь. Я почувствовал возвышенную радость, текущую через мое сердце, и в тот день удвоила объем распространения книг благодаря Его Божественной Милости.

В Нью-Вриндаване многие из нас, женщин-*санкиртанщиц*, пошли на утреннюю прогулку с Прабхупадой, когда он пошел навестить Радху-Вриндаванчандру и посетить «хижину Прабхупады» — простое жилище, построенное в старом бенгальском стиле из ила и сена. В хижине Прабхупады преданные предложили ему знаменитый жирный *бурфи* Нью-Вриндавана на серебряной тарелке. Прабхупада откусил несколько кусочков и сказал, что остатки следует передать *деви санкиртанщицам*, стоящим за окном. Прабхупада внимательно смотрел, чтобы *прасад* дошел до нас! Прабхупада действительно заботился о нас!

Когда Шрила Прабхупада вернулся в храм Радхи-Вриндаванчандра, чтобы дать лекцию с *вьясасаны*, он позвал всех своих женщин-*санкиртанщиц* принять от него печенье. В то время я была очень обеспокоена, мне было всего двадцать три года, и я не могла понять плохого обращения, происходящего в нашей группе *санкиртаны* Нью-Вриндавана. Я хотела покинуть группу, но не хотела покидать Шрилу Прабхупаду, распространение книг или его миссию. Мы искренне верили, что каждый раз, когда кто-то прикасается к одной из книг Прабхупады, он получает личное благословение и милость Прабхупады и Кришны.

Поэтому, когда подошла моя очередь получать печенье, мои глаза наполнились слезами, и я знала, что Прабхупада может понять мое сердце. Протянув дрожащую руку, я сквозь слезы взглянула на его трансцендентные прекрасные черты лица, и он улыбнулся. Очень отчетливо в своем смущенном сердце я услышал, как Прабхупада сказал мне: «Я всегда с тобой. Не бойся». Он дал мне прибежище и утешение, которого я никогда не знала за всю свою жизнь. Кому-то пришлось оттолкнуть меня с пути. Я вышла на улицу и заплакала от благодарности.

Эти два утешительных предложения помогли мне пройти через все виды испытаний за мои сорок пять лет в ИСККОН. Позже я сбежала от насилия в группе *санкиртаны* и переехала в Нью-Двараку, где служила в течение двенадцати лет в качестве учителя и *пуджари*. Я организовывала культовые марафоны с *прасадом* — печеньем для удовольствия Шрилы Прабхупады.

Марафоны Прабхупады с *прасадом* в Лос-Анджелесе собрали тысячи и тысячи долларов для Би-Би-Ти Прабхупады на строительство во Вриндаване и Маяпуре. Я ежедневно устраивала «столы для распродажи выпечки» перед тридцатью магазинами в течение рождественского сезона. Лос-Анджелес был наводнен печеньем OR, PB и CC (овсянка с изюмом, арахисовое масло, чипсы из рожкового дерева). Люди подходили к нашим столам с *прасадом* и говорили нам: «Просто у вашего печенья другой вкус, особенный вкус». Прабхупада говорил, что мы «кулинарная религия».

Шриле Прабхупаде, Шри Шри Рукмини-Дваракадишу, Нитай-Гауре и Джаганнатхе каждое утро предлагали на завтрак тарелку с печеньем, и вся улица Ватсека пахла выпечкой. В начале 80-х я преподавала в нашей замечательной *гурукуле* в Нью-Двараке. Я также будила Шрилу Прабхупаду и Рукмини-Дваркадишу на алтаре каждое утро в 3:30. Мы с Ватсалой Прабху отремонтировали апартаменты Прабхупады, и я начала убирать комнаты Прабхупады, одевать его и предлагать ему простой завтрак каждый день, а также каждый вечер читать ему книгу «Кришна». Я слышала, что эта ежедневная пуджа все еще продолжается. Оставаться на связи со Шрилой Прабхупадой — это моя жизнь.

Одним из моих служений было ухаживать за мамой в течение восемнадцати лет, а затем я меняла ей подгузники, когда она стала инвалидом. Врачи сказали, что священный голос Прабхупады (*шабда*) в доме 24 часа в сутки, семь дней в неделю помог ей стать более умиротворенной. Ей предсказывали прожить шесть месяцев, но она прожила еще пять лет. У Шрилы Прабхупады и Кришны был для нее план.

В течение нескольких месяцев я молила Прабхупаду, Кришну и Балараму позволить мне привезти мою семидесятилетнюю, признанную невменяемой, мать во Вриндаван, чтобы она оставила тело там. Я получила разрешение от местного судьи, и Прабхупада был со мной на каждом этапе пути. Через тринадцать дней после того, как мы прибыли в *дхаму*, моя дорогая мать, страдающая алкогольной и наркотической зависимостью, оставила свое тело во время священной Картики. Кто может понять непостижимую милость Шрилы Прабхупады и нашего Господа?

Я продолжаю служить в Шри Вриндавана *дхаме*, чтобы попытаться доставить удовольствие Шриле Прабхупаде и нашим Вриндавским Божествам. Слушание лекций Прабхупады каждый день, *садхана*, распространение небольшого количества книг и служение преданным держали меня рядом с Прабхупадой в последние годы. Давайте же всегда стараться доставить удовольствие Шриле Прабхупаде в том, что мы делаем, говорим, предлагаем или отдаем.

У большинства из нас, получивших инициацию от Шрилы Прабхупады, не было с ним личного общения. Наша связь с Прабхупадой всегда была через слушание Его Божественной Милости, нашу *садхану*, служение и регулярные разговоры о его славе. «По его милости человек может пересечь океан материальных страданий и обрести милость Кришны».

Mahaguna devi dasi / Махагуна деви даси

В 1971-м году, после того как муж Махагуны встретился с Прабхупадой в Японии и присоединился к Сознанию Кришны, Махагуна начала ходить в храм.

В начале 1972-го года Прабхупада прибыл в храм Такао, огромный, красивый, старый фермерский дом в японском стиле в горах. Судама Прабху был президентом храма. Прабхупаде там понравилось. Каждый присутствующий предлагал Прабхупаде цветок, и, когда я тоже сделала это, Прабхупада показался мне огромным, и я почувствовала благоговение и почтение к нему. Он явно был возвышенным, искренним и добрым человеком.

Позже мы с мужем поселились в доме родителей мужа в Сан-Франциско и каждый вечер ходили в храм. Однажды вечером преданный сказал мне: «Завтра Прабхупада дает посвящения. Тебе следует пройти инициацию». Я понятия не имела, что это значит, но сказала: «Хорошо, да, конечно». Мой муж уже был инициирован, и у меня не было причин отказываться.

Мы поехали в Лос-Анджелес. Это было в 1972-м году, мне был двадцать один год. Проходило огненное жертвоприношение, и, когда подошла моя очередь получить четки, Шрила Прабхупада спросил: «Ты японка?» Я ответила: «Да». Он сказал: «Где твой муж?» Я указала на супруга, и Прабхупада кивнул. После этого Прабхупада позвал нас с мужем в свою комнату.

Взволнованные, мы вошли, поклонились, и в веселом настроении Прабхупада спросил меня: «Что думают об этом твои родители?» Я не очень хорошо говорила по-английски. Я ответила: «У меня нет родителей, Прабхупада». Он засмеялся и заметил: «О? Аист принес тебя сюда?» Мой муж ответил: «Ее родители оставили тела». Прабхупада сказал моему мужу: «Ты должен вернуться в Японию, принять гражданство, а твоя жена сможет стать там президентом храма». Я подумала, что Прабхупада шутит.

Мы вернулись в Японию, а оттуда переехали на Гавайи, куда Прабхупада приехал в 1976-м году, чтобы много переводить. Прекрасные цветы жасмина покрывали переднее крыльцо гавайского храма, и их запах удивительно опьянял. Однажды вечером мы были на крыльце, когда услышали, как Прабхупада поет и играет на фисгармонии наверху. Я подумала: «Должно быть, так обстоят дела в духовном мире».

Когда Прабхупада оставил тело, мы были на Гавайях. Это была травма для нас; я чувствовала себя отрезвленной и поняла, что он возложил на нас ответственность за продолжение его миссии.

Mahamaya devi dasi / Махамайя деви даси

Придя в двадцать четыре года в Движение в Бостоне, Махамайя была рада, что находится в храме и не знала, что Движением руководит какой-то гуру.

Вначале я услышала: «Воспевай, и ты будешь счастлива». Я попробовала воспевать в течение недели и стала счастливее. Потом я попробовал еще неделю. В какой-то момент я поняла, что не вернусь к прежней жизни. После я прочитала сокращенную версию «Бхагавад-гиты» Прабхупады пять раз. Все это, в сочетании с образом жизни в храме, изменило мою жизнь. У меня развилось доверие к Прабхупаде и к практике, которую он дал. Однако я даже не представляла, что он живет в этом мире, и что я могу встретиться с ним.

Когда я, наконец, впервые увидела Прабхупаду, все мои глубокие сомнения исчезли. Это было похоже на встречу со старым другом после долгой разлуки. Я поняла, что узнаю Прабхупаду по его фото. Когда он инициировал меня в храме на Генри-стрит в 1971-м году, я была потрясена, услышав свое имя.

Прабхупада сказал: «Махамайя. Махамайя — иллюзорная энергия.

Иллюзорная энергия не является полностью плохой. Также как есть фазы луны, Махамайя — это фаза Радхарани. Над теми, кто не хочет служить Кришне, берет верх иллюзорная энергия». Прабхупада был личностным и человечным. В то же время он видел сквозь бесчисленные слои моего ложного эго настоящую меня, мою душу.

Когда я поехала в Индию в 1975-м году, я жила в *дхаме*, встречалась с людьми, которые были преданными всю жизнь, и познакомилась с сестрой Прабхупады, Пишимой, обожавшей Прабхупаду. Мое доверие к практике углубилось, я стала более приземленной и чувствовала прочную связь в преданном служении Прабхупаде. Я вышла на другой уровень реальности. Я всегда чувствовала, что Прабхупада знает, что я делаю, и принимает мое служение. И в то же время он был личностью; я понимала, что его память и знание идут от Кришны.

После того как Прабхупада из Маврикия приехал в Джуху, он пригласил нас в свою комнату и сказал: «Я попал в автомобильную аварию. Кришна спас меня, потому что перед самой аварией Он сказал мне передвинуть трость перед собой, и это меня подстраховало. Однако я повредил колено». Он поднял свое *дхоти* и показал нам ушибленное колено. Это было трогательно, личностно и мило, как будто это сказал вам член вашей семьи, а не *гуру* Движения «Харе Кришна».

Однажды на *даршане* Сарва спросил: «Шрила Прабхупада, вчера вы сказали, что дело *санньяси* — проповедовать, дело *брахмачари* — помогать *санньяси*, а дело *грихастхи* — поклоняться Божеству. Но могут ли *брахмачари* заниматься поклонением Божеству?» Прабхупада ответил: «Да, вы тоже можете это делать». Мы почувствовали облегчение. Я хотела спросить: «Могу ли я иметь свое собственное Божество?», но вместо этого спросила: «Могут ли преданные иметь свои собственные Божества?» Прабхупада ответил: «Нет, это будет отвлекать от храмовых Божеств».

Прабхупада дал нам не мелкое поручение, а огромную миссию. Используем ли мы 100% сил армии Господа Чайтаньи, чтобы помочь выполнить эту миссию? Если мы не слышим голосов женщин, работаем ли мы так же эффективно, как могли бы? Почитать преданных-женщин — это здравый смысл.

Прабхупада подарил нам практику: слушать и воспевать, следовать принципам, думать о Кришне, помогать другим стать сознающими Кришну. Он сам был примером этой практики. Как основатель-*ачарья* ИСККОН он занимает особое положение, и каждый преданный в ИСККОН имеет с ним отношения. Ученическая преемственность продолжается, но никто и никогда не заменит Прабхупаду. Прабхупада был настолько сознающим Кришну, что пребывание в его присутствии было особенным. Я чувствовала, что он думает о Кришне, и в то же время я твердо верю, что мы можем ощутить его присутствие, читая его книги и следуя его наставлениям. Есть все основания полагать, что если мы будем следовать тому, чему он нас учил, то получим те результаты, о которых он говорил, и в конце он вернет нас к Господу. Это наука.

Maharha devi dasi / Махара Деви Даси

Махара присоединилась к преданным в 1970-м году в Бостоне. После этого в течение пяти месяцев она вязала крючком одеяло для Прабхупады, хоть она и не умела вязать вообще. Одеяло в итоге получилось достаточно странным. Оно было около десяти футов в длину и примерно два фута в ширину, связанное в двух различных цветах со съёжившейся центральной частью. Она отправила его вместе с маленькой запиской, в которой говорилось: «Вы мне очень нравитесь, Прабхупада. Я хотела бы сделать для вас подарок». И она не знала точно, получил ли он вообще ее подарок. Годы спустя она открыла шкафчик Прабхупады в Лос-Анджелесе и была шокирована и взволнована тем, что нашла в нем то самое одеяло. Шрила Прабхупада сохранил его.

Когда я выходила на *санкиртану* около портового управления Нью-Йорка в первые годы моего пребывания в Движении, я была зла на Прабхупаду и думала: «Почему я должна заниматься этим? Вам никогда не приходилось заниматься этим. Это слишком тяжело для меня. Вы, вероятнее всего, даже не знаете, что я чувствую». Но я не могла отказаться от участия в *санкиртане*. В глубине души я знала, что, хоть это и было болезненное занятие, и я не была хороша в нем, оно очищало. Тогда я начала молиться Прабхупаде: «Пожалуйста, помогите мне, я знаю, что вы хотите, чтобы я занималась этим». Однажды я наблюдала за Буддхимантой, который был очень хорош в *санкиртане*. Я думала: «Я собираюсь съесть всю *халаву*, что здесь есть, и настолько опьянеть, что смогу сделать это». Я съела очень много *халавы*, и преданные сказали: «Ну да, она хороша, мы должны держать ее подальше».

Я служила в Нью-Вриндаване, где мы всегда собирали деньги. Мы никогда не тратили время на чтение и почти не проводили утреннюю программу. Нам говорили: «Работайте сейчас, а *самадхи* будет позже». Когда Прабхупада был в Новом Вриндаване, я была еще совсем глупышкой. Я не принимала его присутствие всерьез. Множество ужасных вещей произошло в Новом Вриндаване, и моя ситуация там тоже была ужасной.

Когда я услышала, что Прабхупада оставил тело, я почувствовала себя плохо, потому что сначала это не сильно повлияло на меня. Хотя у меня и не было большой привязанности к нему, я старалась служить ему. Самым сложным, с чем я когда-либо сталкивалась, был выход на *санкиртану*, но я продолжала заниматься этим, и с каждым годом я все больше привязывалась к Прабхупаде, все больше ощущала его присутствие. Я чувствовала, что сейчас между нами существует более сильная связь. Также я чувствовала его защиту: он, как отец, помогал мне и заботился обо мне. Чем больше людей остаются в Движении

Прабхупады, тем больше оно открывается людям. Становится все более очевидным, насколько нам повезло, и как Прабхупада спасает нас. Если бы он не пришел, мы бы по-прежнему были покрыты *майей* и были бы несчастны.

Сейчас я сильно ощущаю присутствие Прабхупады. Сильнее, чем, когда он физически присутствовал здесь. Мне нравится слушать его лекции, слышать, как он говорит. Слушая его, я чувствую себя ближе к нему, чувствую себя в безопасности. Я читаю его книги, когда гуляю и, к счастью, я очень привязана к их чтению. Я так много узнаю из книг Прабхупады и очень люблю говорить о них. Когда я сама даю лекции, я чувствую, что Прабхупада помогает мне.

Милость Прабхупады поможет нам справиться с любыми проблемами, которые у нас есть, со всем, что приносит страдания и со всеми привязанностями, которые у нас есть. Прабхупада великолепен, и он играет важную роль в жизнях тех, кто приходит в Движение. Без его милости мы ничего не можем сделать. Это удивительно, но он по-прежнему здесь с нами и посылает нам то, в чем мы нуждаемся. Его лекции и книги никогда не устареют, они всегда свежи и новы. Мне повезло, что я являюсь частью его Движения, и я благодарна за то, что Прабхупада сделал для меня и для всех нас. Вся слава Шриле Прабхупаде!

Mahasini devi dasi / Махасини деви даси

В 1970-м году Махасини даси и ее муж Кавичандра дас (ныне Кавичандра Свами) были хиппи, живущими в автобусе Вольксваген в пустыне Аризоны со своей годовалой дочерью и двумя собаками. Они встретили горстку брахмачари, которые основали небольшой храм в Тусоне, и им понравились молодые люди, пение и то, что писал Шрила Прабхупада. Они начали помогать по храму, пока в конце концов не нашли новый дом для своих собак и не поехали на своем Вольксвагене в Нью-Двараку.

На самом деле, именно Кавичандру больше всего привлекали преданные и ИСККОН. Я все еще была довольно сильно привязана к концепции хиппи-диппи, выражавшейся в том, что я «крутая», занимаюсь йогой и что я вегетарианка. Только по милости Кришны я пришла к глубокому пониманию этой философии. Вскоре после того, как мы прибыли в Нью-Дварку, мне поручили приготовить гигантский котел сладкого риса для воскресного пира. Это было моим первым служением. Еще до посвящения. Мне был двадцать один год и хотя я понятия не имела, что делаю, страха пробовать что-то новое у меня не было. Но должна признаться было немного волнительно, как все будет, однако Кришна все устроил замечательно. Позже я стала поваром в Новой Двараке и готовила бесчисленные воскресные пиры.

Когда Карандхар, президент храма, сказал моему мужу: «Тебе следует принять посвящение», я спросила: «А как насчет меня?» «Хорошо, — сказал он немного неохотно, — я думаю, ты тоже можешь». Шрила Прабхупада был в Лос-Анджелесе и лично воспевал на всех наших четках. Я помню, он был расстроен тем, что четки не были настоящими четками для *джапы*. Четки, которые получила я, были крошечными и круглыми, но они были начитаны Шрилой Прабхупадой, и он вручил их мне. Я обожаю эти забавные бусинки. Он сказал тогда, что мое имя означает «Великая жена», это имя жены Господа Шивы, которая является великой преданной.

Однако моим самым любимым посвящением была брахманская инициация. Каждого по отдельности нас отправили в его апартаменты в Нью-Двараке для получения *мантры* Гаятри. Я была напугана, и когда я поднялась наверх лестницы, то остановилась и как бы заглянула в его комнату. Очень грубым голосом Шрила Прабхупада бесцеремонно приказал: «Давай!» Это воспоминание так же свежо, как день, когда это произошло.

Я не знаю, как бы я выжила без наставлений Шрилы Прабхупады. Хотя я не жила в храме последние двадцать восемь лет, моей жизнью управляют его наставления. Я счастлива, что моя дочь осталась преданной и воспитывает двух своих дочерей, как преданных. Я счастлива, что мои сестры и братья в Боге все еще терпят меня и что меня ждут в храмах, куда бы я ни приходила. Я безмерно благословлена.

Mahati devi dasi / Махати деви даси

Однажды, находясь в алтарной в Нью-Двараке в 1971-м году, Махати отчетливо почувствовала, как Шрила Прабхупада пристально смотрит на нее. Махати подумала: «Фамильярность порождает пренебрежение», и, не желая, чтобы что-либо омрачило ее не так давно обретенные прекрасные отношения гуру и ученика, не посмотрела на Шрилу Прабхупаду.

Хотя у меня было много возможностей взглянуть на лотосное лицо Шрилы Прабхупады, в Нью-Двараке я не смотрела прямо на него ни разу.

В 1975-м году во дворе нового храма Кришны-Баларамы во Вриндаване Прабхупада присутствовал на огненном жертвоприношении во время моего второго посвящения. Милость Шрилы Прабхупады была такова, что даже низкорожденная женщина-*чандала* получила второе посвящение от великого *джагат-гуру* вселенной. Удивительно.

Позже тем утром я одна вошла в его большую комнату для *даршанов*, чтобы получить *мантру* Гаятри. Я предложила свои поклоны и подала Прабхупаде небольшую вазочку со сладостями, покрытую украшенной тканью, которую я вышила. Шрила Прабхупада был доволен, увидев красивую покрывающую ткань, но, когда он открыл подношение, на его лице отразилось потрясение. К сожалению, я принесла сладости, приготовленные кармическими людьми в городе. Прабхупада почти откинулся назад на подушки. Он тут же дал мне наставление: «Никогда не предлагать сладости, приготовленные в городе». Я чувствовала себя ужасно.

Я сидела перед его столом и он велел мне сесть рядом с ним. Он сказал: «Повторяй Гаятри вот так», и провел большим пальцем по фалангам своих пальцев, чтобы показать, как это делается. Произнося слова очень тихо, что я его почти не слышала, он сказал: «Повторяешь *мантру* утром, в полдень и вечером». Я вообще не сказала ни слова. Я поклонилась, встала и пошла через большую комнату к двери, но я почувствовала себя виноватой, поэтому повернулась и сделала поклон, прежде чем выйти. Прабхупада выглядел удовлетворенным моими действиями; может быть, когда-нибудь я пойму, как правильно поклоняться духовному учителю. После этого я выбежала из комнаты.

Однажды в Бомбее я видела, как Шрила Прабхупада шел со своими учениками на утреннюю прогулку по пляжу Джуху. Было восхитительно видеть, как развевается шафрановое *дхоти*, когда он шел быстро и свободно, как олень, а молодые преданные изо всех сил старались не отставать от него. Я поклонилась славному каравану.

У Прабхупады был открытый *даршан* каждый день в 4:30 в его старых апартаментах в Джуху. Он был так милосерден ко всем нам в Индии, что даже самые младшие из преданных часто видели его. Однажды я сидела у темной стены и слушала, как он повторял несколько раз индийскому джентльмену: «Ты должен повторять Харе Кришна». Я поняла, что, сказав это, Прабхупада ответил на мой невысказанный вопрос: Моя проблема может быть решена повторным повторением всех моих шестнадцати кругов.

Вскоре после этого комната постепенно наполнилась преданными. Прабхупада был вовлечен в очень серьезный диалог с преданным и с большим трудом, с большим усилием он отвлек свое внимание от своей важной проповеди и милостиво взглянул на меня. Я посмотрела вниз. Несколько мгновений спустя мы все пошли на крышу и нам достался манго, которое он ел. Это было прекрасное время в моей жизни.

Шрила Прабхупада был прекрасен. Его изящные движения и прекрасные благостные черты тела вызывали восторг при созерцании и возвышенное удовлетворение в моем сердце. Он был таким царственным, что выглядел как король. Спасибо, Шрила Прабхупада, за то, что Вы такой красивый. Пусть я всегда буду помнить и никогда не буду забывать о ваших лотосных стопах, потому что, если мне удастся это, я буду счастлива и умиротворена, и где бы я ни была, буду жить вечно.

Mahavisnupriya devi dasi / Махавишнуприя деви даси

Именно Хридаянанда Махарадж сказал о встрече со Шрилой Прабхупадой: «Он вошел в нашу жизнь как сказка».

Я встретила Шрилу Прабхупаду в мае 1975-го года. Я была материально истощена и мне захотелось посмотреть в другую сторону, встать на духовный путь. Я чувствовала, что наконец-то оказалась в нужном месте, в нужное время с нужными людьми. Шрила Прабхупада выходил через раздвижные стеклянные двери терминала аэропорта и оказался среди толпы воодушевленных преданных, которые мгновенно упали на землю, чтобы предложить свои поклоны. Аура Шрилы Прабхупады исходила из каждой клеточки его тела. Все двигалось как в замедленной съемке.

Шрила Прабхупада выглядел таким безмятежным и элегантным. Грациозно, со сложенными ладонями он шел к своему автомобилю, припаркованному у обочины. Я принесла ему букет гардений. Как только я оказалась на расстоянии вытянутой руки от Шрилы Прабхупады, из ниоткуда Гуру Крипа Махарадж встал между Шрилой Прабхупадой и мной, выхватил цветы из моей руки одним плавным движением. Он усмехнулся мне, как бы говоря: «Ты, собака, кто ты такая, чтобы напрямую обращаться к духовному учителю?» Он развернулся и протянул букет Шриле Прабхупаде одним грациозным движением как будто в танце.

Шрила Прабхупада тут же поднес цветы к носу и стал вдыхать, словно пить жидкий нектар цветов. Казалось, сделав это, он освежился, и все его лицо смягчилось; он широко улыбнулся и оглядел всех нас собравшихся.

Однажды меня попросили постирать одежды Шрилы Прабхупады. Я тихо прокралась в его комнату и начала искать грязные вещи. Все было аккуратно сложено и благоухало цветами; как я могла отличить грязную ткань от чистой? Я решила просто взять все и все постирать. Я чувствовала, что получала много особой милости, когда стирала и гладила эту тонкую одежду. Тело Шрилы Прабхупады даже не принадлежало этому миру, как и вся его одежда; прекрасные шелковые одежды были такими, как будто их никогда не носили!

Когда меня попросили помыть тарелки Шрилы Прабхупады, президент храма сказал: «Ты можешь взять весь *маха-прасад*, оставшийся на его тарелке. Все это будет твоим». Кто бы отказаться от такого предложения? Но тарелки были чисты! Глаза *бхакты*, который помогал мне в служении, расширились, когда он увидел тарелки, и он немедленно поклонился им. «*Маха* соль! *Маха* соль!» – кричал он с великой радостью. Да, Кришна дал нам немного соли, и мы были вне себя от радости и блаженства!

Мы видели Шрилу Прабхупаду каждое утро, когда он выходил на утреннюю прогулку. Машина подъезжала к парадной двери и преданные выстраивались в очередь, чтобы выразить свое почтение Шриле Прабхупаде, бросить лепестки роз, предложить гирлянды и обменяться незабываемыми и благодарными взглядами.

Когда машина Шрилы Прабхупады подъезжала к дорожке, мы все собирались с криками «Джай, Хари бол!» и окружали машину Прабхупады. Шрила Прабхупада всегда приносил полный поклон, входя в алтарную.

Затем он медленно вставал и, сложив руки, подходил к алтарю. Его глаза увлажнялись, когда он смотрел на Божества с большой любовью и признательностью, как будто между глазами Шрилы Прабхупады и Их Светлостями происходил важный диалог. Он мог стоять там подолгу. Я хотела бы всегда быть причастной к этим чрезвычайно сладким разговорам, чтобы иметь возможность слышать, что происходит, что говорится и выражается в них. Этот любовный обмен с Господом должно быть самый нектарный во вселенной!

Поприветствовав Их светлости, Шрила Прабхупада затем брал *чаринамриту*, снова кланялся и направлялся к *вйасасане*, чтоб дать лекцию по «Шримад-Бхагаватам». Каждое его движение было таким изящным и грациозным. Было невозможно оторвать глаз от такого уникального, приковывающего внимание и сострадательного человека.

Слушание «Шримад-Бхагаватам» из уст чистого преданного обогащало мое сердце, как ничто другое в этом мире. Пока я пыталась сосредоточиться на одной идее, Шрила Прабхупада освещал еще три. Как будто кто-то переворачивал меня с ног на голову и встряхивал и говорил: «Вот это правильный взгляд на вещи».

Он сказал нам, что все те, кто придет в ИСККОН после нас, будут более продвинутыми, чем мы. Он широко раскрытыми глазами оглядел комнату и все наши лица. «Поскольку они поймут чистый пример, даже не видя его».

Однажды утром, когда Гурудев говорил, его слова произвели на меня особенно сильное впечатление и я заплакала. Слезы радости, благодарности, признательности, облегчения, одобрения и стольких эмоций, объединенных в одно, взрывались в моем сердце. И вдруг мне показалось, что Шрила Прабхупада говорит прямо со мной и только со мной. Он говорил о великой святой Девахути, женщине-преданной, и о том, как она предалась, отказавшись от своего дворца и богатств, чтобы жить со своим мужем просто в отшельничестве. Потом внезапно он сказал: «Слезы гасят огонь материального существования». Он легко и безупречно вывел эти слова из всего своего повествования.

Я жадно поглотила его слова, как утопающий хватающийся за все в поисках опоры. Когда я думаю о милости и доброте Шрилы Прабхупады и о его великой жертве, которую он совершил, приехав в нашу страну в таком преклонном возрасте, чтобы спасти нас, я плачу. Я вспоминаю, что слезы, которые вызывают эти мысли, гасят огонь материального существования.

Одна *матаджи* потратила много усилий и времени на создание торта в форме Господа Кришны. Она украсила торт флейтой, павлинами и множеством ярких цветов. Мы думали, что она, несомненно, получит благосклонность Прабхупады, но когда Шрила Прабхупада увидел это, он серьезно сказал: «И что ты будешь с этим делать? Отрубишь Кришне голову и съешь ее?»

Другая преданная испекла *экадашное* печенье для Шрилы Прабхупады, чтобы он раздал его после лекции по «Шримад-Бхагаватам». Эта преданная в качестве украшения посыпала кунжутом печенья из гречи с сахаром. Большой поднос с печеньем был принесен на *вьясасану* Шриле Прабхупаде, который взглянул на печенье и его глаза расширились. Он заявил: «Что это такое? Я не могу это раздавать. Сегодня же *экадаши*?»

Затем многие старшие ученики пытались убедить Шрилу Прабхупаду, что это были семена, а не зерна. Прабхупада все еще был настроен скептически. Прадьюмна, знаток санскрита в то время, побежал наверх и схватил книгу. Он вернулся и попытался прочитать Шриле Прабхупаде, что с точки зрения биологии, кунжут классифицируется как семена и явно не является зерном. Это продолжалось в течение некоторого времени и каждый старший ученик взвешивал этот вопрос. Наконец Шрила Прабхупада смягчился и сказал, что все в порядке. Возможно, кунжут считается зерном в Индии и его не принимают в *экадаши,* но для нас в тот раз Шрила Прабхупада позволил съесть эти семена.

Преданные любили делать гирлянды, чтобы предложить их своему духовному учителю. Однажды я заметила большое дерево великолепных цветущих плюмерий. Это был необычный вид плюмерии (чампака), так как у нее были очень большие лепестки, в три раза больше, чем у обычной плюмерии. Я была так взволнована, нанизывая цветы друг за другом. Мы с мужем соревновались, кто сделает самую красивую гирлянду. Я подумала: «Я сделаю свою по-настоящему длинной, потому что чем больше, тем лучше, верно? Шриле Прабхупаде должна понравиться эта гирлянда». Моя гирлянда оказалась длиной около четырех с половиной футов. «Она будет доставать до лодыжек Шрилы Прабхупады. Как здорово!»

Я с трудом могла дождаться следующего утра, когда мой муж наденет гирлянду на Шрилу Прабхупаду, когда он спустится по лестнице храма, надев то, что я мысленно называла этой совершенно особенной, «гирляндой победителя». На следующее утро, когда Шрила Прабхупада спускался по лестнице, мой муж ждал внизу. Когда Прабхупада сел в машину, одним изящным движением руки он освободился от гирлянды и бросил ее на полку позади себя, растянувшуюся от одного конца машины до другого. Я в ужасе посмотрел на нее: «Я сделала украшение для автомобиля!» Все время, пока я поздравляла себя с тем, что сделала сказочную гирлянду для своего *гуру*, все, что мне действительно удалось сделать, — это создать украшение автомобиля, как на цветочном параде!

Любовь означает, что вы предлагаете другому человеку то, что он действительно любит. Вы должны думать только о том, что лучше для другого человека. Ваше подношение должно быть немотивированным, бескорыстным, исходящим из вашего сердца. Моя гирлянда была такой огромной. Было так нелепо думать, что он в любом случае носил бы ее с комфортом.

Во время *гуру-пуджи* все ученицы становились в очередь рядом с *вьясасаной* Шрилы Прабхупады, чтобы предложить цветок его лотосным стопам. В это время Шрила Прабхупада как будто глубоко и ясно заглядывал в душу каждой преданной. Я чувствовала, что он может читать наши сердца и мысли. Я знаю, что в какой-то момент я сильно молилась: «Дорогой Шрила Прабхупада, пожалуйста, взгляните на меня. Пожалуйста, примите меня как свою вечную служанку». Я предлагала ему свой цветок и горячо молила его о признании. Шрила Прабхупада бросил на меня этот чудесный косой взгляд, начиная с макушки моей головы и спускаясь к моим стопам. Как будто длинная, прохладная, успокаивающая волна лунного света накрыла меня и поглотила успокаивающей, сияющей энергией. Это был поистине один из самых запоминающихся даров из арсенала мистических сокровищ Шрилы Прабхупады, когда-либо дарованных мне. Как я могу отплатить за такую доброту чистому преданному? Я чувствовала, как каждая часть моего тела купается в прохладном лунном сиянии его взгляда. Шрила Прабхупада гасил жар материальной привязанности во мне своим драгоценным, мягким, долгим и искренним взглядом. Какая потрясающая удача!

За эти годы у меня было много возможностей пересмотреть все благословения, которыми меня так удачно наградил Шрила Прабхупада. Эти воспоминания подобны огромным драгоценным камням редкой красоты, которые я всегда ношу в своем сердце. Эти драгоценные воспоминания питают мою душу и продвигают меня все глубже и глубже в моей духовной жизни. Я не могу выразить ту благодарность, которую чувствую в своем сердце за такую удачу. Это та связь, которая у меня есть со Шрилой Прабхупадой. Это узы привязанности, которые Шрила Прабхупада устанавливает со своими учениками и через своих учеников со многими другими. Он всегда различными способами обучал нас тому, как приблизиться к Господу и как возродить наши утраченные отношения с Богом. Но я также знаю, что каждый, кто имел благословение хотя бы на мгновение находиться в обществе Шрилы Прабхупады, также получил несказанную удачу и сокровища духовного вдохновения и сострадательного милосердия. Как еще может столько духовных братьев и сестер все еще испытывать такой благоговейный трепет, быть такими преданными и очарованными Шрилой Прабхупадой спустя столько лет? Я молюсь, чтобы я могла вечно носить это сокровище в своем сердце. Спасибо Вам, Шрила Прабхупада! Спасибо Вам еще и еще раз!

Mahendrani devi dasi / Махендрани деви даси

В 1975-м году, когда ей было девятнадцать лет, Махендрани приобрела журнал «Обратно к Богу» и несколько книг у преданного-распространителя на острове Тринидад. В следующее воскресенье она пришла в храм на пир, и один преданный, указывая на мурти Прабхупады на вьясасане, сказал: «Это Шрила Прабхупада. Он личный помощник Кришны и он спустился из духовного мира только для того, чтобы спасти нас». Эти слова нашли отклик в сердце Махендрани. Каким-то образом она знала, что эта удивительная личность пришла из духовного мира, чтобы спасти ее.

В то время я была учителем и не сразу присоединилась к Движению. Тем летом я провела неделю в храме, а в апреле 1977-го года Прабхупада инициировал меня через письмо.

Я никогда не видела Шрилу Прабхупаду лично, но никогда не чувствовала недостатка общения с ним, потому что с самого начала ощущала, что он лично заботится обо мне. Каждый эпизод моей жизни был настолько синхронзирован, настолько четко организован, что я чувствовала, будто он все это устраивает. Когда я отправлялась на *санкиртану*, то чувствовала, что он вдохновляет, направляет меня и говорит мне, что доволен.

В 1979-м году я отправилась в *гурукулу* в Филадельфии, думая, что буду преподавать там, но вместо этого я стала учителем в *ашраме*. Я понятия не имела, как это делать. После нескольких месяцев директор сказал мне, что я должна быть более личностной с детьми и предложил мне прочитать «Лиламриту» о первых днях ИСККОН, чтобы понять «насколько личностным был Прабхупада с преданными».

Я читала о том, как Сатсварупа Махарадж не пришел на первую инициацию, потому что его не пригласили и как Прабхупада передал ему персональное приглашение, сказав: «Если ты любишь меня, я буду любить тебя». Когда я услышала это, что-то сдвинулось в моем сердце. Оно открылось и я поняла, как быть более любящей и личностной с детьми. После этого я почувствовала, что Прабхупада использует меня как инструмент, чтобы дать любовь детям.

Я всегда с нетерпением ждала лекций по «Бхагаватам», так как думала: «Что Прабхупада скажет мне сегодня?» На каждой лекции было что-то, что выделялось — небольшое наставление, которое Прабхупада давал мне. Лекции по «Бхагаватам» — это одна из тех вещей, которые поддерживают меня на пути. На самом деле, если я расслабляюсь, успокаиваюсь и дышу, то какая бы ситуация ни происходила, я говорю: «Шрила Прабхупада, вы знаете, какая я глупая. Я не знаю, что делать, пожалуйста, объясните». И он объясняет. Иногда, когда я слышу о стандартах чистоты жителей Вриндавана, то думаю: «О, я так не могу!» Но затем я чувствую, что слышу голос Прабхупады, который говорит: «Какой маленький шаг ты можешь сделать сейчас?» На протяжении многих лет мое служение и этот голос помогали мне оставаться в сознании Кришны.

Maithili devi dasi / Майтхили деви даси

До встречи с Прабхупадой у Майти была ужасная семейная жизнь. После ссоры с родителями из-за мясоедения она стала вегетарианкой и сбежала из дома в возрасте четырнадцати лет. Она жила как деградировавшая хиппи в Нижнем Ист-Сайде Нью-Йорка, где слышала, как преданные поют на площади Святого Марка. Она немного пела вместе с ними, но считала их немного сумасшедшими.

Я не интересовалась сознанием Кришны, но у меня были депрессивные и суицидальные чувства, и я стала присматриваться к разным *свами*. У меня на стене висели фотографии *свами*, в том числе Шрилы Прабхупады. Прабхупада казался мне наиболее предвидящим будущее из всех них. Я боялась его, но один друг объяснил мне философию сознания Кришны и это заинтриговало меня. Он сказал: «Они верят, что есть земля где нет страданий, где есть *гопи*, и все довольны и счастливы, где нет круговорота рождения и смерти. У каждого есть отношения с Кришной и никто никогда не чувствует себя обделенным». В этом было больше смысла, чем в любой другой философии. Я пошла в храм на Фредерик-стрит в Сан-Франциско, там были Тамал, Мадхудвиса и Джаянанда.

В 1969-м году я переехала в храм и была инициирована письмом в марте 1970-го года, когда мне было семнадцать лет.

В самом начале в Сан-Франциско преданные спросили Прабхупаду: «На что похож духовный мир? Есть ли там Валентинки?» Прабхупада сказал: «Конечно». «А там есть леденцы и воздушные шарики?» Прабхупада ответил: «Да, там есть все. Почему бы нет?» Когда репортеры спросили его: «Что вы думаете о свободе для женщин?» Он ответил: «Наши женщины автоматически получают освобождение». Его ответ был четким и по существу, без усложнений. Я всегда ощущала заботу от Прабхупады. Я никогда не думала, что от кого-то можно получить такую заботу. Я испытывала исходящую от него глубокую любовь и чувствовала себя в полной безопасности. У меня никогда не было кучи вопросов. Сознание Кришны влетело прямо в мое сердце и осталось там.

Я научилась поклоняться Божествам у Шилавати в Лос-Анджелесе. Прабхупада дал нам много личных наставлений. Снова и снова он подчеркивал, что четыре наиболее важных пункта поклонения Божеству — это чистота, пунктуальность, красивые украшения и хороший *прасад*.

После того как я некоторое время прожила в Детройте, президент храма сказал мне: «Ты можешь либо выйти замуж, либо поехать в Индию». Я прибыла в Бомбей в мае 1972-го года, когда Божества, Шри Шри Радха-Расабихари, жили в крошечной палатке на «Земле Харе Кришна» в Джуху. Только что кто-то украл Их короны прямо с Их голов и Прабхупада был зол. Он сказал обо мне: «Она знает как поклоняться Божествам, она может это сделать». Поэтому я начала служить Шри Шри Радхе-Расабихари.

В Джуху Прабхупада обычно раздавал фрукты с вечернего подношения и он дразнил меня тем, что мне нравится арбуз. Ему нравилось притворяться, что он дает мне арбуз и менять его на кусочек апельсина, затем смотреть на мое лицо и снова менять на арбуз. Я была эксцентрична и Прабхупада находил меня забавной. Когда мы проводили *харинаму*, я танцевала как сумасшедшая и Прабхупада называл меня: «Забавная». Он говорил: «Поставь эту забавную впереди».

Я никогда не думала, что кто-то может полностью завладеть моим сердцем, но Прабхупада сделал это. Я никогда не думала, что предамся кому-то, но я предалась ему. Он уполномочил меня делать то, что я делала, терпеть аскезы, например, проводить шесть *арати* в день с нарывами в подмышках обеих рук. Несмотря ни на что, я готова была сделать все, что он попросит.

Во Вриндаване Химавати и Ямуна спорили друг с другом и Прабхупада сказал: «Если вы спорите, предложите поклоны друг другу. Тогда Кришна уберет обиды». Они делали это, вставали и снова продолжили спорить. Они действительно не ладили. Люди могут конфликтовать между собой, но вы не можете отрицать удивительную природу преданности. Ямуна шила удивительные наряды для Божеств и была потрясающим поваром. Она будила нас рано утром – мне хотелось ударить ее за это, – но каждый день она вколачивала в нас целый стих из Брахма-самхиты.

Однажды во Вриндаване мы с Ямуной готовили для Джорджа Харрисона и Рави Шанкара. Джордж крепко поцеловал нас с Ямуной в щеки. Именно тогда я поняла, что что-то изменилось в моем сердце: Прабхупада был моей сияющей звездой. Я была так сосредоточена на том, чтобы угодить ему, что меня не волновали Рави Шанкар или Джордж Харрисон.

Однажды в Дели в час ночи летали летучие мыши. Прабхупада сказал мне: «Это час призраков и духов. Это неблагоприятное время для бодрствования». Я никогда не была с ним фамильярна, но всегда испытывала благоговейный трепет и почтение. Я сказала: «Хорошо, Прабхупада, я сейчас пойду спать». Он спросил: «Но разве тебе нечем заняться?» Я ответила: «Да, Прабхупада, завтра мы устанавливаем

Божества». Он сказал: «Хорошо, я буду держать шторы немного приоткрытыми, а вы продолжайте свое служение». Прабхупада раздвинул занавески, чтобы я могла видеть, как он лежит на боку и читает. Я почувствовала: «Вот что значит быть трансцендентным ко всему».

На следующий день мы устанавливали Божества. Комната была маленькой и пришло множество преданных. Когда они омывали Божеств, краска сошла с зрачка Радхарани. Кто-то сказал: «Сходи за *каджалом*». Я нашла *каджал* и отдала его Бхавананде. Затем, перед всеми, Прабхупада сказал мне: «Ты глупая! Ах ты, негодяйка! Убирайся! Никогда так не делай!» Я была потрясена. Я выбежала из комнаты и оставалась на крыше до конца церемонии установления. Я чувствовала: «Моя жизнь кончена. Прабхупада назвал меня дурой и негодяйкой». Я плакала и молилась всю ночь. Когда Прабхупада вышел из своей комнаты на следующее утро, он не посмотрел на меня и не сказал ни слова. Он спустился по лестнице и Шрутакирти сказал мне: «Прабхупада оставил кое-что для тебя в комнате». Он оставил мне свой арбуз. Сообщение, которое я получила от него, было: «Я играл с тобой арбузом в Бомбее каждый вечер в течение нескольких месяцев. Я знаю, ты любишь арбуз. Ты моя любимая ученица».

Прабхупада был королем однострочников. Я люблю его за сарказм и остроумие. Он мог объяснить все в одной фразе. Однажды утром, гуляя по Парижу, Харивиласа показал Прабхупаде ресторан на вершине Эйфелевой башни. Прабхупада сказал: «Хо-хо-хо, посмотри на меня. Я ем так высоко».

Мистер Наир дважды продал землю Джуху, сохранил деньги, которые ему дали и снова попытался продать ее Прабхупаде. Но Шрила Прабхупада отказался быть обманутым. Наир заплатил полиции, чтобы она разрушила наш храм; они крушили все подряд. Большинство преданных уже сидели в автозаке, когда полиция отправилась за Божествами. Я закрыла двери Божеств, прислонилась к ним спиной и сказала: «Ни за что». Полицейские набросились на меня со всех сторон, начали разбивать ламповые фонари и направились к Туласи Деви, которая с утренней *пуджи* стояла в середине алтарной комнаты. Я пошла за Туласи. Потом они схватили меня и начали сильно бить. Я обхватила рукой колонну, и они сильно били меня по локтю и голове. У меня было две длинные косы и они тащили меня за одну косу и за ногу через все поле, а вокруг стояла тысяча людей и смотрела. Ни один человек и пальцем не пошевелил, чтобы помочь мне. Полицейские бросили меня лицом вниз в автозак и я плюнула. В моей жизни не было ни одного момента, когда бы я ощущала сознание Кришны, за исключением этих моментов. Я не чувствовала никакой боли, ничего. У меня в голове не было никаких других мыслей, кроме Радхи-Расабихари. Это единственное благословение, истинное благословение, которое я когда-либо получала из всей практики, всей преданности, всей *садханы*, которую я когда-либо совершала, - эти несколько минут. Я говорю людям: «Это не я спасла Божеств. Это был момент, когда Божества спасли меня». В те моменты меня не было в этом мире

Преданные рассказали Прабхупаде, как я уходила последней, как я брыкалась, кричала, кусалась и дралась. Он сказал: «Она также вернется к Богу, брыкаясь и крича всю дорогу». Весь этот инцидент был благословением. Я не сделала ничего особенного, но Кришна украл мое сердце в тот момент. С тех пор я пытаюсь сбежать, но я никогда не смогу отпустить Прабхупаду, а он никогда не отпустит меня.

С одной стороны, я скучаю по Прабхупаде. С другой стороны, я не знаю, что имеют в виду люди, когда говорят о «живом *гуру*», потому что у меня все еще есть живой *гуру*. Я все еще слышу его голос. Мне не нужно проигрывать кассету. Я все еще слышу его комментарии. Я чувствую связь с ним. На самом деле он не отпускает меня. Это мы его отпустили. Мы пытаемся отпустить его, но он не отпускает. Прабхупада сказал: «Просто делай то, что я говорю. Я никогда не покину тебя. Я никогда не покину тебя», - и он держит свое слово. Я родилась, чтобы встретиться со Шрилой Прабхупадой и служить ему.

Maladhari devi dasi / Маладхари деви даси

Маладхари получила посвящение в харинаму одновременно со своей старшей сестрой Абхайей. Маладхари было семнадцать, и она все еще училась в средней школе.

Когда мне было пятнадцать, я начала навещать свою сестру в храме. В социальном плане мне было трудно, потому что мои подруги не понимали, почему я хожу в храм, повторяю Харе Кришна и общаюсь с преданными, и они бросили меня. Но я хотела делать все это и когда я это делала, мое сердце было полно радости, я была счастлива.

После окончания школы я переехала сюда. Я никогда не видела Прабхупаду, но слышала, что он однажды сказал: «Физическое присутствие — для дураков». Я подумала: «Ну, он не хочет меня видеть, потому что я такая глупая, но я все равно хочу его видеть», но такой возможности так и не представилось. Я познакомилась с ним через его замечательных учеников, с которыми он общался и получила от них много хороших советов и наставлений. Я чувствовала себя счастливой и благодарной. Акути была супер-мата, которая могла выполнять работу десяти *брахманов*. Она играла на *мриданге*, сама готовила весь воскресный пир, шила одежду для Господа и построила дом. Она была динамичной женщиной, которая всегда меня понимала.

Это было прекрасно для меня – обрести сознание Кришны в подростковом возрасте, узнать ценности, которыми я дорожу с тех пор, научиться готовить хорошие подношения для Господа. Я была в восторге от Шрилы Прабхупады. Какой совершенной личностью и храброй душой он был, приехав на Запад и обучая разношерстную команду наркоманов-хиппи сознанию Кришны. Он спас меня. Он дал мне замечательную радость от желания познать Бога на личностном уровне. Когда я читаю книги Шрилы Прабхупады, мне кажется, что у меня есть личная связь с ним и с Гаурангой.

Malati devi dasi / Малати деви даси

В 1966-м году Малати встретила Шрилу Прабхупаду на вершине горы в уединенной пустоши Орегона, где жила вместе со своим парнем Сэмом, который работал в пожарном патруле. Мукунда и его новобрачная жена Джанаки нанесли им неожиданный визит и познакомили их со Свами и оригинальным изданием «Шримад-Бхагаватам», первой песней в трех томах. Это знакомство определило судьбу Малати. Они отправились в Сан-Франциско с идеей открыть храм и пригласить Свамиджи на Западное побережье. Малати только исполнился двадцать один год. 17-го января 1967-го года Бхактиведанта Свами прибыл в Сан-Франциско коммерческим рейсом из Нью-Йорка, что стало первым полетом Прабхупады на самолете. Несколько дней спустя они получили посвящение и поженились на огненной ягье, которую провел Шрила Прабхупада. Малати и Шьямасундара вылетели из Сан-Франциско в Монреаль по пути в Великобританию в конце августа 1968-го года.

Впервые приехав в Маяпур, я была взволнована, сбита с толку и немного подавлена, хотя подавленность никогда не была моим «стоп-сигналом». Единственным источником электричества в *кутире* Шрилы Прабхупады была висящая на шнуре лампочка. Из проточной воды были только реки, не было надлежащих туалетов или ванных комнат, а спать нам приходилось в палатках. На кухне готовить можно было только сидя на корточках над кастрюлей на керосиновой плите. Не было ни столов, ни столешниц, ни холодильников. А ближайший рынок находился через реку в Навадвипе! Как пересечь реку? Мы договорились переплыть реку на лодке, которой управлял жующий пан тощий парень с тонкой хлопковой тканью вокруг чресл (*гамча*).

Поскольку мой муж Шьямасундар стал личным секретарем Шрилы Прабхупады, по негласному соглашению я должна была готовить, убирать и совершать покупки. Я начала выполнять эти служения в Бомбее в Акаш-Ганге, нашей первой официальной резиденции в Индии. После программы Кросс Майдан в *падале* там были размещены Их Светлости Шри Шри Раса-Бихари. В то время моя кухня представляла собой небольшую комнату с примыкающим к ней индийским туалетом, который должен был служить помещением для прислуги. Акаш-Ганга был очень респектабельным зданием, но его строительство все еще не было завершено. В нем было два лифта, один для жильцов, а другой для торговцев и их товаров. Хоть мы и располагались на 5-м этаже, слугам не разрешалось пользоваться ни одним лифтом.

Шрила Прабхупада и его окружение, включая моего мужа, поехали на машине в Маяпур. Мы отправились на поезде с деревянными сиденьями от станции Ховрах в Калькутте до Кришна Нагара. Потом мы сели в автобус с открытыми окнами и деревянными сиденьями. Остались только стоячие места. Люди забирались на крышу и свисали с лестниц. Мы прибыли в экзотический Маяпур, место рождения Чайтаньи Махапрабху в глухой сельской местности Западной Бенгалии. Кругом были рисовые поля, а чуть дальше, за маленькой хижиной с соломенной крышей, которая была величественными покоями Шрилы Прабхупады, находилась открытая бамбуковая сцена. Мне было интересно, что там будет происходить. Нас познакомили с единственным источником воды на нашей территории: ручным насосом. Дренажа не было, поэтому он был весь в грязи. Реки Джаланга и Ганга протекали с двух сторон, хоть их и не было видно с первого взгляда. У меня ни на что не было времени, поскольку я должна была приготовить *прасад* для Шрилы Прабхупады и я понятия не имела, как это сделать в таких спартанских условиях.

Шьямасундар вышел из хижины улыбаясь. «Ничего полезного здесь нет», — заметил он. Затем он показал мне «кухню», которая находилась в задней части хижины. Мне принесли мой металлический кухонный сундучок. В хижине завалялось несколько хиленьких овощей, дешевый рис, дал и атта с камнями. Я принесла масло *гхи* и специи. Рядом стояло ведро с водой. Я даже не видела палатку, в которой буду спать вместе с дочерью и в тот момент даже не знала, где она сама. Когда я пошла готовить *прасад*, наш чемодан и моя сумочка остались лежать на земле. Прабхупада находился в хижине, но я его еще не видела. Жить в Бомбее и Калькутте было достаточно трудно, но эта ситуация показала, насколько мы не приспособлены к экстремальным условиям. Преданные тут же заболели, в основном заболеваниями желудка, дизентерией и страшными фурункулами. В городских условиях забыть очистить воду, прокипятив ее, было страшной ошибкой и Маяпур не стал исключением. В городах, где водоснабжение было ограничено, его нормировали, здесь же вода казалась бесконечной. Но в любом случае перед употреблением воду нужно было кипятить и охладить. Но у нас не всегда получалось это сделать, поэтому мы очень страдали. У меня практически не было времени на то, чтобы поесть или попить, что избавило меня от некоторых страданий, но даже когда я заболела, мне приходилось делать вид, будто я здорова.

Это был Маяпур, и «очищение» стало универсальным ответом на любой вопрос. «Как дела, *прабху*?» «О, я очищаюсь. Чудесное время!» «Как твое служение, *прабху*?» «О, по-настоящему очищающе!» Хоть я и не использовала эту фразу, я понимала, что она означает, потому что я очищалась, пытаясь служить Шриле Прабхупаде. Даже погода очищала нас дождем. Наши протекающие палатки практически не укрывали нас, а спальные мешки были пропитаны грязью с земли. С малышкой и мужем, которым ежедневно требовалась чистая и сухая одежда, ситуация определенно была «очищающей».

Хотя, с одной стороны, я находилась в полном экстазе, ежедневно мне приходилось сражаться с противоборствующими силами. Это выглядело примерно так:

1. Стараться заботиться о дочери и муже.

2. Чтобы получить средства на *бхогу* Шрилы Прабхупады, первой встретиться с казначеем, пока ему не испортили настроение, а затем отстаивать каждую пайсу. В основном у нас не было личных денег, поэтому, если моей дочери что-то было нужно, мне приходилось просить у казначея. Я каждый день попрошайничала и сражалась от имени Шрилы Прабхупады. Однажды казначей не захотел дать мне деньги на ананас, который так хотел Шрила Прабхупада. Он аргументировал это тем, что Прабхупада не сможет съесть ананас целиком, поэтому это деньги на ветер!

3. Отправиться на Бхактисиддханта Роуд и дойти до лодочного *гхата*. Поспорить с людьми, которые не имели никакого отношения к лодкам, но требовали «пошлину». Было бы намного проще дать им немного денег, но у меня их не было ни на что, кроме свежей *бхоги* для Шрилы Прабхупады.

4. Поторговаться с лодочником насчет платы за проезд. Как житель Запада, я получила особую милость. Поскольку я из бедной семьи, я торговалась как никто другой. Даже Шрила Прабхупада однажды заметил в Бомбее: «Пусть только Малати ходит по магазинам, ее никогда не обманут». А я просто не могла себе этого позволить!

5. Выйти на другой стороне реки в Навадвипе и дать отпор еще одному мошеннику, пытающемуся получить «пошлину» за то, чтобы подняться на набережную.

6. Поторговаться с *рикша-валлой* за проезд до овощного рынка.

7. Поторговаться с торговцем овощами.

8. Поторговаться с торговцем фруктами.

9. Поторговаться с другим *рикша-валлой* за обратный проезд до *гхата*.

10. Иногда сходить в кондитерскую купить *расагуллу* или *мисти дахи*. Снова поторговаться.

11. На стороне Навадвипы противостоять фальшивому сборщику «пошлины» за то, чтобы уехать.

12. Снова поспорить с лодочником, который уже видит мои покупки и знает, что у меня есть деньги.

13. На стороне Маяпура противостоять фальшивому сборщику «пошлины».

14. Поскольку у меня с собой были пакеты и мне нужна была *рикша*,

поторговаться с *рикша-валлой*.

15. Если со мной была моя дочь, ситуация усугублялась. Мне приходилось беспокоиться о ней. Порой эти негодяи пытались нас разлучить, тем самым вынуждая меня дать им больше денег.

К тому времени, когда я возвращалась в лагерь, у меня не оставалось времени ни на что, кроме как начать готовить. Несмотря на все это, вся моя ежедневная медитация была сосредоточена на том, чтобы доставить удовольствие Шриле Прабхупаде. Собственно, с утра до вечера я только об этом и думала. Как только я заканчивала приготовление его обеденного *прасада*, я начинала медитировать на следующий день, помня о любых ошибках, которые я могла совершить в тот день. Мне казалось, что я постоянно делала ошибки, потому что каждый день Шрила Прабхупада исправлял то одно, то другое. Как бы я ни старалась, всегда было что-то «не так» или было над чем работать. Поэтому я всегда беспокоилась о том, чтобы угодить ему. Я не просто доставляла удовольствие Шриле Прабхупаде, но еще и была ему матерью и женой, и не всегда все шло гладко.

Практически последней каплей стало то, что у меня было всего два источника огня, на которых можно было готовить. Один из них представлял собой маленькое ведро, выстланное глиной и навозом, с решетками наверху, и в которое помещался горшок или поднимался *роти*. Другим источником была демоническая керосиновая печь, которую нужно перед зажиганием было накачать. Обычно она вспыхивала прямо перед моим лицом, опаливая мне брови и волосы. Мне нужны были оба источника, но каждый день слуга Прабхупады забирал один, чтобы нагреть воду для омовения Шрилы Прабхупады. К концу приготовления пищи у меня оставался только один костер. Это было очень сложно, и я очень расстраивалась, особенно когда приходило время готовить *роти*, которые были последним блюдом в меню.

Однажды, после особенно глубокой медитации и служения у меня закралось немного гордости. В тот день я чувствовала себя так, как будто я, наконец, очень хорошо выполнила свое служение. Эта ошибочная идея просуществовала недолго. Шрила Прабхупада позвал меня и спросил: «Почему так много соли?» Я должна была положить немного соли, перца, несколько кусочков нарезанного свежего имбиря и ломтик лимона на край его тарелки. В тот момент я внезапно почувствовала себя побежденной. Я подумала: «Я просто не могу выполнять эти служения должным образом. Я не могу перестать быть женой или матерью, но я могу перестать готовить. В конце концов, — рассуждала я — я не могу угодить ему, чем бы я ни занималась, поэтому было бы лучше, если бы его поваром был кто-то, кто мог бы выполнять это служение должным образом». Я почувствовала некоторое облегчение. Я решила, что на следующий день скажу ему, что найду кого-нибудь другого, кто будет готовить для него. Моя ноша была снята. Мне казалось, что проблема решена. Однако на следующий день все пошло не так, как планировалось.

Оказалось, что некоторые из его духовных братьев собираются приехать к нему на обед. Прабхупаду критиковали, помимо всего прочего, за то, что для него готовит женщина. Я подумала, что он не захочет, чтобы я готовила в тот день, и поэтому на следующий день решила рассказать ему о своем плане.

Внезапно я услышала свое имя: Шрила Прабхупада хотел меня видеть. В удивлении я вошла в его *кутир* и поклонилась. Прежде чем я успела даже поднять голову, я поняла, что он сообщает мне, что хочет на обед. Это было не лучшее время, чтобы сказать ему, что я больше не буду готовить, поэтому я просто кивнула, чему он был удивлен.

Когда я закончила, духовные братья Шрилы Прабхупады вместе с ним сидели в *кутире*. Когда я подошла к не особо элегантной «занавеске» из мешковины между его покоями и задней частью *кутира*, служившего помещением для слуг, я нерешительно взглянула на удивительную сцену перед тем, как войти.

Это было просто потрясающе. Маленький *кутир* был плохо освещен, поэтому внутри обычно было достаточно темно. Однако, в тот день он буквально светился. Шрила Прабхупада находился в конце комнаты в окружении трех или четырех своих духовных братьев, почтенных пожилых *вайшнавов*, но все внимание было сосредоточено на Шриле Прабхупаде, и он выглядел словно редкий бриллиант в изысканной оправе. Видите ли, бриллиант сам по себе, несомненно, великолепен, но, когда он помещен в правильную оправу, его естественная красота становится еще более яркой. Вот таким Шрила Прабхупада казался мне в тот момент и я очень боялась войти внутрь. Я натянула *сари* себе на голову, на колени, и даже на руки. Были обнажены только пальцы моих рук, державшие *тхали* Прабхупады. Я заползла внутрь, опираясь на локти и колени. Я поставила тарелку, поклонилась и начала отступать, выползая точно так же, как и вошла.

Вдруг я услышала его голос: «Да, она готовит для меня, и я ее критикую. [пауза] Но она ради меня перерезала бы себе горло и я бы сделал то же самое ради нее». Он использовал слово «перерезать» с легким акцентом буквы «и», смешанной с буквой «е».

Моя глупая ошибочная позиция тут же изменилась. Мгновенно. Я ясно видела, как он отвечал взаимностью на мое желание полностью удовлетворить его. Еще я поняла, что по глупости воспринимала его слова как критику. Это было удивительно унизительное открытие. Я поняла, что меня привели в качестве примера в этой ситуации. Хотя казалось, что он говорит конкретно обо мне, но на самом деле он рассказывал об уникальных отношениях между ним и его учениками. Я была просто удачным примером. Его удивительные слова предназначались для всех нас, недвусмысленно рассказывая его духовным братьям о любовных отношениях между ним и его учениками.

Больше я не думала об уходе. Следующий день был таким же,

как и все остальные, за исключением того, что вместо того, чтобы чувствовать себя разбитой и подавленной разными «битвами», я была рада возможности служить Шриле Прабхупаде. Я не могла поверить в свою глупость и в то, как прекрасно Шрила Прабхупада развеял ее. Теперь каждая «битва» проходила в полном экстазе, начиная с казначея и кончая последним *рикша-валлой*. Мне казалось, что я лечу, не отрывая ног от земли. Мне просто нравилось это служение и моя любовь к Шриле Прабхупаде росла вместе с ним. Наша удача не знает границ. Шрила Прабхупада ки джай!

Mallika devi dasi / Маллика деви даси

Маллика училась в Темплском университете, когда увидела «Нектар преданности» в корзине со скидками в книжном магазине колледжа. Она купила его за 75 центов.

В 1974-м году я посетила Ратха-ятру в Филадельфии, увидела Божеств, попробовала *гулабджамун* и получила «Бхагавад-гиту». Я уже была вегетарианкой из-за того, что наткнулась на друзей кришнаитов, и я была очарована кришнаитскими вещами. Когда я увидела Шрилу Прабхупаду на Ратха-ятре в Филадельфии в 1975-м году, я знала, что это тот человек, которому я собираюсь предаться, но я была в невежестве. Я оставила общение с Прабхупадой, чтобы готовить сэндвичи со стейками в баре, где работала.

В Маяпуре в 1977-м году я сфотографировала Шрилу Прабхупаду, говорящего и обходящего вокруг Божеств с преданными. Во время *гуру-пуджи* в комнате, полной сотен преданных, я поймала его взгляд. Он знал, кто я, и я знала, кто он. Мне было стыдно, потому что я подвела его, пытаясь наслаждаться телесными привязанностями. Я сделала снимок, а затем выбежала на улицу, подождала на ступеньках и сделала еще один снимок, на котором Прабхупада смотрит прямо на меня, сложив руки.

Много лет спустя мой муж пал, и у меня не оказалось мужской защиты. Я сказала Прабхупаде, что я его дочь и нуждаюсь в его защите и милости, но я чувствовала, что он оставил меня, и я была одна. Затем я посмотрела на ту фотографию, которую сделала в Маяпуре, и увидела, что Прабхупада смотрит прямо на меня, благословляя меня и давая мне свою милость, и я приняла его прибежище.

Когда я была *брахмачарини*, то просыпалась в 2:30 утра, заканчивала свои круги к *мангала-арати*, весь день распространяла книги в аэропорту, приходила домой, чтобы опустошить тарелки от Божеств, ложилась спать с тоннами *маха-прасада* в животе, и все равно вставала в 2:30 и шла распространять книги. В течение этого промежутка времени Кришна проявил мистическую энергию. Кришна давал нам возможность делать то, что мы делали, потому что Он был в большом долгу перед

Шрилой Прабхупадой. Кришна взорвал разум Прабхупады: сотни 25-летних западных, обусловленных людей выглядели, как преданные. Это было самое прекрасное время, и теперь, когда у нас появился этот вкус, у нас было над чем работать — это уровень полного отречения и служения Прабхупаде 24/7.

Храмовая жизнь помогла многим из нас достичь высокого уровня служения, осознания и способностей, и теперь я чувствую себя Арджуной, который не смог защитить царей. Но вскоре Кришна вернет нам эту способность. Нам просто нужно работать для этого. Когда я хочу доставить удовольствие Шриле Прабхупаде, я прошу Кришну, потому что знаю, что Он мне поможет.

Mamata devi dasi/ Мамата деви даси

Осенью 1970-го года девятнадцатилетняя Мамата переехала в храм в Вашингтоне, округ Колумбия. Прошлой весной она поехала в Бруклин, чтобы писать для ИСККОН Пресс, а в июле приехал Прабхупада.

Я впервые увидела Прабхупаду в аэропорту Нью-Йорка. Обе стороны коридора аэропорта были заполнены преданными и когда они предложили поклоны Прабхупаде, это было похоже на две линии падающих домино. Когда они смотрели на него, казалось, что они видели Бога. Присутствие Прабхупады, его духовная энергия, любовь между ним и Кришной заполнили всю комнату и наполнили всех в ней. Его энергия была волнами духовной любви и она была ощутимой и очевидной, отнюдь не теоретической. Я испытала это на собственном опыте и это убедило меня. Когда Прабхупада говорил, все в комнате чувствовали, что он обращается непосредственно к каждому. То, о чем он говорил, как он отвечал на вопросы и молитвы, обращался к тому, что беспокоило человека, было подходящим для всех присутствующих. Это было необычайно и невероятно красиво. Прабхупада был внешним проявлением Сверхдуши, Кришны.

Когда я получила свои четки во время инициации, Прабхупада был добр и мил. Когда он произнес мое имя, это прозвучало как бит мриданги и он сделал ударение на последнем слоге: «Мама-ТА. Мамата означает «та, кто очень любит всех». Преданным это понравилось, и они сказали: «Аааа». Прабхупада улыбнулся и оглядел комнату.

Когда Шрила Прабхупада впервые спел «Джая Радха Мадхава» в Нью-Йорке в 1971-м году, он сказал: «Вы знаете эту песню, «Джая Радха Мадхава?» Мы все закричали: «Ага!» Он сказал: «Вы думаете сможете повторять за мной?» Мы снова закричали: «Ага!» Затем он начал медленно петь красивым гудящим голосом: «Джая Радха Мадхава...» Мы были потрясены его глубоким осознанием и любовными отношениями с Кришной. Когда он пел, все это проявлялось. Преданные были переполнены экстазом, трансцендентным счастьем, которое невозможно описать. Никто не может достичь такого счастья в материальном мире.

В те ранние годы, 1971-й, 1972-й, 1973-й, не было такого различия между мужчинами и женщинами. Мы были семьей. Мы все вместе пели на улицах и никто не подумал: «О, рядом со мной мужчина» или «рядом со мной женщина». Мы были поглощены Кришной и тем, что даем сознание Кришны другим. Позже это стало проявляться: «Хорошо, мужчины здесь, женщины здесь».

Моя основная связь с Прабхупадой проявилась, когда я транскрибировала его лекции, утренние прогулки и разговоры в комнатах со всего мира. Перед тем, как переехать в храм, я хотела поехать с ним и подумала: «Я останусь здесь, в Вашингтоне, поработаю, сэкономлю немного денег, а когда он будет путешествовать, я поеду туда, куда он». Через пару месяцев я сдалась и переехала в храм, но Кришна исполнил мое желание, позволив мне работать над проектом архивов Бхактиведанты. Слушая лекции Прабхупады, разговоры в комнатах и утренние прогулки, я была с ним намного дольше, чем могла бы быть физически.

Транскрибатор не может витать в облаках, он должен сосредоточиться и слушать каждое слово. Я обнаружила, что Прабхупада говорил обо всем, что беспокоит меня, что заставляет беспокоиться или отвлекает, и он немедленно решает мои проблемы и философские недоразумения. Это происходило столько раз и это было феноменально.

Прабхупада не приземленный человек этого мира. Все в нем было прекрасно, потому что в нем присутствовал Кришна. Такой великий человек — самая редкая вещь в этом мире и то, что я лично увидела его, определенно укрепило мою веру в него.

Mandakini devi dasi / Мандакини Деви Даси

От Свидетелей Иеговы до мормонизма, католицизма и буддизма Мандакини искала Абсолютную Истину. На главной улице Аделаиды в начале 1973-го года она получила «Бхагавад-гиту» от Бхутанатхи Прабху, который был дружелюбен и лучезарно улыбался. Мандакини решила посетить воскресную программу.

В храме меня впечатлили преданные, изображения Кришны, запахи от приготовления еды и от благовоний. Я была переполнена чувствами и невероятно оживлена. Я увидела, что преданные находятся в хорошем духовном состоянии. Я переехала жить в храм и постоянно слышала там, как преданные говорят о Шриле Прабхупаде: «Шрила Прабхупада сказал это», «Шрила Прабхупада сказал то». Благодаря этому и прослушиванию записей лекций Прабхупады и его очаровательной *джапы* я очень привязалась к нему. Его книги ответили на все мои сомнения и вопросы.

Особенно странно было, что даже то, с чем я не была согласна на ментальном уровне, я принимала и признавала на уровне сердца.

В 1974-м году я отправилась вместе с другими преданными из Аделаиды в Мельбурн. Там, на Ратха-ятре я впервые и увидела Прабхупаду. Я твердолобый реалист, но, когда я танцевала рядом с Прабхупадой, мне казалось, что мои стопы не касались земли, что время остановилось, а я перенеслась в другое измерение. Его физическое присутствие перенесло меня в некое духовное пространство и я больше не ощущала своего тела. Это было великолепно, когда Прабхупада остановился и повернулся посмотреть на прекрасного золотого Господа Чайтанью глазами полными любви. Затем, когда он повернулся обратно, чтобы продолжить движение, он поймал мой взгляд и стал пристально смотреть на меня. Мне казалось, что прошла вечность. Я была перемещена в другое измерение, я была поражена. Это навсегда укрепило мою преданность по отношению к его миссии, к его Движению, к его наставлениям, к его книгам и конечно же к воспеванию Харе Кришна.

На одной из своих лекций в Мельбурне Прабхупада говорил о воспевании Харе Кришна и сказал, что в этом воспевании содержится абсолютно всё. И мы должны каким-то образом, со всей нашей жизнью и душой воспевать Святые Имена. Я преисполнилась уверенности достичь такого состояния: «Если я смогу усовершенствовать мое воспевание, тогда я буду успешна на духовном пути». С изображениями Кришны передо мной я воспевала усердно и фанатично, определенно находясь в *гуне* страсти. Но я всегда понимала важность воспевания и молилась: «Если я не буду делать ничего другого, пожалуйста, позволь мне всегда повторять Харе Кришна». Я рада и благодарна за то, что основное наставление Прабхупады: «Просто повторяйте Харе Кришна», очень дорого мне и поддерживает меня.

Прабхупада вновь приехал в Мельбурн в 1975-м году, и тогда я была впечатлена его прекрасным и сильным характером. Также он был очень ласковым, практически как маленький мальчик. Это сочетание силы и простоты привлекло меня и я почувствовала, что это та самая личность, которую я искала всю свою жизнь. Я без всяких сомнений знала, что я восхищаюсь Шрилой Прабхупадой, что уважаю его, что готова отдать всю оставшуюся жизнь за него, что моей единственной целью было следовать его наставлениям. Я заядлая читательница книг Прабхупады, ежедневно осознающая, что это чтение делает меня сильнее. Шрила Прабхупада всегда говорил, что он присутствует в своих книгах и наставлениях. Через его книги я чувствую его присутствие в моем сердце и в моей жизни, чувствую, что он наблюдает за мной и направляет, что разговаривает со мной.

Это движение сознания Кришны принадлежит Прабхупаде и он радуется, когда мы собираемся вместе, чтобы развивать его. Очень рано я решила, что прежде, чем даже подумать об этом, я всегда соглашусь на все, что меня просят сделать, а беспокоиться об этом буду позже.

Стремление к преданному служению — это естественный побочный продукт воспевания и чтения и я хочу быть нетерпеливой в служении. Это и все, что дал Прабхупада, является моей сущностью.

Manjari devi dasi / Манджари деви даси

Летом 1970-го года Манджари, которой тогда было шестнадцать, жила в Сообществе Кришна-Йоги (в ашраме Сиддхасварупы, который отделился от ИСККОН) и воспевала Харе Кришна.

Однажды Сиддхасварупа сказал, что ему нужен *гуру* и что он собирается припасть к стопам Шрилы Прабхупады, а мы можем последовать за ним. Так в ноябре 1970-го года я стала прихожанкой храма ИСККОН в Гонолулу. Я восхищалась тем, что Сиддха показал нам, как важно принять прибежище у чистого преданного – Шрилы Прабхупады – но я не чувствовала, что обладаю достаточными качествами, чтобы стать его ученицей. Говинда даси сказала: «Конечно, не обладаешь. Именно поэтому тебе нужен духовный учитель». Сначала ты принимаешь духовного учителя, потом развиваешь качества, а не наоборот. Такое объяснение показалось мне вполне логичным, поэтому я написала Прабхупаде с просьбой дать мне посвящение. Прабхупада принял меня своей ученицей, прислав письмо из Бомбея 28 мая 1971-го года. В ответе говорилось: «Я очень рад, что вы осознали важность принятия духовного учителя для продвижения в духовной жизни. После получения инициации, вы вступаете во взаимосвязь со всеми великими *вайшнавами-ачарьями* в цепи ученической преемственности. Вы заметите большие перемены в духовной жизни. По милости *ачарьев* каждый легко сможет вернуться обратно домой, к Богу».

В 1972-м году я впервые встретила Прабхупаду в аэропорту Гонолулу. Он двигался плавно, словно лебедь с высоко поднятой головой. Преданные одели на него столько гирлянд, что они доставали ему до глаз. Он позвал Сиддху, который шел сзади. Сиддха коснулся стоп Прабхупады и Прабхупада погладил его по голове. Я подумала: «Сколько же в нем любви».

Во время тогдашнего визита Прабхупада установил Божества Панча-таттвы, дал Сиддхе посвящение в *санньяси* и каждый вечер давал лекции. Он сказал: «Господь Чайтанья принял отречение, будучи очень молодым» и объяснил почему. Один преданный спросил: «Что Вы делаете, когда ум отвлекается?» Я подумала: «Какой хороший, однако, вопрос! Надо было опередить его». Прабхупада строго ответил: «Вы разве не знаете?» Я подумала: «О Боже, как хорошо, что я не спросила». На его месте я бы не выдержала и расплакалась, но парень простодушно ответил: «Нет, не знаю». Прабхупада смягчился и сказал: «Ум нужно возвращать». Он сделал характерное движение рукой. Его любящее отношение к Сиддхе, строгость, незаурядный ум показывали, что иногда духовный учитель тверд, как кремень, а иногда мягок, как роза. Прабхупада очаровывал и притягивал к себе людей.

Позже в Нью-Йорке я сделала большую объемную длинную гирлянду, которая надета на Прабхупаде на довольно известном изображении, где он стоит с *дандой* на фоне фиолетовой бархатной ткани. Прабхупада отдавал предпочтение легким гирляндам, но он великодушно принял и эту.

Перед самым вылетом Прабхупады из нью-йоркского аэропорта, Барадрадж вел *киртан*, а Прабхупада, окруженный преданными, сидел опустив голову и прикрыв глаза. Из его глаз лились слезы. Я оторопела от удивления. Сначала я подумала, что что-то случилось, но потом почувствовала: «Это за гранью моего понимания». Прабхупада редко показывал свой экстаз, но мне повезло краем глаза увидеть его трансцендентные эмоции.

В следующий раз я встретила Прабхупаду на фестивале Гаура-Пурнимы в Майяпуре в 1974-м году. Я вышла замуж за Наваяувану и уехала с Атреей и его женой в Тегеран. Прабхупада был очень рад нашему возвращению из Ирана, но меня настолько сковало смущение, что я не смогла вымолвить ни слова.

Когда Шрила Прабхупада посетил Иран, мой муж сказал Прабхупаде, что чувствовал неудовлетворение и подумывал о поездке в Индию. Прабхупада выслушал моего мужа и рассказал ему о том, как пережил два сердечных приступа на Джаладуте пока они переплывали суровый Атлантический океан. Обдумывая ответ Прабхупады, мы с Навой поняли насколько велика была его жертва. Мы должны отнестись к нашей ситуации со всей серьезностью. Прабхупада хотел, чтобы мы поняли на что идем.

Я все глубже понимаю и проникаюсь любовью к словам, книгам и видеозаписям Шрилы Прабхупады. Знания, которые он нам дал, актуальны во все времена. Я всегда следую наставлениям Прабхупады: соблюдаю четыре регулирующих принципа, воспеваю, по меньшей мере, шестнадцать кругов, занимаюсь служением в обществе преданных, читаю книги Прабхупады. Общение с чистым преданным проникает в самое сердце. В то же время, если мы не отвечаем взаимностью, не проявляем настойчивости в духовной жизни и духовном развитии, наша духовная жизнь становится просто сантиментами. Наши сентиментальные чувства по отношению к чистому преданному – это, конечно, хорошо, но если мы не прилагаем должных усилий со своей стороны, то наша любовь, увы, не станет глубже.

Manjuali devi dasi / Манджуали деви даси

Манджуали путешествовала, когда к концу 1970-го года встретила преданных в Чикаго. Она посетила храмы в Портланде и Санта-Барбаре, а когда приехала в Нью-Двараку в декабре 1971-го, она услышала: «Шрила Прабхупада приезжает в марте! Тебе необходимо остаться. Нам нужна помощь».

Я оставила все свои книги: «Будь здесь и сейчас», «И Цзин», «Лао Цзы». У меня был только небольшой рюкзак. В комнате *брахмачарини* в Новой Двараке я делила комнату с двадцати двумя другими *матаджами*. Я делала все, что нужно было: *харинама санкиртана*, субботнее распространение книги «Кришна», шитье для Божеств, помощь в служении Божествам, наполнение бутылок маслом, катание благовоний на фабрике благовоний.

Когда приехал Шрила Прабхупада, я почувствовала, будто полубог пришел в мой мир. В его присутствии я ощущала благоговение. На день явления Нрисимхадева в мае 1972-го года, когда мне было 24, Прабхупада дал мне инициацию. Он дал мне четки и сказал: «Манджуали — имя *гопи*». Его глаза были серьезными, но его улыбка была щедрой, она будто говорила: «Добро пожаловать». Это был обряд посвящения.

Прабхупада был расстроен тем, что женатые пары преданных не оставались в браке, но он одобрил мой брак с Джаятиртхой. Моя мама приехала из Чикаго и дала нам 50 долларов в качестве подарка. После свадьбы мы с Джаятиртхой пошли к Шриле Прабхупаде в его сад в Нью-Двараке, и я дала Прабхупаде мамин чек. Я также принесла тарелку с *прасадом* и гирлянду для него. Прабхупада, сидя в своем прекрасном кресле в окружении желтых роз, посмотрел на Джаятиртху и, подмигнув, сказал: «Она красивая». На лекции Шрила Прабхупада говорил: «Красивая жена — враг мужу, потому что она отвлекает его от духовного пути». Поэтому я подумала: «О, Господи, я враг своему мужу!» Прабхупада взял напиток, который я принесла, вытянул мизинец, сделал глоток и посмотрел на Джаятиртху: «А она умеет готовить». Прабхупада заставил нас сесть у его стоп, как будто мы были детьми, а он был великолепным, чудесным господином. Мы были опьянены его присутствием, и это был замечательный взаимообмен.

Он спросил меня: «Что твои родители думают о сознании Кришны?» Я ответила: «Моя мама повторяет Харе Кришна, когда моет посуду». Теплота Прабхупады, его заботливое внимание и человечность в вопросах о моей семье были наивысшим проявлением эмоций для меня. Он дал нам с Джаятиртхой наставления по поводу семейной жизни: «Привязанность приходит через служение. Если вы будете держать Кришну в центре ваших отношений, вы будете успешны». Это был путеводный свет для нас. Джаятиртха и я были командой, и с ним у меня была прекрасная возможность служить, расти как человеческое существо, научиться многим навыкам, а также оказаться совершенно разбитой, чтобы потом снова быть вместе.

Шрила Прабхупада учил нас вставать утром, совершать омовение, очищаться, есть, петь, одеваться – всему. И все было сосредоточено вокруг Божественного, все было подарком для Бога. Мы были подарком для Бога. Прабхупада преподнес Бога как Его святое имя, и мы очищались каждый раз, когда повторяли его. Это Имя удерживало присутствие Бога внутри нас и лучилось сиянием.

У меня было не очень много общения с Прабхупадой, но это было неважно. Я любила поклонение Божествам и всю свою жизнь, каждый свой вздох я была полностью поглощена служением Им. Я общалась со Шрилой Прабхупадой через поклонение Божествам в Нью-Двараке, потому что мы служили Божествам для него. Он научил нас делать все с чистым намерением, красотой, изяществом, открытым сердцем, как подношение. Нашему ложному эго пришлось отступить. Каждое утро, когда входил Прабхупада, двери алтаря открывались, и звучали молитвы «Говиндам». Мы одевали Божеств и обмахивали Их *чамарами*, и это было вне времени и пространства. О, какая честь сделать это! Прабхупада предлагал *дандаваты* и переходил дальше к алтарю. Затем он садился на свою *вьясасану*, играл в гонг, и двери закрывались для подношения.

Однажды после лекции Прабхупада спросил Шрутакирти:

— Кто одевал Божеств?

— Манджуали.

— Приведи ее ко мне немедленно.

— Прабхупада немедленно хочет тебя увидеть.

Я подумала: «Боже мой». Я дрожала, мое сердце билось: «Что я наделала?» Я пошла в комнату Шрилы Прабхупады с синими стенами и шафрановыми шторами (он говорил нам, что это были цвета в комнате во времена его детства). Свет просвечивал сквозь занавески позади Шрилы Прабхупады, который сидел на своем маленьком сиденье без рубашки, только в накидке, блестящем шелковым *дхоти* и с красивой *тилакой*. У него была сияющая аура, и он улыбался. Его улыбка будто охватила всю вселенную. Он сказал: «Большое спасибо, ты хорошо поработала. Кришна выглядит прекрасно, и я очень доволен. Когда ты украшаешь Божество, ты украшаешь свое сердце», — и дал мне 20 долларов для Божеств. Я ответила ему: «Спасибо, Шрила Прабхупада. Это пойдет для следующего наряда». Он сказал: «Всегда служи Кришне, и эта жизнь будет совершенной, и следующая будет совершенной, и ты вернешься к Богу». Я не могла в это поверить. Образовалась безмолвная пауза, которая все сказала сама за себя. Маленькая девочка во мне, дочь Шрилы Прабхупады, была признана и воодушевлена его милостью, добротой и щедростью духа. Этот момент всегда будет со мной.

Удовлетворение Прабхупады было кровью нашей жизни, потому что он был всем для нас. Мы были влюблены в него и его послание. Он был нашими воротами к сладости, о существовании которой мы даже не знали. Он открыл сосуд внутри нас и своей любовью подарил нам драгоценный камень, о котором трудно говорить, настолько он дорогой. Иногда я не могу отдать этому должное уважение, которое должна была бы дать, но я чувствую, что драгоценность, которую дал нам Прабхупада, - это он сам, его любовь и его мудрость. Прабхупада видел общую картину и был на сто процентов предан миссии и *парампаре* Махапрабху и Кришны.

Моих историй о Шриле Прабхупаде немного, но моя любовь глубока. Иногда мне кажется, что благословение настолько велико, что мы всегда можем почитать историю, хранить эту тайну в наших сердцах вечно. По какой-то милости и благословению маленькая девочка-хиппи, которая шла по дороге в поисках душевной связи, была подобрана и одарена драгоценностью. Мы пытаемся представить целостность дара, который получили, но суть его — сердечная связь. Шрила Прабхупада тронул наши сердца, открыл наши умы и одарил нас безграничной любовью. Наши отношения живые, подвижные, постоянно требующие сосредоточенности, открытого сердца и милости. Это танец. Требуется постоянная дисциплина, чтобы служить отношениям, а не принимать это как должное. Прабхупада дал нам общение с семьей единомышленников, ищущих связи с тайной Божественного. Для меня большая честь, что я смогла стать частью этой истории. Он коснулся моего сердца и захватил меня своей безусловной любовью.

Manmohini devi dasi / Манмохини деви даси

Сколько она себя помнит, Манмохини искала это движение. Ей было девятнадцать лет, когда в октябре 1969-го года она присоединилась к храму на Второй авеню, дом 61, и вскоре после этого отправилась в Бостон.

Я неоднократно пыталась стать вегетарианкой, но не знала, что есть, пока не нашла преданных. Я написала Прабхупаде письмо с просьбой о получении инициации и в феврале 1970-го года получила красивое ответное письмо о посвящении. Мне нравится имя, которое дал мне Прабхупада, так зовут Шримати Радхарани. Ман означает «ум», а мохини – «привлекающая».

В своем письме ко мне Прабхупада написал: «Моя дорогая дочь Манмохини, пожалуйста, прими мои благословения. Я получил твое прекрасное письмо от 18 февраля 1970-го года вместе с четками для воспевания и парой прекрасных цветочных гирлянд. Большое спасибо. Я сразу же предложил цветочные гирлянды Радхе и Кришне, они так красиво выглядят. Я очень рад принять тебя в число своих учеников, и мне приятно знать, что ты просишь Господа Кришну только о том, чтобы всегда помнить, что твое вечное положение – служить и принимать прибежище у Его трансцендентных лотосных стоп. Поэтому я возвращаю тебе твои четки, на которых я должным образом воспевал Святые

Имена, и теперь твое духовное имя — Манмохини даси. Манмохини — это одно из имен Радхарани, а Манмохини даси – служанка Радхарани. Теперь, пожалуйста, воспевай Харе Кришна *мантру* и будь возвышенно счастлива. Ты знаешь, что как моя инициированная ученица ты должна ежедневно и регулярно вычитывать шестнадцать кругов на четках и соблюдать четыре регулирующих принципа, а именно: не есть мяса, рыбы и яиц, не вести незаконную половую жизнь, не принимать никаких интоксикаций, не играть в азартные игры и не заниматься умственными спекуляциями. Если ты будешь придерживаться этих принципов и воспевать святое имя, избегая десяти оскорблений, ты станешь более твердой в своей вере и быстро продвинешься в сознании Кришны. Мне хочется отметить, что мне доставляет удовольствие, что ты с таким наслаждением занимаешься приготовлением *бхоги* в храме Бостона, а также совершаешь *санкиртану*. Пожалуйста, очень внимательно изучай все наши книги и познавай нашу философию с помощью наших многочисленных опытных учеников там, в Бостоне, и оставайся счастливой в сознании Кришны, под заботой и руководством Шримана Сатсварупы и Шримана Брахмананды, поскольку ты их младшая сестра. Я прилагаю к этому лист с перечнем 26 качеств преданного, 10 оскорблений, которых следует избегать при воспевании маха-мантры, и стандартные практики для инициированных преданных. Надеюсь, что ты в добром здравии. Твой вечный доброжелатель, А.Ч. Бхактиведанта Свами».

Я была в экстазе, получив это письмо. Мое сердце растаяло от осознания того, что кто-то настолько возвышенный, кто-то, кто находится непосредственно в *парампаре*, так заботится о нас, падших душах. Прабхупада рисковал своей жизнью, чтобы спасти нас. Он обладает такой любовью, состраданием, добротой, милосердием, терпением, толерантностью и сдержанностью. Я благодарна и польщена тем, что связана с этим движением. Моей скудной жизни не хватит, чтобы вернуть долг Шриле Прабхупаде.

Я вышла замуж, когда мне было двадцать лет, и вскоре после этого у меня родилась дочь. После свадьбы я позвонила матери, чтобы рассказать ей об этом и она спросила: «Правда? Как его зовут?» Я ответила: «Подожди, я спрошу у него», – потому что я не знала мирское имя своего мужа. Моя мать сказала: «Ты сошла с ума!» – и положила трубку, что она делала и раньше. Я подумала: «Она права». Но когда я подумала обо всем, через что Прабхупада прошел ради нас, что он сделал для нас: одарил нас идеальной диетой, дал идеальную философию, идеальный образ жизни — за все это, я бы с радостью вышла замуж за незнакомого парня, танцевала бы на улице в простынях и делала бы многое другое.

Мы с мужем открыли несколько храмов, а потом он перестал следовать принципам, оставил меня, ушел из движения и вскоре после этого скончался. В то время Шрила Прабхупада находился в Нью-Двараке. Я со своим братом Сварупой, который тоже был преданным, отправилась в апартаменты Прабхупады, чтобы увидеться с ним. Прежде чем мы вошли в комнату, я услышала, как Прабхупада сказал: «Итак, ты хочешь снова выйти замуж?» Я ответила: «Не сразу, Шрила Прабхупада. Я просто хотела узнать, не запрещено ли мне это». Прабхупада сказал: «Запрещено? Я не запрещаю. Тебя интересует мое мнение?» Я ответила: «Да, Шрила Прабхупада». Он сказал: «Не делай этого». К этому времени мы уже сидели в его комнате, там были Сварупа, слуга Прабхупады Шрутакирти и я. Я была в ужасе и не смотрела на Прабхупаду. Прабхупада сказал: «Где гарантия, что твой следующий муж будет отличаться от первого?» Он объяснил, что в Кали-югу мужчины не обучены *дхарме*, а женщины — целомудрию. У меня уже был один ребенок, и я должна отдать всю свою любовь этому ребенку. Нет никаких причин для повторного брака. В какой-то момент Сварупа сказал: «Шрила Прабхупада, моя сестра считает, что ей нужно снова выйти замуж для защиты». Глаза Прабхупады стали большими, он посмотрел на меня и сказал: «Ты не защищена?» Он посмотрел на Сварупу и сказал: «Разве ты не под защитой?» Он посмотрел на Шрутакирти и сказал: «Вы не защищены? Просто посмотрите, здесь нет веры!» Он объяснил, что по отношению к Кришне мы все *пракрити*, а Кришна — единственный, кто может защитить всех нас. Муж не сможет защитить жену от болезни или несчастного случая, старости, смерти — ни от чего. Кришна — единственный защитник, а по отношению к Нему мы все *пракрити*.

Это было возвышенно. Мы были еще неофитами, и, как это всегда делает Прабхупада, он дал нам абсолютную истину. В какой-то момент я подняла голову, и Прабхупада был прекрасен. Его освещало солнце, он был бронзового и золотого цвета, он шел из глубины веков и звучал так, словно говорила сама Сверхдуша. Я почувствовала себя падшей, и мое сердце учащенно забилось. Я молчала и слушала. В какой-то момент он сказал: «Может ли кто-нибудь дать тебе письменную гарантию?» Я покачала головой: «Нет». Он сказал: «Зачем так рисковать?» Когда мы уходили, он обратился непосредственно ко мне и с большим состраданием и любовью сказал: «Читай мои книги. Я написал так много книг. Целыми днями я читаю, пишу, воспеваю, принимаю омовение. Ты поступаешь так же». Я ответила: «Да, Шрила Прабхупада». Позже Прабхупада увидел меня в белых одеждах и одобрил это, а я жила, чтобы угодить Прабхупаде.

Когда Прабхупада был в Нью-Дварке, это было так захватывающе, что я не могла спать. Я не спала ночами и делала ему маленькие подарки. Однажды я сделала банку *расагул*. В другой раз я сделала маленькую гирлянду из манджари туласи для его Божеств. Я заворачивала подарок в белую папиросную бумагу, обвязывала ленточками, завязывала бантиком, который легко было открыть, и просила кого-нибудь положить его на *вьясасану* рядом со Шрилой Прабхупадой. В какой-то момент Прабхупада видел подарок, развязывал ленточки, заглядывал внутрь и, как правило, оставался доволен. Всегда находились способы экстатического обмена любовью. Когда Прабхупада был в храме, казалось, что наш город Уотсика больше не является частью планеты.

Однажды утром, около десяти часов, я была с двумя учениками из *гурукулы*, когда увидела Шрилу Прабхупаду, идущего к нам с преданными по обе стороны от него. Прабхупада подошел прямо к нам, указал на одного из учеников и сказал мне: «На нем нет шейных бус. Ты можешь позаботиться об этом?» Я ответила: «Да, Шрила Прабхупада». Не успела я закончить фразу, как они ушли. Это было во время марафона по печатанию книг, и тогда происходило много всего. И все же Прабхупада заметил, что у одного из детей *гурукулы* не было *катхимал*. Это заставило меня понять, что каждый аспект сознания Кришны одинаково важен. После этого я стала фанатиком *катхимал* и всегда следила за тем, чтобы у всех детей они были на шее.

Я очень многим обязана Шриле Прабхупаде. Что еще нужно в жизни, кроме как стараться угодить ему?

Manoharini devi dasi /Манохарини деви даси

Когда ей было пятнадцать лет, брат Монахарини дал ей «Бхагавад Гиту как она есть» и пригласил в храм на воскресный пир.

Я стала вегетарианкой, потому что решила, что это поможет мне понять книги Шрилы Прабхупады. На столе в моем доме я сделала домашний алтарь с большим изображением Кришны с коровой. Я не знала о предложении пищи, поэтому я что-то готовила, складывала в небольшой контейнер, ставила на алтарь и одновременно ела.

Я была одной ногой внутри, а другой снаружи до тех пор, пока не получила травматический опыт. Парень в парке сошел с ума и попытался меня убить. Он бил меня по голове, а я думала: «Я не знаю, как мне выйти из этой ситуации». И единственные личности, о которых я могла подумать, чтобы помолиться, были Прабхупада и Кришна. Я сказала: «Прабхупада, я знаю, что недостаточно чиста, чтобы вернуться к Богу, но, пожалуйста, позвольте мне в следующей жизни родиться *вайшнавом*. Тогда возможно я все сделаю правильно». И после этого стали приходить правильные решения, как выйти из этой ситуации. Я услышала, как я говорю этому парню: «Тебе лучше остановиться, мой брат и мои друзья знают, что я с тобой. Оставь меня в покое». И он сделал это. Я была растрепана, по моему лицу стекала косметика, слезы, у меня были спутаны волосы. Я пришла домой, позвонила в храм и сказала: «Я хочу переехать жить в храм», - потому что я чувствовала, что мне дали второй шанс.

Я перестала принимать наркотики и чувствовала себя в безопасности и счастливой в храме. Преданным нравилось, когда я убирала в ванной, потому что я мыла и мыла. Я сказала: «Прабхупада говорит, что чистота стоит рядом с благочестием, и я отмываю эту плитку насколько могу». Я распространяла книги Прабхупады в аэропорту Чикаго. Когда мне было девятнадцать, я получила инициацию и вскоре после этого вышла замуж.

Когда Прабхупада был болен, преданные во всех храмах устраивали круглосуточные *киртаны*. Мое время для пения *киртана* было ранним утром, незадолго до пробуждения Божеств. Я приходила в тихую алтарную комнату, брала сборник песен, садилась перед *вьясасаной* и в течение часа пела Прабхупаде, подыгрывая себе на маленьких *караталах*. Это было самое умиротворяющее время в моей жизни. Я чувствовала себя рядом с ним.

Даже сейчас у меня дома есть небольшой алтарь с Божествами Джаганатхи, Прабхупадой и ученической *парампарой*. Каждое утро я делаю небольшое подношение и молюсь Прабхупаде: «Какова бы ни была Ваша воля, просто дайте мне знать», — и он отвечает мне взаимностью.

Mantrini devi dasi / Мантрини Деви Даси

Мантрини была инициирована в июле 1973-го года в Чикаго. Тамохара, в то время его звали Том, и Мантрини впервые встретили преданных в 1972-м году на рок-фестивале в Стивенс-Пойнт, в штате Висконсин.

Мы увидели группу мужчин одетых в оранжевые одежды и поющих вместе. Тогда мы предположили, что это буддийские монахи. Позже они подошли к толпе людей, распространяя благовония и журнал «Обратно к Богу». После прочтения об американских храмах в журнале и встречи с несколькими путешествующими преданными *санкиртаны* в нашем родном городе, мы решили, что хотим посетить храм. У меня было странное представление о том, что мы должны быть «приглашены» в храм, чтобы посетить его, поэтому я смиренно написала во все храмы в США, прося разрешения приехать. В то время храмов было не так много, и единственный храм, который нам ответил, находился в Сиэтле. Мы тогда жили в Иллинойсе, поэтому мы запрыгнули в наш фургончик и отправились в длинный путь до штата Вашингтон.

После длительного разговора с президентом храма в Сиэтле, Сукхадевой прабху, мы сразу же решили переехать в храм. Однако, он предупредил нас, что в храме Сиэтла для женатых пар нет такой возможности. У нас была четырехлетняя дочка в то время, и он посоветовал нам переехать в храм на ферме в Нью-Вриндаване, который находился в Западной Вирджинии. Там жили все семейные пары. Он также сказал нам приобрести четки для *джапы* и направил нас в местный магазинчик Tandys, где мы купили большие коричневые деревянные четки и тщательно натянули их на желтый шнур. С того момента мы начали повторять *мантру* на четках. Следуя его совету о посещении Нью-Вриндавана, мы развернулись и проехали 2000 миль назад в Западную Вирджинию. Это была такая удача!

После длительного путешествия из Сиэтла мы прибыли в Нью-Вриндаван, когда уже смеркалось. Неожиданно для нас случилось так, что Шрила Прабхупада находился в Нью-Вриндаване в это время. Он совсем недавно переустановил Божеств Шри Шри Радхи Вриндаваначандры в Бахулаване, в старом фермерском доме на территории храма. Как только мы вошли в храм, мы услышали, как преданные восторженно шептали: «Он идет, он идет!» Мы надеялись, что они имели в виду *гуру* «Харе Кришна», о котором мы читали. Разумеется, Шрила Прабхупада и впрямь пришел, и, к нашему удивлению и восхищению, он устроился на *вьясасане*, находящейся в задней части алтарной комнаты. Он играл на *караталах* в течение вечерней церемонии *арати*.

Я помню, что алтарная была погружена в темноту, за исключением ярко освещенного алтаря, на котором находились прекрасные сияющие Божества. Шрила Прабхупада сосредоточенно воспевал *мантру* с закрытыми глазами большую часть времени, но время от времени приоткрывал глаза и смотрел на Божеств. Это было удивительно, а смотря на его глаза, складывалось ощущение, будто это два луча света были направлены в сторону алтаря. Затем он снова закрывал глаза и свет гас. Это происходило снова и снова на протяжении всего *арати*! Это был абсолютно мистический опыт, настолько сильный, что я почувствовала, что в этот момент мы находимся рядом с самым важным человеком во вселенной. Он был настолько важен, что даже если бы весь мир вокруг нас исчез, за исключением этого маленького кусочка земли, мы будем в безопасности до тех пор, пока будем рядом с Ним! Он и впрямь был духовным учителем, которого мы так долго искали. У меня также было сильное ощущение, что в тот вечер в комнате проявился весь космос. Когда мы присоединились к преданным, раскачивающимся взад и вперед, воспевающим и танцующим «*свами* степ», казалось, что мы все шли, незаметно продвигаясь к идеальной цели. Мы двигались к духовному миру, где находился Бог и Его спутники, сияющие перед нами! Шрила Прабхупада — учитель, проводник — могущественно руководил нами сзади. Это было духовный опыт «окна», когда занавес слегка приподнимается, и вы можете увидеть истину.

После *арати* Шрила Прабхупада давал лекцию по «Бхагавад-гите», из коорой, к сожалению, я не помню ни слова. Но я запомнила девушку, которая воспевала стих на санскрите, а Шрила Прабхупада отметил, что у нее чудесный голос.

Благодаря этим нескольким часам в обществе чистого преданного, Шрилы Прабхупады, а также благодаря наставлениям в его книгах, мы оба убедились в том, что он и впрямь наш духовный учитель! Хотя Нью-Вриндаван в 1972-м году был слишком суров для нашей маленькой семьи, мы поклялись присоединиться к храму в Чикаго. Через несколько дней мы поехали обратно в Иллинойс, а двумя месяцами позже присоединились к храму Эванстон.

Mayapriya devi dasi / Майяприя деви даси

Уже в возрасте двенадцати лет отсутствие ответов на самые серьезные жизненные вопросы тяготило Майяприю. В девятом классе ее любимый учитель открыл для нее экзистенциализм, который только усугубил ее ощущение бессмысленности этого мира. В старших классах она попросила отца каждое воскресенье водить ее в разные церкви, чтобы узнать, есть ли ответы на эти вопросы у какой-нибудь из разнообразных конфессий. Ничего не помогло, и, поступив в колледж, она погрузилась в антивоенное движение и контркультуру.

После колледжа мы с моим парнем Джоном переехали в Южную Флориду, чтобы жить там с друзьями. Мы все были искателями, к двадцати годам уже уставшими от материального мира, и мы вместе читали каждую книгу о йоге и восточной религии, которую могли найти. Ничего не вызывало у нас особого отклика, и я помню, что размышляла: «Как можно рассчитывать найти *гуру* во Флориде?!»

Однажды на сидении автомобиля моего коллеги по работе я увидела журнал «Обратно к Богу», и я спросила, нужен ли он ему. Он отдал его мне. Мы с Джоном прочли его от корки до корки, и когда мы приобрели «Бхагавад-гиту как она есть» Шрилы Прабхупады, то почувствовали, что нашли своего учителя. «Гита» ответила на все экзистенциальные вопросы, мучившие нас и мешавшие нам стремиться к материальной жизни с тем рвением, которое, казалось, проявляли другие люди нашего возраста.

Мы загрузили наш пикап и переехали на Кейп-Код, где семья Джона владела несколькими домами, чтобы иметь возможность посещать храм в Бостоне. Старший брат Джона Джефф тоже читал «Гиту», и мы втроем каждую неделю ездили в бостонский храм на воскресную программу. Когда мы вошли в храм, нам казалось, что мы вернулись домой. Пролетали недели, и мы становились все более устремленными, повторяя по шестнадцать кругов в день и читая доступные на тот момент книги. Это был 1973-й год. К весне 1974-го года мы с Джоном поженились и вместе с Джеффом решили переехать в Нью-Вриндаван, потому что он подходил нам больше, чем город. Шрила Прабхупада принял нас зимой 1974-го года, но наша формальная инициация состоялась на Гаура-пурниму в 1975-м году в Нью-Вриндаване. Мы получили имена Амитакара дас (Джон), Махарудра дас (Джефф) и Майяприя деви даси.

С 1972-го года, когда я получила тот журнал, и до сегодняшнего дня Шрила Прабхупада является для меня направляющей силой и, откровенно говоря, самым важным человеком в жизни. Но, к сожалению, мне так и не удалось лично пообщаться с ним.

Нью-Вриндаван был очень аскетичным и строгим местом, там

также существовала иерархия среди преданных. Я была молодой и начинающей преданной, преподавала в нашей маленькой школе и была простой служанкой. Однажды на доске объявлений появилась бумага, в которой говорилось, что первые двенадцать преданных, подписавшихся на ней, поедут в Филадельфию, куда собирается приехать Шрила Прабхупада. Еще никто не подписался! Я смотрела на эту бумагу и очень хотела подписать ее, если бы только я могла найти карандаш (непростая задача в Нью-Вриндаване). Глядя на нее, я не могла отделаться от мысли: «Кто я такая? Есть так много преданных, которые служат здесь дольше меня, они больше заслуживают поехать туда, чем я. Кто возьмет на себя мое служение в школе? Так как я женщина, они, вероятно, все равно вычеркнут мое имя». Так что я не подписала бумагу, я боялась это сделать.

Я упустила свой шанс и жалела об этом всю жизнь. Я была так молода и наивна, и у меня не было уверенности, не было ее и у моего скромного мужа, чтобы просто сорваться, оставить наше служение и отправиться туда, куда приезжал Шрила Прабхупада. Нас учили, что заниматься служением Шриле Прабхупаде важнее, чем оставить служение с целью увидеться с Прабхупадой.

«Никогда не думайте, что меня нет рядом с вами. Физическое присутствие не является существенным фактором; присутствие через послание (или слушание) — это настоящая связь. Господь Кришна присутствует в Своем послании, которое было передано 5000 лет назад. Мы всегда ощущаем присутствие наших предыдущих *ачарьев*, просто благодаря их неизменным наставлениям. Надеюсь, вы поймете меня правильно и будете делать все необходимое». (Шрила Прабхупада, письмо «Моим дорогим ученикам», 2 августа 1967 года.)

Несмотря на эту неудачу, не было дня, в который я не ощущала бы величайшей удачи быть одной из дочерей Шрилы Прабхупады, и с каждым годом я чувствую, что становлюсь ближе к нему. Мы связаны навечно, поэтому в итоге мы воссоединимся. Мы стали близкими друзьями с Брахманандой дасом, который много раз гостил у нас и рассказывал замечательные истории. Через него и других мы чувствовали близость к Шриле Прабхупаде. Читая книги Шрилы Прабхупады, слушая его беседы и лекции, смотря все видеозаписи и фотографии и, что самое главное, постоянно пытаясь активно служить ему, я всегда чувствовала себя очень близко к нему.

После отъезда из Нью-Вриндавана мы помогали открыть центр в Северной Каролине. После десяти лет жизни там мы основали центр здесь, в Шарлотсвилле, штат Вирджиния, где в течение последних двадцати восьми лет мы в основном проповедуем студентам Университета Вирджинии. Когда мы слышим, как молодые люди в первый раз повторяют *мантру*, мы чувствуем близость к Шриле Прабхупаде. Через обучение этих новых молодых людей Шрила Прабхупада благословляет нас энтузиазмом к сознанию Кришны, которое всегда свежо и является единственным настоящим благодеянием.

Перед каждой программой я молюсь Шриле Прабхупаде о том, чтобы суметь достойно представить его и философию. А когда я возвращаюсь к своему алтарю после программы, я благодарю его за использование нас в качестве своих инструментов. Больше дюжины инициированных преданных пришли в сознание Кришны с этих программ, и все они *прабхупадануги*, любящие Шрилу Прабхупаду как своего духовного дедушку. Сотни других узнавали о Кришне, повторяли *мантру* и почитали *прасад*, начав свой духовный путь.

Зная, что книги очень важны для Шрилы Прабхупады, и, будучи дизайнером книг по профессии, мы были счастливы оформлять большинство книг, изданных его Архивом и многие книги Шрилы Прабхупады, изданных Би-Би-Ти. Кроме того, мы были рады возможности работать над книгами наших уважаемых духовных братьев и сестер. Занимаясь этим, мы надеемся, что так или иначе доставили удовольствие Шриле Прабхупаде. С годами, когда любовь и преданность к Шриле Прабхупаде проникают все глубже в мое сердце, разлука с ним становится все менее и менее выносимой. Я молюсь о том, чтобы однажды увидеть его лицом к лицу. Надеюсь, он помнит меня как одну из своих дочерей, которая не сдалась и не ушла, а осталась, чтобы учить сознанию Кришны следующее поколение невинных душ.

Я молюсь и надеюсь, что каким-то образом мне удалось доставить ему радость, хоть я и служила всю жизнь, находясь с ним в разлуке.

Medhya devi dasi / Медхья деви даси

Медхья даси родилась в Монреале в католической семье. Она молилась Иисусу Христу, чтобы он направил ее. Вскоре после этого в средней школе ее подруга делала проект о кришнаитах. В 1972-м году вместе с подругой за компанию она отправилась с магнитофонами и камерами в храм, чтобы взять интервью у преданных.

Первое впечатление было потрясающим. Я рассматривала все и глядела по сторонам. Все было таким удивительным. Счастливые преданные резали овощи. Мне нравилось готовить, поэтому я с интересом рассматривала круглую сладость, которую раздавали всем по кругу. Я подумала: «Это не торт». Это был мой первый *прасад*: *гулаб джамун*. Это было чудесно. Я очень усердно работала над школьным проектом и начала регулярно ходить в храм. Когда я рассказала об этом одному из своих учителей, он сказал: «Почему бы тебе не прийти к нам на урок и не рассказать об этом?» Я сразу же согласилась, что меня саму удивило, потому что я очень застенчива. Но я была вдохновлена сознанием Кришны.

Летом я устроилась на работу, я работала шесть дней в неделю.

Я начала посещать храм несколько раз в неделю, и я очень хотела присоединиться, но я сомневалась. Я решила провести выходные в храме. Мне понравилось. Я была уверена, что хочу присоединиться, но просто не могла заставить себя сделать этот шаг. Я училась на медсестру и работала, чтобы платить за квартиру. Три месяца спустя я присоединилась к храму на Парк-авеню. Это был старый боулинг-центр. Внутри он был разделен чем-то похожим на картон. Перегородки, которые даже не доставали до потолка, можно было проткнуть ножом. *Брахмачари* жили с одной стороны, *брахмачарини* – с другой. Алтарная комната находилась на другой стороне *ашрама брахмачарини*. Поэтому мы могли слышать, как *пуджари* укладывают спать Божеств и будят Их утром. Это было лучшее время моей жизни в сознании Кришны, потому что мы были как большая семья.

В то время я не могла говорить или понимать по-английски, а французских книг не было, так что мне было трудно. Была только одна книга на французском «Легкое путешествие на другие планеты» и журнал на французском «Обратно к Богу». Я пыталась читать английскую версию «Бхагавад-гиты». Мне требовалось около трех часов, чтобы прочитать одну страницу, потому что приходилось искать в словаре все слова. Но зато таким образом я выучила английский язык. Все лекции проходили на английском языке, большинство преданных говорили по-английски.

Мы постоянно кланялись, когда раковина трубила в начале и в конце каждого *арати*. Где бы мы ни были, что бы мы ни делали, даже если не в храмовой комнате, даже если просто шили одежду для Божеств — все приносили поклоны. Если тарелку Кришны проносили мимо, мы кланялись. Я думаю, что в те времена мы были чаще на полу, чем где-то еще!

Я была очень застенчивой и сдержанной. Но в те дни, как только вы присоединялись к движению, уже на следующий день вы выходили на *санкиртану*. Поэтому, прежде чем присоединиться, я обычно брала несколько журналов «Обратно к Богу» с собой и практиковалась в распространении журналов одна на улице, где никого не было. Если я встречала хоть одного человека, я старалась подойти к нему и предложить журнал. Конечно, *санкиртана* в те дни была главным занятием. Вы должны были выходить, даже если это было всего на один час. Все должны были выходить, чтобы распространять книги Прабхупады.

Я получила свое первое посвящение, когда Шрила Прабхупада приехал в Монреальский храм в 1975-м году. У нас в то время только появился храм, до этого это была старая церковь. Поэтому, когда Прабхупада приехал, нам нужно было еще много чего сделать. Мы не спали в течение нескольких ночей перед приездом Прабхупады, потому что мы постоянно что-то красили и шили.

Преданные отправились встречать Шрилу Прабхупаду в аэропорту, а я осталась, чтобы закончить служение. Затем я услышала снаружи *киртан*, и стало понятно, что Прабхупада приехал. Это было похоже на фильм с Чарли Чаплином, когда все начинали лихорадочно заканчивать то, что они делали. Шиварама Махараджа приводил в порядок *вьясасану* Прабхупады в алтарной. Я закончила свое служение и быстро открыла дверь как раз в тот момент, когда Шрила Прабхупада поднимался по лестнице. Мне некуда было отойти, поэтому я оказалась лицом к лицу со Шрилой Прабхупадой. Я могла всего лишь немного отойти в сторону.

Шрила Прабхупада прочитал небольшую лекцию, а затем все отправились спать. Но мне нужно было приготовить следующее подношение, поэтому я вернулась на кухню. Я приготовила несколько *пакор*, Прабхупаде они понравились, и он попросил еще. Поэтому несмотря на свою усталость, я приготовил еще. Затем Прабхупада провел еще одну беседу во второй половине дня на улице, в маленьком саду. Это было чудесно.

Я получила *брахманическую* инициацию в 1976-м году, когда Шрила Прабхупада приехал в Торонто. Мы остановились там только на один день и на одну ночь. Шрила Прабхупада прочитал лекцию, но я не очень хорошо понимала английский, тем более мне было трудно понять английский Прабхупады.

Шрила Прабхупада дал нам очень много. Я очень благодарна за то, что присоединилась к движению и осталась в храме. В те дни обучение было очень, очень интенсивным, и это было похоже на какую-то приливную волну. Вы просто приходите в восторг от всеобщего энтузиазма, который постепенно накапливается, накапливается, а затем накрывает вас полностью.

Была одна преданная, которая присоединилась к нам на три месяца раньше, чем я, поэтому для меня она была старшей преданной. Она давала мне наставления, а я следовала им. Было много обучения, и *садхана* была очень строгой. По утрам всегда *мангала-арати* и повторение святых имен. Для моей духовной жизни это было очень, очень полезно. Шрила Прабхупада дал четкие основные наставления.

Очень трудно оценить, что было сделано тогда, и что делается сейчас. Было много ошибок, и до сих пор могут быть ошибки в руководстве, есть люди, которые пользуются своим положением и властью. Мы все видели такое ни раз. Многих из нас обижали, но я извлекала из всего этого урок. Каждая негативная ситуация, о которой я могу вспомнить, давала мне что-то положительное.

Mekhala devi dasi / Мекхала деви даси

Мекхала находилась в плачевном состоянии, и тогда она впервые услышала, как Упендра, заботливый, живой и радостный, без умолку рассказывал о своих забавных и личностных беседах со Шрилой Прабхупадой.

Я решила присоединиться к храму в Сент-Килда в Мельбурне. В 1972-м году Прабхупада дал мне первую и вторую инициацию, потому что он устанавливал Божества Радхи-Кришны, и ему требовалась команда *пуджари*. Когда я вошла в комнату Прабхупады, чтобы получить вторую инициацию, у меня было сильное ощущение родства с ним, которое я никогда не испытывала ни с кем другим. Я также чувствовала, что он мой лучший друг. Оглядываясь назад, могу сказать, что получение Гаятри-*мантры* от Шрилы Прабхупады было самым важным событием в моей жизни. Прабхупада взял мою руку и показал, как повторять *мантру*, а я спросила: «Шрила Прабхупада, что все это значит?» В его глазах была такая глубина, когда он посмотрел мне в глаза и сказал: «Ты увидишь». *Мантры*, полученные от настоящего, истинного духовного учителя дают нам прямое трансцендентное знание о том, кто мы есть: вечные, любящие, полные блаженства слуги Радхи и Кришны.

Меня тронул личностный обмен Прабхупады с моей дорогой духовной сестрой Читралекхой, чья любовь помогла мне в первые дни. Прабхупада пленил сердце каждого своей любовью и всегда давал мне силы и мужество продолжать воспевать и следовать за ним. Он мой доброжелатель. Я полагаюсь на его руководство и чувствую, что он защищает, поддерживает и питает меня во всех сферах жизни.

Прабхупада говорит, что после ухода духовного учителя его наставления становятся гордостью ученика. Погружая свой ум и сердце в наставления Шрилы Прабхупады, развивая нашу веру и преданность, мы получим гарантированный результат сознания Кришны: счастье.

На самом деле *вайшнавы* не умирают. Шрила Прабхупада находится выше этого материального существования. И я, душа, тоже нахожусь выше этого материального существования. Следуя наставлениями Прабхупады – повторять шестнадцать кругов каждый день и соблюдать четыре регулирующих принципа – мы можем взывать к нему, и он придет к нам на помощь. Шрила Прабхупада посадил глубоко внутри меня семечко, которое постепенно прорастает. Чувствуя силу его присутствия в моей жизни, я нахожусь в вечном долгу перед ним.

Misrani devi dasi / Мишрани деви даси

В 1980-м году, когда ей было тридцать, и она уже была инициированной преданной в течение семи лет, родители Мишрани попросили христианку из Миннеаполиса «депрограммировать» ее.

В течение первой части шестинедельного испытания я просыпалась по утрам и хотела быть с преданными, но к концу дня примирялась с тем, где я была. Потом ночью мне снились преданные, и утром я снова хотела быть с ними. Наконец материальная иллюзия поглотила меня. Тем не менее, на протяжении многих лет я всегда сохраняла место в своем сердце для Кришны и Шрилы Прабхупады. Я вышла замуж за человека, который якобы являлся христианином, но часть меня пыталась научить своих детей сознанию Кришне. В итоге я решила, что пришло время стать серьезной, и по милости Шрилы Прабхупады и Кришны я снова повторяю мантру Харе Кришна.

Я присоединилась к сознанию Кришны, потому что устала от всего материального и нуждалась в милости Кришны, которая пришла через Шрилу Прабхупаду. После того, как я была депрограммирована, я разозлилась: «Кришна, почему это случилось со мной?» Но воспоминания о Прабхупаде помогли мне. Прабхупада милостиво присматривает за мной, он всегда рядом, когда я в нем нуждаюсь. Он тот, к кому я обращаюсь. Теперь я чувствую, что мои отношения с Кришной и Шрилой Прабхупадой естественны и удобны.

Материальная иллюзия может быть ошеломляющей. Даже преданные могут быть захвачены *майей* и привязанностями, от которых трудно отказаться, и им может быть трудно видеть вещи ясным взглядом. Но как только мы начинаем общаться с Кришной, Шрилой Прабхупадой и другими преданными, они становятся всегда доступны для нас. Каким бы ни было испытание, милость Кришны подобна океану, и милость Шрилы Прабхупады может притянуть нас к этому океану. Повторение *маха-мантры* всегда доступно и даст нам облегчение от тревог и страданий, которые приходят от наших материальных привязанностей. Независимо от того, как низко мы падаем, воспевание и милость *гуру* и Кришны — это настоящая сеть безопасности. Испытания не имеют большого значения, они просто часть жизни.

Я только немного общаюсь с преданными в Интернете, но в течение всего дня я стараюсь стать более осознающей Кришну и все больше и больше привносить Кришну в свою жизнь. Это весело. Например, по понедельникам я ношу красное, потому что Божества носят красное по понедельникам. И каждый раз, когда я вижу шмеля, я думаю о том, как Радхарани ругает шмеля.

Мы никогда не должны сдаваться или позволять материальным вещам удерживать нас от Кришны, потому что на самом деле они не смогут вас удержать. Как только вы выучили *маха-мантру*, вы запали на Кришну. И это очень хорошо.

Mohanasini devi dasi / Моханасини деви даси

В 1971-м году, когда она встретила Вишнуджану Махараджа, воспевающего Святые Имена перед маленьким портретом мальчика-пастуха Кришны, Моханасини было 24 года, она была дважды замужем и имела троих детей.

Я была воспитана в баптистской традиции и всегда чувствовала, что мне нужно служить Богу каждый день, а не только по воскресеньям. Но у меня не получалось. Я на каждом шагу билась головой о кирпичную стену и была так несчастна, что не знала, взять ли себя в руки или совершить самоубийство. Я также думала: «Может быть, мне нужно стать миссионером».

Когда я встретила Вишнуджану Махараджа, я увидела, что он служит Богу каждый день, и подумала: «Я не знаю, кто этот маленький синий мальчик на фотографии, но я никогда не видела кого-то похожего на Махараджа, в глазах которого было так много любви. В этом что-то есть». Через неделю я переехала в храм Далласа.

Когда я получила второе посвящение от Шрилы Прабхупады в Лос-Анджелесе в 1973-м году, я мало знала о сознании Кришны. Я знала только то, что хочу быть преданной. Еще я хотела узнать, что означает мое имя. Я подумала: «Когда я войду в комнату Шрилы Прабхупады, чтобы получить свою мантру Гаятри, я спрошу его, что оно значит». Я вошла в его комнату, поклонилась, и когда я поднялась, Прабхупада спросил: «Как тебя зовут?» Я ответила: «Моханасини даси, Шрила Прабхупада». «О, это очень красивое имя. Мо означает «иллюзия», а ханасини означает «разрушитель», — сказал он. Мне не пришлось его спрашивать об этом.

Однажды я хотела сфотографировать Прабхупаду, когда он спускался по лестнице из своей комнаты на прогулку. Я встала в удобное место и подумала: «Мне нужно все делать быстро!» Спускаясь по лестнице, Прабхупада остановился, чтобы я сфотографировала его. Я подумала: «Боже мой!» Я ожидала, он сейчас проскользнет мимо, но он по-королевски стоял на лестнице и ждал, чтобы я могла сделать фотографию. Это было потрясающе.

В другой раз Прабхупада отчитал меня. Я хотела занять хорошее место, чтобы смотреть, как он читает лекцию, поэтому я перелезла через перила балкона и села на выступ. Он сел на *вьясасану*, посмотрел наверх и сказал: «Спустись!» Я была очень расстроена. Я плакала полдня. Затем кто-то сказал: «Не нужно плакать. Даже наказание духовного учителя — это милость». Меня утешили: «О, хорошо, сегодня я получила милость от Шрилы Прабхупады».

Однажды, когда Прабхупада проходил мимо, я протянула ему яблоко, и моя рука коснулась его. Я не могу описать, насколько мягкой была его рука. Ничего подобного я в жизни не ощущала. Она была мягче шелка, мягче бархата. Моя дочь Навадвипа рассказала мне, что, когда ей было пять лет и она находилась в *гурукуле* в Далласе, однажды она плохо себя чувствовала и плакала, и Прабхупада поднял ее и погладил, чтобы утешить. Навадвипа так же сказала, что его руки были невероятно гладкими, мягкими и прохладными.

Когда с нами был Шрила Прабхупада, мы все делали то, что он говорил.

Это было правилом. Не было разногласий, все служили Прабхупаде. Это было особое, нектарное время, которое мне повезло пережить, и которое ничем нельзя заменить. И сейчас то время, которое мы провели со Шрилой Прабхупадой, кажется намного более особенным, чем оно ощущалось тогда. Но просмотр видео с его участием дает ощущение его присутствия, так же как и чтение его книг, и общение с преданными, которые тщательно следуют его наставлениям. Эти преданные в той или иной степени способствовали удержанию меня в движении. Поскольку они находились в движении и становились сознающими Кришну, я чувствовала себя в большей безопасности и убеждалась, что я иду правильным путем.

Когда я была молодой, мне было трудно понять настоящую реальность материального мира. Теперь я чувствую себя более сосредоточенной на том, чтобы стать преданной, потому что впереди меня ждут только старость, болезни и смерть. Другими словами, хорошего мало. Несмотря на то, что на своем пути я сталкивалась с множеством проблем, я знаю, что сознание Кришны — это то, что мне нужно. Я продолжаю попытки и надеюсь, что стану серьезной, прежде чем мое тело разрушится. Даже если мне придется принять новое рождение, по крайней мере, в этой жизни я иду правильным путем и пытаюсь прогрессировать.

Прошли мои страстные, незрелые годы, и я нашла служение, которое приносит мне счастье и которое вдохновляет меня. Это служение — распространение книг. Раньше я стеснялась и не могла подходить к людям, но, в конце концов, я это преодолела, и теперь, когда у меня получается распространять книги, это моя палочка-выручалочка. Для меня это своего рода чувственное удовольствие. Оно уводит меня с материальной платформы, заставляет меня чувствовать себя хорошо. Я люблю это служение. Я знаю, что делаю то, что надо, и чувствую, что Шрила Прабхупада счастлив. А распространение книг заставляет меня понять, что мне есть над чем работать, особенно над смирением. Я вхожу в число мировых лидеров-распространителей книг в мире и очень горжусь собой!

В любом случае я просто хочу быть преданной. Даже если я не очень хорошая преданная, я знаю, что занимаюсь правильным делом.

Moksalaksmi devi dasi / Мокшалакшми деви даси

Имея любимую работу, детей, которых она любила, квартиру, серьезные отношения и бизнес в местном хиппи магазине, Мокшалакшми не торопилась бросать все ради жизни с преданными в их блаженном, но аскетичном храме на Бэри Плейс. Для нее было достаточно просто посещать храм.

Я встретила преданных в 1969-м году. Я сделала пожертвование на миссию и разместила их в своей квартире в центре города в начале 1970-х, когда они продавали свои книги в городах центральной Англии. С тех пор Кришна вмешался в мою жизнь, и я обнаружила, что отдаю Ему все. Это никогда не было моим планом, но я не жалуюсь. У меня была потрясающая жизнь. Лучшая часть приключений началась, когда я поехала в Индию в январе 1975-го года. По прибытии в Дели мой багаж потерялся. Был теплый вечер, я вышла на улицу и увидела, как коровы сбились в кучу, и сразу же влюбилась. Я знала, что я дома.

Путешествие в Бомбей привело к тому, что Шрила Прабхупада впервые поговорил со мной. Я убирала его комнаты в старой квартире, не вовремя вышла и встретила Его Божественную Милость на лестнице. Я поспешно вскочила в соседний дверной проем. Увидев меня, он остановился: «Так ты повторяешь Харе Кришна?» — спросил он. «Да, Шрила Прабхупада», — ответила я. «Джай!» — воскликнул он и поднялся наверх по лестнице.

Годами позже я пришла к выводу, что для Шрилы Прабхупады было важно, что мы действительно повторяем Харе Кришна. Все остальное было второстепенным.

В это время я открыла маленькую школу для беспризорников. Эти дети были очень бедны, в их поношенной одежде было много дыр. У нас с детьми были отличные *киртаны*. Однажды Прабхупада услышал *киртан* и спросил, кто поет. Так он узнал о нашей маленькой школе. Он любезно попросил показать детей и пригласил их в свою комнату. Это была особенная радость для детей, которых мы помыли и одели в новую одежду по этому случаю. Дети нарисовали Кришну и подарили ему рисунок. Шрила Прабхупада милостиво посмотрел на него, даже что-то комментируя.

Размышляя об этой восхитительной игре, меня всегда поражает то, как Прабхупада с его невероятно плотным графиком, заполненным богатыми и важными людьми Бомбея, будучи погруженным в строительство местного храма, находил время для маленьких людей этого мира. Нет сомнений в том, что Шрила Прабхупада видел только душу, а не внешнюю одежду, намереваясь дать сознание Кришны каждому.

Во время моего пребывания в Бомбее я получила *брахманическое* посвящение непосредственно от Прабхупады. Я собрала немного *гуру-дакшины* и потратила ее часть на подарки, которые завернула в ярко-розовую оберточную бумагу. Это было довольно непросто — принести все подарки в его комнату, и я как бы опрокинула их все на его стол. Прабхупада как будто превратился в маленького мальчика, открывающего подарки в свой день рождения. У меня действительно было материнское чувство по отношению к нему, что было странно, поскольку я была так молода, что могла бы быть его внучкой! Он спросил, что было в тех подарках, которые не открывал. Это были уникальные моменты в моей жизни. Затем настроение внезапно сменилось на отношения учительученик, и Прабхупада стал учить меня повторять *мантру* Гаятри.

Годами позже меня поразило то, насколько точно Шрила Прабхупада воплощал в жизнь свое учение. На одной лекции я слышала, как он говорил, что мужчины должны смотреть на всех женщин, кроме своей жены, как на мать. Несомненно, я видела, как Шрила Прабхупада демонстрировал это в своей жизни.

Мне посчастливилось поехать в Ахмедабад и участвовать в программе, которая была организована до того, как Яшоматинандана и моя дорогая подруга Радха-кунда переехали туда, чтобы начать сбор средств на строительство храма. Там я увидела Прабхупаду в его лучшем виде. На программе в доме одного из пожизненный членов, перед «сливками из сливок» ахмедабадской элиты, я увидела чудо проповеди Прабхупады. Он очаровал собравшихся там гуджаратцев, когда сказал им, что это особенное рождение – родиться гуджаратцем и бенгальцем. Отец Кришны был гуджаратцем, заявил он улыбающейся и смеющейся аудитории.

После своего невероятного успеха Прабхупада, попросил Яшоматинандану закончить лекцию. Можно утверждать, что это произошло потому, что Яшоматинандана была гуджараткой и говорила на этом языке, но я бы сказала, что Шрила Прабхупада стремился дать преданным возможность делать выдающиеся вещи. Он хотел, чтобы его преданные пользовались моментом и старались распространить сознание Кришны, используя все свои возможности. Он не был из тех, кто занимается микроменеджментом, но это не значит, что он поступал неверно.

Однажды он вернулся в Индию с Маврикия с ужасающей историей. Мы все втиснулись в его комнату, когда он рассказал нам об ужасной автомобильной аварии. Он ехал на машине, когда в них врезалась другая машина. Незадолго до аварии он поставил свою трость в такое положение, что она удерживала вес его тела. Это уменьшило воздействие столкновения на его тело, но он все же пострадал, он подвернул одежду и показал нам свое опухшее красное колено. Он объяснил, что Кришна спас его этой тростью. Это был печальный и отрезвляющий разговор с моим возлюбленным Прабхупадой.

Бомбей, который он называл своим офисом, был прекрасной частью моей жизни, наполненной прибытиями и отъездами Прабхупады. Аэропорт был поблизости, поэтому мы все садились в такси, чтобы поприветствовать или попрощаться с Прабхупадой. Когда он уезжал, мы оставались там до тех пор, пока не исчезнут даже клубы дыма, исходящие от самолета, вспоминая, как *гопи* ждали, пока осядет пыль, когда Акрура увозил Кришну из Вриндавана.

В конце концов, меня отправили во Вриндаван, где, среди прочего служения, я снова прибиралась в доме Прабхупады. Это было чудесное служение. После *мангала-арати* я пробиралась в дом Прабхупады через его задний сад, закрывала все двери, которые нужно было закрыть, чтобы не оставаться с ним наедине, и начинала уборку. Моя дорогая подруга Шрутирупа рассказала мне, как Шрила Прабхупада был недоволен масляными пятнами на мраморном полу ванной комнаты. Будучи преисполненной решимости вернуть полу былую славу, каждый день я садилась на корточки, оборачивала *сари* вокруг колен и чистила пол жесткой щеткой и чистящим порошком. Пол начинал блестеть. Обычно в это время Шрила Прабхупада совершал утреннюю прогулку, и я могла свободно прибираться. Поэтому было очень неожиданно, что однажды утром дверь в ванную стала открываться, когда я натирала пол в *сари*, обернутым вокруг колен, и очень знакомое лицо появилось из дверного проема.

«Могу ли я войти?» — спросил он как идеальный джентльмен. «Конечно, заходите, Шрила Прабхупада, заходите», — ответила я, потрясенная и покрытая чистящим порошком.

Меня всегда поражало то, как, выйдя из ванной и наступив на черный каменный пол спальни, я оставляла белые следы от чистящего порошка, в то время как Прабхупада, которому тоже пришлось ходить по порошку, не оставил ни единого следа.

Жизнь во Вриндаване во второй половине 1977-го года была американскими горками переживаний, поскольку здоровье Прабхупады ухудшалось. Ежедневно мы искали отчеты о том, что ел Шрила Прабхупада. Когда из Америки привезли соковыжималку, возникло общее чувство облегчения: теперь Прабхупада мог получить питание, в котором так сильно нуждалось его тело.

Ничто не подготовило меня к той ночи, когда он отправился в Лондон. Когда он уехал, было около полуночи. Весь храм был на дороге, чтобы помахать ему вслед. По воле судьбы машина Прабхупады неожиданно остановилась в таком положении, что я смотрела на него сверху вниз, а он смотрел на меня снизу вверх, и наши глаза встретились. Я какое-то время не видела Прабхупаду и была шокирована тем, какой он худой, просто кожа да кости. Он лежал на нескольких матрасах из гэстхауза. Именно тогда я поняла, насколько решительным был наш Шрила Прабхупада. Ничто не могло помешать ему и его проповеднической миссии.

День 14-го ноября 1977-го года навсегда остался в моей памяти. Наблюдать, как Прабхупада покидает свое тело, — это навсегда отрезвляющее событие. Чтобы уравновесить это воспоминание, мне нравится вспоминать, как Прабхупада танцевал на улицах Лондона на Ратха-ятре 1973-го года. Я раздавала специальные журналы о Ратха-ятре толпе, как вдруг волосы на моем теле просто встали дыбом. Я обернулась и увидела Прабхупаду в метре от меня, который танцевал, подняв руки вверх. Вот это зрелище, которое нужно запомнить.

Mondakini devi dasi / Мондакини деви даси

Мондакини присоединилась к ИСККОН вместе со своими двумя школьными подругами, которые позже стали Джйотирмайи и Лилавати. Мандакини и Джйотирмайи изучали этнологию в университете Сорбонна в Париже. Они интересовались концепцией Бога в разных цивилизациях и пытались понять цель жизни. Разочарованные материальной жизнью, они искали духовного учителя и были готовы на все.

Мы встретили преданных, которые выглядели как чистые ангелы, и были под впечатлением от *маха-мантры*. Преданные сказали нам: «Наш духовный учитель в Лондоне. Почему бы вам не встретиться с ним?» Илавати работала и не могла поехать, но нам с Джйотирмайи каким-то образом удалось добраться до Бэри Плейс в Лондоне.

Храм показался нам очень могущественным духовным местом. Он был красив и излучал мистическую атмосферу. Мы были воспитанными девушками, поэтому когда во время *киртана* все преданные поклонились, мы сделали тоже самое. Я немного приподняла свою голову и увидела рядом с собой две золотые стопы. Я посмотрела вверх, и оказалось, что это был сам Шрила Прабхупада. В тот момент я почувствовала что-то необычное и удивительное внутри. Прабхупада прошел, сел на вьясасану и начал вести красивый медитативный *киртан*. Когда я впервые поймала его взгляд, из моих глаз покатились слезы, хотя я не понимала, почему это происходит. Это не были слезы печали или мирской радости. У меня было отчетливое ощущение, что эта личность знает меня лучше, чем я знаю себя сама, что он может заглянуть внутрь меня, и увидеть мою истинную сущность. Я ощутила чувство вечности, выходящее за рамки моего тела, и почувствовала, что Прабхупада и я очень давно знаем друг друга. Меня поразили его сила и чистота. Смиренный и очень милостивый, он в то же время, казался императором вселенной.

Преданные нравились мне все больше и больше, но из-за того, что я была осквернена понятиями книг *майявади*, у меня были большие проблемы с принятием философии. Несмотря на то, что Шрила Прабхупада отвечал на все наши даже неозвученные сомнения и вопросы достаточно ясно, убедительно, логически и мистическим образом, мы с Джйотирмайи продолжали спрашивать друг друга: «Как ты думаешь, Шрила Прабхупада – наш настоящий духовный учитель?» И все еще сомневались: «Нам нужно немного подождать, чтобы узнать наверняка».

Однажды, после воскресной лекции, один индийский гость сказал: «У Бога нет формы! Кришна – это не Бог». Прабхупада покраснел от гнева и начал кричать на него: «Ты негодяй!» Мы с Джйотирмайи подумали: «Духовный учитель не должен сердиться». Я была раздавлена и подумала: «Он не мой духовный учитель. Он не контролирует свой гнев. Мы должны уехать. Мы не останемся здесь только из-за привязанности. Я не могу пойти по неверному пути. Я ищу правду». Мы уже собирались уезжать, когда кто-то сказал нам: «Шрила Прабхупада хочет вас видеть». Мы вошли в его комнату, и он спросил меня: «Ты умеешь печатать?» В то время я этого не умела. Прабхупада хотел занять нас служением, и он полностью пленил мое сердце простым чувством своего присутствия, любви и заботы.

Я осталась, и наша замечательная Ямуна с энтузиазмом научила меня основам жизни преданных, в своей творческой и личностной манере. Жизнь в храме была настоящим счастьем. Мы жили с замечательными, яркими, творческими преданными. Нам никогда не было скучно, служение было сплошным удовольствием, а не бременем. Мы почти не спали, и каждая минута была внутренним и внешним приключением. Тривикрама Свами, будучи в то время *брахмачари*, водил нас на *санкиртану* на площадь Пикадилли и на улицу Сохо. Он был нам как старший брат. С каждой минутой моя любовь к Шриле Прабхупаде росла, и моя связь с ним становилась все более и более прочной. Я чувствовала, что каждая секунда должна быть посвящена радости и служению Божествам. Они были центром нашей жизни, и мы чувствовали себя под Их защитой.

Прошла неделя. Шрила Прабхупада должен был уехать в Америку. Еще до отъезда, я ощутила сильную разлуку с ним. В его присутствии я чувствовала, что Кришна и сознание Кришны реальны, а также тот факт, что я не являюсь этим телом. Прабхупада открыл наши сердца. Он открыл окно в духовный мир. В аэропорту все плакали, и когда он наконец ушел в своей аристократической манере, я была убеждена, что он мой духовный учитель.

Это сильное чувство разлуки снова возникло позже. Он собирался покинуть нас после месяца, проведенного в Бхактиведанта Мэнор. У меня было сильное чувство потери – что я не смогу жить без его физического присутствия. Он вел нас прямо в духовный мир, убеждая нас все больше и больше. Жизнь без него казалась невыносимой; казалось невозможным жить без его физического присутствия. Но через некоторое время я поняла, что должна возобновить свое служение, и тем самым я буду с ним. Затем, по милости Кришны, я смогла выносить его физическое отсутствие и чувствовать его присутствие через преданное служение.

Мы обычно посылали Шриле Прабхупаде такие мелочи, как *луглу* и шарфы, которые мы делали для его Божеств. Он всегда это ценил и отвечал взаимностью, и это усиливало любовь между Шрилой Прабхупадой и нами. Это было соревнование в любви. По мере того как мы все больше и больше привязывались к нему, мы также все больше привязывались к лотосным стопам Кришны. Однажды Прабхупада пришел в храм, на нем был маленький шарф, который я сшила и подарила ему накануне. Шарф был слишком мал и выглядел забавно, но он принял мое простое, несовершенное подношение с любовью. Прабхупада был экспертом, он знал, как увеличить любовный обмен между его преданными и им самим, как укрепить нашу духовную связь и любовную привязанность.

Шрила Прабхупада иногда шутил со мной: «О, Мондакини, ты еще не замужем?» В то время я не хотела замуж. Он смеялся: «Ты не нашла никого достойного для себя? Не волнуйся, Кришна пошлет тебе кого-нибудь подходящего».

Слушая лекции Шрилы Прабхупады и читая его книги, во мне проснулось желание проповедовать. Однажды я услышала, что можно получить прогресс в духовной жизни, когда духовный учитель попросит вас выполнить трудную задачу, а вы немедленно скажете ему «да». Я молилась божествам: «Мои дорогие Шри Шри Радха-Лондонишвара, пожалуйста, сделайте так, чтобы Шрила Прабхупада попросил меня о чем-то трудном и, пожалуйста, напомните мне сразу же ответить ему "да"».

Затем я услышала, что Шрила Прабхупада был в России с Шьямасундарой Прабху. Я подумала о храбрости Прабхупады. Россия была таким странным и ужасным местом. Я сама никогда бы не хотела туда поехать. Когда он вернулся из России, посмотрев на меня с широкой улыбкой, он сказал:

- Мондакини?
- Да, Шрила Прабхупада?

Его тон был таким простым и легким, как будто он собирался отправить меня через улицу за картошкой. Он сказал: «Ты хотела бы поехать в Россию и выйти замуж за этого юношу Анатолия, чтобы помочь распространять сознание Кришны?» Я быстро вспомнила свою молитву и сказала: «Да, Шрила Прабхупада!» Его улыбка стала огромной, и он повернулся к Шьямасундаре: «А, хорошо. Шьямасундар, займись организацией».

Это было началом моего замечательного приключения в России ради Шрилы Прабхупады. Мне было двадцать. Россия была особым благословением. В течение многих лет это было для меня служением от всего сердца. Прабхупада всегда спрашивал меня о новостях и был очень благодарен, что я еду туда. Он всегда поощрял нас и был доволен любым небольшим прогрессом, которого мы добивались. Это было время железного занавеса, и КГБ следовали за нами повсюду. Проповедовать в России было опасно. Но русский народ жаждал услышать о Кришне и с удовольствием принимал *прасад*. Я встречала русских, которые были готовы потерять свою свободу, а может быть, и жизнь, чтобы обрести духовные знания. Любая книга, которую нам удавалось привезти в страну, прочитывалась за одну ночь и передавалась кому-то другому. Это было очень волнующе – совершенно необыкновенно. Так или иначе, я официально вышла замуж за Анатолия, который стал Анантой Шанти и который делал замечательные вещи.

Однажды мы сидели у стоп Шрилы Прабхупады на лекции по «Шримад-Бхагаватам», когда он попросил преданных прочитать стих на санскрите. Когда подошла моя очередь, я застеснялась. Я боялась произносить санскрит перед всеми. Шрила Прабхупада громко рассмеялся и сказал: «Видите ли, она не боится ехать в Россию, но она боится читать стихи на санскрите».

Когда Шрила Прабхупада покинул этот мир, я почувствовала разлуку без шанса снова встретиться с ним, и это было чрезвычайно болезненно. Я была одинока. Мне потребовалось время, чтобы снова найти контакт с ним в разлуке через служение, через попытки следовать его наставлениям и через общение с его драгоценной семьей преданных во всех ее поколениях.

Mukhya devi dasi / Мукхья деви даси

В 1973-м году Мукхья училась в Мичиганском университете и жила со своими друзьями в Анн-Арборе. Один из них уже видел Шрилу Прабхупаду в Нью-Вриндаване, поэтому, когда Мукхья на курсе Мировой религии получила задание посетить три религиозных места, он настоял на том, чтобы она посетила храм Харе Кришна в Детройте.

Это был неземной опыт: запахи, цвета, еда! Я принесла домой «Бхагавад-Гиту как она есть» и села на крыльцо почитать ее. Я не могла отложить книгу, и к тому времени, как я закончила читать вторую главу, я уже понимала, что это то, что я хочу изучать. Мой парень и я продолжили посещать храм, подружились с преданными, и после поездки по стране, где мы во время Ратха-ятры встретили Шрилу Прабхупаду в храме Сан-Франциско, мы в Детройт и полностью посвятили свою жизнь служению в храме. В следующем году Шрила Прабхупада посетил храм на Джефферсон-авеню. Я осыпала его цветами, стоя на подоконнике второго этажа. Сердцем и умом я видела величие Прабхупады, хотя он был маленького роста. Видеть его в окружении рослых американских мальчиков под парящими лепестками цветов было очень трансцендентно.

За годы, проведенные в Детройте, у меня было столько приключений, что моя жизнь стала настоящим вдохновением. Я чувствовала, будто не было ничего такого, чего бы я не могла делать в служении Кришне, и меня всегда поощряли делать то, что мне хотелось. Когда мы купили Фишер-мэншен, Шрила Прабхупада сказал нам превратить его в место поклонения Кришне, и с годами нам удалось это сделать. Мой парень, ставший моим мужем, несколько лет путешествовал по Индии, покупая прекрасные произведения искусства, чтобы одухотворить архитектурный шедевр, которым является Девасадхан Мандир. Преданные предусмотрительно основали компанию Auto Baron Tours, позволяя людям путешествовать на автобусе по территории нашего особняка наряду с поместьями других известных автомобильных баронов. Так люди узнали о сознании Кришны через выставки FATE, произведения искусства и *прасад* в нашем ресторане «Говиндас».

Однажды Шрила Прабхупада сидел на лужайке, облокотившись на красивую полосатую подушку (сейчас это одна из классических фотографий Его Божественной Милости), и, глядя на реку Детройт, сказал: «Это одно из самых красивых мест в мире». В тот момент рядом с нами было всего несколько преданных. Я подумала: «Да, где бы ни находился Шрила Прабхупада, это самое прекрасное место в мире».

За годы после ухода Шрилы Прабхупады я очень многое поняла о нем, благодаря записанным воспоминаниям его учеников, а также личным реализациям, к которым я пришла, продолжая служить ему. Наши отношения стали более глубокими, нектарными и продолжают развиваться. Я очень благодарна ему за то, что он указал нам путь обратно к Кришне, и молюсь о том, чтобы никогда не сходить с него.

Munipatni devi dasi /Мунипатни деви даси

Мунипатни путешествовала с группой санкиртаны с того дня, как присоединилась к храму Лос-Анджелеса в октябре 1975-го года. Она все еще была в той группе и шесть месяцев спустя, когда получила письмо от Шрилы Прабхупады, в котором он принял ее в ученицы.

Еще будучи подростком, я слышала о Харе Кришна. Однажды, совершенно не думая, сказала родителям, что если они не оставят меня в покое, я присоединюсь к Харе Кришна. Хотя ничего не знала ни о них, ни о Шриле Прабхупаде. После окончания средней школы я работала в корпоративной сфере в центре Чикаго. И вот однажды я увидела маленькие плакаты с изображением Прабхупады и некоторых его учеников. Плакаты были на деревьях и телефонных столбах по всему городу с надписью: «Приходите на бесплатный вегетарианский пир».

Тема вегетарианства была мне близка с юных лет. Например, когда мама готовила нам ужин на День Благодарения, я спросила ее: «Что это?» И она сказала мне, что мясо индейки было похоже на мышцы в нашем теле. Я сказала: «А индейкам больно, когда их режут?» Я не помню ее ответа, но этот вопрос оставался у меня в голове еще долгое время. Я решила: «Когда я вырасту и уйду из дома, я стану вегетарианкой». Поэтому плакаты с вегетарианским застольем преданных привлекли меня.

Однажды в центре Чикаго на другой стороне улицы я увидела трех преданных, которые проводили *харинама-киртан*. На них были не *курта* и *дхоти*, а ткань, похожая на простыню. Я смотрела на это издалека, и почему-то они казались мне знакомыми. Я подумала: «Ого, это так интересно». Звон *каратал* привлек мое внимание, и я подумала: «Что заставляет этих парней так выглядеть?» Затем кто-то сказал: «Не хотите ли вы сделать пожертвование и прочитать нашу "Бхагавад-гиту"?» Я ответила: «Конечно, но у меня всего три доллара». Он сказал: «Хорошо, я возьму их». Так я получила книгу и немного благовоний. Вернувшись в свой офис, я чувствовала, что нашла что-то ценное. Мне понравились страницы и внешний вид книги. Мне понравился образ Прабхупады в книге. Он был чист и элегантен. У других авторов, которых я видела, были длинные волосы и сумасшедшая улыбка на лице. Прабхупада выглядел серьезным и искренним. Вот что произвело на меня впечатление. Он выглядел как святой. Я привыкла к римско-католическим священникам, их пьянству и охоте на женщин, но Прабхупада выглядел совсем не так. Я подумала: «Все эти люди могут продолжать играть в свои игры, жить прежней офисной жизнью, но у меня есть эта книга и благовония». Я была счастлива, хотя, когда пыталась читать «Гиту», не могла понять ни слова. Однако дома хранила ее на каминной полке.

Я стала украшать свою комнату хлопковой тканью мадрас и популярным плакатом со Шри Натхджи. Я думала о духовной жизни, и когда мы с друзьями сидели в саду, глядя в ночное небо, я обычно говорила: «Знаете, держу пари, что там больше живых существ. Как мы можем быть одни? Это невероятно, чтобы мы были одни во Вселенной». Они возможно думали: «О, она такая, она снова думает, как дурочка». Но я продолжала считать, что там в далеком космосе должно быть что-то. Так что время от времени эти откровения приходили ко мне, и я начала покупать в магазинах книги передовых йогов. Я прочитывала несколько страниц, быстро откладывала их и говорила: «Ну, это не то». Я брала духовные газеты и журналы, и просто искала, искала, искала. Я искала правильный источник информации, и никак не могла его найти.

После того, как несколько моих друзей умерли от передозировки наркотиков, я поняла, что не хочу так кончить свою жизнь. И я подумала, что хочу поехать в Калифорнию, где можно при желании стать Харе Кришна, и никто тебя в этом не упрекнет. Вдохновленная этим, я пошла в католическую церковь. И я усердно молилась: «Кто бы Ты ни был, мне нужна Твоя помощь сейчас. Просто помоги мне поставить одну ногу перед другой, чтобы я могла идти туда, куда мне нужно». В ту ночь я проехала автостопом из Чикаго в Лос-Анджелес. Я вряд ли могла бы такое повторить. Не знаю почему, но тогда я не боялась. Денег у меня не было, однако поездка прошла гладко. Все были готовы помогать мне, раздавали деньги и еду, и так я оказалась на углу Бэгли и Ватсека. Неделю я жила у друга в квартире на Бэгли. Когда мы проходили мимо храма Харе Кришна, который был прямо за углом, я громко кричала: «Харе Кришна!» Я была счастлива, развлекалась и хорошо проводила время. Мои друзья спрашивали: «Что это значит?» Я отвечала: «Не знаю, но мне это нравится».

Однажды, пробыв в Лос-Анджелесе в течение недели, я рискнула побывать в обществе Харе Кришна. Пранада была там, и она сказала:

«О, у нас сейчас воскресный пир. Хочешь присоединиться к нам?» Она привела меня и показала Божества: Рукмини и Дваракадишу. Я смотрела на Них, и мне нравилось то, что я видела. Я никогда не забуду Пранаду за то, что она привела меня сюда, за то, что угостила меня *халавой* в воскресный праздник. Я побежала к своим друзьям с *халавой* и сказала им: «Посмотрите, что у меня есть! Это так здорово, так приятно на вкус, запах - там все было просто прекрасно - ребята вы, должны прийти!» Они все раскритиковали, и я подумала: «Эти люди не понимают». В тот момент я отстранилась от друзей, потому что понимала: «Если они не могут этого оценить, то что я делаю рядом с ними?»

На следующий день я пришла в храм и спросила: «Нужно ли мне прочитать "Бхагавад-гиту", прежде чем я смогу стать преданной? Я не могу читать эту книгу, но хочу быть преданной». Преданные сказали: «Нет, нет, не волнуйся, ты все равно можешь стать преданной. Мы научим тебя читать книгу. Собери свои вещи и встретимся здесь завтра утром». Я ответила: «Точно».

Я ничего не сказала своим друзьям. Я собрала все свои вещи, вернулась в храм и встретила Хасьяприю. Она спросила люблю ли я путешествовать и я ответила «Да». Тогда она спросила, хотела бы я отправиться с путешествующей *санкиртаной*? Я сказала: «Да, я люблю путешествовать». Хотя я даже не представляла, что такое *санкиртана*. На следующий день Юдхаманью взяла меня с собой, и я отправилась в путь на два года. Это было сложно. Мы ложились спать в десять и вставали в два часа каждый день. Зимой и летом мы весь день проводили на улице. И я ничего не знала о сознании Кришны. После того, как путешествие *санкиртаны* закончилась, я отправилась в аэропорт и распространяла большие книги каждый день.

Все это время я ни разу не видела Шрилу Прабхупаду, я только слушала его лекции во время утренних программ. Вначале я не слишком много думала о нем, потому что пыталась усвоить все, что нужно усвоить на *санкиртане*. Но в конце концов я поняла, что у Прабхупады есть что-то ценное, и мне захотелось узнать, что это. Было ясно, что теперь я нахожусь в царстве Прабхупады, и мне нужно было быть терпеливой. Решимость взяла верх. Я подумала: «Я сделаю все что нужно, чтобы присоединиться к этой группе». Я была мятежным подростком. И поэтому, чтобы стать преданной, мне пришлось полностью измениться. Но когда преданные приняли меня, в глубине души - настолько глубоко, что я даже не знаю, откуда это взялось, - я знала, что поступаю правильно. Хотя я ничего не знала о Прабхупаде, его сила притяжения влекла меня.

Сначала я не могла понять его слов, но чувствовала силу в его лекциях. Я слушала и постепенно понимала его и узнавала его. И когда я узнала о нем больше, во мне появились почтение и благодарность. Прабхупада все делал с такой заботой. Его проповедь и то, как он рассказывал «Бхагаватам», были такими прямыми, без всякой ерунды, но сладкими, добрыми, очаровательными и остроумными в то же время.

Так постепенно я все больше привязывалась к Шриле Прабхупаде, и эта привязанность защищала меня на протяжении всей моей жизни во всех важных ситуациях, через которые может пройти человек: женитьба, дети, повторение кругов, приверженность всему этому. Когда я была молодой, у меня было так много возможностей заняться чем-то другим, но я всегда думала: «Что бы Прабхупада хотел, чтобы я сделала?» Потому я оставалась верной ему. Я слушала, когда он говорил, я молилась Кришне и Шриле Прабхупаде, и моя жизнь улучшилась. Я бы не стала придерживаться этого процесса сознания Кришны ради кого-то еще, даже ради себя. Я придерживаюсь его потому, что Шрила Прабхупада просил меня об этом. У Кришны есть Свой план, и мы должны примириться с тем, какие задачи Он ставит перед нами. Мы полагаемся на Его милость, независимо от того, устраняет ли Он наши страдания или позволяет нам пострадать какое-то время. Все работает. Когда я борюсь с Его планом, следуя указаниям своего ума и игнорируя сострадательные наставления Прабхупады о том, как пройти сквозь приливы материальной природы, я сознательно обманываю себя. Поэтому я стараюсь быть немного послушной - хоть немного. Каким-то образом, по прошествии многих лет, в течение которых я повторяла Харе Кришна, следовала принципам и читала его книги, у меня появилось реальное чувство, что мне нужно, и я хочу делать то, о чем он просит меня. Нет никаких вопросов. Так что даже по сей день (теперь даже более интенсивно) когда я вижу Шрилу Прабхупаду или молюсь ему, он дает мне надежду, и я так многого с нетерпением жду.

Шрила Прабхупада обладает качествами, как никто другой. Как он сказал: «Чистота — это сила». Он дал нам прибежище святого имени. Его книги ясно ответили на все вопросы, которые у меня были, о том, кто я, куда я иду, почему у меня есть это тело, почему я должна умереть. Его книги сделали меня другим человеком, а его присутствие на этой планете изменило мою жизнь. Из неудачной сделало ее удачной.

Если вы действительно думаете о вкладе Прабхупады, ваше сердце тает. Я молюсь Шриле Прабхупаде, чтобы я могла помнить его в конце своей жизни и быть с ним всегда. И я бы хотела найти более удачливых людей, которые могут получить его благословение через его книги. Нет ничего лучше встречи с ищущими людьми, объединиться с ними духовно даже на несколько мгновений, отпустить их, зная немного больше о том, кто они на самом деле, будучи уверенным, что вы дали им знания из правильного источника. Я надеюсь, что будущие поколения будут уважать, восхищаться и любить Шрилу Прабхупаду за то, как он привлекает нас к Кришне и учит полагаться на Его милость.

Если мы будем продолжать осознавать Кришну так, как милостиво учил нас Прабхупада, если мы будем оставаться чистыми, простыми и внимательными, наша жизнь изменится. Мы будем благословлены и почувствуем глубокую благодарность Шриле Прабхупаде. Наше Движение будет процветать и опираться на чистоту. Если мы боремся за чистоту и стараемся искренне и по-настоящему служить Шриле Прабхупаде, то для нас нет ограничений в том, что мы можем для него сделать. В его Движении нет места имперсонализму. Есть только попытки следовать его учению. Если мы следуем, то получим милость Шрилы Прабхупады. Мы поймем его, и, в конце концов, мы будем с ним и с Кришной.

Murti devi dasi / Мурти деви даси

В 1975-м году в Сан-Паулу, в Бразилии, преданные пригласили Мурти в храм Харе Кришна, где они познакомили ее с книгами Шрилы Прабхупады. Глубоко тронутая тем, что она прочитала, Мурти почувствовала, что должна быть в движении Прабхупады.

Когда я была маленькой, моя мама время от времени говорила: «Ты должна сделать уборку во всем доме. Когда ты закончишь, твоим вознаграждением будет возможность пойти в церковь». Мне всегда хотелось ходить в церковь и молиться, но священнослужители там просили людей делать пожертвования. Я удивлялась, почему они не дают хлеб Иисуса людям? Почему они не служат людям? Когда я прочитала книги Шрилы Прабхупады и услышала о преданных, о принципах, которым они следуют, когда столкнулась со знанием, которое затем глубоко вошло в меня, мне захотелось тоже практиковать эти принципы и заниматься преданным служением. В храме, когда я увидела преданных, делающих гирлянды, когда почувствовала аромат благовоний и попробовала *маха-прасада*, я поняла: «Это мой дом. Я должна остаться тут». Хоть я и слышала много разговоров о Прабхупаде, мне потребовалось очень много времени, чтобы развить отношения с ним.

Сейчас я осознаю, что нахожусь в неоплатном долгу перед Шрилой Прабхупадой. Он изменил мою жизнь. Я всегда выражаю ему благодарность и почтение. Он научил меня тому, что мы не являемся этими телами. Мы не женщины, мы не мужчины, мы не что-то материальное, мы — слуги Кришны.

Хотя большинство преданных — благочестивые и святые люди, за мои 30 лет в ИСККОН у меня были проблемы с лидерами, которым нравилось эксплуатировать других. Они давали мне множество поводов покинуть движение, но я осталась в знак приверженности и глубокой благодарности Шриле Прабхупаде. Сейчас же, благодаря Кришне и Шриле Прабхупаде, возможно, приходит следующее поколение более человечных лидеров, а наше поколение, первое поколение, получает

возможность развивать доброту и смирении в сознании Кришны.
Nabaswati devi dasi / Набасвати деви даси

В детстве Набасвати всегда чувствовала себя чужой в своей семье. Почему-то она никогда не вписывалась и не хотела жить в доме со своими родителями. Все время она молилась о том, чтобы у нее получилось найти свой настоящий дом. Шрила Прабхупада, как отец, дал ей все, чего ей недоставало: духовное знание, замечательных друзей, детей и мужа. Прабхупада и преданные спасли ее.

В шестнадцать лет я три месяца жила в храме на Бэри-Плэйс и была встревожена разногласиями между преданными. Моя сестра училась в Лондоне, и я стала задумываться, что уеду жить к сестре, но приехал Шрила Прабхупада. Когда он вышел из машины, я стояла и смотрела на него. У меня мусульманские корни, я изучала Коран и верила в святых людей. Шрила Прабхупада был святым человеком; от него исходило сияние. Я поклонилась, и он коснулся моей головы. Я подняла на него глаза и заплакала, думая: «Я нашла то, что искала. Все. Я никуда не уйду». Я понятия не имела о том, что конкретно искала, за исключением того, что я хотела быть счастливой. Я знала, что есть нечто большее, чем Коран и чем то, что делала и говорила мне моя семья. Раньше я молилась Аллаху: «Пожалуйста, забери меня отсюда. Пожалуйста, должно быть что-то еще!» На самом деле я не знала, что именно я ищу. Когда я увидела Шрилу Прабхупаду, то поняла: «Я вернулась домой» – и это ощущение всегда оставалось со мной, несмотря ни на что.

На следующий день я сидела возле комнаты Прабхупады, и он сказал мне: «Итак, откуда ты?» – и спросил о моей семье. Когда я сказала ему, что у меня мусульманское происхождение, его глаза расширились, и он сказал: «Ты из мусульманской семьи?» Позже он сказал президенту храма: «Позаботься о ней».

Некоторое время спустя, когда я шла в комнату Шрилы Прабхупады, чтобы получить Гаятри. Малати Прабху дала мне несколько желтых роз, сказав: «Они нравятся Прабхупаде, отнеси их ему». Я нервничала и боялась находиться рядом с Прабхупадой, но он помог мне почувствовать себя комфортно. Он сказал: «Подойди и сядь». Я поклонилась, но продолжала держать цветы. Он спросил: «Это для меня?» Я ответила: «А, да». Прабхупада показал мне движения пальцев, но я запуталась. «Нет, нет, – сказал он, – не так», – и снова показал мне. Затем он спросил: «Как твои родители?» Я ответила: «Я редко их вижу». Он сказал: «Но как они? Ты должна относиться к ним с уважением». Я ответила: «Да, но у нас нет ничего общего». Я была полна решимости и чувствовала, что мне нужно спасти своих родителей, поэтому я дала им «Бхагавад-Гиту». Шрила Прабхупада сказал: «Нет. Если они действительно следуют Корану, они будут духовно продвигаться и будут спасены». Затем он спросил: «Так ты счастлива?» Я ответила: «Прабхупада, я очень счастлива». Он сказал: «Если ты останешься в сознании Кришны, ты будешь очень счастлива». С малых лет цель жизни заключалась в том, чтобы стать счастливой. Прабхупада знал это.

Иногда он замечал меня и спрашивал: «Как сегодня прошла *санкиртана*?» Я отвечала: «О, у меня был хороший день». Я бежала, чтобы подать ему его ботинки. Он всегда останавливался, брал их и смотрел на меня. Это и было личное общение. Я чувствовала, что он был моим отцом, что он любил меня, и давал мне все, в чем я нуждалась. Прабхупада заботился обо всех нас и давал нам почувствовать, что мы важны, что любым маленьким служением мы помогаем ему.

Несмотря на мои слабости и недостатки, Прабхупада и мои сестры в Боге всегда были рядом со мной. Волшебным образом Прабхупада дал нам все. Я никогда не смогу отплатить ему и его ученикам. Я так нуждалась в том, чтобы меня любили, и Прабхупада был единственным человеком, которого я встретила в жизни, который никогда не подводил меня. Все, что он говорил, было направлено на то, чтобы помочь нам развиваться, стать лучше и выбраться из этого мира, и он делал это с искренней любовью. Он ничего не хотел от нас взамен.

Nagapatni devi dasi / Нагапатни деви даси

Нагапатни увидела нечто особенное в преданных, которые зашли в магазин Mystic Arts Store в Лагуна-Бич, где она работала. Один из них сказал ей: «Вам нужно прийти в храм. Вам обязательно понравится еда». Некоторое время спустя она пришла туда.

На пиру преданные говорили со мной о Прабхупаде. Я подумала: «Я не знаю, как предаться этому лидеру». Затем я начала читать его «Бхагавад-гиту». Таков был мой первый опыт общения с Прабхупадой. Я искала нечто, что имело бы смысл и отвечало бы на все мои вопросы. До этого я читала книги имперсоналистов с красочными формулировками, которые звучали круто, но не имели смысла. Мой отец преподавал богословие в колледже Лойола Мэримаунт, у него было много философских идей, но никогда не было ответов на мои вопросы. Когда я читала книги Шрилы Прабхупады, то находила в них так много смысла. В них были все ответы на все мои вопросы, которыми я задавалась многие годы: где мы, кто мы, что мы хотим достичь, откуда мы. Книги Прабхупады проникли прямо в мое сердце, открыли его и позволили Кришне проникнуть внутрь. И мне понравились его аналогии.

Я присоединилась к храму в Лагуна-Бич в 1969-м, и каждый понедельник вечером мы все ездили в Лос-Анджелес, чтобы увидеть там Прабхупаду. Однажды Дурлаб, президент нашего храма, принес мне *сари* шафранового цвета, но я понятия не имела, как его надеть. Я обмотала его вокруг себя и стала похожа на мумию.

Я ковыляла, потому что не могла идти в этом *сари*, и Прабхупада позвав младшую сестру Судама, сказал: «Научи ее, надевать *сари* и ставить *тилаку*». Это было очень трогательно.

В феврале 1970-го года я переехала в храм на Ватсека-авеню в Лос-Анджелесе. Каждое утро после прогулки мы все дарили Прабхупаде цветок, а он возвращал его нам. Иногда он гладил нас по головам – как женщин, так и мужчин, и каждое утро мы молились: «Пожалуйста, Прабхупада, коснитесь моей головы». Прабхупада не проводил никаких различий. В те времена мужчины жили в одной части храма, а женщины в другой. Храм был разделен поровну; я никогда не чувствовала сексизма.

Однажды Прабхупада обходил храм в Лос-Анджелесе и спрашивал преданных: «Сколько кругов ты прочитал?» Некоторые преданные отвечали, что четыре, некоторые отвечали, что шесть, кто-то отвечал, что восемь. Прабхупада спрашивал: «Почему не шестнадцать?» Бхакта даса отвечал: «Мы должны выполнять так много служения для Вас, Прабхупада». Тогда Прабхупада говорил: «Вы всегда должны повторять шестнадцать кругов». Как-то он созвал всех преданных и прочитал лекцию о важности ежедневного повторения шестнадцати кругов.

Прабхупада был простым и личностным. Я заинтересовалась поклонением Божествам, увидев, насколько он ценит то, как Силавати заботится о Божествах. Я чувствовала больше любви от Шрилы Прабхупады, чем кто-либо другой, и знала, что это настоящая, истинная любовь. Все остальное, что я когда-то считала любовью, было иным. Как описать то количество любви, которое он давал всем? Как это выразить словами? Я знала, что, следуя за ним, я буду по-настоящему счастлива.

Я чувствовала, что Прабхупада всегда защищал меня и заботился обо мне, возможно не так, как мне хотелось в то время или не так, как я считала лучшим. Но поскольку я становлюсь старше, я могу осознать, что все сложилось наилучшим образом. Я научилась принимать свою ситуацию и предаваться. Я пытаюсь исправить ошибки, но больше беспокоюсь об исправлении своих собственных *анартх*. Я счастлива читать книги Шрилы Прабхупады и стараться служить ему.

Nanda devi dasi/ Нанда деви даси

Нанда была главным пуджари и шеф поваром, когда Прабхупада приехал в храм Мехико в феврале 1975-го года. Роль Прабхупады в ее жизни была основополагающей. Когда она увидела, как он выходит из машины перед храмом, она была потрясена его маленьким ростом.

Когда Прабхупада сидел на *вьясасане*, исполняя молитвы «Джая Радха Мадхава», он оглядывал аудиторию. Это было похоже на то, как солнце появляется из-за проплывающих облаков. Он, казалось бы случайно взглянул на меня, но я почувствовала его теплоту. На долю секунды его взгляд поймал мои глаза, время остановилось, и он заглянул глубоко в мою душу. Заглянул туда, где я пребывала вдалеке от Кришны, так, что я немедленно почувствовала давно забытую связь со Шрилой Прабхупадой. Когда он увидел меня, а я увидела его, слезы хлынули из моих глаз и потекли по лицу. Это была какая-то мистика. Ничего подобного со мной никогда раньше не случалось, ни до этого, ни после.

Однажды вечером Сита и я пошли на *даршан* к Прабхупаде, когда он беседовал с двумя священниками, которые были представителями кардинала Мексики. Прабхупада объяснил им четыре регулирующих принципа и сказал: «Мясоедение это очень плохо. Вы должны перестать есть мясо. Вам следует остановить бои быков. Это греховная деятельность». Священники занервничали и сказали: «Благодарим Вас за уделенное время, уже поздно, нам пора идти». Они ушли, и как только дверь захлопнулась, Прабхупада усмехнулся и сказал: «Это не настоящие христиане. Как только я сказал, что им нужно перестать есть мясо, они ушли. Иисус Христос не может спасти своих последователей, потому что они деградировали». Сита спросила: «Почему же Иисус Христос не может спасти своих последователей, если Он чистый преданный?» Прабхупада ответил: «Эти люди очень деградировали. Они люди низшего класса, поэтому он не сможет их спасти». Прабхупада подался вперед, посмотрел на меня, наклонил голову, широко открыл глаза, приподнял брови и сказал: «Если кто-то является убийцей, он не очень хороший человек, не так ли?» Я сказала: «Да, Шрила Прабхупада». Прабхупада продолжил: «Они были убийцами. Они люди низшего класса». Рохини Кумар сказал: «Джай! Джай! Вся Слава Вам, Шрила Прабхупада! Вы великая личность, Вы дали нам эту Харе Кришна *мантру* и поэтому мы спасены!» Я сидела у стола Прабхупады и мне показалось, что его щеки покраснели. Он смутился, услышав это прославление. Он повернул голову в сторону и сказал: «О, это может быть так, но великой является эта *мантра* Харе Кришна!» Это было трогательно.

Хануман был *санньяси*, но он женился и это вызывало беспокойство. Он сказал: «Шрила Прабхупада, Вы говорите, что мы принимаем Иисуса Христа как нашего *гуру*. Означает ли это, что мы должны поместить изображение Христа на алтарь?» Прабхупада ответил: «Я не говорил вам этого. Не делайте этого».

Хануман спросил: «Прабхупада, я хочу знать отвергаете ли Вы меня, как Господь Чайтанья отверг младшего Харидаса?» Я подумала: «Сейчас Прабхупада скажет ему, какой он безумец». Но Прабхупада ответил: «Нет, я не отвергаю тебя. Господь Чайтанья был Богом, Он мог распространять это движение по всему миру без какой-либо помощи. Но я не Бог. Я полностью завишу от той помощи, которую ты мне оказал. Нет, я не отвергаю тебя». Я была потрясена состраданием и милосердием Прабхупады. Каким низким и деградировавшим было мое отношение, и каким чистым и возвышенным был Прабхупада.

Хануман сказал: «Мы назвали нашего ребенка Бхактиведанта». Я ожидала, что Прабхупада скажет что-нибудь приятное, но он сказал: «Нет, вы не можете назвать своего ребенка Бхактиведанта. Это имя вашего *гуру*. Иногда вам придется отчитывать своего ребенка. «Бхактиведанта, не делай этого!» Вы не можете этого делать». Хануман сказал: «Мы назовем его Бхактиведанта даса». Прабхупада ответил: «Тогда все в порядке».

Шрутакирти сказал: «Прабхупада. Вечернее *арати* началось. Вам нужно приготовиться к лекции». Мы уже собирались уходить, но Прабхупада поднял руку и попросил: «Просто немного "Бхагаватам"». Глядя прямо перед собой, он небрежно протянул правую руку, взял «Бхагаватам» со своей книжной полки, положил ее на стол, открыл и сказал: «Видите, об этом говорится прямо здесь». Это была Песнь третья, Глава четвертая, где Девахути говорит о том, что тот, кто воспевает Харе Кришна, уже прославлен, даже если он родился в семье низших из людей, в семье мясоедов. Если они воспевают Харе Кришна, они имеют право совершать ведические жертвоприношения. Прабхупада сказал: «Вы должны следовать четырем регулирующим принципам, воспевать свои круги каждый день, и читать эти книги каждый день». Он сказал: «Есть так много христиан, но они не следуют наставлениям Иисуса Христа. Не уподобляйтесь христианам. Вы должны следовать принципам». Затем он сказал: «Даже я читаю свои книги каждый день». Это было замечательно.

Nandalal devi dasi / Нандалал деви даси

Нандалал даси получила инициацию в 1970-м году в Лос-Анджелесе. Шрила Прабхупада повторил мантру на ее четках и отправил их ей.

Когда Прабхупада пел с нами во время *киртана*, было ощущение, что река нектара течет между рядами преданных-мужчин и преданных-женщин. Это было так похоже на реку нектара. Просто неописуемо, насколько чудесными были *киртаны*, когда Шрила Прабхупада находился с нами и, сидя на *вьясасане*, воспевал святое имя.

Прабхупада научил Шилавати, как необходимо готовить для Божеств. Если вы вкушали этот *прасад*, вы практически могли узреть духовный мир.

Я была наедине с Прабхупадой в его комнате, когда пришла получать Гаятри-*мантру*. Он показал мне как считать на пальцах и начал воспевать *мантры* Гаятри. После того, как я принесла свои поклоны и собралась уходить, он сказал: «Харе Кришна!» В тот вечер в *ашраме брахмачарини*, я почувствовала как с меня спало целое облако депрессии. Оно настолько срослось со мной, что я даже не осознавала этого. Я чувствовала, как оно уходит, и думала: «О, Господи! О, Господи!» Я молилась: «О, пожалуйста, о, пожалуйста, никогда не позволяй этой депрессии вернуться вновь!» На следующий день она начала возвращаться, и я поймала себя на мысли: «О, нет! О, нет!» Как вдруг это чувство вновь отпустило меня и больше никогда не возвращалось. Так что я действительно чувствую, что это была милость Шрилы Прабхупады, который дал мне Гаятри и сказал: «Харе Кришна!» Это действо обладало такой очистительной силой, что все ужасные последствия *кармы*, опутывавшие меня, отступили. Это было чрезвычайно чудесно, и оставило очень яркое впечатление.

Мне хотелось пробраться в комнату Шрилы Прабхупады, но какое-то время я никак не могла это осуществить. Наконец я придумала вопрос, который, как мне казалось, произведет хорошее впечатление и откроет возможность встретиться с Прабхупадой наедине. Итак, очутившись в его комнате, я задала свой вопрос, но вдруг Прабхупада сказал: «Вот, возьми это Божество с собой», и показал куда-то рукой. На его столе стояло маленькое, трехдюймовое серебряное Божество Кришны, играющего на Своей флейте. Я очень нерешительно подняла это Божество.

Он сказал: «Носи это Божество с собой, куда бы ты ни пошла. Можешь поклоняться Ему где угодно, даже под деревом, а когда ты поселишься где-то постоянно, то сможешь установить Его, поклоняться Ему, предлагать *прасад* и предлагать одежды». Действительно, это Божество какое-то время спало с нами в комнате *брахмачарини* в Лос-Анджелесе и я везде носила это Божество с собой. Иногда, отправляясь во Вриндаван или на Говардхан, Божество путешествовало со мной на шее в маленьком матерчатом мешочке. Я беспокоилась, что бандиты могут попытаться отобрать Его у меня, так как Он был серебряным.

Однажды я заметила, что в Божестве было маленькое отверстие. Я написала об этом Прабхупаде и спросила что мне делать. Он ответил: «Просто возьми немного воска. Залей это отверстие воском и продолжай поклоняться». Вот так просто.

Прабхупада стоял у входа в храм. Мне кажется, он собирался войти внутрь. Какое-то время мы не виделись, я была на Гавайях. Когда он приехал, я упала на землю в поклоне. Я думаю, это был лучший поклон, который я когда-либо приносила за всю свою жизнь. Я просто поклонилась со всем смирением, которого у меня нет, но к которому я могла воззвать, со всей своей любовью к Шриле Прабхупаде, со всей своей благодарностью за все, что связано с ним и за все, что он сделал для нас. Я вложила все это в этот поклон. Позже, слуга Шрилы Прабхупады вышел и передал мне слова Прабхупады, что даже просто мирно сидеть и воспевать — это и есть настоящее сознание Кришны. Его слуга спустился, чтобы сказать мне это, и я знаю, что это было напрямую связано с тем поклоном, который я ему принесла.

Я была во Вриндаване незадолго до ухода Прабхупады. Тамал Кришна попросил меня убраться в покоях Шрилы Прабхупады. Я была в восторге от того, что мне удастся войти в покои Шрилы Прабхупады и сделать там уборку. Я стояла в дверях в покои Прабхупады и услышала разговор двух преданных. Они говорили, что Шриле Прабхупаде осталось жить всего несколько часов. Тогда я заметила, что многие старшие преданные и *санньяси* начали собираться в комнате Шрилы Прабхупады и воспевать *киртан*.

Я вошла и присоединилась к *киртану*. Мы все пели и я была там единственной женщиной. Потом я стала замечать, что все женщины-преданные находятся снаружи. По другую сторону от кровати Прабхупады был ряд окон. Я стояла лицом к кровати Прабхупады и смотрела в окно. Я заметила, что все женщины собрались снаружи и глядя в окна, воспевают. Примерно в это время на меня начали смотреть мужчины в комнате. Я заметила, что они смотрят на меня уголками глаз: «Хм, что она здесь делает?» Затем кто-то сказал мне: «Выйди». Я продолжала воспевать и смотреть на Прабхупаду и они, наконец, сдались. Было ясно, что им было неудобно вытаскивать меня из комнаты или даже подходить ко мне и говорить: «Матаджи, вы должны выйти из комнаты». Поэтому я просто продолжала стоять там и вскоре девушки снаружи заметили мое присутствие в комнате. Мне кажется, они подумали: «Что там делает Нандалал?» Они начали входить и постепенно комната заполнилась. Она наполнялась мужчинами и женщинами до тех пор, пока там не оказались все. После этого Прабхупада ушел.

Я отправилась на Говардхан и прожила там много лет. Однако, я никогда не обращалась ни к каким *садху*, потому что знала, что Прабхупада не хотел, чтобы мы этого делали. Все это время я действительно чувствовала, что у нас уже есть все, что нам нужно для духовного роста. Просто мы еще не осознали этого, но когда нам что-то понадобится, все будет в нашем распоряжении, и не будет необходимости обращаться за чем-либо к кому-то еще. Я наблюдала за многими преданными, которые уходили в другие места. Это расстраивает меня до глубины души, потому что у меня нет ощущения, что мне не хватает чего-то. Я воспевала свои круги, читала книги Шрилы Прабхупады и не чувствовала потребности в чем-либо еще.

Я совершила *дандават-парикраму* вокруг Говардхана в 1980-х годах до того, как это стали делать другие преданные. Тогда мне говорили, что я нахожусь в *майе*. Но у меня был опыт, основанный на этой *дандават-парикраме*, глубокий духовный опыт, который подтвердил, что мне не нужно идти к кому-то еще.

У меня была маленькая матерчатая сумка, в которой лежало запасное *сари*. У меня не было ни денег, ни еды, ни места для ночлега, ни спального мешка, ничего. Люди кормили меня, давали мне ночлег, показывали, где можно помыться. Мне приснился сон, что я вижу Шримати Радхарани, стоящую на пастбище для коров между деревней Анийор и Говинда-кундой. Она стояла на цветке лотоса и все живые существа поклонялись Ей, чтобы Она могла предложить служение Кришне. Дул очень сладкий, нежный и прохладный ветерок. К Ней тянулись травы, различные растения, цветы со всякого рода ароматами, формами, красотой и цветом, которые были необходимы для подношения, все животные и все люди — предлагали себя, чтобы Она могла предложить их Кришне. Это одна из причин, почему я знаю, что нам не нужен никто, кроме Шрилы Прабхупады. Прабхупада рассказал нам все это. Когда мы будем готовы получить опыт, который научит нас высшим аспектам сознания Кришны, эти вещи придут.

Nandarani devi dasi / Нандарани деви даси

В начале 1967-го года Нандарани было восемнадцать лет. Она приехала в Сан-Франциско из Лос-Анджелеса со своим парнем, чтобы посмотреть на сцену хиппи. Там она встретила на улице подругу, которая отвела ее в храм, где она попробовала прасад, а вечером встретила Прабхупаду. С этого времени она служила ИСККОН Прабхупады в течение двадцати двух лет.

В год, когда ей исполнилось девятнадцать, она встретила Прабхупаду, помогла ему приготовить обед для своей свадебной церемонии, открыла то, что позже стало Всемирной штаб-квартирой ИСККОН, и родила первого из своих троих детей. Нандарани была одним из уполномоченных пионеров ИСККОН.

В начале февраля 1967-го года она встретила в Сан-Франциско подругу, которая привела ее в храм Харе Кришна. Ей очень понравился *прасад*, которым ее угостили, поэтому в тот же вечер она привела своего парня. Ей нравился *киртан*, но больше всего ей понравилась лекция, прочитанная интересным стариком Свамиджи из Индии.

Месяц спустя она приняла посвящение от Свамиджи, а затем через две недели он провел свадебную церемонию для нее и ее мужа. Они с семьей сидели на полу, слушая, как Свами повторяет странные *мантры*, наливая *гхи* в огонь, из-за чего храм в бывшем здании магазина наполнил дым.

Два дня подряд перед свадьбой она и другие женщины помогали Свамиджи готовить большой пир, который она финансировала за счет месячной зарплаты, полученной от работы в телефонной компании. Свамиджи наблюдал за ней в то время, а также в последующие месяцы, когда она посещала лекции и служила в храме.

В середине 1967-го года Свамиджи написал ее мужу Даянанде из Нью-Йорка, отметив, что его жена очень умна. Он продолжил: «По Своей Милости Господь Кришна познакомил меня со столькими редкими душами, которые принимают сознание Кришны со всей серьезностью, и я уверен, что в будущем все мои ученики, юноши и девушки, будут все более успешно проповедовать Сознание Кришны в западном мире».

В августе они с мужем и Анируддхой отправились из Сан-Франциско в Лос-Анджелес, чтобы открыть там храм в здании с витриной. Месяц спустя они получили письмо от Свамиджи, который был в Индии. Он писал: «У меня было большое желание иметь наш центр в Лос-Анджелесе и по милости Кришны вы исполнили мое желание».

Затем, в ноябре, Свамиджи определил ее как одного из семи лидеров своего молодого Движения в письме Брахмананде: «Я хочу, чтобы ты остался во главе Нью-Йорка, пусть Сатсварупа будет во главе Бостона, пусть Мукунда будет во главе Сан-Франциско, пусть Джанардана будет во главе Монреаля. Пусть Нандарани и Даянанда будут во главе Лос-Анджелеса. И пусть Субала дас отвечает за Санта-Фе».

В феврале 1968-го года Свамиджи впервые посетил открытый пять месяцев назад храм в Лос-Анджелесе. Во время лекции он процитировал стих Сарвабхаумы Бхаттачарьи и спросил, знают ли преданные, кто он такой.

Нандарани сказала: «Он был великим имперсоналистом, которого Господь Чайтанья обратил в вайшнавизм».

Свамиджи сказал: «Да», а другим преданным: «Нандарани знает больше, чем вы». Все засмеялись, и он продолжил: «Итак, девушки умны».

Было ясно, что Прабхупада высоко оценил работу, которую она выполняла в Лос-Анджелесе. В апреле того же года, он написал ей и ее мужу: «Нандарани очень умная девушка, вы оба хорошо справляетесь, стараетесь воспитывать свою дочь в том же духе и хорошо жить в Сознании Кришны».

В преддверии своего следующего визита в Лос-Анджелес он написал ей длинное письмо, в котором выразил признательность за то, что она организовала для него лекции. «Я очень доволен твоим проповедническим энтузиазмом, когда ты говоришь: "Если люди не придут к нам сюда, мы пойдем к ним". Таков процесс проповеди, и это необходимо. Я очень благодарен тебе за этот дух». В заключение он сказал: «Я очень рад, что ты так любознательна и пытаешься понять вещи в правильном свете. И я всегда к твоим услугам. Ты можешь писать мне и задавать вопросы в любое время».

Затем, уже прибыв в Лос-Анджелес, во время лекции Прабхупада прокомментировал *ватсалья* (родительскую) *расу*: «Точно так же, как эта девушка, Нандарани, воспитывает свою дочь всегда служа ей, ребенок принимает служение от родителей. Его задача — только принимать. Испытывать на стойкость и принимать служение. Поэтому преданные принимают Кришну как сына, чтобы Кришна мог просто испытывать их и принимать служение».

На следующий год преданные переехали в более крупный храм, старую церковь. К этому времени Движение развилось настолько, что Прабхупада получал много писем, поэтому он решил попросить Нандарани помочь ответить на некоторые из наиболее рутинных писем.

Он дал ей письмо, в котором спрашивалось об истинном значении Омкары. Она писала: «Это ясно объясняется в двадцать первой главе Учения Господа Чайтаньи…» Затем она дала подробное объяснение.

Прабхупада проверил ее ответ и написал ей короткую записку: «Ответы все верные. Ты сама напрямую напиши ему».

Движение расширялось со скоростью вихря. Она продолжала играть важную роль еще в течение двух лет в Лос-Анджелесе, иногда в качестве водителя Прабхупады, иногда готовя для него еду и всегда служа в храме. Затем они с Даянандой отправились в Лондон.

Оттуда она написала и выразила свое желание погрузиться в преданное служение и Прабхупада ответил: «Я так благодарен тебе за твои теплые чувства. Пусть Кришна благословит тебя». И в другом письме: «Я очень рад, что ты полностью занята служением Шри Шри Радхе и Кришне в Лондонском храме и что ты находишь большое удовлетворение, всегда угождая Их Светлостям." […] Я всегда с удовольствием вспоминаю тебя и твоего доброго мужа Даянанду, и как ты была со мной практически с самого первого дня».

Ее следующей остановкой была *гурукула* в Далласе, и Прабхупада написал: «Я читал специальный выпуск журнала "Назад к Богу", посвященный Ратха-ятре, написанный тобой, и я очень рад, что ты так разумно раскрыла этот вопрос, чтобы было возможно полностью понять нашу философию в двух словах. Я знаю, что ты очень умная и образованная девушка, поэтому в полной мере используй свой талант для развития Далласского института на благо всех детей».

После Далласа они с мужем отправились в Иран и Прабхупада написал ей: «Постарайся издавать как можно больше книг на персидском. Это будет большой успех. Иранцы особенно уважают американцев и ваши отношения с ними будут иметь успех».

Позже в том же году Прабхупада приехал в Иран. Он не читал официальных лекций, но его ученики приводили заинтересованных иранцев на встречу с ним.

В одном из разговоров Прабхупада начал говорить о форме Бога. Он сказал, что если мусульмане молятся, то Аллах должен услышать. «О чем они молятся?» Нандарани ответила: «Прославляют Бога». Прабхупада сказал:

— Прославление означает что-то о Боге, Его действиях, характеристиках. Что они говорят?

— Бог велик.

— Бог велик, но как Он велик?

— Об этом не говорится, насколько Он велик, просто то, что Он велик, Об этом не говорится, насколько Он велик, просто то, что Он велик — сказала она.

— Тогда это доказательство небольшого разума. Бог велик, очень добр. Но насколько Он велик? Что такое понятие величия? [...] Итак, если я не знаю о Боге, если я не знаю, кто такой Бог, тогда какой может быть вопрос о любви?

Во время деловой поездки в Нью-Йорк Атрея Риши, который отвечал за проповедь в Иране, встретился с Прабхупадой. Во время беседы Атрея объяснил, что все преданные работают на постоянной работе, чтобы они могли остаться в стране и поддерживать там центр. Прабхупада спросил: «Значит, Нандарани тоже работает?» Атрея ответил, что она преподает. Прабхупада сказал: «У нее есть опыт».

— Да, она очень хороша.

— Оба они очень умны — сказал Прабхупада. — Но Нандарани умнее своего мужа. — Он рассмеялся. — Я знаю это.

Атрея, который очень любил Даянанду, сказал: «Я нахожу, что он очень умен, Шрила Прабхупада».

— А, Даянанда.

— Да.

— Он умен — сказал Прабхупада, — но Нандарани еще умнее. — Он снова рассмеялся. — Я это знаю. Они оба умны, но эта девушка умнее. Все в порядке.

Nandi devi dasi / Нанди деви даси

Нанди была начинающей преданной, когда она впервые увидела Шрилу Прабхупаду в аэропорту Атланты, штат Джорджия, США.

Когда Шрила Прабхупада прибыл, его встретила огромная толпа преданных под громкие звуки потрясающего *киртана*. С одной стороны, Прабхупада был совсем не примечательной фигурой: он был маленького роста, вел себя скромно. Мое первое впечатление было похоже на недоумение: «Это и есть Шрила Прабхупада?» Я не знала, чего ожидать, но даже несмотря на то, что мои представления не совпали с реальностью, встреча с Прабхупадой стала очень волнительной. Я предложила ему свои поклоны, и мы всей толпой вышли из аэропорта, стены которого содрогались от звуков *киртана*.

В храме Атланты Прабхупада сел на *вьясасану* и расплакался, когда увидел Божества Гаура-Нитая. Я совсем недавно присоединилась к Движению и понятия не имела о духовном экстазе. Однако я слышала, как дрожал голос Прабхупады, когда он попытался что-то сказать, но не мог совладать с эмоциями. Я подумала: «Это мой духовный учитель и сейчас я переживаю вместе с ним сокровенный момент его жизни – его встречу с Кришной». Я знала, что это было таинством. Латунные Божества были воистину прекрасны, с длинными руками, а на Их одеяниях красовались вышитые павлины. Меня всегда завораживало поклонение Божествам, и я млела от удовольствия, видя Их роскошные наряды.

Преданные пригласили на воскресный пир много гостей, и после того, как Прабхупада закончил лекцию, кто-то из слушателей спросил: «Шрила Прабхупада, не могли бы вы назвать десятое воплощение Кришны?» Этот человек пытался проверить Шрилу Прабхупаду, задавая ему каверзный вопрос. Я была в шоке от такой наглости, но мне было интересно, что ответит Прабхупада. Выдержав небольшую паузу, Прабхупада начал описывать десятое воплощение Вишну: деревню, в которой Он появился, кто были Его родители. Через некоторое время я осознала, какую милость Прабхупада проявил к человеку, который хотел уличить его в несовершенстве. Прабхупада вполне заслуженно мог бы назвать этого человека негодяем, но вместо этого он пролил на него свою милость.

В следующий раз я увидела Шрилу Прабхупаду на Ратха-ятре в Филадельфии. Звучал громкий, энергичный многочасовой *киртан*, волны которого то накатывали, то отступали. Музыканты то подходили ближе, то отдалялись от колесницы. Я твердо решила оставаться рядом с колесницей, независимо от того, в какую сторону двигался *киртан*. Это была моя первая Ратха-ятра и я хотела быть рядом с Господом Джаганатхой, Его сестрой и Его братом, Субхадрой и Баларамой. Я хотела держаться рукой за веревку и тянуть колесницу. Вдруг кто-то их преданных, принимающих участие в шествии, воскликнул: «Прабхупада идет! Он здесь!» Можно подумать, что громче уже некуда, но не тут-то было. В присутствии Прабхупады сердца преданных открываются и расширяются еще больше. Словно по волшебству вы переноситесь в другое место. То же самое небо над головой, те же самые здания, все вокруг по-прежнему, но вы смотрите другими глазами, потому что громкие звуки *киртана* переносят вас в неизведанный доселе незнакомый мир.

Прабхупада направился к колеснице, и преданные расступились, чтобы он смог увидеть Божества во всей Их красе. Я с благоговением смотрела, как две возвышенные личности, Господь Джаганатха и Прабхупада, приветствуют друг друга. Они были очень рады друг другу. Мне выпала честь лицезреть эту божественную встречу. Даже сейчас я могу закрыть глаза и перенестись туда: гремит оглушительный *киртан*, но его звуки меркнут, когда я наблюдаю встречу Прабхупады и Господа Джаганатхи.

Я почти не общалась со Шрилой Пабхупадой близко, поначалу меня огорчало то, что другим в этом отношении повезло больше, но со временем я научилась во всем находить нектар. В Сознании Кришны замечательно то, что нектар можно испить из разных источников: читая книги Прабхупады, общаясь с его последователями, почитая *прасад*, участвуя в *киртане*, служа в храме, слушая о Кришне, получая откровения на *даршане* Божеств. Сознание Кришны дает нам целую палитру вкусов.

В последний день фестиваля в Майяпуре в 1976-м году, я услышала, что любой желающий мог пойти в комнату Прабхупады в здании «Лотос» и получить его *даршан*. Я взяла бананы, которые мне кто-то дал, и вошла в коридор. За дверью его комнаты, прислонившись к стене, томились в ожидании восемь-десять преданных. Я заняла место в конце ряда и подумала: «Какова вероятность увидеть Прабхупаду?» Немного погодя кто-то вышел из комнаты Прабхупады и сказал: «Еще один человек может войти». Я воскликнула: «Я хочу! Я хочу!». Так как никто из присутствующих не проявил подобного энтузиазма, разрешили войти мне. Оказавшись внутри, я неожиданно растерялась: как я могу принести поклоны с бананами в руках? Нужно сначала отдать бананы Прабхупаде и потом поклониться? Как правильно поступить? Я в растерянности подняла глаза на Шрилу Прабхупаду и увидела, что он улыбается. Он был рад встрече со мной. Прошло столько времени. Я стояла лицом к лицу со Шрилой Прабхупадой, и он был рад меня видеть. Вроде бы такая мелочь. В то мгновение я почувствовала себя спокойно, словно под опекой любящего отца. Он был рад меня видеть. Я не знала, что делать, что говорить, но это перестало быть важным. Шрила Прабхупада просто был рад. Он был рад меня видеть.

Narayani devi dasi / Нараяни деви даси

Нараяни впервые встретила Шрилу Прабхупаду, когда он приехал в Гейнсвилл, штат Флорида, в июле 1971-го года. Она получила посвящение в течение одного месяца. Когда она шла за ним, ее больше всего поражало чувство принадлежности, безопасности и защищенности. Она чувствовала, что может следовать за Прабхупадой до конца своей жизни.

Когда Прабхупада инициировал меня письмом в июне 1971-го года, он дал мне важные наставления. Он написал: «Да, теперь, когда ты пришла к сознанию Кришны, твоя духовная жизнь, настоящая жизнь, началась. Первое рождение происходит от родителей, но настоящее рождение, настоящая жизнь, начинается, когда человек принимает истинного духовного учителя и оказывает ему служение. Тогда открывается путь для возвращения домой, обратно к Богу, чтобы жить вечно в полном знании и полном блаженстве и в общении с Самой Верховной Личностью Бога, Господом Кришной. Это цель, и средства ее достижения просты. Ты должна строго следовать регулирующим принципам, ежедневно повторять не менее шестнадцати кругов на четках, читать и изучать все наши книги, посещать *арати*, ходить на *санкиртану* и т.д. Прогресс в сознании Кришны будет непреложным».

После того, как мы с мужем были преданными в США в течение полутора лет, Прабхупада попросил пятьдесят преданных приехать в Индию. Сатсварупа, президент нашего храма, сказал моему мужу и мне, что он отправляет нас в Индию.

В течение наших первых семи лет в Индии мы с мужем были *пуджари* Радхи-Говинды в храме Калькутты. Я предлагала *мангала-арати*, двенадцатичасовое *арати*, четырехчасовое *арати* и вечернее *арати*, и я одевала Божеств, укладывала Их отдыхать, делала гирлянды, заботился о туласи и шила (мы сшили пятьдесят два комплекта одежд для Божеств). Я также выходила собирать пожертвования. Я спала по четыре часа в сутки. Условия были суровыми, преданные заболевали малярией; я подхватила инфекцию мочевыводящих путей, температура поднялась до 40.5 °C.

Однажды, когда я предлагала лампу на *гхи* во время *мангала-арати*, я повернулась, и увидела Прабхупаду на расстоянии ладони позади меня. Я была так потрясена, что чуть не уронила лампу с *гхи*. Я не знала, что делать. Должна ли я предложить ему лампу начиная со стоп и выше? Я не помню, что сделала, но подумала: «Вау! Я должна думать, что Прабхупада стоит позади меня и наблюдает за каждым моим движением на протяжении всей моей жизни».

В Индии Прабхупада не делал различий между мужчинами и женщинами. Женщины поклонялись Божествам в Бомбее, Дели, Хайдарабаде и Калькутте – в каждом храме ИСККОН в Индии, кроме Маяпура. Женщины выполняли всевозможные служения: готовили, ходили на *харинаму*, вели *бхаджаны*, проповедовали, покупали Божества для храмов. В те дни это было невинно, неформально и дружелюбно, как в семье. Духовные братья и сестры с таким энтузиазмом пели и проповедовали, были настолько преданы Шриле Прабхупаде, что мы никогда не думали о том, чтобы общаться друг с другом неправильно. Чувства, которые мы испытывали друг к другу, не были ненавистью, неполноценностью или превосходством, а наоборот взаимным уважением. Я присоединилась к движению, потому что мы все чувствовали, что Шрила Прабхупада был нашим общим отцом.

Я видела Шрилу Прабхупаду во Вриндаване в 1972-м году. Каждый день после его вечерней лекции мы собирались в его маленькой комнате на *даршан*. Первое, что я запомнила: «Не общайся с *бабаджи*. Это называется *марката вайрагья*. Как и обезьяны, они отречены, они не носят одежды, они вегетарианцы. Но у них много жен. Одна обезьяна, двадцать жен. Так что не общайся с *бабаджи*». На другом *даршане* в комнату вбежала обезьяна, схватила бананы и выбежала. Шрила Прабхупада сказал: «Посмотрите, как она умна. Никто из вас не посмеет это сделать! Но обезьяна умна в добывании еды, но не в других вещах».

Однажды на *даршане* он обратился ко мне: «Моя сестра Пишима сказала, что ты очень проникновенно рассказываешь "Бхагаватам"». Я была сбита с толку, потому что никогда в жизни не делала этого. О чем он говорил? Затем я вспомнила, что Пишима присутствовала на Джанмаштами, когда я читала главу о *раса-лиле* из книги «Кришна». Она не говорила по-английски, но я была так увлечена чтением, что она прониклась и заплакала.

Прадьюмна знал меня по Бостону, и когда он увидел меня в Калькутте в 1973-м году, он спросил: «Ты хочешь поехать в Маяпур с Прабхупадой?» Я ответила: «Ага». Поэтому он сказал: «Научись читать на бенгали. Мы уезжаем завтра. Мы хотим, чтобы ты напечатала «Чайтанья-Чаритамриту» для Прабхупады». Он дал мне книгу на бенгальском, и я выучила ее.

Первое здание в Маяпуре, Здание Лотоса, строилось еще тогда, когда мы там жили. Не было окон и двери не закрывались. Прабхупаде нравилось смотреть, что делают преданные, и когда он посмотрел в окно моей комнаты, я сидела с наушниками и слушала запись, на которой он произносил бенгальские стихи. Я печатала английские транслитерации, и передо мной лежала огромная книга на бенгальском языке. Прабхупада сказал: «О, ты знаешь бенгальский?» Я сказал: «Да, Шрила Прабхупада», — хотя я только накануне выучила алфавит. Затем Шрила Прабхупада позвал меня в его комнату и попросил научиться печатать на бенгальском на пишущей машинке. Потом он сказал, что мы вместе создадим много книг. Его слова были пророческими, потому что тридцать лет спустя я начала писать книги по вдохновению Шрилы Прабхупады. Я написала «Шримад-Бхагаватам вкратце», в котором есть изображения к каждому стиху «Шримад-Бхагаватам», и «Бхагавад-гита вкратце». В течение двух месяцев в Маяпуре я напечатала Ади-лилу, главы с 13 по 17. Затем я вернулась в Калькутту, чтобы стать там главным *пуджари*.

Однажды в Калькутте на лекции по «Гите», которую давал Прабхупада, мы изучали стих 9.11. Я пропела стих по памяти. Прабхупада, удивленный и счастливый, бросил на меня взгляд, который я никогда не забуду, типа: «Ого, ты знаешь этот стих!»

Поскольку мы не могли хорошо управлять делами в Индии, Прабхупада часто вмешивался. Однажды он стал нашим Джи-Би-Си, а в другой раз президентом нашего храма. Он также был и управляющим нашего храма, говоря нам убирать то и это. Когда светильник с *гхи* для Божеств был грязным, он сердито спросил меня: «Кто это сделал?» Меня трясло. Я хотела провалиться в пол, но ничего не получалось. Я была лицом к лицу с Прабхупадой. Иногда нам нужно было помогать ему облегчать ношу. Однажды Прабхупада, получив *даршан* Радхи-Говинды, высоко его оценил. Он поблагодарил меня и моего мужа. Когда мы после этого предлагали свои поклоны, один *санньяси* сказал: «Будь благословенна». Тогда я почувствовала, что получила благословение Прабхупады и моя жизнь прекрасна. Однако на следующий день я поняла, что должна пытаться получать его благословения каждый день.

Когда мы колебались и боялись в нашей духовной жизни, Шрила Прабхупада подталкивал нас к следующему шагу. Это то качество, которое я ценила в нем больше всего.

Nari devi dasi / Нари деви даси

Нари было двадцать два года, когда она присоединилась к храму в Питтсбурге в октябре 1972-го года. Прабхупада дал ей инициацию в апреле 1973-го года.

За месяц до того, как я присоединилась к храму, Прабхупада приехал в Питтсбург. Он был настолько могущественным и так очистил атмосферу, что эта чистота сохранилась. Вскоре после визита Прабхупады я встретила на улице *брахмачари* с журналом «Назад к Богу». Он протянул его мне и сказал: «Если вы поливаете корень дерева, все листья получат пользу, но если вы поливаете каждый лист отдельно, дерево погибнет. Поэтому, служа Кришне, вы будете полностью счастливы и также будете сыты». Он повторял слова Шрилы Прабхупады, и энергия Прабхупады проходила через него. Этот преданный также сказал, что если рука держит пищу и не кормит тело, рука будет страдать, но если рука кормит тело, все тело будет накормлено так же, как и рука. Точно так же, если вы будете служить Кришне, вы будете полностью счастливы.

Я спросила преданного, где проходят встречи. Он рассказал мне где находится храм, и что преданные проводят *мангала-арати* в 4:30 утра. Я взяла журнал «Назад к Богу», прочитала его от корки до корки, запомнила Харе Кришна *мантру* и на следующее утро отправилась на *мангала-арати*. Преданные прыгали и танцевали восклицая «Нитай-Гауранга, Нитай-Гауранга». Это был восторг! Я смогла увидеть экстаз преданных от любви к Богу благодаря энергии Прабхупады, поэтому я осталась. С тех пор энергия Прабхупады удерживала меня в храме.

В первый раз я увидела Шрилу Прабхупаду и молилась у его лотосных стоп, когда он приехал в Нью-Йорк. После этого я видела его в Маяпуре на фестивале в 1975-м году. После приветствия Божеств, Шрила Прабхупада обходил Их вместе с преданными. Я подумала: «Встану в сторонке, и, когда Шрила Прабхупада пройдет круг, я смогу встретиться с ним лицом к лицу». Когда он подошел, я смотрела на него и молилась ему. Когда он подошел в третий раз, я захотела удостовериться, что он тоже меня увидел, и посмотрела на него. Он смотрел прямо в мои глаза. Казалось, что его взгляд навечно поселился в моем сердце. Он что-то вложил в мое сердце, и это все еще там: Харе Кришна *мантра*, важность общения с преданными, поклонение Божествам, *дхама*. Все такое особенное, ибо величайший *джагад-гуру* дает свою милость каждому.

Позже я написала Шриле Прабхупаде, что у меня проблемы в браке. Он ответил: «Проблемы, о которых ты пишешь, указывают на то, что той духовный фундамент очень слаб. Чтобы продвинуться в сознании Кришны, человек должен решить, собирается ли он быть серьезным или нет. Если он действительно серьезен, то, повторяя 16 кругов Харе Кришна *мантры* в день, следуя четырем регулирующим принципам и читая мои книги, ты, несомненно, продвинешься вперед, и эти проблемы отпадут. Поэтому я прошу тебя, поскольку ты являешься инициированной преданной, серьезно заняться сознанием Кришны, как ты обещала во время посвящения, и быть счастливой в сознании Кришны».

В другом письме я спросила Шрилу Прабхупаду, могу ли остаться во Вриндаване. Он написал: «Ты должна следовать принципам, которые я дал, все время и при любых обстоятельствах. Без этих четырех принципов нет духовной жизни. Даже если это может быть очень сложно, ты должна следовать. Ты должна отвергать все или всех, кто советует нарушить эти принципы. Общение с такими людьми хуже яда. Если хочешь, можешь приехать во Вриндаван и пожить там какое-то время».

Шрила Прабхупада дал нам все. Он дал нам *маха-мантру* Харе Кришна, которая есть Радхарани и Кришна. Нет ничего выше. Мы можем общаться с Прабхупадой, читая и изучая его книги. Мы можем петь и танцевать, принимать *прасад*, быть счастливыми и немного служить. Мы также можем общаться с преданными. Без общения с преданными кто мы? Никто.

Мы можем служить преданным. Постепенно мы можем делать все только для того, чтобы доставить удовольствие Прабхупаде, и это доставит удовольствие Кришне. Мы не можем удовлетворить Кришну, не удовлетворив Прабхупаду. Это невозможно. Эти двое всегда идут рука об руку.

Nartaka Gopala devi dasi / Нартака Гопала деви даси

Нартака Гопала впервые увидела Шрилу Прабхупаду в Майами в 1975-м году. В следующий раз это случилось на следующий год, когда она и четверо других распространителей книг из Майами приехали на фестиваль в Маяпур. Следующая их встреча произошла в 1976-м году на Ратха-ятре в Нью-Йорке.

Шрила Прабхупада приехал в Майами в феврале 1975-го года. Наш храм находился на Кумкват-стрит в районе Коконат-Гроув в Майами, на арендованном участке с несколькими акрами баньяновых деревьев. Однажды вечером Шрила Прабхупада давал лекцию под теми самыми баньяновыми деревьями, что росли вокруг храма. Там царила потрясающая атмосфера.

Мне очень повезло, ведь тогда я делала гирлянды для Шрилы Прабхупады каждый день. Одна из них была полностью соткана из лепестков: лепестки гвоздики в сочетании с лепестками роз и манговыми листьями. Я специально собрала ее очень длинной, и когда Прабхупада надел ее, то дважды обернул вокруг своей шеи, и она по-прежнему доходила ему до талии. Позже, в течение несколько лет, в храме на алтаре стояла фотография Прабхупады, на которой он красовался в одной из моих гирлянд.

Мы устроили экскурсию для Шрилы Прабхупады по нашему участку. Он вошел в прохладную кладовую площадью около девяти квадратных футов, где мы хранили продукты. Все полки на одной из стен были полностью завалены маленькими ароматными йогуртами. Глаза Прабхупалы расширились, когда он увидел все эти йогурты. Преданный объяснил, что некоторые магазины жертвуют йогурты, когда у них истекает срок годности, на что Шрила Прабхупада заметил, что йогурт никогда не портится.

Впервые я поехала в Индию в 1976-м году. Мы прибыли в Калькутту и сразу же сели на автобус в Маяпур. Оставив наши сумки в комнате, мы отправились искать служение в храме. Сукхада деви даси и я украшали, похожий на зонтик, *чатри* над *вьясасаной* Прабхупады. В это время пришла Шрутипура деви даси и сказала нам о том, что президент храма, Абхирама дас, хотел бы видеть нас наверху. Мы поднялись, и внезапно люди начали шептать: «Тише! Тише!» Мы оказались прямо перед дверью Прабхупады. Прабхупада был внутри. Я предложила ему свои поклоны и подумала: «Прабхупада, можем ли мы и впрямь зайти внутрь, и увидеть вас?» Прабхупада взглянул на нас и кивнул в знак согласия, поэтому Сукхада и я вошли внутрь и сели рядом с Пишимой. *Даршан* длился сорок пять минут. Все говорили на бенгали. Прабхупада не говорил с нами, а мы не говорили с ним, но Сукхада и я были просто в экстазе находится рядом с ним — все наши желания были удовлетворены. Мы посвятили наши жизни для служения ему, поэтому просто находиться в его присутствии в эти редкие минуты было совершенством наших жизней.

После этого мы служили сестре Шрилы Прабхупады, Пишиме. Находиться рядом с ней почти тоже, что находиться рядом с Прабхупадой, ибо она была очень похожа на него. Даже с учетом того, что она не говорила по-английски, рядом всегда находился кто-то, кто мог бы переводить наши слова для нее. Пишима обучила нас многим ведическим стандартам этикета и чистоты. Любовь и восхищение Пишимы Шрилой Прабхупадой были заразительны. После Маяпура мы продолжили путешествие с Прабхупадой в Калькутту, затем в Дели на пятидневную программу в *пандале*, где мы распространяли книги, пока Прабхупада говорил перед сотнями людей. Когда программа в *пандале* закончилась, стало известно, что Прабхупада хочет, чтобы двадцать распространителей книг продолжили путешествовать с *санкиртаной* вместе с ним. Сукхада и я отправились с Прабхупадой. Сначала мы поехали в Моди Нагар. В некоторых книгах подношений на *вьяса-пуджу* можно увидеть фотографии Шрилы Прабхупады на огромной, резной, украшенной серебром *вьясасане*. Она как раз оттуда. Глава города, мистер Моди, пригласи духовой оркестр, чтобы встретить нас.

Шрила Прабхупада путешествовал на машине, в то время как наш автобус с двадцать одним преданным следовал за ним. Следующим пунктом был Алигарх. У нас было невероятно фантастическое *мангала-*

арати на крыше дома, где остановился Прабхупада. Мы все бегали по кругу, танцевали и пели под *киртан* Локанатхи Свами.

Наконец, мы приехали в Шри Вриндаван, где Прабхупада дал мне второе посвящение. Там в *мандире* была проведена большая *ягья*, где было больше 40 преданных, получающих первую и вторую инициации. Там было так много преданных, получающих брахманическую инициацию, что Прабхупаде пришлось давать Гаятри-*мантру* небольшими порциями. Я получила свою *мантру* где-то через три-четыре дня после *ягьи*.

За несколько месяцев до этого, когда мы распространяли книги в международном аэропорту Майами, в обеденный перерыв я вырезала для Шрилы Прабхупады чудесные деревянные туфли с сусальным золотом по краям и перемычкой для пальцев в форме цветка лотоса, с драгоценным камнем в центре. Они были точно его размера, так как я очень заботливо и тщательно измерила его лотосные стопы на нашей *вьясасане*. Я также сшила бархатную сумочку для туфель и вышила на ней его имя. Я хранила их в течение всего путешествия по Индии, ожидая момента, чтобы вручить их ему.

Итак, во Вриндаване Прабхупада, сияющий трансцендентным светом Вайкунтхи, сидел за своим рабочим столом в своей комнате. Он дал Гаятри-*мантру* мне и четырем другим девушкам, которые пришли вместе со мной. Одна из них не могла понять, как правильно двигать пальцами в процессе чтения, поэтому Прабхупада попросил меня показать ей еще раз, как это делать. Позже девушки ушли, но я осталась. Я все еще не подарила ему свой подарок. Мы были вдвоем, и я сказала: «Прабхупада, это для Вас» — и передала ему бархатный мешочек. Он открыл его, достал одну из туфель, поднял ее и произнес: «Спасибо тебе большое!» После этого я вручила ему цветы и ушла. В душе я испытывала радость и удовлетворение от того, что провела немного времени один на один со своим любимым Гуру Махараджем, которому посвятила свою жизнь.

В течение десяти дней мы были во Вриндаване. Каждое утро я с группой девушек убирала комнату Прабхупады. Мы делали уборку во время его утренних прогулок, перед приветствием Божеств. У каждой из нас было определенное место уборки: спальня, ванная комната и т.д. Моим служением было навести порядок на его рабочем столе и в комнате для *даршана*. Шрила Прабхупада оставлял там свою гирлянду со вчерашнего дня, и каким-то образом, так или иначе я могла получать милость видеть ее каждый день. Ну что за экстаз! Мне очень нравилось убирать на его столе, так как на нем лежали все те личные вещи, с которыми он путешествовал: его *тилака*, серебряный *ачаман*, серебряное зеркало, которое один преданный сделал специально для него в форме пудреницы с выгравированными Кришной и Баларамой на крышке. На следующее утро после того, как я подарила Шриле Прабхупаде сделанные мной туфли, я пришла убирать комнату для *даршана* и увидела, что он поместил их на каминную полочку.

Однажды вместе с преданными мы отправились на *парикраму* к Радха-кунде. Было организовано несколько автобусов для преданных мужчин. Также было три отдельных автобуса специально для женщин. Когда мы закончили нашу *парикраму*, мужчины уже уехали, но один из автобусов для женщин не заводился. Мы решили, что все женщины с детьми должны поехать обратно на двух хороших автобусах, а остальные подождут, пока третий автобус починят.

Уже темнело, а мы по-прежнему не могли уехать. Вернувшись в Кришна-Баларам Мандир, Прабхупада спросил: «Где все девушки?» Ему сказали, что никто не знает, и что часть нашей группы еще не возвращалась. Прабхупада воскликнул: «Что!? Сейчас же сообщите об этом шефу полиции!» Мы чувствовали себя брошенными, но, когда мы услышали о том, как Шрила Прабхупада заботился о нас, мы были тронуты до глубины души.

В 1976-м году в Вашингтоне, округ Колумбия, мы праздновали десятую годовщину ИСККОН. Преданные приготовили огромный торт. До сих пор существует это знаменитое фото, сделанное Вишакхой деви даси, где Прабхупада разрезает этот торт. Я делала гирлянду, в которой его можно видеть на той фотографии. Гирлянда была из бархатцев, выращенных на нашем участке в Майами. Президент нашего храма, в то время это был Нарахари прабху, уезжал в Вашингтон, чтобы встретиться с Прабхупадой, и я попросила его предложить Прабхупаде сделанную мной гирлянду.

Когда пришло время для разрезания торта, старшие преданные из храма в Вашингтоне воскликнули: «О нет! У нас нет гирлянды для Прабхупады!» Они уже предложили ему одну гирлянду на *гуру-пудже*, и еще одну на лекции по «Бхагаватам», но сейчас они хотели предложить ему еще одну. Нарахари Прабху услышал это и поспешил предложить мою гирлянду.

Ратха-ятра в Нью-Йорке в 1976-м году была последней Ратха-ятрой, на которой Шрила Прабхупада присутствовал в физическом теле. Это была последняя Ратха-ятра и для Джаянанды прабху. Но это была первая Ратха-ятра в Нью-Йорке, которая прошла по Пятой авеню, которую Шрила Прабхупада называл «самой важной улицей в самом важном городе в самой важной стране в мире». Там было три больших, великолепно украшенных колесницы и сотни преданных, поющих и танцующих. Десять наших преданных *санкиртаны* из Майами прилетели туда, чтобы принять участие в этом празднике. Парад начался без Шрилы Прабхупады. Он сказал, что присоединится позже, когда все начнется. Мы прошли где-то около мили. Я танцевала перед колесницей Субхадры Деви, а когда посмотрела налево, в небольшой переулок, то увидела, что к нам идет Шрила Прабхупада. Он поднялся на колесницу Субхадры Деви, и мы начали неистово танцевать. Это было так захватывающе!

Когда я смотрю на многочисленные благословения, которые я получила в жизни, самым большим я вижу распространение книг Шрилы

Прабхупады в течение многих лет. Это заставляет чувствовать его рядом с собой. Сейчас я занимаюсь *шастра-даной*. Я покупаю его книги и отдаю их другим преданным на распространение. Как однажды заметил Шрила Прабхупада: «Если вы хотите доставить мне удовольствие, распространяйте мои книги».

Nartaki devi dasi / Нартаки деви даси

Хотя Нартаки родом из Германии, она встретила Вайбхави и Чару в Австралии в 1971-м году.

С самого начала Вайбхави и Чару были замечательными лидерами. В то время храм представлял из себя магазинчик, куда люди приходили для участия в наших программах, в основном состоявших из воспевания и чтения «Бхагавад-гиты». Людей привлекали танцы, пение, пиршества и счастливая жизнь.

По воскресеньям мы ходили в Домен Парк, который был точной копией лондонского Гайд-парка. Люди стояли на ящиках и говорили, а вокруг собиралась толпа из разных группировок, чтобы послушать. Там были политические группы, молодежные группы, хиппи. Но как только приходили мы, все покидали других выступающих и собирались вокруг нас, пока мы пели и танцевали. Мы двигались по кругу, и толпа следовала за нами, и, наконец, мы произносили небольшую речь и приглашали всех прийти в храм на праздник. Люди привлекались, и Движение начало очень быстро расти.

Мы распространяли журнал «Назад к Богу», держа его в руках перед собой и ожидая, пока любопытные спросят о нем и купят. Только когда приехал Буддхиманта, мы научились распространять большие книги.

Чару пригласил Прабхупаду приехать в Австралию и был удивлен, когда Прабхупада ответил: «Да, я приеду». Мы поспешно начали наводить везде порядок и все мыть. Когда приехал Прабхупада, мы были так счастливы принять его, как будто приехал наш отец, как будто мы всегда знали его. Мы также боялись и переживали сделать что-то не так.

Упананда был нашим поваром, но у него регулярно подгорал *чаунг*, от чего все в храме кашляли. Когда Прабхупада почувствовал запах горящего *чаунга*, он сказал: «Что это?» Преданные сказали: «Упананда готовит». Прабхупада пошел на кухню, посмотрел и сказал: «Нет, не жарь *чаунг*. Подожди, пока семена нагреются, лопнут, затем появится аромат, а затем положишь туда дал или овощи». Так Прабхупада научил Упананду готовить.

Когда Прабхупада приехал в Австралию, он привез с собой Божества Радхи-Гопинатхи. Прошло очень мало времени, но он сказал: «Мы должны установить Радху-Гопинатху и провести церемонию инициации». Никто из нас не знал, как разводить огонь для *ягьи* или что делать для установления Божеств. Это было действительно сложно, но так или иначе мы справились. Вайбхави побежала в магазин за нитками, чтобы сделать священные шнуры для *брахманов*, и каким-то образом она их сделала. Прабхупада установил Божества, и мы научились Их одевать. Мне с самого начала повезло, что я занималась изготовлением одежды для Божеств.

Преданные, должно быть, сказали Прабхупаде, что я всегда танцевала во время *арати*, потому что на инициации, когда Прабхупада назвал мне мое имя, он сказал: «Тебя зовут Нартаки деви даси. Это означает, что тебе следует танцевать для Радхи-Гопинатхи».

Narmada devi dasi / Нармада деви даси

В 1974-м году Нармаду познакомил с сознанием Кришны ее бывший муж Махабхагавата дас, который сейчас является санньяси и гуру в ИСККОН. Во время обучения в храме в Мехико вместе с небольшой группой преданных-санкиртанщиков он часто посещал дом Нармады в Сан-Сальвадоре, Сальвадор.

Я радушно принимала их, но меня не интересовали их убеждения. Они посвятили свою жизнь преданному служению, каждый день готовили пищу для Кришны и угощали меня *прасадом*. Преданные постоянно включали «Шри Харинаму Чинтамани», которую я внимательно слушала. Постепенно меня начал привлекать возвышенный голос Шрилы Прабхупады. Он притягивал меня все сильнее и сильнее, но я не могла понять почему. Это было похоже на волшебство.

Примерно в 1975-м году ко мне в гости приехала группа преданных-санкиртанщиков из разных стран Южной Америки. Они привезли мне два потрясающих плаката «Вселенская форма Кришны» и «Танец раса». Я была очарована. Они вдохновили меня, и я начала ежедневно повторять по два круга.

С большим энтузиазмом преданные пригласили меня отправиться с ними на встречу со Шрилой Прабхупадой в Мехико. Они усиленно проповедовали мне и убедили меня поехать. Благодаря такому чудесному общению и встрече со Шрилой Прабхупадой, начиная с того дня, я вот уже сорок пять лет ежедневно повторяю по шестнадцать кругов.

Меня очень впечатлила первая встреча со Шрилой Прабхупадой. Я была сбита с толку, и не могла поверить, что вижу такого особенного и возвышенного человека здесь, на земле. В тот момент я испытала много смешанных эмоций и осознала, что он и есть истинный духовный учитель. Я сразу поняла, что у него есть сила удовлетворить желание каждого, кто захочет узнать Абсолютную Истину.

Я чувствовала, что стою перед возвышенной душой, излучающей совершенство. Одно его присутствие было чем-то невероятным, а его неземная улыбка завораживала души. Я спрашивала себя: «Не из духовного ли он мира? Знаком ли он с Богом?» И отвечала: «Да!» Во время своих лекций он демонстрировал прозорливость и мудрость. У меня не было никаких сомнений в том, что я нашла то, что искала. Я не осознавала, что Кришна давно готовил меня к этому, потому что я уже два года была вегетарианкой и получила посвящение от лживого *йога-гуру*, который убедил меня поклоняться Господу Санкаршане, но это не приносило мне удовлетворения. Лишь встретив Шрилу Прабхупаду, я сразу поняла, что он — истинный *гуру*.

Когда я была в храме в Мехико, меня вместе с некоторыми другими преданными пригласили в комнату Шрилы Прабхупады получить его *даршан*. Там присутствовал также представитель Всеобщего Великого Братства, культурной и неправительственной организации, основанной в Каракасе, Венесуэла. Я была полна радости и благодарности за возможность встретиться с таким возвышенным человеком. По сладкому тону голоса Шрилы Прабхупады я поняла, что он может дать мне то, о чем я давно мечтала, а также он способен решить все экономические и социальные проблемы мира. В то время в Мексике Шрила Прабхупада получил широкое признание. Многие люди приходили к нему получить его благословение. Шрила Прабхупада отметил, что культура Мексики во многом схожа с ведической, например, еда, парады, натуральные фрукты и убранство в храмах.

В 1976-м году вместе с Гуру Прасадом Свами я получила посвящение в храме Коста-Рики. До этого шесть дней в неделю я занималась *санкиртаной*, по беспричинной милости Шрилы Прабхупады распространяя «Шримад-Бхагаватам» в твердом переплете.

В 1978-м году я посетила храм в Гватемале, где Махабхагавата дас был президентом, и стала лидером женской *санкиртаны*, потому что регулярно занимала первое место в распространении книг. Как-то раз на рождественском марафоне мне поручили распространить все книги из комнаты, до потолка заполненной коробками с трансцендентной литературой. Благодаря силе Шрилы Прабхупады я справилась с этим за четыре недели. Преданные прозвали меня «Мулапракрити Латинской Америки». В 1979-м году в Сальвадоре мы с Махабхагаватой открыли первый храм ИСККОН в Центральной Америке. Так у меня появилась возможность непрерывно служить своему духовному учителю Шриле Прабхупаде. В 1982-м году я переехала в Сан-Франциско, Калифорния, где до сих пор активно занимаюсь преданным служением в храме ИСККОН в Беркли. Также я продолжаю преданно служить своим домашним Божествам и люблю кормить *прасадом вайшнавов*.

Шрила Прабхупада полностью изменил мою жизнь и своей безграничной божественной милостью дал мне силы служить ему. В то же время своими наставлениями и любовью, которую он дарил своим духовным дочерям, Шрила Прабхупада заставлял меня чувствовать смирение. За это я в вечном долгу перед ним. Я постоянно молюсь о безграничном сострадании Шрилы Прабхупады и прошу его продолжать помогать мне следовать по этому бесценному и ни с чем несравненному пути, который он открыл нам. Харе Кришна!

Nataka Chandrika devi dasi / Натака Чандрика деви даси

В начале 1974-го года двадцатитрехлетняя Натака Чандрика жила в Боулдере, когда подруга посоветовала ей посетить денверский храм.

Все преданные были в комнате для принятия *прасада*, которая находилась в подвале, и смотрели фильм «Люди Харе Кришна». Я тоже посмотрела его и поняла: «Ого, это нечто не из этого мира. Это совсем другое и очень странное». Я начала плакать и захотела уйти, потому что знала, что это истина, но не хотела признавать ее. Я взяла немного сладкого риса, поехала обратно в Боулдер. Всю обратную дорогу я плакала, ела сладкий рис и думала: «Я не знаю, что произошло, но это глубоко трогает меня». Впоследствии я была совершенно сбита с толку, не зная, что делать со своей жизнью, потому что поняла, что нашла то, что искала.

Преданные присылали мне какие-то невероятно пьянящие *ладду*. Я была в экстазе. Я снова пошла в храм, где сидела в вестибюле с Анандой Варданой Прабху, который отвечал на каждый мой вопрос, цитируя стихи из «Бхагавад-гиты». Я почувствовала, что побеждена. Что я могла на это ответить? Я израсходовала целую коробку бумажных носовых платков и осознала, что это то, чем я должна заниматься.

Через пару недель, в апреле 1974-го года, я сказала своему жениху: «Всю свою жизнь я делала то, что просили мои родители и то, что просил ты, а теперь есть то, что я хочу сделать для себя». Он не мог в это поверить. Да и я тоже. Я порвала все связи с прошлой жизнью и уехала на своем маленьком красном «Фольксвагене-жуке» 1966-го года выпуска, который очень любила, взяв одну лишь коробку одежды и швейную машинку. Я переехала в храм и никогда не покидала его.

Я жила в однокомнатном *ашраме брахмачарини* вместе с двенадцатью другими женщинами. Мамата и Пуджа были лидерами *бхактин*, и мы вставали каждое утро в 2:45 и отходили ко сну в 9:45 или 10:00 вечера. Я была счастлива и чувствовала, что не ошиблась, хотя мои родители были готовы похитить меня. Несколько раз, когда мой жених приходил ко мне, я давала ему *прасад*.

Летом 1974-го года все преданные Денвера отправились в Сан-Франциско. Когда я увидела Шрилу Прабхупаду, мои чувства не соглали: «Это мой вечный духовный учитель». С этого времени у меня установилась духовная связь со Шрилой Прабхупадой.

В 1975-м году Шрила Прабхупада приехал в Денвер. Встречая его в аэропорту, мы бросали лепестки цветов, кланялись, плакали и воспевали все вместе, как одна большая счастливая семья, не обращающая внимания на весь остальной мир. Шрила Прабхупада сиял. Когда он сидел на *вьясасане*, мне хотелось вечно слушать, как он говорит и наблюдать за его аристократическими совершенными жестами.

Вечером Шрила Прабхупада сидел в своем кресле-качалке на заднем дворе дуплекса, где он жил и читал первый том книги «Кришна». Однажды несколько наших девушек выглянули из-за угла и увидели его с книгой «Кришна» на коленях, смеющегося и дающего комментарии, а также множество *санньяси*, президентов храмов и *брахмачари*, сидящих у его стоп. Шрила Прабхупада поманил нас: «Идите сюда», имея в виду: «Почему вы там? Подойдите ближе. Вы также можете слушать книгу "Кришна"». Мы подошли ближе, и я побывала в другом мире.

Я была частью небольшой группы женщин, которые путешествовали и распространяли журнал «Назад к Богу» и Прабхупада признавал и поощрял наше служение. Находясь в Денвере, он написал письмо Джусании, Раматуласи, Трипти и мне от 2-го июля 1975-го года: «Мои дорогие дочери, пожалуйста, примите мои благословения. Я получил в свое распоряжение красивую серебряную подарочную коробку, которую уже использую. Я очень благодарен вам за то, что вы серьезно отнеслись к движению сознания Кришны, распространяя это Движение Господа Чайтаньи здесь, в Денвере. Я уверен, что Господь Чайтанья благословит вас и что это будет большим успехом для сознания Кришны в Денвере. Я надеюсь, что это послание застанет вас в добром здравии. Ваш вечный доброжелатель, А. Ч. Бхактиведанта Свами».

Nidra devi dasi / Нидра деви даси

В начале 1970-х годов, прочитав «Бхагавад-Гиту Как Она Есть», Нидра поняла, что Шрила Прабхупада является ее гуру. Затем, после долгих молитв, Нидра почувствовала, что внутреннее руководство Прабхупады направило ее бросить преподавательскую карьеру и присоединиться к ашраму. Она присоединилась к его миссии в ИСККОН Денвер, штат Колорадо, США.

Я совершила первое паломничество в Маяпур в 1977-м году на Гаура Пурниму. Только однажды мне посчастливилось присутствовать на *даршане* в комнате Шрилы Прабхупады. Когда я поклонилась у двери, то поняла, что мое давнее заветное детское желание узнать, каково это иметь общение с Господом Иисусом и его учениками, исполнилось. Все мое существо трепетало от экстаза.

Шрила Прабхупада, наш дорогой духовный учитель *шактьявеша-аватара*, впервые предстал мне в своем *вапу*, физическом присутствии. Внешне мы не обменялись ни единым словом, но в глубине души я понимала все, чего он хотел от меня, а именно - вечно служить миссии *санкиртаны*. Шрила Прабхупада своей любовью повлиял на все мое существование. Я стремлюсь служить слугам слуг его слуг. Если эти слуги благословят меня, то, возможно, я смогу помочь некоторым душам стать связанными его любовью. Он всегда рядом, когда мы привлекаем обусловленные души. Давайте все делиться этой любовью как можно больше, жизнь за жизнью. Для меня нет другого смысла в жизни. По сути, я живу в разлуке с ним, и поэтому его книги, последователи и служение — мое единственное утешение.

Nikunjavasini devi dasi / Никунджавасини деви даси

Когда второй брат Никунджавасини, который был преданным в Амстердаме, дал ей Ишопанишад, это было духовным «Вау!» для нее.

Я пребывала в смятении. Я не могла понять, чем мне следует заниматься, а наркотики запутали меня еще больше. «Шри Ишопанишад» принес мне облегчение. Он полностью убедил меня тогда и убеждает до сих пор. В то время я работала и покупала тома «Бхагаватам», «Чайтанья-Чаритамриты» и другие книги у своего брата, который также принес мне фотографию Прабхупады, сказав: «Он – святой человек». Я положила фотографию в свою кожаную куртку, думая: «Она будет очищать мое сердце». Английский не является моим родным языком, и, не понимая ни слова, я включала кассету с записью Прабхупады, читающего книгу «Кришна», и думала: «Это духовная вибрация будет очищать меня». Я бросила наркотики, мои друзья исчезли, и мой брат сказал: «Почему бы тебе не присоединиться к преданным? У тебя с твоими друзьями больше нет ничего общего».

В 1971-м году Прабхупада приехал в Амстердам для установления Господа Джаганнатхи, и мы с семьей втиснулись в заполненный храм. Съемочная команда использовала дополнительное освещение, и было так жарко, что пот капал с наших лиц. Прабхупада был расстроен отсутствием должных приготовлений для Божеств. Он давал указания, которые мы не могли понять, и все преданные бегали вокруг, стараясь удовлетворить его. Я думала: «Это настоящая духовная жизнь». Мой старший брат, который был моим героем, следовал за Махараджаджи, мальчиком с широкой улыбкой, и меня это тоже привлекало, потому что это казалось простым. Когда я увидела Прабхупаду, то подумала: «Не обманывай себя». Так или иначе, я следовала за своим вторым братом, так как идеи старшего брата виделись мне нелогичными. Строгость Шрилы Прабхупады наводила меня на мысли, что я стану сознающей Кришну в следующей жизни, ибо сейчас я хочу наслаждаться и быть счастливой. Я не собиралась следовать за кем-то, кто был разочарован.

Мой второй брат продолжал навещать меня, но прошло три года, прежде чем я снова посетила храм. Это был февраль 1974-го года. Я совершала какое-то преданное служение и через некоторое время уже не захотела уходить. В июне того же года, когда мне было двадцать лет, мы отправились в Реттерсхоф в Германии, и Шрила Прабхупада дал мне инициацию. Прабхупада был строг во время инициации. Каждый мужчина и женщина должны предлагать полные *дандаваты* под углом к *вьясасане*, и, если кто-то делал их неправильно, Прабхупада поправлял их. Я предложила свои полные *дандаваты*, произнесла регулирующие принципы, и Прабхупада сказал: «Твое имя – Никунджавасини. Это очень хорошее имя. Это *гопи*». Я была счастлива.

В 1976-м году мы все отправились в Нью-Майяпур, где Ади Кешава спросил: «В песне для *гуру-пуджи* мы поем "Вы наш духовный учитель жизнь за жизнью" – таким образом, Прабхупада, если мы не сможем достичь успеха в этой жизни, вы вернетесь, чтобы спасти нас?» Прабхупада ударил кулаком по столу и сказал: «Вы достигните успеха в этой жизни! Не заставляйте меня возвращаться!» Прабхупада также сказал моему мужу, который оставил тело в 1977-м году: «Следуй регулирующим принципам, повторяй шестнадцать хороших кругов каждый день, следуй моим наставлениям, и ты гарантировано вернешься к Богу в этой жизни».

Я служила Божествам десятилетиями, но, когда я жила в храме, общественная жизнь отвлекала меня, и я забывала суть. Мне пришлось слегка отделиться, чтобы сфокусироваться на своих нуждах и больше концентрироваться на Прабхупаде. Сейчас служение Божествам поддерживает меня. Когда я у алтаря, я с Кришной, Он заботится обо мне, и я полностью счастлива.

Для меня Бог находится на алтаре Радхи-Гопинатхи (в Радхадеше). Великий дар Прабхупады в том, что он дал нам Абсолютную Истину и привел к нам Радхарани и Кришну в Их личных формах. Прабхупада является для меня всем. Его наставления – огромная жизненная сила, линия, за которую мы можем держаться, как за канат. Я хочу повторять *мантру*, слушать, хочу быть сосредоточенной на Шриле Прабхупаде и Радхе-Гопинатхе.

Nirakula devi dasi /Ниракула деви даси

Однажды в 1972-м году Ниракула смотрела черно-белую телепередачу в доме друга в Бруклине и там, в новостях, появился

Шрила Прабхупада. Он прибыл в местный аэропорт и был окружен толпой преданных.

Мне было семнадцать. Я слышала о Харе Кришна с концерта Джорджа Харрисона в Бангладеше, но я не знала о книгах Прабхупады и не видела преданных. Через пару месяцев мы с друзьями пошли в храм, где увидели фотографию Прабхупады и это был тот самый человек, которого я видела по телевизору.

23-го февраля 1973-го года я переехала в храм в Лос-Анджелесе, а Прабхупада приехал в середине апреля того же года. Я была ужасно взволнована встречей с ним. Некоторые из нас не спали всю ночь. Мы готовили и украшали его *вьясасану* в алтарной комнате, делали грандиозную уборку помещения, а также собирали гирлянды из роз и гардений. И вот, наконец, Шрила Прабхупада приехал. Я была просто потрясена, да и все преданные чувствовали истинную радость.

15-го мая 1973-го года в Лос-Анджелесе Шрила Прабхупада дал мне посвящение. Когда он назвал мое имя, то пояснил, что «*кула*» означает быть смущенным. В тот момент я чувствовала, что мой мозг подпрыгивает у меня в голове, потому что я была воплощением смущения. Потом он сказал: «Нира» означает — нет, а «Ниракула» означает – тот, кто не смущается, кто сконцентрирован. Преданные улыбались, пока Шрила Прабхупада отдавал мне четки.

По утрам я помогала убирать в его комнатах. Я делала это с благоговением и почтением, словно одевала Божества на алтаре. Его комната никогда не была грязной или пыльной, и все, казалось, находится на своих местах. Я видела, что он пользуется своими вещами, но все по-прежнему было там, где должно было быть. Три дня в неделю мы меняли вазы с цветами в его комнате. Однажды Шрила Прабхупада заметил, что в вазах стоят свежие цветы, хотя цветы, которые были до этого, все еще были хорошими. Прабхупада сказал, что прежние цветы все еще неплохи и нет необходимости тратить *лакшми* на новые. Он сказал, что мы должны оставлять в вазах цветы до тех пор, пока они не завянут. Я поняла, что мы можем быть расточительными, несмотря на то, что используем все для служения Прабхупаде и Кришне. Это произвело на меня большое впечатление. Все, о чем я знаю — чистота, этикет, основные человеческие функции — я узнала от Шрилы Прабхупады и от тех, кого он обучал. Я училась всему заново после встречи с преданными.

Мадхудвиша проводил чудесные *киртаны* в храме Лос-Анджелеса. Когда он покинул *ашрам санньяси,* Прабхупада дал очень конкретные указания, чтобы Мадхудвиша был частью нашей семьи и всегда чувствовал себя желанным гостем в храме. Его не должны были изгонять из Движения. Прабхупада хотел, чтобы он вернулся и служил. Это был очень любящий и отцовский наказ. Это было похоже на обучение маленьких детей тому, как вести себя. В те дни мы были такими неофитами и фанатиками. Иногда мы были ужасны и, осуждая, могли терять человеческое лицо в общении друг с другом.

Поскольку Би-Би-Ти базировалось в Нью-Двараке, то Прабхупада тоже много времени проводил там, занимаясь переводами. Я постепенно стала понимать важность чтения и распространения книг Прабхупады. Прабхупада лично интересовался всем, что происходило. Он ходил в студии художников, он ходил в музей «FATE» и наблюдал за тем, что там происходит. Он вдохновлял всех преданных. Если вы случайно оказывались на улице, Шрила Прабхупада мог без предупреждения подойти к вам, он мог подняться в студию художников или в вашу квартиру.

Я никогда не чувствовала недостатка в личном общении с Прабхупадой. Эту возможность давало мне служение. Я готовила ему посуду для принятия *прасада*, стирала и делала уборку. Эта связь была очень личностной. У Прабхупады были личные отношения со всеми нами и мы чувствовали, как близки с ним. Он учил нас, исправлял наши несовершенства и привычки. Например, мы просто пили вместо того, чтобы почитать *прасад*. Прабхупада очень быстро находил решение наших разногласий и проблем. Он мог положить конец нашей однобокости или поощрял то, что мы делали. Последнее слово всегда оставалось за ним.

Однажды Шрила Прабхупада находился у нас в храме в день ухода Шрилы Бхактисиддханты Сарасвати. Он прочитал лекцию и, расчувствовавшись, стал благодарить всех нас. Он сказал, что все мы пришли помочь ему в служении его Гуру Махараджу. Это было ошеломляюще. Все заплакали. Казалось, мы не дышали, видя эту благодарность Прабхупады. Прабхупада научил меня благодарности и настоящему смирению. Он был примером того, к чему необходимо стремиться и в тот день он выразил свое глубокое смирение. Все, что он делал, было для нас примером, — слышать его, смотреть на него, видеть его. Он удовлетворил все наши чувства.

Вот они мы, спустя столько лет после Его ухода, и доказательство нашей духовной связи с Ним очевидно. Хоть тогда мы и были молоды, у нас было его общение, пусть и такое короткое время. Нам так повезло.

Nirguna devi dasi / Ниргуна деви даси

Ниргуне было четырнадцать, когда она вместе с родителями стала посещать храм в Калькутте. Ее сразу же привлекли Божества Радха-Говинда.

Когда я встретила Прабхупаду в первый раз, я начала неудержимо плакать. Я знала, что встреча с ним была самым важным событием, случившемся со мной.

Мой отец был интеллектуалом и встречался со многими духовными лидерами, побывал во многих духовных группах, но встреча с Прабхупадой изменила его. Бывало, он говорил: «Нет никаких претензий к Прабхупаде. Он такой прямолинейный, такой приземленный, такой настоящий». Когда Прабхупада был в Калькутте, мои отец и дядя всюду следовали за ним также, как и я. Со своими сверстниками Прабхупада отдыхал. Он был чрезвычайно заинтересован в том, что они говорили и наклонялся вперед, задавал вопросы и иногда обсуждал политику, но у него был один замечательный способ перевести любую беседу на Кришну. Если кто-то уходил от темы, он мастерски разворачивал беседу, не будучи при этом грубым. Эти беседы были легкими, но не банальными. Они всегда были наполненными. Прабхупада никогда не показывал себя как *ачарья* или *гуру* перед своими сверстниками. Он мог сказать: «Пожалуйста, помогите мне. Вы так много можете дать. Вы можете научить этому аспекту, тому аспекту. Пожалуйста, пойдемте со мной, помогите мне обучить этих молодых парней и девушек». Его настроение было чрезвычайно дружелюбным, он никогда не вел себя так, будто знает больше чем кто бы то ни было.

Я видела, как Прабхупада по-разному вел себя со многими разными людьми. Даже когда он говорил «мошенник», он был ласковым и произносил это с улыбкой, никогда не снисходительно. Он называл вещи своими именами, и никто не обижался.

На моей инициации, после того как я назвала четыре регулирующих принципа, Прабхупада сказал: «Есть еще один». Я подумала: «Какой я пропустила?» Он улыбнулся и сказал: «Самый важный – всегда помнить о Кришне и никогда не забывать Его».

Однажды Шумана, которой было двадцать четыре, отправилась к Прабхупаде в его соломенную хижину, где он жил во время первого фестиваля в Майапуре, и сказала: «Прабхупада, я не хочу выходить замуж». Он ответил: «Хорошо, это будет нелегко, но все в порядке. Ты не обязана этого делать». У Прабхупады был широкий кругозор. Он не устанавливал одни и те же правила для всех. Мне он сказал: «Ты должна жить со своими родителями. У тебя хорошие родители, ты всегда должна делать то, что они говорят». Вечером, после моей инициации, мы с родителями побывали в квартире Прабхупады, и моя мама спросила: «Так что же ее ждет дальше?» Мама хотела, чтобы я поехала в колледж, а я не хотела ехать. Прабхупада сказал: «О, она не должна ехать. Больше никакой учебы». Мои родители так принимали Прабхупаду, что не стали спорить. Шрила Прабхупада всегда давал мне чувствовать себя особенной и заботился обо мне.

Nirmala devi dasi / Нирмала деви даси

Нирмала стала вегетарианкой в возрасте двенадцати или тринадцати лет. Однажды ее сестра Рангавати прислала ей «Бхагавад-гиту» и множество луглу и ладду. Нирмала не поняла большую часть «Бхагавад-гиты», но съела все луглу и ладду.

Я училась последний год в средней школе в Анн-Арборе и волновалась о том, что мне делать дальше со своей жизнью. Я не считала себя особо одаренной, чтобы поступать в университет, и, в то же время, я понимала, что работать с девяти до пяти это не по мне. Я искренне молилась: «Дорогой Бог, кем бы Ты ни был, где бы Ты ни был, пожалуйста, пошли мне знак». Два дня спустя я получила письмо от моей сестры, которая жила в храме в Детройте, в часе езды от меня, с приглашением навестить ее. Я примчалась туда на своей маленькой машинке.

Храм был чрезвычайно чистым и сияющим, и я сразу почувствовала, что это мой дом, а преданные — мои люди. Все были вегетарианцами, и *прасад* был феноменальным. На следующий день преданные спросили меня, хочу ли я пойти на *санкиртану*. Я сказала: «Все, что я знаю, это то, что вы называете Бога Кришной, Он синий и играет на флейте». Моя сестра сказала: «Это здорово, ты так много знаешь! Пойдем распространять эти журналы». Я стояла с чемоданом, полным журналов «Назад к Богу». Но тут вмешался Кришна, и все экземпляры «Назад к Богу» исчезли, а у меня появилась куча *лакшми*. Это было мое первое служение Шриле Прабхупаде, и благодаря ему я установила с ним глубокую связь.

Проведя несколько месяцев в храме Детройта, я решила переехать в Нью-Вриндаван и отправилась туда с несколькими другими преданными. Когда же туда приехал Шрила Прабхупада, и я впервые услышала как он поет «Джая Радха Мадхава», меня трясло и я плакала, чего никогда не случалось со мной раньше. Прабхупада окинул взглядом всех преданных, и когда его глаза на несколько секунд встретились с моими, я почувствовала, что он увидел меня до глубины моего существа: хорошего, плохого, уродливого. Я была как на ладони. Он все это видел. У меня никогда раньше не было такого опыта, и я была потрясена, но довольна. Я знала, что он был моим *гуру*, моим учителем, всем для меня.

Прабхупада всегда обращал внимание на всех детей и относился к ним с нежностью. Мне очень нравилось, как он это делал, он никогда не торопился. Он был личностным, вдумчивым, заботливым, вдохновляющим, все осознающим, и честным, и он так многого добился.

В июле 1974-го года Прабхупада дал мне инициацию. Он сложил мои четки вдвое, держа их большими пальцами, протянул мне и сказал: «Тебя зовут Нирмала даси». У меня все еще есть эти четки, они самое дорогое достояние в моей жизни. Каждое утро я воспеваю на них, и Прабхупада дает мне силы.

В какой-то момент я подумала: «Я хочу обратной связи от Прабхупады, я бы хотела, чтобы он что-то мне сказал». Каждое утро в Маяпуре он приходил из своей квартиры в алтарную, и я стояла там, где он мог меня видеть, но он замечал всех, кроме меня. Так прошло три дня, а на четвертый день я чувствовала себя ужасно. Он явно игнорировал меня. В тот вечер мое сознание изменилось. Я поняла: «О, черт возьми, у меня есть служение, к которому я могу вернуться! Это распространение книг Прабхупады». На следующее утро я стояла на том же месте, но на этот раз Прабхупада посмотрел мне в глаза, сложил руки и склонил голову. Это было огромное вдохновение для меня: я поняла, что он знает мое сердце. Он хотел увидеть мое желание служить, изменение моего сознания. Этот момент — одно из самых ярких моих воспоминаний и самая сильная связь, которая у меня была со Шрилой Прабхупадой в его физической форме.

Разговаривали мы или не разговаривали с Прабхупадой, имели ли мы его личное общение или нет, ни одно служение, оказанное ему в правильном сознании, не проходит напрасно. Прабхупада все это видит и ценит. Моим служением было распространение книг, что было нелегко, но поскольку Прабхупаде нравилось это служение, его желание придало мне силы.

Без Прабхупады у меня не было бы жизни. Он дал мне жизнь, он ведет меня по жизни, и всегда присутствует в ней, и будет продолжать присутствовать в моей жизни и за ее пределами. Я бесконечно благодарна. Я недостойная ученица, но я молюсь, чтобы однажды стать достойной.

Nitya-trpta devi dasi / Нитья-трипта деви даси

Еще до того, как Нитья-Трипта стала преданной, она осознала, что искусство фотографии является мощным способом общения и тем, чем ей хотелось бы заниматься, но она чувствовала, будто ей нечего сказать. Позже, когда она стала преданной, она поняла, что у нее есть то, чем можно поделиться через фотографию, что рассказать. Вскоре она стала «королевой» департамента фотографии в Би-Би-Ти в Лос-Анджелесе.

Мой первый опыт общения со Шрилой Прабхупадой случился тогда, когда я впервые пришла в храм. На тот момент времени я успела прочитать лишь небольшую часть «Бхагавад-гиты» и немного пообщаться с преданными, но тем утром в храме я была так воодушевлена *гуру-пуджей*, что предложила свои полные простирающиеся *дандаваты* перед *вьясасаной* Прабхупады. Меня привлек Шрила Прабхупада: «Вот великий человек, который может обучить меня всему, что мне необходимо знать». Постепенно, слушая его лекции и читая его книги, я прочувствовала его настроение, его послание для всех нас. Я начала понимать, как мы можем жить так, чтобы не вредить ни самим себе, ни каким-либо другим существам, и быть вне законов *кармы*. Тогда я думала: «О да, это оно! Это именно то, что я хочу узнать». Через свои лекции и книги, Прабхупада помогал мне понять, как функционирует этот материальный мир и как существовать в нем. Вместе с этим пришло понимание того, как быть уверенной в своих способностях в сознании Кришны, какими бы они ни были.

Я также пыталась понять, что Прабхупада имел ввиду, когда он говорил и писал о том, что женщины менее разумны. В то же время я заметила, что Прабхупада также критикует и мужчин. Он сравнивал мужчин с собаками, свиньями, верблюдами и ослами. Женщин же Прабхупада просто называл менее разумными, а вот мужчин сравнивал с низкими животными. Он также говорил, что все люди в Кали-югу не такие разумные, и, что самое важное, Шрила Прабхупада неоднократно объяснял, что мы не являемся этими телами.

Если мы отождествляем себя с женщиной или с мужчиной, то мы будем подвержены критике Шрилы Прабхупады. Все зависит от того, как мы воспримем это. Отчасти проблема заключается в том, что ложное эго стоит на пути к пониманию. Обычно разум определяется способностью человека использовать доводы и логику, в чем мужчины чаще всего очень хороши. В то же время, в духовной жизни существуют некоторые аспекты, которые требуют сочувствия, сострадания, понимания, и женщины, как правило, обладают этими качествами в большей мере.

Поскольку женщины часто более чуткие и эмоциональные нежели мужчины, эти чувства могут затуманивать наш разум и мешать принятию рациональных решений. Итак, понимая эти взаимосвязи, я согласилась с тем, что женщины могут быть менее разумными. Но женская эмпатия, их чуткость, — это очень хорошо, потому что как мать она должна сопереживать ребенку, плачущему комочку, который не знает, как позаботится о себе самому. Иначе, не видя всей ситуации глазами ребенка, как человек может выдержать все это? В сознании Кришны очень много плюсов и минусов, которые уравновешивают друг друга, создавая баланс. Если кто-то проявляет неуважительное отношение, если кто-то обращается с нами как с менее разумными, мы можем избегать этого человека также, как мы избегаем того, кто хочет побудить нас сделать что-то плохое. Лично для меня, вопрос с женщинами не был так уж важен, потому что я была решительно настроена делать то, что хочу: я заведовала департаментом фотографии. Возможно, это была моя *карма*, но я пыталась задействовать это в служении Кришне.

Перед тем, как Прабхупада приехал в Беркли в 1975-м году на Ратха-ятру, я чистила его *вьясасану* и думала: «Представитель Кришны совсем скоро будет сидеть прямо здесь, на этом сиденье, и давать нам знание Кришны». В то же время, хотя мне и было приятно слушать о Шриле Прабхупаде от тех, кто с ним общался, на протяжении всей моей духовной жизни мои отношения со Шрилой Првбхупадой основывались на молитвах и медитациях. Когда вы так погружены в процесс преданного служения Кришне и Шриле Прабхупаде, что вы чувствуете дрожь, подступающие эмоции, слезы, — когда вы ощущаете, что погружаетесь глубже, чувствуете единение — это определенный вид духовного наслаждения, вид экстаза. Это не имеет ничего общего с материальной выгодой, потому что мне не платят. В основном я получаю то, в чем нуждаюсь. Таким образом мои стремления не исходят от мыслей: «Да, я собираюсь получить прибыль или стать знаменитой и узнаваемой». Моя энергия исходит из отношений с Прабхупадой, которые всегда были отношениями молитвенного служения. Я молюсь Шриле Прабхупаде: «Пожалуйста, позвольте тому количеству разума, которым я обладаю, быть достаточным для того, что я делаю, чтобы я могла понять, как выполнять свое служение, чтобы прославить Вас. Пожалуйста, позвольте мне понять, как я могу доставить Вам удовольствие тем, что я делаю. Пожалуйста, позвольте этим фотографиям вдохновлять преданных». Мои медитации и молитвы сегодня остаются такими же, как и тогда, когда Шрила Прабхупада был с нами здесь физически.

Omkara devi dasi /Омкара деви даси

В 1966-м году Омкаре было двенадцать лет, и однажды днем ее мать привела ее к семейному стоматологу на Второй авеню в Нижнем Ист-Сайде Нью-Йорка. Это был первый раз, когда она увидела преданных. Ее сразу же привлекли эти люди с их шафрановыми одеждах и бритыми головами. Она знала, что это были сильные духовно настроенные святые души. Она хотела быть такой же, как они. Это была любовь с первого взгляда.

Наша семейная стоматология находилась почти по соседству с храмом Харе Кришна на Второй авеню. Мне не терпелось вернуться к стоматологу, потому что это означало, что я, быть может, снова увижу людей Харе Кришна в их шафрановых одеждах. Я думала, что когда вырасту, то смогу стать одной из них! У меня не было никаких сомнений. Каким-то образом я знала, что это для меня. Глубоко внутри я чувствовала, что раньше я вела религиозный образ жизни. Я так хотела просто вернуться к стоматологу, чтобы, возможно, увидеть кого-то из Харе Кришна. Такой я была в двенадцать лет.

Шли годы, и мне наконец исполнилось семнадцать. Однажды, ехав в метро, я заметила журнал, лежащий на сиденье, и взяла его. Это был журнал «Назад к Богу». Кто-то оставил его там. Я была вне себя от радости. Я была так счастлива видеть лица Господа Кришны и Баларамы в лесу Вриндавана! Я взяла этот драгоценный журнал и обняла его, потому что это была моя давно потерянная любовь, которую я вновь обрела. Этот оставленный журнал предназначался для меня, он ждал, когда я его заберу.

В тот день я начала повторять Харе Кришна *мантру* и стала вегетарианкой.

Моя мама была расстроена. Я приклеила картинку с Кришна-Баларамой на дверь моей спальни и молилась ей каждый день. Я смотрела на нее часами, надеясь, что вскоре смогу поехать в храм и стать преданной.

Я хорошо помню, когда я наконец решила поехать в храм в Бруклине. Я отправилась туда одна на метро и зашла в храм в самый разгар воскресной лекции. Лекцию давал Шрила Прабхупада. Я была поражена, и чувства переполняли меня в его присутствии. Я никогда раньше не видела никого подобного Шриле Прабхупаде. Глядя на него – по чертам его лица, росту, движениям, размышлениям – я поняла, что он был необычным человеком. Шрила Прабхупада излучал то, чего я раньше не видела. В нем я видела такую искренность, такую духовность и в то же время такую простоту. Я была глубоко тронута и сразу ощутила сильное очищение, блаженство и чрезвычайную радость просто от возможности стоять там перед ним. Когда я оглянулась и увидела блаженные лица молодых преданных — они были так счастливы и смотрели на Шрилу Прабхупаду с такой преданностью. Я подумала: «Просто повторяйте Харе Кришна и выполняйте преданное служение». Во взгляде Шрилы Прабхупады чувствовались гостеприимство и забота. Он был моим настоящим духовным отцом, и после лекции я сказала преданным, что я приехала, чтобы остаться. Я хотела быть преданной. Меня одели в *сари*. Я знала, что я дома. Я знала, что эта практика станет моей жизнью и душой.

Однажды я выходила из комнаты *пуджари*. Обычно днем было тихо, поскольку большинство преданных служили в ИСККОН пресс или были на *санкиртане*. Остановившись, я услышала странный звук: тук, тук, тук. Неожиданно я увидела Шрилу Прабупаду, спускающегося по лестнице в полном одиночестве. Это его трость производила стук. Я потеряла дар речи. Мне было всего семнадцать, и я была наедине со Шрилой Прабхупадой. Шрила Прабхупада подошел ближе, он улыбнулся мне, поднял трость и очень мило сказал: «Повторяй Харе Кришна!» Я почувствовала духовный удар током, пожар.

В другой раз Шрила Прабхупада приезжал в Бруклинский храм. День был мрачный, пасмурный, моросил дождь. Когда машина Шрилы Прабхупады подъехала, и он вышел из нее, Киртирадж поднял над его головой брезентовый зонт. Он выглядел так красиво со своими развевающимися гирляндами, которые свисали почти до пола. Шрила Прабхупада сложил руки и улыбнулся. Он посмотрел на каждого из нас. Я с удивлением заметила, как он светился золотом. Это было почти ослепляюще. Свечение было вокруг его тела.

Комната Шрилы Прабхупады находилась недалеко от приемной. Однажды днем я услышала, как Шрила Прабхупада поет и играет на фисгармонии. Его пение было хорошо слышно. Он пел бхаджан «*сава аватара сара широмани*», и я очень внимательно слушала. Вдруг он перестал петь и заплакал. Несколько мгновений я слышала, как он рыдает. Затем он снова начал петь и играть на фисгармонии. Он пел с такой любовью к Господу. Так он несколько раз останавливался и потом продолжал петь. Я чувствовала себя такой удачливой и тоже плакала от того, что получила *даршан* чистого преданного. Я с благоговением вспоминаю эти моменты.

Однажды утром было время *гуру-пуджи*, и Шрила Прабхупада раздавал сладкие шарики. Я смотрела на часы, потому что мне нужно было быть на кухне, чтобы подготовить посуду Божеств для предложения пищи Господу. Я сильно нервничала, потому что очень хотела получить сладкий шарик от Шрилы Прабхупады. Алтарная была переполнена. Именно в этот день она показалась мне особенно переполненной. Было очень много *санньяси, брахмачари*, преданных, приехавших из Сан-Диего, Лагуна-Бич, Сан-Франциско и Беркли — все они столпились вокруг Шрилы Прабхупады. Я пыталась придумать, как получить свой сладкий шарик и попасть на служение на кухне вовремя.

В какой-то момент Шрила Прабхупада начал разбрасывать шарики. Это сводило всех с ума. Все прыгали в экстазе и вокруг Шрилы Прабхупады образовалась целая толпа людей. В те дни, когда Прабхупада раздавал печенье или сладкие шарики, первыми подходили женщины и дети. Несмотря на это у меня все равно не хватало времени, чтобы получить сладкий шарик и вовремя пойти на кухню. Поэтому, когда все это начало казаться безнадежным, я с разочарованием начала предлагать свои поклоны в задней части алтарной. Когда я предлагала свои поклоны, мой лоб находился всего в нескольких дюймах от пола, я подняла глаза и увидела несущийся ко мне целый и невредимый сладкий шарик! Это была прекрасная сладость для Омкары, особая доставка от Шрилы Прабхупады.

Я с большой нежностью вспоминаю, как Шрила Прабхупада часто приезжал в Нью-Двараку и приветствовал Божества. Я знаю, у него была большая привязанность к Шри Шри Рукмини-Дваракадхише. Я внимательно наблюдала за Шрилой Прабхупадой во время *гуру-пуджи*. Много раз он стоял со сложенными руками и с любовью смотрел на Божества. Его глаза светились, как два луча света.

Когда Шрила Прабхупада оставил свое физическое тело во Вриндавана-дхаме, я была в Нью-Двараке и уже несколько дней нехорошо себя чувствовала. Мне было невероятно грустно, потому что Шрила Прабхупада был болен, и все говорили о том, как он может покинуть тело. Я пошла на *гуру-пуджу* и увидела, что все плачут. Один преданный сказал мне, что Шрила Прабхупада оставил тело. Я тоже заплакала. Это меня ужасно огорчило. Однако я знала, что в этот момент мне нужно было перейти на другую духовную платформу понимания присутствия Шрилы Прабхупады и наших отношений как *гуру* и ученика. Я знала, что Шрила Прабхупада никогда не оставит меня, и что чистый преданный Господа всегда доступен для своих учеников. Я научилась быть счастливой и любить Шрилу Прабхупаду в его книгах, его *мурти* на *вьясасане* в храме и в моем сердце. Он всегда со мной, и я могу разговаривать с ним каждый день. Я все еще могу видеть его и быть с ним. Я все еще чувствую его общение и поддержку. Мне никогда не было одиноко. Это был особенный подарок, который я храню и ценю.

Мое желание – вернуться обратно к Богу в этой жизни. Я верю в Шрилу Прабхупаду. У меня есть искренняя вера в то, что он очень любит своих учеников. В письме на мою инициацию, он писал, что, просто следуя четырем регулирующим принципам, повторяя как минимум шестнадцать кругов в день и проповедуя, прилагая все возможные усилия, уже в этой жизни у нас может появиться золотая возможность вернуться к Богу. Я молюсь каждый день моему Гурудеву, моему возлюбленному Шриле Прабхупаде, чтобы он благословил и забрал меня, когда я оставлю тело. Я хочу полностью предаться и предложить ему свое служение. Это моя обязанность перед Шрилой Прабхупадой. Я обязана ему так многим. Спасибо Вам, мой дорогой духовный учитель, за Ваши бесконечные благословения.

Padyavali devi dasi / Падьявали деви даси

Дело было в Ванкувере в 1971-м году. Санкиртанщик Махеса, вынырнув с оживленного тротуара, где толпились люди, окликнул Падьявали: «Эй, привет! Ты медитацией занимаешься, так ведь?». Она только что примкнула к движению Махариши Йоги, который дал ей мантру. «Тебе обязательно нужно прочитать эти книги» – сказал Махеса. «Что это за книги?» – поинтересовалась Падьявали. «Это Веды – Бхагавад-гита и Шримад Бхагаватам», – ответил он. Падьявали ни слова не поняла из того, что он сказал. Было похоже на какую-то тарабарщину.

Мой муж работал библиотекарем, и все десять-двенадцать лет нашей совместной жизни постоянно снабжал меня книгами. Я перечитала все, начиная от Бакминстера Фуллера и заканчивая Сократом и всеми без исключения великими литераторами. Я была в поисках Абсолютной Истины и донимала всех вопросом: «Вам известна Абсолютная Истина?» Я купила книги у того преданного. Мне понадобился не один месяц, чтобы одолеть их. Я была заядлым читателем, но засыпала, читая «Гиту». Когда я все-таки дочитала, я тут же принялась читать ее заново. Я прочитала ее три раза за три месяца, и с каждым разом она открывалась мне все глубже. Я была очень воодушевлена. Я готова была пуститься в пляс от осознания того, что я что-то поняла в «Бхагавад-гите». Я воскликнула: «Я так и знала! Это не наш настоящий дом. Мы, получив человеческую форму жизни, проживаем ее впустую». Я нашла в «Бхагавад-гите» все, что искала. Она ответила на все мои вопросы и вселила в меня большую надежду. Потом я поняла, что другая книга, Первая Песнь «Шримад-Бхагаватам», начиналась там, где заканчивалась «Бхагавад-гита».

Я раздобыла еще книги Прабхупады и читала их два с половиной года. Я влюбилась в эти книги. Это были самые лучшие книги, которые я когда-либо читала в своей жизни. Меня восхищало то, каким слогом писал Прабхупада. Каждое написанное им слово – будто бриллиант, разные грани которого отражают истину и глубину. Более того, благодаря книгам я познакомилась с личностью Прабхупады. Мне открылась Абсолютная Истина, рассказанная Кришной. Я была в полном восторге. Я даже не подозревала о существовании храмов, пока не наткнулась на валяющийся в канаве журнал «Обратно к Богу». Я посетила ванкуверский храм, который, благодаря *киртану*, был похож на оазис счастья. Преданные милостиво приняли меня, подарили гирлянды и накормили *прасадом*. Больше я с ними не расставалась.

Если я хочу увидеть Прабхупаду, я читаю его книги. Прабхупада живет в своих книгах. Сейчас я многократно перечитываю «Нектар преданности». Это изумительная книга. Каждый раз я погружаюсь глубже и глубже. Прабхупада сказал, что он вечно живет в своих божественных наставлениях, а тот, кто следует этим наставлениям, живет вместе с ним. Мы живем с ним, читая его книги и выполняя его наставления.

Я не могу поверить, что мне посчастливилось встретить Прабхупаду. Я чувствую свою связь с ним. ИСККОН – место для удачливых душ, где преданные развивают свое сознание. Духовное благополучие естественным образом приводит к процветанию.

Palini devi dasi / Палини деви даси

Палини деви даси получила инициацию в Лос-Анджелесе, когда ей было 23 года. Она уже была вегетарианкой и повторяла шестнадцать кругов, прежде чем, за год до инициации, переехала жить храм.

Во время марафона «Чайтанья-чаритамриты» и нужно было опубликовать семнадцать томов за два месяца, я делала корректуру и наткнулась на слово «*пхалини*». Оно означает «почти плодородный». Поэтому, когда люди спрашивают меня: «Что означает твое имя?», я отвечаю им: «Приносящая плод любви к Богу».

Это было что-то невероятное, когда я впервые увидела Шрилу Прабхупаду в 1973-м году. На самом деле я не воспринимала концепцию *гуру* до этого. Я была в восторге от идеи, что Бог – это маленький голубой мальчик, который играет на флейте, но мне потребовалось время, чтобы привыкнуть к мысли о том, что Шрила Прабхупада – *гуру*.

Сознание Кришны это то, что я искала всю свою жизнь. С тех пор как я была маленькой девочкой, я искала Кришну, Его святые имена и преданных. Когда я увидела преданных по телевизору в 1972-м году, я немедленно все осознала. Я сказала: «Я хочу быть с этими людьми. Я хочу быть похожим на них, и я хочу найти их».

Позже я купила книгу «Учение Господа Чайтаньи». Всю дорогу домой я читала ее. Каждый день, в течение многих дней, я читала ее, и это пугало мою мать. Она подумала, что я сошла с ума, и она забрала у меня книгу. Чтобы сделать мои первые несколько детских шагов в сознании Кришны, мне пришлось побороться за это.

Когда я закончила читать книгу, у меня было такое эмоциональное переживание, что я склонилась и опустила голову на пол своей спальни. Выразить почтение было естественным желанием. После этого я очень серьезно решила узнать, кто эти люди и жить с ними.

Поэтому я отправилась в денверский храм. Один преданный вручил мне метлу и сказал: «Тебе нужно немного послужить. Почему бы тебе не попробовать подмести?» Я подметала тротуары вокруг храма. Я подошла к Курушрестхе прабху, который в то время был президентом храма, и сказала ему, что очень хочу жить с преданными. Он сказал: «Ну, поскольку у вас есть маленький ребенок, а здесь нет детей, вам, вероятно, следует отправиться в храм, где есть маленькие дети». Он предложил Нью-Вриндаван или Лос-Анджелес. В конце концов я поехала в Лос-Анджелес. Когда я впервые попала туда, мне было очень страшно и все было вновинку, но в то же время я была полностью убеждена, что эта жизнь мне подходит.

Перед приездом Прабхупады, мы убирали нашу квартиру до тех пор, пока там не осталось ни единой пылинки. Мы надеялись, что Шрила Прабхупада, возможно, зайдет к нам, потому что преданные говорили, что иногда Шрила Прабхупада заходил в чью-нибудь квартиру. Мы прибирались в алтарной, красиво убрали его *вьясасану*, а его комнаты наверху были прибраны идеально. Он приезжал в Лос-Анджелес так много раз, что я не помню точных обстоятельств его первого приезда. Но я просто помню, какое это было блаженство, когда Шрила Прабхупада приходил, и мы кидали на него лепестки цветов и кланялись. Он останавливался, гладил ребенка по голове или разговаривал с одной из *матаджи* и улыбался. Все любили его так сильно, что это было заразительно. Я тоже просто влюбилась в него. Он был неотразим. Он был просто потрясающим!

Когда он садился на *вьясасану* и давал лекцию по «Бхагаватам», я подбиралась как можно ближе к *вьясасане*, садилась внизу и смотрела на него снизу вверх. Я просто чувствовала себя счастливой, находясь в его обществе.

Тушти дала мне отличное служение – начищать вазы для цветов в покоях Прабхупады. Когда Шрила Прабхупада был там, он спускался по лестнице из своих покоев, останавливался на лестничной площадке, а затем выходил через дверь в переулок и садился в машину, чтобы отправиться на утреннюю прогулку. Однажды утром мы все ждали его, выстроившись вдоль стены. Все, кто принимал участие в уборке его комнат, ждали его.

С тростью в руках, он спустился по лестнице и остановился на площадке. Он посмотрел каждому из нас в глаза и сказал: «Джай!» Он покачал головой из стороны в сторону, как это делают в Индии, когда говорят «да». Это «Джай!» значило для меня все. Это означало, что он одобрил служение, которое мы так усердно пытались выполнить. Я была очень рада этому.

Одним из моих любимых моментов было, когда Шрила Прабхупада выходил на утреннюю прогулку. Он выходил из своей двери и спускался по маленькой лестнице из шести бетонных ступенек, затем поворачивался налево и садился в ожидавшую его машину. Когда Прабхупада выходил, там всегда было несколько преданных. Кто-то протягивал ему цветок, кто-то протягивал ему гирлянду или надевал ее на него, возносил молитву или произносил какое-нибудь прославление. Шрила Прабхупада был очень личностным и таким добрым. Он смотрел в наши глаза, улыбался и заставлял нас чувствовать себя особенными. Потом, когда он садился в машину и дверь закрывалась, он поднимал свою трость, как будто отдавал нам дань уважения, благословлял или приободрял нас. Так он выражал нам свои чувства, поднимая свою трость. Это были очень, очень особенные, незабываемые моменты, когда Шрила Прабхупада выходил из своей двери и садился в машину.

Еще одним из моих любимых моментов было, когда Шрила Прабхупада спускался вниз и входил в дверь алтарной комнаты. Он подходил к Божествам и приносил *дандават* после вознесения молитв со сложенными руки перед каждым из алтарей. Сначала Шри Шри Гаура-Нитай, затем Рукмини-Дваркадиши, затем Джаганнатха, Баладева и Субхадра. Он трижды приносил *дандаваты* со своей *дандой*, а затем грациозно оборачивался и поднимался на *вьясасану*.

На одной из лекций по «Бхагаватам» я стояла в углу комнаты и слушала. В тот день я была в плохом настроении. Он посмотрел прямо на меня и сказал: «Мы все так или иначе *асуры*». Эти слова, как стрелы, попали мне в сердце. Он как будто отчитал меня, потому что у меня было угрюмое настроение, а он просто выдернул меня оттуда одной фразой.

Я видела сон. Во сне Шрила Прабхупада сидел, а я плакала, уткнувшись лицом ему в колени. Я чувствовала, как его *дхоти* намокает от моих слез. Он милостиво гладил меня по голове и спине снова и снова и говорил мне ласковые слова. Такие сны действительно укрепляют отношения человека со своим *гуру*. Он наш духовный отец, и отец имеет право гладить свою дочь по голове и спине. Он такой замечательный! Сны со Шрилой Прабхупадой – это то, что я больше всего ценю в своем сердце. И, конечно же, его книги – это личное письмо каждому из его учеников, которое можно читать каждый день в любое время суток. Я черпаю столько сил и энтузиазма из книг Шрилы Прабхупады. Я бы сказала, что сны и книги — это две вещи, которые оказали на меня наибольшее влияние.

Paramrta devi dasi / Парамрита деви даси

В аэропорту Мельбурна в 1975-м году Парамрита находилась примерно в пятнадцати метрах от Прабхупады, пока тот ждал вылета своего самолета. Прабхупада сидел и наблюдал. Она не была общительной и никогда не распространяла книги, но она помнила, как Прабхупада сказал, что самое жестокое – это держать людей в невежестве. Таким образом он подтолкнул преданных распространять его книги.

Я подумала: «А что если я распространю несколько книг для Прабхупады? Он подарил мне жизнь. Почему бы не попробовать?» Я взяла «Нектар Преданности» в розовой обложке и остановила молодого бизнесмена, который посмотрел на меня и улыбаясь сказал: «Да?» Я не знала, что сказать, и мои глаза наполнились слезами. Мужчина ушел. Был объявлен рейс Прабхупады, он подошел к своим воротам, остановился, обернулся, серьезно посмотрел прямо на меня, сложил ладони вместе, поклонился, повернулся и ушел. Прабхупада оценил мою попытку и был благодарен за усилия, а не за результат.

В «Гите» Прабхупада пишет, что если мы не в состоянии следовать этому процессу, но если у нас просто есть вера, то придет время, когда мы сможем следовать. Никто не ограничен в общении с Прабхупадой, потому что мы общаемся с ним, следуя его наставлениям, а его наставления содержатся в его книгах. Он не ушел, он все еще присутствует в своих наставлениях. Все, что представлял Прабхупада, все, что он дал нам, все, чему он нас учил, находится прямо здесь, прямо сейчас в книгах. Преданные, которые слушают внимательно, верные и искренние преданные всегда будут общаться с Прабхупадой. Он будет направлять нас и отвечать нам взаимностью, если мы не будем претворяться. Со всем смирением Прабхупада отвечает взаимностью преданным, которые честно и добросовестно служат.

Parasakti devi dasi / Парашакти деви даси

В 1974-м году в Нью-Йорке Парашакти участвовала с преданными в харинаме и думала: «Когда-нибудь я присоединюсь к ним». Она получила открытки с мантрой, журнал «Обратно к Богу», книги и знала, что

Прабхупада был прав насчет отказа от мяса и интоксикаций. И все же, она до сих пор думала, что в материальном мире есть чем наслаждаться.

Несколько лет я хотела пойти в бруклинский храм, но была не готова. Наконец я добралась туда, встретила много хороших преданных, услышала много замечательных лекций и *киртанов*. Это был маленький храм, но каким-то образом много молодых женщин и мужчин жили в нем мирно. Это было воодушевляюще – находиться рядом со всеми преданными ИСККОН Пресс, художниками и исполнителями, как Расаджна, которая ставила спектакли для удовольствия Шрилы Прабхупады. Она и другие женщины в храме очень хотели, чтобы я присоединилась к ним.

Каждый день я ходила на *санкиртану*, но это было трудно; я не была большим распространителем. Дайви-шакти вдохновляла меня своим примером, она была бесстрашной и ей было комфортно давать сознание Кришны самым разным людям. Гаури обычно открывала книгу и начинала говорить человеку на улице о Махарадже Парикшите, Шукадеве Госвами и Шриле Вьясадеве. Она обращалась напрямую к душе и говорила в точности то, что было в «Бхагаватам». Это тоже вдохновляло меня, но, хотя я и занималась распространением книг девять лет, это всегда давалось мне тяжело.

Одним из самых удручающих моментов в моей жизни было время, когда я узнала, что Гопиджанаваллабха, президент бруклинского храма, не собирается рекомендовать меня для инициации. Я плакала и хотела покончить с собой. Затем я подумала: «Я не покончу с собой, я буду думать, что этой ситуацией Кришна хочет сделать меня смиренной». Сунита заступилась за меня. Она сказала Гопиджанаваллабхе: «Это искренняя девушка и она убита горем из-за того, что вы не собираетесь рекомендовать ее на инициацию. Вам следует поговорить с ней». Сунита сказал мне: «Вот что надо сказать: ты принимаешь, что духовный учитель, будучи представителем Верховной Личности Бога, находится на уровне Бога, и говорит от Его имени. И ты принимаешь, что ты слуга своего духовного учителя, а его слова – это твоя жизнь и душа». Я сказала это Гопиджанаваллабхе, и я действительно так думала. Он сказал: «Хорошо, я внесу твое имя в список». Я была так счастлива. Я получила инициацию в Бруклине, Нью-Йорк, 1-го января 1975-го года, когда мне был двадцать один год.

С самого начала мне постоянно говорили, что *вани* важнее, чем *вапу*. Поэтому я всегда поддерживаю связь с Прабхупадой через его книги и записи. Когда я слушаю его, он прямо здесь, и это связывает меня с преданными и Шрилой Прабхупадой все эти годы. К тому же смотреть серию фильмов «По стопам Шрилы Прабхупады» — это как общаться с Прабхупадой. Это потрясающе.

Parijata devi dasi / Париджата деви даси

Даже будучи домохозяйкой с детьми, первой своей обязанностью Париджата считала служение. Она делала гирлянды и готовила для Шрилы Прабхупады. У нее не было проблем с умом, потому что она была полностью занята. Служение было ответом на ее проблемы. «Что еще есть, кроме преданного служения? Это высшее благо всех писаний» — говорила она.

В первые дни, когда я так много служила, я не знала, что происходит на самом деле. Моя ранняя жизнь в качестве преданной — туман для меня. Я не посещала много лекций, потому что была на кухне или на алтаре. Вскоре после свадьбы у меня появились дети, так что служение было всегда. Когда приезжал Прабхупада, я готовила для него в Париже и в Женеве. Все это служение помогло очистить мой загрязненный ум.

Теперь, в моем преклонном возрасте, у меня нет семейной жизни и влечения к мужу, поэтому я могу больше посвящать свои мысли Шриле Прабхупаде. Я всегда слушаю записи Прабхупады, потому что, хотя его слова не всегда воспринимаются, что-то остается со мной. И голос его очищает. Сейчас мне нравится выходить на *харинаму* и проповедовать, чтобы найти заинтересованных людей и изменить их жизнь. Я молюсь об этом. Но в то же время я стараюсь быть терпеливой и терпимой. Я должна отказаться от своих планов и смириться со всем, что придет, и попытаться извлечь из этого урок.

Я все больше и больше вдохновляюсь тем, как очищает преданное служение. Это процесс очищения. Даже если мы не очень стараемся, это происходит автоматически, когда мы повторяем *мантру*, следуем принципам и наставлениям Шрилы Прабхупады. Прабхупада однажды рассказал историю о человеке, у которого была диарея. Кто-то предложил ему есть *гхи*. Поначалу топленое масло не помогало, но чем больше он принимал *гхи*, тем больше жир покрывал его желудок, и болезнь постепенно излечивалась.

Я готовлюсь к следующей жизни. *Бхаджана кара садхана кара мурте джанле хойа*. В лекции Прабхупада говорит о том, как мы должны научиться умирать. Нам нужно немного решимости и полной веры в Шрилу Прабхупаду. И мы должны терпеть все, что приходит.

Я хочу проповедовать один на один. Я хочу посоветовать людям прежде всего серьезно относиться к цели жизни, а затем идти к тому, кто их вдохновляет, к тому, кто обладает хорошими качествами, а также признать, что этот материальный мир — место страданий. Прежде чем стать преданной, я путешествовала, искала счастья в наркотиках или в чет-то другом, но поняла: «Там нет счастья».

Мое вдохновение – это каждое слово Прабхупады. Куша говорила, что, когда она проращивала ростки для салата Шрилы Прабхупады, Шрила Прабхупада сказал: «Убедитесь, что каждый из этих ростков предлагается, потому что все они являются индивидуальными живыми существами». Это не фанатизм, это учит нас, что там есть душа. Кришна присутствует повсюду, и мы должны думать: «Кто не поливал эти цветы, эти деревья? Почему они умирают? Почему мы не заботимся о них?» Точно так же и животные должны находиться под нашей опекой. Мир был бы лучше, если бы мы обладали этим сознанием.

Когда я слышу так много историй о Прабхупаде, это усиливает мою привязанность к Шриле Прабхупаде. Удивительно, как это действительно помогает — слушание всех этих историй. Мне кажется, что молодым преданным полезно знать Шрилу Прабхупаду, чтобы они осознали, кто такой преданный, как он ходит, говорит и как сидит. Тогда у вас будет лучшее представление о том, кому предаваться. Вам не обязательно иметь *гуру*, который находится на уровне Шрилы Прабхупады, но, по крайней мере, вы должны знать, каков чистый преданный в своей повседневной деятельности. Это очень важно.

Если мы действительно хотим продвинуться в духовной жизни, мы должны отделить себя от общей массы людей, а также от несовместимых людей, потому что эта связь с ними – это просто иллюзия.

Есть хорошая поговорка: «*атмаван манйате джагат*» — каждый видит все в соответствии со своим собственным восприятием. Прабхупада сказал: «Каждый глупец думает, что все остальные тоже глупцы». Мы можем остановиться и осознать, что не все вокруг черно-белое; иногда мы не знаем, что есть что. Этот процесс требует времени. Все требует времени, иногда очень долгого. Но чем серьезнее мы настроены, тем быстрее это происходит.

Незадолго до того, как Шрила Прабхупада покинул этот мир, он сказал: «*Варнашрама-дхарма* необходима именно потому, что она способна поднять людей на уровень *саттва-гуны*. *Тада раджас-тамо-бхавах кама-лобхадайаш ча йе*. *Тамо-гуна* и *раджо-гуна* усиливают вожделение и жадность, из-за которых живому существу снова и снова приходится воплощаться в разных телах в материальном мире. Это очень опасно». (Бхаг.10.13.53, комментарий) Итак, если похоть и жадность опасны, то мы не должны тратить время на привязанности.

Прабхупада продолжает: «Поэтому необходимо установить *варнашрама-дхарму*, чтобы поднять людей на уровень *саттва-гуны* и помочь им развивать в себе качества брахманов: чистоплотность и привычку вставать рано утром и ходить на *мангала-аратрику* и т.д. Человек должен действовать таким образом и оставаться в *саттва-гуне*, тогда *тамо-гуна* и *раджо-гуна* не смогут повлиять на него».

Харибол, что еще можно сказать? Я всегда вижу образ Прабхупады на его смертном ложе с микрофоном, говорящим: «Это очень опасно».

Parvati devi dasi / Парвати деви даси

Парвати поднялась на крышу храма Санта-Никетан в Дели, чтобы получить даршан Божеств Радха-Партхасаратхи, когда впервые встретила Шрилу Прабхупаду, который в тот момент также находился на крыше. Наступил закат, и небо смешалось с шафрановыми одеяниями Прабхупады. Хоть Парвати никогда этому не учили, но при виде Шрилы Прабхупады, она тут же поклонилась ему.

На крыше были только Божества, Шрила Прабхупада и я. Я сразу же почувствовала с ним особую связь. После нашей встречи я последовала за преданными во Вриндаван, где Шрила Прабхупада давал лекции и *даршаны*. Вместе с Ямуной я остановилась в храме Радхи-Дамодары и служила Шриле Прабхупаде, намывая кастрюли после того, как Ямуна готовила в них *прасад*. Я ничего не знала о преданном служении, но привыкла мыть посуду песком и золой, и почему-то мытье этих горшков было самым приятным опытом, который у меня когда-либо был.

Когда я встретила Шрилу Прабхупаду на фестивале в Маяпуре в 1974-м году, я знала, что он станет самым важным человеком в моей жизни. Я не понимала, что значит иметь *гуру*, но получила посвящение. Во время церемонии я, как и все остальные, предложила Шриле Прабхупаде полный *дандават*, но мне пришлось встать и снова поклониться, потому что первый раз я сделала его не в ту сторону. Я была настолько сбита с толку, что, когда Прабхупада спросил меня о четырех регулирующих принципах, я смогла вспомнить только три из них, поэтому он добавил: «Никаких азартных игр». После церемонии я помогала готовить пир. Я была счастлива полностью посвятить себя служению преданным, совершать *парикраму* и слушать Шрилу Прабхупаду. С того дня я повторяю шестнадцать кругов.

Позже, в Найроби, когда Прабхупада почитал *сандеш*, который я приготовила, он закрыл глаза и произнес: «Она полностью обучилась этому искусству». Он написал мне: «Пожалуйста, усовершенствуй приготовление молочных сладостей и предлагай их Радхе и Кришне, и это станет совершенством твоей жизни». Я поняла его слова так, что все, что мы делаем, мы должны стараться делать совершенно, и предлагать плоды наших трудов Радхе и Кришне, в этом и есть совершенство нашей жизни. Я старалась следовать этому наставлению при совершении каждого служения.

Когда Шрила Прабхупада давал мне Гаятри, он был спокойным и умиротворенным и заставлял меня повторять *мантру* до тех пор, пока я не поняла ее правильно. Прабхупада спросил меня: «У тебя есть вопросы?» Когда я заходила в его комнату, в моей голове было столько вопросов, но он ответил на них своим присутствием. Мне не терпелось скорее покинуть комнату и закончить приготовление *сандеша*, чтобы дать его Прабхупаде в дорогу.

Очень сильно ощущается присутствие Прабхупады в его *самадхи* во

Вриндаване, а убранство храма-*самадхи* настолько прекрасно, что люди говорят: «Зачем нам ехать в Тадж-Махал? Этот *самадхи-мандир* намного красивее». Каждый день на протяжении целого дня я занята в чудесном служении, поддерживая и ухаживая за *самадхи*, и по милости Кришны Шрила Прабхупада подбадривает меня во снах, видениях и молитвах. Мое служение в *самадхи* всепоглощающее и является моей спасительной милостью.

Если бы не Шрила Прабхупада, у нас не было бы *прасада*, книг и храмов. Его последователи очень обязаны и благодарны ему. Наше служение Шриле Прабхупаде — это наш величайший взаимообмен с ним, а служение ему в его *самадхи* – это квинтэссенция служения в разлуке. *Самадхи* Шрилы Прабхупады — самое важное место в мире.

Parvati devi dasi / Парвати деви даси

В 1968-м году Парвати деви даси жила в Сан-Франциско. Однажды ее привлекла группа преданных, которые пели на углу улицы. Она предложила им сушеный инжир. Вскоре после этого, живя в Лагуна Бич рядом с храмом, Парвати услышала мангала-арати и пение ей показалось очень красивым. Вечером после воскресного пира преданные разносили прасад по всем окрестным домам.

Я никогда не пробовала ничего более вкусного. В тот вечер я пошла в храм, и меня встретила Рукмини улыбавшаяся большой красивой улыбкой. Меня привлекло все, о чем она говорила. Сначала я пришла в храм в Колорадо, но после переехала в дом Рукмини и Дваркадиши, где было больше домохозяев. Его Божественная Милость Шрила Прабхупада уже очень скоро поселится навечно в моем сердце.

Я нахожусь в своем доме в Лос-Анджелесе, в то время как рушится мир вокруг нас. На прошлой неделе, находясь дома из-за карантина вызванного Covid19, я слышала, как из храма по улице разносился *киртан*. Я подбежала к двери и крикнула: «Джая Шрила Прабхупад!» Вчера в 16:00 мой смартфон сообщил мне, что в Маяпуре начинается *арати*. Был великолепный *киртан*, и мы с дочерью Лилой слушали его, пока она готовила ужин. Мы обе подпевали. Сегодня вечером я в Инстаграме смотрела видео Рукмини и Дваркадиша, которое записала моя духовная сестра, когда была на алтаре. Мне выпала честь смотреть на Их Светлостей, как будто я была прямо там с Ними. *Киртан* продолжается по всему миру, преданные рассказывают истории, рассказывают о днях рождения и о кончине наших дорогих духовных братьев и сестер, покидающих этот материальный мир. Мы все испытываем друг к другу столько любви и сострадания. Спасибо, Шрила Прабхупада!

Когда Шрила Прабхупада приезжал в Лос-Анджелес, это было очень радостное время. Мы все были так взволнованы, собирая наших детей и встречая его в аэропорту. Воспевание было экстатическим, мы выглядели так-будто с другой планеты, когда он вошел, сияя прекрасной трансцендентной улыбкой и ароматными гирляндами на шее. В храме мы видели Шрилу Прабхупаду каждый день во время *гуру-пуджи* и его нектарных лекций. Особенно приятно было видеть, как все наши маленькие дети получали утреннее печенье.

Однажды на день рождения Кришны мы предложили торт высотой почти до потолка. Мы танцевали в ночь полнолуния в честь дня явления Господа Чайтаньи, и у нас был конкурс: кто сможет съесть больше всего *гулубджаманов*. Для меня было честью тянуть колесницу Господа Джаганнатхи, Баларамы и Субхадры, чтобы все могли видеть прекрасную улыбку Господа Джаганнатхи. Тысячам людей раздавали *прасад*, и мы познавали индийскую культуру через танцы и музыку.

Когда 26-го марта 2011-го года скончалась моя дочь Чандра, это был самый болезненный и ужасный период в моей жизни. В первую очередь я позвонила моей дорогой, возлюбленной Вринде. Она установила ведический алтарь на ее похоронах. Внезапно мой мир рухнул, и мне пришлось опираться на силу и знания, которые я получила как ученица Прабхупады и преданная Господа Кришны. Я поехала к ней в Тусон, в дом, где она умерла. В утро ее кремации, я спросила, могу ли я увидеть ее еще раз. На саркофаге, в котором находилось ее тело, я написала: «Харе Кришна, сладкая Чандра», и имена каждого члена семьи, посылавшего ей свою любовь. Ее лицо было покрыто белой прозрачной вуалью, а ее тело было покрыто цветами, предложенными Господу. Я упала ниц и поблагодарила ее за то, что она моя дочь. Мои силы иссякали, но когда я выходила из крематория, где только что нажала кнопку, отправляя ее тело в огонь, я почувствовала солнце Кришны на своем лице. Моя духовная сестра, Нишчинтья, гостившая у своей матери в Тусоне, положила руку мне на плечо и утешила меня. Я благодарна за одно видео, на котором маленькая Чанди, будучи еще малышкой на моих руках, в розовом пальто с капюшоном, протягивает руку с маленьким браслетом на запястье за печеньем от Шрилы Прабхупады. Моя подруга детства Синтия, которая жила в Тусоне и все подготовила для церемонии, предложила: «Давайте отведем Парвати в храм». В тот момент я испытывала все признаки экстаза: слушала *киртан*, видела Их Светлостей и чувствовала любовь Прабхупады. Я долго танцевала как дервиш, и слышала как Прабхупада сказал мне, что он позаботится о Чандре. Любовь Прабхупады ко мне и моей дочери помогала и поддерживала меня в самый печальный момент жизни. Я благодарна за поддержку моим духовным сестрам и братьям.

Pavani devi dasi/Павани деви даси

Павани должна была встретиться со Шрилой Прабхупадой в Сан-Фраанциско, но в последнюю минуту президент ванкуверского храма попросил ее и пару других брахмачарини отправится в санкиртана-тур по городам. Павани подчинилась и ответила: «Конечно, как скажете». Во время церемонии инициации в Сан-Франциско Прабхупада три раза называл имя Павани, но ее не было среди присутствующих.

В апреле 1977-го года наша группа *санкиртанщиц* была в Майяпуре. Прабхупада вышел вместе с нами из здания «Лотоса», где располагались его апартаменты, и направился к главным воротам Шри Майяпур Чандродая Мандира. Его ожидал небольшой черный автомобиль, но прежде чем сесть в машину, он остановился, чтобы поговорить с нами. Каждая из нас ответила на пару вопросов. Когда настал мой черед, Прабхупада перевел взгляд прямо на меня, что-то спросил, и я расплакалась. Я плакала и плакала. Шрила Прабхупада стоял и ждал, пока я успокоюсь, но я не могла сдержать слезы, чтобы начать говорить. Наконец, кто-то сообщил ему, что уже пора ехать. Шрила Прабхупада сел на заднее сидение, скрестив ноги и положив обе руки на трость. Его тело выглядело маленьким, а голова большой. От него исходило умиротворение, ясность и красота. Я чувствовала, что он не из этого мира, и я бесконечно благодарна за то, что мне посчастливилось его увидеть.

Я слышала, что, когда один преданный сказал Шриле Прабхупаде: «Я хочу служить Вам массируя Вши стопы», Шрила Прабхупада ответил: «Распространять мои книги — это и есть массировать мне стопы». Моим служением Прабхупаде было массировать его стопы, распространяя книги, и я приложила много усилий, чтобы мое имя прозвучало в сводке новостей о *санкиртане*. Я подумала: «Быть может, Шрила Прабхупада заметит меня».

Прабхупада говорил, что лучше быть каплей, которая упорно точит камень, чем волной, которая набегает, делает большое служение и убегает. Я хочу быть той самой каплей, которая беспрестанно служит Прабхупаде.

Pavitra devi dasi /Павитра деви даси

Павитра получила инициацию у Шрилы Прабхупады на Джанмаштами в 1977-м году в Лос-Анджелесе, Калифорния. Это было последнее посвящение, которое Шрила Прабхупада дал перед уходом.

С подросткового возраста я искала истину, ходила в разные *ашрамы* йоги, слушала и смотрела, встречалась с парой *гуру* из Индии. Когда я была беглянкой хиппи в Нью-Йорке, я видела преданных, собирающих деньги в раковины на улице в Гринвич-Вилледж. Я решила пойти в храм Харе Кришна и посмотреть, что там происходит. Преданные пытались заставить меня присоединиться к ним и у меня появилось чувство, будто они на меня набросились. Я ушла, поклявшись, что никогда не вернусь. Это было слишком страшно для меня. Однако меня вновь потянуло к преданным, когда я увидела, как они воспевают во время *харинамы* в Лос-Анджелесе. Также после того, как я услышала альбом Джорджа Харрисона, я начала воспевать *мантру* Харе Кришна. В это время на меня нашло что-то. Я осознала, что моя жизнь никогда не станет прежней. *Мантра* подводила меня все ближе, будто облака расступились и открылись небесные врата.

Однажды, я проснулась посреди ночи и посмотрев в окно на звезды, глубоко осознала, что мне не стоит возвращаться к прежней жизни. Я сказала себе вслух: «Я не должна возвращаться. Это мой выбор». Но я должна была найти кого-то, кто помог бы мне выбраться. Мне нужен был лифт наверх.

Однажды в воскресенье, когда мы с дочерью были в храме, я зашла в сувенирный магазин и спросила у Пранады, которая была за прилавком: «Есть ли какой-нибудь способ покончить с моей *кармой*?» Я знала, что моя *карма* набирает в полную силу и это было нехорошо. Мне было страшно. Пранада сказала: «Да, тебе необходимо предаться Шриле Прабхупаде — это лифт наверх». Я не могла поверить, что после всех моих поисков кто-то ответил на мой вопрос.

Моей дочери было три года и я хотела, чтобы она находилась в благочестивой среде. Я быстро поняла, что храм Харе Кришна — это то место, куда мы должны переехать. Я выбросила все книги, написанные другими *гуру*, и оставила только книги Прабхупады. После, мы переехали в храм.

У меня было много психических расстройств, когда я присоединилась к движению. Это моя плохая *карма* в этой жизни, но когда я распространяла книги Прабхупады, у меня не было никаких проблем. Я была в экстазе. Распространение книг Шрилы Прабхупады было величайшим опытом в моей жизни. Я поняла, что все знания о Ведах даются мне только путем распространения книг Шрилы Прабхупады.

Я в вечном долгу перед Шрилой Прабхупадой.

Payasvini devi dasi / Паяшвини деви даси

Паяшвини увлекалась наркотиками, но знала, что нужно измениться. Она посетила ашрам Сиддхасварупы Свами в Хайку на Гавайях, где услышала об «Учении Господа Чайтаньи».

Слова Прабхупады в этой книге разрешили мою дилемму относительно того, что я должна была делать, и помогли мне изменить ситуацию. Я вернулась туда, где остановилась и пошла на ближайшее поле, чтобы воспевать Харе Кришна. В этом и был ответ для меня. В конце концов я присоединилась к Сиддхасварупе и, в результате, встретила Шрилу Прабхупаду.

Я видела, как Шрила Прабхупада читал лекцию в храме Гонолулу, и была впечатлена тем, насколько вежливым и мягким он был. В тоже время он мог быть сильным в своей проповеди. Он знал, что нам нужно услышать, и давал нам это мягко, затем сильно, затем мягко. Он пытался заставить нас обратить внимание на то, что он говорил.

Я снова увидела его в Нью-Йорке в июле 1970-го года. Моя комната была наверху с видом на Генри-стрит. Прабхупада вышел из своей машины и зашел в алтарную комнату. Просто увидев и узнав его, я захотела пообщаться с ним (он был очень магнетическим). Преданные приехали в Бруклин со всего Восточного побережья. Каждый день в течение недели Прабхупада проводил посвящения. Алтарная комната была заполнена преданными, которые делали четки *джапа-малу* из бусин Тэнди Импортс. У меня до сих пор сохранились такие.

Большинство преданных собрали немного *лакшми* и предложили их Прабхупаде в качестве подарка. Я в то время была беременна, и денег совсем не было, поэтому не могла сделать вклад. Вместо этого я взяла остатки шелка у пуджари и сделала закладку шириной четыре дюйма и длиной семь дюймов для «Бхагаватам» Прабхупады.

Когда меня позвали получить мои четки и имя, я положила сверток с закладкой на ступени его *вьясасаны*. Он улыбнулся мне и назвал меня Паяшвини деви даси. Он повторил первые две строчки Брахма-самхиты: *«Чинтамани-пракара-садмасу калпа-врикша-лакшавритешу сурабхир абхипалаянтам»*, и сказал затем: «Паяшвини» означает «Тот, кто дает много молока». Я поклонилась и ушла, думая: «Я не сказала ему, для чего нужен мой подарок, и он никогда не узнает». Меня это беспокоило, но все были так заняты, что писать ему сообщение казалось несущественным, поэтому я отпустила ситуацию.

Примерно через полтора года мы с мужем были в Питтсбурге, когда Шрила Прабхупада был там в гостях. Пока Прабхупада был на утренней прогулке, я приводила в порядок его стол и увидела свою закладку в его большом «Бхагаватам». Он знал, для чего был мой подарок. Это был мой самый близкий взаимообмен со Шрилой Прабхупадой.

Сидя на *вьясасане*, Прабхупада всегда казался царственным и, казалось, знал все. Иногда я думала о чем-то, и следующее, что он говорил, было связано с тем, о чем я думала. Мне было интересно, откуда он все это знал. Но он знал о нас все и принимал нас такими, какие мы есть, и это было особенным. Я рада, что прошла за ним так далеко. Я не так хороша, как должна была быть, но я стараюсь.

Prachi devi dasi / Прачи деви даси

В 1969-м году в Гриффит-парке в Лос-Анджелесе, Вишнуджана пригласил Прачи в храм на Воскресный Пир Любви. Когда она оказалась там, преданные сказали, что Прабхупада будет давать вечернюю лекцию. Они затащили ее внутрь, одели в сари и посадили впереди.

Тем вечером я услышала, как Прабхупада рассказывал об играх Господа Чайтаньи. Затем преданные пригласили моего мужа и меня принять участие в Ратха-ятре в Сан-Франциско. Мы приехали туда, и, пока все остальные тянули колесницу, мы бежали впереди и видели, как прибыл Прабхупада, чтобы присоединиться к процессии. Прабхупада посмотрел на меня и покивал головой, затем посмотрел на моего мужа и кивнул ему. Мы поклонились. В тот момент мы осознали, что Прабхупада был нашим духовным учителем.

Когда я собиралась рожать первого ребенка, мы были в Нью-Вриндаване. Я спросила, могу ли я рожать дома, и Прабхупада сказал, что если я чувствую себя здоровой, то могу. Я чувствовала в себе силы и была уверена, что все пройдет хорошо. Так все и получилось. Наш сын родился чуть позже полуночи. Через несколько часов Прабхупада прислал нам лист бумаги с именем мальчика: Кришнаштами. Прабхупада так же прислал нам свою гирлянду и немного маха-прасада.

Когда я была в присутствии Прабхупады, я чувствовала, что он вмещает в себя все качества *вайшнава*, которых он велел нам достичь, и я чувствовала, что хочу очиститься. Я изучала католическое богословие и всегда старалась сделать как можно больше, изучить новое, бросить себе вызов. Из учения Прабхупады, из его книг, я получила больше знаний, чем ожидала. Никто из тех, кого я знала, не имел лучших ответов, чем Шрила Прабхупада. Больше всего меня вдохновило то, как Прабхупада довел мои знания в католицизме до того состояния, в котором нуждался мой пытливый ум. Я очень любила у него учиться. Конечно же я любила Прабхупаду. Он смиренно заботился обо мне.

Однажды, прогуливаясь по Гита-нагари, он пришел к нам в хижину и сел перед нашим большим алтарем с Божествами Джаганнатхи. Прабхупада сказал: «О, Господь Джаганнатха живет здесь». Это было так чудесно! Он был расслаблен, пил воду и осматривался. Преданные продолжали говорить: «О, Прабхупада, нам пора ехать, мы должны отправляться», а потом они пригласили меня поехать с ними. Я была единственной девушкой и очень нервничала.

Прабхупада был доволен собранным урожаем, был рад, что мы с мужем и еще несколько *брахмачари* занимались *санкиртаной*, ходя от двери к двери. Он сказал остальным, что они тоже должны участвовать в этой программе. Но программа не исключала рисков: однажды меня пригласили в дом, где на меня наставили нож. В другой раз группа людей собирались напасть на меня.

Я не думаю, что кто-либо еще мог вдохновить нас больше, чем это сделал Прабхупада. Он дал нам все, что нам было необходимо знать. Мы могли бы обрести сознание Кришны за одну минуту, если бы просто приложили свои усилия. Мы все такие разные, но он в любом случае дал нам шанс выйти из круговорота рождения и смерти и вернуться в духовный мир. Это лучшая возможность, которую кто-либо может дать. Я в долгу перед ним.

Prafullamukhi devi dasi / Прафулламукхи деви даси

Прафулламукхи начала посещать храм в Беркли в 1969-м году. У нее был ребенок, и они жили в макробиотической коммуне. Преданные, воспевающие на Телеграф авеню, казались ей такими красивыми в своих струящихся шафрановых одеяниях!

Я подошла к молодому человеку с бритой головой и спросила, что он делает, что означает это воспевание, и почему он бреет голову. Он ответил, что понятия не имеет! Это были 60-е годы!

В первый раз я увидела Шрилу Прабхупаду в том году на Ратха-ятре в парке Голден Гейт. Я не помню многого, но помню, как видела большую колесницу и огромных Божеств с большими улыбками.

В следующий раз я увидела Шрилу Прабхупаду, когда он приехал в Сан-Франциско на Ратха-ятру 1970-го года. Мы с сыном переехали в квартиру, которую предоставил храм, вниз по улице от крошечного магазинчика на Фредерик-стрит.

Когда Шрила Прабхупада вошел, или, лучше сказать, вплыл, в храм, я была позади группы преданных. Все поклонились, мы выразили свое почтение, но я подняла голову, потому что хотела все хорошо разглядеть. Шрила Прабхупада увидел меня и улыбнулся. В этот момент я поняла, что раньше меня никто не любил. Не по-настоящему. Я купалась в тепле его улыбки, и моя жизнь изменилась навсегда. Ему предложили сладости, фрукты и воду. Он закинул сладость в рот с расстояния примерно в фут, и вода «полилась» ему в рот, когда он держал свою лоту на уровне лба. Удивительно. Я все еще проливаю воду, когда пью ее таким образом.

Джаянанда и остальные из нас усердно работали над тремя колесницами, для Их Светлостей. В день Ратха-ятры мы все выстроились в очередь, чтобы тянуть колесницы через Голден Гейт парк. Я была рядом с колесницей Субхадры, где сидел Шрила Прабхупада. По ходу движения вышел из строя механизм, который должен был опускать навес, и процессия застопорилась. Шрила Прабхупада сошел с колесницы, стал танцевать и подпрыгивать перед Субхадрой. Он был в экстазе, со слезами на глазах. Это было потрясающее зрелище.

Я получила посвящение по почте, будучи на острове Виктория в Британской Колумбии. Шрила Прабхупада назвал меня Прафулламукхи деви даси, что означает «Та, у которой всегда радостное лицо». Мы отправили ему фотографию нашей группы *санкиртаны*, воспевающей на улице. Он сказал, что ему нравятся радостные лица преданных на фотографии: «Ты, должно быть, была одним из них». Он назвал моего сына Сиддхабабой — «слугой совершенного ребенка».

Я поехала в Нью-Вриндаван на лекции по Бхагавата Дхарме. Я была *пуджари* Радхи-Вриндаваначандры. Так случилось, что одна из *пуджари* не пришла на *арати*, и я весь день занималась служением на кухне. И вот, преданные заставили меня проводить *арати*, грязной! Я понятия не имела, что Шрила Прабхупада находится в алтарной. Я всегда была стеснительной, поэтому в ужасе поднесла благовония Шриле Прабхупаде. Когда я посмотрела на него, лично сидящего на *вьясасане*, вместо своего изображения, у меня была чудесная реализация, что он всегда сидит там, и не важно, присутствует ли он физически или нет. Это осознание помогло мне поддерживать мою веру на протяжении многих лет.

Мои родители были очень благосклонны к сознанию Кришны и сделали несколько пожертвований. Они сделали пожертвование для нового храма в районе Миссии в Сан-Франциско и пожертвовали средства на мраморный пол для нового храма в Бахулаване. У них был *даршан* со Шрилой Прабхупадой, но меня почему-то не пригласили. Я ждала их снаружи у небольшого домика в Мадхуване. Вдруг открылась боковая дверь, и вышел Шрила Прабхупада, один! И я оказалась одна со Шрилой Прабхупадой! Я не принесла поклоны или что-либо еще — я ощущала себя оленем в свете фар, парализованной! Шрила Прабхупада засмеялся, сказал: «Харе Кришна» и вернулся в дом. Мои родители никогда не забывали лекцию, которую Шрила Прабхупада читал во время этого *даршана*.

Мы с сыном Сиддхабабой сидели ночью в алтарной на Джанмаштами, когда Шрила Прабхупада читал книгу «Кришна». Читал на протяжении нескольких часов. Я устала, ноги болели из-за спящего у меня на коленях ребенка, но я бы ни за что этого не пропустила. Было удивительно слышать, как он читает об играх Господа Кришны. Можно было видеть его удовольствие, когда он читал о них.

Иногда я играла с собакой, которая забрела на ферму Нью-Вриндаван и была приручена преданными. Проблема заключалась в том, что, когда я выливала ведро ледяной воды на голову и одевалась, прежде чем пойти служить Божествам, эта собака прыгала на меня, и мне приходилось принимать еще одно холодное омовение. Я говорила ему, чтобы он уходил. Я говорила: «Уходи, Мучи». Имя прижилось. Когда Шрила Прабхупада гулял по ферме, он увидел собаку и спросил: «Кто это?» «Это Мучи, Шрила Прабхупада». Шрила Прабхупада засмеялся и сказал: «Что ж, Мучи теперь *вайшнав*». Удачливая собака.

Я не помню, приезжал ли Шрила Прабхупада в бруклинский храм на Генри-стрит или покидал его, но мы были в аэропорту в конференц-зале. Я была «очень беременной», стояла на столе, опираясь на плечи Вишакхи. Я хотела видеть и слышать, поэтому была невосприимчива к опасности. *Санньяси* и другие люди, собравшиеся вокруг него, просили Шрилу Прабхупаду сказать им, какое служение является лучшим. Конечно, они ожидали, что он скажет о распространении книг, но

Шрила Прабхупада стал говорить об одной семейной паре, которая жила в Калькутте. Не помню в точности ту историю, но он сказал, что эта семейная пара просыпается, принимает омовение в Ганге, делает *качори*, проводит *пуджу* и идет на рынок, чтобы продать то, что они приготовили. Он рассказывал, как они делали одно и то же каждый день всю жизнь. Тот факт, что он говорил о семейной паре, порадовал нас, домохозяев, тех, кого не очень ценили в *ашраме*.

В другой раз, когда я ехала в аэропорт, я ехала в машине непосредственно рядом со Шрилой Прабхупадой. По какой-то причине у меня на коленях был сын Парикшита и Бхадры, Туласиананда (кажется, именно так его звали). Он пытался пролезть в окно, чтобы добраться до Шрилы Прабхупады, который смеялся и грозил пальцем маленькому мальчику.

Я занималась тем, что поддерживала связь с индийской общиной в районах Нью-Йорка. Во время одного из визитов, Шрила Прабхупада читал лекцию в алтарной, а я сидела на ступеньках, ведущих наверх. Со своего места я могла видеть Шрилу Прабхупаду. Тут вошли несколько индийских гостей, но преданные столпились у дверей храма, и я была очень огорчена, потому что хотела, чтобы гости увидели Шрилу Прабхупаду. Во время лекции Шрила Прабхупада посмотрел на меня и спросил: «Что случилось?» Я указала на гостей, и он велел преданным отойти в сторону и впустить их.

У меня был назначен *даршан* со Шрилой Прабхупадой. Мы с моим новорожденным сыном, Арджуной, ждали своей очереди. Когда Арджуна сделал какашку, я, конечно, не смогла пойти на *даршан*. Шрила Прабхупада прошел мимо меня и сказал: «Также как ребенок всегда счастлив на руках своей матери, мы всегда счастливы в объятиях Господа Кришны».

Шрила Прабхупада сидел в своем кресле-качалке и смотрел спектакль «Кришна похищает Рукмини». Ему очень понравился спектакль, он много смеялся и улыбался. В конце он дал самую высокую оценку. Улыбаясь, он сказал: «Это лучше оригинала!»

Когда Шрила Прабхупада приехал на Манхэттенскую Ратха-ятру и прошел через вестибюль большого нового храма на 55-й улице, преданные выстроились в очередь, чтобы поприветствовать его. Мой сын, годовалый Арджуна, стоял передо мной. Шрила Прабхупада направился к лифту, а Арджуна отошел от меня, побежал и схватил Шрилу Прабхупаду за стопы. *Санньяси* и другие преданные, стоявшие вокруг Шрилы Прабхупады, пытались оттолкнуть Арджуну. Шрила Прабхупада сказал: «Оставьте его в покое, он великая душа». Это было как музыка для моих ушей.

Одна преданная, Ишани, и я разбили для Шрилы Прабхупады красивый сад на крыше. Он остался доволен и поблагодарил нас.

Поскольку у меня всегда были дети, за которыми я должна была присматривать, мне редко приходилось ходить на *даршаны*, когда приезжал Шрила Прабхупада. Однажды вечером я наконец смогла оставить сына с другим преданным. Я доехала на лифте до этажа Шрилы Прабхупады, но все пространство было полностью заполнено преданными. Я стояла в дверях, очень разочарованная. Шрила Прабхупада поднял глаза, и преданные каким-то образом раздвинулись, оставив место, чтобы я могла сесть рядом с ним! Все поворачивались и улыбались мне, когда я шла через большую комнату, чтобы сесть на свое место. Это была мистика!

Во время этого визита Шрила Прабхупада посетил Гита-нагари. Я приготовила манговый пирог и немного маринованных манго ему в дорогу. Его слуга сказал мне, что они ему понравились.

Я больше не видела Шрилу Прабхупаду. Когда он покинул планету, я жила в Гита-нагари. Я стояла у раковины, где мы мыли тарелки, когда Мадхудвиша вошел и рассказал нам новости. Я никогда по-настоящему не понимала глубины привязанности, подобной веревке, между *гуру* и учеником, но тут я поняла. Я кричала какое-то время, потом много плакала. Я никогда не оправлюсь.

Praharana devi dasi / Прахарана деви даси

Прахарана даси стала преданной осенью 1971-го года в Торонто. Она училась в Университете Западного Онтарио, куда приходили преданные и устраивали пир. Она не хотела идти на пир после того, как увидела преданных во время киртана: один из них носил на шее бусины размером с мячи для гольфа. Но любопытство и голод привели ее туда. Там она купила «Гиту».

Я впервые увидела Шрилу Прабхупаду в июле 1972-го года в Нью-Йорке. Преданные были в коридорах, в алтарной, повсюду. Когда Прабхупада вошел в алтарную, все бросились на пол в поклоны. Я не могла опуститься: на полу не было ни единого свободного сантиметра! Я трепетала, наблюдая, как он проходит мимо. Он взглянул на меня, и я почувствовала себя благословленной, я была тронута: «Вау, он заметил меня!»

Я переехала в храм Торонто. Из Индии прибыли Божества. Лакшмимони сказала Шриле Прабхупаде по телефону, что у Божества Кришны маленький живот. Прабхупада рассмеялся и сказал: «О, это потому, что Он – Кширачора-Гопинатха. Вам следует предлагать Ему двенадцать горшков кширы каждый день». Мы делаем это каждую ночь с тех пор, как в 1972-м году Божества были установлены на Радхаштами.

В тот же день я получила инициацию. Около семидесяти преданных толпились в маленьком доме на Джеррард-Стрит-Ист, которая находилась в небезопасном районе. Я думаю, совместное проживание в том маленьком доме было для нас благом, так как каждому из нас было чуть больше 20-ти. Мы жили в очень аскетичных условиях: спали на холодном деревянном полу по пятнадцать девушек в комнате, в душе была только холодная вода, ели мы в основном капусту и картофель и ровно по три нутовых боба на тарелках из вощеной бумаги. Мы служили с 3-х часов утра до 9-и часов вечера. Мы были настолько изможденны большую часть времени, что, чтобы не уснуть во время лекции, использовали пульверизатор с водой.

Мы делили друг с другом одежду: оранжевые *сари*, сделанные из шести ярдов оранжевого сукна для незамужних девушек и такие же, желтого цвета, для замужних. Мужчины и женщины также делили несколько пар «лунных ботинок» для зимней *санкиртаны*. К сожалению, все они были одного размера, и нам, девушкам, приходилось изворачиваться и надевать много пар носков, чтобы ботинки держались на ногах.

Довольно часто девушки возвращались после долгого дня на *санкиртане* с отмороженными пальцами рук и ног, и наш дорогой духовный брат Айодхьяпати дас (сейчас Бхакти Бринга Говинда Махарадж) встречал нас с дымящимися горячими *бурфи* у дверей.

Шрила Прабхупада приехал в Торонто в 1975-м году. Увидев скопление людей, он сказал: «Вам следует купить новое здание. Би-Би-Ти вам поможет. Начинайте искать». Мы начали собирать деньги для этого, в основном продавая леденцы на улице.

Я была главным *пуджари* на протяжении визита Прабхупады в 1975-м году. После того, как я омыла и одела Божеств, я занервничала, думая: «Я не знаю, что я делаю, Кширачора-Гопинатха наверняка пожалуется Прабхупаде, "Спаси меня из этой ситуации!"». Как обычно по утрам, мужчины были со Шрилой Прабхупадой на утренней прогулке, а женщины были в храме, занимаясь служением: уборкой, готовкой и поклонением Божествам.

Я начала *арати* в семь утра. Прабхупада вошел в алтарную раньше остальных, приехав на первой машине. Шрила Прабхупада, Радха-Кширачора-Гопинатха и я находились в алтарной одни. Прабхупада прошел к алтарю и со сложенными руками посмотрел на Радху Кширачора-Гопинатху, предложил *дандаваты* и затем встал примерно на два фута (60 см – прим. пер.) позади меня, пристально глядя на Божеств. В тот день после обеда Айодхьяпати сказал мне, что Шрила Прабхупада попросил купить колокольчик побольше. Тогда я купила большой колокольчик в Чайна-тауне.

Когда Прабхупада уезжал, Вишвакарма сказал женщинам, что мы должны остаться в храме и закончить свое служение. Это наставление огорчило нас. В отличии от мужчин, у нас не было шанса ходить на утренние прогулки или быть со Шрилой Прабхупадой наедине. Перед Шрилой Прабхупадой всегда была «шафрановая стена» из *санньяси* и *брахмачари*, и мы чувствовали, что многое упустили.

Мы решили поехать в аэропорт в любом случае. Мы взяли с собой поднос для *арати*, чтобы провести *гуру-пуджу*, и немного сладостей, которые, мы знали, понравятся Шриле Прабхупаде. Примерно десять из нас загрузились в фургон. Когда мы проезжали мимо машины Шрилы Прабхупады, мы опустили окна и закричали: «Джая, Прабхупада! Джая, Прабхупада!» Президент храма был раздражен тем, что мы устроили такую сцену. Но Шрила Прабхупада сложил руки и улыбнулся нам.

Мы подготовили комфортное место в аэропорту и принадлежности для *арати*. Прабхупада сел, и Вишвакарма провел *арати*.

Когда Прабхупада вернулся в 1976-м году, мы уже купили новое здание, которое он осмотрел и одобрил. Он был доволен и наставлял нас по поводу обустройства кухни и алтарей. Я несколько раз ходила в комнату Прабхупады, чтобы послушать его. Однажды он говорил индийской паре, что они должны «помогать этим преданным»: «Это твоя работа. Ты из Индии. Помоги этим преданным распространять сознание Кришны». Я подумала: «Вау, это было бы неплохо» – потому что мы испытывали финансовые затруднения. Нас были много, но мы купили храм, продавая леденцы днем и ночью. Мы были должны много денег.

В 1977-м году я увидела Прабхупаду в Маяпуре. Он был болен и слаб. Он обходил алтарь на паланкине, звенел в колокол, и все приветствовали его.

Ранние дни ИСККОН были полны энергии, блаженства и огромного энтузиазма. Однако мы были молоды, наивны и зачастую неправильно понимали философию. Когда я лично ощущала предубеждение или дискриминацию со стороны мужчин, я понимала, что мы, женщины, имеем менее предпочтительные тела, и, следовательно, нам приходится иметь дело с менее предпочтительной ситуацией. В то время я принимала эту идею как возможность быть более смиренной и, по сути, выживать и расти в сознании Кришны. Таким образом я могла сохранять энтузиазм в сознании Кришны.

Например, в 1975-м году женщины были выселены из храма по приказу Тамала Кришны Махараджа. Махарадж думал, что нам всем следует отправиться в Австралию, но это было непрактично, поэтому нам надо было арендовать собственное жилье, заниматься служением только, если нас не видят мужчины (например, *арати* в середине дня вместо *мангала-арати*, одевание Божеств за закрытыми дверями, готовка…), и мы должны были сами читать себе лекции. Конечно, от нас ожидали продолжения «пика» на улице. Мы чувствовали себя плохо и хотели вернуться в храм, снова быть семьей.

Примерно через шесть месяцев Уттамашлока, который находился в Чикаго, предложил перевезти нас в Чикаго и разрешил жить в храме в качестве «полноправных граждан». Мы разрывались. Мы отчаянно хотели жить в храме, снова не ощущать себя «низкорожденными», но мы любили Радху Кширачора-Гопинатху, и у некоторых из нас была сильная привязанность к определенным *брахмачари*.

Мы организовали встречу между ссыльными женщинами и мужчинами, живущими в храме, и сказали им, что у них есть выбор: или они женятся на нас и прекращают этот нонсенс, или мы уезжаем в Чикаго. Они были шокированы. Однако им потребовалось всего несколько дней, чтобы ответить. Они решили «принять "падение" и жениться, чтобы удержать женщин».

Тогда женщины переехали обратно в храм, втиснувшись в крошечную боковую комнату без окон. Тем не менее, это было великой победой для нас и для нашего храма, и, хотя некоторые из нас теперь были замужем, мы продолжали жить как *брахмачари* и *брахмачарини* в храме. Вскоре после этого Шрила Прабхупада отправил Тамала Кришну Махараджа в Китай.

В следующие несколько лет храм арендовал или покупал дома для домохозяев. Обычно каждая мать с детьми занимали одну комнату и делили кухню и ванную. Некоторые мужчины жили со своими женами, но многие продолжали жить в храме. Я переехала в такой дом в тот день, когда вернулась из больницы со своим первым ребенком. Жить в этом доме с другими женщинами было чудесно. Мы были сестрами и растили наших детей вместе. Это не была общепринятая семейная жизнь, но это была наша семья и дети получали от всех нас любовь.

У нас был детский сад с тремя младенцами, так как наши дети родились с разницей всего в несколько недель. Каждая из нас по два утра в неделю присматривала за детьми, и таким образом другие две мамы могли заниматься служением. Наши дети были как тройняшки. Мы кормили детей друг друга и делали все необходимое, чтобы продолжать наше храмовое служение и с любовью заботиться о детях.

Мы продолжали вести очень аскетичный образ жизни, думая, что простая жизнь означает не иметь почти ничего и обеспечивать лишь минимальный комфорт: просто сохранять душу в теле. О кроватях и речи не было.

Мысль о том, чтобы не быть настолько аскетичными, не приходила в голову большинству из нас. У нас были отношения, основанные на строгих целях служения, а не на любви и заботе. У нас были мечты о достижении Кришна-*премы* в течение нескольких лет. Сейчас я вижу, что сознание Кришны – это долгий процесс созревания. Я вижу ценность в философии и в общении с преданными, все это – составляющие процесса созревания. Как бы болезненно это ни было, у каждого преданного будут проблемы. Как еще мы научимся смотреть за пределы этого мира?

Мой муж оставил наш брак ради другой преданной во время неспокойного и сложного времени в ИСККОН. Он также покинул ИСККОН. Работать под руководством Киртанананды Свами, который был нашим региональным *ачарьей*, было невыносимо и безумно, поэтому я действительно не виню его. Кроме того, у нас никогда не было настоящего брака в смысле любовных отношений. Мы были настоящими продуктами раннего ИСККОН и устроенного брака. Я никогда не вступала в другие отношения, потому что, когда мой муж ушел, у меня было трое детей, которых нужно было растить, а младшему было только восемнадцать месяцев.

И все же, я никогда не чувствовала обиды на Шрилу Прабхупаду или сознание Кришны. Я знала, что мы сами искажали философию и были во многом наивны. Даже нормальные взаимоотношения с мужем, женой и детьми не одобрялись. Мужчинам было легко проявлять власть, контроль и превосходство. Мы были первопроходцами в режиме «сделай это, несмотря ни на что». Никакая жертва не была слишком большой. Можем ли мы ожидать, что все всегда будет гладко? Живи и учись, и сейчас мы хотим использовать то, чему научились, для обучения нового поколения.

То, что я не понимала, будучи молодой преданной, – это сила молитвы. Важно открывать свой ум Шриле Прабхупаде и Господу, просить о понимании и знании, чтобы разбираться в жизни и сохранять веру. Также очень важно открывать свои мысли преданным, которые заботятся о вас, развивать дружеские отношения с преданными и служить преданным. Служение преданным, молитва, развитие смиренного настроения и выполнение преданного служения, которое соответствует вашим способностям и склонностям, абсолютно необходимы для создания крепких, здоровых и любящих семей. Без этого у нас нет будущего. Мы должны понимать, что иметь интерес, привязанность и любовь по отношению к кому-то – это не только нормально, но и необходимо. Пока вы по-настоящему не научитесь любить и заботиться о ком-то другом в материальном теле, как вы собираетесь понять, что такое любовь к Кришне? Как мы сможем стать действительно личностными, а не имперсональными в нашем осознании?

Мы не можем стать сознающими Кришну в одиночку. Пока у меня не появился первый ребенок, я понятия не имела что такое любовь. Когда я держала этого младенца и самоотверженно заботилась о нем, будучи полностью поглощенной этим, мне пришла в голову мысль: «О, Боже, а ведь это всего лишь крохотная часть того, чем является любовь к Кришне». Это было большим открытием.

Pranada devi dasi / Пранада деви даси

В восемь лет все детские игры прекратились и спонтанная молитва овладела жизнью Пранады: «Если ты покажешь мне книги Абсолютной Истины, я откажусь от всего». Она никому не рассказывала о молитве. К двенадцати годам она уже много читала обо всех религиях и духовных путях и в одиночестве отправилась в Сан-Франциско на экоэлектрический духовный рынок начала 1970-х. В шестнадцать лет, почти дошедшая до самоубийства из-за того, что не нашла ответа, она села за книги «За пределами рождения и смерти» и «Легкое путешествие на другие планеты». Слезы потекли по ее щекам, когда она положила эти маленькие сокровища на колени, прочитав их. Ее молитва была услышана. Абсолютная Истина и ее Хозяин раскрыли себя. Пора было предаваться.

В течение нескольких недель, приближающих последний приезд Прабхупады в Лос-Анджелес в 1976-м году я представляла себе, как иду с ним ранним утром по Венис-Бич с нашей небольшой группой крупных распространителей книг: Мулапракрити, Лавангалатика, Гаури, Бхакта Прия, Джадурани, Нартаки, Вриндавана Виласини, Сулакшмана (я уверена, что кого-то забыла упомянуть). Потом одна из девушек сказала, что скорее всего, запланированной прогулки с женщинами не будет. «В конце концов, – сказала она – мы же женщины». Я подумала: «Мы распространяем книги. Разве Прабхупада не захочет встретиться с нами?» Но слова той преданной терзали меня. Я не смогу задавать вопросы или идти рядом с ним в тесной компании моих друзей. Я нутром чуяла, что она права. В прошлые месяцы нам говорили, чтобы мы держались подальше во время визита Тамала Кришны Махараджи, поскольку он лоббировал отправку всех женщин Движения в Австралию. День за днем я видела на лекциях и слушала как лектор ругает женщин. Джадурани запретили давать ее хорошие лекции по «Бхагаватам». Я стояла рядом с сестрами, когда они плакали из-за того, что их мужья плохо обращались с ними. К женщинам относились плохо, и мы это знали. Но я просто должна была иметь какое-то личное служение, какое-то взаимодействие с жизнью моей жизни, со Шрилой Прабхупадой.

Гопанандакари Прабху осталась со мной в брахмачарини ашраме. «Можем ли мы как-то лично послужить Шриле Прабхупаде пока он здесь?» – спросила я. После долгой паузы и продолжительных расспросов она предложила: «Я слышала, что ему нравится, когда женщины улюлюкают». «Знаешь, – сказала она, – это звук, который некоторые издают в наивысшем звучании киртана». Она прижала руку ко рту, глубоко вдохнула, выдохнула с высоким пронзительным звуком, когда ее язык оторвался от неба. «Сделай глубокий вдох, – сказала она, – Ты должна три раза проулюлюкать и каждый так долго, как сможешь».

Это было похоже на боевой клич американских индейцев. Улу дхвани, совершаемое бенгальскими женщинами, считается благоприятным звуком выражения уважения и благой вести. Эти скромные бенгальские женщины издавали звуки, которые перекрикивали певцов и музыкальные инструменты вместе взятые! Каждые несколько дней до прихода Прабхупады я оттачивала свое мастерство во время экстатического вечернего киртана Агнидевы.

Мы решили поприветствовать Прабхупаду улюлюканьем, когда он

вошел в храм для приветствия Божеств. Он проходил от дальней правой стороны алтаря мимо Джаганнатхи, Субхадры и Баларамы, мимо дверей алтаря Рукмини-Дваркадиши к подходил к алтарю Гаура-Нитай, как раз когда двери алтаря открывались и великолепный звук голоса Ямуны вводил нас в молитву «Говиндам».

Во время джапы мы с Гопой расположились посередине балкона и стали ждать. Как только Прабхупада вышел, все упали на пол, тихим шепотом произнося его пранаму. Мы с Гопой стали улюлюкать в полную силу. И как только мы начали, у меня появилось это ужасное чувство тошноты, подступавшее от горла к животу до самых ног, и мне захотелось бежать. Наше улюлюканье было действительно громким; оно вторглось в тишину алтарной комнаты и напугало даже меня. То, что я делала во время киртана, когда играли караталы и мриданги и много преданных пели хором, не было навязчивым. Теперь же звуки наших голосов охватили все пространство и отражались от стен.

Прабхупада держал трость между сложенными ладонями. Подойдя к алтарю Джаганнатхи, он слегка нахмурился. Мои мысли понеслись вскачь, когда он нахмурил брови. Многие преданные внизу подняли головы от земли, глядя на нас с отвращением или недоверием.

О боже, какая же я дура! Я подумала о том как я собираюсь проулюлюкать три долгих раза? Я еще даже не закончила первый. Мы должны быть почтительны. О чем я только думала?!

Больше всего на свете я хотела остановиться, но нам нужно было сделать это три раза, и я вдохнула второй раз. Подойдя к алтарю Рукмини-Дваракадиши, Прабхупада начал мягко покачивать головой из стороны в сторону в жесте «нет». Преданные начали подниматься со своих мест. Многие повернулись к нам в изумлении, мужчины беззастенчиво смотрели на нас с балкона, затем на Шрилу Прабхупаду, чтобы понаблюдать за его реакцией.

Каким будет наше наказание? Неподдельный ужас охватил меня, но я продолжала. Поймет ли Шрила Прабхупада мое сердце? Я должна сделать это, мое единственное прямое подношение к его лотосным стопам.

Внезапно Прабхупада расплылся в широкой улыбке, повернулся, посмотрел прямо на нас и, слегка протянув сжатые руки, благодарно потряс ими в нашу сторону. Улыбка. Не ухмылка, а широкая улыбка. Он благодарит нас! Прабхупада понял наши намерения: почтить его. Он принял наше подношение. Ничего большего нам не было нужно.

В свете новой зари, теплым летним утром, где-то между 5:30 и 6:00 утра я собралась с восемью или десятью другими преданными на маленькой площадке у основания лестницы, ведущей в комнату Прабхупады. Мы тихо повторяли джапу, держа в руках различные подношения. Машина Прабхупады была припаркована в переулке, который граничил с тротуаром, где мы стояли. Он должен был пройти двадцать или двадцать пять футов от основания лестницы до двери машины.

Когда дверь на лестницу, которая вела в покои Прабхупады, открылась, я сосредоточилась на первой ступеньке сверху. Вскоре появились стопы Прабхупады. Затем его ноги, затем торс и, наконец, вся его сияющая фигура. Его медленный спуск в поле моего зрения возбуждал мое сердце, заставлял его колотиться и был уникальной особенностью ожидания его здесь. Когда вы видели, как он появлялся постепенно, с каждым шагом увеличивалось желание увидеть его улыбающееся лицо и на мгновение оказаться рядом с ним. Ожидание было коротким, но захватывающим и многообещающим. Никогда еще я не чувствовала себя таким ребенком. Прабхупада остановился перед нашей маленькой группой, взял цветы и подарки, спросил, как дела у преданных, сел в машину и уехал.

Каждый день я возвращалась на тротуар вместе с небольшой группой преданных. Однажды утром я решила понаблюдать за Прабхупадой с другой стороны переулка. Так я увидела бы любовные отношения Прабхупады и его преданных под другим углом. Я стояла в двенадцати – четырнадцати дюймах от двери машины с противоположной стороны от той, куда он должен был прийти.

Я погрузилась в радость, наблюдая, как Прабхупада обменивается несколькими словами и получает цветы и небольшие подарки от маленькой группы, в основном, женщин. Бетонная дорожка, аллея и унылые двухэтажные здания осветились сияющими сердцами, яркими цветами и теплой смесью любви и уважения. Все закончилось слишком быстро, и, хотя я была полностью и глубоко удовлетворена, я не была сыта. Видя и чувствуя Шрилу Прабхупаду, вы можете стать немного диким, жаждущим. Это было мое постоянное состояние во время приездов Прабхупады.

Прабхупада скользнул на заднее сиденье. Что-то привлекло его внимание. Сначала я не поняла, что это я поймала его взгляд. Он наклонился вперед, чтобы увидеть меня, сложил ладони вместе и посмотрел мне в глаза. Трудно объяснить все, что произошло за те секунды, что он смотрел на меня. Словами это не выразить. Дело в том, что вся моя жизнь не может подвести этому итог.

Когда Прабхупада посмотрел на меня, а я на него, там не было ни машины, ни людей, ни переулка. Я не находилась в теле. Времени не существовало. Ему не было неудобно смотреть мне в глаза. Это так меня удивило, что я чуть не задохнулась.

Мне показалось, что я спряталась за навесом, но вместо этого я с таким же успехом могла бы сидеть рядом с ним на заднем сиденье. На какую-то долю секунды это встревожило меня, и я смутилась. Но это чувство растаяло под взглядом Прабхупады и сменилось мыслями о том, как мне реагировать на его взгляд.

Потребность ответить не была реакцией коленопреклоненного

человека, оказавшегося в неловкой ситуации; это было так, будто его глаза говорили со мной. В них было сообщение, он заслуживал ответа и мне нужно было ответить чем-то значительным. Взгляд Прабхупады не требовал, а ободрял меня в самой любящей, доброй, глубоко вдумчивой манере. Действительно, казалось, что его глаза умоляют меня.

Я попыталась изучить язык его глаз и расшифровать то, что они говорили за доли секунды. Мои глаза оставались неподвижными, но я отчаянно пыталась понять, что происходит. У меня никогда не было разговора глазами и чем дольше я смотрела, тем важнее было ответить. Что мне нужно было сказать?

Внезапно все стало совершенно ясно. Я почувствовала, что Прабхупада был моим другом – давним, потерянным другом. Он смотрел на старого друга, которого снова видел после долгого, очень долгого отсутствия. Поначалу это настолько противоречило моему пониманию наших отношений, что я чувствовала себя просто наблюдателем этого разговора. Но его глаза были такими наполненными и приветливыми, что я подумала: «Конечно, я его дорогой друг и он напоминает мне о нашей любви друг к другу и нашей давней связи». В следующую секунду я уже не думала об этом, я знала эту истину – так же точно, как смотрела на него, а он на меня. Мы были глубоко связаны, между нами не было расстояния. Все было соединено. Его взгляд проникал в то, что в этом мире разделяет души. Я знала, что мои глаза загорелись, потому что весь мир просиял и я увидела вечность в наших отношениях, происходящих из далекого прошлого и движущихся вечно вперед. Я видела вечность.

Впервые в жизни я была уверена. Совершенно уверена. Конечно, моя детская молитва была истинной и услышанной; конечно, я приняла правильное решение стоять здесь; правильное решение присоединиться к храму; правильное решение принять посвящение. Мои поиски были окончены, однозначно. Я могла отдохнуть, абсолютно уверенная, что принадлежу Прабхупаде. Я принадлежала ему, а он – мне и так было всегда. Я никогда не оставлю его. Я сказала это глазами и расслабилась в его любви. Так долго я была одна в своем путешествии. Мне было так одиноко. Так долго я ждала в кажущейся темноте. Затем все разрешилось, и я почувствовала, как внутри меня закипают эмоции, Мой друг, мой друг. Мой давно потерянный друг. Мой господин!

Его улыбка стала шире, и он мягко потряс своими соединенными ладонями в жесте, который говорил «спасибо». Затем машина тронулась. На глаза навернулись слезы, и я невольно содрогнулась от связи, которая одновременно требовала всего и давала больше, чем я когда-либо могла себе представить. Я долго стояла на месте.

Невозмутимость, сострадание, доброта и духовная шакти Шрилы Прабхупады редки даже среди возвышенных святых. Как мог «простой» взгляд привести меня в прямое соприкосновение с моей душой и вечностью, и сделать это в мгновение ока, и так сильно, что он держит меня всю мою жизнь во время моих самых темных ночей, моего самого глубокого эмоционального отчаяния? Прабхупада был наполнен энергией сварупа-шакти Кришны, и он коснулся нас ею. Он с ее помощью изменил нас. Необыкновенный. Беспричинное милосердие. Я молюсь о том, чтобы получить вечное место в служении ему.

Prsnigarbha devi dasi / Пришнигарбдха деви даси

В 1972-м году, Пришнигарбха, двадцатишестилетний секретарь по правовым вопросам, испытывала трудности в браке и искала чего-то большего в жизни, когда встретила преданных, торгующих благовониями на улицах Сиэтла.

Несколько преданных пришли в мой офис, чтобы составить Устав храма в Сиэтле. Я звонила им по поводу Устава, услышала тишину в ответ. Спустя годы, я прочла в «Бхагавад-гите»: «из всех секретов Кришна – это безмолвие», я подумала: «Это круто, все складывается».

Я начала ходить в храм, чтобы воспевать, танцевать и смотреть на картины и однажды я увидела фильм о человеке в оранжевом, который танцевал словно парил, взмахивая руками. Я была потрясена и сразу же, без всяких сомнений поняла, что этот человек с другой планеты. Я начала читать книги Прабхупады и не могла остановиться. Я их не понимала, но читала столько, сколько могла.

Я поехала в Портленд, чтобы послушать лекцию Прабхупады, и почувствовала: «Этот человек направит нашу культуру и общество в нужное русло». Я поклонилась ему и когда он ушел, на долю секунды мне показалось, что меня омывают миллионы бабочек любви.

Прежде чем я получила инициацию, я переживала самые тяжелые времена, и я начала молиться святому Иуде. После того, как я встретила преданных, я продолжала молиться Иисусу и Святому Иуде. Я написала письмо Прабхупаде в котором спрашивала его об этом и он ответил: «Я очень рад, что ваше христианское происхождение привело вас к сознанию Кришны. Однако Кришна говорит в «Бхагавад-гите» *мам экам*, «только Мне». Я была удовлетворена. Я попросила инициацию и Прабхупада принял меня. В финансовом и в других отношениях моя жизнь разваливалась. Я поселилась в храме, оставив свою старую жизнь позади, и все мои проблемы исчезли. Я шила одежды для Господа Джаганнатхи, а Шукадева – президент нашего храма отправлял Шриле Прабхупаде фотографии Божеств в сшитых мною нарядах. Он написал в ответ: «Я видел изображения Божеств в вашем храме. Они очень красивые. Я очень, очень доволен». Шукадева прочитал мне это и сказал: «Мы достигли совершенства нашей человеческой жизни».

Однажды я стояла в алтарной комнате, когда вошел Шрила Прабхупада в окружении толпы людей. Внезапно Шрила Прабхупада немного повернул голову сквозь огромную толпу взглянул как будто внутрь меня и показал, что мое желание и способность быть преданной практически отсутствуют. Я поняла, что огромная толпа людей между мной и чистым преданным не ограничивает этого чистого преданного.

В последний раз, когда я видела Прабхупаду, я стояла рядом со своей подругой Павани. Она увидела, как Прабхупада улыбался и сиял. Я стояла рядом с ней и для меня Прабхупада был отрезвляющим и спокойным.

Puja devi dasi / Пуджа деви даси

Пуджа уже какое-то время посещала храм Харе Кришна в Денвере, а однажды в 1973-м году, когда пришла туда очередной раз она осталась там на ночь, хотя и не планировала. Всякий раз, когда она думала о том, что пора уже вернуться домой к родителям, появлялась новая причина, чтобы остаться еще и еще раз на ночь. Похоже у Кришны был свой план. Теперь, сорок шесть лет спустя, она делится своими самыми сокровенными воспоминаниями о Шриле Прабхупаде.

Впервые я увидела Прабхупаду в храме в Далласе, когда он туда приехал. Я была новенькой, чуть больше года ходила в храм и вот наконец-то я увидела его лично! Преданные выстроились в ряд в зале перед алтарной. Я держала за руку двухлетнего сына Каулини Рамачандру. Когда машина остановилась и Прабхупада вышел, я была поражена увиденным. Мне показалось, что вокруг Прабхупады не было сияния, он сам сиял! У меня навернулись слезы на глаза, мне не хотелось кланяться, потому что я хотела смотреть на Прабхупаду не отрываясь. Все еще держа Раму за руку, я поклонилась, встала и увидела Прабхупаду перед собой. Он гладил Раму по голове. Я была так счастлива, что стою рядом с ним!

На следующий день меня попросили сделать *чаринамриту*. Я уже знала, что в Лос Анджелесе была преданная, которая приготовила *чаринамриту* с солью, и Прабхупада, естественно, был недоволен. Я знала, что нужно делать с сахаром, но все равно испытывала тревогу, чтобы случайно не перепутать сахар с солью! Вокруг было много преданных и мне пришлось даже встать на цыпочки, чтобы увидеть, когда Прабхупада будет пить *чаранамриту*. Прабхупада отпил немного, а затем пожал плечами и поднял ладони вверх, как бы говоря, что все в порядке. Я была поражена, когда почувствовала, что Прабхупада сделал это, чтобы успокоить мой беспокойный ум. Это было удивительно!

Я знала, что нужно ценить любое время, проведенное с Прабхупадой, потому я хотела найти еще повод, чтобы увидеть его. Я «одолжила» двухлетнюю дочь Джагадиша и Лакшмимони, чтобы получить из его рук печенье наверху, в его комнате. Я стояла в очереди с мамами и их детьми. Маленькая Югала Прити бегала вокруг меня, но я не знала, сработает ли мой план. На мое счастье, она выдержала долгую очередь, чтобы войти в комнату и взять свое печенье. Какой-то преданный сказал мне, чтобы я тоже пошла и взяла печенье. Рука Прабхупады коснулась моей руки, и я поняла, что никогда не чувствовала ничего более мягкого.

Я помогала убираться в доме, где жил Прабхупада. Дом находился через дорогу от храма. Я снова хотела увидеть Прабхупаду и у меня появился хитрый план! Все женщины вокруг убирались, а потом одна из них сказала, что Прабхупада идет. Мы все должны были выйти через заднюю дверь. Все, но не я. Мне всего лишь хотелось увидеть его снова, поэтому я сказала, что еще не закончила. Когда Прабхупада вошел через парадную дверь я снова была поражена, так как мне показалось, что он уже смотрит на меня, а не просто замечает, что кто-то стоит в дверях кухни. Я сложила руки, сказала: «Джай Шрила Прабхупада», и поклонилась.

Во Вриндаване для женщин, которые хотели поехать на *парикраму*, был выделен специальный автобус. На обратном пути автобус сломался и нам пришлось ждать, пока его не починят. В храм мы вернулись поздно вечером. На следующий день один преданный сказал нам, что Прабхупада не ложился спать, пока все его дочери не вернулись в целости и сохранности. Это история вызывает слезы на моих глазах каждый раз, когда я рассказываю ее. Мы получали так много любви тогда, и так много любви мы получаем сейчас.

Через несколько лет после ухода Шрилы Прабхупады я находилась в алтарной в Лос-Анджелесе. Я переживала очень трудное время в жизни. Я была наверху на балконе, повторяла свои круги и в молитве сказала: «Шрила Прабхупада, пожалуйста, не забывайте меня!» Затем я услышала как Прабхупада сказал очень строгим голосом: «Это ты не забывай меня!» Я была потрясена, я несколько раз обернулась, чтобы посмотреть, кто еще был в алтарной и услышала еще раз все то же самое. Была середина утра и в алтарной никого не было. Для меня это было хорошее предупреждение. Мы думаем, что для нас Шрила Прабхупада всегда добрый, любящий и милосердный и это правда. Но в этот раз это был добрый голос, дающий суровый наказ.

Я знаю, что мне очень - очень повезло быть одной из учениц Шрилы Прабхупады, которых он с любовью называл своими «дочерями». Я знаю, как нам всем повезло, что Он пришел к нам и распространил сознание Кришны по всему миру! Я безмерно благодарна за это. Даже несмотря на то, что материальная жизнь мешает и мирские страхи и тревоги многочисленны, я знаю, что у меня всегда есть прибежище Прабхупады. Джай Шрила Прабхупада!

Purnamasi devi dasi / Пурнамаси деви даси

Пурнамаси была в числе двадцати преданных, которые впервые увидели Шрилу Прабхупаду в Нью-Йорке в 1975-м году.

Мы были так взволнованы. Мы бегали по нью-йоркскому *ашраму брахмачарини* и говорили: «Прабхупада здесь, Прабхупада здесь и мы тоже здесь, мы тоже здесь!» Чуть позже мы услышали: «Тук, тук, тук!» Мы открыли дверь и преданный, стоящий за ней, сказал: «Шрила Прабхупада спрашивает: «Не могли бы белые слоны перестать прыгать?"» Прабхупада был этажом ниже нас! Мы чуть не упали в обморок. Первое, что мы сделали – это потревожили Шрилу Прабхупаду.

Когда Прабхупада приехал в Торонто в 1975-м году, все в храме отправились встречать его в аэропорт. Все, кроме Айодхья-пати Прабху, который готовил, и меня – *пуджари*. Позже, когда преданные возвращались в храм, Прахарана сказал мне: «Вода для Прабхупады теплая». Вода в маленьком фунтовом кувшине, который стоял рядом с *вьясасаной* Прабхупады, должна была быть холодной. Поэтому я взяла кувшин и наполнила его холодной водой. Возвращаясь в алатрную комнату, я увидела, как открылась дверь, а за ней был Шрила Прабхупада с пятью или шестью *санньяси*, которые следовали за ним. Я замерла. После я принесла поклоны: «*нама ом вишну-падая...*» Прабхупада вошел в храм и поприветствовал Божеств, сел на свою *вьясасану* и произнес короткое приветствие. Преданные из шести различных храмов приехали в Торонто, чтобы увидеть Прабхупаду и наш храм был переполнен. Преданных было так много, что не было возможности засунуть хоть палец ноги в эту комнату. Я стояла у двери с кувшином Прабхупады и думала: «Как же быть?» А потом каким-то образом я передала кувшин одному преданному, а тот следующему, пока он не оказался рядом с *вьясасаной*. Преданный, находившийся рядом с Прабхупадой, наполнил его стакан водой. Прабхупада поднял стакан и залил воду себе в рот. Затем он посмотрел прямо на меня, стоящую в дверном проеме. Это была мелочь, но это было очень личностно. Я не очень хорошо знала Священные Писания, но я знала о *патрам-пушпам-пхалам-тойам*.

Иногда я думаю: «Прабхупада действительно принимает наши подношения. Удивительно, как он принимал даже незначительное служение». Но опять же все, что было связано со Шрилой Прабхупадой, даже нечто небольшое, имело колоссальное значение.

Racitambara devi dasi / Рачитамбара деви даси

В поисках абсолютной истины Рачитамбара путешествовала по Европе, Канаде и Соединенным Штатам, изучая разные религии. В конце концов, она полностью отдалась воле Бога, зная, что Он обязательно ей поможет.

17-го ноября 1972-го года мне было 22, я вышла из дома в чем была с молитвой на устах: «Пожалуйста, Боже, помоги мне найти Тебя». Примерно 2 часа я бродила по Ванкуверу и молилась, как вдруг очутилась на углу Джорджия-стрит и Грэнвилл-стрит, где Бхакта Джон обратился ко мне: «Здравствуйте, юная леди. Хотите немного благовоний?» Я ответила: «Нет, спасибо, я ищу Бога». Он сказал: «Ну вот Вы его и нашли!» Он открыл «Бхагавад-Гиту», показал мне изображение Гопала, обнимающего теленка, и сказал: «Синий мальчик с флейтой – это Бог». Я ответила ему: «Парень, ты сошел с ума. Я изучала много разных религий, но никто еще не говорил мне, что Бог — это синий мальчик с флейтой!» Тогда он открыл фотографию Шрилы Прабхупады и сказал: «Это наш духовный учитель, и он верит в это». Я посмотрела на фотографию Шрилы Прабхупады и подумала: «Это самый мудрый, самый всезнающий человек в мире. Если он в это верит, значит, это правда». Я купила «Бхагавад-Гиту» и отправилась на встречу с подругой, которая разрешила мне пожить у нее.

После этого я каждый день виделась с преданными: Бхактой Джоном, который стал Чайтаньей Симха дасом, и Бхактой Роджером, который стал Риддха дасом, и каждый день они дарили мне подарки. Я начала посещать воскресные программы, а затем переехала в храм. Больше я уже никуда не уезжала и вышла замуж за Чайтанью Симха. Через некоторое время мы переехали в Лос-Анджелес.

В декабре 1973-го года Шрила Прабхупада прилетел в аэропорт Лос-Анджелеса, где преданные встретили его грандиозным *киртаном*. Я стояла в задних рядах толпы, а за мной было двое молодых бизнесменов, которые тоже с восторгом наблюдали за происходящим. Внезапно появился Шрила Прабхупада и когда я поклонилась ему, слезы, словно приливная волна, хлынули из моих глаз, я все плакала и плакала. Это было так очищающе. Когда я наконец встала, то увидела, что у обоих бизнесменов по щекам тоже текут слезы.

Одним из моих основных служений было приготовление печенья, которое Шрила Прабхупада раздавал детям после лекций. Мы назвали его печеньем Прабхупады. Оно готовилось из масла, муки и сахара в равном соотношении. Я и мечтать не могла о приготовлении чего-либо, кроме этого печенья. Я бежала домой после *мангала-арати*, готовила печенье, аккуратно раскладывала его на подносе, приносила как раз к *гуру-пудже* и ставила за *вьясасаной* Прабхупады.

Однажды Прабхупада с Гавайев прилетел в Лос-Анджелес. Рамешвара Прабху, наш Джи-Би-Си, сказал нам, что Шрила Прабхупада тяжело болен и не придет в храм повидать Божества. Он спросил: «Есть вопросы?» Я поинтересовалась: «Мне готовить печенье?» В присутствии двух преданных Рамешвара сказал: «Глупая женщина! Я только что сказал, что Прабхупада серьезно болен и не придет в храм, а она хочет узнать, будет ли он раздавать детям печенье!» Я была так шокирована его словами, что хотела, чтобы, подобно Сите, земля забрала мое тело. Я пришла домой вся в слезах и мой муж, пытаясь успокоить меня, сказал: «Служение абсолютно. Тебе стоит приготовить печенье, предложить его изображению Шрилы Прабхупады и раздать детям на игровой площадке». Я приготовила печенье и на следующее утро с поддержкой двух преданных Прабхупада вошел в алтарную и поклонился перед каждым из трех алтарей. Он взял чаранамриту и сказал: «Нужно провести *гуру-пуджу*». Он был настолько слаб, что с трудом сел на *вьясасану*. После *гуру-пуджи* он сказал: «Лекция должна состояться». Прабхупада с трудом держался на ногах и, хоть он и говорил в микрофон, его было еле слышно, потому что он был очень слаб. Тем не менее, он прочитал небольшую лекцию. После нее преданные хотели, чтобы он вернулся в свою комнату, но Прабхупада сказал: «Нет. Где печенье? Дети ждут печенье». Рамешвара странным голосом произнес: «Печенье!» и я ответила: «Печенье у меня!» Я была так рада, что сделала свое дело и позже поблагодарила мужа за то, что он меня вдохновил.

Однажды я нашла форму для печенья в виде коровы и подумала: «Здорово! Шрила Прабхупада будет есть и вспоминать коров Вриндавана!» Я испекла печенье в форме коровы, украсила его и отнесла Шриле Прабхупаде. Палика предложила печенье Прабхупаде, а позже сказала мне: «Прабхупада спросил: «Они думают, что я стану есть корову?»». Я выбросила форму.

Как-то раз я приготовила для Шрилы Прабхупады мороженое из рожкового дерева и мяты и попросила его слугу: «Не мог бы ты отнести мороженое Шриле Прабхупаде?». Он ответил: «Прабхупада не ест рожковое дерево». Я взмолилась: «Пожалуйста, отнеси. Я очень старалась». Я чуть не расплакалась. «Хорошо, – сказал он, – я сделаю это». Слуга вернулся через несколько минут и спросил: «Есть еще мороженое? Прабхупада съел целую миску и хочет еще».

Когда я предлагала Божествам виноград, обычно разрезала ягоды пополам и вынимала косточки. Однажды Прабхупада попробовал ягоды и сказал: «Передай повару, что Кришне нравится иногда выплевывать косточки. Ему необязательно каждый раз доставать косточки из винограда».

Окно Шрилы Прабхупады выходило на переулок, где по ночам было довольно страшно. Это были времена Джона Ф. Кеннеди и Мартина Лютера Кинга-младшего, и я постоянно переживала, что кто-нибудь выстрелит в Прабхупаду. Я просыпалась около часа ночи и в переулке, глядя на окно Прабхупады, повторяла *джапу*. Он всегда был рядом со мной. Окно Шрилы Прабхупады было открыто, и я слышала, как он повторял *джапу* или занимался переводами. Я чувствовала, что таким образом защищала его. Конечно, что еще я могла сделать?

В июне 1976-го года Прабхупада сказал моему мужу: «Мы только что приобрели тринадцатиэтажное здание в Нью-Йорке. Я хочу, чтобы ты отправился туда, заменил проводку, трубы, провел реконструкцию и покрасил стены. Как думаешь, сколько времени на это потребуется?»

Мой муж подсчитал и только собирался сказать, что через год все будет готово, как Прабхупада улыбнулся и сказал: «Через полтора месяца я должен быть в Нью-Йорке». Мой муж пришел домой и сказал: «Собирайся. Утром мы первым рейсом летим в Нью-Йорк». Больше в Лос-Анджелес я не возвращалась.

Что Прабхупада говорил нам, то мы и делали. За те шесть недель я едва сомкнула глаза. Я красила стены, а мой муж вместе с бригадой рабочих занимался всем одновременно. Это был замечательный марафон и шесть недель спустя храм был построен. Это было невероятно. Когда подъехала машина Шрилы Прабхупады, преданные выстроились в ряд от проезжей части до входной двери и каждый держал в руках подарок для него. Мой муж наводил последние штрихи и когда он выбежал на улицу, то увидел, что подарки подготовили все, кроме него. Он забежал обратно в храм, нашел засохшую и уже почерневшую розу и снова вышел на улицу. Шрила Прабхупада медленно и царственно с высоко поднятой головой проплывал мимо нас, любуясь храмом. Преданные дарили ему гирлянды, *чадары*, фрукты, цветы, а Прабхупада передавал их своему слуге. Когда он оказался перед моим мужем, Шрила Прабхупада остановился, подождал немного и протянул правую руку, как будто чего-то ожидая. К тому времени мой муж уже спрятал почерневшую розу за спиной, считая ее недостойной того, чтобы предложить ее Прабхупаде, но тут ему пришлось вытащить ее и вложить в руку Шриле Прабхупаде. Прабхупада взял розу обеими руками и сказал: «Большое тебе спасибо». Прабхупаде понравилось в храме абсолютно все.

Однажды в Джуху Шрила Прабхупада спросил мою трехлетнюю дочь: «Хочешь прокатиться на моей машине?». Это выглядело так, будто один ребенок предложил другому шалость. Моя дочь вопросительно посмотрела на меня, а затем ответила: «Да, Шрила Прабхупада». Она села на заднее сиденье рядом со Шрилой Прабхупадой, и они поехали к нему домой. Так повторялось каждый день на протяжении двух недель и каждый раз это выглядело как очередная детская шалость.

В начале 1977-го года, когда Прабхупада приехал в Джуху в последний раз, я стояла позади толпы, думая: «О, Шрила Прабхупада, у Вас так много учеников. Я тоже Ваша ученица, но знаете ли Вы меня?». Шрила Прабхупада вышел из машины и вместо того, чтобы зайти в здание, как мы ожидали, он остановился, оглядел толпу и остановил взгляд на мне. Он заглянул мне в глаза, в мою душу, улыбнулся так, словно миллион солнц вспыхнули одновременно и кивнул. Я четко услышала, как он сказал: «Конечно, я тебя знаю. У нас с тобой вечные отношения». С тех пор я постоянно чувствовала, что Прабхупада рядом со мной и он знает меня, потому что у нас с ним вечные отношения.

Затем Прабхупада зашел в здание и сел в лифт. Мы с дочерью поклонились ему. Но, когда я поднялась, моей дочери уже не было! Я крикнула: «Кто-нибудь видел мою дочь?». Кто-то сказал: «Разве ты не видела? Прабхупада позвал ее в лифт!». Я кинулась наверх и увидела ее сидящей возле ног Прабхупады. С огромного подноса нарезанных фруктов он взял кусочек ананаса и сунул ей в рот. Как он узнал, что ананас

— это ее любимый фрукт? Последние шесть месяцев беременности я ела ананас каждый день, потому что мне страшно хотелось его — это было желанием моей дочери. Она до сих пор любит ананасы. Из огромного разнообразия фруктов Прабхупада угостил мою дочь именно ананасом.

Наша семья жила на ферме в Хайдарабаде, когда мы узнали, что Шрила Прабхупада заболел во Вриндаване. Мы купили самые дешевые билеты на поезд, нам пришлось всю дорогу сидеть на своих чемоданах рядом с козами и цыплятами, в итоге мы прибыли во Вриндаван, чтобы услышать от Бхавананды: «Вам нельзя к Шриле Прабхупаде. Он никого не принимает». Мы сказали: «Вы даже представить себе не можете, через какую аскезу мы прошли, чтобы попасть сюда. Пожалуйста, позвольте нам увидеть Шрилу Прабхупаду в последний раз!» Но он ответил, что это невозможно. В итоге мы втроем вышли и встали перед высокими французскими дверями в комнату Прабхупады, зная, что он лежит в своей постели с другой стороны комнаты. Мы произносили наши последние молитвы Шриле Прабхупаде, когда внезапно двери и занавеси распахнулись и мы увидели его. Мы поклонились ему и почувствовали полное удовлетворение. Позже Бхавананда сказал: «Эти двери и занавеси не открывались месяцами, но Шрила Прабхупада внезапно велел своему слуге открыть их». Он знал.

Radha Kunda devi dasi /Радха Кунда деви даси

У Радха Кунды был брак по договоренности. Она не была знакома со своим будущим мужем. После церемонии, когда они пошли в комнату Прабхупады за его благословениями, Шрила Прабхупада посмотрел на нее с сочувствием, снял красивое золотое кольцо с сапфиром со своего пальца и протянул ей, сказав: «Вот, возьми это кольцо». Оно было большим, поэтому она надела его на большой палец.

Оказавшись в Бомбее, я была беременна, больна и несчастна. Когда Прабхупада читал лекцию по «Бхагавад-гите», я сидела перед ним и плакала. Я хотела сказать ему: «Я больше не могу терпеть эти страдания», но понимала, что Прабхупада знал о моих страданиях. На следующий день он позвал меня с мужем в свою комнату и сказал: «В ведической культуре беременная женщина живет со своей матерью. Ты должна жить с мамой до рождения ребенка, а через шесть месяцев после родов вернись к мужу и живи с ним». Я подумала: «Вау! Прабхупада знает, что у меня на уме». Тамал Кришна Махарадж сказал: «Шрила Прабхупада, у Радха Кунды важное служение *пуджари*. Мы не сможем отправить ее домой к матери». Мой муж сказал: «Ее мать – демон. Радха не может уехать и остаться с ней». Они спорили, и Прабхупада вмешался, сказав: «Позволите и мне сказать? Думаю, нам следует отправить ее в материнский дом». Я вылетела из Бомбея, осознавая, что Прабхупада знает мое сердце.

Каждый раз, когда Прабхупада приезжал в Бомбей, мы сидели с ним в сокровенной, как будто бы семейной обстановке и он рассказывал нам о своих путешествиях. Однажды он вспоминал о Бауэри, о том, как он жил с изгоями, пьяницами и негодяями, и как его печатную машинку украли. Мы плакали, узнав об этом. Прабхупада сказал: «Почему ты плачешь? Я не смотрел ни вправо, ни влево. Я прошел прямо через адский огонь, чтобы собрать вас всех». Была ли у кого-либо страсть как у Прабхупады? Если бы он не поставил свои лотосные стопы на Джаладуту, мы бы никогда не поняли цель и смысл человеческой жизни, сколько миллионов перерождений мы прошли. Мы не можем отблагодарить Прабхупаду за его беспричинную милость и сострадание. Без него мы никогда бы не услышали о Кришне, преданных Кришны и *кришна-прасаде* - кокосовом бурфи и халаве. Мы никогда не услышали бы о «Бхагаватам» и «Бхагавад-гите». Мы никогда не подумали бы, что человеческая жизнь предназначена для развития любви к Кришне. Прабхупада изменил нашу жизнь и дал нам множество причин жить.

Он хотел, чтобы мы выходили и что-то делали. Однажды в Лос-Анджелесе в 1973-м году он плакал и говорил: «Мой духовный учитель умолял нас: "Пожалуйста, идите и проповедуйте". Сегодня я умоляю вас, пожалуйста, идите и проповедуйте, распространяйте книги, и ваша жизнь будет успешной». Все мы выходили на улицу по двенадцать часов в день семь дней в неделю. Это было лучшее время в моей жизни. Распространяя книги, мы доставляем удовольствие Прабхупаде, Шриле Бхактисиддханте, Бхактивиноде Тхакуру, всей *гуру-парампаре*, Панча-таттве, Кришна-Балараме, Радхарани. Мы будем счастливы и с этим фактом не поспорить.

Однажды во время лекций по «Бхагаватам» в Джуху, я была поглощена тем, чем занимается моя дочь. Тогда Прабхупада сказал: «Влечение матери к ребенку естественно. Матери не нужно прививать любовь к своему ребенку. Точно так же влечение духовной души к Кришне совершенно естественно. Это не что-то приобретенное. Нас не нужно заставлять любить Кришну». Каждый день, пока Прабхупада проводил лекцию по «Бхагавад-гите», я готовила вечернее подношение и проводила *арати* для Шри Шри Радхи-Расабихари в Джуху. А потом я давала тарелку с *маха* Прабхупаде, и он раздавал *прасад* с *вьясасаны*.

Сегодня я услышала, как Прабхупада сказал: «Если вы читаете "Нектар преданности" Рупы Госвами, вы общаетесь напрямую с Рупой Госвами. И, если вы будете следовать наставлениям "Нектара Преданности", вы будете поклоняться его лотосным стопам». Итак, когда мы читаем книги Прабхупады, у нас есть отношения с Прабхупадой и мы напрямую общаемся с ним. И, следуя наставлениям Прабхупады, мы поклоняемся его лотосным стопам. У каждого в его Движении есть возможность иметь прекрасные любовные отношения со Шрилой Прабхупадой. Мы должны рассказывать каждому во всем мире, кто такой Прабхупада и что он сделал.

Radhanarupini devi dasi/ Радханарупхи Деви Даси

Радханарупхи была инициирована в храме в Гонолулу в феврале 1975-го года. Она встретила преданных на Филиппинах, когда ей было пятнадцать. Она хотела быть монахиней, но ее сестра познакомилась с преданными Сиддхасварупы, начала повторять круги и читать «Бхагавад-гиту».

Моя сестра показала мне «Бхагавад-гиту» и я начала читать ее. В ней находились все ответы, которых я не нашла в католицизме: понимание души и все подобные вещи. Затем она дала мне четки и стала повторять *маха-мантру*.

Когда мне было семнадцать, вся моя семья переехала в Гонолулу, потому что мой отец стал руководить авиакомпанией Philippine Airlines. На Гавайях я чувствовала очень сильную разлуку с преданными, потому что мои родители на самом деле не хотели, чтобы я присоединялась к ИСККОН. Но мне было так грустно. Мой брат сжалился надо мной и взял меня на один Воскресный Пир Любви. Это произошло в 1974-м или в 1975-м в новом храме на Коэльо Уэй 51. Я начала ходить в храм и была очень счастлива быть среди преданных, даже если они были преданными ИСККОН. Я начала выполнять служение в ресторане Говиндас, работая там официанткой. На мой 18-й день рождения, сразу после пробуждения, я собрала свои вещи, а после пошла в школу и потом на работу. После этого Лила привела меня в квартиру к родителям. Я поднялась наверх чтобы забрать вещи и встретила там отца, который был очень расстроен. «Что ты делаешь?» — спросил он. «Я переезжаю в храм Харе Кришна» — ответила я. Он курил и сильно дымил, но мне было восемнадцать. Я приезжала домой каждые выходные, а моя мама приезжала в храм, чтобы увидеться со Шрилой Прабхупадой.

Я была *брахмачарини* в том храме, который раньше был оранжереей. Мы повесили гобелены на стены так, чтобы ветер не проникал внутрь. Приехал Шрила Прабхупада. Я не могу четко объяснить, что произошло, но я мгновенно почувствовала прямую связь с ним. Когда я впервые увидела его, я поняла, что поступила правильно.

Он собирался остаться в Гонолулу и на сезон манго в том числе. Природа и погода там были благоприятны для его здоровья. Я нашла изображение Кришны, играющего на флейте, поместила его на красиво вырезанный кусок дерева и обернула это все шелком. Во время *гуру-пуджи* я подошла и отдала это Шриле Прабхупаде. Когда он открыл сверток, его лицо излучало радость, оно будто говорило: «Ух ты, какой чудесный подарок!» И тогда он дотронулся до моей головы.

Когда вы подходите к храму на Коэльо-Уэй с правой стороны, вы видите дерево гуавы или другое дерево, которое так же изгибается, а за ним идет каменная стена. Махавишнуприя, Лила и я сидели там в 2 часа ночи и наблюдали за Шрилой Прабхупадой, который был в своей комнате. Мы видели, как он просыпается, ходит по комнате, повторяет святые имена, сидит, идет туда, идет сюда, а мы просто смотрели на это. Мы видели людей, слуг или еще кого в комнате. Или иногда, когда мы подходили очень близко, то могли слышать, как он диктует переводы. Это было так прекрасно, так сладко.

Дхритаврата и я отправились во Вриндаван. Мы переехали в комнату в *гошале*, потому что слышали, что Шрила Прабхупада не хотел, чтобы *грихастхи* жили в Кришна-Баларам Мандире.

Моим служением был поход на рынок, сбор веточек и остальных необходимых предметов для огня, на котором готовят обед. Также я занималась ручной стиркой, используя воду из колодца. Каждое утро мы просыпались под звуки из храма Сита-Рамы, омывались холодной колодезной водой, затем шли в храм на *мангала-арати*. После этого мы возвращались домой, делали наше служение и возвращались обратно на вечернюю программу в храм. На обеих программах Прабхупада давал лекции. Это было так здорово! И у меня была возможность делать гирлянды для Божеств.

Однажды на мне было зеленое сари, которое я случайно не постирала. Я нанесла *тилаку* и красную точку. Я чувствовала себя новогодней елкой. Я сидела на корточках лицом к Кришна-Баларам Мандиру и по левую сторону, где сейчас находится *самадхи* Шрилы Прабхупады. Я воспевала мантру и услышала какой-то шум. Я увидела, что Шрила Прабхупада стоял там в компании преданных. Тогда я подумала, что если я принесу свои поклоны и останусь в таком положении достаточно долго, то он пройдет мимо и даже не заметит меня.

Моя голова все еще была на земле, и я подумала: «Так, хорошо, это было достаточно долго, я собираюсь подняться и сесть». Тогда я села, а Прабхупада оказался прямо передо мной. Он посмотрел на меня, улыбаясь, покачал своей головой и ушел. Позже я узнала, что Прабхупада спросил тогда: «Кто она?» Те преданные рассказали ему обо мне и сказали, что я жена Дхритавраты. Прабхупада сказал: «И где они живут?» «Они живут в *гошале*», — ответили ему преданные. «Я доволен ею», — сказал Шрила Прабхупада, и я думаю, он сказал это потому, что был счастлив от того, что мы следуем его наставлениям и живем не в храме.

Дхритаврата подошел к Шрутакирти и сказал: «Я бы хотел узнать у тебя, может ли моя жена, Радханарупини, получить вторую инициацию?» Шрутакирти рекомендовал меня Шриле Прабхупаде. На это Шрила Прабхупада ответил: «Да, пусть она завтра придет в это конкретное время». То есть он даже не проводил огненную для меня. Я была единственной, кто получил тогда инициацию.

У нас не было денег, но у меня был жемчуг, который подарила мне моя сестра. На деньги, которые я получила за продажу жемчуга, я купила открытую корзину, похожую на тарелку. Я расхаживала с ней, покупая фрукты, чтобы положить их на тарелку для своего подношения. Оставшиеся деньги я собиралась положить в конверт как *дакшину*. Я погрузилась в свои мечты, желая увидеть Шрилу Прабхупаду и получить инициацию и тогда на меня напала обезьяна. Я побежала за ней, потому что у нее были бананы. Тамошние *валы* сказали мне: «Нет, нет, нет, не беспокойтесь!» Я плакала, потому что у меня не было больше денег. Но все, кто это видел и был рядом, дали мне фрукты.

Я зашла в комнату Прабхупады. Он сидел прямо напротив двери на одной из тех действительно чудесных маленьких *вьясасан*, стоящих на полу перед его столом. Я поклонилась ему, очень аккуратно, так, чтобы фрукты не касались пола, а затем положила их на его рабочий стол. Он спросил:

— О, это для меня?

— Да, Шрила Прабхупада, — ответила я.

—Ох, это хорошо!

Там были гранаты. Он сказал: «Я собираюсь дать тебе *брахманическую* инициацию и я научу тебя, как правильно повторять *мантру*. Подойди сюда» — и он похлопал рукой по подушке рядом с ним.

Он показал мне как считать, когда мы читаем Гаятри *мантру*. Сперва он сделал это сам, затем он хотел, чтобы я повторила за ним. Но я так нервничала, что он остановил меня и самым ласковым, самым добрым тоном сказал: «Не переживай». На что я ответила: «Хорошо». Он прочитал всю *мантру*, затем попросил меня повторить ее. Он сказал: «Теперь ты должна повторять ее три раза в день». После этого я поклонилась, сказала: «Спасибо Вам, Шрила Прабхупада!» — и ушла.

Прабхупада гулял и там была пожилая индийская женщина, полностью одетая в белое. Прабхупада был в окружении своих учеников-мужчин. Эта пожилая женщина направлялась прямо к Шриле Прабхупаде. Рукой он сделал жест, чтобы ей уступили дорогу. Она подошла и поклонилась. Он держал ее руку в своих, как будто бы они знали друг друга уже очень давно, они разговаривали. Это было очень мило, очень чудесно.

Прабхупада просто обожал детей. Он улыбался от уха до уха, когда находился рядом с детьми. Когда к нему приходили женщины, его глаза были очень мягкими и добрыми. Это не один из тех взглядов, который говорил бы: «Уу, ты — женщина». Нет. Это скорее один из взглядов, наполненных любовью, привязанностью и защитой. Я всегда чувствовала эту защиту от Шрилы Прабхупады, которую я никогда больше не ощущала ни от кого другого. Он и впрямь хотел защитить женщин. Это то, чего он хотел для нас, ведь мы не получали защиты.

Однажды во Вриндаване один мужчина задал вопрос: «Могу ли я

жениться?» А затем, вы не поверите, он спросил: «Могу ли я получить *санньясу*?» Ох, Прабхупада тогда рычал как лев, ему действительно не нравились подобные вещи. Он хотел видеть, что женщины получают защиту и о них заботятся.

Те несколько раз, что я была непосредственно рядом с ним, я чувствовала, что когда Шрила Прабхупада смотрел на меня, он никогда не видел моего тела, никогда. Он видел того, кто находится внутри. Он видел того, кем ты действительно являешься: духовную душу, слугу Кришны.

Я действительно чувствовала себя его дочерью. Он был очень любящим. Он никогда не был злым, никогда не наказывал. Даже тогда, когда говорил мне: «Всё хорошо, не переживай». Это было так мило. Он не был нетерпелив со мной. Его поведение не говорило: «Что это за женщина? Она такая неразумная, она не может даже на пальцах посчитать, она отнимает у меня время». Но нет. Невероятно. Он был таким терпеливым, спокойным и добрым, всегда хотел объяснить получше, сделать сложное понятным, давая это все с любовью.

Когда я была в Нью-Йорке однажды ночью мне приснился первый сон о Шриле Прабхупаде, и я побывала в астральном путешествии. Я увидела своего мужа, спящего в спальном мешке. Я увидела свое тело в спальном мешке, а я была просто вытащена из тела. Я могла видеть комнату, в которой мы находились. Затем я увидела Шрилу Прабхупаду и сказала: «О, мой Господь, Шрила Прабхупада, это Вы! Я что, оставляю тело?» Он сказал: «Нет, ты не оставляешь тело, не сейчас. Ты должна вернуться обратно в свое тело. Но когда ты будешь оставлять тело, я буду рядом». Он сказал мне это. После этого я вернулась в свое тело.

Он также снился мне сразу после своего ухода, и он плакал. Мой бывший муж и я искали его, и мы нашли его в задней части дома. Мы спросили его: «Почему Вы плачете?» Он ответил: «Потому что многие мои ученики оставят движение… Пожалуйста, не уходите». Несколько месяцев назад я начала жаждать общения со Шрилой Прабхупадой и теперь я думала: «Где же Вы? Я так скучаю…»

Я начала читать книги Шрилы Прабхупады, и, о Господь, комментарии начали кричать мне. Они просто ожили для меня теперь. Я приходила домой после работы и первое, что мне хотелось делать было чтение, потому что я чувствовала, что во время чтения я общаюсь с ним лично. Я получала конкретные указания от него. И я думаю, что таким образом, через его книги нужно следовать его наставлениям. Он однозначно присутствует в своих книгах. Мы такие удачливые. Нам так повезло, что у нас есть его комментарии.

Если вы хотите стать ближе к вашему духовному учителю и, если вы хотите почувствовать эту сердечную близость, тогда вы должны идти напрямую к нему и сказать ему об этом. Я ощущаю, что Шрила Прабхупада здесь и он так или иначе ведет меня, потому что он мой *шикша* и *дикша-гуру*. Конечно, я чувствую, что у меня есть и другие *шикша-гуру*, такие как старшие духовные братья, или другие очень продвинутые духовные сестры, или любые другие продвинутые *вайшнавы*.

Как же я могу отплатить ему за все то, что он сделал? Единственный ответ, который у меня есть — это прикладывать максимальные усилия в своем служении, в воспевании святых имен. Быть доброй к людям, видеть Кришну в их сердцах и когда появится возможность, рассказать им о Кришне, или угостить их *прасадом*. Как еще вы можете отплатить вашему духовному учителю? Он дал нам нечто очень ценное. Кто-то из нас пал, но потом вернулся, кто-то остался с тем, что было. Но лучшее, что вы действительно можете сделать, чтобы отплатить ему, — это постараться продвинуться в вашей собственной духовной жизни.

Radhapriya devi dasi / Радхаприя деви даси

В 1972-м году, за два месяца до своего восемнадцатилетия, Радхаприя сбежала из своего прекрасного дома и от мудрого отца, которого она очень любила.

Я посещала храм в Лондоне на Бери-Плейс с шестнадцати лет и, когда я узнала, что скоро у меня будет законное право присоединиться к Движению Шрилы Прабхупады, я присоединилась. Настроение *бхакти* было самым прекрасным из всего, что я когда-либо знала и оно затягивало меня. Я понимала, что мы должны пребывать в настроении служения и всегда хотела служить; я была смиренной и делала все, что мне говорили. В 1972-м году Прабхупада инициировал меня, через четыре месяца я вышла замуж за незнакомого человека, а через 6 месяцев я получила Гаятри. Чтобы получить *мантру* Гаятри я пошла в комнату Прабхупады в Мэноре, где он сидел на низкой подушке на полу. Он постучал по месту рядом с собой, показывая, что я должна сесть там. Я так и сделала. Он был вежлив, заботлив и абсолютно благосклонен. Любовь Кришны захлестнула меня. Я чувствовала себя крошечным незначительным пятнышком, поглощенным океаном безусловной нежной любви.

Однажды во время *гуру-пуджи* кто-то дал мне цветы для подношения Шриле Прабхупаде. Я так стеснялась, нервничала и потела, что сжала их в ужасную липкую массу, которую не смогла предложить. Но на следующий день я поднесла ему цветы и почувствовала себя омытой и смягченной его безусловной любовью.

В каждой частичке своего существа и во всех своих движениях Прабхупада все время грациозно танцевал для Кришны. Иметь истинного духовного учителя и отдать свою жизнь этому человеку и Кришне — это самое большое благословение, которое только можно иметь. Когда вы рядом с духовным учителем, не существует страха ни перед чем во всей вселенной, за исключением неспособности доставить радость этой личности.

Я одевала Радхарани, а Рохининандана, мой муж и главный *пуджари* одевали Гокулананду. Я понятия не имела, что буду заниматься чем-то еще в этой жизни. За исключением Ратха-ятры, я даже не хотела выходить за пределы территории Бхактиведанта Мэнора. Это было самое благословенное время. Те секунды непосредственно перед открытием занавеса, когда я знала, что Шрила Прабхупада сейчас увидит Божеств, одетых мною, были одними из самых таинственных мгновений, которые только можно вообразить. Все казалось безупречно идеальным, в последнюю долю секунды, когда дула раковина, занавес открывался, я вбегала в алтарную комнату, начинались молитвы «Говиндам» и я бросала свое тело на землю в полном *дандавате* к стопам своего *гуру* и Господа. Это был самый совершенный опыт в мире.

У стоп своего духовного учителя я чувствовала себя абсолютно безупречно. Я чувствовала, что любые хорошие поступки, возможно, совершенные мною в прошлых жизнях и любые поступки, которые я, возможно, совершу в своих будущих жизнях, достигали своей кульминации, когда я сидела у стоп Шрилы Прабхупады. Я достигала точки полного успеха. Я молилась: «Пожалуйста, мой дорогой Господь, я готова покинуть свое тело прямо сейчас. Больше не существует ничего, что я когда-либо могла бы достичь через любые свои прошлые или будущие действия».

В последний раз, когда Шрила Прабхупада посещал Мэнор, он был не против того, чтобы его видели в таком болезненном состоянии. Он демонстрировал уязвимость ребенка и, чтобы научить нас, предавался Господу и преданным. Видеть его мягкость было трогательно.

Сейчас я ценю Прабхупаду больше и его присутствие в моей жизни ощущается сильнее. С каждым днем его слова приобретают для меня больше смысла. Он научил нас вставать рано утром, повторять Харе Кришна, бежать приветствовать Радху и Кришну, предлагать Им поклоны и петь прекрасные песни для Их удовольствия. Он научил нас, как любить и полностью отдавать себя через настроение *бхакти*.

Radhika devi dasi / Радхика деви даси

Где-то в 1970-х годах Радхика получила книгу «Кришна» от брахмачари в Нью-Вестминстере, Британская Колумбия. Они сказали ей: «Это индийская Библия». Ее ответ был: «У меня нет с собой достаточно денег, чтобы купить ее», но брахмачари прошли с ней три или четыре квартала и она, наконец, дала им пять долларов, отложенных на автобус. Домой добиралась пешком.

Я ценила книгу «Кришна», но много ее не читала. Каждый год мы с семьей встречали преданных, и я начала принимать *прасад* и участвовать в *киртане*, хотя и не знала, что это такое.

Я приобрела две небольшие книги: «Легкое путешествие на другие планеты» и «Совершенство йоги». Я села за столик в маленьком кафе на Четвертой авеню с привычным уже чайником зеленого чая и начала читать. У меня была степень магистра английского языка, я была литературным критиком и считала себя вполне образованной. Другие книги, которые я читала, никогда не производили особого впечатления, но эти маленькие книги поразили меня. После одной или двух страниц я поняла, что это была абсолютная истина, которую я искала. Я подумала: «Это лучшие книги, которые я когда-либо встречала в мире, и этот человек, А.Ч. Бхактиведанта Свами Прабхупада – истинный *гуру*». Я была ошеломлена. Я читала «Учение Господа Чайтаньи» и была в восторге от того, что существует такая Личность, как Махапрабху и Шрила Прабхупада дал так много информации о Нем.

В 1976-м году, 17-ųj сентября – в тот день, когда Прабхупада вернулся в Америку, – мы с двумя моими детьми присоединились к Движению Харе Кришна. Президент храма спросил меня, собираюсь ли я остаться на тут всю жизнь, и я ответила: «Да, да». Почти сразу после того, как я присоединилась, моего сына, Калия Кришну, отправили во Вриндаван и Прабхупада дал ему там инициацию в 1977-м году. Моя дочь Лингини училась в *гурукуле* в Сиэтле. Тем временем я жила в храме, читала «Шримад-Бхагаватам» и была в восторге от открытия этой замечательной литературы. Через несколько месяцев я начала распространять книги и занималась этим около десяти лет.

Учение Шрилы Прабхупады – самое поразительное на планете. Когда человек читает его книги, у него открываются глаза факелом знания: *ом аджнана-тимирандхасйа джнананджана-шалакайа*. Открываются не только глаза, но и сердце. И не только сердце открывается, голова кружится. В «Чайтанья-чаритамрите» Рамананда Рай говорит: «Какая польза от стрелы лучника или поэзии поэта, если они проникают в сердце, но не заставляют кружиться голову?» Книги Прабхупады – это такой восхитительный опыт, который мы хотим дать другим.

Я никогда не встречала Шрилу Прабхупаду, но Прабхупада говорил, что слушание, *вани*, важнее, чем *вапу*, физическое присутствие. Я всегда стараюсь дать немного учения Шрилы Прабхупады другим, будь то через его книги, цитаты или статьи. В США, когда я читаю лекции по философии йоги, я всегда повторяю мантру Харе Кришна и прославляю Шрилу Прабхупаду.

Сила Шрилы Прабхупады поразительна, а его книги – это бомбы замедленного действия. Для тех, кто хоть немного чист сердцем, кто не завистлив, милость Прабхупады просуществует в течение следующих 10 000 лет.

Ragatmika devi dasi / Рагатмика деви даси

Около восьми месяцев в 1970-м году Рагатмика, ее муж и их годовалый сын путешествовали по Индии. По возвращении в свою родную Австралию ее муж, который искал гуру, начал переписываться с мельбурнскими преданными и, в конце концов, Рагатмика, ее муж и их сын переехали в мельбурнский храм.

Когда Прабхупада приехал в Австралию в 1973-м году, моему сыну Джанаке было около трех лет. Иногда Джанака пробирался в комнату Прабхупады через французские окна, доходящие до пола, и проводил там время со Шрилой Прабхупадой. Во время пары утренних прогулок Прабхупада держал руку Джанаки в кармане и крепко сжимал ее. Прабхупада шел быстро и Джанаке и остальным пришлось почти бежать, чтобы не отстать от него.

Прабхупада был больше, чем духовным отцом, он также был нам как настоящий отец. Он был добр к маленьким детям, проявлял терпимость, сострадание и игривость. Прабхупада учил нас, как одеваться, как есть, как делать так много вещей, а также как быть родителями. Он – наш вечный доброжелатель и наш вечный отец.

Rama devi dasi / Рама деви даси

Смарахари даса был братом лучшего друга молодого человека Рамы деви. Смарахари подарил Раме деви пластинку с записью «Говиндам». Она проигрывала запись снова и снова, пока не заслушала ее до дыр, в прямом смысле слова. Когда пластинка пришла в негодность, Рама сама стала напевать молитвы «Говиндам» днями напролет.

В 1972-м году, за три или четыре дня до моего семнадцатилетия меня пригласили на обед в эдинбургский храм. Я «улетела», вкушая *прасад*, хотя это была всего-навсего картошка с морковкой, приправленная кумином. Кишора показала мне портрет Шрилы Прабхупады и сказала: «Это мой духовный учитель». Так я впервые повстречалась со Шрилой Прабхупадой. Я по сей день храню в памяти его лицо с той фотографии. У него была искренняя улыбка, которой чужды были притворство и лицемерие. Никогда раньше мне не доводилось видеть столь настоящей улыбки.

Тогда в эдинбургском храме находились всего четверо преданных, среди которых был Трибхувантха. В то самое мгновение, когда я увидела Трибхувантху, я подумала: «Вот это парень!» Сразу же я услышала голос Сверхдуши – такое случилось со мной впервые – «Нет, в этого человека не нужно влюбляться. Даже не думай». Я обожала Трибхувантху, он был необычайным преданным, и, как мне казалось, напрямую общался с Прабхупадой.

В июле 1972-го года Прабхупада приехал на Ратха-ятру в Лондон. Когда он приехал в храм на Бери-Плейс он был с головы до ног обвешан гирляндами, на его счастливом лице светилась улыбка. Я никогда не видела, чтобы кто-то так сиял от счастья, словно прибыл из другого мира. Прабхупада вошел, принял *даршан* Божеств и поблагодарил Лилашакти за заботу о Них. Позже, во время Ратха-Ятры, Прабхупада сидел на *вьясасане*, а я танцевала неподалеку. Я весь день не сводила с него глаз. Я не почувствовала никакого взрыва духовных эмоций, Прабхупада просто очаровал меня.

В эдинбургском храме не хватало финансов, но к нам ехал Прабхупада, поэтому нужно было подготовиться. Сарвамангала подружилась с продавцом из универмага, который одолжил нам рулон нейлоновой ткани розового цвета. Моим первым прямым служением Прабхупаде было сшить шторы для его комнаты из этой розовой ткани. Я навестила маму, она не разговаривала со мной из-за того, что я присоединилась к Движению. Я взяла у нее простыни и одеяла для Прабхупады. В магазине подержанных вещей мы приобрели старый стол и отпилили ножки, чтобы сделать столик для него.

После того, как Прабхупада посетил Эдинбург, мы все вместе поехали на программу в дом для мероприятий «Вудсайд Холл», в Глазго. Один из присутствующих заявил: «Я Бог», на что Прабхупада ответил: «Нет, вы собака». Было интересно наблюдать за Прабхупадой в таком обличительном настроении. Когда он уходил, мы с Сарвой помчались в комнату, где он сидел и схватили его *маха*-апельсины. Мы довольно чавкали, как вдруг Прабхупада неожиданно зашел в комнату, посмотрел на нас и рассмеялся. Мы стояли, жуя кожурки от апельсинов, как две полных идиотки.

В следующем году Прабхупада все время танцевал, возглавляя шествие лондонской Ратха-ятры. Прабхупада поразил всех своим танцем. Казалось, что все участники той Ратха-ятры парили в воздухе, не касаясь стопами земли. Колесница – тогда у нас была всего одна – часто останавливалась, тогда Прабхупада оборачивался и видел, что она сильно отстала. Прабхупада просил Джагантху ехать дальше, и колесница снова приходила в движение. Поравнявшись с Прабхупадой, мы продолжали шествие.

Полицейские то и дело говорили Шрутакирти: «На дорогах из-за вас огромные пробки. Скажите вашему главному, чтобы он не останавливался. Вы должны идти без задержек». Шрутакирти сказал полицейскому: «Вы сами ему передайте». Полицейский отошел в сторону. Вокруг Прабхупады образовался оазис Вайкунтхи, который защищал всех, кто был рядом. Это было неописуемое зрелище. На лице Прабхупады не было ни капли усталости. На самом деле, никто из нас не чувствовал усталости, несмотря на то, что мы шли более сорока пяти минут в знойный, солнечный день и у нас не было питьевой воды. Мы все заряжали свои духовные батарейки от энергии Вайкунтхи.

Я была молода и не понимала, что происходит, единственное, что я знала наверняка – впервые в жизни я была счастлива. Как-то раз Прабхупада делал поклоны в храме, его стопы были направлены в мою сторону. Я делала поклоны прямо позади него, и когда Прабхупада вставал, то задел стопами мою макушку. Я убеждена, что все еще практикую только потому, что Прабхупада коснулся своими стопами моей головы, так же как Кришна оставил отпечатки своих стоп на головах Калии, тем самым защитив его от Гаруды. Другая причина, почему я здесь – это милость *вайшнаваов*. Если бы не эти два фактора, мне бы нечего было тут делать.

Мне так и не удалось проникнуть в суть сознания Кришны. Я никогда не понимала всю серьезность инициации, воспевания, чтения. Я просто делала. Я люблю преданных, люблю служение, волнительную, творческую атмосферу на фестивалях, экзотические места, путешествия. Я поняла, что не существует ничего – ничего, хотя бы отдаленно напоминающее то богатство, которым нас одарило сознание Кришны. Я поняла, что для того, чтобы прогрессировать духовно, я должна радовать Шрилу Прабхупаду. Шрила Прабхупада пленил мое сердце и я потеряла всякий интерес ко всему мирскому. Рупа Госвами говорит, что если вы хотите обустроиться в материальном мире, то ни в коем случае не слушайте, как Кришна играет на флейте, не смотрите, как он стоит в лунном свете на берегу Ямуны. Стоит вам только взглянуть, как он пленит вас своей красотой. Вот что с нами сделал Прабхупада. Для меня отвернуться от него – все равно, что умереть. Нигде больше нам не найти никакого другого прибежища. Нас поддерживает любовь и понимание того, что если мы еще не встали на этот путь, то уже занесли ногу над тропинкой и в любой момент можем ступить на нее и пойти. Нас поддерживает надежность нашей философии. Ее нельзя опровергнуть, так как она логична. А еще у нас есть *прасад* и *киртан*. Во всем этом наследии, которое Прабхупада нам оставил, кроется огромная сила. И, наконец, нас поддерживает надежда, которую он вселил в нас. Если у вас есть желание, то можно просто следовать наставлениям Прабхупады и вы всегда будете чувствовать опору.

Меня вдохновляют ученики Прабхупады, такие герои как Джананиваса и Панкаджангхри, такие великие последователи, как Бхакти Пурушоттама Махараджа, Нару Гопал – скромная, смиренная душа – и *брахмачари* Нитай Прасада. Ситала Прабху служит Прабхупаде душой и телом. Мурари Гупта обладает непоколебимой верой в воспевание святых Имен. Он всегда повторяет положенные круги и старается воспевать очень внимательно. Сиддхи – простая, смиренная преданная, любит наводить порядок и чистоту. Сиддхи часами слушает лекции по «Чайтанья-чаритамрите», завивая волосы Панча-таттвы. Ей не ведомы корысть и страх.

Для меня Прабхупада проявляется через этих преданных. Я считаю их его представителями. Прабхупада живет в своих преданных, которые приняли его наставления в сердце. Я не могу соприкоснуться с Прабхупадой лично, я чувствую себя далеко от него, но я вижу Прабхупаду в его преданных. Они практикуют знания и это работает. Они читают, воспевают, слушают, посещают программы, занимают себя в служении. Они четко расставляют приоритеты. Многие сталкиваются с трудностями, но они принимают у него прибежище и просто продолжают. Я благодарна за возможность находиться в окружении этих святых людей, дышать с ними одним воздухом.

Я не люблю думать о том, что Прабхупада сейчас находится в своих *самадхи* во Вриндаване или Маяпуре. Я предпочитаю думать, что он в своем саду в Лос-Анджелесе, читает книгу «Кришна», проповедует мудрецам на Кумбха Меле, почесывает шеи коровам в Нью-Вриндаване. Я не знаю, где он сейчас, но, как по мне, так он где-нибудь проповедует.

Ramaniya devi dasi / Рамания деви даси

Рамания любила помогать людям. Когда преданные сказали ей: «Давая людям знание о душе ты на самом деле можешь им помочь. Ты поможешь им выбраться из этого материального мира», Рамания подумала: «Ого, вот оно что!»

Я прочитала «На пути к Кришне» и «Ишопанишад» на голландском языке. Другие книги о йоге или религии, которые я читала, не давали полного ответа, но философия Прабхупады была простой, всеобъемлющей и приносила удовлетворение. Я сразу же захотела распространять книги, чтобы помочь людям найти этот путь. До того, как Шрила Прабхупада дал мне инициацию, что произошло в 1976-м году в Нью-Маяпуре, я пыталась распространить как можно больше «Бхагавад-Гит», и я была третьей по количеству распространения книг.

Когда я увидела Прабхупаду в Нью-Маяпуре, он выглядел необычно, ярко и царственно. Я не могла отвести от него глаз. Прабхупада сидел на траве, и, поскольку было жарко, преданные держали над ним красный бархатный зонтик. Притху Путра Махарадж, новый *санньяси* из Франции, играл на *мриданге* и обливался потом. Прабхупада сказал: «Держите зонт над ним». Притху Путра Махарадж сказал: «Нет, нет, держите зонт над Прабхупадой». Прабхупада сказал: «Нет, нет». Так зонт перемещали два раза от Прабхупады к Притху Путра Махараджу и обратно. Было прекрасно видеть, как ученик и *гуру* заботятся друг о друге.

Когда Прабхупада получил *даршан* Кришны и Баларамы, я увидела, что у него прекрасные личные отношения с Ними. Хотя в то время он был болен, Прабхупада был элегантен и предложил свои поклоны словно лебедь. В день моего посвящения Прабхупада сидел в красном паланкине под тенистым деревом. Когда первый кандидат на посвящение подошел за своим именем и четками, он поклонился, стоя на коленях. Прабхупада сказал: «Это неправильно. Когда вы приходите к духовному учителю, вы должны делать полный *дандават*». Я была следующей и предложила свои поклоны – полный *дандават* – Шриле Прабхупаде. Трава была липкой, и я медленно двигалась. Когда я посмотрела на Прабхупаду, он широко улыбался. Он был доволен.

Когда Прабхупада уехал из Нью-Маяпура, я подумала: «Почему Прабхупада не может остаться?» Я бежала за его машиной, пока она не набрала скорость, и я осталась в пыли. Потом я почувствовала такую пустоту. Моя решимость сделать его счастливым, распространяя его книги, возросла. Теперь я чувствую, что, когда я читаю его книги, он говорит со мной. Он отвечает на мои вопросы через свои книги или через преданных. Он заботится обо мне, направляет меня, не оставляет меня одну. Он говорит мне то, что мне нужно услышать; и все, что он говорит, имеет силу и является истиной. Я всегда придерживалась простой программы: ходить на утреннюю программу, повторять шестнадцать кругов, не заниматься *праджалпой*, проповедовать и вести простую жизнь в сознании Кришны. Я стараюсь придерживаться принципов, данных Прабхупадой, во всех отношениях. Если я не буду делать этого, я ослабну и упаду в *майю*.

По мере того, как мы продолжаем этот процесс, мы обретаем внутреннее богатство. Каждая лекция, которую мы слушаем, дает нам новое понимание. Каждый раз, когда мы повторяем святое имя и видим Божества, мы получаем новый опыт. Внешне наша деятельность кажется такой же, но внутри есть разнообразие и нектар.

Я не очень хороший оратор, но я полна решимости дать другим эту простую жизнь в сознании Кришны и рассказывать о своих реализациях, связанных с «Бхагавад-Гитой». Это дает мне новую жизнь. Самое главное, что мы понимаем цель жизни: развивать любовь к Кришне. Прабхупада помогает нам развить эту любовь. Если мы будем петь и танцевать для Кришны, мы забудем о наших мирских проблемах, привяжемся к этому прекраснейшему мальчику и будем счастливы. Кришна отвечает взаимностью больше, чем любой обычный друг. Он рядом и днем и ночью. Прабхупада открывает наши сердца, чтобы Он мог войти. И чем глубже мы погружаемся в процесс, тем прекраснее он будет становиться. Нет предела красоте, которую мы можем испытать в наших отношениях с *гуру* и Кришной. Чем больше мы понимаем, что пределов нет, тем больше мы жаждем безграничного нектара, который нас ожидает.

Я никогда не думала, что уеду из Майяпура; я счастливо прожила там двенадцать лет, но у меня было горячее желание научить других так жить. Я молилась о том, чтобы сделать что-то еще для Прабхупады, и у меня появилась возможность поехать в Южную Африку, чтобы проповедовать сознание Кришны. Я хочу, чтобы другие испытали то счастье, которое я испытываю в духовной жизни. По милости Прабхупады, я надеюсь, что смогу помочь вывести людей из этого прогнившего мира и привести их в святое общество Движения сознания Кришны Прабхупады. Я счастлива, что у меня есть шанс.

Rambhoru devi dasi / Рамбхору деви даси

Рамбхору, специалист по религии; поехала в Гейдельберг, чтобы провести экуменический год за границей и встретила преданного, продающего книги на улице. Рамбхору надоели религиозные движения на улицах, и она опасалась Харе Кришна с книгами, но этот преданный не горел желанием продавать ей книгу, и это ее озадачило.

У этого преданного не было таких же настроений, как у христиан, которых я встречала раньше. Он сказал: «Ну, ты не хочешь эту книгу, это очень плохо». Я взяла книгу и посетила храм Гейдельберга, где Хамсадутта потратил четыре часа, отвечая на мой список из ста вопросов, на которые мне не ответили в университете. Он сказал мне, что скоро приедет Прабхупада.

В аэропорту преданные, приехавшие из Франции, Англии и других частей Европы, обращались с Прабхупадой как с VIP-персоной. Я высокомерно подумала: «Если бы я могла подойти поближе к этому человеку, я смогла бы сказать, настоящий ли он». Но было так много людей, что я не могла даже приблизиться. Я была удивлена, насколько Прабхупада невысокого роста. Его окружала аура, поэтому он выглядел так, будто не касался земли. Когда я попыталась понять, что он собой представляет, я поняла, что мне туда нет входа.

Преданные смеялись, плакали и кричали. Я спряталась за скамейкой, высунув голову, но это привлекло еще больше внимания. Прабхупада, вероятно, задавался вопросом: «Почему эта сумасшедшая сидит за скамейкой?» Когда он посмотрел на меня, у меня было ощущение, как будто солнце вытягивает все загрязнения из экскрементов. Мое сердце разбилось: оно треснуло. Это было чувство, у которого был звук. Я начала рыдать. Я поняла, что этот человек больше, чем я могла себе представить. Я была христианкой, искавшей настоящего Иисуса, читающей Свитки Мертвого моря; и я чувствовала, что преданные являются воплощением массового духовного движения. В своем смирении и сокрушении я присоединилась к ним. Это был важный момент.

После этого мои отношения с Прабхупадой стали развиваться через моего мужа. Я думала о своем служении мужу, как о способе связи с Прабхупадой. В этом была сила, но также и падение. Когда после тридцати лет ожидания я поняла, что это было идеалистично думать, что кто-то другой может занять положение Прабхупады. Когда моя жизнь с мужем начала разваливаться, мне на какое-то время стало горько. Иногда я злилась из-за того, что мой муж больше не был примером домохозяина, а иногда злилась на ИСККОН.

Но я считаю, что мой опыт: брак, обучение, приготовление пищи, простая жизнь – помог мне. Прабхупада – мой проводник. Когда я вижу другое движение или другого *гуру*, я думаю: «О'кей, они хорошо говорят, но что они едят? Что они делают?» Если бы у меня не было учения Прабхупады, у меня не было бы ориентиров и баланса в жизни. Его учение – это моя практическая мера того, что является подлинным.

Я вернулась в школу, и то пастырское служение, которому я научилась, было полезным в движении Прабхупады: Прабхупада призывает меня заботиться о сообществе преданных, бескорыстно прислушиваться к сердцу другого. Мое видение таково, что Прабхупада хочет, чтобы я воспитывала сообщество преданных, слушая, консультируя и обучая других.

Я пришла в Движение, чтобы делать что-то как душа, а не как женщина. Благодаря клиническому пастырскому образованию и работе, которую я выполняю, я узнала, что значит быть сообществом, и я хотела бы привнести понимание сообщества в ИСККОН.

Rangavati devi dasi / Рангавати деви даси

Рангавати, двадцатипятилетняя учительница второго класса, решила поехать в Европу в поисках истины. Когда на художественной ярмарке в Энн-Арбор, Драванакша прабху дал ей карточку с приглашением в детройтский храм со словами: «Воспевай и сделай свою жизнь возвышенной», то она мгновенно почувствовала связь.

В чудесный летний день я осмелилась приехать в храм на воскресную программу в Детройте на своем автомобиле «hot rod GTO». Президентом был Говардхана, и храм был чистым и привлекательным, красиво окрашенным в голубой и желтый. Я услышала запах благовоний и увидела алтарь, убранный цветами и гирляндами, и Божеств, великолепно украшенных драгоценностями и одетых в красиво расшитые блестками одежды. На пиру, проходившем на улице, давали ледяной сладкий рис с клубникой, который приготовил Нароттама дас. Я никогда не пробовала ничего подобного. Я была очарована. Преданные сказали: «Тебе следует остаться на ночь». Я подумала: «Хорошо, я останусь до среды». Я начала повторять шестнадцать кругов, ходить на храмовые программы, служить, и в итоге осталась.

Я сразу оставила свои старые привычки, а мои родители отчаянно хотели вытащить меня из этой ситуации. Они говорили: «Что ты делаешь?», а я отвечала: «Все хорошо, я счастлива». Я пригласила родителей присоединиться ко мне и другим детройтским преданным на *ратха-ятре* в Чикаго в июле 1974го года и повидать Шрилу Прабхупаду, что они и сделали. После фестиваля мы с родителями протиснулись в комнату Прабхупады на *даршан*. Прабхупада сидел на полу за своим столом, в комнате было тихо. Взглянув на него, я поняла, что всех так в нем очаровывало и почему они решили, что я должна встретиться с ним и стать частью этого Движения. Прабхупада увидел куклу, которую я держала, и спросил: «Что это?» Я ответила: «Шрила Прабхупада, это кукла. Мы делаем кукол в Детройте». Он сказал: «Мы не должны так ходить. Люди подумают, что мы поклоняемся куклам».

Ближе к концу *даршана* Прабхупада говорил, что нет необходимости молиться Богу о хлебе насущном, потому что Бог дает все. Он сказал: «Так же, как братья-коммунисты дают еду и говорят: "Сейчас кто дает вам еду, Бог или мы?"» Мой отец поднял руку и возразил. К моему удивлению, Прабхупада сразу сказал: «Что вы знаете?», и успокоил его. Мой отец был гордым, мачо, ветераном военно-морского флота, но, когда Прабхупада кричал на него, это не было состязанием. Мой отец не гнался за этим. Когда *даршан* закончился, я поклонилась, а моя мать ударила меня и сказала: «Вставай, вставай! Почему ты кланяешься? Не кланяйся!»

Во время фестиваля в Майапуре в 1975-м году утром Шрила Прабхупада приветствовал Божеств с искренним смирением, сладостно и скромно в настроении: «Я слуга слуги слуги слуги. Я здесь всего лишь один из слуг Бога». Затем он читал лекции и проповедовал, как лев: без страха, без колебаний, без сомнений, только с чистым и сильным убеждением и правдой. Мы слушали с пристальным вниманием, с открытыми ушами и сердцами. Нельзя было отрицать, кем он был и для чего пришел. Я следила за каждым его движением и была полностью удовлетворена и наполнена глубоким чувством благодарности за то, что я была со своим духовным учителем, который значил для меня все.

После лекции Прабхупада обходил храм и звонил в колокол. Это простое движение его руки и эта улыбка на его лице, когда он звонил в колокол, были настолько наполнены духовной энергией, что это было похоже на зов к вечной жизни. Он был маленьким мальчиком, который звал всех своих друзей пойти к Кришне и играть. Наблюдать за его лицом и быть частью этого было совершенно божественно. Он переместил нас к возможности увидеть другой мир и показал, как легко связаться с Кришной. Мы все ходили по кругу. Что означает этот колокол? С открытым сердцем Божество зовет нас прийти к Нему.

Во Вриндаване я помогала заботиться о Манише, которая умирала от болезни Ходжкина. Однажды вечером, незадолго до *арати,* в полседьмого вечера, Маниша, ее мать Антардхьяна и я пошли на встречу с Прабхупадой, который сидел за своим столом в главной комнате для *даршанов* и ставил *тилаку*. Мы сели в конце комнаты, и Антардхьяна сказала: «Шрила Прабхупада, я не хочу беспокоить вас, но я так расстроена тем, что Маниша умирает». Ранее Шрила Прабхупада говорил нам держать Манишу в настолько комфортных условиях, насколько это возможно. Но в этот раз он стал строгим и отчитал Антардхьяну. Громким и сильным голосом он сказал: «Мы все умираем! Может быть, ты сегодня, может, я завтра, но мы все умираем». Я ожидала сочувствия, но это было так, как будто бы Прабхупада говорил: «Разве вы не слушали меня, не читали мои книги, почему я пришел сюда? Вы еще не знаете? Она умирает, ты умираешь, я умираю, умирают все. Что ты думаешь? Почему вы приходите ко мне и жалуетесь: "О, она умирает", как будто это неожиданность? Это не неожиданность». Манише было трудно повторять шестнадцать кругов, и она сказал: «Прабхупада, что случится, если я не буду повторять шестнадцать кругов?» Он сказал: «Ты вернешься в аристократическую семью, у тебя будет богатство и красота. Но повторяй Харе Кришна». Это было коротко и мощно, и затем Прабхупада отправился на *арати*, как если бы он сказал: «Теперь иди и делай это». Маниша очень старалась, повторяла *мантру* и скончалась в больнице Матхуры.

В течении многих лет у меня были близкие отношения с моим отцом, и он был сильной фигурой в моей жизни, но с тех пор, как я впервые узнала Шрилу Прабхупаду, он стал для меня настоящим отцом. И по сей день он мой настоящий отец, я очень хочу увидеть его снова.

Rasalila devi dasi / Расалила деви даси

К осени 1973-го года Расалила деви заинтересовалась йогой, восточной философией и религией. Взрослеть в 1960-е означало жить во времена социальных потрясений и разрушения устоев. Для некоторых это также означало нахождение ответов на самые неотступные жизненные вопросы во всевозможных новых и необычных местах.

Впервые я узнала о Его Божественной Милости в 1973-м году через журнал «Обратно к Богу». Прочитав всего два абзаца из Наставлений учредителя, я была убеждена, что мне необходимо встретиться с автором, А.Ч. Бхактиведантой Свами. Содержание этих коротких, но красноречивых абзацев резонировало со мной, как ничто другое, прочитанное или услышанное мной когда-либо раньше. Эти строки были по-настоящему меняющими сознание, и в конечном счете оказалось, что они также были меняющими жизнь.

Еще до конца этого года меня направили в ближайший храм ИСККОН, который тогда находился в Коконат-Гроув (Майами), Флорида. Преданные были приветливыми и, находясь там, я ощущала странное дежавю. Дни превратились в недели, а недели – в месяцы. Я оставалась, надеясь встретить А.Ч. Бхактиведанту Свами, которого преданные называли Шрилой Прабхупадой. Мне сообщили, что существует вероятность, что он скоро приедет.

Тем временем я погрузилась в служение и учебу. Я начала испытывать вновь обретенное чувство удовлетворения. Изучение и практика образа жизни, основанного на духовных и философских принципах, раньше была для меня невообразима. Я чувствую себя очень удачливой из-за того, что у меня появилась такая возможность.

Шесть месяцев спустя меня порекомендовали и приняли для первой инициации. Хотя у меня были некоторые сомнения, я решила идти вперед. Я все еще не встретилась со Шрилой Прабхупадой, но через его учеников и его наставления я узнала достаточно для того, чтобы понять, что это – мой путь.

Перемены витали в воздухе во многих отношениях! Поженившись, мы с мужем решили переехать в общину Нью-Вриндавана. Там, на холмах Западной Вирджинии, исполнится мое заветное желание. Я наконец-то встречусь со Шрилой Прабхупадой, слова которого изменили весь мой мир! Я, наконец, впервые встречусь с моим самым любимым духовным учителем. Это станет моей великой удачей: получить посвящение там во время визита Шрилы Прабхупады в июле 1974-го года.

Меня переполняло множество разных эмоций. Я ощущала счастье, восторг, трепет, сомнения и тревогу. Была ли я готова к такой серьезной ответственности и обязательствам? Вероятно, нет; но, если бы я размышляла слишком много, я могла бы никогда не почувствовать себя готовой. Такие важные решения никогда не могут быть приняты исключительно головой, следует также прислушаться к своему сердцу и нутру. Некоторые могут назвать это интуицией. Соответственно, я чувствовала себя глупой, но, как говорится: «Дураки спешат туда, куда ангелы даже ступить боятся».

Стоя в присутствии Шрилы Прабхупады я была ошеломлена его чистотой и силой. Это был мистический и потусторонний опыт: такой, который может изменить вашу жизнь на многих уровнях и так, как вы даже представить себе не можете. Его выдающийся пример любовного преданного служения продолжает вдохновлять меня чтить обязательства, которые я взяла на себя, получив инициацию. Он дает мне силы и возможность оставаться сконцентрированной на идеале служения со всеми его чудесными и практически бесконечными возможностями. Все это началось с тех двух коротких, но красноречивых абзацев, которые открыли для меня окно в духовный мир!

Rasangi devi dasi / Расанги деви даси

После окончания Нью-Йоркского университета Расанги, вегетарианка, практикующая хатха-йогу, жила в Нью-Йорке в ашраме Свами Сатчиданады в 1969-м и 1970-м годах. Затем около года она изучала санскрит у доктора Рамамурти С. Мишры, которому Прабхупада проповедовал, когда впервые прибыл в Америку. Расанги видела и слышала преданных по всему Нью-Йорку, но смотрела на них свысока, поскольку они казались ей странными.

В Сан-Франциско в храме на Валенсия-стрит я впервые принимала *прасад*, и в моей голове загорелась лампочка. Семь лет я ела индийскую вегетарианскую пищу, но что-то в *прасаде* было непохожим ни на что, что я ела когда-либо раньше. Это была моя первая связь со Шрилой Прабхупадой и глубокий опыт.

Я вышла замуж за Дхармадхьяксу, и мы посетили храм на Кью-стрит в Вашингтоне, где я встретила удивительных преданных: Антардхьяну, Мамату, Рупаманджари, Варуну и Дамодару, и я не хотела уходить. Я переехала в этот храм с моим пятимесячным сыном Майтреей и была счастлива.

Впервые я поймала взгляд Шрилы Прабхупады в Лос-Анджелесе, и в тот момент я в первый раз в жизни почувствовала себя любимой. Мы все собирались в комнате Прабхупады на *даршаны*. Там было так тесно, что некоторые не помещались. Однажды я пришла, когда в комнате не было места, и Прабхупада сказал некоторым мужчинам отодвинуться в сторону, чтобы впустить меня. Прабхупада заботился обо мне, как о дочери, и учил мужчин быть джентльменами. Когда Шрила Прабхупада говорил, я чувствовала, что он говорит со мной. Я слушала внимательно и ощущала связь с ним. Моя энергия поднималась, я чувствовала эйфорию.

Rasarani devi dasi / Расарани деви даси

Расарани чувствовала себя не такой, как ее родители, и у нее не было с ними особой связи. Она начала задавать вопросы, умоляя Вселенную дать ей ответы, и молилась всем, кто мог бы спасти ее. Две недели спустя она встретила преданных, а через пару месяцев, в мае 1971-го года, Прабхупада приехал в Сидней.

Я чувствовала себя чужой рядом с отцом, потому что он был холоден и никогда не понимал моей философии. Но в храме я чувствовала себя, как дома. Прабхупада предоставил мне дом и окружил меня сестрами и братьями; они понимали меня и кормили *прасадом*, который мне нравился. Прабхупада был для меня отцом больше, чем мой биологический отец.

Я всегда была любопытной. Я спрашивала: «Что это такое, а что вот это и почему это происходит?» Никто не мог дать мне ответы, пока не появились Прабхупада и его книги. Его книги были потрясающими, потому что в них были фантастические, ошеломляющие истории о вещах, которые меня интересовали. Прабхупада говорил о духовных землях, исполненных блаженства, вечности и знания, где есть цветы, реки, развлечения и игры. Это были не сказки, а волшебные и реальные места, куда мы могли пойти. Как будто я прицепила свою повозку к звезде. Ничто не могло меня коснуться; я была в безопасности, я ехала на поезде обратно на Землю Обетованную, так сказать, и я была в полном восторге и счастье. Прабхупада спасал меня всеми способами, которыми только можно спасти человека, и я была благодарна ему за все его дары.

В храме нас было всего пять или шесть человек, так что мы были близки, и мы чувствовали личную ответственность за служение Прабхупаде. Что бы ни попросил Прабхупада, мы делали все, что в наших силах, даже если мы могли не выспаться или испытывать физическую боль. Не было вопроса: «Могу ли я этого не делать». Я чувствовала, что Прабхупада выбрал нас, чтобы помогать ему. Когда мы думали, что Прабхупада был другом Кришны, *шактьявеша-аватарой*, спустившейся, чтобы спасти живые существа, служить ему было исключительной привилегией. Все же со слезами на глазах Шрила Прабхупада иногда говорил всем нам, *млеччхам* со странными желаниями, служение которых было полно недостатков: «Большое спасибо за помощь мне в служении моему духовному учителю Шриле Бхактисиддханте Сарасвати Тхакуру». Прабхупада был смиренным и благодарным. Он вел себя по-разному, в зависимости от времени, места и обстоятельств: иногда по-командирски и сердито, а иногда по-детски, игриво и забавно. Я думала: «В характере обитателей духовного мира должно быть так много граней».

Прабхупада заботился обо всех своих учениках, как мужчинах, так и женщинах. Иногда неофитское понимание философии заставляло мужчин думать, что женщины не важны, и они вели себя некорректно, но Прабхупада так не думал и не был в таком настроении. Прабхупада всегда был добр, заботлив, и по-отечески относился к женщинам.

Я никогда не смогу забыть Прабхупаду или потерять с ним связь. В материальном и духовном плане он был для меня всем. К какой бы части энергии Прабхупады мы ни прикоснулись, она является мощной и динамичной, способной изменить наше сердце.

Rasesvari devi dasi / Расешвари деви даси

В конце 1972-го года двое хиппи, Расешвари и ее друг, отправились путешествовать в Индию и каким-то образом оказались во Вриндаване, о котором ничего не знали до этого. Они искали что-нибудь интересное. Поговорив с преданными Кришны, побродив там пару часов, они уехали.

Мы закончили наше путешествие, вернулись в Англию, поженились, и однажды мой муж сказал: «Начинай собирать вещи. Мы переезжаем в Бхактиведанта Мэнор». Я подумала, что не могу этого сделать, я не могу все бросить. Но я хотела быть с этим человеком, а он был непреклонен.

В Мэноре все было чужим. Я никого не знала, никто не заботился обо мне, и я чувствовала себя потерянной, я плакала. Потом Джагаддхатри пригласила меня в свою комнату со словами: «Добро пожаловать, входите, входите!» Я подумала, что это что-то новенькое. Она первая, кто пригласила меня к себе. «Тебе нужна помощь с *сари*?» Я подумала, что да, действительно, нужна. И я сказала: «На самом деле мне нужна помощь во всем». Джагаддхатри засмеялась, и с тех пор, к моей великой удаче, она всегда была рядом. Когда у меня были трудности, я всегда обращалась к ней. Были и другие преданные, которые помогали мне, но Джагаддхатри была совершенно особенная.

Впервые я увидела Шрилу Прабхупаду во время Джанмаштами в Мэноре. Я была там, когда весть о том, что Прабхупада стоит у окна своей комнаты, прокатилась среди преданных, как землетрясение. «Прабхупада у окна своей комнаты! Прабхупада у окна!» Преданные гурьбой ринулись посмотреть на Шрилу Прабхупаду, и кто-то начал *киртан*. В своей жизни я повидала много известных, важных людей, но это не подготовило меня к встрече со Шрилой Прабхупадой. Просто стоя у этого окна он излучал так много; мое чувство потерянности исчезло совсем и кусочки головоломки – вся информация и наставления, которые я получала – начали собираться вместе. Я все еще не знала ни философии, ни *бхаджанов*, но знала, что быть преданным Кришны – это самое правильное. До этого момента я делала все, потому что этого хотел мой муж; но когда я увидела Шрилу Прабхупаду, я поняла, что сознание Кришны – это то, чем я сама хочу заниматься!

В другой раз я увидела Шрилу Прабхупаду, когда он приехал в Мэнор в 1977-м году. Это было исключение, но однажды в алтарной я сидела у его стоп. Я должна была быть там. Это место безмятежно и пребывание там усиливает все, что снова и снова возвращает меня обратно к Кришне. Я знаю: что бы ни случилось, сознание Кришны самое правильное, что может быть.

Сейчас у меня есть потрясающая работа, достаточно денег, дом, замечательные дети, но у меня нет общения с преданными, и поэтому у меня на самом деле ничего нет. Для меня самым важным всегда были преданные – Джагаддхатри и другие мои духовные сестры.

По милости Прабхупады Кришна дал мне служение. По своей работе я посещаю межконфессиональные форумы как преданная Харе Кришна, а также как управляющая благотворительной организацией. Все понимают и уважают мои убеждения. Я вспоминаю Прабхупаду у окна в Мэноре: я там с ним в храме, я чувствую, что он всегда рядом, и я молюсь о том, чтобы он всегда оставался рядом.

Ratna Vrinda devi dasi / Ратна Вринда деви даси

Ратна Вринда была набожной девушкой, воспитанной монахинями Священного Сердца. Она никогда не ходила в общественную школу и не читала мирских книг; ее дядя был епископом Римской католической церкви. В 1971-м году в Бальбоа Ратна Вринда была на краю пропасти. Когда она увидела плакат с изображением Господа в сердце то была поражена Его красотой. Она спросила преданного: «Кто это? Это мальчик или девочка?» Преданный ответил: «Это – Господь в сердце». В этот момент Ратна Вринда подумала: «Я спасена, теперь со мной все в порядке». Теперь она знала без сомнений, что она станет преданной и посвятит остаток своей жизни служению этой Личности. 16-го марта 1972-го года, когда ей было пятьдесят лет, она переехала в храм в Сан-Диего.

В первый день после переезда я, стоя на четвереньках, мыла пол в алтарной комнате, и тогда я впервые услышала запись песни «Говинда». Я плакала. Я молилась Богу: «О, мой Господь, пожалуйста, очисти меня. Пожалуйста, мой Господь, пожалуйста, сделай меня чистой, чтобы я могла увидеть Тебя».

Через два месяца Шрила Прабхупада впервые приехал в Сан-Диего, и семь или восемь из нас отправились в аэропорт, чтобы встретить его. Когда я увидела его голову в проеме выхода из самолета, мои волосы встали дыбом. Я почувствовала: «Вот человек, который научит и направит меня». Это был чудесный момент.

Весной 1973-го года Прабхупада вернулся в Сан-Диего и остановился в нашей квартире рядом с храмом. Я заботилась о нем, заправляла его постель каждое утро. Президентом храма был замечательный преданный, Бхакта даса, который, стремясь доставить удовольствие Шриле Прабхупаде, попросил кого-то написать мантру Харе Кришна на ступеньках храма. Прабхупада сказал: «Что это? Мы будем ходить по Кришне?» Преданные немедленно закрасили надписи.

Мы с мужем регулярно встречались со Шрилой Прабхупадой, когда он был в Лос-Анджелесе. Обеспокоенный ссорами преданных, Шрила Прабхупада сказал нам, что что бы ни происходило, мы должны придерживаться преданного служения. Позже я болела, лежа в постели, и мой муж отправился в Лос-Анджелес без меня. В то время Шрила Прабхупада инициировал нас обоих и передал мне четки через мужа.

После того, как мой муж оставил тело, я получила возможность полностью посвятить каждый день своей жизни следованию за моим Гурудевом и исполнению того, чего он от меня ожидает, без самодовольства. Самодовольство – это сильное оружие *майи*. Каждый сустав моего тела поражен артритом; но там, где есть желание, есть и способ. Я придерживаюсь наставлений Прабхупады, никогда не отпускаю их, и поэтому я удачлива, счастлива и нахожусь в мире с самой собой. Я знаю, что делаю то, чего от меня ожидает Шрила Прабхупада.

Нам повезло, что Шрила Прабхупада является нашим духовным учителем, и мы должны придерживаться всех чрезвычайно ценных наставлений, которые он дал нам; мы не можем их отпустить.

Rucira devi dasi / Ручира деви даси

В 1970-м году Ручире было четырнадцать лет, и она еще училась в средней школе. В то время преданные стали навещать хиппи, у которых была коммуна и магазин здоровой пищи рядом с ее домом в Сент-Луисе.

У моих родителей были цыплята, которые бегали по нашему двору. И однажды, когда мне было около двенадцати лет, я сидела на заднем крыльце, наблюдая за животными. Вдруг я почувствовала, что я одна из цыплят. Я почувствовала, что чувствует цыпленок, не имея рук, наклоняясь, чтобы поесть. Странное чувство, и я не знала, откуда оно взялось. Позже, когда я прочитала «Бхагавад-гиту», то поняла, что мы были в этом мире в разных формах и подумала: «Вот почему мне так показалось! Я была уже здесь в теле курицы!»

Я стала вегетарианкой, когда мне было тринадцать, и мои родители с ума сходили по поводу того, что же я буду есть. Вся обычная среднезападная американская еда была с мясом. К счастью, хиппи по соседству стали вегетарианцами, и я могла ходить к ним домой и помогать готовить, а потом и поесть вместе с ними.

Когда я получила журнал «Назад к Богу» и увидела фотографию Шрилы Прабхупады, что-то в нем напомнило мне о моем дедушке. Я сразу почувствовала влечение к нему и начала воспевать Святые Имена. Я знала Сундарарупу Прабху еще до того, как он стал преданным, так как он приходил в общину хиппи и преподавал *йогу*. Затем он бросил университет и ушел в храм. Несколько хиппи из общины также стали преданными. А я застряла дома, чувствуя, что тоже хочу быть преданной, но не знала, смогу ли я быть достаточно аскетичной.

Я купила маленькую голубую «Гиту» Прабхупады: ту, что с Господом Вишну на обложке; это так много значило для меня. Потом я приобрела «Шри Ишопанишад». Мне понравилась эта книга, потому что она была смесью имперсонализма, о котором я слышала, и персонализма. Я прочитала книгу «Кришна» по крайней мере пять раз, я любила эту книгу. Я чувствовала, что в католицизме, в котором я выросла, не хватало личностных отношений с Богом. Там было много обрядов, но мне это не очень нравилось.

Меня также очень привлекал Прабхупада. Я получила альбом «Happening» в храме Сент-Луиса. Снова и снова я проигрывала беседы Прабхупады о *маха-мантре*. Моя мама даже начала воспевать Харе Кришна, потому что эта пластинка все время играла у нас дома. Затем, когда закрыли храм в Сент-Луисе, преданные подарили мне растение *туласи*, которому я поклонялась в доме своих родителей. Мой отец думал, что я сошла с ума. «Почему ты танцуешь вокруг растения?» Когда преданные Сент-Луиса вернулись, я начала постоянно ходить в храм. Преданные сказали мне, что мне нужно выйти замуж, чтобы мои родители больше на меня не влияли. Поэтому в 1974-м году, когда мне только исполнилось двадцать, я вышла замуж за британского преданного (не Ади-карту Прабху) и переехала в Англию.

Вскоре после этого Шрила Прабхупада приехал в Мэнор. Я тогда была на последнем сроке беременности, а *грихастхам* пришлось жить вне поместья, так как в храме не было места. Мы жили в Норвиче и ехали на поезде, чтобы увидеть Шрилу Прабхупаду, который был в Мэноре. Исполнилась моя мечта: увидеть его лично после всего того, что я слышала о нем.

Но жить вдали от преданных было ужасной и суровой аскезой. Наконец, однажды я села на поезд (моему малышу к тому времени уже было несколько месяцев), пришла в храм и сказала: «Пожалуйста, позвольте мне остаться!» Они согласились. Мой муж часто приходил и уходил, а потом и вовсе ушел из ИСККОН, но я осталась и делала все, что могла. Мне очень повезло, когда мне доверили заботиться об апартаментах Шрилы Прабхупады.

Однажды, когда Прабхупада сидел в своей комнате в Мэноре, вместе со множеством преданных, он сразу же заметил, как кто-то положил свой мешочек с четками на одну из ступенек, ведущих в его ванную комнату. Шрила Прабхупада сказал: «Убери свой мешочек с четками с пола». Преданный посмотрел вокруг. Прабхупада повторил: «Убери свой мешочек с четками с пола». Преданный сказал: «Но он не на полу, Шрила Прабхупада, это...» Прабхупада сказал: «Мы наступаем на эти ступеньки. Убери свой мешочек с четками с пола». И до сих пор, когда я вижу, что преданные кладут на пол свои мешочки с четками, я всегда делаю замечания, потому что слышала о том, почему нельзя это делать.

Однажды я отправилась на утреннюю прогулку, и когда мы гуляли вокруг усадьбы кто-то спросил Прабхупаду: «Во времена Кришны разве не добывали золото и драгоценные камни? Потому что все носили...» Шрила Прабхупада ответил: «Нет. Пока Кришна был на планете, Бхуми хотела давать все Кришне, поэтому она поместила драгоценности в ручьи или на холмы, чтобы люди могли взять их и сделать украшения». Услышать это было чем-то удивительным, так как я даже не задумывалась о том, как же они получали драгоценные камни в то время.

Я несколько раз помогала Мондакини готовить для Шрилы Прабхупады. Однажды Прабхупада прислал сообщение, что она должна попробовать все, прежде чем отправлять на стол, чтобы убедиться, что в блюдах достаточно соли.

Шрила Прабхупада всегда был очень добр к Химавати. Однажды, когда Шрила Прабхупада уезжал на машине, он повернулся к ней и сказал: «Химавати, ты едешь?» Она сказала: «Да, Шрила Прабхупада!» Она побежала в обувную, чтобы забрать свою обувь, а Прабхупада вынудил всех ждать и убедился, что в машине для нее нашлось место.

Когда я впервые присоединилась к движению сознания Кришны, я подумала: «Я хочу попробовать, а там посмотрю». Потом результаты моей практики побудили меня остаться. Обед узнают по кушанью, а ум по слушанью. Практика сознания Кришны не только на внешнем уровне, а включает полное погружение в *джапу, садхану*, служение, чтение книг Прабхупады: вот что поддерживает. Это дает вкус к жизни и это то, что заставляет меня двигаться все время вперед: «Я замечаю, что делаю некоторые успехи. Я вижу, как пропадают материальные желания и привязанности. Я вижу, что Кришна – настоящая Личность, и что Он всегда рядом. Я вижу, что Шрила Прабхупада всегда рядом, даже когда физически его нет. Он определенно здесь, чтобы помочь мне на этом пути».

Почему я не должна иметь веру чтобы продолжать? Это определенно то, что поддерживает меня и большинство преданных. Это наш долг. Я чувствую себя очень обязанной. Мы хотим удовлетворить Шрилу Прабхупаду, потому что мы ему многим обязаны. Прабхупада дал нам то, что никто другой дать не смог. Он пожертвовал всем ради нас.

Я думаю: «Мы были здесь столько жизней. Что такое одна жизнь, чтобы ею пожертвовать?» Что такое жертва на самом деле? Мы получаем гораздо больше, чем отдаем. Это также то, что поддерживает меня. Плюс, кто может питаться лучше? Кто может иметь лучшее общество? Существует так много чудесного служения. Эта жизнь идеальна. У нас есть вся жизнь для того, чтобы стать благодарными. Все, что мы делаем, - это потому, что Шрила Прабхупада показал нам, как это делается: как одеваться, как содержать себя в чистоте, как питаться, как жить своей жизнью, как вставать, даже как принимать душ и ходить в туалет. Это потрясающе.

Когда мой отец умирал, я поехала повидаться с ним. Глядя на членов своей семьи, я подумала: «Я никогда не смогла бы прожить такую жизнь, просто в неведении». Прабхупада открыл нам глаза, чтобы мы увидели реальность.

В своем письме о моей инициации Шрила Прабхупада написал: «Мы никогда не сможем отплатить духовному учителю. Но выполнение служения и попытки распространить это Движение принесет пользу вам и всем остальным». Я подумала: «Как можно отплатить кому-то, кто дал тебе все и освобождает тебя от этого вечного цикла перерождений и привязанности к телу за телом?»

Я определенно одна из тех, кто может высказать свое мнение в ситуации, когда преданные ведут себя сомнительным образом. Но если эта ситуация не подходит для того, чтобы высказывать свое мнение, я просто веду себя как ни в чем не бывало. У нас у всех есть личные отношения со Шрилой Прабхупадой и с этим Движением. Что бы ни случилось, я продолжаю практиковать то, чему нас учил Прабхупада.

Мы все стареем, скоро уйдем, так что нам нужно вдохновить молодое поколение серьезно воспринимать сознание Кришны и развивать его. Нам необходимо показать пример и вдохновить их, чтобы они продолжали двигаться вперед, потому что они станут теми, кто останется после нас. Мы должны поставить их на наши места. Всю оставшуюся жизнь я хочу стараться вдохновлять и обучать молодых преданных, если будет такая возможность. Если они захотят узнать то, что знаю я, я хочу помочь им узнать это.

Rudrani devi dasi / Рудрани деви даси

Когда ей было одиннадцать, Рудрани стала вегетарианкой, начала медитировать и практиковать йогу. Два года спустя она получила книгу «Кришна» и начала повторять Харе Кришна.

В старшей школе я читала только книги Прабхупады, потому что думала, что все остальные книги бесполезны. Я воспевала Святые Имена, пропускала занятия и читала книги Прабхупады в библиотеке. Я не общалась с другими студентами. Хотя я не училась, каким-то образом сумела получить средний балл уровня B+. В мае 1973-го года, когда мне было шестнадцать, я с чемоданом пришла в храм Торонто и сказала Викару, открывшему дверь: «Я бы хотела переехать в храм». Он спросил, повторяю ли я *джапу* и соблюдаю ли четыре регулирующих принципа, и я ответила утвердительно. Он сказал мне, что я могу переехать в храм. Я присоединилась к группам *харинамы* и *санкиртаны*. Это были самые счастливые дни в моей жизни.

В январе 1975-го года меня похитили мои родители. Меня заперли в гостиничном номере, потом переправили в Новую Шотландию, на пароходе перевезли в Сан-Диего, а затем в Огайо, где они заставили меня открыть рот и положить в него мясо. Я его выплюнула. В течение шести месяцев похитители перевозили меня с места на место, богохульствовали, кричали, вопили, рвали книги передо мной, ломали мои четки и пририсовывали рога Прабхупаде на его фотографии. Тед Патрик сказал, что целый месяц будет спать со мной в постели, если я вернусь в храм. Мне было страшно, но я приняла прибежище у Кришны, и моя вера стала сильнее. Я не хотела общаться с непреданными, мясоедами и богохульниками. Я хотела быть с преданными и жить в преданности; что-то продолжало возвращать меня к Прабхупаде.

Когда я был молода, я стремилась найти цель в жизни. Я искала *гуру*. Всю свою жизнь я следовала этим принципам, и преданное служение было естественным и привычным. Это было похоже на то, что я продолжаю делать то, чем уже занималась раньше. Я верила, что, если я буду продолжать делать то, что хотел Прабхупада, я продвинусь вперед. Прабхупада направил меня к Кришне и показал, что я должна служить и развивать свои отношения с Кришной.

Я вложила все свое сердце и душу в распространение книг, зная, что это нравится Прабхупаде, и была одной из лучших распространителей книг в Торонто. Распространяя книги, я молилась Господу Чайтанье и Прабхупаде и думала: «Я несу ответственность перед Шрилой Прабхупадой». Я не пыталась ничего доказать. Я просто хотела служить. Благодаря чтению его книг, воспеванию и служению я сильно привязалась к Прабхупаде.

Сознание Кришны несложный процесс. Мы служим, следуя простым и понятным наставлениям Прабхупады, которые работают и приносят радость. У меня были трудности, многие люди пытались сломить мою веру, но в глубине души я всегда чувствовала: «Иди до конца и находи суть». В течение тридцати лет я медитировала и служила Божествам Радхи-Кришны, поклоняясь Им. Прабхупада дал нам так много, и его миссия проявлялась в том, чтобы давать, чтобы бескорыстно помогать другим любыми возможными способами: через *прасад*, через распространение книг, через образование, через поклонение Божествам.

Rukmavati devi dasi / Рукмавати деви даси

С восьми или девяти лет Рукмавати задавалась вопросами: кто она, что такое мир и что такое жизнь. Когда она прочитала первые два абзаца статьи Шрилы Прабхупады в журнале «Назад к Богу», она получила ответы на все свои вопросы.

Моя связь с Прабхупадой началась, когда я прочитала эти два абзаца. Эта связь была чем-то, что Прабхупада по своей беспричинной милости вложил в мое сердце. Я перечитывала эти абзацы, думая: «Я – духовная душа, Кришна – Бог, это материальный мир, который подобен тюрьме. Цель жизни – воспевать Харе Кришна, выйти из этого мира и вернуться к Кришне». Я мучилась, не зная ответов на все свои глубокие вопросы, поэтому я в вечном долгу перед Прабхупадой за то, что он дал мне это знание. То, как Прабхупада коснулся моего сердца, не относится к этому миру, это пришло непосредственно с Голоки Вриндавана.

Когда я встретила Прабхупаду на Бернетт-стрит в Сент-Килде, он не укладывался у меня в голове. Я не могла ни классифицировать его, ни измерить, ни понять, кто он. Он не был похож ни на кого другого, и я поняла, что понятия не имею что такое *садху*, и как этот человек взаимодействует с этим миром.

Во время одной утренней прогулки мы с Раманией шли позади Шрилы Прабхупады Она все время смотрела на его ноги и повторяла *джапу*. Большинство из нас *джапа* Рамании раздражала и отвлекала. Со смешной улыбкой на лице, с пеной у рта, она громко повторяла святые имена. В какой-то момент Прабхупада остановился, обернулся и посмотрел на Раманию. Она сложила руки и отступила назад, склонив голову. Я подумала, что он сейчас ей скажет, чтобы она не повторяла так *джапу*. Прабхупада сказал: «Это очень хорошее повторение джапы». Улыбка на лице Рамании, с пеной в уголках рта, дошла почти до ушей.

Прабхупада дал мне веру в то, что сознание Кришны – это реальность, и что я могу постичь эту реальность через процесс, который он дал. Каждый день я встаю рано, воспеваю Святые Имена, поклоняюсь Гирираджу-Говардхану, пою *бхаджаны* и всегда стараюсь сосредотачиваться на цели. Подобно волнам, радости и несчастья жизни приходят и уходят. Мы не можем изменить это, но мы всегда можем помнить о цели. Прабхупада может дать нам глубокие, настоящие отношения с Радхой и Кришной.

Точно так же, как Прабхупада коснулся меня через свою статью в журнале «Назад к Богу», он может коснуться того, кто сейчас приходит в сознание Кришны. Но все равно каждый человек должен найти того, кто может дать ему *бхакти*. Существует живая ученическая преемственность. Мы не можем думать, что Прабхупада – последний чистый преданный, которого послал Кришна. *Бхакти* может прийти только от того, у кого она есть. *Бхакти* передается от *бхакти*.

Rukmini devi dasi / Рукмини деви даси

Рукмини было шестнадцать лет, когда она впервые встретила Шрилу Прабхупаду. Его первыми словами, обращёнными к ней, были: «Где твои родители?»

Когда я получила инициацию, Прабхупада приятно подбодрил меня. Может быть, я напомнила ему Рукмини, потому что он рассказал мне историю о Рукмини, а потом он сказал: «Ты красивая девушка, и теперь ты стала еще красивее внутри». Эти слова стали таким глубоким наставлением на всю жизнь! Прабхупада также сказал: «Кришна может принять любое количество красивых девушек. Тебя зовут Рукмини, и однажды Кришна похитит тебя». Прабхупада видел меня на каком-то очень далеком уровне совершенства и побуждал меня предпринять действия, чтобы достичь его. Он верил в своих учеников и был терпелив к нам.

Однажды в 1968-м году, когда Прабхупада был в своей квартире в доме 26 на 2-й авеню в Нью-Йорке, он пристально смотрел на каждого преданного и говорил: «Я хочу, чтобы каждый из вас открыл где-нибудь храм». В то время мне было еще шестнадцать, я была импульсивной, поэтому сказала: «Даже девушки, Свамиджи?» Прабхупада ответил: «Да, когда вы проповедуете сознание Кришны, между парнями и девушками нет разницы». Это было важное и волнующее наставление.

Однажды мои родители пришли на воскресную программу в Нью-Йорке, и алтарная была так переполнена, что им пришлось поклониться вместе со всеми. Впоследствии я разговаривала с Прабхупадой, и он произнес: «Да, это цель нашего движения сознания Кришны — просто заставить их поклониться Кришне».

В следующем, 1969-м году мы с мужем пришли повидать Прабхупаду, и он подумал, что я выгляжу худой, а не здоровой и счастливой. Прабхупада сказал, что мы с мужем должны жить отдельно. Это наставление шокировало нас, но по его приказу я осталась в Нью-Йорке и работала над алтарем, а Барадрадж вернулся в Бостон, где писал картины. Затем я спросила Брахмананду, президента нью-йоркского храма, могу ли я поехать в Лос-Анджелес учиться поклонению Божествам у Шилавати. Он согласился, и я провела в Лос-Анджелесе около года, изучая поклонение Божествам. Это было замечательно. В течение этого периода мой тогдашний муж встретил Прабхупаду и пытался объясниться с ним, но Шрила Прабхупада проигнорировал его. В конце концов, Прабхупада посмотрел прямо на него и произнес: «Я отдал тебе свою дочь, а ты не позаботился о ней» — а затем отвернулся.

Потом Прабхупада стал путешествовать и на долгое время уехал в Лондон и Германию, а когда он добрался до Бостона, он при встрече с моим мужем спросил: «Где твоя жена?» Муж ответил: «Вы отослали ее, Прабхупада». Шрила Прабхупада улыбнулся, тогда супруг сказал: «Должен ли я послать за ней?» Прабхупада ответил: «Да, муж без жены — только половина, жена без мужа — только половина».

Итак, я была в Лос-Анджелесе, когда Прабхупада был в Бостоне, и, когда я поехала в Бостон, Прабхупада отправился в Лос-Анджелес. Дважды я пропустила его даршан. Я грустила, что мне не удалось его увидеть, поэтому я приготовила большую партию *бунди ладду*. Прабхупада сказал нам: «Если вы научитесь делать *ладду* и *качори*, я благословлю вас. Я хочу отправиться на Кришналоку только за *ладду* и *качори* Кришны». Я сделала большую партию этих *ладду*, написала небольшую записку Прабхупаде и попросила преданных передать ее.

Через неделю или около того позвонил Упендра, слуга Шрилы Прабхупады, и сказал, что Прабхупаде нравятся *ладду*, и он хочет, чтобы я делала их для него каждые две недели и присылала ему. Итак, я начала делать и посылать *ладду* Прабхупаде, каждый раз я также отправляла маленькое письмо и небольшую молитву. И всегда Прабхупада отвечал мне сладостным письмом благодарности.

Бывали дни, когда нас просили не писать письма Прабхупаде, потому что мы его беспокоили. В один из таких дней я подумала: «Хорошо, я должна послать *ладду*, не написав письма». Я отправила коробку без письма, а затем внизу письма, которое Прабхупада написал Чанданачарье, Прабхупада добавил: «Я получил коробку *ладду*, и я думаю, что они от Рукмини деви, поэтому, пожалуйста, поблагодари ее и передай ей мои благословения». Это был прекрасный и сладкий урок служения в разлуке. Мне тогда не удалось увидеться с Прабхупадой лично, но это служение было более значимым, и я получила больше взаимности, чем если бы была рядом.

Преданное служение очень личностное. Мы служим личности, которая действительно присутствует рядом, наблюдает за нами, слышит наши молитвы, пробует наши подношения. Когда наше служение окрашено любовью, сильным стремлением и пылкой молитвой, мы чувствуем взаимность, к которой так стремимся. В этой истории у меня не было возможности быть со Шрилой Прабхупадой, а мне так хотелось быть рядом. Однако благодаря тому крохотному служению, которое я выполнила, даже в разлуке у меня было больше взаимности с ним. Это мистическое качество преданного служения.

В Лос-Анджелесе я научилась поклонению Божествам у Шилавати, которая придерживалась прекрасных стандартов. Затем я поехала в Бостон и попыталась рассказать, чему научилась в Лос-Анджелесе, но реакция, которую я получила, была следующей: «Может, так делают в Лос-Анджелесе, но нас на самом деле совсем не интересует, что ты говоришь. Здесь, в Бостоне, мы делаем вот так».

После этого мне приснился сон: Божества Радхи-Кришны стояли на алтаре, занавески задвинулись, а затем открылись, и Божества исчезли! Все лежали на полу в храме и говорили: «Вот как они здесь делают» — и никто ничего не делал. Во сне я была в смятении, подошла к Прабхупаде и промолвила: «Я думаю, что Божества исчезли из-за моей халатности».

Проснувшись в тревожном состоянии, я написала Прабхупаде письмо, в котором говорила: «Я слышала, вы говорили, что поклонение Божествам без *бхавы* — это идолопоклонство». Из-за моей халатности я почувствовала, что Божества исчезли и мы поклонялись идолам.

Прабхупада ответил прекрасным письмом, в котором сказал: «Поклонение Божествам означает быть очень, очень чистым. К Божествам никогда нельзя приближаться, предварительно не вымывшись и не переодевшись в чистую одежду. Зубы должны быть почищены, ногти чистыми и подстриженными. Убедись, что твои руки чисты, прежде чем касаться чего-либо на алтаре или прежде чем касаться Божества. И ежедневно тщательно мойте комнату Божеств, алтарь и пол. До блеска начисти различные парафернолии для *арати* после *арати*. Суть в идеальной чистоте. Это удовлетворит Кришну. Так что никогда не следует проявлять халатность. Всегда будь осторожна, тогда со временем ты почувствуешь *бхаву*».

Rukmini Priya devi dasi / Рукмини Прия деви даси

Рукмини Прия впервые встретила преданных в конце 1972-го года в Дели, в Индии, на «Волшебном автобусе», следовавшем из Лондона в Катманду. Приближалась суровая, холодная зима, и Рукмини Прия ехала в Манчестер навестить отца. Она купила книги и подружилась с двумя преданными, которые только что покинули Вриндаван и собирались открыть храм в Израиле.

Я всегда испытываю благодарность к Шриле Прабхупаде, и я очень ценю имя, которое Шрила Прабхупада дал мне. Еще летом 1973-го года на открытии Бхактиведанта Мэнора преданные готовились к предстоящей огненной *ягье* и инициациям. Меня звали Рут Суитман. Я думала вслух, какое духовное имя, начинающееся на «р», мне хотелось бы получить. Я сказала себе: «Мне бы понравилось имя Рукмини, но я никогда не получу его». Поэтому я был так счастлива, когда на церемонии инициации, после того как я подошла, чтобы получить свои четки, и склонила голову к земле, я услышала, как Шрила Прабхупада сказал: «Рукмини была первой царицей Кришны».

Дары Шрилы Прабхупады безграничны, и мы никак не сможем расплатиться за эти них. По мере нашего развития все, что мы можем делать, это выполнять свой долг и следовать желанию Шрилы Прабхупады, а не умалять и не принижать его наставления, данные нам.

Saci devi dasi /Шачи Деви Даси

Шачи Деви была инициирована в пасхальное воскресенье 1969-го года, когда ей было девятнадцать лет. Впервые она встретила Шрилу Прабхупаду в Лос-Анджелесе.

Нахождение там было подобно пребыванию в другом измерении. Там было около шестнадцати или восемнадцати преданных, так что атмосфера этой маленькой компании была очень сокровенной. После того как Шрила Прабхупада прочитал лекцию, он начал обходить комнату, пока начинался *киртан*. Останавливаясь у каждой картины, висящей в комнате, он поднимал руки и очень осторожно покачивал ими. В глубине комнаты сидели две маленькие пожилые леди. На них были короткие цветочные платья и чулки. Когда он дошел до конца комнаты, очень вежливо улыбаясь, он сделал жест, призывающий девушек подняться и танцевать со всеми остальными. Девушки так и сделали!

Кланяясь, я увидела приближающиеся ко мне стопы Прабхупады и его шафрановые носки. Он остановился около моей головы, и мое сердце бешено стучало. Прабхупала спросил Тамала: «Итак, когда же она будет инициирована?» На что Тамал ответил: «Она будет следующей, Шрила Прабхупада. Инициация будет 25-го числа». Тогда Прабхупада пошел дальше, и я встретилась с ним вновь уже на лестнице. Его голова была золотой на фоне прекрасного голубого неба. Прабхупада смотрел на меня с широкой улыбкой: «Ну что, ты счастлива теперь?» Весь этот мир просто испарился, перестал существовать, и Прабхупада, там и тогда, принял меня как свою дочь. Он был моим вечным отцом и моим вечным гуру. Это была сокровенная и очень сладкая связь, и я почувствовала, что он очень сильно заботится обо мне. Он заботился о моем счастье, и конечно же, он заметил, что я была невероятно счастлива, я ликовала.

Каушалья, Рохини и я пришли в квартиру Шрилы Прабхупады. Каушалье было семнадцать, Рохини восемнадцать, а мне девятнадцать лет. Мы были просто маленькими девочками, сидящими у лотосных стоп Шрилы Прабхупады. Он относился к нам, совсем как отец. Он поднял ладонь и сказал: «Ваши ногти не должны выступать над кончиками пальцев, потому что иначе они будут грязными, они слишком длинные». Затем мы пошли с ним на прогулку. Мы втроем шли за Прабхупадой, как маленькие утята. Он остановился, чтобы поговорить с человеком, поливавшем цветы: «Доброе утро! Это мои ученики, и я пришел, чтобы научить их, как служить Богу». Мужчина был очень дружелюбным и отзывчивым. Это одно из тех воспоминаний, каким абсолютным счастьем было находиться с Прабхупадой. Не было ни дискуссий, ни обсуждений, можно было просто быть рядом с ним и чувствовать его защиту.

Во время Ратха-ятры в 1969-м году процессия двигалась из храма на Фредерик-стрит вниз, в сторону океана, путь до которого составлял около шести миль. Тогда было много времени, чтобы сфокусироваться на Шриле Прабхупаде и просто идти рядом с ним. В какой-то момент Прабхупада встал и поднял руки вверх. Он был очень счастлив, в полном восторге! Все мы практически упали в обморок. Было что-то особенное в этом моменте. Прабхупада очень вдохновлял нас, и он был так рад видеть сотни людей, следующих за колесницей.

Немногим позже я вышла замуж за Карандхару. Это произошло сразу после того, как был открыт храм на Ватсеке. Я помню тот день, когда мы встретили Прабхупаду там, когда он впервые увидел это место. О, Боже, он был так доволен. Улыбка у него была от уха до уха, он посмотрел на храм и сказал: «Это все милость моего Гуру Махараджа».

Алтарная комната была готова и расписана ко дню ухода Шрилы Бхактисиддханты. Шрила Прабхупада поместил изображение своего Гуру Махараджа на *вьясасану* и поклонился ему. Затем Прабхупада сел на подушку на пол. Он составил список дел для праздника и теперь руководил всеми служениями. Когда он видел, что кто-то заканчивал есть *гулабджамун* или *самосу*, он подзывал раздатчика, чтобы дать преданному добавки. Это было впервые, когда я столкнулась с тем почтением, которое Шрила Прабхупада оказывает своему Гуру Махараджу. Это был урок для нас, как уважать и почитать Прабхупаду.

На следующий год Прабхупада был с нами на День явления Шрилы Бхактисиддханты. Я была задействована в украшении *вьясасаны*. Гопавриндапала пришел с изображением Шрилы Бхактисиддханты. Мы даже не могли увидеть Гопа, настолько изображение было большим. Кто-то спросил что-то, а Гопа ответил из-за изображения. Прабхупада начал смеяться: «Видите, мой Гуру Махарадж всегда говорит со мной». Мы все тогда хорошо посмеялись.

Однажды утром Прабхупада, как обычно, зашел и взял *чаринамриту*. В тот день она была очень насыщенной, густой и сладкой. Прабхупада обернулся, и мы могли видеть белки его глаз, так широко они были раскрыты: «О-о-о, она очень хороша, я могу выпить ее всю!»

Другим утром в *чаринамрите* оказалась соль. Я никогда не видела Прабхупаду более сердитым и разгневанным. Можно было слышать, как падает булавка, все просто застыли. Прабхупада спросил: «Кто сделал это?» Шучитра сказала: «Я сделала это, Шрила Прабхупада». Он отругал ее за то, что она была такой невнимательной в служении Кришне. Глубина его голоса поражала, он был глубже, чем обычно. Прабхупада был настолько серьезным и мрачным, что я засомневалась в том, дышали ли мы в тот момент. Думаю, мы были просто ошеломлены. Она [Шучитра] была невероятно храброй, чтобы признаться в этом.

В те дни Прабхупада постоянно давал наставления. Если ребенок сидел неправильно в храме и его стопы были направлены в сторону Божеств, Прабхупада обязательно исправлял его. Он смотрел по сторонам и следил. Если у ребенка не было на шее *кантхимал*, он говорил: «Почему у этого ребенка нет *кантхимал*?» Если он видел *туласи*, то давал наставления относительно Туласи Деви. Он давал какие-то указания Шилавате относительно Божеств. Поэтому каждое утро было сюрпризом: чему же мы научимся? Что мы должны услышать этим утром? Что Прабхупада собирается делать? В Лос-Анджелесе нам везло, ведь иногда он оставался там по полгода.

Я заботилась о *туласи*. Однажды утром целых две *туласи* окружали его [Прабхупады] *вьясасану*. Он наклонился к Карандхаре и сказал: «До того как дереву *туласи* исполнится год, то есть если она моложе года, не позволяйте *манджари* (соцветиям) осеменяться, потому что это слишком обременительно для растения».

Я была примерно на шестом месяце беременности и танцевала. Прабхупада наклонился к Карандхаре и сказал ему: «Скажи своей жене, что она не может больше так танцевать, у нее уже большой срок». После шестого месяца беременности никаких танцев и никаких путешествий.

Пока я была беременной, Карандхара отправил меня в Сан-Франциско, чтобы я была там главным *пуджари*. Я вставала в два часа ночи, чтобы сделать вазы, убедиться, что латунь хорошо начищена и т.д. Я чувствовала себя плохо из-за беременности, но старалась быть смиренной. Я написала письмо Прабхупаде, в котором писала: «Я могла бы поехать к моим родителям, но они не преданные. Я не могу поехать домой, пока ношу ребенка. Я осталась одна, у меня нет прибежища». И я отправила его вместе с Канта деви, которая собиралась в Лос-Анджелес. Как только Прабхупада получил письмо, он сразу же позвал Карандхару к себе и очень строго сказал: «Немедленно пошли за Шачи деви».

Итак, я вернулась в Лос-Анджелес на следующий день, и Прабхупада вызвал нас к себе. Прабхупада сидел на полу на подушке за своим письменным столом. Он был расстроен из-за Карандхары. А Карандхара не мог объяснить, почему же он прогнал свою беременную жену. Прабхупада был очень расстроен, ему было даже сложно говорить. Однако он начал:

— Почему ты сделал это?

— Я не знаю, Шрила Прабхупада, — отвечал Карандхара, — я не знаю.

— Она беременна, она должна быть счастливой и ни о чем не волноваться. Ты должен приглядывать за ней и быть уверенным, что она получает заботу, — продолжил Шрила Прабхупада, — она вынашивает ребенка. Я вижу по ее лицу, что она хорошая девушка. Почему ты не заботишься о ней?

— Я не знаю, Шрила Прабхупада, — отвечал Карандхара, — я не знаю.

— Она должна остаться здесь, — сказал тогда Прабхупада, — ты не обязан с ней разговаривать, но ты должен удостовериться, что у нее есть *прасад*, что она находится в хороших условиях и что у нее есть все, что ей необходимо.

Таким образом Прабхупада спас меня от очень сложной стрессовой ситуации, дав мне прибежище и защиту.

Прабхупада всегда подходил ко мне в храме или на улице и интересовался: «Как твои дела? Все ли хорошо?» Или, если он не видел меня в храме, он спрашивал где я была. Когда родился Бхакта Рупа, Прабхупада всегда дарил ему цветы или касался его головы, и он спрашивал меня: «Ты счастлива теперь?» Конечно же, я была переполнена эмоциями, став матерью. Так что это просто укрепило мою привязанность к Шриле Прабхупаде и мою признательность ему. Семейная жизнь не была легкой для меня, были постоянные сложности.

Однажды днем кто-то закинул бомбу в храм. Нагапатни была беременна, в храме было всего несколько человек. Конечно, это был первый случай подобного противостояния и опасности — первая опасность, которую мы действительно испытали на себе в сознании Кришны. Когда Шрила Прабхупада узнал об этом, он сказал: «Чем сильнее будет становиться наше движение, тем больше нам будут противостоять демоны. Мы будем становиться все большей угрозой для них». Это было очень и очень страшно. В тот период мы уже повторяли молитвы «*Тава кара камала варе*». Однако, когда Прабхупада спустился к нам следующим утром, он научил нас молитвам «*Намасте нарасимха*» и сказал, чтобы мы повторяли эти молитвы после каждого *киртана*.

Прабхупада начал раздавать печенье детям. В то время было очень много детей, и все они крутились около *вьясасаны* Прабхупады. Бхакте Рупе было тогда около двух лет, он стоял рядом с Кулашекхарой и хотел взять его *караталы*, но не мог заполучить их и начал плакать. Прабхупада наклонился и передал мне свои *караталы*. Бхакта Рупа прекратил плакать, его глаза расширились, он был шокирован. Он стоял как вкопанный, думая: «Что я должен делать теперь?» Я отдала *караталы* Бхакта Рупе.

Перед первой осенью и зимой в Ватсеке, мы построили прекрасный закрытый домик для *туласи* из красного дерева. В него можно было заходить, примерно шесть человек могли комфортно стоять внутри. Этот дом был примерно восемь футов в высоту (два с половиной метра). Таким образом, все наши *Туласи деви* жили там, и однажды Прабхупада пригласил нас войти к себе, потому что он был очень доволен таким служением. Он всегда был счастлив, когда *Туласи деви* хорошо служили, и они разрастались. Мы понимали, насколько это было важно для Шрилы Прабхурады.

Итак, мы сели вокруг него, и Прабхупада стал вспоминать о своей матери. Он сказал, что дом для *туласи* напомнил ему о его матери, которая очень любила растения. Он произнес: «Вы знаете, что в Индии крыши домов обычно плоские, и на них есть подобия стен, идущих вокруг. У нее [матери] было много горшечных растений наверху вдоль этой стены». Прабхупада вспоминал свою молодость, и то, как растения были важны для его матери.

В Ватсеке, куда мы переехали, были лавочки, Прабхупада любил их. Он хотел, чтобы людям было комфортно, чтобы они могли ходить в храм в своей обуви и сидеть на скамеечках, как они делали, когда ходили в свою церковь. Так что мы оставили их для этого.

В какой-то момент Карандхара прабху захотел принять *санньясу*. Прабхупада не хотел, чтобы он принимал *санньясу*. У меня только что родился ребенок, он был еще младенцем. В те дни быть *санньяси* было замечательно. Ты должен много времени проводить с Прабхупадой, и, естественно, молодые люди были вдохновлены этим и стремились к этому. Это была позиция уважения и личного близкого служения Шриле Прабхупаде. Тогда Карандхара как бы приставал к Прабхупаде, и Прабхупада сказал: «Нет, ты больше, чем *санньяси*, ты домохозяин, *грихастха*. Я хочу, чтобы ты остался в Лос-Анджелесе, был Джи-Би-Си и продолжал развивать эту местность, открывать храмы и управлять тем, что находится под твоей ответственностью».

Однако через некоторое время Прабхупада уступил ему, потому что тот был очень настойчив. Даянанда тоже хотел принять *санньясу*. Тогда Прабхупада позвал Нандарани и меня к себе. Я была вместе с маленьким Бхакта Рупой в детском кресле. Мы собирались ехать в Даллас, а мужчины собирались принять *санньясу* двумя днями позже. Когда я приехала в Даллас, еще до самой инициации, Карандхара прислал мне телеграмму и просил меня вернуться. Он просто сказал: «Это слишком глупо, я не готов». Мне было двадцать один или двадцать два, ему было около двадцати трех.

Sacimata devi dasi / Шачи Деви Даси

Шачи Деви была инициирована в пасхальное воскресенье 1969-го года, когда ей было девятнадцать лет. Впервые она встретила Шрилу Прабхупаду в Лос-Анджелесе.

Нахождение там было подобно пребыванию в другом измерении. Там было около шестнадцати или восемнадцати преданных, так что атмосфера этой маленькой компании была очень сокровенной. После того как Шрила Прабхупада прочитал лекцию, он начал обходить комнату, пока начинался *киртан*. Останавливаясь у каждой картины, висящей в комнате, он поднимал руки и очень осторожно покачивал ими. В глубине комнаты сидели две маленькие пожилые леди. На них были короткие цветочные платья и чулки. Когда он дошел до конца комнаты, очень вежливо улыбаясь, он сделал жест, призывающий девушек подняться и танцевать со всеми остальными. Девушки так и сделали!

Кланяясь, я увидела приближающиеся ко мне стопы Прабхупады и его шафрановые носки. Он остановился около моей головы, и мое сердце бешено стучало. Прабхупада спросил Тамала: «Итак, когда же она будет инициирована?» На что Тамал ответил: «Она будет следующей, Шрила Прабхупада. Инициация будет 25-го числа». Тогда Прабхупада пошел дальше, и я встретилась с ним вновь уже на лестнице. Его голова была золотой на фоне прекрасного голубого неба. Прабхупада смотрел на меня с широкой улыбкой: «Ну что, ты счастлива теперь?» Весь этот мир просто испарился, перестал существовать, и Прабхупада, там и тогда, принял меня как свою дочь. Он был моим вечным отцом и моим вечным гуру. Это была сокровенная и очень сладкая связь, и я почувствовала, что он очень сильно заботится обо мне. Он заботился о моем счастье, и конечно же, он заметил, что я была невероятно счастлива, я ликовала.

Каушалья, Рохини и я пришли в квартиру Шрилы Прабхупады. Каушалье было семнадцать, Рохини восемнадцать, а мне девятнадцать лет. Мы были просто маленькими девочками, сидящими у лотосных стоп Шрилы Прабхупады. Он относился к нам, совсем как отец. Он поднял ладонь и сказал: «Ваши ногти не должны выступать над кончиками пальцев, потому что иначе они будут грязными, они слишком длинные». Затем мы пошли с ним на прогулку. Мы втроем шли за Прабхупадой, как маленькие утята. Он остановился, чтобы поговорить с человеком, поливавшем цветы: «Доброе утро! Это мои ученики, и я пришел, чтобы научить их, как служить Богу». Мужчина был очень дружелюбным и отзывчивым. Это одно из тех воспоминаний, каким абсолютным счастьем было находиться с Прабхупадой. Не было ни дискуссий, ни обсуждений, можно было просто быть рядом с ним и чувствовать его защиту.

Во время Ратха-ятры в 1969-м году процессия двигалась из храма на Фредерик-стрит вниз, в сторону океана, путь до которого составлял около шести миль. Тогда было много времени, чтобы сфокусироваться на Шриле Прабхупаде и просто идти рядом с ним. В какой-то момент Прабхупада встал и поднял руки вверх. Он был очень счастлив, в полном восторге! Все мы практически упали в обморок. Было что-то особенное в этом моменте. Прабхупада очень вдохновлял нас, и он был так рад видеть сотни людей, следующих за колесницей.

Немногим позже я вышла замуж за Карандхару. Это произошло сразу после того, как был открыт храм на Ватсеке. Я помню тот день, когда мы встретили Прабхупаду там, когда он впервые увидел это место. О, Боже, он был так доволен. Улыбка у него была от уха до уха, он посмотрел на храм и сказал: «Это все милость моего Гуру Махараджа».

Алтарная комната была готова и расписана ко дню ухода Шрилы Бхактисиддханты. Шрила Прабхупада поместил изображение своего Гуру Махараджа на *вьясасану* и поклонился ему. Затем Прабхупада сел на подушку на пол. Он составил список дел для праздника и теперь руководил всеми служениями. Когда он видел, что кто-то заканчивал есть *гулабджамун* или *самосу*, он подзывал раздатчика, чтобы дать преданному добавки. Это было впервые, когда я столкнулась с тем почтением, которое Шрила Прабхупада оказывает своему Гуру Махараджу. Это был урок для нас, как уважать и почитать Прабхупаду.

На следующий год Прабхупада был с нами на День явления Шрилы Бхактисиддханты. Я была задействована в украшении *вьясасаны*. Гопавриндапала пришел с изображением Шрилы Бхактисиддханты. Мы даже не могли увидеть Гопа, настолько изображение было большим. Кто-то спросил что-то, а Гопа ответил из-за изображения. Прабхупада начал смеяться: «Видите, мой Гуру Махарадж всегда говорит со мной». Мы все тогда хорошо посмеялись.

Однажды утром Прабхупада, как обычно, зашел и взял *чаринамриту*. В тот день она была очень насыщенной, густой и сладкой. Прабхупада обернулся, и мы могли видеть белки его глаз, так широко они были раскрыты: «О-о-о, она очень хороша, я могу выпить ее всю!»

Другим утром в *чаринамрите* оказалась соль. Я никогда не видела Прабхупаду более сердитым и разгневанным. Можно было слышать, как падает булавка, все просто застыли. Прабхупада спросил: «Кто сделал это?» Шучитра сказала: «Я сделала это, Шрила Прабхупада». Он отругал ее за то, что она была такой невнимательной в служении Кришне. Глубина его голоса поражала, он был глубже, чем обычно. Прабхупада был настолько серьезным и мрачным, что я засомневалась в том, дышали ли мы в тот момент. Думаю, мы были просто ошеломлены. Она [Шучитра] была невероятно храброй, чтобы признаться в этом.

В те дни Прабхупада постоянно давал наставления. Если ребенок сидел неправильно в храме и его стопы были направлены в сторону

Божеств, Прабхупада обязательно исправлял его. Он смотрел по сторонам и следил. Если у ребенка не было на шее *кантхимал*, он говорил: «Почему у этого ребенка нет *кантхимал*?» Если он видел *туласи*, то давал наставления относительно Туласи Деви. Он давал какие-то указания Шилавате относительно Божеств. Поэтому каждое утро было сюрпризом: чему же мы научимся? Что мы должны услышать этим утром? Что Прабхупада собирается делать? В Лос-Анджелесе нам везло, ведь иногда он оставался там по полгода.

Я заботилась о *туласи*. Однажды утром целых две *туласи* окружали его [Прабхупады] *вьясасану*. Он наклонился к Карандхаре и сказал: «До того как дереву *туласи* исполнится год, то есть если она моложе года, не позволяйте *манджари* (соцветиям) осеменяться, потому что это слишком обременительно для растения».

Я была примерно на шестом месяце беременности и танцевала. Прабхупада наклонился к Карандхаре и сказал ему: «Скажи своей жене, что она не может больше так танцевать, у нее уже большой срок». После шестого месяца беременности никаких танцев и никаких путешествий.

Пока я была беременной, Карандхара отправил меня в Сан-Франциско, чтобы я была там главным *пуджари*. Я вставала в два часа ночи, чтобы сделать вазы, убедиться, что латунь хорошо начищена и т.д. Я чувствовала себя плохо из-за беременности, но старалась быть смиренной. Я написала письмо Прабхупаде, в котором писала: «Я могла бы поехать к моим родителям, но они не преданные. Я не могу поехать домой, пока ношу ребенка. Я осталась одна, у меня нет прибежища». И я отправила его вместе с Канта деви, которая собиралась в Лос-Анджелес. Как только Прабхупада получил письмо, он сразу же позвал Карандхару к себе и очень строго сказал: «Немедленно пошли за Шачи деви».

Итак, я вернулась в Лос-Анджелес на следующий день, и Прабхупада вызвал нас к себе. Прабхупада сидел на полу на подушке за своим письменным столом. Он был расстроен из-за Карандхары. А Карандхара не мог объяснить, почему же он прогнал свою беременную жену. Прабхупада был очень расстроен, ему было даже сложно говорить. Однако он начал:

— Почему ты сделал это?

— Я не знаю, Шрила Прабхупада, — отвечал Карандхара, — я не знаю.

— Она беременна, она должна быть счастливой и ни о чем не волноваться. Ты должен приглядывать за ней и быть уверенным, что она получает заботу, — продолжил Шрила Прабхупада, — она вынашивает ребенка. Я вижу по ее лицу, что она хорошая девушка. Почему ты не заботишься о ней?

— Я не знаю, Шрила Прабхупада, — отвечал Карандхара, — я не знаю.

— Она должна остаться здесь, — сказал тогда Прабхупада, — ты не обязан с ней разговаривать, но ты должен удостовериться, что у нее есть *прасад*, что она находится в хороших условиях и что у нее есть все, что ей необходимо.

Таким образом Прабхупада спас меня от очень сложной стрессовой ситуации, дав мне прибежище и защиту.

Прабхупада всегда подходил ко мне в храме или на улице и интересовался: «Как твои дела? Все ли хорошо?» Или, если он не видел меня в храме, он спрашивал где я была. Когда родился Бхакта Рупа, Прабхупада всегда дарил ему цветы или касался его головы, и он спрашивал меня: «Ты счастлива теперь?» Конечно же, я была переполнена эмоциями, став матерью. Так что это просто укрепило мою привязанность к Шриле Прабхупаде и мою признательность ему. Семейная жизнь не была легкой для меня, были постоянные сложности.

Однажды днем кто-то закинул бомбу в храм. Нагапатни была беременна, в храме было всего несколько человек. Конечно, это был первый случай подобного противостояния и опасности — первая опасность, которую мы действительно испытали на себе в сознании Кришны. Когда Шрила Прабхупада узнал об этом, он сказал: «Чем сильнее будет становиться наше движение, тем больше нам будут противостоять демоны. Мы будем становиться все большей угрозой для них». Это было очень и очень страшно. В тот период мы уже повторяли молитвы «*Тава кара камала варе*». Однако, когда Прабхупада спустился к нам следующим утром, он научил нас молитвам «*Намасте нарасимха*» и сказал, чтобы мы повторяли эти молитвы после каждого *киртана*.

Прабхупада начал раздавать печенье детям. В то время было очень много детей, и все они крутились около *вьясасаны* Прабхупады. Бхакте Рупе было тогда около двух лет, он стоял рядом с Кулашекхарой и хотел взять его *караталы*, но не мог заполучить их и начал плакать. Прабхупада наклонился и передал мне свои *караталы*. Бхакта Рупа прекратил плакать, его глаза расширились, он был шокирован. Он стоял как вкопанный, думая: «Что я должен делать теперь?» Я отдала *караталы* Бхакта Рупе.

Перед первой осенью и зимой в Ватсеке, мы построили прекрасный закрытый домик для *туласи* из красного дерева. В него можно было заходить, примерно шесть человек могли комфортно стоять внутри. Этот дом был примерно восемь футов в высоту (два с половиной метра). Таким образом, все наши *Туласи деви* жили там, и однажды Прабхупада пригласил нас войти к себе, потому что он был очень доволен таким служением. Он всегда был счастлив, когда *Туласи деви* хорошо служили, и они разрастались. Мы понимали, насколько это было важно для Шрилы Прабхурады.

Итак, мы сели вокруг него, и Прабхупада стал вспоминать о своей матери. Он сказал, что дом для *туласи* напомнил ему о его матери, которая очень любила растения. Он произнес: «Вы знаете, что в Индии крыши домов обычно плоские, и на них есть подобия стен, идущих вокруг. У нее [матери] было много горшечных растений наверху вдоль этой стены». Прабхупада вспоминал свою молодость, и то, как растения были важны для его матери.

В Ватсеке, куда мы переехали, были лавочки, Прабхупада любил их. Он хотел, чтобы людям было комфортно, чтобы они могли ходить в храм в своей обуви и сидеть на скамеечках, как они делали, когда ходили в свою церковь. Так что мы оставили их для этого.

В какой-то момент Карандхара прабху захотел принять *санньясу*. Прабхупада не хотел, чтобы он принимал *санньясу*. У меня только что родился ребенок, он был еще младенцем. В те дни быть *санньяси* было замечательно. Ты должен много времени проводить с Прабхупадой, и, естественно, молодые люди были вдохновлены этим и стремились к этому. Это была позиция уважения и личного близкого служения Шриле Прабхупаде. Тогда Карандхара как бы приставал к Прабхупаде, и Прабхупада сказал: «Нет, ты больше, чем *санньяси*, ты домохозяин, *грихастха*. Я хочу, чтобы ты остался в Лос-Анджелесе, был Джи-Би-Си и продолжал развивать эту местность, открывать храмы и управлять тем, что находится под твоей ответственностью».

Однако через некоторое время Прабхупада уступил ему, потому что тот был очень настойчив. Даянанда тоже хотел принять *санньясу*. Тогда Прабхупада позвал Нандарани и меня к себе. Я была вместе с маленьким Бхакта Рупой в детском кресле. Мы собирались ехать в Даллас, а мужчины собирались принять *санньясу* двумя днями позже. Когда я приехала в Даллас, еще до самой инициации, Карандхара прислал мне телеграмму и просил меня вернуться. Он просто сказал: «Это слишком глупо, я не готов». Мне было двадцать один или двадцать два, ему было около двадцати трех.

Sadhvi devi dasi / Садхви деви даси

Садхви даси присоединилась к Движению в 1972-м году, а в 1973-м году на Говардхана-пудже в Монреале она получила инициацию.

В подвале одной из монреальских церквей проводилась духовная ярмарка, на которую я решила сходить. Там были Гуру Махарадж Джи, Шри Чимной, Йоги-Бхоги Йоги — очень много различных *гуру*. Спустя некоторое время я впервые услышала Святое имя и поделилась своим открытием с друзьями: «Вот оно! Вот оно! То самое!» Потом я начала читать книгу «Воспевание Святых имен», которую один преданный оставил в магазине правильного питания, где я работала.

Меня одолевало неуемное чувство голода, с которым я была не в силах справиться. Но стоило мне только открыть книгу, как я тут же ощущала умиротворение. Мои чувства и ум становились спокойными, мне было легко держать их под контролем. Я сразу поняла, что автор этой книги — мой духовный учитель, потому что никто другой не мог на меня так влиять.

Я начала читать книгу, но мне пришлось тяжело, потому что я говорила только по-французски. Несмотря на это, Шрила Прабхупада принял мои скромные усилия, потому что однажды ночью мне приснился чудный сон. Я жила на втором этаже в Ашраме Шри Ауробиндо в Монреале, рядом с магазином правильного питания, где я работала. Именно тогда я стала вегетарианкой. Однако я не разделяла умонастроения тех, кто жил в *ашраме*, потому что каждый ходил и воображал: «Я Бог». Когда я в первый раз увидела, как кланяются преданные, в голове промелькнула мысль: «Ну вот, еще одни чудики».

Как-то раз преданные продали несколько постеров в магазинчик *ашрама*, где я работала. На одном плакате были изображены Господь Индра со слоном и Господь Кришна с коровой. Господь Индра приносил поклоны. На другом был нарисован Господь Брахма с мальчиками-пастушками и Кришной. Я купила эти два плаката. Тогда у меня не было твердой веры в то, что Бог существует. Я была вне себя от счастья, когда вешала плакаты на стену. В голове пульсировала мысль: «Бог есть! Бог есть!»

Однажды мне приснился сон. Я видела коридор, который вел в мою комнату на втором этаже. Шрила Прабхупада стоял на лестнице. Я вышла из комнаты, Шрила Прабхупада стоял в коридоре справа. Я узнала его из книги «Воспевание Святых имен». Шрила Прабхупада стоял, покашливая. От порыва ветра дверь открылась. Я побежала вниз и закрыла ее. Потом я снова поднялась наверх, чтобы увидеть Шрилу Прабхупаду. Он снова закашлял. Дверь опять распахнулась, поэтому я снова сбежала вниз и захлопнула ее. Я пошла обратно наверх, где стоял Шрила Прабхупада, но дверь открылась в третий раз. Моему терпению пришел конец. Я схватила толстую палку и подперла ею дверь, чтобы никакая метель не смогла к нам ворваться. Затем я поднялась наверх и посмотрела на Шрилу Прабхупаду. Вокруг стояла тишина. В душе я знала, чего хочу больше всего на свете. Он, разумеется, тоже об этом знал, поэтому и пришел сюда по своей доброте. Он подал мне знак головой. В сердце я знала, хотя не могла выразить это словами: я жаждала Святого имени. Я склонилась перед Шрилой Прабхупадой, и он поставил свою лотосную стопу мне на голову.

Я всегда чувствовала, что Шрила Прабхупада очень хотел, чтобы его книги распространялись. Мое служение было в том, чтобы всячески содействовать распространению книг. Книги — это самая большая милость для всех и каждого. Я приняла это наставление в сердце, поэтому я всегда молюсь о том, чтобы я могла быть инструментом в его руках и распространять книги, где бы я ни была и что бы я ни делала.

В 1975-м году я поехала в Индию. Тогда Шрилу Прабхупаду окружали многочисленные *санньяси*. Я была никем. Даже несмотря на то, что рядом с ним было так много людей и я не могла подойти к нему близко, увидев его, я ясно почувствовала насколько чисто его сердце и насколько мое запачкано грязью. Я не могла выдержать такого разительного контраста, из глаз градом лились слезы. Я смотрела на Шрилу Прабхупаду, не переставая рыдать. Эти слезы очищали меня, внутри разливалось блаженство. Я пережила непередаваемый, сокровенный опыт.

Я была в Индии пять недель. У нас не было возможности служить Шриле Прабхупаде напрямую, но мне посчастливилось прибирать в его комнате. Я жевала палочку нима, которую он использовал в качестве зубной щетки – жаль, что я не оставила ее себе! Конечно же, я посещала его лекции. Прабхупада звонил в колокол в Маяпуре, это было волшебно. К тому времени я достаточно хорошо воспринимала английскую речь, хотя иногда мне было трудно понять Шрилу Прабхупаду из-за акцента.

Мне удавалось поддерживать связь со Шрилой Прабхупадой во многом благодаря тому, что я занималась *санкиртаной* на протяжении многих лет. Когда в моей жизни наступал сложный период и *гуны* материальной природы слишком сильно связывали меня, я садилась и писала письмо Шриле Прабхупаде. Естественно, я его не отправляла, так как это не приветствовалось, потому что Шрила Прабхупада был очень занят. Он отвечал разными способами. Всегда отвечал. Как только я открывала книгу, то сразу находила ответ. Также он отвечал через преданных. Прабхупада дал мне силы, чтобы идти дальше и служить его миссии любыми доступными способами.

Когда мне нужна была помощь, Шрила Прабхупада приходил ко мне во снах. Я ясно чувствовала, что он оберегает меня — я чувствовала его покровительство. Он отправляет ко мне людей, которые помогают мне идти по пути преданного служения. Я чувствую себя в полной безопасности. Иногда, когда я приношу ему поклоны, я представляю себя его маленьким щенком. Он гладит меня по голове. Мое единственное желание — доставить ему радость, услышать его смех.

Однажды в день его ухода, я написала ему подношение. «Шрила Прабхупада, я просто хочу, чтобы вы улыбнулись. Это все, чего я хочу. Я хочу, чтобы вы улыбнулись». В ту ночь мне приснился сон. Шрила Прабхупада давал лекцию в Лос-Анджелесе. Он сошел вниз с *вьясасаны*, вокруг него было много преданных, но он обернулся и посмотрел прямо на меня. Его лицо озарила красивая, широкая улыбка. Я была несказанно рада такому ответу. Он рядом со мной. Каждый день. Я бы уже давно оставила тело, если бы не Шрила Прабхупада. В этом материальном мире очень трудно выжить, но он дал нам так много, так много знаний и защиты!

Sailendriya devi dasi / Шайлендрия деви даси

Шайлендрия говорила своей матери, которая не была благосклонна к сознанию Кришны: «Я такая, какая есть, потому что встретила Шрилу Прабхупаду. Он пробудил во мне все хорошее и научил меня быть настоящим человеком. Без его присутствия в моей жизни не знаю, каким человеком я бы была».

Прабхупада проникал во все, что мы делали, во все, о чем мы думали, и в то, как мы себя вели. Только одно то, что мы являлись свидетелями его смирения, его мудрости, его знания, его любви к своим ученикам и его поддержки, особенно по отношению к женщинам, вдохновляло нас попытаться осознать Кришну. Если мы видели животное, мы хотели, чтобы оно услышало святое имя, потому что Прабхупада сказал, что это сделает животное счастливым.

Шрила Прабхупада вдохновлял женщин служить Божествам и подробно учил нас, как это делать. Также он давал наставления, как принимать омовение, одеваться, наносить *тилаку* и какое состояние ума мы должны иметь, когда находимся в присутствии Божеств. Хотя я всегда была занята служением на заднем плане, влияние Прабхупады всегда присутствовало в моем подходе к тому, что я делала и как я думала.

Когда Прабхупада присутствовал с нами лично, это было теплое и чудесное, наполненное любовью время. Женщины поддерживали друг друга и заботились обо всех. Времени на ерунду не было, все проходило в такой спешке. Мы были новичками, многого не понимали, приходилось приспосабливаться и учиться. Но это удивительное чувство присутствует и в книгах Шрилы Прабхупады, если мы читаем их с открытым умом и смиренным отношением. Мы никогда не прочитаем их полностью, во всей глубине, потому что каждый раз, когда мы читаем книги, Прабхупада все больше открывает нам себя и мы понимаем все больше.

Сейчас я работаю учительницей в государственной школе, и я испытываю сострадание к ученикам. Кали-юга прогрессирует. Шриле Прабхупаде нужны преданные в каждой части общества, чтобы люди повсюду могли соприкоснуться с сознанием Кришны. Также я занимаюсь наукой, и иногда люди спрашивают: «Как ты можешь быть религиозной, если ты ученый?» Я отвечаю: «Чем больше я изучаю мир природы, материальный мир, тем больше убеждаюсь, что за ним стоит удивительный создатель. Мир совершенен. Просто потому, что вы изучаете, из чего состоит целое, не означает, что вы не можете изумляться этому целому». Прабхупада присутствует во всем, о чем я думаю.

Samapriya devi dasi / Самаприя деви даси

Самаприя деви даси получила инициацию в Беркли, Калифорния, в июле 1975-го года, на следующий день после фестиваля Ратха-ятры.

С дочерью на коленях мы вместе с другими преданными, получающими инициацию, сидели вокруг жертвенного огня. Я сделала букет, чтобы подарить Шриле Прабхупаде. Когда меня позвали, мой маленький, но решительный ребенок захотел пойти со мной. Я убедила ее подождать у огня. В тот день я была последней из примерно сорока преданных, получивших посвящение. Шрила Прабхупада напевал, ожидая, пока я подойду и предложу свои поклоны.

Когда я поднялась, совершив полный *дандават*, я левой рукой протянула Шриле Прабхупаде свой букет, протягивая правую руку, чтобы принять мои четки. Джаятиртха дас, стоявший рядом со Шрилой Прабхупадой, громко крикнул: «Не передавай Шриле Прабхупаде цветы левой рукой! Предложи их ему правой рукой». Я сразу переложила букет в правую руку, чтобы предложить Шриле Прабхупаде, и протянула левую руку, чтобы принять четки. Он снова крикнул: «Не бери четки левой рукой! Возьми их правой рукой». Я переложила букет обратно в левую руку и протянула его Шриле Прабхупаде, протягивая правую руку, чтобы принять четки. Окончательно потеряв надежду, потрясенный отсутствием у меня какого бы то ни было ума, Джаятиртха еще раз попытался исправить ситуацию.

В этот момент Шрила Прабхупада, который был свидетелем этого абсурдного разговора, повернулся к Джаятиртхе и сказал с величайшим состраданием: «Все в порядке». Олицетворяя доброту, Шрила Прабхупада вручил мне четки для посвящения и принял букет. Я не помню, какая именно рука что сделала в итоге, но Прабхупада сказал мне новое имя — Самаприя деви даси — и добавил: «Вот и все».

Когда я размышляю об этих маленьких жемчужинах вечности, которые сформировали мою жизнь, мне кажется, что Шрила Прабхупада всегда говорит мне: «Все в порядке». Если мы делаем все, что в наших силах, с искренним сердцем пытаясь доставить удовольствие Кришне и Его чистым преданным, мы все делаем правильно.

Однажды в Лос-Анджелесе Шрила Прабхупада отправился в студию «Голден Аватар Студиос», чтобы сделать запись. Я приготовила тарелку с фруктами, которую мы поставили рядом с тем местом, где должен был сидеть Шрила Прабхупада. Была середина утра, и лишь горстка преданных стояла снаружи, с нетерпением ожидая прибытия Прабхупады.

Наконец подъехала машина. Мы все поклонились и встали. *Брахмачари* вышел из машины и открыл заднюю дверь для Шрилы

Прабхупады. Тротуар был примерно на восемь дюймов выше уровня улицы, поэтому, когда Шрила Прабхупада попытался выйти из машины, ему пришлось подтянуться, держась за дверную ручку. Возникла неловкая ситуация: у Шрилы Прабхупады, пожилого джентльмена, не получалось это сделать.

Я затаила дыхание, смотря на то, как моему духовному учителю пришлось тяжело из-за бордюра. Моя мольба шла из глубины сердца, я надеялась всей душой, что *брахмачари* услышит мои мысли, чтобы помочь Шриле Прабхупаде выйти из машины. К моему ужасу, он не услышал моих мыслей и не протянул руку помощи Шриле Прабхупаде. Я чувствовала себя ужасно. Мне следовало бежать на помощь своему *гуру* и принять это удачное служение, доступное в тот момент лишь немногим. Никто из нас ничего не сделал.

Шрила Прабхупада оставался в студии «Голден Аватар» несколько часов, а я снова стояла снаружи, ожидая его. Я хотела извиниться за свое невнимание, за то, что не помогла ему выйти из машины. Я знала, что не смогу жить спокойно, если он не освободит меня от этого бремени. Когда Шрила Прабхупада вышел из студии, я подошла к нему и с искренним сожалением сказала, что мне очень жаль, что не помогла ему выйти из машины. Он посмотрел на меня с удивлением, затем на *брахмачари* и спросил: «О чем она говорит?» *Брахмачари* сказал: «О, Шрила Прабхупада, это ничего не значит».

Будучи вне себя и не понимая, как *брахмачари* мог назвать это ничем, я сказала: «Это значит многое, Шрила Прабхупада. Мне очень жаль, что я не помогла вам выйти из машины, когда вы приехали сюда. Похоже, вам нужна была помощь, а я не ничего не сделала и потому прошу прощения у вас».

Шрила Прабхупада снова посмотрел на *брахмачари* и спросил: «О чем она говорит?» И снова *брахмачари* сказал: «Ничего». К этому моменту я была на грани истерики и в большом смятении, почти всхлипывая, сказала: «Шрила Прабхупада, мне очень жаль, что я не помогла вам выбраться из машины. Для меня это многое значит».

Затем Шрила Прабхупада повернулся ко мне и ободряюще, с полным сострадания взглядом сказал: «Все в порядке». В этот момент, тянущийся вечность, у меня сперло дыхание. Этими тремя словами Шрила Прабхупада снова дал мне жизнь.

Я захотела сделать подарок Шриле Прабхупаде. Я занималась изготовлением украшений и решила, что ожерелье из бусинок *туласи* будет самым подходящим и достойным подношением моему духовному учителю.

Сгибая серебряную проволоку, чтобы создать спирали и обратить *туласи* серебряными бусинами, я создала симметричный узор. Когда он был готов, я тщательно упаковала его и отправила Шриле Прабхупаде в Даллас.

Вскоре после отправки посылки я услышала, что Шрила Прабхупада не хотел, чтобы преданные носили бусинки *туласи*, разделенные камнями, бусинами или серебром. Я была опустошена. Что я натворила? Я сделала подарок своему духовному учителю, и именно такие украшения он просил нас не носить. С тяжестью в сердце я молила Кришну о прощении за оскорбление Его чистого преданного.

В это время была выпущена «Чайтанья-чаритамрита». Книги Шрилы Прабхупады — сокровище для всех его последователей. Каждый раз, когда Би-Би-Ти печатала новую книгу, мы немедленно находили способ получить копию. Последней книгой был восьмой том Мадхья-лилы. В книгах этого издательства всегда была красивая фотография Шрилы Прабхупады, и преданные с нетерпением ждали, будет ли там прежде не виданная фотография.

Когда я взяла новую книгу и открыла ее на изображении Шрилы Прабхупады, я увидела, что он сидит на *вьясасане* в Далласе. Я не могла поверить в увиденное. Мне показалось, что на фотографии Шрила Прабхупада был в моем ожерелье! Я нашла лупу, внимательно рассмотрела изображение и увидела спирали и серебряные бусины. Это точно было мое ожерелье — подношение Шриле Прабхупаде. Он не отказался от него, и на фото это было видно. Я была очень благодарна и счастлива, что Шрила Прабхупада так любезно принял мое скромное подношение.

Sanatini devi dasi / Санатини деви даси

Санатини и ее муж сделали шаг в свою новую жизнь, когда задались вопросом: «Что будет дальше?» Когда Санатини увидела Божества Джаганнатхи на Бэри Плейс, она подумала: «Я наконец нашла то, что искала. Я дома».

Когда я узнала, что Джаганнатха был Богом, жизнь обрела смысл. Когда я впервые попробовала «Простое чудо», это было замечательно, а когда я поклонилась Шриле Прабхупаде, это было естественно и нормально. Прабхупада был как отец для всех нас. Он знал, что происходит в жизни каждого из нас, что нам нужно и не нужно слышать. Он подсказывал, что лучше для нас, наше место в жизни, находил слова утешения.

Мы с мужем были пожизненными членами и переехали в Мэнор с нашим сыном Прахладой. После ухода Прабхупады я чувствовала себя очень одинокой, и мне приснился сон, что я была в Индии, когда несли тело Прабхупады. Проходя мимо меня, он положил руку мне на плечо и сказал: «Я всегда буду с тобой». Я не думаю, что можно просить чего-то большего, чем это.

Sandamini devi dasi / Самдамини деви даси

В Цинциннати в 1973-м году один преданный подобрал Самдамини на дороге, когда она путешествовала автостопом.

У этого преданного, которого звали Сатсангананда, была бритая голова, и он носил *курту*. В его машине, фольксвагене, были постеры с Кришной, Шивой и Господом Вишну, играл *киртан* и курилось благовоние. Я подумала: «Я села не в ту машину». Однако мне стало интересно, когда Сатсангананда начал проповедовать. Я только что закончила школу и поступила в университет Цинциннати. После этого я отправилась в Калифорнию, где встретилась со Шрилой Прабхупадой на Ратха-ятре в Сан-Франциско, что очень испугало моих родителей.

Я переехала в храм в Сан-Диего. Когда приехал Шрила Прабхупада, я стояла на крыше со всеми остальными и осыпала его цветами. Кто-то написал Харе Кришна *мантру* на внутренней дорожке. Как только Шрила Прабхупада увидел ее, случилась некоторая заминка, и мы услышали, как Шрила Прабхупада сказал, что святое имя нужно немедленно стереть. Он не хотел, чтобы кто-нибудь наступал на святое имя.

В 1975-м году в Сан-Франциско Шрила Прабхупада рассказывал нам, что, когда он был в самолете, пилот спросил его: «Если Господь всеблагой, то почему же тогда он создал ад?» Шрила Прабхупада объяснил, что точно так же, как вы создаете тень, когда поворачиваетесь спиной к солнцу, вы создаете ад, когда вы поворачиваетесь спиной к Богу. Потом с чистосердечной невинностью он спросил нас: «Я был прав?» Он действительно хотел узнать от нас, правильным ли был, по нашему мнению, его ответ.

Однажды в Маяпуре в 1976-м году я очень сильно заболела. Когда Шрила Прабхупада входил в храм, он наткнулся на меня и жестами показал мне: «Воспевай, танцуй и будь счастливой». Этот его жест излечил меня от ужасной дизентерии и позволил мне танцевать. Благодаря могуществу Прабхупады это был один из тех моментов, когда я была вне телесной платформы.

В то время движение было очень большое, но кем же была я? Любовь Прабхупады проникала повсюду, и я никогда не чувствовала себя обделенной его любящими объятиями, его прибежищем и его защитой. Я чувствовала, что он дает мне силы и по его милости я могла бы выполнять любое служение, вместе с любым человеком, в любое время и при любых обстоятельствах. Я никогда не ощущала, что не могу сделать что-то, из-за того, что я женщина, или потому, что я не такая же разумная, как кто-то другой. У меня были все возможности проповедовать и использовать свой потенциал, чтобы служить и помогать Шриле Прабхупаде распространить Сознание Кришны. Единственное, что останавливало меня, был мой собственный ум и мои чувства.

Мы здесь ради одной цели — служить Шриле Прабхупаде любыми доступными нам способами, помочь как можно большему количеству душ, насколько это в наших силах, и в то же время постараться очиститься от материальных желаний, чтобы мы могли вернуться домой, обратно к Богу. Я очень благодарна общению, вкладу, усилиям всех преданных, которые служили Шриле Прабхупаде. И у меня есть твердая вера в обещание Прабхупады: если мы будем следовать принципам, воспевать *мантру* и служить с искренностью, то он заберет нас домой, к Богу. Когда придет время умирать, он будет с нами и сделает так, чтобы мы счастливо служили ему где-то в другом месте.

Sangita devi dasi / Сангита деви даси

В 1970-м году, когда Сангите было четырнадцать лет, она увидела, как брахмачари распространяют «Бхагавад-гиту» на Рыбацкой пристани в Сан-Франциско. Она спросила свою старшую сестру: «Кто они?» Та ответила: «О, они не занимаются сексом». В следующее воскресенье сестра Сангиты затащила ее на воскресный пир. Сангите это не понравилось. Она была имперсоналистом, повторяла «Ом», принимала наркотики и искала Бога не там, где нужно.

После *арати* моя сестра вышла из алтарной и произнесла: «Чувствую себя прекрасно!» Я подумала: «Не понимаю». Я вышла из храма и поехала на собрание саентологов, но там мне тоже не понравилось.

Я жила с родителями в Филадельфии и на протяжении двух лет каждый раз, отправляясь в город, встречала преданных Харе Кришна. Они всегда давали мне одно и то же — журнал «Обратно к Богу», клубничные благовония «Spiritual Sky», которые пахли так себе, конфетки «Простое чудо» и карточку с *мантрой*. Я давала им пятьдесят центов и думала: «О, они снова здесь». В шестнадцать лет я переехала в дом, где моими соседями были хиппи и студенты колледжа. Пара, которая также жила в этом доме, Мангаламайя и Мадхупури, очень часто заворачивала меня в *сари* и тащила с собой на *мангала-арати*. Однажды после *мангала-арати* я за доллар купила книгу «Кришна». Я прочитала ее от корки до корки. Я просто не могла оторваться. Я подумала: «Это мое. Мне очень нравится эта философия. Не знаю, почему я два года от нее пряталась».

Я написала Прабхупаде письмо, чтобы познакомиться с ним и задать два вопроса: как я могу послужить ему и почему преданные считают, что жизнь в храме отличается от жизни за его пределами. Прабхупада ответил мне: «Я очень воодушевлен тем, что Вы желаете присоединиться к движению сознания Кришны с целью совершенствования своей жизни». Он рекомендовал мне повторять шестнадцать кругов, читать его книги не менее двух часов в день, рано вставать, совершать омовения и посещать *мангала-арати*. Он сказал: «Вы правы в том, что нет разницы между преданными, живущими внутри храма, и преданными, живущими вне храма. Смысл в том, чтобы следовать регулирующим принципам, воспевать святые имена и превратить свой дом в храм». Я не упоминала этого в своем письме, но мне не нравились все эти правила. Прабхупада писал: «Вы разочарованы правилами и предписаниями, но без правил и предписаний разочарований будет еще больше. Так что следуйте правилам, которые вы знаете», — и повторил, что нужно делать. Я подумала: «Это мой *гуру*, он знает, что я чувствую. Он знает обо мне все. Он знает мои сомнения и опасения». Это мое.

Чуть позже мне исполнилось семнадцать, я переехала в храм Лос-Анджелеса и получила посвящение в сентябре 1973-го года. Через шесть месяцев я получила второе посвящение и стала *пуджари*.

Я думала, что автоматически стану чистой преданной, и не понимала, почему мой ум все еще так метался. Поэтому я написала Прабхупаде: «Я принимала очень много ЛСД, и в моей голове происходит так много всего, что я не могу сосредоточиться, когда повторяю *джапу*». Он ответил мне двухстраничным философским письмом о повторении «Харе Кришна» и очищении зеркала ума. В последней строчке он написал: «Я не могу подсказать Вам лучшего решения Вашей проблемы. Просто повторяйте "Харе Кришна", и все будет в порядке». И все действительно было и есть в порядке. Прабхупада был милым, чистым и родным, а это то, чего мне не хватало, — отца — тогда, сейчас и всегда.

Когда Прабхупада приехал на месяц в Гонолулу, мне было девятнадцать, и я служила в качестве *пуджари* Божеств Панча-таттвы в местном храме. Однажды утром, когда Прабхупада прогуливался по пляжному парку Ала Моана, он показал на серферов и назвал их «морскими страдальцами». Кто-то сказал: «Нет, Прабхупада, они серферы». Он ответил: «Вы называете их серферами, а я — страдальцами. В следующей жизни они все родятся рыбами».

Санньяси травили и били меня, но они не могли отвернуть меня от моего *гуру*. Когда Прабхупада совершил свою первую прогулку по территории храма, я присоединилась к нему. Прабхупада был мил с девушками, потому что знал, с чем нам приходиться мириться в его Движении; он знал, насколько сильными мы должны быть, и проявлял к нам особую милость.

Наша прогулка закончилась не очень хорошо. Прабхупада заметил, как птицы клевали остатки риса и *сабджи* на бумажных тарелках, оставленных в комнате для *прасада*. Он рассердился, сказав: «Если вы будете тратить средства впустую, вы будете продолжать жить в нужде», — и отправился в свою комнату.

Я была робкой, миниатюрной и незаметной. Однажды вечером на лекции по Бхагавад-гите я помолилась Прабхупаде: «Если бы Вы хоть раз посмотрели мне в глаза, моя жизнь стала бы идеальной». Я была одна в комнате для *пуджари*, а Прабхупада уже собирался уходить, как вдруг он остановился, повернулся в сторону комнаты *пуджари*, сложил ладони, улыбнулся и кивнул, глядя прямо на меня. По моему лицу тут же потекли слезы. Прабхупада слышит наши молитвы.

Однажды днем я побежала будить Божества, а Прабхупада наблюдал за мной с балкона. Я поклонилась, встала и посмотрела на него. Он сложил ладони и улыбнулся, глядя мне в глаза, казалось, целую вечность, хотя на самом деле этот момент длился, наверное, секунды три. Он видел меня насквозь: кем я была, мои вечные отношения с ним и с Кришной, ужас, через который я прошла, что я пережила в своей жизни, — и я знала, что все будет хорошо. Это был потрясающий момент: «Все будет хорошо».

Прабхупада всегда заботится о нас и принимает все необходимые меры, чтобы помочь нам. Он общается с нами через преданных и непреданных; отныне и навеки он каким-то невероятным образом рассказывает нам, что нам нужно для духовной жизни.

Saradiya devi dasi / Шарадия деви даси

Шарадия деви даси получила инициацию в начале января 1968-го года в храме Шри Шри Радха-Кришны на 518 Фредерик-стрит, Сан-Франциско, Калифорния. Ее имя означает «служанка богини осени».

Я выросла в Сан-Франциско и иногда гуляла по городу. Район Хейт-Эшбери в те дни был особенно интригующим. Где-то в феврале 1967-го года я увидела на тротуаре открытку, которая остановила меня: «Повторяйте эту мантру, и вы всегда будете под кайфом: Харе Кришна, Харе Кришна, Кришна Кришна, Харе Харе / Харе Рама, Харе Рама, Рама Рама, Харе Харе».

По неизмеримой великой удаче мантра привлекла меня, и я начала ее повторять, хотя и не осознавала, что это имена Бога. Я чувствовала этот поднимающий настроение эффект, поэтому часто повторяла мантру, когда ходила пешком или ехала в автобусе.

В то «Лето любви» 1967-го года, когда я оказалась в толпе туристов на главной улице, проходящей через Хейт-Эшбери, я заметила интригующий плакат об июльском параде Господа Джаганнатхи. В психоделическом книжном магазине меня привлек синий самоизданный журнал «Назад к Богу», хотя эзотерические статьи были выше моего понимания. В другом магазине я купила деревянную флейту, украшенную изображением лица симпатичного мальчика синего цвета.

Той осенью я получила экземпляр «Бхагавад-гиты». Хотя я не смогла полностью понять знания, содержащиеся в ней, я вдохновилась прекратить есть мясо. Похоже, я готовилась встретить кого-то, кто действительно был преданным.

Вскоре после Дня благодарения меня пригласили в храм. Когда дверь открылась, я услышала мелодичное пение *маха-мантры*!

В храме был роскошный красный ковер и свежевыкрашенные белые стены. На одной стене висела картина, изображавшая прекрасного Кришну синего цвета, сидящего на камне и играющего на флейте. Это был настоящий праздник для моих глаз. Воздух был сладок от аромата благовоний и восхитительного *прасада*. Господь Джаганнатха, Субхадра и Баларама стояли на алтаре в конце алтарной. Я была очень впечатлена спокойной атмосферой и искренними последователями, которые рассказывали мне о своем *гуру* — Свамиджи.

После этого визита я купила альбом Свамиджи, выпущенной студией «Хэппининг» и таким образом познакомилась с ним через трансцендентальную звуковую вибрацию. Вглядываясь в его фотографию на задней обложке, я плакала. Я не вполне осознавала это тогда, но моя связь со Свамиджи началась еще до того, как я встретилась с ним лично.

Несколько недель спустя Свамиджи (ныне Шрила Прабхупада) вернулся из Индии. Его лицо и тело были окружены золотой аурой. Слушать, как он лично читает *маха-мантру*, «Бхагавад-гиту» и «Шримад-Бхагаватам», было нектаром для моих ушей. Две недели спустя он любезно принял меня как свою ученицу. Хотя мне было всего шестнадцать лет, у меня было достаточно благоразумия, чтобы понять, что посвящение было важным поворотным моментом в моей жизни и к этому нужно относиться серьезно.

Необыкновенным благословением было мое общение со Шрилой Прабхупадой на Западном и Восточном побережьях Соединенных Штатов, а также в Канаде, Индии и Англии. Шрила Прабхупада проявлял особый интерес к каждому из своих учеников и с любовью различными способами поощрял нас. Я хотела бы упомянуть несколько памятных случаев, чтобы подчеркнуть его сострадание, заботу и непосредственное участие в жизни своих учеников, как женщин, так и мужчин.

Шрила Прабхупада неоднократно подбадривал меня в моих попытках следовать этим путем. Основная программа в храме Сан-Франциско проходила в 7 часов вечера по понедельникам, средам и пятницам. Алтарная представляла собой отремонтированный магазин; хотя она была не очень большой, места было достаточно, чтобы вместить большое количество преданных и гостей.

Мы с нетерпением ждали прибытия Шрилы Прабхупады из его квартиры по соседству. Когда он входил, один преданный дул в раковину (мне это нравилось), а все остальные падали ниц. Затем преданные и гости садились лицом к *вьясасане* Шрилы Прабхупады, а слева от них находились Божества Джаганнатхи.

Прабхупада начинал вечерние программы с молитв «*ванде 'хам*», а затем пел Харе Кришна. *Киртаны* были экстатические, и люди могли сидеть или стоять перед Божествами Джаганнатхи. Мы танцевали медленно, переступая из стороны в сторону и поднимая руки, как учил нас Шрила Прабхупада, это был надлежащий способ танцевать перед Божествами.

Однажды Гурудас записал Шрилу Прабхупаду и *киртан* на видеомагнитофон. Шрила Прабхупада указал Гурудасу, чтобы он заснял двух женщин преданных, танцующих в *киртане*, которые были одеты в новые *сари*, это были Али Кришна деви даси и я. Мы дружим с ней со средней школы, и я познакомила ее с воспеванием *маха-мантры* и храмом. Али Кришна деви даси и я получили посвящение в один день.

Шрила Прабхупада жил на квартире в нескольких кварталах от храма, с двумя помощниками *брахмачари*. Он по вечерам во вторник и четверг давал там *даршаны*. В один из таких вечеров, когда дюжина преданных сидела напротив его низкого стола, Шрила Прабхупада стал поучительно обращаться к каждому лично по имени, преподавая нам урок: «Шарадия, славная *тилака*; Кришна даса, нет *тилаки*» — и так далее для каждого преданного в комнате. Так мы узнали о великой важности ношения *тилаки* на теле.

Обычно Шрила Прабхупада совершал свою ежедневную прогулку у озера Стоу в парке «Золотые ворота», и мы по очереди, обычно небольшими группами по три-четыре человека, ходили с ним. Преданные иногда задавали ему вопросы, но нам было достаточно просто находиться в его присутствии. В одно особенно прохладное утро на мне было длинное пальто и бирюзовая шаль. Как заботливый отец, Шрила Прабхупада спросил, достаточно ли я тепло одета.

Иногда *брахмачари* передавали мне послания от Шрилы Прабхупады. Он сказал мне, что я должна закончить среднюю школу и не должна встречаться с молодыми людьми. Поскольку я все еще училась в средней школе, это защищающее меня указание помогло мне сосредоточиться на моем школьном образовании наряду с духовной практикой.

Эти примеры показывают заботу Шрилы Прабхупады о нашем благополучии, как духовном, так и материальном. Из своих учеников он не выказывал большего предпочтения ни к женщинам ни к мужчинам. Как наш духовный учитель, он вдохновлял нас следовать его наставлениям; как наш духовный отец или дедушка, он заботился о нас в своей заботливой, личной и сострадательной манере.

Позже в том же году Шрила Прабхупада приехал из Монреаля и вернулся в первый храм, который он открыл в Нью-Йорке на Второй авеню, дом 26. Это был благоприятный праздник Радхаштами. Преданные с нетерпением ждали его прибытия и жаждали услышать его трансцендентное послание. После того как Прабхупада сел на *вьясасану*, он милостиво поблагодарил художника, написавшего прекрасную картину Радхи-Кришны, которая висела в Монреале. Потом он сказал, что все женщины должны научиться рисовать.

Кроме того, он добавил: «Все эти женщины — богини удачи, и вы не должны думать о них как об объектах вашего чувственного удовлетворения». Шрила Прабхупада сравнивал своих учениц с богинями удачи, чтобы ободрить их, а также напомнить и мужчинам, и женщинам об особом женском положении. Поскольку ученицы Прабхупады занимались преданным служением в соответствии с его наставлениями, к ним следовало относиться с достоинством и уважением. Он также предложил помолвку, которая удовлетворила бы и его, и их самих, а также Радху и Кришну.

Несколько раз Шрила Прабхупада говорил, что ему нужны картины для иллюстрации его книг, а также для храмов ИСККОН по всему миру, поэтому я взялась за это служение всем сердцем. Куда бы я ни путешествовала, в качестве служения я писала картины, чтобы украсить храм, и поэтому мои картины нашли свое место в Соединенных Штатах, Канаде, Тринидаде, Южной Америке, Индии, Германии и Англии. Я также смогла внести свой вклад в создание нескольких картин для книг Шрилы Прабхупады и его журнала «Назад к Богу».

Позже в тот же день в Нью-Йорке преданные отправились в местный парк, чтобы провести *киртан* и послушать, как Шрила Прабхупада рассказывает о Шримати Радхарани. Он сказал, что людей привлекают леса и парки, потому что Радха, Кришна и *гопи* заняты вечным танцем *раса* в лесах Вриндавана. Наше естественное стремление к этим местам происходит от изначального влечения со стороны Господа. Шрила Прабхупада указывал, что высшее наслаждение для вечной души, — это участие в играх с Господом Кришной и *гопи*.

На следующий год, в мае 1969-го года, я приняла участие в первой ведической свадьбе в Бостоне в храме Радха-Кришны на Гленвилл-авеню. Об этом событии писали местные газеты. Джахнава даси и Нандакишор дас, Рукмини деви и Барадрадж дас, а также я и Вайкунтханатха дас поженились. Шрила Прабхупада совершил огненное жертвоприношение и дал нам свои благословения. После церемонии, когда Шрила Прабхупада сидел на *вьясасане* и принимал *прасад* вместе со всеми нами, он посмотрел на меня и спросил: «Шарадия, теперь ты счастлива?»

На следующее утро мы с Вайкунтханатхой отправились на прогулку со Шрилой Прабхупадой и его слугой. Шрила Прабхупада сказал мне: «Ты больше не «мисс Шарадия», теперь ты «миссис Шарадия». Прабхупада любезно одарил меня этими ободряющими словами. Из этого конкретного случая я поняла: то, что я стала «миссис Шарадией» не означало потерю себя или своей индивидуальности. Я должна была оставаться собой, и я чувствовала, что Шрила Прабхупада напомнил моему мужу о том же. Он хотел, чтобы его ученицы вышли замуж, а семейные пары помогли ему распространить сознание Кришны по всему миру.

С конца 1970-го года до весны 1972-го года мы с Вайкунтханатхой были пионерами движения сознания Кришны на карибских островах Тринидад и Тобаго, недалеко от побережья Венесуэлы и Гайаны. В течение года я путешествовала по всему Тринидаду, посещая открытые рынки и различные храмы на этом маленьком острове, встречаясь с людьми разных национальностей.

Из Джорджтауна, Гайана, мы написали Шриле Прабхупаде, прося

его дать *брахманическое* посвящение Вайкунтханатхе, чтобы мы могли поклоняться Божествам, так как я получила посвящение в Гаятри до брака. В своем ответном письме Шрила Прабхупада сказал, что любой *брахман* может провести церемонию и дать Вайкунтханатхе Гаятри. Он сказал, что Шарадия или любой другой *брахман* может это сделать. Поэтому я совершила священное огненное жертвоприношение перед несколькими десятками гостей и посетителей. Это служение помогло мне почувствовать себя сильно связанной со Шрилой Прабхупадой, и я поняла, что он был чрезвычайно милостив ко мне. Я смиренно выполнила указания, которые он мне дал. Несмотря на то, что я находилась в тысячах миль от него, я чувствовала себя ближе, чем когда-либо прежде, поскольку чувствовала, что он был доволен моей попыткой помочь ему в этой проповеди.

Шрила Прабхупада подтвердил мои чувства в письме, которое он написал мне, сказав, что *грихастха-ашрам* должен проповедовать философию, которой он учил нас. Позже в том же году, осенью 1972-го года в Индии, когда я снова увидела Шрилу Прабхупаду, он упомянул меня в своей приветственной речи перед небольшой аудиторией, собравшейся в *самадхи* Шрилы Рупы Госвами.

Во время фестиваля Гаура Пурнима в Маяпуре в 1973-м году присутствовали многие из духовных братьев Шрилы Прабхупады. Во время основной программы Шрила Прабхупада попросил нескольких своих учениц выступить, в основном говорили Каушалья и Малати. Затем он повернулся ко мне и спросил: «Шарадия, ты хочешь что-то сказать?» Я кивнула, думая, что у меня будет несколько минут, чтобы подумать, что сказать, так как Каушалья и Малати должны были говорить первыми.

Когда пришла моя очередь говорить, я встала и сказала, что поскольку мы все похожи на Джагая и Мадхая, нам необходимо воспользоваться той пользой, которую приносят Святые имена. Должно быть, я сказала что-то смешное, потому что публика засмеялась, так что, думаю, мое небольшое выступление прошло нормально.

Через несколько месяцев я переехала в Англию. Шрила Прабхупада продолжал осыпать меня милостью и добрыми словами, поощряя меня в моей новой роли матери новорожденной дочери Браджарани. Когда весной 1974-го года он приехал в Бхактиведанта Мэнор, ей было чуть больше месяца. Все преданные собрались в его комнате для *даршана*. Я сидела с дочерью на коленях. Когда Шрила Прабхупада посмотрел в нашу сторону, он сказал: «Это прекрасный ребенок». Он признал, что она прекрасна сама по себе, и я почувствовала, что дочь принадлежит Кришне, в то время как я была ее счастливым опекуном на некоторое время.

В другой раз, в конце 1974-го года в Лос-Анджелесе, Шрила Прабхупада прогуливался с группой преданных по различным отделам издательства ИСККОН. Я держала Браджарани и шла рядом. Он одарил нас обеих любящей улыбкой и спросил: «Твоя дочь уже ходит?»

По случаю открытия храма ИСККОН в Беркли, незадолго до Сан-Францисской Ратха-ятры 1975-го года, Шрила Прабхупада с большой группой преданных позировал фотографам перед храмом. В его комнату можно было попасть с улицы, поэтому после этого он сошел со своей новой *вйасасаны* и прошел мимо преданных, направляясь к своей комнате. Я сидела на земле в первом ряду с дочерью на коленях, когда Шрила Прабхупада остановился на мгновение, посмотрел на нас и спросил: «Твоя дочь все еще спит?» Затем он направился в свою комнату.

Так что это и многие другие подобные личные ободрения навечно расположили меня к Шриле Прабхупаде. Я в вечном долгу перед его лотосными стопами и молюсь, чтобы когда-нибудь я смогла отплатить за то, что он дал мне. Без сомнения, это займет много жизней. Я надеюсь помочь ему распространить сознание Кришны по всей вселенной, как он того желает.

Sarvamangala devi dasi / Сарвамангала деви даси

Сарвамангала впервые увидела Шрилу Прабхупаду, когда Шьямасундара привел ее в храм на Бери-Плейс. Однако Сарва не любит вспоминать об этом, потому что тогда она была зависима от ЛСД. Ей было больно осознавать, что она попала в чистую среду со своим оскверненным сознанием. Где-то через неделю ее сознание очистилось

Я поехала в аэропорт вместе с другими преданными, чтобы проводить Прабхупаду. Все плакали. Я осознала, что упустила редчайшую возможность, поэтому, когда мы вернулись из аэропорта, я написала Шриле Прабхупаде письмо. Я переписала его *пранама-мантру*, скрупулезно выводя каждое слово, и поделилась своими переживаниями по поводу того, что так и не пообщалась с ним и что боялась никогда больше его не увидеть. Шрила Прабхупада прислал мне ответ: «Письмо написано красивым слогом и без ошибок, это говорит о том, что Вы очень умная девушка, Вы можете задействовать свой разум и таланты в служении Господу. Иногда ум причиняет страдания молодым людям, но если соблюдать регулирующие принципы и регулярно воспевать Харе Кришна, то мы сможем противостоять натиску материальной природы». Еще он написал: «Если нам удается поддерживать наше сознание на духовном уровне благодаря преданному служению, то мы не оскверняемся от соприкосновения с материей. По милости Господа Чайтаньи нам известен очень простой способ — воспевать Харе Кришна Харе Кришна Кришна Кришна Харе Харе / Харе Рама Харе Рама Рама Рама Харе Харе». Шрила Прабхупада говорил обнадеживающе, а строки его письма оказались пророческими. Хотя можно подумать, что он писал общими фразами, на самом деле его наставления были обращены ко мне лично.

Когда Прабхупада смотрел на нас, мы чувствовали, будто он знает нас настоящих – нашу духовную природу. В его взгляде было больше чем сострадание: он видел нас как духовных личностей, и через его взгляд мы больше понимали себя как душу. Общаясь с Прабхупадой, мы познавали себя. Его взгляд давал нам понять, что мы не это тело, его взгляд открывал для нас духовный мир, потому что Прабхупада приносит духовный мир с собой, ведь он с Кришной. Это чувство не было просто сентиментальным (хотя в сантиментах нет ничего плохого, если они обращены к Прабхупаде). Прабхупада знал, что мы не это тело, что мы в духовном мире, и каждый раз при встрече с ним мы на собственном опыте до какой-то степени ощущали, что это трансцендентное знание истинно.

Когда Прабхупада установил Божества Радхи-Гокулананды, я стояла позади него. Он предлагал Божествам веер из павлиньих перьев, обмахивая Их, а я стояла в полном оцепенении. Я подумала: «Наверное, так танцует павлин». Казалось, что я наяву видела игры Кришны, а Прабхупада будто бы гладил Кришну. После окончания *арати* Прабхупада позвал нас в комнату Божеств. Он пригласил нас в духовный мир, чтобы мы обошли Божеств, а потом жестом позвал нас танцевать. Стопы Прабхупады не касались пола, так же как и наши. Это был самый глубокий опыт в моей жизни, я поднялась на вершину трансцендентного блаженства. *Киртан* перенес нас в другую реальность, я осознала, что мы находимся в духовном мире. Это было не просто какое-то место, куда мы стремимся попасть, мы уже находились в духовной реальности. Это не было плодом воображения, я ощутила духовный опыт всем своим естеством, поэтому он проник в самое сердце. Быть в обществе Прабхупады, рядом с Божествами, воспевать Харе Кришна *мантру* с преданными — вот что значит оказаться в духовном мире.

В Джуху у меня было больше возможностей находиться рядом с Прабхупадой. Он мало-помалу вовлекал меня в преданное служение. Каждый вечер я резала фрукты, раздавала гостям *прасад*, клала цветы «Королева ночи» на его подушку и задергивала занавески у него в комнате. Затем я принималась нарезать фрукты для Прабхупады на завтрак. Я старалась сделать все в лучшем виде, вложив свою любовь: аккуратно нарезать имбирь и полить его лимонным соком, снять кожицу с винограда, разрезать пополам и вынуть косточки. Я относила ему тарелку, обменивалась с ним парой слов и узнавала, что он любит. Однажды я додумалась предложить ему на завтрак цветную капусту под белым соусом, положив ее на тарелку с фруктами. Когда он попросил добавки цветной капусты, я была счастлива.

В Джуху мне иногда удавалось послужить Прабхупаде, потому что рядом больше никого не было. Однажды Прабхупада проснулся после дневного сна и позвонил в колокольчик, но никто не пришел: его слуга уехал в Санта-Круз. Поэтому я принесла сандаловую пасту и гирлянду к нему в комнату. Прабхупада сказал, что я должна повесить гирлянду на него. Я так и сделала. Потом он сказал, что нужно умастить его лоб сандаловой пастой, я выполнила это указание. Затем я подала ему фрукты и *доб* и спросила, хочет ли он еще *доба*. Прабхупада ответил: «Да». Я сломя голову побежала в магазин. В такие моменты весь остальной мир переставал существовать.

Помню, как я вызвала раздражение у Шрилы Пабхупады своим нелепым вопросом. «Шрила Прабхупада, можем ли мы помолиться Господу Балараме, чтобы Он дал нам духовной силы для служения Вам?» Он ответил: «Не молись Кришне о том, чтобы служить мне. Я слуга Кришны». Ему пришлась не по душе моя идея о том, чтобы просить Кришну о силе для служения. Конечно, я по-прежнему прошу Кришну об этом, но Прабхупаде не нравилось это слышать.

Когда я гладила вещи Прабхупады, я чувствовала, как запах массажного масла смешивается с ароматом его тела. Я поняла, что если у нас есть отношения с Прабхупадой, то это влияет не только на наш ум, но очищает все наши чувства. Когда мы находимся рядом с ним, вдыхаем запах его одежды и видим его красоту, то наши чувства очищаются, и мы понимаем, каково это — строить отношения с Кришной. Это очень личное. Отношения с Кришной мы развиваем точно так же: прикасаемся к Нему, мы вдыхаем аромат Его гирлянд. Если бы Прабхупада не очистил наши чувства и не вовлек бы их в преданное служение, разве могли бы мы соблюдать регулирующие принципы? «Вовлечь свои чувства» — это не умозрительная философия. Это значит, что мы задействуем наши чувства, с помощью них мы вовлекаемся в отношения, слушая, видя Прабхупаду, вкушая *маха-прасад* от него.

В первый раз я попробовала *маха-прасад* от Прабхупады в Бхактиведанта Мэноре, за пределами его комнаты, когда Шрутакрити дала мне дольку апельсина, — я не могла поверить своему счастью. Я была наивной, как дитя, и не имела ни малейшего представления о том, что такое *маха-прасад* от Прабхупады, но думала, что он, должно быть, невероятный. Рассасывая кусочек апельсина, я ощутила взрыв у себя во рту.

Я помню, как была на верхнем этаже храма в Джуху, где располагались комнаты Прабхупады, посмотрела вниз на лестничный пролет и увидела голову Прабхупады, который поднимался вверх. Я увидела его красивое, отливавшее золотым цветом тело, а затем, когда он подошел ближе, я разглядела его лицо. Видя, как Прабхупада с каждым шагом приближается ко мне, я ощутила трансцендентный экстаз. При одной только мысли об этом моменте во мне поднимаются те же самые чувства, что я испытала тогда.

Наблюдая за тем, как Прабхупада общается с посетителями в своей комнате, я научилась отличать, что было уместно, а что нет, следить за временем и замечать, когда он уставал. С одной стороны, мы обожали Прабхупаду, как дети, но в тоже время его серьезность внушала уважение.

Его манеры отражали такую глубину, что он казался королем среди всех садху. По сравнению с его царственной особой, все остальные выглядели жалкими. Когда к нему приходила семья Бирла и другие богатые люди, он не заискивал перед ними. И хотя мы прилежно служили гостям, мы никогда не думали: «Нужно организовать что-нибудь особенное в их честь, потому что они дадут нам денег». Эти люди знали, что Прабхупада был великой личностью, и что для них большая честь встретиться с ним.

Я переодевала Божества Радхи-Расабихари в Джуху и проводила для них *арати*. После прогулки Прабхупада шел на *даршан* к Божествам. Это было невероятно! А когда строился новый храм, мы в любой момент могли увидеть, как Прабхупада осматривает строительство.

В мае 1977-го года я была секретарем президента храма во Вриндаване. Окна моей комнаты выходили на веранду, где Прабхупада спал и занимался переводами. Тогда самочувствие Прабхупады оставляло желать лучшего. Однажды днем, когда Прабхупада переводил, дул сильный горячий ветер Лу. Когда этот ветер приходит, люди обычно не открывают окна и не выходят на улицу, потому что это может быть опасно для жизни. Но Прабхупада отчаянно продолжал переводить, стараясь удержать перелистываемые ветром страницы и записывая на диктофон. В это время посещать Прабхупаду было разрешено лишь избранному кругу лиц, но доверительные отношения не загонишь ни в какие рамки. Я могла проснуться посреди ночи и увидеть Прабхупаду.

Комнаты Шрилы Прабхупады, как *тиртха*. Он лично находится в них. Служа в его комнатах и становясь его *пуджари*, мы можем приблизиться к Прабхупаде и почувствовать его присутствие. Нет никакой разницы в том, служим ли мы *мурти* Шрилы Прабхупады, его комнатам или ему лично. Как только мы получим вкус отношений с Прабхупадой, служа в его комнатах, нам это понравится. Комнаты Прабхупады — ступенька у входа в его сердце. Его комнаты — это не место для ритуальных обрядов. Прабхупада никогда не обучал нас бессмысленным ритуалам. В его покоях мы учимся снова быть слугами.

После того, как Прабхупада оставил тело, у нас даже не было достаточно времени, чтобы скорбеть о его уходе. Я *пуджарила* в храме на Бери-Плейс. Я склонила голову к стопам Радхи-Лондонишвары и помолилась о том, чтобы никогда не забыть Шрилу Прабхупаду. Для меня это было концом света, потому что я больше никогда не увижу трансцендентный облик Шрилы Прабхупады. Благодаря ему я пережила самый чудесный опыт, какой только возможен. В моем сердце живет уверенность в том, что он принял мои маленькие усилия и благодаря своей трансцендентной силе сделал меня своей частичкой. Каким бы незначительным ни было мое служение или я сама, я знаю, что Шрила Прабхупада останется со мной навсегда.

Sarvani devi dasi / Сарвани Деви Даси

С 15-ти лет Сарвани была под сильным влиянием битломании и христианства, также она исследовала сходства и различия между западной и восточной философиями. «Автобиография йога», написанная Парамахамсой Йоганандой, послужила началом ее путешествия в магию Индии. Эта книга разбудила в ней давно спящее желание, что однажды мистическим образом она придет к «истинному» духовному учителю, который был бы живым примером на этой планете.

Моя первая встреча с А.Ч. Бхактиведантой Свами Прабхупадой произошла в 1967-м году: я слушала запись его повторения Харе Кришна *маха-мантры* из альбома «The Happening Album». Меня привлекло повторение *маха-мантры* после прослушивания этого альбома. Моя сестра Шрила Даси в это время уже присоединилась к храму Харе Кришна, а вскоре после этого к ним присоединилась и я. В 1972-м году в девятнадцатилетнем возрасте вместе с годовалой дочкой я переехала в храм Лагуна-Бич. В октябре 1973-го года я получила инициацию.

День прилета Шрилы Прабхупады в Лос-Анджелес и визит в храм Нью-Дварака, был очень запоминающимся и значимым. Преданные готовясь к встрече Шрилы Прабхупады в аэропорту радовались и волновались.

Тогда я впервые близко увидела Шрилу Прабхупаду. Когда я кланялась чтобы выразить свое почтение, меня неожиданно ударил по голове преданный, проносящийся мимо меня. Но я продолжила концентрироваться на произношении молитв, а когда взглянула вверх, то увидела, что Шрила Прабхупада стоит с тростью в руке, улыбается и смотрит вниз прямо на меня. Он остановил всю процессию и ждал, пока я закончу приносить поклоны. В тот момент, когда я соприкоснулась с его возвышенным святым присутствием, время остановилось, и этот первый личный опыт навсегда остался в моем сердце.

Преданные окружив, Шрилу Прабхупаду со всех сторон двигались по аэропорту и все время толкали меня вперед. Я подошла к турникету, через который может пройти только один человек за один раз. Преданные проходили через него, и все вокруг казалось хаосом. Я повернулась, чтобы металлические ворота турникета, вращавшиеся после того, как под них нырнул один преданный, не ударили меня и мою маленькую дочь и оказалась лицом к лицу с улыбающимся Шрилой Прабхупадой, он стоял прямо передо мной. Я отошла в сторону, позволив ему и сопровождающим его преданным пройти через турникет. Я почувствовала потрясение и радость, благословленные его святым божественным присутствием.

Я вспоминаю, его глубокие лекции, его *киртаны*, то, как прекрасно и проникновенно он пел «Джая Радха Мадхава», как он раздавал *прасадное* печенье детям. Помню его сопровождение и его свиту учеников всегда бывших с ним во время прогулок по Нью-Двараке, и ка моя маленькая дочь поднесла ему цветок на ступеньках, ведущих к его комнатам.

Однажды Шрила Прабхупада со слезами на глазах рассказывал о том, как он был благодарен своим молодым ученикам за помощь в миссии Господа Чайтаньи по распространению сознания Кришны по всему миру. Тем самым мы помогаем ему служить его горячо любимому духовному учителю Шриле Бхактисиддханте Сарасвати Тхакуру. Все мы были глубоко тронуты его словами и не сдерживали слез.

Мне выпала честь общаться с несколькими преданными, которые лично служили Шриле Прабхупаде, и я очень благодарна и признательна за то общение, которое у нас было.

Оглядываясь на мои ранние годы, когда я была молодой начинающей ученицей, я понимаю, что тогда действительно ценной для меня была возможность слушать моих старших сестер, рассказывающих об их личных историях и *лилах* со Шрилой Прабхупадой. Их истории всегда раскрывали его доброе отеческое поведение, его легкий сердечный юмор, его трогательное личное руководство, его серьезную заботу об их духовном благополучии, а также об их физическом и психическом здоровье. Он мотивировал их полностью использовать и развивать природные таланты и способности, соответствующие их личности в служении Кришне.

Самым важным из услышанного для меня и для будущих поколений было то, что он смотрел на своих учениц как на духовные души, стоящие над любыми характеристиками материального тела, и предоставлял им множество возможностей для активного служения бок о бок с их духовными братьями, помогая ему распространять сознание Кришны по всему миру.

Я выражаю свое почтение тем преданным, которые продолжают писать об их собственном опыте и делятся ценным вкладом и личными *лилами* духовных дочерей Шрилы Прабхупады. Каким по истине оригинальным, мудрым и милостивым был Шрила Прабхупада, внедрив термин «*брахмачарини*» и позволив девушкам, таким как я, принять прибежище у его лотосных стоп. Вся слава Его Божественной Милости Шриле Прабхупаде!

Satarupa devi dasi / Шатарупа деви даси

Став Мисс Дания, Сатарупа уехала в Лондон в качестве модели и три месяца спустя – когда ей было двадцать два – появилась на обложках Vogue, Elle и других крупных журналов. Она работала моделью по всему миру три или четыре года.

Я встречалась с известным фотографом, который встретил Джорджа Харрисона и начал повторять Харе Кришна. Я сказала: «Повторять Харе

Кришна, почему бы и нет? Стану ка я повторять Харе Кришна». Я тоже стала вегетарианкой, но, поскольку этот фотограф принимал наркотики, я оставила его. Я не любила наркотики.

Однажды я одна отправилась в Мэнор и попала на *даршан*, а когда Прабхупада спросил: «Есть вопросы?», я спросила: «Если все мы духовные души, почему мы родились мужчинами и женщинами?» По-доброму посмотрев на меня, он ответил: «Желание». Слово «желание» вошло в мое сердце и позволило мне все понять. Я сказала: «Большое вам спасибо». В коридоре, выйдя из комнаты Прабхупады, я залилась слезами и заплакала как сумасшедшая в разлуке с Прабхупадой. В тот день я купила четки.

Летом 1973-го года я случайно пришла в парижский храм, когда Прабхупада устанавливал Шри Шри Радху-Парижишвару. С *вьясасаны* Прабхупада оглянулся, увидел меня и сказал: «Хм, мешочек с четками». Он признал мой мешочек для четок. Я внимательно слушала его лекцию, пытаясь найти недостатки в том, что он сказал, но не смогла. Все это было слишком хорошо, чтобы быть правдой.

Я любила *прасад* и вскоре с радостью начала делать гирлянды для Кришны. Через некоторое время Бхагаван сказал: «Почему бы тебе не бросить работу моделью и не переехать к нам?» Я сказала: «А почему бы и нет?» Я позвонила своему агенту Джонни Касабланка. Он пришел в храм и сказал: «Я потерял много девушек, но никогда не терял ни одной для Бога. У тебя два месяца важных заказов, ты не можешь этого сделать». Я сказала: «Да, могу. Завтра я выйду на работу; отмените все остальное». Он сказал: «Пожалуйста!» Я сказала: «Нет, я закончила».

Пару дней спустя Прабхупада поехал в Женеву, и я поехала туда с Париджатой, чтобы помочь готовить. Йогешвара сказал: «Шрила Прабхупада, это Энн. Она известная модель». Он продолжал и продолжал. Прабхупада смотрел мне прямо в глаза, и своими глазами я пыталась сказать ему: «Я больше не известная модель, я бросила это. Теперь я преданная. Пожалуйста, не слушайте его». Когда Йогешвара наконец остановился, Прабхупада, похожий на пятилетнего ребенка с горящими глазами, красиво освещенным лицом и фантастической улыбкой, сказал: «Повторяй Харе Кришна!» Я сказала: «Да, Шрила Прабхупада», и упала на землю.

Я жила в храме и занималась служением, но иногда думала: «Я была знаменита. Почему пресса приходит и не спрашивает меня, чем я занимаюсь?» Когда они так и не пришли, я подумала: «Забудь об этом. Я здесь не для того, чтобы общаться с прессой, я здесь, чтобы служить Кришне». А потом пришла пресса: Paris Match, газеты из Америки, Дании, Индии. Paris Match напечатала хорошее интервью и поместила меня на обложку с заголовком «Она оставила все ради Кришны». Бхагаван показал статью Прабхупаде в Бомбее, и в течение недели Прабхупада показывал ее всем своим гостям, говоря: «Она оставила все ради Кришны, вы должны сделать то же самое». Прабхупада сказал

Бхагавану: «Сейчас она немного *майя-деви*, но позже она сможет выполнить какое-то значительное служение».

Я надеюсь, что сейчас у меня появилось это значительное служение. У меня нет серьезных способностей, и я не знаю, что делать и где это делать, но я молюсь, чтобы Кришна и Прабхупада вдохновили меня. Я готова идти, куда хочет Кришна, и делать все, что Он хочет. Я хочу выполнить какое-то значимое служение.

Saucarya devi dasi /Саучарья деви даси

Саучарье было девятнадцать, она училась в колледже в Гамильтоне, штат Онтарио, когда преданные пришли в кампус, чтобы распространять книги Прабхупады и халаву из больших ведер. У преданных были ответы на все вопросы, которые она им задавала: «Если Бог добр, почему в мире есть страдания?» Она почувствовала облегчение, узнав о законах кармы. Она спросила: «В чем цель жизни?» Они сказали: «Развивать ваши любовные отношения с Богом». Она думала, что это замечательно, ведь она всегда хотела быть монахиней, но отец не разрешал ей уходить в женский монастырь. Он говорил ей: «У тебя не тот склад характера, чтобы быть монахиней. Ты слишком весёлая и ты слишком любишь жизнь».

Когда Шрила Прабхупада прибыл в аэропорт Детройта, я впервые увидела его и тогда меня переполнила любовь и признательность. Шрила Прабхупада сиял от счастья, находясь среди нас. Я никогда в жизни не видела такого человека. Он скользил по ковру, элегантный, величественный и красивый. Я подумала: «Я отдам ему всю свою жизнь. Он знает все ответы».

На Вьяса-пуджу Прабхупады в 1972-м году мы поехали в Нью-Вриндаван. Шрилу Прабхупаду спросили: «Почему *майя* так сильна?» Он ответил: «*Майя* не сильна – твоя цель не сильна». Это был блестящий ответ. Кришна сильнее *майи*. Но даже несмотря на то, что Кришна сильнее *майи*, если мы не выберем Кришну, мы будем сбиты с толку и *майя* уничтожит нас. Наши обеты, наша решимость – мы забудем обо всем, если не будем оставаться рядом с лотосными стопами Прабхупады и молиться ему о силе для исполнения наших обетов и для обретения приверженности к служению.

Шрила Прабхупада был любящим, нежным и понимающим человеком. В Маяпуре было непросто, потому что преданные не понимали насколько важно защищать женщин. Они с легкостью позволили моему мужу, Хираньягарбхе, принять *санньясу*. Но со Шрилой Прабхупадой я всегда чувствовала себя защищенной и всегда находила утешение в его книгах, особенно в его комментарии к «Бхагавад-гите» 18.66: «Нужно быть уверенным в том, что Кришна защитит нас от любой опасности. Нам не нужно беспокоиться о том, как поддержать душу в теле. Об этом позаботится Кришна. Мы должны всегда ощущать себя беспомощными и считать, что только Кришна поможет нам достичь духовного совершенства». Я часто читаю этот комментарий и думаю, как Прабхупада защищает нас. Независимо от нашей *кармы*, мы должны найти прибежище у Шрилы Прабхупады, молиться о чистоте, силе и мудрости, чтобы служить ему и стремиться к Богу. Смерть может прийти в любой момент, и мы должны быть готовы к ней. Я чувствую личное присутствие Шрилы Прабхупады в его книгах, особенно в книге «Кришна». После тяжелого дня я прихожу домой, делаю небольшое подношение и читаю книгу «Кришна». Страницы превращаются в замечательный интерактивный фильм, в котором Шрила Прабхупада объясняет игры Кришны и его философию. Книга «Кришна» – это реалити-шоу. Я безмерно благодарна Прабхупаде за то, что он привил нам вкус к духовной жизни, показал счастливую альтернативу пребыванию в материальном мире. Открывая страницы его книг и слушая, что он говорит, мы можем жить в духовном мире. Он блестяще раскрывает нам себя в каждом слове своих книг.

Когда мы проповедуем, Прабхупада дает нам более ясное представление о своей миссии и о том, как помочь ему в этой миссии. Никогда не позволяйте себе опуститься, просто вернитесь к книгам Шрилы Прабхупады и поймите, что наше время в материальном мире и сама жизнь – это лишь вспышка в вечности. По глубокой милости Шрилы Прабхупады мы знаем, кто мы, куда мы идем и как пересечь океан рождений и смертей. Самый дорогой друг – это тот, кто помогает вам, показывает, как разорвать цепи материального мира – цикла рождений и смертей, в котором мы находимся с незапамятных времен.

Я глупа и сделала очень много ошибок, но чувствую присутствие Шрилы Прабхупады и мою к нему благодарность. Прабхупада попросил меня читать его книги по часу в день – такое наставление он дал мне в прекрасном письме, которое я получила, когда мне было двадцать лет. Я стараюсь следовать этому сейчас. В последней строке этого письма он написал: «Просто всегда старайся доставить удовольствие Кришне, и никакие материальные обстоятельства не станут тебе преградой. Надеюсь, это письмо встретит тебя в добром здравии. Твой вечный доброжелатель, А.Ч. Бхакиведанта Свами Прабхупада». Независимо от того, какие обстоятельства нас окружают, высшая цель нашей жизни – это попытка доставить удовольствие Кришне и духовному учителю. Вот как мы готовимся вернуться домой, к Богу.

В последний раз я видела Шрилу Прабхупаду в 1977-м году в феврале в Маяпуре. На лекции Прабхупада пристально смотрел на каждого преданного. Когда он посмотрел на меня, то в его взгляде я почувствовала его любовь и теплоту, он как-бы сказал: «Я твой, ты моя, и я приведу тебя к Кришне». Я смогла увидеть, что он был со мной в течение многих жизней и говорил: «Пожалуйста, вернись к Кришне». Это было похоже на проблеск духовного мира.

В тот момент, когда Шрила Прабхупада покинул планету, я почувствовала боль, но сам он был в моем сердце. Я села и написала ему стихотворение: «Прабхупада, что же будет без Вас?» Но у нас есть его книги, кассеты и видео. Шрила Прабхупада был опытным менеджером, обладал восхитительными коммуникативными и личностными навыками и был экспертом во всех сферах. Сейчас его движение, Международное общество сознания Кришны, процветает, потому что Шрила Прабхупада смиренно следовал за своим духовным учителем и принес сознание Кришны людям во всем мире. Он смог тронуть весь мир.

Каждый год я люблю читать книгу подношений на его Вьяса-пуджу, потому что в ней приводятся о подношениях со всего мира, даже из самых далеких его уголков. Преданные пишут: «Шрила Прабхупада, мы управляем этим храмом для вас. Мы больше проповедуем. У нас раздают *прасад*. Мы привлекли много молодежи». Люди повсюду танцуют, следуя наставлениям Шрилы Прабхупады, и те, кто следуют им, живут с ним, потому что духовный учитель вечен. Замечательно, что движение Шрилы Прабхупады процветает. Это невозможно остановить. Любовь Шрилы Прабхупады к своему духовному учителю и всей ученической преемственности, Господу Чайтанье, широко распахнула шлюзы, и этот поток не остановить. Сознание Кришны затронет всех.

Прабхупада сделал многое для нас и продолжает делать. Мы встретили самую прекрасную личность.

Saudamani devi dasi / Саудамани деви даси

Саудамани уже полтора года как воспевала Харе Кришна, когда впервые увидела Шрилу Прабхупаду в июле 1971-го года, он тогда прибыл в аэропорт Нью-Йорка. Слезы текли из глаз Саудамани, как бы сами по себе выражая почтение Шриле Прабхупаде.

Моим первым впечатлением о Прабхупаде было то, как прекрасно он выглядел. Его черты были идеальны – до мельчайших деталей. Он не выглядел как обычное живое существо, и я не ожидала, что смогу воспринимать его трансцендентную природу своими грубыми чувствами, материальными глазами. Преданные принесли *въясасану* в аэропорт и после того, как Прабхупада сел, они дали ему большой поднос с фруктами. Он раздавал преданным фрукты с подноса. В какой-то момент он начал кормить мою четырехлетнюю дочь Эмили маленькими кусочками фруктов, засовывая их ей в рот. Он продолжал похлопывать ее по голове и улыбаться ей. На следующий день в газете Нью-Йорка появилась фотография Шрилы Прабхупады с Эмили. Рядом были рекламные стенды с журналами и конфетами, в том числе с большими леденцами разных цветов, которые казались вкусными и сладкими, и вдруг Эмили взяла один из леденцов и подарила его Шриле Прабхупаде. Шрила Прабхупада принял его и раздал как *прасад*.

На следующий день, 21-го июля, было посвящение десяти преданных, среди которых были я и мой муж. Церемония началась в девять утра и продолжалась до полудня. Когда наступила моя очередь, я испугалась. Я поднялась и Прабхупада сказал: «Ты знаешь регулирующие принципы?», и я ответила: «Да, сэр», однако я не сказала какие именно. Я взяла свои четки, принесла свои поклоны, села и мне пришлось спросить мужа, какое имя мне дали. Сразу после церемонии нас отправили на фургоне на Уолл-стрит за *гуру-дакшиной*. Нас попросили собрать *гуру-дакшину*. Все мы говорили людям одно и то же: «Мы только что получили инициацию и собираем милостыню для нашего *гуру*». Рядом с нами другие преданные проводили *харинаму*. Мелодия, на которую они пели Харе Кришна под руководством Бхакти-джаны была популярна в то время; она звучала как нечто среднее между бродвейским шоу и менестрелью.

После посвящения я написала Шриле Прабхупаде благодарственное письмо, а Прабхупада написал в ответ: «Это письмо, написанное тобой, Саудамани, доказывает, что ты умная девушка. Твой разум может быть использован для служения Кришне. Вы оба – хорошие души. Поэтому постарайтесь вместе проповедовать это возвышенное знание, сознание Кришны, и вы несомненно получите благословение Кришны».

Я была на Вриндаванской парикраме в Индии в 1976-м году, когда женский автобус застрял в песке на Варшане недалеко от сада Радхарани. Уже было совсем поздно. Водители нашего автобуса и другого очень горячо спорили между собой. Наш водитель боялся, что ему не заплатят если мы пересядем в другой автобус. Мы укрылись в близлежащем храме Дурги, ожидая пока нас найдут. Мы оказались в затруднительном положении и смогли вернуться в храм только к полуночи, тогда мы узнали, что Прабхупада очень беспокоился. Он нанял множество такси, чтобы те искали нас. Он кричал на лидеров: «Почему вы отправили женщин одних, без защиты?» Он сказал, что мужчины не заботились должным образом о его дочерях.

Однажды в аэропорту Филадельфии моя дочь Радхикаика (Эмили), которой было восемь лет, сидела возле Прабхупады пока он ожидал посадки на самолет. На Радхикаике были надеты разные браслеты, которые мой муж привез из Индии. У нее, должно быть, было шестнадцать браслетов на каждой руке и Прабхупада перебирал каждый браслет вместе с Радхикаикой. Прабхупада обратился к моему мужу и сказал, что Радхикаика должна выйти замуж за *кшатрия*. Но после того, как Брахмананда попросил Радхикаику пропеть *шлоки* из «Бхагавад-гиты» для Шрилы Прабхупады, он сказал: «Нет, лучше бы она вышла замуж за *брахмана*».

Мы отправились в Маяпур в 1975-м году с идеей договориться о Божествах Радхи-Кришны для Филадельфийского храма. Я была разочарована, когда Джи-Би-Си сказали, что для начала мы должны установить Божества Гаура-Нитай. Тогда я подумала, что может быть, мы могли бы установить Радха-Кришну и Махапрабху как в Маяпуре. В тот год в день Гауры Пурнимы, в своей лекции Прабхупада объяснил, что мы не можем поклоняться Радхе-Кришне, если сначала не поклоняемся Господу Чайтанье, и мы не должны считать, что можем поклоняться Господу Чайтанье, если сначала не провели поклонение Господу Нитьянанде, и что мы не можем поклоняться Нитьянанде, если мы не идем по стопам Шести Госвами, и что невозможно идти по стопам Шести Госвами, если мы не предаемся и не поклоняемся духовному учителю. Я чувствовала, что его лекция была лично для меня и осознала, что меня поставили на место. Это было приятное чувство, потому что это значило, что мое место среди преданных, и я осознала свою неофитское, смиренное положение.

Мы часто слышали, что люди уходят из Движения, особенно люди, которые были близки с Прабхупадой, и когда Шрила Прабхупада заболел во Вриндаване в 1977-м году, я хотела написать ему и рассказать, сколько преданных и учеников следует за ним, следует принципам, которые он дал, и сколько преданных воспевает имена Господа. У многих из этих людей не было с ним личных отношений, и я хотела, чтобы Прабхупада знал, что есть искренние преданные, которые выполняют его волю в меру своих возможностей. Но мы не решались написать такое письмо зная, как часто преданные писали Прабхупаде о своих проблемах.

Уход Прабхупады разбил нам сердца. В то время в Филадельфии мы переезжали из одного здания храма в другое. Через четыре дня после ухода Шрилы Прабхупады мы переехали. У Божеств был временный алтарь в комнате на третьем этаже. Мы все собирались в этой комнате на *мангала-арати*, обстановка была очень сокровенной. Большие Баларама, Джаганнатха и Субхадра, а также небольшие Гаура-Нитай будто были рядом, утешая нас.

Теперь я чувствую, что Прабхупада присутствует в форме Божества, и я чувствую присутствие Прабхупады в его комментариях. По мере того, как я прилагаю усилия в преданном служении, я иногда ловлю себя на мысли: «О, теперь я понимаю, о чем этот комментарий!» Эти знания приближают меня к Прабхупаде, они очень личные. Как тогда, когда я сидела в огромной алтарной в Маяпуре, слушая лекцию Прабхупады на Гаура Пурниму, я понимала, что он говорил не только для меня, но в то же время было ощущение, что он обращался лично ко мне.

Шрила Прабхупада писал книги для нас, своих учеников, и он переживал о том, чтобы мы читали и понимали их. Он пытался спасти нас и в этом смысле наша связь с ним очень личная. Иногда, его огромная свита, тысячи людей, которые прыгают перед ним вверх и вниз, заставляет думать, что он очень далеко. Но когда ты воспеваешь, медитируешь на него, служишь Божествам или читаешь его комментарии, то нет никаких преград. В своих комментариях Прабхупада открывает нам свое сердце, и по мере того, как я продвигаюсь вперед, я больше понимаю его слова. Я совсем не чувствую, что Шрила Прабхупада далеко. Он дал нам все, *прасад*, общество преданных, Божеств, все.

Saumyarupa devi dasi / Саумьярупа деви даси

Когда Саумьярупа нашла кусочки разорванного журнала «Назад к Богу» («Back to Godhead»), она сложила их вместе и прочитала о том, что она не является этим телом, что она — духовная душа. Это было то знание, которое Саумьярупа искала и ждала уже очень давно.

В течение некоторого времени я пыталась избегать преданных, потому что я была поглощена своими собственными идеями, ну и мне абсолютно не нравились те простыни, что они носили. Но я страдала. Я перепробовала все — наркотики, какие только можно, — ничего не помогло. Затем летом 1975-го года я поехала в храм в Германии и увидела там сияющих, полных энтузиазма преданных, услышала освежающие и воодушевляющие *киртаны*.

Я остановилась в Риттерсхофе и была там очень счастлива. Кто-то сказал мне: «Ты такая довольная, что у тебя глаза от счастья светятся!» Мне нравилось все в сознании Кришны, за исключением того, что преданные поклонялись старику. В то время я не знала Прабхупаду, что уж говорить о вере в него. Прабхупада был очень далек.

Я получила инициацию, потому что у всех были красивые имена за исключением меня, и потому, что я хотела носить три ряда *кантхимал*. В своем письме к Чакравати, принимая меня и других как своих учеников, Прабхупада писал: «Итак, ты являешься президентом в Шлосс Риттерсхоф, и это твоя обязанность — следить за тем, чтобы стандарты сознания Кришны всегда поддерживались, особенно повторение 16-ти кругов в день, следование четырем регулирующим принципам: отказ от мяса, рыбы, яиц, отказ от принятия интоксикаций, отказ от азартных игр и отказ от незаконной половой жизни. Все ученики должны посещать утренние и вечерние *арати* и лекции. Если мы будем следовать этой простой программе и совмещать это с регулярной *санкиртаной*, распространением книг и проповедью, тогда не будет никаких падений. Как если человек содержит себя в чистоте, правильно и регулярно питается, то он не получит никаких заболеваний. Но если же есть пренебрежение к этим простым принципам, тогда появляется повод для болезни, человек слабеет и падает жертвой болезни. Таким образом, сознание Кришны — это лекарство от всех материальных болезней, а искреннее повторение *маха-мантры* — основной ингредиент этого лекарства». Я храню эти наставления в своем сердце. Я получила их от Прабхупады, и они защищали меня и поддерживали на протяжении всей моей жизни

Когда я думаю о том, как глупа я была, когда думала: «Почему же я должна служить ему?», я плачу, осознавая, как завистлива я была, думая о том, что Прабхупада был обычным стариком. И после всего этого Прабхупада милостиво инициировал меня. Но он и впрямь дал мне посвящение и такое чудесное наставление. Сейчас же я часто слушаю Прабхупаду и ощущаю его милость. Он полон сострадания.

Sharanagata devi dasi / Шаранагата деви даси

Шаранагата впервые встретила преданных в январе 1972-го года в Остине, штат Техас. Она жила в квартире с молодой мормонкой, ребенку которой было полтора года, как и дочери Шаранагаты. Она оставила отца своей дочки в горах Нью-Мексико, чтобы навестить подругу, которая училась в аспирантуре Техасского университета.

По воле судьбы я так и не вернулась к нему, поскольку у Господа Кришны на меня были другие планы. Когда я приехала в Остин, преданный-*санкиртанщик* постучался ко мне и попросил воды. Я пригласила его войти. Он рассказал мне о страданиях в материальном мире, о Господе Кришне, а также упомянул о своем храме. Мне было очень плохо, потому что я потеряла свою любимую мать. Она умерла в 1966-м году от болезни Ходжкина в возрасте сорока шести лет, а в 1968-м году умер мой трехмесячный сын от синдрома внезапной детской смерти.

Я попросила преданного дать мне адрес храма и заняла четвертак у своей соседки по комнате, чтобы купить журнал «Обратно к Богу». Через несколько недель на велосипеде с детским сиденьем я поехала в храм. Ехать нужно было в гору, и в какой-то момент я чуть не сдалась, поскольку погода была жаркой, а холм крутым. Однако, я была настроена решительно. Оказалось, что это был день явления Господа Чайтаньи, и преданные пригласили меня присоединиться к пиру. Я стала регулярно посещать воскресные и другие программы. Мне дали мешочек для четок и четки для *джапы*, и я начала повторять Харе Кришна. Я перестала есть продукты в *гуне* невежества и дома начала предлагать еду Божествам. Летом 1972-го года я автостопом поехала из Остина в Маундсвилл, Западная Вирджиния, чтобы увидеть Шрилу Прабхупаду в Нью-Вриндаване.

Впервые я встретила его в аэропорту Питтсбурга. Он был очень красивым и лучезарным, а шею его украшало множество прекрасных цветочных гирлянд. Шрила Прабхупада улыбался, сложив ладони вместе. В глубине души я сразу поняла, что хочу, чтобы он стал моим духовным учителем.

В том же году я со своей маленькой дочкой переехала в Лос-Анджелес и сняла квартиру неподалеку от храма. Шрила Прабхупада инициировал меня 3-го апреля 1973-го года. Он лично присутствовал на инициации и воспевал на моих четках. Он попросил меня назвать четыре регулирующих принципа и сказал: «Тебя зовут Шаранагата». Он поправил Брахмананду Прабху, который произнес мое имя не так, как хотелось бы Шриле Прабхупаде. Прабхупада сказал: «Нет, нет, тебя зовут Шаранхгатах, гатах». Это означает «тот, кто предался Кришне»». Затем он сказал: «Слуга, слуга».

3-го декабря 1973-го года Шрила Прабхупада дал мне второе посвящение. Он снова лично присутствовал на инициации, и я должна была подняться в его апартаменты, чтобы получить Гаятри-*мантру*, что было настоящим блаженством. Шрила Прабхупада сидел на белом кафельном полу, скрестив ноги. Он выглядел великолепно. Когда я вошла в комнату, он жестом пригласил меня сесть напротив него, что я и сделала после того, как поклонилась ему. Он дал мне лист бумаги, на котором была напечатана Гаятри-*мантра*. После того, как мы вместе прочитали ее, я поднялась, чтобы уйти, но надеялась, что он спросит у меня что-нибудь.

Он спросил: «Где ты родилась?» Я ответила: «В Чикаго, Шрила Прабхупада». Затем он спросил: «А твои родители еще там?» Я ответила: «Моя мать оставила тело в 1966-м году, но мой отец еще там». Он сказал: «Хорошо». В те минуты мы со Шрилой Прабхупадой были вдвоем, только он и я. В тот день мы встретились в полдень, и лучи солнца ярко освещали комнату. Это был прекрасный день.

Мне посчастливилось впервые побывать во Вриндаване в 1974-м году. На месте храма была строительная площадка. Мне было поручено служение в виде стирки и глажки одежды Шрилы Прабхупады. Я развесила ее на стальных арматурных стержнях того, что должно было стать Шри Кришна-Баларам *мандиром*. Одежда Шрилы Прабхупады из шафранового шелка очень быстро высыхала под солнцем Вриндавана. Я должна была внимательно следить за тем, чтобы ее не сдуло ветром, и она не упала на землю. Когда одежда высыхала, я гладила ее в очень тесной комнате индийским утюгом, шнур которого был настолько коротким, что вилка постоянно выскакивала из розетки, и температура утюга постоянно колебалась. Я огорчалась, но упорно продолжала приводить одежду Шрилы Прабхупады в порядок.

За эти годы мне посчастливилось видеть Шрилу Прабхупаду много раз, особенно в Индии. В разное время мне приходилось оказывать личное служение Шриле Прабхупаде. Однажды в Лос-Анджелесе я даже готовила для него в *экадаши*. Я приготовила ему картофель Гауранга и морковный *кхир*. Позже я спросила Нанду Кумара Прабху, понравилось ли Шриле Прабхупаде то, что я для него приготовила. Он ответил: «Шрила Прабхупада ничего не сказал. Он просто поел».

Я знала, что ранним ноябрьским утром 1976-го года Прабхупада уезжал из Вриндавана в Хайдарабад. Я бросилась к боковым воротам храма возле его дома и в предрассветной темноте чуть не столкнулась с ним. Шрила Прабхупада вышел из дома и направился к черному автомобилю «Амбассадор», ожидавшему его у боковых ворот. Я спустилась и поклонилась ему. Он ждал, когда я встану. Когда я поднялась, мы долго смотрели друг на друга. Я чувствовала, что Шрила Прабхупада пытается что-то мне сказать. Следующей мыслью, которая пришла мне в голову, была «Не забывай меня». Я очень дорожу тем, что в нашу последнюю встречу у меня было несколько минут с ним наедине. Его Божественная Милость Шрила Прабхупада запечатлелся в моем уме и сердце. Вся слава Шриле Прабхупаде навеки.

Shaktimati devi dasi / Шактимати деви даси

В письме от 28-го мая 1971-го года Шрила Прабхупада написал: «Тебя зовут Шактимати деви даси. Шактимати означает – та, у которой есть духовная сила».

В 1976-м году мой муж, Турья дас, был главным *пуджари* в храме Беркли, когда его пригласили приехать во Вриндаван, чтобы стать главным *пуджари* в Кришна Баларам Мандире. Мы привезли маленькие Божества Гаура-Нитай из нашего проповеднического центра в Санта-Крузе, и они были на алтаре в Беркли, пока мы обучали некоторых преданных стандартам поклонения Божествам. Я настаивала на том, чтобы привезти Гаура-Нитай во Вриндаван, потому что подозревала, что не смогу совершать какое-либо поклонение Божествам во Вриндаване. Я цеплялась за Их лотосные стопы, потому что хотела, чтобы забота о Них была моим служением.

Когда мы прибыли во Вриндаван, меня попросили поехать в Джайпур, чтобы сделать выкройки одежд для бомбейских Божеств Сита-Рамы, которые были только что изготовлена и ждали установления. Мы жили в гостевом доме при Кришна-Баларам Мандире, а у Гаура-Нитай в качестве Их дома был один из шкафов. Вернувшись из Джайпура через неделю или две, я увидела две засохшие гирлянды, висящие на ручке закрытого шкафа. Я сразу что-то заподозрила. «Где Гаура-Нитай?» Я открыла дверь, а Они ушли!

Локанатха Свами слышал о наших Божествах Гаура-Нитай. Прабхупада хотел, чтобы группа преданных, путешествующая на воловьих повозках, называемая Падаятрой, во время *киртана* несли Божества Гаура-Нитай из деревни в деревню. Вместо того, чтобы купить на рынке новые Божества, они хотели, чтобы Божества уже были укомплектованы всеми платьями и коронами. На самом деле Гаура-Нитай просто хотели уехать. Они не хотели оставаться в шкафу во Вриндаване. Они показывали пример того, как важна проповедь. Они сели в телегу, запряженную волами, и мы часто слышали отчеты: «Гаура-Нитай в этой деревне. Теперь они в этом храме. Куда бы они ни пошли, они воодушевляют людей». Предполагалось, что Падаятра должна была подняться по Ямуне до Кумбха-мелы, а затем вернуться обратно с Гаура-Нитай.

Кумбха-мела имела огромный успех. В тот год туда приехал Шрила Прабхупада, и тысячи людей получили *даршан* Гаура-Нитай. Шрила Прабхупада был очень доволен Падаятрой, но почему-то Гаура-Нитай не вернулись во Вриндаван. Они продолжали Свое путешествие.

После Кумбха-мелы Они последовали по течению Ганги и закончили свое проповедническое путешествие в Бхуванешваре. Чтобы защитить земли Бхуванешвара, Шрила Прабхупада отправился туда и установил там наших Гаура-Нитай. Десять лет Они жили в соломенной хижине, пока строился храм, и преданные жили там о невероятно аскетичных условиях. Преданные сказали нам, что Божества были буквально сердцем всего проекта, что там было настолько тяжело, что без вдохновения Гаура-Нитай никто бы не смог продолжать. Они все еще находятся на алтаре ИСККОН в Бхуванешваре.

Когда я вернулась из Джайпура и узнала, что Божества «приняли *санньясу*», мое сердце разбилось. Спустя день или два нам сообщили о том, что Шрила Прабхупада сказал, что вместе с мужем я могу пойти на алтарь к Кришне-Балараме, и помогать ему служить там. Прабхупада также упомянул, что Шрила Бхактисиддханта Сарасвати разрешал женщинам совершать служение Божествам за закрытыми дверьми. После этого благословения Шрилы Прабхупады я стала ежедневно одевать Баладеву, в то время как мой муж одевал Кришну.

В те дни во Вриндаване казалось, что Шрила Прабхупада сам был президентом храма. Он лично интересовался каждым аспектом управления храмом. Ежедневно шла борьба с людьми, доставлявшими цветы. Прабхупада говорил: «Они обманывают вас». Они кладут камни среди цветов, и он предупредил нас быть бдительными, и следить, чтобы они не нагружали чашу весов камнями, дабы получить больше денег.

Шрила Прабхупада тоже обманул всех нас с цветочными гирляндами. Когда мы только приехали, преданные покупали гирлянды для Божеств. Но он считал, что мы сами должны делать гирлянды. Купить цветы можно, но он хотел, чтобы преданные сами нанизывали цветы. Тогда там была Химавати, и Прабхупада сказал ей, чтобы женщины делали гирлянды. День за днем она пыталась заинтересовать людей, но никто не был расположен к этому. Затем Прабхупада сказал Химавати: «Скажи всем женщинам, что я собираюсь показать им, как делать цветочные гирлянды». Все пришли в восторг. Прабхупада покажет нам, как делать цветочные гирлянды! Мы должны были встретиться не в храме, а на веранде Шрилы Прабхупады наверху. И Шрила Прабхупада пришел? Нет! Мы все сидели там в ожидании Шрилы Прабхупады, а затем Химавати поднялась наверх, села с цветочными корзинами и сказала: «Хорошо, теперь мы будем делать гирлянды!» Он обманул нас, но с того дня женщины стали делать цветочные гирлянды Господа.

У Божеств не было новых одежд уже почти полтора года, со времени открытия храма, поэтому мы быстро организовали швейную комнату в подвале под алтарем и смогли сшить двенадцать комплектов одежд за двенадцать месяцев. В те дни у храма было очень мало денег, но мы старались изо всех сил, часто создавая наряды Божеств из готовых *сари*. Многие талантливые духовные сестры со всего мира приходили и помогали мне, когда приезжали во Вриндаван. Это было лучшим служением: после стольких усилий по пошиву одежд и потом одеванию Их Светлостей, мы видели, как Шрила Прабхупада каждый день приходит и получает *даршан* Кришны-Баларамы. Он ежедневно сидел перед Кришной-Баларамой, пока мальчики из *гурукулы* пели киртан, и это доставляло нам величайшее счастье.

Однажды, когда мы были в Дели, нам позвонили из Вриндавана и сообщили, что Прабхупада находится в очень слабом состоянии, и *кавираджа* не уверен, что он сможет пережить ночь. Нам сказали, что все преданные должны немедленно прибыть во Вриндаван.

Согласно расписанию, в тот день поездов в Матхуру больше не ходило. Мы не могли позволить себе такси, об этом не было и речи. В Дели нас было всего несколько человек, и мы думали: «Что делать? Как нам попасть во Вриндаван?» Казалось, что это невозможно, потому что поездов не было. Тогда, подобно *виману* с Вайкунтхи, один преданный на фургоне остановился прямо перед подъездом к храму. Его звали Рави, он был одним из странствующих преданных *санкиртаны*. Ему только что поставили новые шины и сделали полный ремонт автомобиля. Он подъехал прямо к дорожке, где я стояла, я подбежала к нему и сказала: «Нам только что позвонили. Прабхупада уходит». Он сказал: «Поехали!» Все погрузились в фургон, и мне, к сожалению, не хватило места на сиденье. Я сидела в задней части багажника. Дорога была очень разбитой и неровной. Держаться было не за что, меня швыряло в разные стороны, но Рави буквально летел над этой дорогой. Я не знаю, как быстро он ехал, но он гнал так быстро, как только вообще могла двигаться эта машина. Я больше никогда не видела Рави. Я до сих пор не знаю, кто он. Я даже не знаю, существует ли он на этой планете! Я предлагаю ему свои *дандаваты*, потому что он вел машину как маньяк, но безопасно.

Когда мы приехали, Рави остановил фургон прямо перед воротами храма на главной дороге. Мы все выскочили из фургона и побежали в дом Прабхупады.

Шрила Прабхупада ушел в 19:20, а мы приехали как раз около семи часов. Мы были там как раз вовремя, чтобы присутствовать при уходе Шрилы Прабхупады и слышать прекрасное воспевание. Я был поражена, когда поняла: «Обычно мы звучим не так!» Честно говоря, на видео этого не слышно. Казалось, что полубоги подпевают нам. Я никогда не слышала *киртана* подобного этому. Некоторые из преданных пели Харе Кришна, а некоторые пели «Джая Гурудева» все вместе одновременно, и это было так красиво, что я не могла в это поверить. Большинство преданных воспевали там весь день, близились последние минуты жизни Прабхупады, так что воспевание было очень насыщенным.

Но никто не знал, что приближается конец. Мы просто пели, а потом вдруг показалось, что потолок раскрылся. Как будто не было ни потолка, ни материальных границ. Двери вселенной открылись, и пришли все ангелы Вайкунтхи. Они пришли ради Шрилы Прабхупады, чтобы забрать его. Я подняла глаза и увидела, что плотность атомов материальной энергии незначительна. Материальная энергия не была препятствием для прохождения этой божественной энергии. Глаза Прабхупады были закрыты, он открыл глаза, посмотрел на всех в последний раз и сказал: «Харе Кришна». А потом он ушел.

Потом внезапно послышалось, как несколько голосов стали плакать. Следующее, что я услышала, это был крик Тамала Кришны Махараджа: «Всем выйти!», и тогда преданные начали выходить из комнаты.

По какой-то причине мой муж не двинулся с места. Поскольку он был там главным *пуджари*, ему позволили остаться, и дали указание переодеть Прабхупаду в новую одежду, ту, которая на нем сейчас в его *самадхи*.

Шрилу Прабхупаду усадили на паланкин, с *киртаном* трижды обошли с ним вокруг храма, затем внесли Прабхупаду в алтарную и поместили на *вьясасану*. Он просидел на *вьясасане* всю ночь, и всю ночь был *киртан*. Мы могли видеть симптомы экстаза – волосы на теле встали дыбом, а цвет его тела изменился.

Когда взошло солнце, его снова усадили на паланкин, и мы прошли через город Вриндаван с *парикрамой* по семи главным храмам.

Когда мы шли, все жители выходили из храмов и магазинов. Мы снова и снова останавливались, когда все они совершали *пуджу* Прабхупаде на улице, предлагая цветы и *туласи*. Когда мы вернулись в храм, земля была подготовлена, и как только мы вошли в ворота, преданные подняли тело Шрилы Прабхупады и опустили его в землю, усадив в позу полного лотоса. Затем они совершили особый обряд и построили над местом захоронения небольшой кирпичный домик.

Кто-то взял у Шрилы Прабхупады цветочную гирлянду и раздал несколько цветов всем присутствующим. Остальные цветы были доставлены в Шри Дхаму Маяпур и помещены там в землю, в качестве основы для Пушпа Самадхи, которое мы видим сегодня в Маяпуре. Над теми цветами преданные построили этот огромный дворец, а у нас на домашнем алтаре те же цветы в медном горшке с набитым вокруг них вриндаванским песком. После завершения церемоний во Вриндаване один из наших друзей-преданных из Лос-Анджелеса предложил взять нас с собой в Маяпур для проведения там церемонии Пушпа Самадхи. Так что нам посчастливилось присутствовать и на церемонии в Маяпуре. Его Святейшество Тамал Кришна Махарадж вел церемонию, и с такой любовью говорил о Шриле Прабхупаде. В тот день, стоя в совершенно открытом пустом поле, пока красные муравьи кусали наши ноги и лодыжки, мы даже не могли вообразить, что тут со временем появится такой великолепный дворец. Я чувствовала большую милость. Это большое благословение – присутствовать на обеих этих церемониях.

Siladitya devi dasi / Шиладитья деви даси

Все прочили Шиладитье блестящую актерскую и певческую карьеру в одном из бродвейских театров. Но она вместо этого примкнула к растущему движению хиппи, которые «улетали в космос», накачивая себя наркотиками. Ее отношения со Шрилой Прабхупадой начались до того, как она присоединилась к ИСККОН.

Люди твердили мне, что я разрушаю свою жизнь. Я говорила: «Откуда им знать? Я вижу свет, мне открывается прекрасная мудрость». Однажды, я ехала в вагоне нью-йоркского метро. Двери распахнулись, вошла женщина с разлетающимися от ветра волосами, завернутая в простынь, пылающую огненно-оранжевым цветом. Она кричала: «У нас беда! В Бангладеше умирают люди». Я не поняла, что происходит. Она подошла ко мне с корзинкой для пожертвований. Я дала ей четвертак, и она протянула мне экземпляр журнала «Обратно к Богу». Я подумала: «Вот тебе раз. Интересно, что это такое». Я распахнула журнал, и мой взгляд упал на статью Шрилы Прабхупады, в которой говорилось: «Те, кто употребляет ЛСД, живут в галлюцинации». Я захлопнула журнал и рявкнула: «Ему-то что об этом известно?» Все вокруг говорили одно и то же. Обычно нравоучения пролетали мимо, но слова Прабхупады не давали мне покоя. До того, как я пришла в храм в Буффало, эта мысль продолжала крутиться у меня в голове: «Что он имел в виду "живут в галлюцинации"»?

Когда я стала прихожанкой храма, у меня была иллюзия, что я могу общаться с Богом напрямую, и мне никто больше не нужен. Одна преданная, Бхактанидхи, сразу раскусила меня и сказала: «Шрила Прабхупада для нас номер один, понимаешь?» В сознании Кришны есть ориентиры, которые направляют нас в нужную сторону. После ее слов, я стала уделять больше внимания Шриле Прабхупаде и преданному служению, пусть даже я не могла служить ему лично.

Шрила Прабхупада не посещал Буффало, поэтому мы поехали в Нью-Вриндаван и Торонто, чтобы встретиться с ним, но оба раза он был окружен такой большой толпой, что мне не удалось его увидеть. Кришна показывал, что увидеть Шрилу Прабхупаду не было делом первостепенной важности и что я должна общаться с ним другими способами. Я яснее всего ощущала Шрилу Прабхупаду, когда искренне медитировала на него, смотрела в глаза его изображению, открывала ему сердце, моля о милости, и видела, как его фотография светилась прямо у меня перед глазами, я чувствовала его любовь.

Прабхупада дал наставление Барадраджу и другим преданным

изготовить «куклы» или миниатюры для выставки диорам, посвященной нашей философии. Я находилась в Лос-Анджелесе и помогала в этом проекте, когда из многих храмов приходили запросы на *мурти* Прабхупады. Мое служение заключалось в том, чтобы шлифовать боковой шов *мурти* после того как оно было изготовлено. Я была в комнате, заполненной *мурти* Прабхупады, которые нужно было отшлифовать. Я медитировала на то, что массирую его тело. Я чувствовала сокровенную близость к Шриле Прабхупаде и очень дорожила этим служением.

Уход Прабхупады был для нас потрясением, но я продолжила развиваться в сознании Кришны. Для меня с уходом Прабхупады фактически ничего не изменилось, потому что я не была привязана к его физическому присутствию. Я чувствовала, что если я сосредотачиваюсь на Шриле Прабхупаде и наших отношениях, то он по-прежнему рядом. Я ощущаю, как он проливает на меня свою милость.

Silpakarini devi dasi / Шилпакарини деви даси

Будучи подростком, Шилпакарини интересовалась коммунизмом, Amnesty International и миссионерской деятельностью. В 16 лет она стала вегетарианкой.

Часто на улицах Гамбурга я видела преданных *санкиртаны*, сидящих на ковре, играющих на музыкальных инструментах и поющих. В начале 1970-го года, после того как мой брат приобрел журнал «Обратно к Богу», я пришла в гамбургский храм на воскресную программу. Я не могла понять, что к чему, но меня привлек *прасад* – *пури* и «Простое чудо». Следующие несколько лет я мысленно повторяла *мантру* Харе Кришна в самых разнообразных ситуациях и чувствовала некоторую внутреннюю защиту.

Мне понравилось читать «Автобиографию Йога», но я не могла понять, как медитировать на ничто. Преданные пригласили меня на фестивальную программу, и, слушая их, я обнаружила, что они отвечают на все мои вопросы – вопросы, на которые нигде раньше я не находила ответа. Я была счастлива, и *киртан* был настолько воодушевляющим, что я танцевала на сцене вместе с преданными! После программы преданные подарили мне гирлянду Прабхупады, большую тарелку *прасада* и кассету с альбомом «Говиндам».

Я начала слушать записи лекций и *бхаджанов* Прабхупады. В них было так много реализаций, я чувствовала, что они были непосредственно из духовного мира. Все встало на свои места, все стало понятно. Я подумала: «Я хочу уйти в храм и служить». Я отправилась домой, взяла свой спальный мешок и сказала маме: «Можешь позвонить в школу и сказать, что я больше не приду. Я переезжаю в храм Харе Кришна» – и все. Это был храм *брахмачари*, но я и еще одна женщина переехали в комнату для обуви размером четыре на восемь футов *(1,2 на 2,4 метра – прим. пер.)*. Мы лежали под куртками, и это было вполне отлично.

Я получала второе посвящение в Шлоссе и меня отправили в комнату к Прабхупаде. Я поклонилась и осталась сидеть у двери. Я не знала, что делать. Прабхупада посмотрел на меня и сказал: «Подойди ближе». Я придвинулась немного вперед, и он сказал: «Ближе». Я снова придвинулась вперед, и он сказал: «Сядь здесь» — это было прямо рядом с ним. Я села рядом и он, держа лист с Гаятри-*мантрой*, указывал на каждое слово и произносил его, а я повторяла за ним. Затем он показал на своих пальцах, как считать мантры. Прабхупада был серьезен и спокоен, и я чувствовала себя чудесно в его присутствии. Я чувствовала его силу и старалась быть серьезной и внимательной. Я поклонилась, он сказал, что у него болит голова и ему нужно немного сандаловой пасты. У нас не было сандала для Божеств, но у Химавати были сандаловые бусины. Она натерла несколько больших бусин и сделала экстренный сандал для Прабхупады.

Когда Прабхупада посещал Мэнор в 1976-м году, я стирала его одежду, хотя она не была грязной – она была красивой и с запахом горчичного масла. Я прополоскала эту одежду, повесила и присматривала за ней, пока она сохла, чтобы никто ее не трогал. Однажды я была на виду у Прабхупады, когда подметала пол у него в комнате. Прабхупада сидел, скрестив ноги и высоко подняв *дхоти*, он выглядел молодым, серьезным, спокойным и красивым. Пока я заканчивала убирать оставшуюся часть комнаты, он поставил *тилак* и повторил Гаятри. Я по-настоящему наслаждалась моментами уборки его комнаты, пока он сидел там.

Sranti devi dasi / Шранти деви даси

Однажды в районе Клируотер-Ларго, друг Шранти после принятия галлюциногена увидел на своем потолке Вселенскую Форму с Кришной в центре. Спустя некоторое время он приобрел журнал «Обратно к Богу» у одного брахмачари. Иллюстрации в журнале его потрясли. После этого, он приобрел кулинарную книгу и стал готовить и предлагать пищу Господу качественно насколько мог. Вместе с Шранти и другими друзьями, он стал читать журнал «Обратно к Богу».

Я читала много разных книг по йоге, но все они не имели смысла. В журнале «Обратно к Богу» я прочитала статью о воспевании Святых Имен. Там говорилось о том как повторять, что значит повторение и как оно очищает нас. И я подумала: «Это практично, не нужно платить кучу денег. Я могу повторять Харе Кришна».

Я со своими друзьями Гарудой Пандитом и Бхранти погружалась в чтение «Бхагавад-гиты». Мы читали пару стихов, затем медитировали на них, а также на комментарии Прабхупады. Это дало мне веру, я начала практиковать и повторять Святые Имена.

В феврале 1975-го года мы поехали в Атланту, чтобы увидеть Прабхупаду. Когда мы приехали в храм, алтарная уже была до отказа заполнена преданными, *киртан* был в разгаре, и нам пришлось танцевать вместе со всеми, потому что все двигалась в унисон. После лекции в алтарной сделали небольшой проход, чтобы можно было пройти к Шриле Прабхупаде и получить прасад. Мы прошли через всю алтарную, чтобы получить печенье из рук Шрилы Прабхупады. Когда я подошла к нему, казалось, что все, кроме Прабхупады исчезли, и Прабхупада смотрел прямо в мою душу.

После этого мы вчетвером, Бранти, Гаруда Пандит, мой бывший муж Акинчина Кришна и я, переехали в Гейнсвилльский храм. Моей наставницей была Каулини, и я начала распространять книги. Несмотря на то, что это служение было аскетично для меня, и иногда было трудно контролировать ум, я ощущала связь с Прабхупадой и чувствовала, что была частью его армии. Я размышляла о том, как много Прабхупада сделал для своего духовного учителя и что распространение книг намного проще, чем то, что сделал Прабхупада.

Мои отношения с Прабхупадой заключалась в том, что я молила его дать мне силы распространять книги. Я никогда не испытывала недостатка общения с ним, у меня не было желания что нужно поговорить с Шрилой Прабхупадой лично, потому что я говорила с ним постоянно. Когда мне встречались злые и нехорошие люди, я находила прибежище у Шрилы Прабхупады и Кришны. Однажды в аэропорту Джексонвилла один бизнесмен ударил меня своим портфелем. Все мои книги разлетелись, и я упала. Я поднимала книги и слезы текли по моим щекам. Я горячо молилась, прося прибежища: «Мне все равно, через что мне придется пройти, но, если бы Вы прислали хоть одного человека, который хочет стать сознающим Кришну, тогда все не напрасно». Я медленно собрала книги, встала и подошла к другому бизнесмену. Когда он увидел «Бхагавад-гиту», с глазами полными слез он сказал: «Я искал эту книгу повсюду». Он приобрел по одной из всех книг, которые у меня были. Так Прабхупада ответил на мою ничтожную молитву.

Было нелегко заниматься распространением книг, но я знала, что Прабхупаде это нравилось, и я всегда была исполнена решимости распространять книги при любой погоде и при любом самочувствии. Поскольку я служила Шриле Прабхупаде, это был личный взаимообмен, как у паучка, который помогал Господу Рамачандре. Все аскезы при распространении книг стоят того, чтобы хоть как-то порадовать такого чистого преданного, как Шрила Прабхупада.

Sri Kama devi dasi / Шри Кама деви даси

Шри Кама впервые встретила Шрилу Прабхупаду в 1974-м году в Женеве, Швейцария. Она читала книги Прабхупады и повторяла джапу.

Я вошла в сад, а Прабхупада совершал огненное жертвоприношение. В этот момент он посмотрел на меня, прямо в глаза. Я почувствовала, насколько загрязнено все мое существо. Я просто хотела, чтобы в земле открылась дыра и поглотила меня. Я чувствовала себя голой, на тонком уровне, совершенно голой. Наряду с ощущением этого невероятного стыда за все мои греховные поступки, я на сто процентов знала, что он мой духовный учитель. Я полностью, совершенно осознавала это. Это было ясно. Это было потрясающее откровение, на самом деле. Я бы, наверное, перебралась в храм, но со мной никто не разговаривал: все общались с парнем, с которым я была.

Я встретила преданного, который пользовался дурной славой, но в то время я этого не знала. Все, что я видела, когда он вошел в мою жизнь, это то, что он был слугой Кришны. Я только видела этого чудесного *брахмачари* в оранжевых одеждах. Я думала, что этот человек имеет отношение к Кришне и я тосковала по Кришне, но почему-то у меня не хватило смелости просто пойти вперед. Но этот человек вел себя оскорбительно, и я не осталась с ним надолго. Я забеременела и вернулась к маме.

Я приехала в Бхактиведанта Мэнор в 1975-м году, чтобы увидеть Шрилу Прабхупаду и пошла на утреннюю прогулку. Я была очень крупной, очень беременной, но не хотела упускать такую возможность. Группа вышла из парадных ворот поместья, а я плелась сзади. Прабхупада и преданные читали *джапу*. Я держалась рядом. Звуковая вибрация была невероятной. Мне казалось, будто мои ноги вообще не касаются земли.

Затем я связалась с Эдинбургским храмом и в конце концов получила посвящение. В 1976-м году Эдинбургский храм закрылся, и мы все переехали в Мэнор. Моей дочери было пару месяцев, когда Прабхупада посетил нас. Мы готовили спектакль для Прабхупады на Джанмаштами. Я была так разочарована, потому что он заболел и не смог прийти на спектакль.

Раса Лила была совсем малышкой. Она была очень милой, а я очень застенчивой, поэтому я дала ей желтую розу, чтобы она дала ее Прабхупаде. Он улыбнулся ей и взял розу. Я получила милость косвенно. Мы, дамы, всегда были рядом с Прабхупадой. Он смотрел на Божеств и воспевал. Это был экстаз. Вдруг он посмотрел мне прямо в глаза. Конечно, я чувствовала себя прекрасно, но его взгляд был очень проницательным. Это был еще один из тех напряженных взглядов. Он был очень серьезен. Я хотела бы быть более проницательной, возможно в том взгляде было какое-то послание для меня.

Srilekha devi dasi / Шрилекха деви даси

Шрилекха впервые получила опыт общения с Прабхупадой, когда получала инициацию в 1974-м году в Австралии. Инициируемые один за одним поднимались за своими духовными именами и четками для джапы. Когда она поднялась и ждала, чтобы получить свое имя, по какой-то причине у Прабхупады не было заготовленного имени. Наконец он посмотрел на нее и сказал: «Я буду звать тебя Шрилекха», и дал ей четки. Шрилекха это имя Радхарани, означающее: «та, кто пишет красивые любовные стихи для Кришны».

Позже, в Бомбее в 1975-м году, Прабхупада дал мне Гаятри, повторяя ее для меня и показывая, как читать ее на пальцах. Тогда он сказал: «Есть вопросы?» Мужчины давили на меня, чтобы я вышла замуж, а я не хотела этого. Я хотела спросить: «Могу я не выходить замуж?» Я смотрела на него, а он смотрел на меня с мягким выражением лица своими карими глазами, я просто не могла задать такой мирской вопрос такому красивому духовному человеку.

Через учение Шрилы Прабхупады, через преданных, которые следуют наставлениям Прабхупады, и через отношения *гуру* и ученика, Прабхупада готов помочь каждому даже сейчас. Благодаря пониманию, что он красивый человек внутри и снаружи – его кожа была похожа на великолепные складки бархата, его лицо, его глаза, они были похожи на глубокие темно-коричневые пруды любви, наше уважение к нему будет расти. Я всегда помнила, насколько прекрасен Прабхупада во всех смыслах, и я никогда этого не забуду, никогда.

Srimati devi dasi / Шримати деви даси

В сентябре 1968-го года Шрила Прабхупада приехал в Сиэтл, находившийся недалеко от того места, где она жила. Преданные только что переехали в город и расклеили листовки на телефонных столбах, рекламируя прибытие Прабхупады.

Маленькая гостиная арендованного дома, который Упендра и Гаргамуни использовали как храм в Сиэтле, была настолько заполнена, что люди стояли снаружи, протискивая головы в окна и двери. Тамал Кришна сказал мне, что Шрила Прабхупада спросил обо мне и он сказал Прабхупаде, что я приехала, чтобы остаться. Шрила Прабхупада сказал: «О! Очень хорошо».

Прабхупада обучил Харшарани тому, как проводить полную церемонию *арати* с благовониями, камфарой, светильником на *гхи*, раковиной, носовым платком, цветком и веером. До этого мы проводили только *дхупа-арати*.

Вишнуджана дал мне большие черные четки, сделанные из какого-то вида семян, которое он назвал «пулями Кришны». Шрила Прабхупада назвал меня Шримати даси, сказав, что Шримати – это одно из имен Шримати Радхарани. На следующий день мы с шестью *брахмачари* отправились в Лос-Анджелес на фургоне, чтобы помочь Даянанде и Нандарани. Каждый вечер мы пели и танцевали на Голливудском бульваре. Там играла музыка Sunset Strip Hair. В те дни у хиппи были очень длинные волосы и они думали, что мы пели «Хэйр» (досл. «волосы»), хотя на самом деле мы пели «Харе».

Храм на Голливудском бульваре закрылся и Шрила Прабхупада регулярно спрашивал, когда мы найдем новое храмовое здание. Тамал Кришна на *санкиртане* встретил женщину, которая предложила свой гараж для проповеди Шрилы Прабхупады. Он находился в хорошем районе и этот гараж на две машины был чистым. Мы обили стены хлопчатобумажными тканями, повесили на них картины, построили алтарь для Джаганнатхи и *вьясасану* для Шрилы Прабхупады. Аромат благовоний наполнил пространство. Джай Гопал стоял впереди, готовый затрубить в раковину, как только прибудет Шрила Прабхупада. Хотя это был гараж, Прабхупада величественно вошел, занял свое место на *вьясасане* и начал *киртан*. Его лекция вызвала любопытство соседей и гостей, которые ушли домой с журналами и *прасадом*.

Шрила Прабхупада очень хотел построить постоянный храм, поэтому он отказался от утренних прогулок, чтобы самому найти здание. Ему понравилась церковь, выставленная на продажу на Ла-Сьенеге и он сказал Тамал Кришне купить ее. Хотя мы не могли себе этого позволить, Прабхупада настаивал. Здание казалось таким большим, но вскоре его заполнили посетители.

Однажды, после воскресной лекции Шрилы Прабхупады, мы пригласили его посмотреть кукольный спектакль. Мне удалось сесть рядом с ним. «Шрила Прабхупада», – спросила я. «Да?» Он даже это слово произнес такой силой, что я пришла в восторг. «Как Вы произносите Харе Кришна?» Он ответил мне на ухо: «Харе Кришна». Я растаяла, услышав, как он произносит эти слова, и весь вечер счастливая улыбка не сходила с моего лица. Я до сих пор наслаждаюсь этим моментом, вспоминая его.

Однажды я пошла увидеться со Шрилой Прабхупадой, я пела и танцевала во время *арати* для его Божеств. После этого Шрила Прабхупада расспрашивал о моем муже и детях, которые в то время не были частью моей жизни. «Шримати, прими Кришну своим мужем», – сказал он и сказал мне продолжать делать диорамы, как это делали Муралидхара, Вишнуджана и я. Он сказал мне вылепить одно красивое лицо и снять с него слепок, чтобы можно было сделать из глины много других лиц, и нарисовал мне картинку того, как они должны выглядеть. Он попросил меня принести глину, чтобы показать мне, как это делать. Я принесла в его комнату глину, газету, воду и инструмент для работы с глиной. «Что это?» – поинтересовался он, и я напомнила ему. «О да!» Затем я разложила материалы на его столе, и он начал лепить небольшую голову. Затем он попросил меня сделать короны для его Божеств и протянул мне драгоценный камень. Увидев готовую корону, он воскликнул: «Шримати, обычно Кришна настолько богат, что Ему не нужны украшения, но эта корона делает Его еще более богатым!»

Однажды я убиралась в комнате Шрилы Прабхупады. Я сшила его Божествам новые парики и спросила, нормально ли они выглядели. Он сказал, что у Кришны слишком длинные волосы, и мне следует их укоротить. Я усадила Кришну на стол Прабхупады и думала, сколько отрезать. Шрила Прабхупада показал приблизительную длину, но как только я начала их подрезать, он сказал: «Нет! Подожди, Радхарани это нравится».

Однажды Прабхупада сказал: «Важно намерение», так как у нас не очень хорошо получалось готовить *чапати*. В другой раз он сказал: «Я использовал свой разум; теперь ты воспользуйся своим».

Затем нас с Джаянандой отправили основать храм в Беркли. Скучая по Шриле Прабхупаде, я отправила ему часть стихотворения, которое прочитала у Бхактивиноды Тхакура. Я написала: «Шрила Прабхупада, Вы для меня все: мать, отец, возлюбленный, сын, господин, наставник, муж». Шрила Прабхупада в ответ написал, что эти чувства должны быть направлены на Кришну; как твой духовный учитель я являюсь твоим вечным отцом».

Когда Шрила Прабхупада вернулся с утренней прогулки, я опоздала, и он уже направлялся к храму. Увидев меня, он поприветствовал меня и сказал:

– Шримати, все в порядке?
– Да, Шрила Прабхупада, все в порядке.
– Когда ты приедешь в Индию?
– Как только достану деньги, Шрила Прабхупада. – Я улыбнулась и последовала за остальными преданными.

Моим первым событием в Индии была программа в *пандале* в Нью-Дели. В то время шла война между Пакистаном и Индией и в Нью-Дели отключали электричество. Нам приходилось держать все окна закрытыми и по вечерам зажигать только свечи. Но каждый вечер у нас были экстатические *киртаны* и Шрила Прабхупада читал лекции. Шрила Прабхупада, похоже, не беспокоился о войне, но следил за ее ходом через газеты.

Перед тем, как приехать в Индию, я была проездом в Нью-Йорке и Рукмини попросила меня купить Кришну из черного мрамора и Радхарани из белого мрамора для местного храма. Итак, мы с Каушальей отправились в Джайпур, чтобы найти Божества для нью-йоркского храма.

Нам очень понравился Джайпур и каждый вечер у нас были *киртаны*.

Каушалья хорошо пела и играла на фисгармонии; я аккомпанировала ей на *караталах*. О нас хорошо позаботились те многочисленные люди, которые помнили Шрилу Прабхупаду с того времени, когда он останавливался там с семьей. Затем городские власти Джайпура предложили нам устроить фестиваль. Нас было всего двое, и мы были молодыми женщинами, которые пытались путешествовать по Индии в одиночку, но мы увидели в этом возможность доставить удовольствие Шриле Прабхупаде.

Мы установили огромный *пандал*. Нью-Йоркские Божества были в центре сцены, Прабхупада был справа, а преданные пели слева. Шрила Прабхупада приехал на паланкине на украшенном слоне. Когда мы шли с *киртаном* по городу, везде развевались разноцветные флаги. *Пандал* был возведен за храмом Рупы Госвами, а помещение, где находились Божества Рупы Госвами выходило окнами на большой сад. Напротив них был дворец бывшего короля и королевы. Все было очень древним и роскошным.

Эта программа длилась восемь дней. После программы Шрила Прабхупада позвал меня и Каушалью в свою комнату и сказал: «Вы, девушки, прекрасно продолжаете движение Господа Чайтаньи. Посмотрите, вы продолжаете проповедовать даже без мужей». Он был особенно доволен П. К. Госвами, поскольку он приютил нас в своей комнате для гостей. Шрила Прабхупада постоянно предупреждал нас, чтобы мы не оставались одни на улице ночью и П. К. Госвами приютил нас, пока мы были в Джайпуре.

После того, как я купила Божеств для нью-йоркского храма, другие храмы также попросили меня прислать им Божества Радхи-Кришны. Итак, Малати поехала со мной в Джайпур. В одном из магазинов был большой черный мраморный Кришна, которого использовали как упор для двери. Я поняла, что это Божество подходит для техасских школьников. Он производил глубокое впечатление. Я заказала Божество Радхарани, которая получилась намного меньше.

Тем временем мы с Малати каждое утро ходили в храм Радхи-Говинды. Шрила Прабхупада просил нас наблюдать за ходом поклонения и писать ему. Мы рассказывали ему, что Радху-Говинду каждую ночь одевали в ночную одежду, что Их переодевали дважды в день, как все хотят получить Их *прасад*, как *пуджари* предлагали благовония на палочках с ватой и как они раздавали множество предложенных гирлянд. Шрила Прабхупада сказал, что все эти действия мы можем выполнять также и для наших Божеств ИСККОН.

В Калькутте меня позвал Шрила Прабхупада. Он сказал, что я должна взять с собой одну бенгальскую девушку и поехать в небольшой городок Гоурни недалеко от Маяпура. Он хотел, чтобы я нашла там учителя, который научил бы меня делать глиняные Божества. Я должна была пригласить его в Маяпур, чтобы Шрила Прабхупада мог с ним встретиться. Если он окажется опытным в этом деле, Шрила Прабхупада наймет его, чтобы он научил меня лепить из глины. Шрила Прабхупада сказал мне, что скульпторы в Гоурни были так искусны, что вылепленные ими фрукты выглядели как настоящие.

Я нашла в Гоурни молодого человека по имени Мохан, который был сыном скульптора и жил со своими многочисленными родственниками в деревне скульпторов. Некоторые из них создавали формы полубогов до тридцати пяти футов в высоту. Люди совершали *парикраму* по городу с этими полубогами, а затем относили их к океану. Каждый месяц проводился очередной фестиваль в честь какого-нибудь полубога, поэтому все скульпторы были заняты.

Но Мохан поехал со мной. По просьбе Прабхупады Мохан вылепил его бюст и бюст Прабхупаде понравился. Его приняли на работу, и он каждое утро приходил в Маяпурский храм, чтобы учить меня. Шрила Прабхупада сказал мне, что «делать и ломать» – это способ научиться чему-то.

Барадрадж, Рукмини и несколько других талантливых преданных тоже приехали в Индию, учиться. Особенно это касалось Барадраджа – прирожденного скульптора, унаследовавшего талант от своего русского отца. Он вылепил Господа Нрисимхадева и Прахладу, с Хираньякашипу, разорванным на коленях у Нрисимхадева. Я сделала матушку Яшоду, заглядывающую в рот младенца Кришны и рассматривающую все вселенные. Я сделала для Шрилы Прабхупады набор Божеств Панча-таттвы размером 12–16 дюймов. Он поставил их на полке над головой в своей комнате в Маяпуре и сказал Тамал Кришне, что это «Божества Шримати».

После Гаура Пурнимы Шрила Прабхупада отправился во Вриндаван, где теперь был прекрасный Кришна-Баларам Мандир. Мы все собрались на крыше и на лестнице этого здания, чтобы сделать групповой снимок, который позже опубликовали на обложке журнала «Назадк Богу».

В следующем году во время Гаура Пурнимы Прабхупада встречался со своими духовными братьями. Преданные пели на сцене в стиле Лос-Анджелеса или Нью-Йорка, и Шрила Прабхупада послал одного *брахмачари* сказать им, чтобы они изменили мелодию на ту, которой он их учил. Думаю, для его духовных братьев наши мелодии были слишком резкими.

Я уехала из Индии к своим детям. Три месяца спустя я отправилась в Сан-Франциско на Ратха-ятру. После выступления Шрилы Прабхупады Тамал Кришна сказал мне, что Шрила Прабхупада хочет меня видеть. Прабхупада сказал: «Шримати, почему ты не в Индии?» Я объяснила ему, что скучаю по детям и что мне плохо от того, что я его разочаровала.

Шрила Прабхупада всегда ясно давал понять, что он присутствует в своих книгах и что то, чему он учил в своих книгах, было для нас самым важным. Вся слава Его Божественной Милости А.Ч. Бхактиведанте Свами Прабхупаде.

Srisa devi dasi / Шриса деви даси

К концу 60-х Шриса думала, что достигла всех своих целей. Она работала преподавателем, как всегда хотела, жила в Лагуна-Бич, который она считала раем, у нее было достаточно денег и она весело проводила время.

Мне было двадцать семь и шел третий год моего преподавания, когда я позвонила своим родителям и сказала: «Я несчастна. Мне нужно понять кто я, что такое жизнь, что нужно делать. Если я продолжу жить в том же духе, у меня будет нервный срыв». Я уволилась с работы и вместе с мужем Югадхармой переехала в столетний глинобитный дом без водопровода в коммуне хиппи в горах Нью-Мексико. Все там курили травку, следовали за разными йогами и повторяли всевозможные вещи. В глубине души мне все это не нравилось. Мне нужно было заботиться о ребенке, что сделало меня более ответственной.

Один преданный пришел к нам и оставил «Бхагавад-гиту», несколько четок для *джапы*, песенник и альбом «Радха-Кришна». Послушав альбом и почитав песенник, я запомнила молитвы *самсара*. Затем в какой-то момент кто-то сказал нам: «Духовный учитель приезжает в Лос-Анджелес и вам нужно встретиться с ним». Мы упаковали вещи в нашу Toyota Land Cruiser и вместе с нашей шестимесячной дочерью поехали в храм в Лос-Анджелес. Я была в задней части храма, когда вошел Прабхупада и, увидев его, я подумала: «Он не фальшивый. Он настоящий, он делает то, что говорит. Это правда, и я сделаю то, что он скажет». У меня не было сомнений, что сознание Кришны – это то, что я искала и я была счастлива. Хиппи говорили, что способ быть духовно реализованным – это употребление наркотиков, а тот, кто не пробовал их, был настоящим скользким типом. После того, как я увидела Прабхупаду, у меня появилась сила сказать им: «У меня есть духовный учитель и он говорит, чтобы я не принимала интоксикаций».

У нас с мужем не было особой связи, но мы были убежденными. Мы немного путешествовали и оказались рядом с храмом Лагуна-Бич. Я любила *мангала-арати*. Я закутывала наших двух младенцев в одеяла и брала их с собой, затем проводила весь день дома, а вечером возвращалась на *гаура-арати*. Я повторяла свои круги, но из-за своих детей я не могла ходить на лекции, читать или служить в храме. Однако до приезда Прабхупады мне удалось сделать красно-золотую подушку для его *вьясасаны*. Я была благодарна: «Наконец, у меня появилось служение». Однажды утром, когда Прабхупада собирался давать лекцию, я хотела уйти, чтобы мои дети не мешали ему, но Прабхупада сказал мне, что я должна остаться. Он хотел, чтобы я слушала.

Каким-то образом я получила беспричинную милость Шрилы Прабхупады. Какой бы далекой и невежественной я ни была, он навсегда останется моим духовным учителем, и он никогда не откажется от меня. Разве это не удивительно? Это делает меня счастливой, даже если я по-настоящему не понимаю этой силы.

Srutirupa devi dasi / Шрутирупа деви даси

Один преданный продал матери Шрутирупы несколько книг Шрилы Прабхупады в 1970-м году и пригласил ее на воскресный пир. Ее мать сказала: «Моя дочь вегетарианка» и позже привезла пятнадцатилетнюю Шрутирупу в храм Майами.

В 1973-м году мне было восемнадцать лет. Я путешествовала по Европе, читая книги, которые мама подарила мне тремя годами ранее. Подруга моего детства из Кэй-Уэста, Кэти, которая позже стала Канти, была со мной и читала те же книги. Мы с ней решили посетить храм в Париже. Там, на лекции по «Бхагаватам», я посмотрела на Канти и сказала: «Я не уйду», она сказала мне то же самое. С тех пор, Шрила Прабхупада дергал за ниточки моего жизненного пути.

Возможно, моя подруга Канти сказала руководителям храма, что у меня есть деньги, потому что они спросили меня, не хочу ли я купить то, что было необходимо для предстоящего установления Радхи-Парижишвары. Я была очень рада возможности помочь. Итак, вскоре после переезда в Парижский храм, мы с Балой Гопалой даси и ее мужем Дхананджаей отправились в Лондон за покупками для Кришны. Прибыв туда, я была крайне удивлена узнав, что Шрила Прабхупада находится в Мэноре. Первым же утром я вошла в алтарную, где он пел «Джая Радха-Мадхава», звук его голоса просто поразил меня. Услышав эти гипнотические звуки и увидев выражение его лица, я окаменела и из моих глаз полились слезы. В тот момент я поняла, что это то к чему меня вела моя жизнь и что теперь я дома, в безопасности и навсегда останусь дочерью Прабхупады.

Кроме шоппинга в Лондоне, мне удалось взять на себя несколько обязанностей по кухне во время нашего пребывания в Мэноре. В Париже я также служила на кухне, помогая в приготовлении завтрака и обеда для преданных. Несколько недель спустя, когда Шрила Прабхупада приехал в Париж на установление Божеств, Бхагаван попросил меня приготовить для Прабхупады послеобеденное подношение из свежего сока и пасту из сандалового дерева на лоб. Вышло так, что первые несколько месяцев, после того как я стала преданной, я служила Шриле Прабхупаде лично. Я знала, что это именно то, чем я хочу заниматься вечно. С 1973-го года желание лично служить Шриле Прабхупаде стало моей постоянной и ежедневной молитвой и медитацией. Я была поглощена этими мыслями до тех пор, пока они не воплотились в жизнь в 1975-м году.

После моего пребывания в Европе я переехала в красивый храм

Майами, который находился в роще среди баньяновых деревьев на трех акрах пышных тропических садов. Когда Шрила Прабхупада посетил храм, был сезон цитрусовых. Из двух особых видов флоридских апельсинов и мандаринов – Ханибэлс и Меркотт – я сделала ему послеобеденный сок. После того, как Шрила Прабхупада попробовал сок, он спросил о нем у Шрутакирти Прабху, а затем попросил увидеться со мной. Это был первый раз, когда я поняла, насколько изысканным был вкус Шрилы Прабхупады. Он сразу же узнал и прокомментировал качество фруктов. Во всем он ценил хорошее качество и хорошее качество стало стандартом, к которому мы все стремились, в каждом аспекте служения ему и в нашем собственном сознании. Шрила Прабхупада заставил нас подняться на самый высокий уровень служения и, если мы не сможем его поддерживать, нам неизбежно придется оставить личное служение ему. Служить Шриле Прабхупаде было радостью, неведомой в этом мире; радостью, которую я никогда не знала раньше и которую никогда не испытывала с тех пор.

Я была привязана к тому, чтобы находиться рядом со Шрилой Прабхупадой. Поэтому летом 1975-го года я присоединилась к нему во Вриндаване на четыре месяца Чатурмасьи, где снова сосредоточилась на личном служении. Дайви-шакти Прабху был ответственным за приготовление еды для Шрилы Прабхупады и за его комнаты. Он готовился к отъезду в Тегеран, поэтому обучил меня всем аспектам служения Шриле Прабхупаде: уборке его комнат, приготовлению еды для него, уходу за одеждой, уходу за его садом с Туласи и так далее. Теперь, когда у меня появился реальный доступ к личному служению Шриле Прабхупаде, мое желание служить только усилилось. Я хотела находиться только рядом с ним и не могла избавиться от этого чувства. Когда я не занималась служением непосредственно, я медитировала на служение и сильно желала сделать что-нибудь для него.

В начале 1976-го года я переехала в Калькутту, где мой муж Абхирама был президентом храма. В Индии у меня было много возможностей отправиться в путешествие вместе со Шрилой Прабхупадой, провести много замечательных моментов с ним и снова заниматься личным служением ему.

Мое сильное желание быть рядом со Шрилой Прабхупадой никогда не покидало меня. В различных ситуациях я могла находиться в его присутствии все время, быть поглощенной его повседневной жизнью, каждым его словом и деятельностью. Это была другая вселенная и я была счастлива быть ее частью. То, что он пробудил во мне, навсегда изменило меня и я не согласилась бы вернуться и что-то поменять. Повседневная жизнь со Шрилой Прабхупадой и то, как он общался и реагировал на что-то, до сих пор остается в моих мыслях, я часто слышу его голос. Иметь личное присутствие Шрилы Прабхупады в нашей жизни было благословением и великим счастьем. Мне было всего двадцать или двадцать один год и, оглядываясь назад, я поражаюсь тому, как все происходило и как жизнь перемещалась в эту альтернативную вселенную. Безусловно, эти времена были дарованы мне по милости.

Летом 1977-го года здоровье Шрилы Прабхупады ухудшилось, но он решил покинуть Индию и уехать на Запад. Так как в то время Абхирама был личным слугой и помощником секретаря Шрилы Прабхупады, я сопровождала Шрилу Прабхупаду в Лондон в качестве его повара. Когда мы прибыли в Мэнор, Шрила Прабхупада сказал мне, что у него нет аппетита и что я должна приносить ему только то, что едят Божества и преданные. Он хотел посмотреть, что это будет за *прасад*. Каждый день я приносила ему этот *прасад* на завтрак и обед. Я также всегда готовила то, что ему нравилось в надежде пробудить его аппетит.

Каждое утро в Мэноре я собирала *маха* сладости и завтрак, в то время как Шрила Прабхупада приветствовал Божеств, а преданные предлагали ему *гуру-пуджу*. Перед возвращением в его комнаты, чтобы прибраться там и принести завтрак, я приходила на приветствие Божеств и всего несколько минут видела Шрилу Прабхупаду. Стоя в одиночестве в задней части алтарной, со сложенными руками, я спонтанно произносила одну и ту же молитву, а слезы стекали по моему лицу. Это происходило каждый день. Я умоляла Шрилу Прабхупаду о его милости и служении ему, говоря: «Шрила Прабхупада, пожалуйста, позвольте мне служить Вам. Я молю Вас, пожалуйста, не прогоняйте меня. Пожалуйста, позвольте мне служить Вам».

Однажды Тамал Кришна Махарадж попросил меня купить солнечные очки для Шрилы Прабхупады, потому что солнечный свет доставлял беспокойство его глазам. На следующее утро я оставила все обязанности, которые у меня были перед Абхирамой и поехала в Лондон искать солнечные очки. Я провела весь день в поисках. Наконец, в 5 вечера я нашла очки, которые, по моему мнению, были достойны того, чтобы предложить ему. На следующее утро он надел мои солнечные очки, но ничего не сказал. Потом Абхирама сказал ему: «Шрила Прабхупада, это моя жена передала Вам очки». Тут же Шрила Прабхупада повернулся и сказал: «О, если это она мне их дала, то я должен принять их». Тамал Кришна Махарадж сказал: «Шрила Прабхупада, она может вернуть их, если они Вам не нравятся». Шрила Прабхупада ответил: «Нет, если она дала мне их, я должен их принять. Она очень хочет служить мне. Скажи ей спасибо и передай мои благословения».

В тот самый момент я почувствовала самую удивительную милость. Я больше никогда не молилась так, как ежедневно делала это раньше, потому что теперь знала, что Шрила Прабхупада знает о моих молитвах и о том, как сильно я хочу служить ему. Я впервые поняла, что Шрила Прабхупада покинет этот мир. С того момента, каждое утро я после быстрого *даршана* я стала молиться: «Шрила Прабхупада, если я не могу всегда быть с Вами, пожалуйста, благословите меня, чтобы я всегда чувствовала Ваше присутствие».

Именно эти моменты и переживания несут меня по жизни каждый день.

Subhangi devi dasi / Субханги Деви Даси

В 1974-м году Субханги вместе со своим молодым человеком, будучи студентами, наслаждалась чудесным прасадом и музыкой на воскресном пире любви в Гамбурге. Позже, когда они прочитали в одном известном немецком журнале статью о том, что опасная и фанатичная секта Харе Кришна вымогают деньги у пожилых людей, они решили избегать преданных. Но позже Шачимата прабху дал им «Ишопанишад» и сказал: «Вы должны взять эту книгу, она изменит вашу жизнь! Это бесплатно!» И они стали читать ее ежедневно.

Мы оба были христианами и хотели отдать наши жизни Богу. Прочитав «Ишопанишад», мы стали вегетарианцами. В начале 1975-го года мы переехали жить в Шлосс Риттерсхоф, тем же летом получили посвящение и поженились. До того момента, как я присоединилась к преданным, я занималась танцами в Париже. Я думала тогда, что должна отказаться от этого увлечения, но «Субханга» — имя Господа Чайтаньи, танцующего в экстазе перед Джаганнатха Ратхой в Пури в семи разных группах преданных одновременно. Я получила имя самого великого танцора во вселенной и поняла, что Шрила Прабхупада знает обо мне всё.

Однажды, во время *гуру-пуджи* в Дели, все преданные пели и один за другим, с любовью, предлагали цветы Шриле Прабхупаде, а он возвращал каждому из нас по цветку. Тогда мой сын заполз на *вьясасану* и столкнул все цветы на пол, так что Шриле Прабхупаде нечего было отдавать преданным. *Пуджари*, Омкара, оттащил моего сына от *вьясасаны* и толкнул его ко мне со словами: «Уходи отсюда!» Шрила Прабхупада сказал: «Что ты делаешь? Пусть этот ребенок играет!» Я была беспомощной матерью, которая сделает всё, что ей скажут, но Шрила Прабхупада понял, через что я прохожу, с какими трудностями приходится сталкиваться и снял напряжение, созданное этим преданным.

Один раз во Вриндаване, во время лекции Шрилы Прабхупады я сидела вдалеке вместе с ребенком на коленях. Мой сын начал плакать и кричать, на что Шрила Прабхупада сказал: «Преданный должен плакать по Кришне, звать Его так же, как этот ребенок плачет по своей матери». Все повернулись на меня, а я покраснела и выбежала из храма.

На личном *даршане* в Дели в 1976-м году Шрила Прабхупада вдохновил нас, меня и моего мужа, сказав:

— Ваш сын будет очень разумным, не волнуйтесь.

— Почему в таком чистом духовном движении, как ИСККОН, — спросил тогда мой муж, Сарвабхавана, — происходит так много конфликтов и споров?

— Это духовное движение, вы правы. Но мы все обусловленные души, — отвечал Шрила Прабхупада, — поэтому мы должны быть терпеливы друг к другу.

— Как понимать ссоры и конфликты между преданными, которые вместе стараются служить одной миссии? — спросила я.

— Обе стороны ошибаются. Те, кто оскорбляют или бьют неправы. И те, кто не принимает это смиренно, тоже неправы.

Его слова утешили меня.

Subuddhi devi dasi / Субуддхи деви даси

Субуддхи даси присоединилась к храму в Торонто в 1971-м году и была инициирована в 1975-м.

Гуру, которых я видела, в основном были имперсоналистами. Они давали какие-то *мантры* то тут, то там. Они не показывали нам прямой путь. Это сбивало с толку. Когда мне было три или четыре года, одна *матаджи гуру*, Сатчитананда, дала мне *мантру*. Но меня это не тронуло. Как только я услышала, как Прабхупада говорит о Кришне и ученической преемственности, это зацепило меня, особенно Чайтанья Махапрабху.

Я работала за кассой в продуктовом магазине «Your Pantry» в парке Виктория. Преданный, который покупал небольшой пакет молока, держал в руке книгу «Кришна». Я сказала: «Кришна в Канаде?» — и схватила книгу. Он сказал: «О, вы хотите прийти в храм?» Я была заинтригована, потому что мы поклонялись Кришне с тех пор, как я была ребенком.

Мы с мужем пошли искать храм. «О, это – маленькая улица, а это – маленький домик. Это не может быть храмом». Он постучал в дверь и Саучарья открыла ее с широкой улыбкой. На ней была красивая *тилака*, *бинди* и ткань, не настоящее *сари*, но выглядело действительно красиво. Там, в этом маленьком местечке, находились Кширачора-Гопинатха. Что-то по-настоящему тронуло мое сердце, я почувствовала связь.

Моей дочери были два с половиной года, первому сыну было восемь, а второму – семь лет. Им действительно нравилось все это. Айодхьяпати, Б.Б. Говинда Махарадж, сидел с моими мальчиками и рассказывал им о Кришне. Проявления любви и заботы среди преданных тронули наши сердца.

Мы стали ходить туда регулярно. Детям это нравилось: *киртан* и особенно любовный обмен между *вайшнавами*. Потом я начала делать гирлянды.

Мы слушали книгу «Кришна» и лекции Прабхупады каждый вечер. Это начало очищать мое сердце. Встреча с Прабхупадой тоже, но общение с преданными было особенно замечательным. Они были очень заботливыми и это поддерживало меня на моем пути.

Прошло около двух лет и должен был приехать Прабхупада. Все были в восторге, приехали преданные из Монреаля и Буффало. Мы пришли в аэропорт и ждали Прабхупаду. Было объявлено, что номер выхода для его рейса изменен и все преданные побежали к другой двери. Я увидела выходящего Прабхупаду. У него был шафрановый свитер и широкая улыбка. Он держал *данду*. Кто-то толкнул меня так сильно, что я упала к стопам Прабхупады. Я сказала: «О, нет! Мне сказали не касаться стоп Прабхупады! И вот я оказалась здесь, у его стоп, принудительно». Я держалась за его лотосные стопы несколько секунд. Я была в слезах. Это было удивительно - милость Прабхупады.

В храме у нас была большая *гуру-пуджа*. Два моих сына танцевали перед Прабхупадой в очень красивых *дхоти* и *куртах*. На Прабхупаде висело примерно пять-шесть гирлянд. Он начал снимать гирлянду и, указывая пальцем, сказал: «Подойти сюда, танцующий мальчик». Джагадиша подвел его и Прабхупада дал гирлянду моему сыну. Мой сын всегда говорит: «Я – ученик Прабхупады. Прабхупада дал мне гирлянду».

Мой муж привез меня в Индию, затем взял мой паспорт, обратные билеты и исчез. Только после больших усилий и с помощью родителей я смогла получить новый паспорт и вернуться в Торонто.

Я ходила от дома к дому, распространяя журналы, чтобы собрать деньги для нового храма и проповедовала. Потом Вишвакарма сказал: «Я хочу, чтобы она получила инициацию от Прабхупады». Когда я пошла, чтобы получить свою *джапа-малу* из рук Прабхупады, Прабхупада спросил: «Каковы четыре регулирующих принципа?» Я сказала: «Не есть мяса». И затем я просто заплакала. Я не могла сказать ничего больше, я дрожала. Я не могла поверить, что получаю инициацию от Прабхупады. Затем Прабхупада сказал оставшиеся три принципа, он сказал их за меня. Общаться с Прабхупадой было так потрясающе.

Прабхупада остановился в комнате наверху, а я находилась под этой комнатой. Я готовила *паратхи*. Когда кто-нибудь поднимался наверх, я просила: «Пожалуйста, отнесите мою *паратху* Прабхупаде». Никто не соглашался, потому что все они были *санньяси*, все эти большие, большие преданные. В конце концов Б.Б. Говинда Махарадж собирался наверх, и я сказала: «Пожалуйста, возьмите». Он сказал: «Да, да, я возьму это». Я всегда говорю, что людям нравятся мои *паратхи*, потому что Прабхупада ел их.

Жизнь полностью изменилась под покровительством Прабхупады. Он дал мне так много, и его милость безгранична. Служение доставляет мне огромное удовольствие.

Я очень благодарна Прабхупаде и ИСККОН. Руководители и рядовые члены служат с любовью и преданностью. Я всегда молюсь Кришне: «Пожалуйста, до конца моей жизни поддерживай мое тело в работоспособном состоянии, чтобы я могла служить Тебе». Во внешнем мире нет ничего, ничего. Исполняйте свой долг, но в то же время держите якорь здесь. Мы только в начале, но мы на правильном пути. Прабхупада дал нам правильный путь, продолжайте идти. Однажды Прабхупада откроет нам дверь. Он сидит там и ждет, не так ли? Он ждет.

Suci devi dasi / Шучи деви даси

В своей религиозной школе Шучи получила приз за знание священных писаний. Ее любовь к Битлз привела ее к медитации и размышлениям о жизни.

Однажды на телешоу Late Night Line-Up я услышала, как Прабхупада сказал: «Не умирайте, как кошки и собаки. Не тратьте попусту свою жизнь. Сделайте с этим что-нибудь!» Я написала *маха-мантру* на стене своей спальни и танцевала под альбом «Храм Радхи и Кришны». Преданные, которые, казалось, сияли, привлекали меня. Я купила «Учение Господа Чайтаньи» и книгу «Кришна». Я обнаружила, что история Кришны похожа на историю Иисуса.

В 1972-м году, когда мне было двадцать, я отчаянно хотела присоединиться к ИСККОН. Я постучала в дверь Эдинбургского храма и сказала преданному, который ее открыл: «Я пришла!» Я отдала все, что у меня было и даже не взяла с собой спальный мешок, так как думала, что это *майя*. Храм был бедным, но моя жизнь там была прекрасна. Через полгода я получила инициацию.

Когда в 1973-м году Прабхупада прибыл в Мэнор на вертолете, мой муж Сваямбхур и я были там, и у меня были высокие ожидания от встречи с Прабхупадой. Когда он проходил мимо меня, я махала руками, чтобы привлечь его внимание. Я взбежала по черной лестнице и остановилась на площадке, думая: «Где его сияние? Я ничего не вижу!» Прабхупада посмотрел сквозь меня и прошел мимо. Мне не следовало ожидать его внимания, но я хотела этого и потеряла энтузиазм. Хотя преданные говорили мне, что Кришна заставляет меня смиряться, я была обеспокоена. Я чувствовала себя отвергнутой, и мой ум наполнялся сомнениями. У Прабхупады был такой строгий взгляд, что я не могла видеть ту скромность, о которой говорили преданные; он казался гордым. Я сомневалась, что он присутствует в своих фотографиях и наблюдает за мной.

Я могла общаться с книгами Прабхупады, но, к сожалению, у меня были проблемы с *вапу*, его физическим присутствием и я избегала его.

Когда я вошла в комнату Прабхупады, чтобы получить от него Гаятри-*мантру*, сначала он выглядел по-отечески. Он похлопал по подушке, чтобы я села. Потом он стал суровым. Он не смотрел на меня, а смотрел вперед. Мы с ним были одни в комнате, и я подумала: «Он подает хороший пример». Но этот опыт усугубил мою обиду. После того, как он показал мне, как повторять Гаятри, я посмотрела на него и задавалась вопросом, что будет дальше. Все, что он сказал, было: «Ступай!» С тех пор я думала: «Что я сделала не так? Я ему не понравилась». После получения Гаятри от Шрилы Прабхупады я должна была чувствовать себя прекрасно, но вместо этого я боролась с этими эмоциями. В детстве я мечтала о встрече с Иисусом, поэтому я возлагала большие надежды на Прабхупаду.

Я была в Найроби в 1975-м году, когда Прабхупада приехал, и когда он уехал, я почувствовала себя ближе к нему и написала ему записку, в которой сказала, что буду скучать по нему. 4-го ноября 1975-го года он написал мне: «Ты правильно сказала, что лучший способ общаться с духовным учителем – это следовать его наставлениям. Есть два способа общения: *вани* и *вапу*. *Вани* означает слова, а *вапу* означает физическое присутствие. Физическое присутствие иногда ощущается, а иногда нет. Поэтому мы должны использовать преимущества *вани*, а не физического присутствия, потому что *вани* продолжает существовать вечно. Например, «Бхагавад-гита» – это *вани* Господа Кришны. Хотя Кришна лично присутствовал 5000 лет назад и больше не присутствует физически с материалистической точки зрения, «Бхагавад-гита» остается с нами. Итак, ты сделала правильный вывод».

Sucirani devi dasi / Сучирани деви даси

Сучирани родилась и выросла в Бангладеш. Каждый день мама Сучирани укладывала спать своих 10 детей, а после этого слушала лекцию по Бхагаватам и служила Радхе и Кришне. Сучирани выросла и вышла замуж. Однажды она навещала своего брата в Шантипуре и ее одиннадцатилетний сын узнал, что рядом находится храм ИСККОН. Мальчик сказал маме: «В Маяпуре есть замечательный храм, отведи меня туда». Сучирани отвела туда сына и после этого они начали ходить туда почти каждый день.

Вриндавани Прабху готовила для Радха-Мадхавы и когда она заметила, что я регулярно прихожу, то сказала: «Пожалуйста, приходите помогать, *сева*». Позже Сева стало моим именем. Я служила на кухне, убиралась и резала овощи и через некоторое время она сказала мне: «Теперь ты должна стать преданной». «Хорошо», – сказала я. Позже Шрила Прабхупада дал инициацию моему мужу, двум нашим сыновьям и мне.

Я много служила Прабхупаде. Каждое утро и вечер я резала для него доб (зеленый кокосовый орех); каждый день я молола пять кокосовых орехов и делала *лагду* для его гостей; иногда я готовила ему обед (ему нравилось, как я готовлю); и каждый день я мыла гору кастрюль. Также я служила западным преданным, которые приходили в гости. Старшие попросили меня делать все это служение и мое сердце говорило: «Ты должна служить Прабхупаде и его последователям». Получилось, что внешняя ситуация подтвердила мой внутренний голос.

Мне нравилось служить Прабхупаде. И даже теперь, в 78 лет, я все еще служу ему, потому что я не могу сидеть дома сложа руки. Это не моя природа. Я постоянно должна что-то делать. Никто меня не просит служить, но после того как я прочитала круги, я всегда помогаю на кухне. Когда-то я делаю *сабджи*, в другой день я делаю *чапати*, а может режу овощи. Я не могу сидеть сложа руки.

Мои сыновья и другие родственники не навещают меня, но иногда мой брат приглашает меня к себе домой в Шантипур. По правде говоря, мне не хочется ехать ни туда, ни куда-либо еще. Я остаюсь в Маяпуре, потому что здесь я чувствую связь с Прабхупадой. Ни за что на свете я не хочу покидать это место! Прабхупада помог мне приблизиться к Кришне, а Майапур – это обитель Прабхупады; он присутствует в Майапуре. Я хочу оставаться с ним, принимать прибежище у него. Если я позволю материальным аспектам жизни отвлечь меня, мой ум не будет оставаться сосредоточенным на Прабхупаде. Находясь здесь, мой ум вынужден быть с Прабхупадой.

Сейчас я не способна даже есть нормально – я могу есть только по чуть-чуть. Тем не менее я не хочу беспокоить преданных. Для меня не важно, заботятся они обо мне или нет. Для меня самое главное, чтобы я вернулась к Прабхупаде.

Sudevi devi dasi / Судеви деви даси

Когда Судеви было восемнадцать, она только окончила среднюю школу и гостила у тети и бабушки в своем родном городе Буффало. Однажды, совершая покупки в центре города, она увидела людей в красивых оранжевых одеждах. Она подошла немного ближе и услышала звуки мриданги, каратал и мелодичной фисгармонии. Когда она увидела лысые головы мужчин с хвостиками, она подумала: «Какие красивые, но кто они?»

Я сама подошла к преданным и спросила: «Кто вы?» Они ответили, что учат любви к Богу и занимаются йогой. Я была несчастна. Я искала себя. Я знала, что в жизни есть нечто большее, чем просто вставать по утрам, завтракать, идти в школу, возвращаться домой, делать домашнее задание, ужинать, смотреть телевизор, а потом ложиться спать. Преданные спросили меня: «Хочешь посетить наш храм?» Я ответила: «Да, конечно». Когда я впервые зашла в храм, я увидела Господа Джаганнатху. Я не знала, кто Он такой, но Он сразил меня наповал.

Я попробовала прасад и подумала: «Никогда раньше я не ела ничего подобного. Это так вкусно!» Я поняла, что у преданных есть ответ на любой вопрос и подумала: «Здорово!». Продолжая посещать храм, я поняла, что сознание Кришны — это то, что я искала. Я переехала в храм Буффало и проводила время в комнате для *пуджари*, делая фитильки из *гхи*, собирая поднос для Божеств и передавая его Божествам. В комнате для *пуджари* я чувствовала себя как дома и хотела сама стать *пуджари*.

В 1971-м году в Детройте, штат Мичиган, я получила инициацию, а на следующий день я получила *брахманическую* инициацию. Я была счастлива, наконец, стать *пуджари* Гаура-Нитай и Господа Джаганнатхи. Я начала проводить *арати*, одевать и омывать Божеств.

Те дни казались экстазом. Мы, *брахмачарини*, постоянно пели и рассказывали истории о Кришне. Это было счастливое, благостное время. В 1972-м году в Нью Вриндаване мы с Прабхупадой отправились на прогулку читать *джапу*. По своей природе я очень эмоциональная и тогда эмоции захватили меня. Пока мы шли, я смотрела только на стопы Прабхупады. Я не могла поднять глаз, потому что чувствовала себя падшей и ничтожной перед ним.

Прабхупада – чистый преданный Господа, и, хоть я и не заслуживаю этого, я была рядом с ним и получала его *даршан*. Мне очень повезло, что у меня был такой замечательный опыт. Как говорит Кришна в «Гите», из тысяч людей едва ли один интересуется духовной жизнью и из интересующихся едва ли один станет преданным. Преданные встречаются так редко и как нам повезло, что мы своими глазами видели Прабхупаду и шли по его стопам! Мы всем обязаны Прабхупаде.

Sudharma devi dasi / Судхарма деви даси

1974-ой год был временем новых начинаний, поиска смысла жизни, переосмысления жизненного опыта. Тогда Судхарма была студенткой Калифорнийского Университета в Сан-Франциско, где многие молодые люди задавались подобными вопросами. Но для нее, как и для многих других, это не было просто данью моде, а глубинной потребностью. Они с друзьями часто сидели и дискутировали на философские темы. Эти разговоры побуждали ее продолжать поиски, потому что она и ее друзья не обладали исчерпывающими знаниями.

Я думаю, у каждого из нас в глубине теплится росток преданного служения, которым мы когда-то занимались и которое переносим из жизни в жизнь. Оно направляет нас по нужному пути. Я ясно помню, как сидела у кого-то в комнате в общежитии и взяла «Бхагавад-гиту» Прабхупады. Я прочитала всего одну строчку и воскликнула: «Вот оно. Наконец-то! Я нашла книгу, которую искала». Я читала другие переводы «Бхагавад-гиты», но они показались мне замудренными и не раскрывающими суть. «Бхагавад-гита» Прабхупады была их полной противоположностью.

В 1975-м году мы с компанией друзей пошли на Ратха-ятру, которая проводилась в Сан-Франциско. Я еще ничего не знала о Шриле Прабхупаде. Когда он сошел с колесницы и направился к сцене, я стояла в толпе зрителей. Я помню, что совсем по-другому себе его представляла. Проходя неподалеку от меня, Шрила Прабхупада кивнул и, хотя я понимала, что он кивнул всем присутствующим, у меня возникло ощущение, что он обращался лично, непосредственно ко мне. Его присутствие оставило во мне неизгладимый след. Сама того не осознавая, я почувствовала связь со Шрилой Прабхупадой.

Затем он сел на сцене. Шрила Прабхупада казался необычным, отличным от всех. Вся эта многотысячная пестрая аудитория собралась в парке «Golden gate» («Золотые ворота»). Среди слушателей были христиане, которые пытались перекричать преданных, но Прабхупада был непоколебим и спокоен. Все затихли, как только Шрила Прабхупада сел на сцену. Я не сводила с него глаз и чувствовала, как по телу разливается умиротворение. Его не тревожило ничего вокруг, даже ветер. Он посмотрел на группу христиан и произнес: «Скажите им, чтобы они вели себя тихо». И они сразу притихли. Затем он начал говорить. Я помню, как он сказал: «Вы не тело». Я поняла, что его слова истинны, что он на самом деле ощущал себя душой, жил как душа.

Я никогда не думала, что стану последователем движения Харе Кришна. Они заворачивались в простыни, носили сандалии и выглядели нелепо, но «Бхагавад-гита» запала мне в сердце, я подумала, что стоит разок сходить в храм. Так я познакомилась с преданными и когда освоилась в храме, то подумала, что мое длительное путешествие в поисках себя завершилось. Я почти не соприкасалась со Шрилой Прабхупадой лично, однако по его милости я получила инициацию. Я всегда поддерживала связь с ним через преданных, книги и служение. Шрила Прабхупада говорил нам, что мы можем почерпнуть все необходимое в его книгах и я ему верю. Чем больше я посвящаю себя преданному служению, чем больше во мне искренности и самоотдачи, чем глубже оно проникает в каждую клеточку моего тела – тем больше я осознаю всю его глубину, важность и истинность. Я хочу испить нектар преданного служения до последней капли и поделиться им с другими, невзирая на груз каждодневных забот. Чем больше вы служите, тем мягче становится ваше сердце. Благодаря мягкому сердцу вы сможете неустанно заниматься преданным служением, несмотря на все взлеты и падения.

Не важно, кто мы или где мы – у каждого есть право заниматься преданным служением, которое ему по силам. По опыту могу сказать, что Кришна отвечает взаимностью на ваши старания.

В моей жизни было много невероятных осознаний, которые могут прийти, только когда вы безраздельно полагаетесь на Кришну. Как-то раз я путешествовала по Филиппинам с группой девушек, которым было восемнадцать- девятнадцать лет. Однажды нашу лодку прибило к какому-то острову, и мы оказались в зарослях сахарного тростника. Он был таким высоким, что мы не могли понять где находимся. Когда мы наконец-то вышли на дорогу, оказалось, что местные жители разговаривали на другом, не известном нам диалекте, поэтому мы не смогли им ничего объяснить. Мы шли вдоль дороги, а солнце уже садилось. Мы вышли на пляж и пошли вдоль берега, на небе сгущалась ночная мгла. К тому времени мы решили, что переночуем на пляже. Вдруг мы увидели вдалеке свет, поэтому продолжили идти до тех пор, пока не дошли до маленькой рыбацкой деревни. Небольшая группа людей, во главе со старостой и его женой, ждали нас с фонарями и одеялами. Они напоили нас горячим молоком, накормили вегетарианским ужином и устроили нам ночлег в здании школы.

Утром вся деревня пришла проведать нас, мы вместе воспевали Святые имена, читали «Бхагавад-гиту», а потом вместе с сотней деревенских жителей отправились гулять по красивому, невероятно белому пляжу, читая *джапу*. Жители деревни тоже воспевали вместе с нами! Хотя солнце ярко светило, накрапывал дождик, а потом небо озарилось прекрасной радугой. Мы пребывали в радостном расположении духа, когда на вершине белой песчаной дюны показалась белая дикая лошадь. Она окинула нас взглядом, подбежала к нам, сделала круг, снова взбежала на вершину дюны и исчезла. Мы завершили прогулку, и жители деревни любезно рассказали нам, как добраться до города, куда мы держали путь.

Это был незабываемый случай, один из многих, которые мне посчастливилось прожить в этой жизни. Как и мои духовные сестры, я смогла сделать много прекрасного в молитвенном настроении полного предания, а еще я стала мамой троих детей.

Поистине, преданное служение не знает границ. Если бы мы сами решали, нужно ли нам задействовать способности, которыми наделил нас Кришна, тогда наше движение не расцветало бы во всей красе. Люди хотят сделать все, что в их силах и хотят, чтобы их труд ценили. Это совершенно естественно.

Если мы хотим мыслить духовным образом – нам стоит только захотеть – это значит, мы хотим видеть, как все становятся еще на шаг ближе к Кришне.

Sujana devi dasi / Суджана деви даси

Суджана, будучи восемнадцатилетней хиппи, увидев преданных на улице, избегала их, потому что не хотела разговаривать с парнями, одетыми в платья.

Мой муж покупал журнал у преданных, приносил его домой и рассказывал о том, что в нем было написано. Затем, в 1969-м году, когда мы с мужем жили в Ванкувере, в Британской Колумбии, несколько *брахмачари* попросили нас сдать им жилье. Мы сдали им нашу свободную комнату в обмен на *прасад*. Они въехали, отремонтировали комнату, установили алтарь, готовили для нас еду и проповедовали нам. По вечерам у нас были программы с горячим молоком, нарезанными фруктами и сладостями «Простое Чудо». В какой-то момент я сказала: «Хорошо, это эзотерично, но почему фотография старика на алтаре?» Хотя Шрила Прабхупада был причиной всей милости, которую я испытала в своей жизни, будучи в невежестве, я сомневалась, что он имеет к этому отношение. Конечно, преданные объяснили мне, кто он такой.

В июле 1971-го года в аэропорту Детройта мы с большим предвкушением ждали прибытия Шрилы Прабхупады, и как только он появился, мы все расплакались. Все просто сошли с ума и устроили дикий неземной *киртан*. Когда Прабхупада спускался по эскалатору, он, казалось, плыл, как небесное существо, и у меня было так много слез, что я едва могла его видеть.

Позже у меня были тяжелые времена, потому что я получила посвящение, но мой муж этого не сделал и отказался сотрудничать, что усложнило ситуацию. У меня было мало общения, я чувствовала себя бесполезной и у меня не было никакого вдохновения. Когда родители моего мужа приехали в гости, я оставила детей с ними и поехала к Прабхупаде в Портленд. Когда Шрила Прабхупада шел сквозь толпу преданных в аэропорту, я вручила ему красивую розу шафранового цвета и сказала: «Вся слава Вам, Шрила Прабхупада». Он взял мой цветок, посмотрел на меня и сказал: «Большое спасибо». Я была довольна тем, что могу предложить ему символ моей признательности, и что он это оценил. В храме я выполняла любое служение, которое могла: помогала с цветами, стирала и гладила его рубашку, *дхоти* и *каупины*. Я сделала для Прабхупады шерстяную накидку коричневого цвета с красивой шафрановой шелковой подкладкой, но слишком стеснялась отдать. Когда он находился в своей комнате и собирался отправиться в аэропорт, Джагадиша отдал ему ее. И в то время, когда Шрила Прабхупада шел к своей машине, Джагадиша сказал мне: «Ты видишь?» На Прабхупаде была моя накидка! Он любезно доставил мне удовольствие, приняв мой подарок. В аэропорту, ожидая своего рейса, Шрила Прабхупада снял свою большую красивую гирлянду из роз, положил ее себе на колени, порвал веревку и раздал цветы. Я плакала, видя милосердный и сострадательный жест любви Прабхупады к нам. Он видел, как мы оплакивали его отъезд, и хотел ответить нам взаимностью и поддержать нас.

Я была во Вриндаване, когда в 1977-м году приехал Шрила Прабхупада. Его присутствие было волнующим, захватывающим и наполняющим, но в то же время горько-сладким, потому что он был болен. Однажды, когда Шрила Прабхупада сидел в своей кресле-качалке, глядя на Божества, моя старшая дочь Каумини, которой было восемь лет, захотела его увидеть, поэтому она села посреди открытого прохода перед ним. Преданные пытались заставить ее подвинуться, но она не двигалась. Шрила Прабхупада поднял руку и сказал: «Оставьте ее в покое. Она не беспокоит». Вскоре после этого, в августе 1977-го года, Каумини сказала мне, что у нее болит голова. Следующее, что я помню, она рухнула на пол и полностью посинела. Я была встревожена и не могла понять, что случилось, потому что накануне она была в порядке. Я повторяла: «Харе Кришна, Харе Кришна!», и она оставила свое тело. Я совершенно обезумела и была безутешной. Когда Шрила Прабхупада услышал о кончине Каумини, он сказал, что это было загадочно и что, поскольку она умерла во Вриндаване, она получила личное освобождение. Он также сказал, что, поскольку ей всего восемь лет, и она все еще чиста, ее тело следует обернуть тканью и отпустить плыть по Ямуне.

Я была так подавлена, что не могла нормально думать. Когда ее тело лежало на паланкине, и мы собрались возле комнат Прабхупады, готовясь совершить *парикраму* по Вриндавану, Прабхупада прислал нам свою гирлянду, сказав: «Положите гирлянду на ее тело». В тот момент огромная тяжесть покинула мое тело и ум. Я чувствовала, что Шрила Прабхупада знал мое сердце, глубоко заботился обо мне и моей дочери и благословлял нас обоих. Мы пронесли ее тело через Вриндаван и отпустили его плыть по Ямуне, и я все время танцевала в экстазе. Поскольку Шрила Прабхупада сделал этот, казалось бы, небольшой жест, он превратил этот инцидент в экстатическое переживание для меня. Он поднял огромный груз, который, как я думала, мне нужно нести. И он делал это для меня всю мою жизнь: он поднял меня из глубин невежества и поместил к лотосным стопам Кришны. Кто может быть более милосердным?

Затем, лучшим подарком, который сделал мне Прабхупада, было то, что мне разрешили находиться во Вриндаване три месяца спустя, когда он покинул планету. Эмоциональное переживание пребывания с ним в одной комнате и со всеми преданными, которые так интенсивно воспевали, было мощным и сокрушительным. Я думала: «Этого не может быть, Прабхупада выживет. Как я могу жить без него?» Но он ушел, и все плакали. Многие из нас задавались вопросом, что же нам делать дальше? Как нам продолжать? Я пошла в свою комнату и включила запись воспевания Прабхупады. Многие преданные остались в храмовой комнате на всю ночь, воспевая и плача.

Когда тело Прабхупады было в *самадхи*, я стояла над ямой и смотрела, как преданные кладут вокруг него соль. Соль поднималась все выше и выше, покрывая его плечи, шею. Затем наступил тот злосчастный момент, когда и его сияющая красивая голова была покрыта. После этого мы начали круглосуточный *киртан* в его *самадхи*, и каждый день Ситала, Арундхати и я пели в течение нескольких часов перед *мангала-арати*.

Переживание ухода Прабхупады было для меня самым близким к тому, чтобы испытать настоящие духовные эмоции. Несмотря на взлеты и падения, и различные материальные ситуации, эта духовная эмоция крепко связала меня со Шрилой Прабхупадой. Я благодарна за то, что мне представилась возможность побывать там.

Sukhada devi dasi / Сухада деви даси

О сознании Кришны Сухада услышала от друзей по колледжу, Мухьи и ее мужа Враджендралала, и когда она вошла с ними в детройтский храм, то сразу почувствовала умиротворение, словно очутилась дома.

В детстве я с энтузиазмом относилась к жизни. Я с нетерпением ждала событие – будь то Рождество или Новый год, шестнадцать или восемнадцать лет, женитьба или окончание колледжа – и мои ожидания настолько не совпадали с реальностью, что я всегда разочаровывалась. Но все изменилось, когда я встретила Шрилу Прабхупаду. Когда я увидела его в первый раз, Прабхупада прибыл в аэропорт Майами. Нартака Гопала и я, раскидывали перед ним лепестки роз, пока он шествовал к храму. Наконец в моей жизни случилось нечто, что превзошло мои самые смелые ожидания. Это лучшее, что происходило в моей жизни. Меня потрясло то, каким великим был Шрила Прабхупада, и в то же время и доступным, и беззащитным – эти качества, мы не можем встретить в материальном мире.

Еще до встречи с самим Прабхупадой его книги взволновали меня, потому что они были понятны. Он дал много информации о том, кто мы есть, о нашем предназначении, о различных планетарных системах. Мне нравилась личностная природа его знаний. Несмотря на то что некоторые называли это мифологией, я больше верила в знания, содержащиеся в книгах Прабхупады, чем в теорию Большого Взрыва и другие теории, потому что знания, содержащиеся в книгах Прабхупады, были подкреплены авторитетом оригинальных Священных Писаний.

Со второго дня моего приезда в Майами я быстро подружилась с Нартакой Гопалой, и мы с ней каждый день ходили на *санкиртану*. После этого, летом 1975-го года, я отправилась с группой преданных в путешествие по восточному побережью вслед за Шрилой Прабхупадой. Когда мы были на Ратха-ятре в Филадельфии, мой муж Суврата, и я получили посвящение. Я вновь посвятила себя миссии Прабхупады – вдохновившись получением имени, я продолжила с радостью распространять его книги. Я знала, что он этого хочет. Благодаря силе Шрилы Прабхупады многие люди, которых я встретила, преобразились и позже приходили ко мне и говорили: «О, ты помнишь меня? Мы встречались там-то». И если я когда-нибудь забудусь на *санкиртане* и почувствую себя исполнителем, Кришна и Шрила Прабхупада сразу же напомнят мне о том, что Кришна – исполнитель и что я – Его инструмент.

Что бы ни случилось в моей жизни в будущем, это не будет иметь большого значения, потому что во время нью-йоркской Ратха-ятры на Пятой авеню я осыпала Шрилу Прабхупаду лепестками цветов и тянула колесницу Субхадры, когда он сидел на ней. Я была на Вайкунтхе – в его присутствии не было никаких беспокойств. Я могла бы и больше ценить Прабхупаду, но хочу отметить, что он никогда не был чем-то обыденным в моей жизни – он был самым особенным человеком в ней. Я была готова отказаться от всего ради него. Преданные – это люди, с которыми я хотела бы быть рядом, быть похожими на них. Например, хоть я и была привязана к своему мужу, и мой муж был заинтересован в сознании Кришны, но он не был заинтересован так же, как я. Поэтому я молилась: «Кришна, пожалуйста, или сделай его преданным, или освободи меня от этой привязанности», и Кришна в своей милости помог ему стать преданным.

Однажды в Индии в 1976-м году, на обратном пути с Радха-кунды, сломался женский автобус, и Шрила Прабхупада не спал до поздней ночи, пока мы не вернулись. Он знал о важности воспитания, о бесценном служении, которое выполняют женщины, и был обеспокоен тем, что, когда его не станет, женщины не будут должным образом защищены.

В другой раз в Индии мне стало плохо, но я продолжала распространять книги, когда Шрила Прабхупада проехал мимо меня на машине, сложил руки и поклонился мне. Я была в шоке. Шрила Прабхупада был благодарен нам за наше служение.

Я не достойна видеть Кришну. Я буду этого достойна только когда буду готова. Шрила Прабхупада приведет меня к Кришне. Шрила Прабхупада – моя связь, и мне это нравится. Так и должно быть, потому что я никогда бы ничего не узнала, если бы не он. Я ни на что не жалуюсь. Милость и блага, полученные от ИСККОН перевешивают любые его ошибки и несправедливость, с которыми я столкнулась. Я знаю, что мы исправляемся, становимся лучше и двигаемся дальше. Я люблю читать и слушать о Прабхупаде, потому что важно знать его характер и то, что он сделал. Это знание проливает свет на то, что мы должны делать. Прабхупада был идеальным джентльменом, прекрасно относился к детям, был добрым и к каждому находил подход, никогда не различал своих учеников, а когда преданные болели, Прабхупада беспокоился и заботился о них, давал советы. Всё, что я когда-либо чувствовала от него – это величайшая любовь.

Каким бы ни было наше экономическое или культурное происхождение, какая бы ни была наша раса, были ли мы хулиганами, мотоциклистами, людьми в *гуне* благости или бизнесменами, Прабхупада свел нас вместе. И он все еще здесь, чтобы собрать нас вместе. Мы чувствуем, что он не покинул нас, но в то же время не можем не заметить, что без него все поменялось, стало другим. Я скучаю по нашим беседам, обсуждениям и жажду их всей душой. Единственный способ справиться с уходом Шрилы Прабхупады – это держаться близко к его лотосным стопам, читать его книги и посвятить себя его детям. Сейчас тридцатилетние люди рассказывают мне о положительном опыте, который они пережили, когда я была их учителем в начальной школе, и когда я вижу, как они, следующее поколение, принимают сознание Кришны – у меня появляется надежда на будущее миссии Прабхупады.

Sukhada devi dasi / Сукхада Деви Даси

В первые выходные сентября 1970-го года, семнадцатилетняя Сукхада, ученица выпускного класса старшей школы, вместе с несколькими друзьями пошли в храм на Бикон-стрит в Бостоне.

Вид бритых мужских голов, необычных одежд из сплошного полотна, которые носили и девушки, и мужчины, вид ярких цветов храма, алтаря, а также блаженного пения и танцев заставил меня улыбнуться, и пробудил во мне желание узнать побольше об этих счастливых душах. Когда мы поднимались по ступенькам в храм, у входа стоял ангельского вида преданный с большим букетом цветов. Он вдохнул аромат цветов и произнес: «Как может кто-то говорить, что Бога не существует?» Тогда я подумала: «Ого, это достаточно глубокомысленно. Здесь может быть что-то интересное». После небольшой лекции, разъясняющей суть сознания Кришны, нас угостили чудесной и вкусной едой.

Мы продолжили посещать воскресные программы, и той же осенью двое моих друзей переехали жить в храм.

Мои родители были недовольны тем, что я хожу в храм, и пытались запретить мне это, но я продолжала посещать его. В тот январь мне исполнилось восемнадцать, а в начале июня я переехала жить в храм. Что поразило меня больше всего после переезда, так это строгость в повседневной жизни. У меня были трудности с недосыпанием, с полностью погруженными в служение днями, с уборкой и с многочасовыми *харинамами*. Самым сложным для меня стало преодоление стресса, связанного с низким положением женщин. Хоть я и чувствовала себя подавленной, мысль о том, что Шрила Прабхупада приезжает в храм в марте 1971-го года, поддерживала меня. Каким-то образом я держалась, даже когда его приезд перенесли на июль.

За несколько месяцев до его приезда преданные уже были взволнованы и с нетерпением ждали возможности провести время со своим духовным учителем. Я продолжала думать о том, как чудесно будет сидеть нашей маленькой группой преданных, задавать вопросы Шриле Прабхупаде и слушать его ответы. Это будет такое сокровенное общение!

За несколько дней перед его прибытием начали приезжать преданные из других центров и заполнили храм до предела. Хотя в другое время я была бы счастлива иметь возможность общения с таким количеством преданных, в тот период их приезд вызвал у меня много стресса и беспокойств. А все потому, что я поняла, что близкое общение со Шрилой Прабхупадой, о котором я так мечтала, скорее всего не состоится.

Большинство преданных поехали в аэропорт, чтобы встретить Шрилу Прабхупаду, и устроили там экстатичный *киртан*. Шрила Прабхупада дал короткую лекцию прямо в аэропорту, и когда он вставал, чтобы идти дальше, я осознала, что это может быть единственный шанс для меня побыть рядом с духовным учителем. Когда он уходил, мы все поклонились, выражая наше почтение. В этой позе я повернула голову и смотрела на то, как он приближается, чтобы пройти мимо меня. Незадолго до того, как он подошел ко мне, я вскочила, чтобы быть как можно ближе к нему. Когда я стояла там, рядом с ним, я подумала о том, как я удачлива, что мне была дана возможность находиться на столько близко к чистому преданному. Меня полностью охватило и переполняло это состояние блаженного счастья. Может быть это было совсем маленькое событие, всего лишь короткий промежуток времени, но это являлось также и моментом огромного счастья, которым я всегда дорожила.

Храм находился в таком плохом состоянии, что, когда Прабхупада приехал тем летом, Сатсварупа зарезервировал для него отдельную комнату в отеле. Но Прабхупада не собирался там останавливаться. Вместо этого брахмачари перевезли все свои вещи в другое место, а Прабхупада остановился в их комнатах. Женская душевая была напротив мужской и однажды, где-то в 2:00-2:30 ночи, я столкнулась с Прабхупадой, когда он выходил из ванной комнаты. Я предложила ему свои поклоны и оставалась в этом положении до тех пор, пока он не прошел мимо, затем я поспешила в ванную.

В тот приезд Прабхупада давал посвящения и устанавливал Божеств. Я должна была получить инициацию, но все время провела на кухне за готовкой. После того, как Прабхупада уехал, Сатсварупа спросил у меня об имени, которое Прабхупада дал мне. На что получил ответ: «Я не получила имени, потому что я готовила все эти дни. Никто не пришел за мной». Он воскликнул: «О нет! Ты должна была получить инициацию!» Он незамедлительно написал письмо Прабхупаде, в котором описал мою ситуацию, и Прабхупада вскоре ответил: «Сукхада – та, которая доставляет удовольствие Кришне». Огненную *ягью* для меня провели позже.

В последующие месяцы трудности, связанные со все более плохим обращением с женщинами-преданными в Бостоне, привели к тому, что я несколько раз возвращалась домой, но Шрила Прабхупада и Кришна все время манили, притягивали меня обратно в храм. В конце концов, ситуация стала невыносимой, и я вместе с другими *брахмачарини* ушла из храма, направившись в Питтсбург, где, как говорили, находился очень хороший храм. В Питтсбурге о нас сразу же позаботились, а семейная атмосфера преданного служения в храме стала прекрасным откровением после стольких разочарований, которые я пережила в Бостоне. Также в 1973-с году в Питтсбурге я встретила Махендру Даса и вышла за него замуж.

В 1976-м году мы переехали в храм в Лос-Анджелесе в связи с работой Махендры в Би-Би-Ти. Мне тогда очень повезло: у меня появилась возможность проводить много времени в божественном присутствии Шрилы Прабхупады, так как он почти целый месяц находился в Лос-Анджелесе в конце того же года.

Я всегда считала себя незначительной преданной. Наш первый

ребенок родился в 1974-м году в Питтсбурге, и с тех пор я всегда считала, что мое основное, самое главное служение — это быть хорошей матерью. Наша вторая дочь умерла в возрасте двух с половиной лет, и боль от ее потери была невыносимой. Только философское понимание вещей, которое Шрила Прабхупада дал нам, сдерживало мое отчаяние. В этой жизни я была благословлена четырьмя чудесными и успешными детьми, а также восемью внуками, чье количество продолжает расти, и я так благодарна за все то, чем меня благословил Кришна. Несмотря на те страдания, которые мы испытывали в течение нескольких лет после ухода из организации ИСККОН, мы можем испытывать лишь благоговейный трепет перед тем, чем Шрила Прабхупада пожертвовал, что вытерпел, приехав на запад в столь преклонном возрасте, чтобы дать Кришну всем нам.

Мои реализации и осознания всегда исходили из книг Шрилы Прабхупады, потому что у меня никогда не было длительного личного контакта с ним. Для меня, его физическое присутствие не было тем, что связывало нас, поэтому после его ухода я никогда не чувствовала себя потерянной или сбитой с толку. Он оставил нам так много, что я никогда не чувствовала, что нуждаюсь в поиске кого-то другого, чтобы заменить его. Он написал так много книг, каждая из которых пропитана огромным количеством нектара, что иногда я думаю: «Хм, какую же книгу мне стоит прочитать сейчас? Я хочу их все!»

Мне унизительно думать о том, что я сделала так мало, чтобы помочь ему. Он всегда был добр к нам, всегда заботился о нашем благополучии. Он подписывал каждое свое письмо: «Ваш вечный доброжелатель».

Sukla devi dasi / Шукла деви даси

Шукла только закончила среднюю школу, изучала всевозможные духовные книги и отчаянно молилась в полнолуние о духовном наставнике. Затем к ней подошел ее брат с мешком для четок на шее и сказал: «Угадай что? Через неделю приедет лидер движения Харе Кришна».

В то время я не знала, что мой брат был в Сознании Кришны. Он сказал: «Ты можешь пойти в храм». Я ответила на это: «Хорошо, здорово». На следующий день я пошла в храм Мельбурна и начала шить наряды для Божеств. Через пару месяцев я переехала в храм.

Годом позже, в январе 1973-го года, Прабхупада собирался установить в Мельбурне прекрасные большие мраморные Божества, Радхи-Валлабхи. Примерно за час до установления Божеств Мадхудвиша вызвал нескольких из нас и сказал: «Вы получите первую и вторую инициацию за раз. Однако, вы должны понять, что будете служить Божествам здесь до конца дней. Если вы принимаете это – отлично». Я подумала минут пять и ответила: «Да, конечно. Я согласна».

Прабхупада сказал мне: «Твое имя Шукла. Шукла – чистая и белая, полная луна; Кришна – полная луна среди многих звезд». А я молилась в полнолуние, будто я знала свое имя с незапамятных времен. Прабхупада велел мне всегда хорошо заботиться о Божествах. После этого моя мать, которая была в ярости из-за моего посвящения, встретилась с Прабхупадой и он успокоил ее.

В качестве *дакшины* я сделала Шриле Прабхупаде мешочек для *каратал* из золотого бисера. Я принесла ему свои поклоны, а Прабхупада улыбнувшись сказал: «Так, что же ты мне принесла?» Я ответила: «О, это просто маленькая *дакшина*, Прабхупада». Ему понравилось. Он сказал: «Бали Мардан, Шрутакирти, идите посмотрите, что она сделала для меня», и показал им мешочек для *каратал*.

На следующий день после моей инициации пошел дождь и Прабхупада рано пришел с прогулки. Я убиралась в комнате и держала в руках ведра и швабры. Я влетела в боковую дверь и закрыла ее, думая: «Надеюсь, он меня не заметил». Внезапно Прабхупада открыл дверь и сказал: «Я застал тебя врасплох сегодня утром?», и я ответила: «О да, Шрила Прабхупада, я не ожидала, что Вы вернетесь так скоро». Он сказал: «Дождь идет», а я ответила: «Да, Шрила Прабхупада». Засмеявшись он сказал: «Харе Кришна», и вернулся в свою комнату. На следующий день он снова вернулся пораньше, но я заранее подготовилась. Он сказал: «Ты была готова», а я кивнув сказала: «Да, я была готова».

Рамания воспевала в дикой и быстрой манере, и мы подумали: «Рамании необходимо научиться правильно воспевать». На утренней прогулке Прабхупада повернулся к ней и сказал: «Очень хорошо воспеваешь». С тех пор мы молчали о ее воспевании.

Однажды Шрутакирти попросила меня отнести Прабхупаде его обед. Я была у двери Прабхупады с его тарелкой и услышала, как он стучал кулаком по столу и кричал на кого-то: «Ты никогда не продвинешься вперед, пока в тебе есть зависть к духовному учителю!» Я подумала: «Неужели я должна постучать в дверь сейчас?» Я всё же постучалась и Прабхупада ответил: «Входите». Я тихо открыла дверь и Прабхупада расплылся в широкой улыбке: «Харе Кришна, ах, *прасад*», это было так мило. Я поставила тарелку и Прабхупада сказал: «Большое спасибо». Я ответила: «Джая Шрила Прабхупада», принесла ему свои поклоны и ушла. Когда я закрыла дверь, то снова услышала, как Прабхупада стучит кулаком по столу. Он не очень злился, он высказал свою точку зрения.

В последний раз, когда Прабхупада приезжал, в мае 1976-го года, я стояла внизу у лестницы и ждала. Прабхупада посмотрев вниз, увидел меня, стоящую там с цветком. Спустившись по лестнице, он взял цветок из моей руки и снова поднялся. Во время этого визита я спросила Прабхупаду: «Что важнее всего: слушание, воспевание, чтение или памятование?». Прабхупада посмотрев на меня ответил: «Слушание». Я немного подумала и сказала: «Хорошо, я поняла».

Прабхупада был любящим и сострадающим, удивительно тёплым и заботливым, как никто из тех, кого я когда-либо знала. Каждое его слово было наполнено любовью и чистотой. Всякий раз, когда он видел меня, у него всегда была широкая улыбка. Он был настолько величественным и благородным, что заставлял меня всегда делать все правильно. Он также был озорным и забавным со мной.

Неважно, встречался человек лично с Прабхупадой или нет, есть его наставления и чем больше человек слушает их, тем сильнее его отношения с Прабхупадой будут развиваться на духовном уровне. Также это возможно непосредственно через учеников Прабхупады. Услышав о Прабхупаде, человек может хорошо его узнать. Если мы откроем наше сердце, то Прабхупада будет там, готовый подарить нам духовную жизнь.

Это философия, наставления и Священные Писания привели и удерживают меня в сознании Кришны. Мои сладкие отношения с Прабхупадой только усилили эти вещи, однако я не могу иметь эту привязанность без духовных знаний и наставлений. У многих людей сентиментальные отношения с *гуру*, но, если за этим не стоит философия, наставления и серьезность, это не продлится долго и не принесёт никакой пользы.

Sumati devi dasi / Сумати деви даси

В 1968-м году, когда она жила в Нижнем Ист-Сайде Нью-Йорка, Сумати услышала маха-мантру по радио из мюзикла «Волосы». Она понятия не имела, что мантра состоит из имен Бога, но мантра стала её любимой песней, и когда Сумати пела её, путешествуя автостопом по Европе летом 1970-го года, мантра давала ей чувство защищённости.

Когда я вернулась в Мэриленд, я услышала о местном храме, пришла туда, постучала в дверь, и красивая лучезарная девушка открыла мне и сказала: «Привет, меня зовут Мэри, а все, что вам нужно сделать, это принести свою зубную щетку и вы можете жить здесь и быть счастливы всю оставшуюся жизнь». Я вошла и мгновенно ощутила счастье в сердце. Я чувствовала себя как дома, никогда раньше я так себя не чувствовала. В следующую ночь я собрала свой рюкзак, пришла в храм и спросила: «Могу ли я жить здесь?»

Я помогала Тосану Кришне на кухне, и он предложил мне написать Прабхупаде, что я и сделала. Прабхупада немедленно ответил мне написанным от руки письмом, поблагодарив меня за закладку, которую я сделала для него, и написал, что использует её каждый день в своем «Шримад-Бхагаватам». Я подумала: «Вот человек, у которого есть какое-то чувство ко мне, несмотря на то что он никогда меня не встречал», - и это было началом моих чувств к нему.

1-го января 1971-го года я переехала в Бостон, что было замечательно, потому что Сатсварупа, президент храма, все время говорил о Прабхупаде. Когда он получал одно из своих многочисленных писем от Прабхупады, он собирал нас всех вместе: «Мы получили письмо от Прабхупады!» – и читал его нам. Я чувствовала, что теперь у меня есть семья, чего никогда не ощущала до этого.

Перед приездом Прабхупады, который был в середине июля, мы не спали сутками. Мы убирались, украшали, красили и старались сделать все безупречным и красивым. Когда я увидела Прабхупаду, выходящего из самолета, это было все равно, что увидеть внезапно взошедшее солнце. Он был лучезарен, у него была самая красивая улыбка, которую я когда-либо видела, и он тепло приветствовал преданных, которых знал. Он дал лекцию в храме, а затем Сатсварупа спросил его, не хочет ли он поехать в свой отель. Прабхупада сказал: «Отель? Бордели и винные магазины находятся в *гуне* невежества, города и отели находятся в *гуне* страсти, а сельская местность находится в *гуне* благости. Но храм – это Вайкунтха. Я останусь в храме». Он был счастлив в своей простой комнате в храме. Следующим утром он омыл и одел Радху-Гопиваллабху, и установил Их.

В Северо-Восточном университете на факультете связи мы еженедельно устраивали радиопостановки историй из книги «Кришна». Я была Матерью Яшодой, и когда Прабхупада услышал, как я кричу, увидев Кришну, завернутого в кольца Калии, он спросил: «Кто это плачет?» Сатсварупа сказал: «Это Сумати». Прабхупада сказал: «Ей всегда следует так плакать по Кришне». Когда я повторяю *джапу*, я стараюсь помнить это наставление, и это помогает мне оставаться связанной с Прабхупадой. Я молюсь, чтобы когда-нибудь в жизни я по-настоящему заплакала по Кришне, стала настоящей преданной и действительно служила бы Прабхупаде.

Sunita devi dasi / Сунита деви даси

Однажды, возвращаясь с работы, Сунита услышала, как преданные повторяют маха-мантру в Бостон-Коммон. Она только что приехала из Индии, своей родины, и даже представить себе не могла, что киртан может проводиться на Западе. Преданные были милы и добры к Суните и пригласили ее посетить храм. Сунита привлеклась и не переставала посещать храм. Она присоединилась к движению годом позже в Бостоне в 1971-м году.

Когда я пришла в Бостонский храм в первый раз, я увидела изображение Прабхупады, сидящего с рукой в мешочке для четок, а на нем было много *чадаров*. Я была воспитана во Вриндаване, где *садху* не носили одежд, опускали бороду, и были практически голыми, и когда я увидела Прабхупаду во всей этой одежде и мне сказали, что он *гуру*, я сказала: «Он *гуру*? Что он за *гуру*?» Я не понимала.

В июле 1970-го года Сатсварупа (в то время он не был Махараджем) взял меня к Прабхупаде. Когда я увидела его и поговорила с ним, я не сомневалась, что он не обычный человек. Он был с Вайкунтхи; он был человеком с Вайкунтхи. Я пришла со своим мужем, и на хинди Прабхупада спросил меня, из Бенгалии ли я, и я ответила на хинди, что я из Агры. Прабхупада сказал: «О, вы из *вайшнавской* семьи. Так что делайте свою жизнь успешной, не теряйте время в этой жизни».

Прабхупада продолжил: «Очень хорошо, что вы оба пришли», а моему мужу он сказал: «Вы умный человек. Если вы примете сознание Кришны, вы сможете произвести впечатление на многих людей. Мы хотим, чтобы вперед выступили умные индийцы». Мой муж собирался сказать мне то, что он все время говорил мне: «Эти американцы ничего не знают о Кришне, они должны практиковать. Но мы, индийцы, уже знаем, это у нас в крови». Трижды Прабхупада прервал его, и я подумала: «Прабхупада знает его сердце, он знает, что мой муж собирается сказать». Прабхупада сказал ему: «Не будьте одним из тех индийцев, которые думают: «О, я знаю Кришну. Я могу поклоняться Кришне в любое время. Я могу принять сознание Кришны в любое время. Пусть этим занимаются американцы, потому что они не знают». Не думайте так. Научитесь от этих людей, как поклоняться Кришне, как принять сознание Кришны».

Это произвело на меня впечатление. Я восхищалась преданными, и после того, как Прабхупада сказал нам научиться поклоняться Кришне у них, я почувствовала себя покорной преданным, но мой муж был курильщиком и пьяницей и не очень интересовался сознанием Кришны. Затем Прабхупада рассказал нам историю. Он сказал, что в Джаганнатха Пури был человек, который носил воду Господу Джаганнатхе каждый день, но он никогда не видел Джаганнатху, потому что думал: «О, я могу увидеть Джаганнатху в любое время, пусть паломники увидят Господа Джаганнатху, они никогда не видели Его, но я прихожу сюда каждый день, я могу увидеть Джаганнатху в любое время». Затем тот человек умер, так и не увидев Джаганнатху. Итак, Прабхупада сказал: «Не будьте одним из тех индусов, которые думают, что вы знаете Кришну и можете принять сознание Кришны в любое время».

Мой муж дал Прабхупаде 100 долларов и ушел. Прабхупада был благодарен за пожертвование и спросил Сатсварупу: «Куда он идет?» Сатсварупа сказал: «О, Прабхупада, вероятно, он пошел курить. Его не очень интересует сознание Кришны. Его жена более искренна в сознании Кришны, чем он, она часто сюда ходит. Ее муж плохо с ней обращается, и он очень плохой. Она хочет бросить его». Прабхупада сказал мне: «О, нет, ты не должна уходить. Тебе следует остаться с мужем. Будь искренней и оставайся сильной. Если ты останешься сильной и искренней, твой муж изменится и сам станет сильным и искренним». Затем он сказал: «Хотя женщина – незначительная часть общества, если она останется сильной, она может перевернуть все общество. Прямо как ухо, - и он потянул за ухо. «Ухо – такая маленькая часть тела. Но если потянуть за ухо, за ним потянется вся голова. Точно так же, если ты останешься сильной, твой муж пойдет по правильному пути».

Но мои отношения с мужем портились все больше и больше, потому что он совсем не хотел предаваться Кришне, а я хотела этого. Я была впечатлена преданными, их образом жизни, их аскетизмом. Я думала, что преданные действительно идут куда-то. Моя жизнь была пуста и несчастна. Я хотела сделать что-то захватывающее и знала, что сознание Кришны приведет меня к чему-то большему.

Мой муж становился невыносим, и я не хотела оставаться с ним. Хотя в индийском обществе неприемлемо жене оставлять своего мужа, я решила, что мне придется уйти от него. Я никак не могла остаться с ним, а преданные поддерживали меня: «Да, ты должна оставить его и переехать в храм, Прабхупада не возражает». Когда Прабхупада узнал об этом, он сказал: «О, нет, она не может жить со своим мужем, ей придется вернуться в Индию. Она не должна приезжать и жить в храме». Когда Сатсварупа рассказал мне об этом, я сказала: «Что? Я не могу вернуться в Индию. Если я вернусь в Индию, я никогда не смогу быть преданной». Сатсварупа сказал: «Я не знаю, что сказать тебе, может тебе написать Прабхупаде?»

Я написала Прабхупаде длинное письмо, первое и последнее, которое я когда-либо писала ему, в котором говорилось: «Вы приняли так много молодых людей и девушек. Что же не так со мной? Почему Вы не можете принять меня? Что я сделала не так? Вы сказали мне возвращаться в Индию, но, если я вернусь в Индию, мои родители никогда не позволят мне присоединиться к Движению, или даже если я снова выйду замуж, я никогда не смогу поклоняться Кришне так, как Вы хотите, чтобы ваши ученики делали это. Вы знаете, как обстоят дела в Индии, все будут плеваться на меня, потому что я оставила мужа, такое сильное социальное давление. Я чувствую будто Вы меня выгоняете, Вы не принимаете меня». Я обращалась к нему серьезно. Когда Прабхупада прочитал это письмо, он сказал: «Хорошо, позвольте ей прийти, но она должна снова выйти замуж». Семейная жизнь так обожгла меня, что я не хотела даже слышать об этом.

Я была первой индийской ученицей Прабхупады, и Прабхупада не хотел, чтобы индийцы думали, что он разрушает семьи. Но по своей доброте Прабхупада позволил мне присоединиться, и через пару месяцев я получила посвящение.

Однажды Бали Мардан сказал Прабхупаде: «Эта Ваша индийская ученица, она очень хорошо готовит». Я не знаю, почему Бали сказал это – я не знала о кулинарии, хотя раньше готовила вечерние подношения Божествам. Прабхупада сказал: «Да? Тогда ей следует научить готовить других. Каждый вечер должна быть одна женщина, которая учится готовить». Затем Бали сказал: «Прабхупада, она также хороший *пуджари*». Прабхупада сказал: «Она должна делать и это тоже». «Прабхупада, еще она хороший распространитель книг». Прабхупада сказал: «Она должна делать все понемногу». Поэтому я отнеслась к этому серьезно и всегда проводила разнообразные служения в храме.

Во Вриндаване в 1977-м году Прабхупада болел, и преданные навещали его в его комнате. Тогда Прабхупада сказал: «Кришна вечен, святое имя вечно, и мы вечны. Вы повторяете Харе Кришна, и вы все вернетесь к Богу. Это все, что я могу сказать, мне больше нечего сказать». Нам было очень грустно, мы думали: «О, Господи, что же будет?»

В течении тех недель я пару раз встретилась глазами с Прабхупадой. Он всегда отмечал, что я была там – его чувство осведомленности было потрясающим. Однажды Вайкунтханатха, один из первых учеников Прабхупады, который уже некоторое время назад отошел, пришел и сел позади, когда мы были во дворе и пели *киртан*. Остальные даже не заметили, что пришел Вайкунханатха, но Прабхупада увидел его и попросил подойти поближе. Вайкунтханатха сел у стоп Прабхупады. Я подумала: «Прабхупада так добр». Я помню, один преданный не нанес *тилаку*, он сидел позади в толпе, и Прабхупада посмотрел на него и сказал: «Нанеси *тилаку*». Мы не могли в это поверить, он был так внимателен ко всему.

Шел месяц Шравана. Однажды Прабхупада сидел напротив Кришны и Баларамы пока мы пели *киртан* в алтарной, когда компания раджастханских женщин в больших традиционных юбках и украшениях полностью закрыла Прабхупаде обзор Божеств. Эти женщины не понимали, что происходит. Тамал Кришна Махарадж сказал мне передать им, чтобы они подвинулись. Я начала говорить, но Прабхупада жестом показал мне не делать этого, чтобы позволить им получить *даршан*. Он сказал: «Нет, не останавливай их, позволь им получить *даршан*. Почему ты их останавливаешь?» Я ответила: «Тамал Кришна Махарадж сказал мне». Но Прабхупада этого не хотел. Это напомнило мне случай с женщиной, которая стояла на плече Господа Чайтаньи, чтобы получить *даршан* Божества. Последователи Господа Чайтаньи говорили: «О, не делай этого, ты совершаешь оскорбления», но Господь Чайтанья сказал: «Нет, оставь ее в покое. Ей так не терпится увидеть Господа Джаганнатху».

У меня маленькие дети, и моему мужу приходится работать, чтобы содержать семью. Я могу вспоминать Прабхупаду, если буду повторять свои круги, следовать четырем регулирующим принципам, делать пожертвования в храм и совершать какое-то служение для Божеств и для храма. Я распространяла книги пятнадцать лет. Я распространила много книг в своей жизни, и я их читала. Теперь я хочу жить этими книгами. Мы хотим показать миру, как мы можем жить совершенной жизнью преданных, с Кришной в центре. Мы можем показать жизни, как *грихастхи* в сознании Кришны. Я думаю, это одна из тех вещей, которой не хватает в нашем обществе и в нашей жизни, которую мы не показали миру, как мы можем жить в сознании Кришны. Это самая важная проповедь. Я забочусь о своих детях и, насколько это возможно, даю им сознание Кришны, и я думаю, что Прабхупада был бы доволен этим. Я вижу, как в нашем обществе сознания Кришны распадается так много семей, а дети принимают наркотики. Это так удручает. Если я смогу сделать своих детей сознающими Кришну и продолжать свое преданное служение, я думаю, это будет лучшее, что я могу сделать, и именно так я сохраню свою связь со Шрилой Прабхупадой.

Однажды Прабхупада начал лекцию о молитве Кунти Деви, где она говорит, как Матушка Яшода связывает Кришну веревкой, и я подумала: «О, теперь мы услышим нектар от Прабхупады». Но Прабхупада говорил: «Ты не это тело». Как неофит, я думала: «Боже мой, это так сухо». Но именно так Прабхупада проповедовал. Прабхупада никогда не рассказывал нам о *гопи-бхаве* или *расе* с Кришной, или *расе* с *гопи*, или о моем положении как *гопи*. Лично я не хочу говорить ничего, чего нет в книгах Прабхупады, и я не хочу делать что-либо отличное от того, что сказал Прабхупада. Прабхупада говорил нам: «Я сказал все, что нужно, в моих книгах». По правде говоря, я даже не люблю читать никаких других книг, кроме книг Прабхупады. Если мы будем продолжать молиться Прабхупаде, оставаться в долгу перед ним, Прабхупада и Кришна нам помогут.

Когда я воспеваю *мантру*, я думаю: «Только посмотри, каждый раз, когда я упоминаю имя Кришны, Кришна слышит, и это доставляет Ему удовольствие. Повторение *мантры* и *киртан* проходят по всему миру. Преданные поют молитвы *мангала-арати* во Флориде, в Нью-Йорке, в Лос-Анджелесе, в Индии. Прабхупада распространил эту вибрацию по всему миру. Я молю Кришну, чтобы, когда я буду умирать, я была бы полностью окружена преданными и повторяла бы святое имя. Это все, о чем я молюсь, чтобы оставить тело где-нибудь на улице, где никого нет. Я очень боюсь этого материального мира, потому что это такое плохое место, но я постоянно молюсь Кришне, чтобы он вытащил меня из этого мира, и я надеюсь, что мне больше не придется рождаться.

Последние годы, когда я вижу, как преданные уходят, я вижу, что Прабхупада научил нас как уходить. Мы не осознаем, насколько мы в долгу перед ним.

Постскриптум: сплавляясь по реке Ичетакти во Флориде, Сунита деви даси перенесла серьезный сердечный приступ и мирно скончалась на берегу реки в окружении преданных, воспевающих святые имена Кришны.

Surabhi devi dasi / Сурабхи деви даси

Сурабхи была родом из Австралии. В 1971-м году в Амстердаме Сурабхи встретилась с преданными. На стенах в храме были красивые картины. Одна – с изображением Прабхупады, другая –

Бхактисиддханты. Когда Сурабхи повторяла мантру, она смотрела прямо на них. Преданные много рассказывали о Прабхупаде с большой любовью. Поэтому, когда Сурабхи встретила Прабхупаду, она уже любила его. Все излучали любовь к Шриле Прабхупаде, и эта любовь передалась ей.

Мы отправились в Лондон в августе 1971-го года, и преданные со всей Европы приехали, чтобы увидеть Шрилу Прабхупаду. Я очень, очень привязалась к нему, потому что он все время был так добр к нам. Сюда приехали преданные с разных стран Европы, потому что они ужа давно ждали этой встречи. Преданные в Амстердаме ждали посвящения около восьми месяцев, а я была в храме всего два месяца и тоже получала инициацию. Это было удивительно, что я получила эту возможность.

Мы с Кишори часто говорили о посвящении, и Кишори часто спрашивала: «Какое имя ты бы хотела?» Я сказала: «Мне очень нравятся фотографии Кришны с животными. Я хотела бы быть одной из животных Кришны». Кишори сказала: «А мне очень нравятся Кришна и гопи. Я хочу быть одной из гопи Кришны». Каждые несколько дней мы говорили об этом. Потом я сказала: «Нас не должно волновать, какое имя мы получим. Шрила Прабхупада все равно даст нам хорошее имя».

В день моего посвящения все голландские преданные получили посвящение. Я немного боялась, потому что обычно я чувствую себя неуверенно в большой толпе, а тогда в том помещении, должно быть, было больше сотни преданных. Прабхупада сказал: «Итак, твое имя – Сурабхи деви даси, имя трансцендентной коровы, дающей изобилие молока». Потом он посмотрел на меня. Я сидела рядом, сложила руки на груди и смотрела вверх, и он сказал: «Не бойся. Если ты будешь следовать этому процессу, то в конце этой жизни вернешься домой, к Богу». Глядя на меня, он сказал это очень ласково, как отец.

Однажды утром мы пошли на утреннюю прогулку с Прабхупадой в маленький парк неподалеку. Один преданный сказал: «Ты видишь, что Шрила Прабхупада светится?» Я ответила: «Да». Вокруг головы у него было что-то вроде сияния. Во время прогулки в том парке мы действительно могли отчетливо видеть это. Вокруг него было какое-то сияние.

Когда пришло время возвращаться в Амстердам, Прабхупада позвал нас всех в свою комнату и сказал, чтобы мы продолжали распространять журналы и распространять сознание Кришны.

Примерно через два года Прабхупада приехал во Францию, в город Фонтене-о-Роз. У преданных там было помещение, с алтарной на первом этаже. Там проходила встреча с Прабхупадой. Мужчины и женщины сидели вместе – мы расселись кто как. Потому я подошла как можно ближе к Шриле Прабхупаде и села рядом с ним. Мы никогда раньше не читали санскрит во время занятий. Прабхупада взял «Бхагаватам» и прочел санскрит. Потом он сказал: «Хорошо, ты следующий», – и отдал книгу мужчине. Я подумала: «О Боже, женщины, наверное, будут тоже читать». Еще я подумала: «О Боже, я тоже буду читать, потому что я близко сижу! О нет!» Мне хотелось забраться под ковер.

В итоге, кто-то дал мне книгу, и я впервые в жизни попробовала прочитать на санскрите. Прабхупада был очень заботливым и ласковым, как отец. Он подбадривал меня и читал вместе со мной. Половину прочитал он, а в промежутках читала я. Затем в конце он сказал: «Очень хорошо». Он был так милостив, потому что видел, как я нервничаю. Он был таким добрым! Даже если вы всего лишь просто хорошо подмели пол или мыли храм, он все равно говорил: «Вы делаете такое замечательное служение!» Даже если вы не могли сделать ничего особенного, даже если это была всего лишь мелочь, он все равно поддерживал вас.

В 1973-м году Прабхупада приехал в Амстердам и провел *арати* вновь установленным Божествам. Я видела, как Прабхупада плакал, как слезы текли из его глаз. Это было невероятно! Во время установления Божеств Прабхупада был очень зол, потому что не было ни цветов, ни йогурта, а алтарь был слишком маленьким. Я подумала: «Прабхупада злится, мне нужно что-то сделать с этим. Раньше я здесь жила, я знаю, у кого можно достать йогурт. Поэтому я побежала к этому человеку и спросила: «У вас есть йогурт?» Он ответил: «Нет, преданные все купили». Потом я побежала в другое место, и там мне удалось достать немного йогурта. Мне показалось, что с этим уже можно идти обратно. Мне так не хотелось, чтобы Прабхупада расстраивался, и потому я сделала все, чтобы найти йогурт.

В Германии в 1973-м или 1974-м году мы ходили на утренние прогулки с Прабхупадой. Однажды он пошел на утреннюю прогулку, а когда вернулся, в храме было так тихо, что можно было услышать, как падает булавка. Я подумала: «Нужно, чтобы кто-то начал *киртан*». Поэтому я начала играть, и как только я это сделала, Прабхупада обернулся и кивнул мне. Для меня Прабхупада был самым добрым человеком, которого я когда-либо встречала. Он был как настоящий любящий отец.

Преданные *санкиртаны* ездили на больших автобусах «Фольксваген». Прабхупада спросил Хамсадуту: «Что преданные едят на *санкиртане?*» В то время мы покупали хлеб, потому что путешествовали по шесть дней в неделю. Он сказал: «Они берут хлеб и что-то еще с собой». Прабхупада сказал: «Этот хлеб готовят *карми*. Преданные не должны его есть. Попробуйте сами сделать хлеб». Так что после этого мы больше не покупали хлеб. Мы сами готовили себе хлеб. Мы готовили его на соде. Мы полностью готовили все сами.

Я путешествовала с группой проповедников Харе Кришна в большом фургоне, который перевозил весь реквизит и кухонное оборудование. Это было в Швеции, Прабхупада зашел к нам и спросил: «Что ты приготовила?» Он посмотрел на весь *прасад* и спросил про напиток: «Что это?» Преданные ответили, что это был клубничный напиток.

Попробовав его, он сказал: «Он очень хороший, но клубника не свежая». «Нет, мы брали клубнику из банок» – ответили преданные. Прабхупада сказал: «Старайтесь всегда делать свежее».

Каждый раз, когда я вспоминаю это, я плачу. Прабхупада обходил вокруг храм Майяпура и звонил в колокол. Когда все обходили вокруг храма, я бежала вперед, чтобы уже быть там и видеть, как Прабхупада звонит в колокол. Мы все повторяли: «Прабхупада! Прабхупада! Прабхупада!» Чем больше мы кричали «Прабхупада», тем сильнее он звонил в колокол, и слезы просто текли у нас из глаз. Мы были просто в восторге! Это был самый удивительный опыт! Каждый раз, обходя храм, он звонил в колокол все чаще и чаще. А в последний раз он просто звонил, звонил, звонил, звонил в него! Преданные кричали: «Прабхупада! Прабхупада! Прабхупада!», а его улыбка становилась все больше и больше! Он звонил в этот колокол для удовольствия преданных, потому что преданные просто сходили с ума – все сходили с ума. Чем больше мы отвечали ему взаимностью, тем больше удовольствия получал он и тем больше удовольствия получали мы. Он просто звенел в колокол, как только видел его. Это было так удивительно! Было так много любви, исходящей от него, и так много любви, исходящей от нас, видящих, как он это делает. Это была такая замечательная игра. Это было так красиво! Это моя любимая история со Шрилой Прабхупадой. Это трогает мое сердце каждый раз, когда я вижу этот эпизод в видео про Шрилу Прабхупаду.

Я ехала со Шрилой Прабхупадой на поезде в Хайдарабад. Мы остановились в отеле Сурабхи, у нас были коровы сурабхи снаружи отеля, и у нас была Сурабхи даси внутри группы. Это было забавно. Прабхупада выходил из комнаты, разговаривая с кем-то; параллельно отвечая, он смотрел на нас. Когда все садились в автобус, каждая женщина говорила: «Прабхупада смотрел на меня, как будто говорил со мной». И я сказала: «Прабхупада и на меня смотрел». Каждая чувствовала, что Прабхупада смотрел на нее, и это было очень приятно.

Шрила Прабхупада всегда был очень добр к нам. Он не замечал наши женские тела. Он просто видел в нас душу, и что мы пришли к нему и нашли у него прибежище, и что мы хотим вернуться к Кришне. Это было все, что его интересовало. Он не видел в нас женщин и никогда не относился к нам плохо. Он всегда относился к нам очень, очень хорошо, и мы всегда чувствовали его заботу и любовь. Мы всегда помним это и хотим, чтобы так было снова, чтобы настроение Прабхупады сохранялось, чтобы с дамами обращались так же хорошо, как это делал он.

Svarga devi dasi / Сварга деви даси

В начале 70-х Сварга оставила прежнюю жизнь и всем сердцем погрузилась в Сознание Кришны, которое Прабхупада распространял в своих храмах. *Живя в храме, она брала все, что давал этот выдающийся человек, Шрила Прабхупада, и быстро продвинулась вперед. Сознание Кришны, по мнению Сварги, стало великим, но непростым для понимания благом. Ее семья считала ее серьезно больной.*

Прабхупада посеял во мне семя *бхакти*, которое сильно повлияло на мою жизнь. Мои отношения и связь с Прабхупадой основаны на *бхакти-йоге*. Процесс *бхакти* и Шрила Прабхупада практически неотделимы друг от друга, и какую бы *бхакти* я ни впитала, я заберу ее с собой, когда оставлю это тело. Уровень любви Прабхупады настолько велик, что укрепляет мою веру в него и его учение. По его милости я стала восприимчивой к его дару *бхакти*.

Много лет спустя я сознательно отказалась от своей институциональной принадлежности, потому что отождествляла себя больше с институтом, чем с процессом *бхакти*. Теперь вместо того, чтобы жертвовать собой ради того, чтобы пропитаться *бхакти*, я включаю свою личность в эту пропитку *бхакти*. Важным аспектом *бхакти* является осознание себя, потому что вы сдаетесь самому себе. Другими словами, я вижу свои недостатки, свои слабые стороны и принимаю их. Я смотрю на жизнь глазами Прабхупады, и, поскольку я продолжаю расти в процессе *бхакти*, то чувствую с ним внутреннюю связь. Его учение все еще является основой моего духовного роста.

Когда вы взрослеете, в какой-то момент вы покидаете родной дом и отправляетесь на поиски себя. В сознании Кришны мне нужно немного свободы и пространства, чтобы поразмыслить: «Так, почему же я сдаюсь?» По мере того, как я двигаюсь вперед, мои взгляды меняются, мои приоритеты меняются. Ценности, которые привил мне Прабхупада — это те ценности, которых я придерживаюсь в настоящий момент. Учения Прабхупады так же благотворны, как и знание его как личности, то есть его слова так же важны, как и его личность. Нам всем нужно внимательно следовать его учению.

Я хочу развить в себе сознание благодарности и нахожу это возможным при помощи джапы.

Syamasundari devi dasi /Шьямасундари деви даси

В 1975-м году на программе Харе Кришна недалеко от Йоханнесбурга двадцатилетняя Шьямасундари посмотрела фильм «Люди Харе Кришна» и увидела книги Шрилы Прабхупады.

Когда я впервые взглянула на портрет Шрилы Прабхупады на обратной стороне книги о Кришне, меня привлекло то, что он выглядел совершенно иначе, чем другие *свами*, которые посещали Южную Африку. Я сразу же стала пожизненным членом Харе Кришна и начала практиковать: читать писания, предлагать *прасад*, питаться отдельно от моей семьи и посещать храм Йоханнесбурга.

Когда я увидела, как Прабхупада смиренно предлагал *пранамы* аудитории в Южной Африке, меня привлекло его смирение. Он произвел на меня такое впечатление, что я никак не могла выбросить его из головы. Все, чего я хотела – это сознание Кришны, но мои родственники постоянно пытались выдать меня замуж и доставляли мне чрезвычайно много хлопот. Я переехала в храм Йовилля, и преданные, обрадованные появлением индийской девушки, тут же позаботились обо мне. Я была молодой *брахмачарини*, и от *мангала-арати* до отбоя привлекала пожизненных членов, проводила школьные программы и продавала «Бхагавад-гиту». Некоторое время спустя Прабхупада инициировал меня, и я вышла замуж за Риддха Прабху.

Я вырастила пятерых детей, трое из которых инициированы. Повторение Харе Кришна *маха-мантры*, служение и изучение книг Прабхупады поддерживали меня на протяжении многих лет. Шрила Прабхупада вдохновляет меня, и я каждый день молюсь Божествам, чтобы они удерживали меня рядом с ним и никогда не позволяли мне покинуть ИСККОН.

Прабхупада посеял много семян. Он оставил нам ценных духовных наставников, продвинутых душ, чьим примерам нужно следовать. Также он оставил нам свои книги. Мы все можем изучать книги Шрилы Прабхупады, принимать в них прибежище и поддерживать традиционные стандарты, которые он нам дал.

Tadit devi dasi/Тадит деви даси

Тадит вместе с другом приехала из Денвера в Сан-Франциско, чтобы посетить Ратха-ятру. Колесницы, Джаганнатха и шестиметровое Божество Господа Чайтаньи ошеломили ее. Когда преданный бросил огромную гирлянду из роз от Божества Господа Чайтаньи, тысячи людей хотели поймать ее, но ее поймала Тадит. Она взяла эту гирлянду домой и хранила ее в своей комнате, тронутая тем, что Кришна позволил ей получить ее.

Я встретила преданных в Денвере и уже повторяла 16 кругов, но мне потребовался год, чтобы переехать в храм. Как только я переехала, дела продвигались быстро. Три месяца спустя Прабхупада инициировал меня; он сказал, что Тадит, имя Радхарани, означает «молния над рекой Ямуна». Через четыре месяца после переезда я вышла замуж; мне был двадцать один год и моему мужу, Свавасе, лидеру *санкиртаны*, тоже был двадцать один год. Через год после переезда я получила брахманическое посвящение.

В 1975-м году я скучала по Прабхупаде в Атланте, и я скучала по нему в Денвере, но, когда мы были в Атланте, у нас случился невероятный, всемирно известный день *санкиртаны*, когда мы распространили три тысячи больших книг в аэропорту. Это было мистикой, как будто Кришна захватил аэропорт. На следующий день они закрыли аэропорт. Я написала Прабхупаде, что мы сосредоточены на распространении его книг, спросила, могу ли я назвать своего сына Ачарьей и отправила небольшой подарок. Прабхупада ответил, что ему понравились тапочки и *каупина*, и он рад распространению книг. Он сказал: «Да, я одобряю имя Ачарья, это очень благоприятное рождение».

Чем больше я наблюдаю за тем, что сделал Прабхупада, и чем больше я пытаюсь понять, кто такой Шрила Прабхупада, тем больше меня это поражает. С каждым годом я немного больше осознаю, насколько тщательно и блестяще он представил этот совершенный процесс, как он построил его подобно раскрывающемуся цветку лотоса, и как этот процесс может возвысить каждое живое существо на планете. За день не проходит и получаса, когда я не думала бы о Прабхупаде. У меня есть острое желание узнать о нем, которое приводит меня к различным аспектам понимания и служения ему.

Прабхупада дал нам все: как различать, что такое правильное действие. Я хочу поступать правильно, особенно когда имею дело с преданными, поэтому почти каждый день я обращаюсь к книгам Прабхупады и стараюсь использовать то небольшое количество интеллекта, которое у меня есть, для понимания его настроения. Чем больше я понимаю, тем больше я способна поступать верно, и книги Прабхупады – мой единственный настоящий справочник. Он позаботился о том, чтобы дать нам совершенную вещь, и я не хочу обращаться с нею неправильно.

В этом процессе я испытываю непрерывную признательность к этой душе. Как мы вообще получили милость общения с ним? Не важно кто вы и чем занимаетесь, потому что Прабхупада коснулся вас, вы коснулись меня, я коснулась кого-то еще и, таким образом, Прабхупада коснулся всех. Вот насколько глубок этот процесс, и все, что нам нужно сделать, это передать его, не испортив. Разум Прабхупады превосходит все. И он – воплощение смирения.

Taruni devi dasi / Таруни деви даси

Таруни жила в Нью-Йорке в Ист-Виллидж, когда она увидела, как Прабхупада и преданные воспевают в Томпкинс-сквер-парк. Она присоединилась и затем пошла с ними в храм.

Я выучила *маха-мантру*, слушая, как Аллен Гинзберг пел ее в течение часа в каком-то зале в Нью-Йорке, так что я уже повторяла ее до встречи со Шрилой Прабхупадой, но харизма преданных была привлекательной. Я поговорила с ними об употреблении цельнозерновых продуктов, и их настроение воодушевило меня.

Мы с мужем Ядунанданой переехали в Афины, чтобы быть ближе к природе. Он работал в Студенческом самоуправлении, где кто-то сказал ему: «Мы пригласили Свами Бхактиведанту прочитать лекцию. Может ли он зайти к вам домой по дороге, чтобы перекусить и воспользоваться ванной?» Мой муж сказал: «Конечно». Шрила Прабхупада сидел на нашем переднем дворе, а его ученики сидели полукругом вокруг него. Я выносила для них миску фруктового салата, и тут я увидела Шрилу Прабхупаду, а он увидел меня. В тот миг, когда его духовные глаза пронзили мое сердце, я влюбилась. Я почувствовала нечто возвышенное, как будто во мне есть гораздо большее, чем то, что я осознаю, и я хотела упасть на землю, но у меня в руках была миска, поэтому мне пришлось продолжать идти.

После угощения Шрила Прабхупада вошел в наш дом, который был чистым и простым. Прабхупада выглядел довольным. Он сел на кресло-качалку, огляделся вокруг и сказал: «Видите, нам не нужны кушетки». Он был царственным и прекрасным, его настроение, его поведение, его энергия были любящими, нежными и заботливыми. Он дал лекцию в колледже, вышел, уехал, и вместе с ним ушло мое сердце. Была ночь, преданные воспевали на лужайке колледжа, и *мантра* проникла мне в сердце. Я чувствовала, как будто небеса раскрылись, и вся существующая в мире любовь, которую я когда-либо могла себе представить, спускалась вниз и открывала мое сердце. Благодаря какой-то удивительной трансцендентной энергии, носителем которой являлся Прабхупада, и которую он отдавал, я получала настолько огромное удовлетворение от воспевания, что окружающие могли это слышать. Прабхупада захватил меня. Ядунандана тоже был заинтригован и счастлив.

В июне 1969-го года мы отправились в Нью-Вриндаван, когда там был Шрила Прабхупада. Девушки надели на меня *сари* и сказали: «Иди скорее, Прабхупада дает *даршан* наверху». Шрила Прабхупада сидел за небольшим столиком, и преданные столпились у стены. Он вел *киртан* и давал нам *мантру* — великолепие, полноту и красоту Кришны. Я была в экстазе. Я хотела встать и танцевать, но боялась, что мое *сари* спадет. Прабхупада привязал меня к святому имени.

Позже он сидел под деревом хурмы. Я была ошеломлена его обществом и не могла поверить в важность того, что он говорил: он отвечал на все наши вопросы и делал понятной загадку жизни. Его присутствие было доброжелательным, манящим, прочным и заботливым, его милость была могущественна. Из моего небольшого опыта общения с ним я уяснила правильное умонастроение.

Мне нравилось видеть Прабхупаду в этой естественной обстановке и чувствовать его чудесную, простую, личную милость. Манера, с которой он придерживал свое *дхоти* или спускался по ступенькам, была милой и нежной. Я чувствовала его величие. Однажды я спросила его: «Вы пожените нас, Шрила Прабхупада?» Он сказал: «Оооо? Ты не замужем?» Его глаза увеличились, и он выглядел великолепно. Я растерялась и сказала: «Да, да, но мы хотим, чтобы вы поженили нас».

Он милостиво согласился. Он поженил нас. Было спокойно и уютно сидеть в алтарной комнатке той фермы, пока Прабхупада совершал огненное жертвоприношение. Я чувствовала себя в безопасности под защитой и покровительством Прабхупады. Его присутствие дополняло все, и я знала, что нахожусь в правильной ситуации. Хотя я больше не встречалась с ним лично, я ощущала его присутствие, вдыхая аромат камфоры, видя Божеств, слыша *мантры* и общаясь с его искренними последователями. Его счастье было радостью моего сердца, его неудовольствие было разрушением моего сердца.

Однажды Шрила Прабхупада написал мне: «У тебя есть достаточно молока, достаточно свежих продуктов, хорошее общение, свежий воздух, духовная жизнь. Фактически, потребности твоей жизни удовлетворены. Теперь поддерживай это в порядке». Иногда я находилась в агонии отчаяния, и его отеческая природа, его любовь и забота — все это, обернутое в его наставления, проникало в мое сердце. И тогда я думала, что мне нужно быть сильнее, больше прилагать усилий и продолжать.

В другом письме он написал: «Моя дорогая Таруни даси, пожалуйста, прими мои благословения. Подтверждаю получение твоего письма от 21-го января 1970-го года, и оно воодушевляет меня на мысль, что, если постараешься, ты могла бы написать несколько статей для журнала «Обратно к Богу». Я хочу, чтобы каждый из моих учеников читал и писал о сознании Кришны. Каждый из вас должен иметь достаточную занятость, 24 часа в сутки. Иначе ваш ум будет привлекаться *майей*. Величайший соблазн майи – это половое влечение, и поэтому я рекомендовал большинству своих учеников вступить в брак. Один лишь брак не может умиротворить беспокойное живое существо, он или она также должны иметь достаточную занятость в служении Кришне. Поэтому постарайся, пожалуйста, читать и писать о сознании Кришны и заботься о своем ребенке. Насколько я понимаю, в связи с отъездом за пределы храма между тобой и твоим мужем возникло какое-то недопонимание. Но я знаю, твой муж – очень хороший здравомыслящий парень. Итак, что сделано, то сделано. Забудьте оба. Но впредь тебе всегда следует быть занятой в каком-нибудь служении. Не беспокойся. Чайтанья Махапрабху рекомендовал не беспокоиться по поводу таких вещей. Человек должен стать смиреннее травинки, терпеливее дерева и таким образом повторять *мантру* Харе Кришна. Живи спокойно и повторяй Харе Кришна. Нет проблем. Муж, жена, ребенок, хорошее место, хорошее общение – все есть. Не беспокойся. Надеюсь, это письмо застанет тебя в добром здравии».

Это навсегда осталось со мной: эта идея, что, если где-то есть недопонимание, то там должно быть терпение, там должна быть занятость, что это в значительной степени моя обязанность – поддерживать равновесие. Присутствие Шрилы Прабхупады всегда «маячило» в моей жизни. Он всегда был очень практичным и всегда был джентльменом. Когда он покинул нас, он любезно оставил нам свою милость.

Tilaka devi dasi / Тилака деви даси.

Тилака впервые встретилась с преданными в Вашингтоне, округе Колумбия в 1969-м году. Ей тогда было 17 лет. Затем она посетила храм на Фредерик Стрит в Сан-Франциско во время рождественских каникул.

Преданные радушно приняли меня и вдохновили на путь Сознания Кришны. Когда в храме появился женский *ашрам*, то я переехала туда. В 1970-м году преданные со всего мира приехали в Сан-Франциско встретиться с Прабхупадой. Мы встретили его в аэропорту и подари прекрасную гирлянду из гардений. После Ратха-ятры в Сан-Франциско, во время встречи Шрилы Прабхупады с президентами храмов западного побережья, я услышала, как преданный сказал: «Джая Прабхупад!», на что он сказал: «Прославляйте меня своими делами, а не только говорите: «Джая Прабхупад».

Видеть Прабхупаду, слушать его лекции и служить ему даже в самом малом, вкушать остатки его пищи – все это было истинным нектаром. Прабхупада видел в нас вечных слуг Кришны, а не материальные тела. Его взгляд был преисполнен милостью Кришны и мы это чувствовали каждый раз, когда он на нас смотрел. Благодаря своему видению *дживера сварупа хайа нитйера кришна даса*, он мог общаться с людьми из самых разных социальных и культурных слоев.

Группа преданых, в которой была и я, отправилась на утреннюю прогулку со Шрилой Прабхупадой. Это было в Джуху, в 1974-м году. На обратном пути в храмовый комплекс одна из западных учениц Прабхупады разговаривала с индусом и Прабхупада сказал тогда: «Посмотрите, это не просто женщина – она проповедует». Прабхупада гордился своими учениками.

В день торжественного открытия Кришна-Баларам Мандира многие *бриджабаси* из высшего класса удобно устроились на стульях в солнечной части внутреннего двора храма. Шрила Прабхупада сидел с ними, улыбаясь, расслабившись и явно наслаждаясь беседой, которая перемежалась стихами из его книг. Тот особенный день, которого так долго ждал Прабхупада, был преисполнен радости. Позже Прабхупада предложил первое *арати* Кришне и Балараме.

Мой муж был президентом храма Сент-Луиса в 1975-76 годах. В те годы группа Радха-Дамодара разъезжала по стране, часто останавливаясь у нас. Преданные из этой группы вводили *брахмачари* в уныние своими зачастую неприличными лекциями о женщинах и семье. Это было невыносимо и тягостно; с женщинами обращались как с пустым местом. Позже я была в Маяпуре, когда Тамал Кришна Госвами обсуждал вопросы семьи и женщин со Шрилой Прабхупадой. Тамал Кришна Госвами сказал: «Что мне делать, поехать в Китай?» Шрила Прабхупада сказал:

«Да, ты можешь поехать в Китай». Мы, женщины, были в восторге от того, что Прабхупада пришел нам на помощь.

Бхаджаны и лекции Шрилы Прабхупады, а также общение с преданными, помогали нам оставаться вовлечёнными в духовную жизнь. Особая милость Кали-юги – это технология персонального магнитофона, потому что каждый день мы можем заниматься своими делами и в то же время слушать Шрилу Прабхупаду, дающего нам силы своим чувственным голосом. Нам повезло, что у нас есть книги Шрилы Прабхупады и эти записи. Подобная возможность выпала нам впервые за всю историю *вайшнавизма*.

Titiksa devi dasi / Титикша деви даси

Когда Титикша впервые увидела Шрилу Прабхупаду, он сидел на колеснице во время Чикагской Ратха-ятры. Тогда она подумала: «Я знаю, что самое главное в жизни – это служить Прабхупаде».

Я посмотрела на преданного, обмахивающего Прабхупаду, этот преданный взглянул на меня и поднял веер, как бы говоря: «Хочешь обмахивать Прабхупаду?» Я сказала: «Да» – взобралась на колесницу и начала обмахивать Шрилу Прабхупаду.

Во время знаменитого визита Прабхупады в Атланту я каждый день одевала Гаура-Нитай. К тому времени я уже пару лет была *пуджари* Гаура-Нитай. Когда Прабхупада впервые вошел в храмовую комнату, он приветствовал Божества, а затем сел на *вьясасану* и заплакал. Он видел, что Господь Чайтанья лично находится в Божестве – в провинциальном городке Атланты. Кто-то из слуг Прабхупады сказал: «Нам так повезло видеть это, потому что Прабхупада не очень часто проявляет такой экстаз».

В Атланте Прабхупада играл на *мриданге* и пел «Парама Каруна». Он спросил: «Вы записываете?» – и кто-то ответил: «Да». Прабхупада попросил поставить запись, и тогда под запись Прабхупада учил нас всех играть «Парама Каруна».

На воскресной программе кто-то спросил: «Прабхупада, что больше всего радует Кришну?» Все распространители книг думали, что он сейчас скажет: «Распространение моих книг». Но вместо этого был другой ответ: «То, что вы любите Кришну».

Когда я поехала в Индию в 1976-м году, я молилась: «Мне нужно поговорить с моим *гуру*. Кришна, когда я буду в Индии, пожалуйста, сделай так, чтобы я могла увидеться и поговорить с Прабхупадой». В Маяпуре я купила сухофрукты и орехи для Прабхупады. Сукхада и я разложили их на тяжелую каменную тарелку. Мы понесли тарелку Прабхупаде, который был в своей комнате и давал *даршан* индийскими гостям. Я поставила тарелку на стол Прабхупады и сказала: «Прабхупада, это от вашего ученика, моего мужа Гади даса. Он передает это вам с почтением». Прабхупада улыбнулся в знак согласия, а затем раздал сухофрукты и орехи всем гостям.

После Маяпура мы поехали во Вриндаван, где мне посчастливилось быть первой преданной, вошедшей в комнату Прабхупады для *даршана*. Химавати, чей муж, Хамсадутта, только что принял *санньясу* в Майяпуре, сидела рядом с Прабхупадой. Прабхупада заботился о ней, как о дочери. Он разговаривал с ней и смеялся. Она получила от него полное прибежище и любовь. Все дурные чувства, которые я испытывала по поводу того, что Хамсадутта принял *санньясу*, растаяли, когда я увидела, как нежно и по-отцовски вел себя Прабхупада с Химавати.

Один пожизненный член из проповеднического центра, который открыли мы с Гади, не мог смириться с тем, что Господь Чайтанья не отличен от Радхи и Кришны. Поэтому во время *даршана*, когда Прабхупада спросил, есть ли вопросы, я сказала: «Шрила Прабхупада, есть индийский джентльмен, который попросил меня спросить вас, почему Господь Чайтанья не отличен от Радхи и Кришны, если Он не играет на флейте?» Прабхупада сказал: «Кто спрашивает такой вздор?» Он велел Ади Кешаве принести «Чайтанья-чаритамриту». Пока Ади Кешава доставал книгу, я сказала: «Прабхупада, если мы будем поклоняться Божествам Гаура-Нитай, получим ли мы такое же освобождение, как те, кто поклоняются Радхе и Кришне?» Он сказал: «Да. А что такое это освобождение? Разве воспевания Харе Кришна недостаточно?» Внутри я думала: «Нет», но сказала: «Да». Затем Прабхупада кивнул Ади Кешаве, чтобы тот прочел стих «*шри-кришна-чайтанья радха-кришна нахе аниа*» и комментарий. Ади Кешава читал в течение двадцати минут, не только для моего блага, но и на благо многих индийцев в комнате.

Tripti devi dasi /Трипти деви даси

Трипти даси начала посещать храм в Портленде, штат Орегон в 1973-м году. Годом позже она переехала в храм в Денвере, штат Колорадо и получила инициацию в 1974-м.

Я училась в старшей школе и познакомилась с преданными. Я готовилась к школе, слушая лекции Шрилы Прабхупады. Однажды моя мама зашла на кухню, когда я готовила завтрак. Она постояла несколько минут и сказала: «Ты понимаешь что-нибудь?» «Нет, по большей части нет, но это не имеет значения». Я просто продолжала слушать и пыталась услышать.

В тот же самый период я включила изучение книг Прабхупады в свою школьную программу, потому что у меня была независимая программа обучения. Я перечитывала «Бхагавад-гиту» снова и снова. Я не могла понять ее, но знала, что должна это прочитать.

Первый раз я увидела Шрилу Прабхупаду на Ратха-ятре в Сан-Франциско в 1973-м году. Прабхупада танцевал на сцене и бросал цветы толпе. Я была слишком далеко от сцены, чтобы поймать один из этих цветов, и была очень этим разочарована.

В 1975-м году в Кришна-Баларам Мандире все женщины, которые получили вторую инициацию, зашли в комнату Шрилы Прабхупады. У каждой был лист бумаги с Гаятри-*мантрой*. Прабхупада слово в слово повторил ее вместе с нами. Я сидела прямо рядом с ним слева. Он попросил всех поднять руки, чтобы продемонстрировать, что они понимают, как считать.

В Майапуре мы обходили алтарь и Прабхупада всегда звонил в колокол. Он всегда был таким радостным. Казалось, будто у него много энергии, когда он делает это. Когда он обходил вокруг алтаря, каждый раз он останавливался и звонил в колокол. Казалось, что ему щекотно, настолько ему было весело делать это.

Распространение книг Прабхупады дало мне стимул продолжать практиковать сознание Кришны. Я всегда должна была быть бдительной в отношении состояния своего ума, держаться за свое сознание Кришны, иначе это не сработало бы. Вы сразу узнаете, сбились ли вы с пути по реакции людей на вас. Распространение книг было почти как зависимость, потому что заставляло меня сосредоточиться на Прабхупаде и Кришне, чтобы избежать боли от негативной реакции людей!

Каким-то образом по милости Шрилы Прабхупады я смогла ухватиться за понимание того, что сознание Кришны это высший, величайший дар, и что я понятия не имею, как мне повезло встретить духовного учителя. У многих людей затуманивается разум, и они этого не помнят. Они критикуют Движение или критикуют Шрилу Прабхупаду. По милости Прабхупады со мной этого не случилось.

Я помню, как сидела на лекции Прабхупады или в его комнате, когда он давал *даршан*, и разных людей, которые приходили к нему. Неважно, была ли это публичная лекция или неформальная обстановка. Я закрывала глаза и осознавала, что слушать Прабхупаду лично не отличается от прослушивания его в записи. Я поняла, что это одно и тоже. Я не чувствовала себя обделенной. Как некоторые преданные говорят: «О, мне так и не удалось увидеть Шрилу Прабхупаду» или «Мне не удалось сделать то или это». Я думаю: «Ну, конечно, вам удалось. Каждый раз, когда мы читаем его книги или слушаем в записи, у нас есть связь с ним».

У меня было два исключительных случая, связанных с присутствием Прабхупады. Обе были ситуациями жизни и смерти. Один раз я думала, что утону – действительно думала что это неминуемо. Вместо паники, которая является распространенной реакцией, у меня появилось чувство спокойствия и умиротворения. Прабхупада был там со мной. Спасатель добрался до меня – я была в океане – и схватил меня. Я помню, как сказала: «Прабхупада, я не готова к этому».

В другой раз я читала стих из «Бхагавад-гиты», где Кришна говорит, что преданному не нужно ничего бояться. В конце этого стиха Он говорит: «Не бойся». Когда я дошла до этого места в стихе, я явно услышала вне своего сознания, как Прабхупада сказал: «Не бойся». Тогда я успокоилась. Итак, эти два опыта – вместе со всем остальным – дали мне некоторое ощущение подлинности сознания Кришны. Личный опыт, я полагаю, это подходящая фраза. «Гита» описывает, что у преданного есть опыт Абсолютной Истины. Вот что это такое – вы непосредственно ощущаете Абсолют.

Tushita devi dasi /Тушита деви даси

Тушита впервые пришла в храм Лос-Анджелеса 10-го декабря 1975-го года, когда ей было шестнадцать лет.

В июне 1976-го года приехал Шрила Прабхупада. Ожидая его в аэропорту, я сказала себе: «Я не собираюсь переживать – он же не Иисус Христос». Я подумала, что Прабхупада может сильно возгордиться, если я стану черезчур прославлять его. Когда он прилетел, я сразу же упала в поклон, повторяя: «*нама ом вишну падайя кришна прештхая бхутале*», моя душа будто закричала. Тогда я осознала, что Прабхупада заслужил все прославления, которые получал.

Позже, на балконе алтарной комнаты, я сидела с правой стороны и думала: «Если Шрила Прабхупада и правда преданный, то он посмотрит на балкон, на меня». За все одиннадцать дней, что он был там, он ни разу не взглянул и не улыбнулся мне. После того, как он уехал, я поняла, что была хорошо заметна на балконе – для него было почти невозможно не посмотреть на меня. Я почувствовала, что он не смотрел на меня специально, потому что знал, я хочу получить его признание.

Комната Прабхупады была над комнатой *пуджари* и он проходил через эту комнату, чтобы пройти в свой сад. Однажды, когда мы делали гирлянды из *туласи* он, проходя мимо, остановился перед нами и, взглянув на нас, спросил: «Вы полностью заняты?» Мы ответили: «Джая! Да, Шрила Прабхупада».

Мне было легко строить личные отношения с Прабхупадой, потому что я мыла его посуду и каждый раз, когда он проходил мимо, я собирала пыль с его стоп, складывала ее в конверт и писала на нем: «Пыль Прабхупады». Я имела доступ к огромному количеству *масха-прасадных* вещей, которыми пользовался Прабхупада: цветочные гирлянды, зубные щетки, зубная паста, мыло.

Когда Прабхупада оставил тело, я знала, это не означает, что он покинул меня, ведь он оставил мне столько книг. Мне было всего девятнадцать и я действительно не понимала, что такое любовь. Я понимала, что с годами, мое чувство разлуки с Прабхупадой будет усиливаться. С возрастом я пойму все лучше. Так и случилось. С годами моя привязанность к Прабхупаде растет. Он защищает меня от греховной деятельности, постоянно вовлекая меня в служение Кришне. Например, соблюдение *экадаши*, посещение утренних программ, прослушивание лекций, пение Харе Кришна и его пример чистоты. Благодаря моему преданному служению и его примеру, я не хожу в бар, не имею незаконных связей с противоположным полом, не употребляю наркотики. Шрила Прабхупада – звезда рок-н-ролла, *гуру*, учитель и отец, которого я всегда искала. Своими наставлениями он говорит мне и всем живым существам, как нужно жить. Думаю, что каждая обусловленная душа хотела бы знать то, о чем говорит Шрила Прабхупада.

Я хотела бы следовать за ним, где бы он ни был, будь то в духовном мире с Кришной или в материальном, проповедуя его наставления. Мне бы хотелось найти прибежище у его розовых лотосных стоп и следовать за ним рождение за рождением.

Urmila devi dasi / Урмила Деви Даси

С тех пор, как ей было 4 года, Урмила искала Бога. Если кто-то спрашивал, чем она хотела бы заниматься, ее ответ был: «Я хочу быть духовно совершенной. Я хочу найти Бога». Люди удивлялись: «Разве ты не хочешь выйти замуж, родить детей, построить карьеру?» На что Урмила уверенно отвечала: «Нет, я не хочу ничего из этого, я просто хочу найти Бога».

Мое первое знакомство со Шрилой Прабхупадой произошло в 1967-м году. Тогда мне было 12 лет и я слушала, как он воспевал святые имена из альбома «Happening», который звучал в магазине Алана Коулмана в Нижнем Ист-Сайде. Я спросила: «Что это за запись? Кто это?» В следующий раз мне довелось услышать Прабхупаду по радио, когда играл альбом «Radha Krishna Temple». Изображение Прабхупады было на обложке альбома, и моя первая реакция на нее была отрицательной. Мне не нравилась сама идея *гуру*, и я подумала, если кто-то говорит, что он *гуру*, то он гордится этим. Тогда я думала, что Прабхупада должен быть очень горд собой. Когда я проигрывала пластинку, я пропускала «Гурваштаку».

Прочитав «Бхагавад-гиту», я решила переехать жить в храм, но не хотела получать инициацию. Вскоре после того, как я переехала в храм, я вышла замуж. Мой муж был уже дважды инициированным, и в его обществе я начала задумываться: «Как я смогу постичь Бога и стать духовно совершенной без духовного учителя?» Постепенно мои отношения с Прабхупадой развивались.

Когда Прабхупада впервые приехал в Чикаго летом 1974-го года, прошло немного больше года после моего переезда в храм, и я ожидала удивительного, мистического опыта. Прабхупада сидел на *вьясасане*, давал лекцию, и я обмахивала его веером. Я ощущала, будто Прабхупада всегда был здесь, потому что прослушивание кассеты с лекциями Прабхупады и слушание его вживую абсолютно идентичны. Я слушала его напрямую, но у меня было ощущение, что я все еще слушаю кассету. Я думала о том, что хочу чего-то совершенно другого.

Позже тем же утром мой отец, муж и я встретились со Шрилой Прабхупадой в его комнате и именно тогда я познакомилась с ним лично. Он был забавный, смеющийся, непринужденный, веселый и ласково обменивался шутками с моим отцом. Я поняла, что он заботился обо мне, как о личности, и я почувствовала любящие взаимоотношения с ним. Мой отец спросил, почему мы раздаем людям *прасад*, и Прабхупада ответил: «Если вы едите пищу больного человека, вы получаете его заболевание. Если же вы будете есть пищу Кришны, вы заболеете Кришной».

Мой отец думал, что можно приходить в храм только в том случае, если ты преданный, поэтому он спросил меня: «Могу ли я прийти в храм только для того, чтобы увидеться с дочерью и с зятем?» Улыбнувшись, Прабхупада ответил: «Они любят Кришну. Пение и танцы — это признаки любви к Кришне. Вы любите их, а они любят Кришну, поэтому две вещи, равные одному и тому же, равны друг другу». Прабхупада был в легком, светлом настроении, но я чувствовала небольшое напряжение: «Хорошо, Прабхупада сказал, что я люблю Кришну, так что это всего лишь вопрос времени. Однажды и я полюблю Кришну». Эта встреча изменила мою жизнь. Также это тронуло моего отца. Он сказал: «Прабхупада — по-настоящему святой человек». Он наслаждался обществом Прабхупады и стал в своем роде преданным.

Несколько лет спустя мы вместе с моим маленьким сыном Мадхавой провожали Шрилу Прабхупаду в аэропорту Нью-Йорка. Прабхупада сидел на диване в VIP-зале и разговаривал с Сатьябхамой, Киртананандой, Джаядвайтой и несколькими другими учениками, в то время как я стояла в паре футов от них и держала Мадхаву. Я почувствовала себя обделенной и начала завидовать тому близкому, тесному общению этих преданных с Прабхупадой. Я подумала: «Они и впрямь знают Прабхупаду очень хорошо». Но также это был очень расслабленный, непринужденный момент, снова встретиться с Прабхупадой лично. Во время *киртана* Прабхупада перенес каждого в духовный мир. Я забыла, что у меня есть тело и что я была в Нью-Йорке. Прабхупада медитировал на пение, и я подумала о том, что Прабхупада пел тогда для своего *гуру*. Это было поразительно. Затем в какой-то момент *киртана* мое сознание вернулось: я была в Нью-Йорке с ребенком на руках.

Примерно полтора года я погружалась в книги и лекции Шрилы Прабхупады, и это углубило мои отношения с ним так же сильно или даже больше, чем когда я виделась с ним лично. Затем летом 1975-го года я поехала в Филадельфию на Ратха-ятру и получила Гаятри *мантру*. На одной из утренних лекций преданный, читающий рукопись «Шримад-Бхагаватам», сказал: «Аджамила трижды громко воскликнул: "Нараяна! Нараяна! Нараяна!"» На что Прабхупада заметил: «Разве он восклицал его имя трижды? Я не говорил в книге, что он звал его три раза. Одного раза достаточно». Моя жизнь изменилась, когда я услышала, как он говорит, что достаточно один раз произнести имя Кришны в беспомощности.

Тем же утром мы с моим мужем и отцом встретились с Прабхупадой снова. Когда он увидел нас, все его лицо осветилось, будто мы были его самыми любимыми людьми в мире. Как будто он встретил дорогого старого друга, и он спросил моего отца: «Как вы сейчас?» Мой отец ответил ему с таким же энтузиазмом и радостью. Когда мы уходили, Прабхупада сказал: «Хороший отец, хорошая дочь». Прабхупада видел что-то хорошее и стоящее во мне, он был доволен мной.

Когда я получала Гаятри *мантру*, мой муж держал Мадхаву, и внимание Прабхупады переключилось на Мадхаву. Прабхупада тогда сказал: «Он смеется. Он очень умный и удачливый мальчик». Прабхупада попросил меня повторить *мантру*, и в тот момент я подумала: «Я не хочу повторять ее идеально, потому что Прабхупада подумает, что я очень довольна собой». Пытаясь быть скромной, я намеренно сделала ошибку при повторении последней строчки. Прабхупада выглядел крайне разочарованным. Я с ужасом поняла, что это была явно не лучшая идея. Я начала говорить: «Прабхупада, я хочу проповедовать и этим радовать Вас, но у меня сейчас маленький ребенок. Сложно выходить на *санкиртану* в таких условиях». На что он ответил: «Значит, ты должна позаботится о том, чтобы не выходить на улицу». Я почувствовала, что Прабхупада считает этот вопросом действительно глупым.

Следующий раз я встретилась с Прабхупадой летом 1976-го года, когда он приехал в Нью-Йорк на Ратха-ятру. Мой отец вновь встретил Прабхупаду. В один момент Прабхупада указал на меня и моего сына, которому тогда было около полутора лет. Он сказал:

— Как эта мать любит своего сына, не ожидая ничего взамен, так же и вы должны полюбить Кришну.

— Поможет ли ей любовь к сыну полюбить Кришну? — спросил мой отец.

— Нет, — отвечал Прабхупада, — но любовь к Кришне поможет ей любить своего сына.

Тогда я поняла, что если Кришна находится в центре нашей жизни, и мы будем привязаны к Нему, то мы сможем любить всех остальных. Если мы любим людей на материальном уровне, это не поможет нам полюбить Кришну. Наоборот — это уводит нас от истинной любви.

Каким-то образом то, что сказал Прабхупада, когда я была с ним, было именно тем, что мне было необходимо услышать. Его слова изменили меня.

Urvasi devi dasi / Урваши деви даси

Однажды в переполненном храме Шри Шри Радхи-Дамодары во Вриндаване пуджари раздавал гирлянды Господа некоторым из сотен присутствовавших преданных. Когда Урваши подумала: «Я хочу поднести гирлянду Шриле Прабхупаде», пуджари подошел прямо к ней и вручил ей гирлянду. Затем она поднесла ее Шриле Прабхупаде.

Перед отъездом в Индию я навестила своих родителей в Калифорнии, и моя мать, которая не была преданной Харе Кришна, сказала мне: «Что я могу дать тебе, чтобы передать твоему духовному учителю?» Я не знала, что предложить, поэтому спросила ее, какова ее идея. Она ответила: «Что, если я сделаю варенье из гуавы, выросшей в моем саду, и ты передашь ему это варенье?» Я согласилась.

Прибыв во Вриндаван, я отдала это варенье преданному, который должен был передать его Шриле Прабхупаде. Позже этот преданный повсюду искал меня. Он сказал мне: «Шрила Прабхупада был так счастлив получить варенье из гуавы. Я сказал ему, что его приготовила твоя мать, и он сказал, что его мать часто делала ему варенье из гуавы». Это было в апреле 1975-го года, когда сотни преданных присутствовали на открытии храма Кришны-Баларамы, но Прабхупада попросил этого преданного узнать имя и адрес моей матери, а позже в тот же день Шрила Прабхупада написал моей матери письмо, где благодарил ее за варенье. Он также написал: «У вашей дочери все хорошо. Не беспокойтесь о ней. Я забочусь о ней, и она занята самым важным преданным служением Господу».

Примерно семь лет спустя здоровье моей матери ухудшилось. Я готовила для нее, кормила ее, читала ей «Бхагавад-гиту» и говорила с ней о Кришне. Ее уход был благоприятным. В последние минуты ее жизни я надела на нее наушники, и она ушла, слушая *бхаджаны* из прекрасного альбома Шрилы Прабхупады «Медитация на Кришну». До этого я дала ей листочек *туласи* и святую воду, и в момент ее ухода я громко повторяла *джапу*. Я надеюсь, что, когда я буду умирать, у меня будет хоть малая толика этой милости. Я уверена, что ее благоприятный уход произошел благодаря ее небольшому преданному служению Шриле Прабхупаде. Такова сила служения чистому преданному.

Uttama devi dasi / Уттама деви даси

Уттама деви даси иногда видела, как преданные поют на улицах, и переходила на другую сторону, чтобы они к ней не подошли. Но однажды ее муж, будущий Партха дас, взял из библиотеки «Бхагавад-гиту как она есть» и «Кришна», вторую часть. Уттама с удовольствием начала читать истории из книги «Кришна». Книга начиналась с «Истории драгоценного камня Шьямантака», потрясающей саги, похожей на мыльную оперу! Ее муж написал письмо в ближайший центр и в ответе из семи страниц получил приглашение посетить их.

Мы с мужем присоединились к движению сознания Кришны, потому что не хотели мирской жизни. Мы поженились молодыми и отправились на духовные поиски. Очень скоро мы натолкнулись на книги Шрилы Прабхупады в библиотеке и после одного посещения храма поняли, что нашли свой дом.

Несколько месяцев спустя, в декабре 1973-го года, Шрила Прабхупада посетил Лос-Анджелес, и почти вся *ятра* Ванкувера приехала, чтобы увидеться с ним. Однажды утром на лекции по «Шримад-Бхагаватам» Шрила Прабхупада обсуждал уничтожение династии Яду и то, как они в состоянии опьянения сражались друг с другом. Он рассказывал, что из риса можно сделать очень хорошее вино! Я как раз собиралась дать обет никогда не принимать одурманивающих веществ, поэтому решила сохранить этот комментарий с пометкой «Подумать над этим позже».

На следующий день, после того как я дала обеты, Шрила Прабхупада сказал: «Тебя зовут Уттама даси. Уттама означает: за пределами материального мира. Кришна – это *уттама*. Итак, ты служанка служанки Уттамы, Кришны».

Я быстро увлеклась служением Божествам и шитьем одежд для Господа. Кто бы мог себе представить, что можно шить одежду для Бога? Надеюсь, в прошлой жизни я не шила одежду для Камсы.

В основном мои отношения со Шрилой Прабхупадой развивались через его книги. Они вдохновляют меня, направляют меня, отвечают на мои вопросы и помогают мне, если я чего-то не понимаю. Как например, когда в письмах на брахманическую инициацию мы с мужем получили два брахманских шнура. Некоторые говорили, что если Шрила Прабхупада отправил шнур, ты должна носить его и читать мантру на нем. Главное не показывать его мужчинам! Однако читая книги Шрилы Прабхупады и слушая, во время шитья, много-много его записанных бесед, я поняла, что, вероятно, секретарь просто посчитал количество имен и положил соответствующее количество шнуров в конверт.

Шрила Прабхупада однажды сказал, что если мы не будем читать все его книги, то можем пасть, вернуться обратно к материальному существованию. Я поняла, что мировоззрение, которое я получила, прочитав все книги, бесценно. Я получила представление о личности Шрилы Прабхупады через книги. Он любил всех.

Поэтому я никогда не испытывала негативных чувств, когда читала, что женщины менее разумны. Я всегда чувствовала от родных мужчин в моей жизни, что меня ценят и защищают. Поэтому, когда я читала, что женщины менее разумны, я понимала, что да это правда: иногда я принимаю решения эмоционально, и в такие моменты мне нужен более рациональный взгляд. Приняла бы я это, если бы это говорил мне человек, желающий каким-то образом меня контролировать? Разум, как сказал Шрила Прабхупада, относится к способности анализировать вещи в их правильном понимании.

Шрила Прабхупада лично учил меня тому, что общение с преданными важно. Особенно во время смерти. Шрила Прабхупада попросил преданных приехать и побыть с ним в его последние дни, и тогда президент нашего храма предложил нам билет во Вриндаван. К этому времени Шрила Прабхупада уже не мог выходить из комнаты. Но мой муж мог заходить к нему каждый день, все время, а я могла наслаждаться нектаром историй, происходивших с теми счастливыми душами в комнате.

Однажды во время обеденного *прасада*, объявили, что, по оценкам *кавираджи*, Шриле Прабхупаде осталось всего несколько часов до того, как он покинет свое тело. Все мужчины ринулись к комнате Шрилы Прабхупады, а женщины собрались в храме, чтобы петь и делать сандаловую пасту для Шрилы Прабхупады. Я никогда не была профессионалом в изготовлении сандаловой пасты, но я молилась, чтобы каким-то образом несколько капель моих усилий смогли достичь тела Его Божественной Милости.

Вскоре кто-то пришел и сказал, что женщины тоже должны пойти в комнату Шрилы Прабхупады. Я молилась: Шрила Прабхупада, прошу, чтобы каким-то образом Вы также приняли несколько капель моих усилий в повторении *мантры* для Вашего удовольствия. Вы настолько могущественны, что даже нескольких капель преданного служения, принятых Вами, достаточно, чтобы даровать человеку место в духовном мире. И сейчас от меня зависит, воспользуюсь ли я этим.

Пение было тихим, и мы почему-то все пели в унисон, одну мелодию в течение нескольких часов.

Я так надеялась, что Вы просто сядете и скажете: «Большое спасибо», как Вы делаете это в конце каждой лекции, и скажете нам, что теперь Вы здоровы. Но это я должна благодарить Вас! Теперь я здорова, после многих жизней полных страданий в материальном существовании.

Vajresvari devi dasi / Ваджрешвари деви даси

Сначала Ваджрешвари расстроилась, когда ее даршан со Шрилой Прабхупадой отменили. Но то, что она считала своим несчастьем, в итоге оказалось подарком.

В 1976-м году Шрила Прабхупада посетил Нью-Вриндаван. Я была в Нью-Вриндаване во время визитов Прабхупады в 1972-м и 1974-м годах, и самое близкое мое с ним общение заключалось в том, что я предлагала ему цветы на *гуру-пудже*. Моя дочь, Рати даси, родилась в январе того же года, и она была еще слишком мала, чтобы получить *прасадам* – печенье; ей еще не исполнилось и шести месяцев, и ей нельзя было есть злаки. Я считала, что *прасад* из рук *гуру* – это исключение из этого правила, и поэтому я не собиралась упускать возможность снова подойти к нему поближе. Стремясь к любому возможному контакту со Шрилой Прабхупадой, я стояла в очереди, держа Рати даси, как и другие матери, у которых тоже были очень маленькие дети. Когда я волнуясь подошла к *вьясасане* Прабхупады, моя маленькая дочь, которая видела Шрилу Прабхупаду впервые, очевидно, испытала это на собственном опыте и не захотела протянуть руку, чтобы получить печенье! Итак, я взяла ее маленькую ручку своей рукой и протянула ее к печенью, которое предлагал Шрила Прабхупада. Но она все равно не разжимала руку! Я продолжала протягивать ее руку к печенью, но она не соглашалась. Я была смущена. Через несколько мгновений Шрила Прабхупада вложил печенье мне в руку.

На следующий раз, когда раздавали печенье, я с нетерпением ждала своей очереди. Приближаясь к *вьясасане*, вместо того чтобы уговорить мою дочь взять печенье, я сама протянула руку. На этот раз Шрила Прабхупада, казалось, знал, что Рати возьмет его сама. Без колебаний Прабхупада предложил Рати печенье, и она тут же взяла его. Действия Прабхупады показали, что он точно знал, что происходит. Я чувствовала себя глупо; снова я не поняла мыслей своей дочери. Тем не менее, было приятно ощущать себя глупой, понимая, что его учение всегда основывалось на любви.

Летом 1976-го года я все еще была в Нью-Вриндаване. Шрила Прабхупада остановился там примерно на десять дней. Для всех жителей Нью-Вриндавана были расписаны небольшие *даршаны*, и так как нас было около сотни, мы были разделены по алфавиту. Поскольку мое имя, Ваджрешвари, начиналось с буквы V, я была назначена на последний день его визита. Каждый день, дни напролет, я с нетерпением ждала этого *даршана*. Это был первый раз, когда я могла быть со Шрилой Прабхупадой в более личной обстановке, чем алтарная. Я хранила надежду увидеть его близко к сердцу.

Традиционно на таких *даршанах* дарят цветы, но из-за бедности я не могла их купить. В то утро я гуляла по лесам и пастбищам Нью-Вриндавана и нашла самые изысканные крошечные цветы! На самом деле это были сорняки, но я собрала их в букет и аккуратно связала вместе длинной травинкой. Я думала, что они прекрасны. Мы все поехали из Бахулавана в дом, где останавливался Прабхупада. Когда мы приехали, кто-то в шафране сказал нам, что *даршан* отменен, потому что Прабхупада плохо себя чувствует. Я была опустошена. Все мы были опустошены.

Через некоторое время приехала машина, чтобы отвезти нас назад. Я положила свой букетик на забор и надеялась, что он его увидит.

Преданные сели в машину, но для всех мест не хватило. Я осталась стоять с несколькими другими преданными, ожидая, пока машина отвезет первую группу и вернется за нами. Я решила прогуляться, пройти две мили, так как была слишком расстроена, чтобы просто стоять там. Я шла быстро, стараясь не плакать. Это был худший день в моей жизни. Я подумала, какая у меня плохая *карма*, что я упустила возможность увидеться с Прабхупадой. Я не знала, что мне делать со своими чувствами. Следует ли мне злиться на Прабхупаду за то, что он не может присутствовать здесь для меня? Но как же я могу сердиться на своего *гуру*? У него были тысячи учеников, и он только что проводил *даршан* несколько дней подряд, забирая *карму* у многих своих преданных учеников. Был ли посланник в шафране ответственным за решение, лишившее меня возможности увидеться с моим духовным учителем? Все-таки я как-то пережила этот день.

На следующий день я, как обычно, встала рано и прочитала все шестнадцать кругов *джапы* перед *мангала-арати*. К 7-ми часам утра, когда Шрила Прабхупада давал лекцию, я даже закончила свое служение в храме по стирке одежды более сотни преданных в большой промышленной стиральной машине. Я пошла в храм, а Шрила Прабхупада пел «Джая Радха Мадхава». Все уже расселись, и было очень тесно. Я могла бы войти внутрь, но мне нужно было быть рядом, чтобы следить за своей маленькой дочерью, которая спала поблизости в моей комнате. Как только я увидела Шрилу Прабхупаду на *вьясасане*, я поклонилась в дверном проеме алтарной. Когда я встала в этой переполненной более чем сотней преданных алтарной комнате, я получила свой сокровенный *даршан*. Мы общались глазами! Шрила Прабхупада, должно быть, видел, как я иду по дороге, и знал, насколько я убита горем, и не знала, что делать с моими мыслями об отмене *даршана*. Мне было неудобно даже вспоминать об этом, потому что я хотела кого-то обвинить в своем несчастье. Потом он, казалось, спросил меня, как я хочу служить. Я знала, что хочу жить независимой жизнью вдали от *ашрама*, жить обычной жизнью и осознавать Кришну. Прабхупада покачал головой вперед и назад, как это делают индусы, когда говорят: «Хорошо, ничего страшного». Потом он отвел взгляд.

Таким образом моя неудача оказалась подарком. Я чувствовала себя так близко к своему *гуру*, такой понятой, такой обнятой и полностью принятой той, какой я была, такой любимой за то, какой я была способна быть на тот момент. Я вспоминала эти моменты снова и снова на протяжении многих лет. Они принесли мне много слез освобождения от боли и благословений моего просветленного учителя.

Varuni devi dasi / Варуни деви даси

Варуни впервые увидела Прабхупаду в Нью-Йорке летом 1972-го года. В храме, где она жила, было всего двенадцать преданных, поэтому она была потрясена, оказавшись среди пятисот преданных Нью-Йорка.

Я присоединилась к Движению, когда мне было шестнадцать, я всегда поклонялась изображениям Шрилы Прабхупады, но когда я увидела его в Нью-Йорке, вот он: чистый преданный, который был личностью с чувствами и всем остальным, что есть у личности. Это было необычное понимание, сделавшее сознание Кришны еще более нектарным. Когда я увидела его в Нью-Йорке, для меня все сложилось.

Шрила Прабхупада научил нас всему. Лакшмимони, жена президента моего храма, сказала мне: «Шрила Прабхупада – твой друг, твой отец. Все, что мы знаем, мы узнали от него». Я была воспитана в католичестве, и никто в церкви не мог ответить на мои сомнения и вопросы, но когда я начала изучать философию сознания Кришны, все это обрело смысл и привлекло меня. Поскольку меня учили, что Бог – это личность, мне было легко принять Кришну как Верховную Личность. Я предполагала, что через короткое время весь мир станет сознающим Кришну. Потом я поняла, что сознание Кришны похоже на бриллиант: бриллианты редки, и не каждый может их себе позволить. Это то, что меня воодушевляет в сознании Кришны.

Мы с мужем оба работаем. У него в офисе есть большой плакат с изображением Шрилы Прабхупады, а на моем столе лежат изображения Кришны. Все знают, что мы преданные. Каждую субботу мой муж проповедует в домах индусов. Мы поддерживаем связь со многими семьями – семейная Нама-Хатта – и каждые выходные мы посещаем какую-нибудь другую семью и проводим регулярную храмовую программу с *киртаном*, лекцией и *прасадом*. В нашем доме мы поклоняемся божествам Гаура-Нитай, предлагаем Им всю нашу *бхогу*, повторяем наши круги, стараемся общаться с преданными в Лос-Анджелесе как можно больше, и приглашаем преданных в наш дом. Шрила Прабхупада – это наша жизнь.

Когда Шрила Прабхупада ушел, это не сильно повлияло на меня, потому что для меня Шрила Прабхупада всегда был в своих наставлениях, в своих книгах и в общении с преданными, и эти вещи не изменились. Вопрос был только в том, чтобы справиться с этой странной ситуацией, и в конце концов она прошла, а сознание Кришны проявилось более ярко.

Для меня наиболее важным наставлением в сознании Кришны является следование основным вещам, которым учил Шрила Прабхупада: повторять шестнадцать кругов в день, следовать четырем регулирующим принципам и общаться с Вайшнавам. Все остальное исходит из этого. Если мы этого не делаем, то мы не можем контролировать ум, чтобы свершить какую-либо деятельность.

Я мечтаю, что однажды я стану чистой преданной, что я оставлю свои материальные желания и увеличу свои духовные желания. Проповедь важна для всех преданных, потому что проповедуя мы не только проповедуем другим, но также проповедуем себе. Всё, что делал Шрила Прабхупада – это проповедовал. Я хочу, чтобы однажды вся моя деятельность тоже стала проповедью!

Vedamata devi dasi / Ведамата Деви Даси

Однажды утром зимой 1976-го года после гуру-пуджи в храме Гонолулу Шрила Прабхупада собирался давать лекцию, в то время как Камини, Ладжавати и Ведамата проходили мимо вьясасаны к выходу из храма.

Гурукрипа сказал Шриле Прабхупаде: «Эти девушки из Нью-Вриндавана. Они собираются в аэропорт, чтобы распространять там книги». В длинных платьях, с покрытыми головами и сумками, в которых лежали книги, мы остановились перед Прабхупадой, сидевшем на *вьясасане*, и он взглянул на нас. Время будто остановилось. Прабхупада сложил руки на груди, закрыл глаза, склонил голову к рукам, а затем поднял свою голову. Я была шокирована увидеть, сколько благоговения и почтения Прабхупада испытывал по отношению к нашему служению и к нам лично. Распространение книг и распространители книг значили очень многое для него. Тогда же я взяла на себя обязательство, что всякий раз, когда я буду распространять книги Прабхупады людям, я буду делать это с достоинством и уважением, без обмана или дурачества. Тем утром, пока мы ехали в аэропорт, у всех троих из глаз катились слезы, и на протяжении нескольких месяцев после этого, мы были на седьмом небе от счастья.

После праздника Ратха-ятры в Нью-Йорке в 1976-ом году случилось так, что я увидела, как Киртанананда уводит Прабхупаду из толпы. Мы с Премакой быстро побежали к лимузину Прабхупады, где Прабхупада и Киртанананда начали смеяться и улыбаться, когда мы с Премакой стали подпрыгивать и скандировать: «Джая Шрила Прабхупада!» Прабхупада, увешанный гирляндами, смотрел на меня, широко улыбаясь. Тогда я подумала: «Как здорово было бы получить одну из этих гирлянд». Прабхупада медленно снял с себя гирлянду, с любовью смотря на меня, и играл со мной, пока не прибыла группа *брахмачари* с *киртаном*. За несколько секунд до их прибытия, он наклонился, жестом попросил меня подойти ближе, и надел на меня свою гирлянду через приоткрытое окно. Слезы потекли по моему лицу от любящего взгляда Шрилы Прабхупады.

Vedanghi devi dasi / Веданги деви даси

Когда Веданги впервые увидела Прабхупаду в аэропорту Нью-Йорка в 1971-м году, она сразу почувствовала, что он не из этого мира и заплакала от счастья. Прабхупада выглядел ангельски и в некотором роде невинно как ребенок.

До того, как я встретила преданных, моя жизнь не имела смысла. Я была несчастна. Будучи христианкой, я имела смутное представление о Боге, о том, что Он – высшее, осуждающее, бесформенное существо, находящееся где-то на небе. Школа и общество научили меня, что я должна выйти замуж, завести детей и поселиться в доме, наполненном материальными благами. Я думала: «Если я не добьюсь материального успеха, тогда какой в этом мире смысл?» Прабхупада был тем, кто определил духовную цель для меня и для всех нас. Он сказал, что человеческая форма жизни – это редкая возможность, которой нельзя злоупотреблять; что она предназначена для достижения высшей духовной цели. Мы должны развивать наше сознание и постараться вернуться в духовный мир. Все материальные вещи должны использоваться для служения Богу и таким образом они очищаются. Сознание Кришны, которое дал Прабхупада, дает возможность непосредственно ощутить существование Бога, который является конкретным существом со своей формой и играми.

В письме Прабхупада объяснил мне, что мое имя означает «тот, кто всегда изучает Веды». Он писал, что Кришна не обязан принимать что-либо от нас, и что я должна продолжать повторять свои круги каждый день, служить Господу и развивать свою любовь к Нему.

Однажды в 1972-м году в Бруклине Прабхупада давал лекцию по «Бхагаватам», когда он сказал: «Есть песня, которой я хочу научить вас» – и начал петь «Джая Радха Мадхава». Мы все повторяли за ним и выучили эту песню. В другой раз по просьбе Прабхупады я приготовила для него *чапати*, используя молоко вместо воды для изготовления теста.

Прабхупада был *парамахамсой*, чистым преданным, и общение с ним было могущественно. Хотя сейчас он не присутствует физически, мы удачливы иметь общение с ним через его наставления. Если мы им следуем, могущество остается, но все же есть некоторое различие. Когда Прабхупада присутствовал физически, в нашем Движении определенно было больше силы, и в случае возникновения каких-либо проблем мы могли получить от него наставления. Довольно часто, когда мы пили вечернее молоко, президент нашего храма читал нам воодушевляющее письмо от Прабхупады, письмо, которое всегда заканчивалось словами: «Ваш вечный доброжелатель».

Я чувствую, что Прабхупада по-прежнему присутствует в наших жизнях, пока мы следуем его наставлениям и занимаемся преданным служением. *Гуру-пуджа* очень важна, важно иметь *даршан* Прабхупады в храме или дома, потому что наш дом тоже может быть храмом. Материальная энергия могущественна в Кали-югу, поэтому нам необходимо общение друг с другом. Я посещаю храм, насколько это в моих силах, чтобы получить *даршан* Шрилы Прабхупады и Божеств, а также поддерживаю некоторое служение у себя дома.

Vegavati devi dasi / Вегавати деви даси

Вегавати никогда не разговаривала с Прабхупадой. В его присутствии у них был незабываемый обмен взглядами и эмоциями.

Я была очень тронута книгами Прабхупады, оставила греховные привычки, следовала его наставлениям и практиковала Сознание Кришны уже пару лет. Однажды во время *гуру-пуджи* в храме в Гонолулу, когда алтарная была заполнена танцующими в экстазе преданными, а я была в задней части комнаты, пела *киртан* и танцевала. Я посмотрела на Прабхупаду и увидела его взгляд, обращенный на меня и проникающий в душу... Такого чувства я раньше никогда не испытывала, потому что он смотрел на меня как на душу. Его взгляд заставил меня впервые в жизни отчетливо ощутить себя душой. Этот взгляд обнажил целое множество ничтожных качеств в моем сердце – лицемерие и предубеждения. Так я впервые стала видеть их сама и это практически меня убивало.

Я была так смущена и унижена этими качествами, которые Прабхупада видел во мне, что стыдливо отвернулась. А *киртан* продолжался, воспевалось святое имя и через некоторое время магнетизм Прабхупады заставил меня посмотреть на него снова, и я снова поймала его взгляд. В этот раз я смогла понять две вещи: у меня есть эта мелочность, но несмотря на это Прабхупада любит меня. Тем не менее я смутилась и отвернулась, а *киртан* продолжался. Затем я посмотрела в третий раз и в этот раз я поняла, что Шрила Прабхупада видит меня и любит как чистую душу. Он сказал мне: «Эта обусловленность со временем исчезнет, потому что она временная. Тебе не обязательно иметь дело с этим аспектом». Он поднял меня на высший уровень – уровень, который является моим настоящим домом, и я знаю, что доберусь туда, очищаясь, следуя его наставлениям. Практически ежедневно я все еще замечаю в себе следы нелепой, глупой ревности, зависти и эгоистичные мысли.

У Прабхупады к каждому был глубокий, личностный и духовный подход. Кто-то может не воспринять мой опыт всерьез, но это правда. Если один человек попробовал мед, а другой видел его только снаружи банки - второй не будет знать, что мед - это нечто настоящее.

В другой раз я ощущала на себе взгляд Прабхупады всем своим существом. Я была полностью окутана любовью, как если бы была в духовном мире. Прабхупада нес ту вриндаванскую близость душ, любящих Кришну, вне понятий престижа, политики или гендерной напряженности. Он обходился с каждым как с душой и приближал нас к Кришне. Какие бы не приходили трудности, я не могу забыть те отношения, которые дал мне Шрила Прабхупада. Мои воспоминания реальны и глубоки.

Каждое утро, встав с постели, я наслаждаюсь чтением «Бхагаватам» Шрилы Прабхупады. Для меня он всегда там, в своих книгах. Когда я прохожу через какие-то сложности, я беру одну из его книг и через страницу или две нахожу ответ на свой вопрос или руководство к действию. Шрила Прабхупада действительно находится в своих книгах, и я нахожу его там.

Прабхупада дал нам это Движение, чтобы мы могли общаться друг с другом, обсуждать его книги, петь *киртан*, почитать вместе *прасадам*. Каждый день я испытываю благодарность за то, что вкушаю *прасадам*. Кого еще мы должны благодарить за наше великое богатство, кроме Шрилы Прабхупады? Веря в него и следуя его указаниям, мы обретем квалификацию и все придет.

Venudhara devi dasi / Венудхара деви даси

Прежде чем узнать о Шриле Прабхупаде и его учениях от своего друга, Венудхара, жаждущая знаний и наставлений, взывала к чему бы там ни было.

Когда я прочла послание Кришны в «Бхагавад-гите» и стала посещать храм Аделаиды, то внезапно почувствовала, словно мой увядший внутренний сад начали поливать – он ожил и зацвел. Пробудилась природная склонность души.

Хоть я и переехала жить в храм, но на материальном уровне многие вещи меня не устраивали. Я сказала себе: «Я знаю, что слова Прабхупады истинны, они трогают меня в самое сердце и я верю, что преданные станут более совершенными, я стану более терпимой и все встанет на свои места». Я была очень благодарна за предоставленную мне возможность и служила по восемнадцать часов в день, думая: «Я делаю это для Шрилы Прабхупады». Я хотела, чтобы усилия Прабхупады стоили его трудов, и моя вера в него сделала меня более терпимой.

Я очень хотела увидеть Прабхупаду, хотя всегда ощущала его присутствие, особенно когда распространяла книги и предлагала другим то, что так восхищало и радовало мое сердце. Мне нездоровилось и эти долгие мучительные дни с нехваткой отдыха казались настоящей агонией, но я продолжала служение ради удовлетворения Прабхупады. Я молилась: «Прабхупада, пожалуйста, помоги мне, я не справляюсь».

После ухода Прабхупады я была опустошена, поскольку потеряла человека, который изменил мой мир, дав мне все. Затем я снова начала ощущать присутствие Прабхупады. Я обязана поддерживать это чувство. Шрила Прабхупада ждет, когда я повернусь к нему лицом. Я не всегда уделяла Прабхупаде столько внимания, сколько он заслуживает и сколько жаждет мое сердце, но я стараюсь жить так, как он хотел, и рассказывать о нем другим - именно это позволяет мне продолжать ощущать его присутствие.

Преданные мужчины многое пережили, но мы, старшие женщины в сознании Кришны занимаем особое положение, которое до сих пор остается незамеченным и непризнанным. Мы растили детей, посвятили свою жизнь преданному служению, терпели маргинализацию, были никем без возможности самовыражения. Материнству не уделялось должного внимания, и его огромная социальная роль не признавалась. Тем не менее мы думали: «Если такие условия необходимы для получения этого редчайшего дара – я буду терпеть». Начинающим преданным – и мужчинам, и женщинам – стоит послушать этих женщин.

Мы можем любить, служить и уважать преданных, понимая, что мы движемся по одному пути. Иногда путешествие прерывается, но как только Прабхупада касается наших сердец, мы начинаем на все смотреть по-другому. Катаракта удалена и теперь мы смотрим на материальный мир с другой точки зрения и движемся по нему иначе. Кто мог мечтать о том, чтобы получить такие знания?

Vidya devi dasi / Видья Деви Даси

Видья и ее муж находились в поисках духовного учителя и Абсолютной Истины в Коста-Рике, когда встретили семейную пару, которая недавно познакомилась со Шрилой Прабхупадой. Они читали джапу и изучали его книги.

Когда эта пара дала нам журнал «Обратно к Богу», меня охватил трепет: «О, нет, теперь наши жизни изменятся!» Однако муж сказал мне: «Мы все внимательно изучим. Вот зачем мы здесь». Читая статью Хаягривы, мы обнаружили, что он, как и мы, отчаянно нуждался в чем-то большем, нежели материальный мир. Когда мой муж увидел фотографию Прабхупады в журнале, он сразу понял: «Это мой духовный учитель».

Мы отправились в храм в Майами и через несколько дней полетели в Лос-Анджелес ночным рейсом, чтобы помочь с марафоном Чайтанья-Чаритамриты. На следующее утро мы увидели Прабхупаду.

Описать чистого преданного словами невозможно. Когда я его увидела, мое сердце словно раскрылось, впуская лучи света, проникающие в само тело и душу. Меня охватила радость, уверенность и восторг, которые я прежде никогда не испытывала. Красота Прабхупады была не столько в его внешности, сколько в его притягательности и энергичности. Качества этого человека поразили меня до глубины души. Мне хотелось прислушиваться к каждому его вдоху – так меня захватила его личность. Столь могучая душа почти ввела меня в транс. Происходящее было за гранью моего понимания. Мы посетили Ратха-ятру в Сан-Франциско. На середине шествия к нам присоединился Прабхупада, сев в колесницу Субхадры. Процессия была нектарной и до его прихода, но, когда он пришел, мы словно воспарили. Раньше, когда я видела поющих преданных, я думала: «Они притворяются, нельзя быть такими счастливыми». Но на той Ратха-ятре, со Шрилой Прабхупадой, я поняла, что те улыбки преданных были искренними.

На следующий год, во время визита Прабхупады в храм Лос-Анджелеса, я была на балконе с другими преданными. Мы разбрасывали лепестки, и я снова ощутила чувство невероятной, неописуемой полноты бытия. От Прабхупады исходил внутренний свет, и я ощутила в своем сердце такой экстаз, словно оказалась в трансцендентном теле. Это чувство я не забуду никогда.

Мы с мужем решили посвятить наши жизни Прабхупаде. Мы раздали имущество и переехали в Индию. Хоть я и не разговаривала с Прабхупадой, но несколько раз я замечала его взгляд и слышала внутри себя, как он спрашивает все ли у меня есть и нужно ли мне что-то. Я смущалась и отвечала: «У меня все замечательно. Благодарю Вас, Шрила Прабхупада».

Однажды во Вриндаване, когда Прабхупаде было нехорошо и он отдыхал в своем кресле-качалке перед деревом тамал, я сидела вместе с другой преданной перед ним. Какая-то слабоумная девочка почти что села на нас. Сидящая рядом со мной девушка грубо ее оттолкнула и Прабхупада это заметил. Он посмотрел на меня самым тяжелым взглядом из всех, что я когда-либо видела у него. Я подумала в тот момент: «Прабхупада, это была не я!» Но он продолжал смотреть на меня тем же осуждающим взглядом, что и на мою соседку. Я поняла, что это значит: «Я не попыталась помочь этому бедному ребенку. Я позволила этому случится». Я чувствовала себя виноватой.

В ноябре 1977-го года я с мужем была во вриндаванской *гошале*, когда мы услышали, что Прабхупаде осталось жить всего несколько часов. Преданные придались панике и заполонили его комнату. Меня охватила душераздирающая пустота. В горле стоял комок от мысли, что Прабхупада нас покинет. Я не могла ни есть, ни дышать. До этого, каждый раз, когда жизни Прабхупады угрожала опасность – мы все молились и он поднимал сознание всего Движения на новый уровень. На в этот раз все было иначе. Шли часы и *киртан* набирал обороты, становясь трансцендентным. Я подумала: «Здесь даже полубоги!» И тут я осознала: «Мой голос тоже здесь!» Мой голос был таким сильным и прекрасным, что я не узнавала себя. Наше пение было восторженным и возвышенным. Мне казалось, что я больше не в своем теле, что мы поднимаемся все выше и выше. Затем внезапно: «Тунг!» Я снова оказалась на земле. Прабхупада ушел.

Тело Прабхупады принесли в храм на паланкине. Он получил *даршан* Божеств, трижды обошел вокруг дерева тамал и сел на *вьясасану* на паланкине, пока *киртан* продолжался в ночи. Внезапно я поняла, что мне не нужно стоять сзади. Я подошла к Прабхупаде и поняла, что мы можем быть с Прабхупадой в любое время и столько, сколько захотим – просто имея желание, думая о нем, вспоминая его. Он всегда был рядом с нами таким образом, но я не осознавала этого раньше. Каждый раз, когда мы читаем его книги – он с нами и дает наставления.

Vimala devi dasi / Вимала деви даси

Воспитанная в христианской тардиции, Вимала испытывала сомнения в отношении поклонения Божествам и философии сознания Кришны. Но ее муж часто задавался вопросом: «Кто я, куда я иду и что я здесь делаю?», заинтересовался сознанием Кришны. Вимала хотела хорошей, счастливой жизни в пригороде и надеялась, что интерес ее мужа сойдет на нет.

В 1974-м году мой муж отправился в мельбурнский храм, вернулся с *прасадом* и книгами и сказал: «Да, это то, чем я хочу заниматься в своей жизни, но хорошая новость в том, что ты тоже можешь прийти». Я была привязана к нему, поэтому подумала: «Хорошо, я пойду с тобой». В храме я была притворщицей. Я механически повторяла мантру и каждый день ходила на лекции, но мое сердце было не в там. В какой-то момент я решил уйти. Я собрала свои чемоданы и пошла на автобусную остановку, думая: «Я собираюсь вернуться в материальный мир», но потом Кришна дал мне видение того, на что похож материальный мир. Это выглядело ужасно, грубо и недружелюбно. Я никогда раньше такого не испытывала. После этого я немного пожила сама по себе.

Прабхупада приехал в 1976-м году, и мы с мужем прошли посвящение. Позже я на три года вернулась в институт и получила квалификацию учителя, и теперь полный рабочий день я преподаю в *гурукуле*. Это увлекательно и очен сильно занимает меня. Давать сознание Кришны детям – это привилегия, которая мне очень нравится; это замечательно.

Мои отношения с Прабхупадой строились на служении. Мне нравится многозадачность, и я всегда была полностью занята. Кришна дал мне много милости и вкуса. Последние несколько лет я больше изучала книги Прабхупады, чтобы глубже понять философию. У нас с мужем есть проповеднический центр на Северном побережье Новой Зеландии, где мы помогаем семьям вместе прийти к сознанию Кришны. Я совершила много ошибок, воспитывая наших сына и дочь, но по милости Кришны они стали преданными. Мы можем учиться на своих прошлых ошибках и помогать другим не совершать их.

Мой муж искал знания, но ко мне вкус пришел через практическое преданное служение. Я благодарна Прабхупаде, потому что, если бы не он, я была бы разочарованной домохозяйкой из пригорода, пытающейся создать идеальную семейную жизнь, которой никогда не могло бы быть. Сознание Кришны дает ответы на все жизненные дилеммы, и я хотела бы передать сознание Кришны другим.

Vinode Vani devi dasi / Виноде Вани деви даси

Один семестр в колледже – с января по май 1970-го года – Виноде Вани работала в больнице Калифорнийского университета в Сан-Франциско. Каждый день по дороге на работу она проходила мимо храма на Фредерик-стрит в Хейт-Эшбери.

Я увлекалась буддизмом и постилась, но никогда не останавливалась в храме. Иногда покупала благовония и журналы «Назад к Богу» у преданных на 543-ей Маркет Стрит. Позже, в Хьюстоне, мой муж купил два журнала «Назад к Богу» у Дхармабхаваны, который раздавал их по домам. Эти журналы привлекли меня, я увидела в них свет истинного знания. На следующий день я пошла в храм в Хьюстоне, а через несколько дней мы с мужем присоединились к преданным.

Примерно через полтора года мы с мужем переехали в Даллас и когда приехал Прабхупада, я приготовила для него *урад дал бхарат*, *пакоры* из цветной капусты, томатное *чатни* и другие блюда. Они ему понравились. Иногда я также одевала Радху-Калачанджи и Прабхупада отмечал, что Они были одеты лучше, чем божества во многих храмах Индии.

В Далласе дети и взрослые выучивали наизусть по одному стиху из «Бхагавад-гиты» в день и уже знали десять глав наизусть. Мы хвастались Прабхупаде, но, прервав нас, он попросил одного из детей встать. Прабхупада прочитал стих и сказал: «Что он означает?» Ребенок не знал. Прабхупада сказал: «Лучше знай смысл». Он не хотел, чтобы мы бездумно повторяли санскрит. Прабхупада очень гордился детьми. Он защищал и любил их как дедушка.

Родители из Лос-Анджелеса сделали для детей сотни *расагул* и преподнесли их Прабхупаде. Прабхупада сказал: «Я раздам их. Позовите женщин и детей». Сто тридцать детей вошли в его комнату, поклонились и получили по две *расагулы*. Затем Прабхупада сказал: «Позовите женщин». Одна за другой мы вошли. Когда подошла моя очередь, я поклонилась и заплакала. Прабхупада ласково улыбнулся и вложил мне в руку две *расагулы*. Он никогда не считал женщин менее достойными, всегда принимал нас благосклонно. Он любил нас и нам с ним было комфортно.

Поклонение Рукмини-Дваракадише в Лос-Анджелесе не имело себе равных. Каждый день у Них были пышные гирлянды из роз, изысканные наряды и чистый алтарь. Иногда я одевала Их и видела за открытыми дверьми, как Прабхупада стоял со слезами на глазах... Служить ему было удивительно, и он ценил мое служение.

Я знакома с различными ответвлениями ИСККОН, но постоянно возвращаюсь к Прабхупаде. То, что он дал нам – это практическая, устойчивая форма сознания Кришны. Я могу ее придерживаться – она является не эзотерической, а практической. Если мы будем следовать тому, что дал Прабхупада: *мангала-арати*, шестнадцать кругов, регулирующие принципы, чтение его книг, совершение служения – мы получим результат: мы придем в экстаз, а наш ум станет умиротворенным и свободным от сомнений.

Прабхупада поступил гениально, создав ИСККОН. Познание Кришны с ним приобрело научный подход. Это похоже на полноценную диету и следуя ей, мы получаем духовную поддержку и пищу. Я надеюсь, что у будущих поколений будет шанс практиковать сознание Кришны так, как Шрила Прабхупада дал его нам. Никто уже не сможет придумать что-нибудь лучшее.

Visakha devi dasi / Вишакха Деви даси

Как одна из личных фотографов Шрилы Прабхупады, 6 лет Вишакха деви даси иногда путешествовала со Шрилой Прабхупадой в Индию, Соединенные Штаты и Европу. Здесь она размышляет о своем опыте учения Шрилы Прабхупады, как он практически применяет это учение и результаты от этого применения.

Учение Шрилы Прабхупады заставило меня задуматься о том, что «я» – личность, называемая «Вишакха» – связана с глубокой истиной, а именно, что я – духовное существо, временно пребывающее в теле женщины. По своей сути, это тело (и ум, и разум) может делать определенные вещи и не может делать другие. Но какими бы ни были мои телесные и умственные возможности и ограничения, я всегда была служанкой Господа, которой было предназначено покончить со всякой телесной обусловленностью и войти в Его общество. Весь фокус идеала, поддерживаемого Прабхупадой, был сосредоточен на одном: на том, чтобы я и каждый человек понимали нашу глубочайшую индивидуальность и действовали в этом качестве.

Постепенно мне стало ясно, что для Прабхупады целью традиции, общества и самой жизни было достижение прогресса в *бхакти*, преданном служении Кришне. Когда традиция помогала этому прогрессу, он безоговорочно поддерживал ее, а когда традиция не вела к прогрессу в *бхакти*, Прабхупада пренебрегал ею. Таким образом, я проводила месяцы вдали от мужа и рядом с Прабхупадой, постоянно используя свой фотоаппарат в преданном служении: фотографируя его и его последователей.

Продвижение Прабхупадой традиции озадачивало некоторых людей, но я видела, что когда традиция была озарена *бхакти* – она была прекрасна! Она не вписывалась в избитый стереотип, но была динамичной и свободной. (В Чикаго, когда его спросили, может ли женщина быть президентом храма, Прабхупада сразу же ответил: «Да, почему бы и нет?») Для Прабхупады *бхакти*, а не пол или какие-либо другие телесные соображения, были самой сутью. Вся идея состояла в том, чтобы ясно видеть цель – *бхакти*, и неуклонно двигаться к ней. Это было для меня высшим смыслом. И на самом деле это меня очень радовало.

Прабхупада был маэстро, который дирижировал полным оркестром в сложной классической композиции. Для моих ушей некоторые звуки были диссонирующими, но общий эффект был прекрасным. И то, как музыка текла в характере Прабхупады, было неотразимо. С того момента, как я встретила его, все, что я испытала и все еще испытываю – это его ободрение. Он пробудил во мне дух добровольного, восторженного служения. Он создал атмосферу нового вызова, и я с энтузиазмом согласилась подняться и встретить его. Он вызвал мой спонтанный любящий дух жертвования своей энергией ради Кришны. Он оценил мои усилия. Он хотел, чтобы я была всем, чем могу быть для Кришны. Я никогда не ощущала в нем ни капли мужского шовинизма или женоненавистничества, превосходства или самодовольства, гордыни или надменности. Ни намека на желание эксплуатировать, угнетать или подавлять женщин или кого-либо еще.

Прабхупада приоткрывал двери, чтобы позволить течь святости естественной женской мягкости, смелости и уверенной преданности. Он вводил меня в соприкосновение с моей уникальностью, он говорил об изящной, гармоничной, духовной динамике в отношениях, в которых все стороны получали выгоду и были глубоко удовлетворены. Он говорил о вещах, с которыми было трудно иметь дело, учитывая мое прошлое и прошлое большинства людей. Я не могу сказать, что глубоко испытала силу зависимости, беззащитности и предания, но я оценила его видение.

Радость этого пути преданного служения Кришне была ясна для Прабхупады. Он говорил: «Эти мальчики и девочки больше не думают, что они американцы, европейцы, канадцы, австралийцы или индийцы. Они равны. Поэтому, если вы хотите равенства, братства, дружбы, любви и совершенства, решения всех проблем – экономических, политических, социальных, религиозных – тогда приходите в сознание Кришны. Подойдите к этой основе, тогда все ваши амбиции будут удовлетворены, и вы будете совершенны».

Прабхупада стремился помочь мне осознать, что я не являюсь ни телом, ни умом, ни разумом. Его методом – методом Кришны – было *бхакти*, которое было для всех одинаково. Будь то мужчина или женщина, *бхакти* – преданное служение Кришне - имеет первостепенное значение. Он говорил: «Моя единственная забота заключается в том, чтобы люди не растрачивали впустую свою ценную человеческую форму жизни. После стольких усилий они обрели человеческий облик, и я не хочу, чтобы они упустили такую возможность. Что касается меня, я не могу различить – мужчина, женщина, ребенок, богатый, бедный, образованный или глупый. Пусть они все придут и примут сознание Кришны, чтобы не тратить впустую свою человеческую жизнь. Это не искусственная вещь. Это не материальная вещь. Повторяйте и следуйте четырем правилам и молитесь Кришне в беспомощности».

Учение Прабхупады было непрерывным внетелесным опытом, которым он жил от мгновения к мгновению. Находясь рядом с ним, я испытывала удивительное желание также испытать внетелесный опыт. Быть в присутствии Шрилы Прабхупады означало осознавать другое измерение, где преобладающим чувством была ничем не ограниченная и непрекращающаяся радость.

Visalini devi dasi / Вишалини деви даси

Вишалини понравился фестиваль в честь дня явления Нрисимхадева в парке Сан-Франциско, но преданные показались ей странными. Позже, тем не менее, она слушала в храме лекцию по Бхагавад-Гите.

Эта философия имела для меня больше смысла, чем все, что я когда-либо слышала, и в конце лекции я спросила: «Могу ли я переехать к вам?» Потом, когда Прабхупада приехал в Лос-Анджелес в 1972-м году, мы с мужем предложили ему коробку манго. Я была стеснительной, но Прабхупада разговаривал со мной. Когда я пошла к нему в сад на *даршан*, он спросил: «Как долго ты здесь живешь? Тебе здесь нравится?» Я отвечала на вопросы одним или двумя словами. Он вытягивал из меня все больше и больше и довольно быстро я привязалась к нему. Мне был двадцать один год, и я осознала, что самые важные отношения в моей жизни были и всегда будут со Шрилой Прабхупадой. Эти отношения направляют, успокаивают и вдохновляют меня. Я имею полную веру в них, и ничто не может сравниться с их качеством.

Я желала любви и Прабхупада объяснил мне, что такое любовь. Любовь присутствует днем и ночью; она безгранична и не зависит от этого мира, она зависит только от моего намерения и выбора. Прабхупада учил меня, что величайшая любовь и Верховная Личность доступны через повторение *маха-мантры* и повторение *маха-мантры* стало моим спасательным кругом. Я узнала от Прабхупады, что не существует более возвышенного занятия, чем практика *бхакти-йоги* и развитие любви к Богу и *гуру*. Что бы я ни делала, я стараюсь сохранять *бхакти* – служение Кришне – в центре, и для меня большая честь быть занятой в любом служении. Однажды я сказала Прабхупаде: «Я хочу воспринимать каждое Ваше наставление как свое сердце и душу». Прабхупада ответил: «Делай именно так и твое возвращение домой, обратно к Богу, гарантировано».

Однажды во Вриндаване я уже несколько месяцев лежала в госпитале с бактериальной дизентерией, но я была полна решимости не пропустить *даршан* Прабхупады. Я пошла к нему в комнату со своим мужем, поклонилась и пыталась встать, когда Прабхупада спросил меня: «Как ты сейчас себя чувствуешь?» Муж сказал: «Она так больна, что, если ей не станет лучше, она умрет». Прабхупада сидел в красивой расслабленной позе. Он посмотрел на меня и с широкой улыбкой сказал: «Ты – служанка Радхарани. Служанка – это Радхарани. Ты – Радхарани». Я почувствовала, что мой отец называет меня принцессой, и почти сразу мне стало лучше.

Я была на восьмом месяце беременности во Вриндаване, когда умер мой маленький ребенок. Это было огромным испытанием. Если бы моя система ценностей или убеждения оказались шаткими, они бы не провели меня через это, но философия, которую так старательно давал Прабхупада, поддерживала меня. Его наставления искоренили мой страх смерти. Прабхупада смотрел глазами *шастр*. Он всегда твердо стоял за пределами этого мира и мог менять фокус у других людей, чтобы они могли видеть его глазами более широкую картину бытия, на основании другой реальности. Приняв прибежище у Бога и *гуру*, я чувствовала себя в безопасности даже находясь в этом временном непредсказуемом мире.

Глаза Шрилы Прабхупады не были заражены материальной скверной, он не относился к нам как к мужчинам или женщинам. Подобно дождю, проливающемуся на весь океан без разбора, Прабхупада выражал равные любовь и привязанность, веру и доверие ко всем своим ученикам – мужчинам и женщинам. Он всегда старался обучать своих учеников-мужчин подобающим манерам, уважению и осмотрительности в обращении с его ученицами. Он хотел, чтобы все мы были щедрыми сердцем, осознавали, что мы – не эти тела и рассматривали нашу связь с сознанием Кришны, как величайшее вложение в жизнь, которое сделает нас невосприимчивыми к смерти.

Шрила Прабхупада хотел, чтобы мы действовали так, как будто наш *гуру* наблюдает за нами в каждый момент времени. Он хотел, чтобы мы честно взяли и несли ответственность за свое собственное поведение. Его личный пример и качества доказали мне, что существует много того, что не способны увидеть мои притупленные глаза. Я дословно принимаю все, что он говорил, из-за примера и убежденности, которую мне посчастливилось в нем увидеть. Он был безупречным и величайшим примером жизненной цели – любую дилемму можно устранить, приняв прибежище у его лотосных стоп. Я верю, что Кришна является Верховной Личностью Бога, благодаря любви к Кришне, которую я видела в Шриле Прабхупаде.

Visesa devi dasi / Вишеша деви даси

Когда ей было девятнадцать лет, Вишеша и ее молодой человек начали посещать Монреальский храм. Она любила воскресные праздники и преданных, но никогда не думала, что станет одной из них.

В 1974-м году мой молодой человек, моя дочь и я жили в Мэноре. Я была там учительницей в детском саду, потому что такой была моя кармическая профессия, и мне все больше и больше нравилось сознание Кришны. Также мы жили в Амстердамском храме, там я подружилась с Вишвадеви, Джестхой, Майтхили, Никунджавасини и Набхасвати. Я убиралась в алтарной и относилась с уважением ко всему. Мой молодой человек повторял шестнадцать кругов, читал «Гиту», проповедовал гостям, а чуть позже переводил книги Прабхупады.

Когда я увидела Шрилу Прабхупаду в Париже летом 1974-го года, я поняла, что он из другого мира. Я была родом из атеистической французской среды, у меня не было склонности к духовности, но после встречи с Прабхупадой я решила попробовать стать преданной. Я хотела дать своему ребенку все самое лучшее и мне больше не нравилась жизнь хиппи. Итак, я получила посвящение. Вишеша – это одно из качеств Кришны, которое означает, что Он – необыкновенный. Мой молодой человек тоже получил инициацию, и мы поженились.

Я хотела, чтобы мой ребенок жил в деревне, поэтому в 1975-м году мы с семьей переехали в Нью-Маяпур. Сначала я преподавала там в детском саду, потом была лидером для *бхактин*, а потом стала главной *пуджари*. Я заботилась о Божествах, когда была беременна, когда мои дети были маленькими, когда все покинули ферму – я получила большой опыт общения с Божествами. Несмотря на то, что мой муж покинул сознание Кришны в начале 1980-х, я все еще служу Божествам в Нью-Майяпуре. Со временем я снова вышла замуж.

Однажды у меня случился нервный срыв, и я потеряла вкус к жизни – как к материальной, так и к духовной. Я не могла ни спать, ни есть. Я усомнилась в своей вере. Я одеваю Божества тридцать лет и чувствую себя виноватой, когда думаю: «Существует ли Бог? Действительно ли Кришна – Бог? Что я делаю? Счастлива ли я? Хочу ли я вернуться к Богу?» Такие мысли постоянно мелькают у меня в голове, и я расстраиваюсь, когда замечаю их. Мне плохо от таких мыслей. Я думаю, что это не нормально и иногда плачу из-за этого. Некоторые говорят, что такие темные проявления нашей души – это нормально и нужно не прекращать молиться. И я продолжаю повторять Святые Имена и служить. Мне страшно, что будет со мной, если я прекращу повторять круги, мне всегда стыдно за эти мысли и я чувствую себя виноватой. Находиться перед Господом и сомневаться в Нем – очень тяжело! Иногда мне не хочется больше жить, потому что я не понимаю - зачем жить? Я молюсь о том, чтобы все мои сомнения ушли, я уповаю на милость.

Теперь мои дети уже выросли, мои дети и внуки – преданные, мой дом – пуст. Я служила много лет, но даже после всех этих лет я не прочитала все книги Прабхупады. Сейчас я пытаюсь это сделать и нахожу в этом прибежище. У меня самый лучший *гуру* и я должна принять то, что он говорит. Я молюсь Прабхупаде и открываю свой ум людям, заслуживающим доверия, понимающим людям. Мне нужна дружба, любовь, забота и поддержка, чтобы продолжать. Я не могу выбраться из этого состояния сама.

Ничего не происходит случайно. Когда ты сходишь с ума – это кармическая болезнь. Некоторые люди болеют физически, а у меня болезнь психическая. Меня утешает мысль: «Я очищаюсь. Должно быть когда-то я сделала людей несчастными и теперь я сама несчастна. В тот день, когда я за это заплачу, все закончится».

Visvadevi devi dasi / Вишвадеви деви даси

Вишвадеви не знала, что она хочет сделать со своей жизнью. Даже присоединившись к движению, она не могла понять, какое служение способна выполнять. Впервые она посетила храм во время установления Божеств. С самых ранних лет в Сознании Кришны и по сей день ее служением является поклонение Божествам. Одевая Божеств, создавая для Них наряды, украшения и симхасаны, она видит в этом свое вечное и изначальное положение и ей это очень нравится.

Около четырех часов после полудня солнце заливало парижский храм на улице ле Сюэюр сквозь округлые окна. Прабхупада сидел в комнате, пронизанной персиковым светом, а я сидела рядом с ним готовясь получить Гаятри-инициацию. Прабхупада прочитал мне мантру Гаятри, попросил меня повторить ее за ним и показал мне движения на пальцах. Затем он сказал мне повторить все самостоятельно, и я сделала это правильно. Он сказал: «Хорошо» – и я загордилась. Он велел мне повторять Гаятри до восхода солнца, в полдень и до заката, а затем попросил меня повторить ее еще раз. На этот раз я ошиблась. Он поправил меня, переставив мой большой палец своими.

Перед открытием храма Кришна-Баларамы во Вриндаване я помогала Кишори шить одежды Божествам для каждого дня недели. Когда Прабхупада взглянул на одежды и украшения, которые мы сделали, то счел их роскошными, сказав: «Эти наряды будут носить в течение двадцати лет». Тогда мне было чуть больше двадцати лет и мне показалось это невероятно долгим – чтобы Божества носили наряды столько времени.

Прабхупада хотел, чтобы его ученики, живущие в Индии, изучали хинди, поэтому во Вриндаване мы учились каждый день. Мы быстро выучили алфавит и начали читать. Однажды во время *даршана* Прабхупады я сказала: «Шрила Прабхупада, у нас хороший учитель хинди, мы все умеем читать». Прабхупада спросил: «Ты можешь говорить?» Я ответила: «Нет». Он засмеялся и сказал: «Ты умеешь читать, но не можешь говорить – что в этом хорошего?»

Каждое утро Вишала читал *шлоки*, когда Прабхупада выходил из храма на прогулку. Однажды Прабхупада сказал: «Не выпендривайтесь перед духовным учителем». Когда Прабхупада гулял по улице Чхатикара, которая сейчас называется Бхактиведанта Свами Марг, он спрашивал о каждом аспекте жизни храма: сколько мы потратили на *бхогу* для Божеств и сколько мы получили от продажи *маха-прасада*. Прабхупада хотел, чтобы департамент Божеств был самодостаточным, он был строгим и тщательно следил за финансами. Он спросил сколько раз мы ездим на Лой Базар и когда я сообщила ему, что мы ездим раз в день (в то время, чтобы доехать до Лой Базара, нужно было заплатить одну рупию), Прабхупада ответил: «Нет, составь список и езжай раз в неделю». Пенсионер-индиец по имени Пранаб жил в гостевом доме Вриндавана со своей женой. Пранаб любил Прабхупаду, Вриндаван и Божеств. Он также любил свою жену. Прабхупада настаивал на том, чтобы он и его жена жили отдельно и неустанно спрашивал об этом. Однажды утром Пранаб сказал, что он съехал. Прабхупада спросил: «Куда?» Пранаб ответил: «В комнату напротив». Прабхупада засмеялся и сказал: «Не достаточно хорошо».

Прабхупада видел Кришну во всем и хотел, чтобы мы использовали всё в служении Кришне. Всякий раз, когда Прабхупада входил в храм Кришна-Баларамы, он проверял все. Однажды вода стекала со ступеней кухни и он спросил: «Что это?» Он был предельно внимателен.

Во второй половине дня, в мае 1977-го года, когда Шрила Прабхупада прибыл во Вриндаван из Хришикеша, он неоднократно повторял, что потеря тела – не существенная проблема. Он сказал: «Я все объяснил в своих книгах». Мысль о том, что Шрилы Прабхупады физически не будет с нами, превратилась в постоянное нависающее темное облако над нашими головами. Я чувствовала себя раздавленной его тяжестью.

Все было темным и мрачным. Несмотря на то, что Прабхупада выглядел хрупким и слабым, его трансцендентное тело имело цвет расплавленного золота, а кожа была гладкой. Он никогда не выглядел больным.

Мы жили каждый день, не ведая – уйдет Шрила Прабхупада или останется. Затем, 14-го ноября 1977-го года, Кавирадж сообщил, что у Прабхупады осталось пять часов. Я оказалась у подножия его кровати и пробыла там несколько часов. Стоя прямо, я сложила свои руки в молитве, интенсивно сосредотачиваясь на теле Шрилы Прабхупады. Он и его кровать были покрыты гирляндами от Божеств. Пишима сидела слева от него. По мере приближения момента его ухода мы все пели *маха-мантру* в унисон, усиливая ритм. Потом, когда Шрила Прабхупада ушел, время как будто остановилось навсегда. Не было ни прошлого, ни настоящего, ни будущего. Впервые в жизни мой разум не плутал где-то, а был полностью в одном месте. Всякий раз, когда я вспоминаю об уходе Прабхупады – это похоже на вчерашний день, который я помню с каждой мелочью, впечатляющей мой разум и сердце.

Позже, когда мы отнесли трансцендентное тело Шрилы Прабхупады на *даршан* Кришне-Балараме, я не отрываясь смотрела то на Шрилу Прабхупаду, то на Кришна-Балараму. Перед лицом того, что представлялось нам трагедией колоссальной величины – разрушительной и непередаваемой утратой – я была шокирована, когда увидела, что Кришна улыбается. Я чувствовала, что Шрила Прабхупада был с Кришной. Я поняла, что в трансцендентном плане приход и уход *нитья-сиддха парамахамсы* одинаковы, и Шрила Прабхупада был всегда с Кришной. Это был прославленный момент. До того я была так ошарашена, что не могла воспевать, но после осознания всего этого я заметила, что пою и даже улыбаюсь, поднимаю руки вверх и танцую с преданными.

Мы усадили Шрилу Прабхупаду на его *вьясасану*, провели *киртан* до самого утра и предложили ему *гуру-пуджу*. К тому времени все приобрело сказочные черты. Ранним утром мы пошли со Шрилой Прабхупадой на *парикраму* вокруг Вриндавана. Все выстраивались вдоль дорог, кланялись и бросали цветы, когда Шрила Прабхупада проходил мимо. *Киртан* достиг крещендо, так как все больше преданных участвовало в нем с большим количеством *мриданг*, *караталов* и динамиков. Мы добрались до храма Радхи-Дамодары и *брахманы, санньяси* и *пуджари* осыпали Шрилу Прабхупаду гирляндами и *маха*-цветами. И так происходило в каждом храме. Весь Вриндаван выразил ему свое уважение. Тело Шрилы Прабхупады было мягким и податливым, оно грациозно восседало на паланкине, нежно покачиваясь. Примечательно то, что его тело, будучи святым и полностью трансцендентным, не подвергалось трупному окоченению. Чтобы прославить Своего самого дорогого вечного спутника, Кришна устроил так, чтобы все жители Вриндавана стали свидетелями и участниками этого события. Это было великолепное подтверждение трансцендентной природы Прабхупады.

Я в некоторой степени понимаю, что имел в виду Прабхупада, когда сказал, что есть два вида связи – *вани* и *вапу* и что *вапу* иногда предпочтительнее, но *вани* существуют вечно. Но мысль о том, что я больше не смогу созерцать трансцендентное присутствие Прабхупады - опустошающая.

Visvadhika devi dasi / Вишвадхика деви даси

Вишвадхика впервые увидела Шрилу Прабхупаду в храме на Генри стрит, в Нью-Йорке.

Я регулярно читала и воспевала. Процесс очищения начался. Меня во многом сбили с толку изменения в себе. Конечно, освобождение от материальных затруднений быстро породило в моем сердце очень сильную радость и покой. Одновременно с этим я начала осознавать всю глубину своей материальной обусловленности. Примерно в это же время мне приснился сон, в котором Шрила Прабхупада пришел и сказал мне: «У тебя очень большое ложное эго». Действительно! Я была готова возразить по этому поводу, но затем осознала, что эта реакция лишь подтверждает слова моего духовного учителя.

Однажды утром Шрила Прабхупада проводил лекцию. На материальном уровне я была никем в этой комнате, просто Джоанн, которая сидела в углу со своим «большим ложным эго» и пыталась слушать лекцию. Но когда Шрила Прабхупада говорил, я очень оживлялась, потому что казалось, что Его Божественная Милость обращается непосредственно ко мне. «Как такое возможно?» – подумала я. Тем не менее, я не могла отрицать - он обращался именно ко мне. У многих преданных был подобный опыт. У Кришны личные отношения с каждой бесконечно малой *дживой*, независимо от того, что нас – бесчисленное количество. Как чистый преданный Кришны, Шрила Прабхупада проявлял ту же способность лично общаться с каждым преданным даже в помещении, переполненном сотнями преданных.

Во время этого же визита у меня было общение со Шрилой Прабхупадой, длившееся 30-60 секунд, которое до сих пор продолжает вдохновлять меня. Мне посчастливилось быть в команде женщин (в те дни нас не называли «*матаджи*»), которые убирали его комнаты, пока он уходил на утреннюю прогулку. В этот день он не пошел на прогулку. Нам сказали, что мы можем убираться, но если он придет в это время, то мы должны будем уйти. Итак, я мыла половицы в коридоре. Они были без единого пятнышка, но я была счастлива от одного пребывания там!

Я почувствовала, что кто-то вошел в комнату и подняла свой взгляд – я увидела Шрилу Прабхупаду. Он сказал: «Большое спасибо тебе». Я с трепетом поклонилась. С любовью и страхом я подняла глаза, но Его Божественной Милости уже не было.

Вот и все. Один момент общения!

В одном из комментариев Шрила Прабхупада говорит, что одно мгновение качественного общения с чистым преданным может сделать жизнь человека совершенной. По милости Кришны в тот единственный момент общения со Шрилой Прабхупадой я занималась служением, а не какой-то ерундой. Мне так повезло, что у меня было это мгновение общения с ним.

К сожалению, на несколько лет я покинула общество преданных. По милости преданных я смогла вернуться. В 2011-м году Малати сказала мне: «Ты хочешь служить преданным, предлагая гомеопатические лекарства. Отличная идея. Приходи на "Фестиваль вдохновения"». Я не имела понятия, насколько духовно вдохновляющей окажется гомеопатия, но я пошла. По ее милости и милости многих чудесных духовных братьев и сестер в Нью-Вриндаване я снова нахожусь в обществе преданных. Хотя я всегда жаловалась на то, что у меня было чрезвычайно мало личного общения со Шрилой Прабхупадой, теперь я понимаю, что он дал этой незначительной преданной величайшее благословение. Он снова принял меня к себе на служение по милости своих учеников. Спасибо, Шрила Прабхупада.

Он воистину является проявлением божественной милости Кришны, о чем свидетельствуют многие рассказы о его отношениях с учениками, когда мы были благословлены его общением. Эта божественная милость проявляется и сейчас, даже несмотря на то, что мы не видим Его присутствия сегодня, хотя многие из нас - ученики его учеников и ученики учеников его учеников.

Vrnda devi dasi / Вринда деви

Вринда деви читала «Бхагавад-гиту как она есть», катаясь на лодке на озере Васкана в Реджине в округе Саскачеван, когда услышала звуки пения «Харе Кришна». Пришвартовав лодку к берегу, она в бикини побежала в том направлении, откуда доносились трансцендентные звуки и влезла в голубой автобус санкиртаны, полный санньяси и брахмачари. Ее поприветствовали, предложили чадар и попросили прикрыться.

Будучи уже йогиней и вегетарианкой, знакомой с принципами *бхакти-йоги,* вскоре она переехала жить в храм в Торонто.

В 1972-м году, после того, как пришло письмо от Шрилы Прабхупады, в котором он сообщил, что принял меня как свою ученицу и дал мне имя Вринда деви даси, я отправилась в Нью Вриндаван в Западной Вирджинии на инициацию.

Мы собирали цветы, листья и веточки для того, чтобы украсить *вьясасану* Шрилы Прабхупады на инициацию. Когда он приехал, мы пели *киртан*. Он прошелся, держа в руке трость, и пролил на нас милость своим присутствием. Когда он попросил меня произнести четыре регулирующих принципа, каким-то образом мне удалось произнести слова. Он улыбнулся и передал мне мои четки. Теперь я была дважды рожденной и у меня был духовный отец.

Моя вторая инициация происходила в Чикаго. Там я увидела, что шафрановая сумка для книг Шрилы Прабхупады выглядела довольно потрепанной. Я сказала его слуге, что умею шить и была бы польщена, если бы смогла сшить новую сумку, которая подходила бы моему *гуру*. Мне дали наставление сшить точно такую же сумку со всеми карманами для его *каратал*, книг и так далее. На автобусе я доехала до магазина тканей, чтобы купить грубый шелк шафранового цвета, но у них не было необходимого мне количества материала, поэтому я купила ткань бежевого цвета, чтобы использовать ее в качестве подкладки. Когда работа была завершена, меня пригласили в комнату Прабхупады предоставить ему подарок. Я чувствовала, как он внимательно смотрит на меня любящим взглядом. Его пронизывающий взгляд понимал мое сердце и мои сложности. Я чувствовала, что от него исходит безусловная любовь. Когда я передала ему сумку, он поблагодарил меня и сказал: «Очень хорошо». Потом он посмотрел внутрь сумки и спросил: «А почему не все шафранового цвета?» Тогда я рассказала ему свою сагу. Он улыбнулся и сказал, что все в порядке.

Позже я собрала букет цветов, надеясь передать их Шриле Прабхупаде. Когда я передавала букет, то почувствовала, что его рука легко коснулась моей, он улыбнулся и поблагодарил меня.

После того, как я переехала в храм в Виннипег, мне пришло письмо, в котором всех художников ИСККОН приглашали переехать в Лос-Анджелес, чтобы создать первую американскую теистическую выставку. Я слышала, что Прабхупада хотел представить трехмерное изображение «Бхагавад-гиты», которое бы использовалось для проповеди. Я знала, что все было уже сделано, но я была бы самой счастливой, если бы мне выпала удача послужить в проявлении этого проекта на физическом плане. В действительности так и было.

Занятость в качестве скульптора для первой американской теистической выставки позволила мне применить мои художественные способности в служении Радхе и Кришне. Это лучшее использование талантов, данных мне Богом.

Казалось, что нас постоянно поджимают сроки. Прабхупада справлялся о наших успехах и планировал посетить нас. Мы начинали работу в 4.30 утра, сразу после утреннего *арати*. Мы слушали лекции по «Бхагаватам» через громкоговоритель в нашем холодном, но очень вдохновляющем рабочем месте. Нам приносили *прасад* и мы работали до позднего вечера. Это была своего рода медитация: занять все свои чувства, чтобы двухмерное изображение стало трехмерной духовной формой. Мы вырезали себе инструменты для лепки из бамбука и предлагали их перед использованием. Я испытывала состояние, похожее на транс, как будто бы кто-то придавал силы моим рукам и управлял ими, когда они использовали солому и глину, создавая формы и Божеств, которые будут развивать миссию Прабхупады. Теперь у моей жизни была цель и направление. Я была вдохновлена, исполнена счастья и благодарности за эту духовную возможность.

Вместе с группой *киртана* я встречала Шрилу Прабхупаду в Лос-Анджелесском аэропорту. Я ощущала переполняющую его силу и энергию, когда он шел быстрее и решительнее, чем мы – те, кто на многие десятки лет моложе его. Он горел желанием доставить удовольствие своему Гуру Махараджу и этот огонь подталкивал и меня. Приехав в мастерскую первой американской теистической выставки, Прабхупада одобрительно рассматривал эскизы, заготовки, делал комментарии и улыбался. Его видение обретало формы, и он был счастлив. Мы подали ему воду в серебряном кубке, немного прасада и слушали, как он говорит о важности того, чем мы занимаемся. Он описал это, как потенциальную проповедническую деятельность.

В тот день, когда Шрила Прабхупада оставил тело, мне отдали тот серебряный кубок. Я поставила его на алтарь и с того времени предлагаю Прабхупаде воду в этом кубке.

Я помню, как будучи беременной, убиралась в комнатах Прабхупады, а потом отправлялась домой вздремнуть. Тогда я получила одно очень четкое наставление во сне. Он был доволен моим служением, но упомянул несколько особенных вещей, которых я должна избегать, чтобы защитить ребенка, которого носила. Это были слова заботливого духовного отца, который хотел защитить свою дочь и ребенка в ее чреве.

Во время проведения веганских кулинарных курсов и образовательных встреч по вопросам здоровья я всегда ставила на стол посуду Кришны и предлагала участникам положить туда то, что они приготовили. Потом я объясняла гостям, что несмотря на то, что пища, которую мы сейчас собираемся вкусить, находится в *гуне* благости, она все же связывает нас кармическими реакциями с материальным миром. Поэтому, если мы потратим немного времени и предложим пищу Кришне, она одухотворится и освободит нас от *кармы*, окажет нам духовное благо. Кришна хочет всего лишь нашей любви. Меня часто просили показать, как происходит предложение пищи и интересовались чем-то большим.

Как учитель йоги айенгара я переплетаю с моими лекциями философию и ведическое знание, которое вложил в меня мой вечный учитель Шрила Прабхупада. Его слова сохраняются спустя десятилетия.

Vrindavani devi dasi / Вриндарани деви даси

В 1973-м году Вриндарани было шестнадцать, и она уже пару лет посещала храм на Бэри плейс. Когда открылся Мэнор, она переехала туда.

В тот день, когда я переступила порог Мэнора, первым человеком, которого я увидела, был Шрила Прабхупада, направляющийся в лекционную комнату, чтобы дать лекцию по «Бхагавад- гите». Как только я увидела его, я предложила ему свои поклоны.

На даршане в Мэноре тем летом одна англичанка спросила Шрилу Прабхупаду, что ей делать, если она замужем за человеком, который не является преданным. Я ожидала, что Шрила Прабхупада ответит: «О, ты замужем за демоном, ты должна его оставить, ты должна переехать в храм и служить Кришне!» Однако по сегодняшний день я поражена ответом Шрилы Прабхупады. Он сказал: «В этом нет никаких препятствий для сознания Кришны».

Шрила Прабхупада говорил, что сознание Кришны является нашим правом по рождению, и если мы действительно хотим Кришну, то не существует никаких препятствий. Всякий раз, когда я указываю на стечение обстоятельств или обвиняю обстоятельства, я знаю, что мне следует смотреть глубже.

Тем летом Прабхупада провел много времени в Мэноре. Позже я отправилась в Индию и видела Шрилу Прабхупаду в Джуху в течение многих дней. Я выполняла служение секретаря, *пуджари* и прибиралась в комнатах Шрилы Прабхупады. Поздними вечерами я поднималась на крышу, где Шрила Прабхупада регулярно давал неформальные *даршаны* множеству преданных и гостей, которые сидели и слушали его. Однажды я поднялась на крышу, открыла дверь, и сразу же предположила свои поклоны. Когда я поднималась из поклона, Брахмананда сказал, что меня здесь не должно быть. «Что ты здесь делаешь?». Я ответила: «Простите, я думала, что Шрила Прабхупада будет говорить». Прабхупада сказал: «Ты хотела поговорить со мной?» Я ответила: «О, нет, Шрила Прабхупада, я пришла чтобы слушать Вас!» Не знаю, по каким причинам, но тем вечером он не давал *даршанов*. Однако у меня было чувство, что Шрила Прабхупада всегда был открыт для преданных. Его реакция не была негативной. Казалось, что, если бы любой человек подошел к Прабхупаде, он бы спросил: «О, ты хочешь поговорить со мной?». Казалось, что он владел всем временем мира, и если бы мне нужно было поговорить с ним, то он уделил бы мне время. Это ощущение никогда не покидало меня, и оно всегда меня успокаивает.

Во время очередного *даршана* в Бомбее Шрила Прабхупада читал о Дхруве Махарадже, и он сказал, что существует планета Вайкунтхи в этой материальной Вселенной. Это совсем не укладывалось в моей голове.

Я пыталась мирскими понятиями размышлять о трансцендентном. Я спросила об этом Шрилу Прабхупаду. Прабхупада ответил: «Ты должна быть чистой». С того момента, какие бы сложности ни случались в моей духовной жизни, я всегда возвращаюсь к тому наставлению Шрилы Прабхупады: «Ты должна быть чистой!» Я не чиста, и поэтому я испытываю сложности. Духовная жизнь — это очищающий процесс.

В Гестхаусе во Вриндаване жило много женщин и детей, но это было не самое идеальное место для них, и Прабхупада предложил им переехать в Майяпур, где условия были лучше. Однажды утром мне предстояло уехать из Вриндавана, чтобы помочь Хайдарабаде. К тому времени как Шрила Прабхупада вернулся с утренней прогулки, мои чемоданы были уже собраны. Я предложила поклоны, и Шрила Прабхупада сказал: «О, тебе нужно куда-то ехать?» Я ответила: «Да, я отправляюсь на свое служение в Хайдарабад». Реакция Шрилы Прабхупады была всегда такой естественной, и он с такой легкостью общался с нами. Не было никакой неловкости, и, хотя преданных было так много, он всегда заботился о каждом из нас индивидуально.

В другой раз в комнатах Шрилы Прабхупады в Майяпуре одному из мальчиков-*гурукульцев* стало немного холодно, и Шрила Прабхупада был озабочен тем, чтобы у мальчика появился джемпер, и он согрелся.

В январе 1977-го года я отправилась на Кумбха-мелу, и так случилось, что я ехала на том же поезде, что и Шрила Прабхупада. Несмотря на то, что к тому времени я была преданной уже несколько лет, я думала: «О, какой толк в брачной церемонии? В чем ценность свидетельства о браке? Это всего лишь кусок бумаги!» На Кумбха-меле Шрила Прабхупада сказал, что свадебная церемония необходима. Все сообщество должно знать, что этот мужчина и эта женщина являются мужем и женой. Это был урок для меня. Кто-то может спросить: «В чем же был урок? Ты уже была преданной и должна была знать эти вещи!» Но иногда требуется несколько лет, чтобы понять что-то. Воспринять это было несложно. Прабхупада все делал, понятным и значимым.

В какие-то моменты смысл слов Шрилы Прабхупады был скрыт, и порой их смысл открывался нам по мере очищения. Иногда Прабхупада говорил что-то, и мы понимали это с одной стороны, а спустя годы приходило другое понимание. Конечно же, с течением лет приходит более глубокое осмысление наставлений.

Vrndavana Vilasini devi dasi /
Вриндавана Виласани деви даси

Вриндавана Виласани была привязана к своей независимой жизни хиппи, но очень сильно от этого страдала. Повсюду в Америке она встречала преданных, слушала Святые имена и почитала прасад. В итоге она оказалась в Сиэтле, в штате Вашингтон, на своей родине.

Президент храма в Сиэтле, Макханлал, сказал мне: «Ты хочешь встретить человека, который любит Бога больше, чем кто бы то ни был другой?» Я ответила: «Конечно!» Поэтому 8-го июня 1972-го года мы проехали 6 часов до аэропорта Портленда в штате Орегон. В тот самый момент, как Прабхупада показался у двери самолета, хотя я была далека от него, стал выстраиваться мост нашей с ним глубокой любви. Его сердце сказало моему: «Я люблю тебя! Я никогда тебя не оставлю!» Мое сердце ответило: «Я люблю Вас! Я никогда Вас не оставлю!» Это был невероятный внутренний мост любви и привязанности. Я была полностью шокирована этим, и в течение двух или трех часов я ощущала, что весь мир, каждое радио, каждый человек, каждая травинка — все вокруг воспевали Харе Кришна. С того дня я постоянно чувствовала, что Прабхупада рядом со мной. Он моя жизнь и душа, мой лучший друг, и он ближе ко мне, чем мое собственное дыхание.

После Портленда я полетела в Лос-Анджелес, присоединилась к храму и никогда его не оставляла. Я была счастлива. Спустя три месяца, на день явления Баларамы, Прабхупада дал мне инициацию. Я хотела порадовать его, поэтому, дав обет соблюдать четыре регулирующих принципа, я посмотрела на него снизу верх, как маленький ребенок, и добавила: «…и всегда помнить Кришну, и никогда не забывать Кришну». Прабхупада рассмеялся и сказал: «Твое имя будет Вриндавани Виласани деви даси. Это имя Радхарани — Та, Кто наслаждается Вриндаваном».

И потом в течение 17-ти лет каждый день я пыталась доставить удовольствие Шриле Прабхупаде, распространяя его книги, а после его ухода я переехала во Вриндаван. Сейчас я живу на берегу Ямуны. Когда люди спрашивали Прабхупаду, обладает ли женщина меньшим разумом, чем мужчина, он отвечал: «Если ты думаешь, что ты женщина, у тебя всегда будут проблемы. Не нужно думать, что ты женщина, думай, что ты душа, служанка Кришны». Он никогда не заставлял женщин считать себя низшими, неравными. У нас были равные возможности для служения. Женщины переодевали Божеств и готовили для Них.

Прабхупада — это истинная трансцендентная личность. Он все еще наблюдает за нами и посылает нам трансцендентные письма через свои книги. Если мы можем предложить *бхогу* фотографии Прабхупады и она становиться *прасадом*, то почему мы не можем разговаривать с ним? Как можно сказать, что нам недоступен его взгляд? Почему нет? Это вопрос веры. У нас хватает веры в то, что наша *бхога* становится *прасадом*, так почему же у нас не хватает веры в то, что Прабхупада может поговорить с нами? Он живой и никогда не умирает. Когда мы делаем Шри Гуру нашей жизнью и душой и служим ему с верой, привязанностью и благодарностью, он отвечает взаимностью. Это вопрос веры.

Прабхупада дал мне желание служить и удовлетворять его, и

это выстраивает настоящую связь между нами. Это его милость, и я преисполнена энтузиазма, что у меня есть этот вкус. Когда я впервые услышала, что если у вас есть твердая вера в Гуру и Кришну, то вам откроется вся суть Вед, я подумала: «У меня нет такой твердой веры, но я буду молиться о ней, и я получу ее». У меня была вера в процесс, я следовала ему настолько, насколько могла, так хорошо, как могла. Сознание Кришны простое, но мы должны быть терпеливыми и уметь ждать.

Vrndavanesvari devi dasi / Вриндаванешвари деви даси

В 1971-м году восемнадцатилетняя Вриндаванешвари даси отправилась со своим молодым человеком (теперь уже мужем) в Лос-Анджелес, чтобы навестить брата возлюбленного. Он жил через дорогу от лос-анджелесского храма ИСККОН. Вскоре они уже ели прасад, купили книги «Кришна» и «Бхагавад-гита».

Наше следующее путешествие было в Северную Калифорнию, туда, где жила большая группа хиппи. Они вели невежественный образ жизни. Моим ежедневным ритуалом было читать книгу «Кришна», а Мадан читал «Бхагавад-гиту». Мы уехали оттуда, и я начала повторять два круга маха-мантры каждый день. Это кардинально изменило мое отношение к Сознанию Кришны.

Мы вернулись в храм в Лос-Анджелесе, где жили в фургоне. Я посещала все храмовые службы, увеличила повторение Святых Имен до восьми кругов. Я работала весь день на фабрике по производству благовоний и слушала каждый день прекрасный альбом под названием «Храм Радхи-Кришны».

Примерно через три дня после переезда в Лос-Анджелес группа преданных предложила мне поехать с ними на фестиваль в Сан-Франциско. Я согласилась. Итак, 14 женщин уселись по-турецки на пол в фургоне и отправились на север за приключениями. Милая преданная по имени Мэри подружилась со мной, и мы разговаривали с ней всю дорогу. Когда мы остановились на пикник поесть то, что мне казалось необычайной едой, она объяснила мне, что было на моей тарелке, и буквально накормила меня своей нежностью. Она была по-матерински заботливой и пропитанной настроением, которое должно быть у всех преданных. Я думаю, ее доброта очень сильно на меня повлияла. Позже она получила инициацию и стала Манджуали.

Две недели спустя я загорелась энтузиазмом переехать в *ашрам* и стать полноценной *брахмачарини*. Я была очарована атмосферой и опьяняющими запахами алтарной, наполненной благовониями и миррой. В нескольких метрах от алтарной находилась кухня со всеми ее экзотическими запахами, смешивающимися с запахом благовоний. Сама алтарная была буйством красок и радости.

Я сразу же привязалась к преданным, как будто всегда их знала. В Новой Двараке было так много преданных, которые учили своим примером. Все было первоклассным. Эти сильные сладкие узы привязанности, которые были у меня с моими духовными сестрами, смягчили мое сердце и принесли мне счастье, которого я никогда не испытывала. Я до сих пор чувствую связь с теми преданными, несмотря на то, что прошло так много лет и расстояние разделило нас.

Как же это было великолепно — приносить поклоны, одновременно повторять молитвы, а затем всем вместе кричать «Джай»! Это было потрясающе! В первые две недели пребывания в храме я получила ответы на все свои вопросы и размышления о смысле жизни. Меня интересовал вопрос смерти, и, когда преданные объяснили мне, что мы вечны, я почувствовала, что многое внезапно обрело смысл. В первые две недели я почувствовала, что заново родилась.

В мае стало известно, что приезжает Прабхупада. От волнения преданные сходили с ума. Я была взволнована, но не знала, чего ожидать. Я поехала в аэропорт бог знает с каким количеством преданных, и мы были так взволнованы, что кричали, прыгали и пели, как будто мы были в другом мире, не обращая внимания на людей вокруг нас. Мы были вне наших тел, потому что Прабхупада, спасший нас этим знанием и *маха-мантрой*, дарившей нам блаженство, собирался приехать к нам.

Прабхупада вышел из самолета и оглядел всех с большим удовольствием. Он видел новых преданных вместе с теми, кто уже посвятил себя ему. Он одарил нас своей любящей улыбкой и взглядом. Я тут же почувствовала трансцендентную связь с ним. Прабхупада был моим вечным отцом. Он заставил меня чувствовать себя как дома, и я поняла, что поступаю правильно. Я была в восторге, увидев величественного и сладостного чистого преданного.

Каждую субботу все *брахмачарини* и брахмачари уходили на кухню примерно на шесть часов. Мужчины за одним столом, женщины за другим, мы раскатывали *пури*, делали *самосы*, сладкие шарики для пира. Это было экстатическое служение. Опять же, между преданными была удивительная связь. Между мужчинами и женщинами не было разницы во время служения.

Прабхупада остался на два месяца. Я наблюдала его милость, его смирение, его любящий взгляд, его внимание ко множеству маленьких вещей. Однажды я стояла рядом с ним, когда он принимал *чаринамриту*. Я видела мальчишескую улыбку на его лице, когда он сказал: «Как вкусно! Я мог бы есть это весь день». Это было так мило!

Прабхупада отвечал взаимностью своим преданным и никогда не делал различий между мужчинами и женщинами. Все женщины выполняли полный *дандават*, и Прабхупада, конечно, одобрял это. Когда он осматривал квартиры, некоторые из нас следовали за ним и чувствовали, как он ценит каждого из нас, как он заботлив и внимателен. Он отвечал нам взаимностью.

Однажды в Сан-Диего телерепортер взял интервью у Прабхупады, и я была с Прабхупадой, когда он смотрел интервью по телевизору. Прабхупаде показалось это интервью забавным, и он так расхохотался, что откинулся на спинку дивана. Воздух был наполнен экстазом и смехом, я чувствовала, как смеются полубоги, каждый атом был наполнен радостью.

Однажды женщина спросила Шрилу Прабхупаду: «Почему Вы бреете голову?» Прабхупада строго ответил: «Зачем Вы бреете ноги?» Последовало молчание, а затем Прабхупада беззаботно сказал: «Лучше иметь холодную голову, чем холодные ноги». Все рассмеялись от такой перемены в настроении. Говоря правильные вещи в нужное время, Прабхупада мог контролировать ситуацию.

Иногда в своих лекциях Прабхупада умоляюще говорил: «Кришна хочет, чтобы вы вернулись домой! В чем трудность?» Я подумала: «Ух ты!» — и пришла в восторг. Это утверждение сделало сознание Кришны легким для меня. Прабхупада был тронут попытками учеников служить. Он был настоящим и чувствительным человеком, и, когда он смотрел на нас, мы чувствовали его любовь и сострадание.

Однажды я услышала, как он сказал: «Если вы повторяете шестнадцать кругов, вам гарантировано бессмертие». Прабхупаде было около 70-ти лет, и его здоровье было не в лучшем состоянии, но он танцевал.

Одно из моих самых ярких воспоминаний — это Прабхупада, сидящий на *вйасасане* в переполненной, маленькой, старой алтарной. Там были преданные со всего мира, и Прабхупада восторженно пел «Джая Радха Мадхава». Я была полностью поглощена увиденным. Он ударял в гонг своим маленьким молоточком, поднимая руку вверх, как дирижер оркестра, и жестом приглашал всех танцевать — и все безудержно танцевали. Я тогда думала: «Сейчас я дотронусь до потолка!» Меня переполняла энергия, и мне действительно казалось, что я собираюсь взлететь и коснуться потолка.

В этом океане преданных я думала: «Прабхупада, посмотрите на меня», потому что я хотела его особого внимания. И вдруг сквозь этот океан преданных, среди океана голов, я поняла, что Прабхупада пристально смотрит прямо на меня. В тот момент я чувствовала себя виноватой и глупой, но мне было все равно. Я была в восторге от того, что Прабхупада уловил мою энергию, и у нас был этот зрительный контакт, который длился несколько мгновений. Я сошла с ума, танцуя еще больше.

Я думаю, что именно уроки и беспричинная милость Прабхупады поддерживают меня до сих пор. У меня есть небольшой вкус к воспеванию. Я просыпаюсь, и в моей голове звучит *мантра*. По ночам это моя колыбельная, чтобы уснуть. Мне посчастливилось иметь много лет искреннего служения преданным, и это, я думаю, очень важно — осознавать важность служения *вайшнавам*. Они необычные люди. Я думаю, что иметь прочную основу в служении действительно важно. Сознание Кришны — это не просто чтение и повторение, это физическое действие, потому что это связывает вас. В духовном мире все постоянно активно заняты.

На лекции в Лос-Анджелесе Прабхупада сказал две вещи, которые навсегда остались со мной. Он сказал, что есть три способа выйти за пределы этого тела: петь, танцевать и играть на музыкальном инструменте. Через некоторое время он сказал: «Даже если ты не хочешь танцевать, заставь себя танцевать, и блаженство придет». Это было потрясающе! Танцы — это необычная вещь. Это было особое благословение, данное Господом Чайтаньей, данное Прабхупадой. Я часто чувствую себя больной, то у меня болит спина, то нога, то я хромаю. Я надеваю ортопедическую обувь в храме. Но это особое благословение! Когда мы танцуем, мы выходим за пределы тела. Танцы были важны для Прабхупады.

Я в вечном долгу перед моим *гуру*, Его Божественной Милостью Шрилой Прабхупадой, который так милостиво вошел в мое сердце, открыл мои глаза и дал мне цель жизни с песней, танцем и улыбкой.

Yamuna devi dasi / Ямуна деви даси

В сентябре 1966-го года Ямуна приехала в Нью-Йорк на 10 дней, чтобы посетить свадьбу своей младшей сестры Джанаки. В течение этого времени она услышала, как Шрила Прабхупада рассказывал историю про жидкую красоту: о любви и вожделении. Эта история стала для нее ударом в солнечное сплетение. Она плакала и думала: «Да, это так. В материальном мире это и есть так называемая любовь, но это никаким образом не похоже на настоящую любовь, о которой говорит Свамиджи».

После Нью-Йорка я осталась с Джанаки, которая была первой девушкой, получившей инициацию у Прабхупады, а ее муж, Мукунда дас, был одним из первых 11-ти учеников-мужчин, которых инициировал Прабхупада. Мы поехали в Сан-Франциско вместе с нашими давними друзьями — Сэмом Спирстром и Мелани Нэгел, которые затем получили имена Шьямасундара дас и Малати деви даси. С их помощью и еще нескольких заинтересованных людей мы открыли храм в Сан-Франциско в январе 1967-го. Шрила Прабхупада приехал туда, чтобы поддержать нас и обучить всему необходимому. Поэтому, когда он совершал свои ежедневные утренние прогулки, любой желающий мог к нему присоединиться.

Итак, я прогуливалась с ним однажды утром и спросила его: «Свамиджи, как Вы думаете, когда-нибудь Вы позволите нам поехать во Вриндаван с Вами?» Шрила Прабхупада повернулся и сказал: «Да, однажды я возьму вас во Вриндаван и покажу его вам». В тот момент я подумала, что это самые обнадеживающие слова, которые я когда-либо слышала в своей жизни. И я просто ждала, когда же это время наступит.

В августе 1968-го года мы поехали в Лондон, чтобы попробовать создать английскую *ятру,* и примерно через год к нам приехал Шрила Прабхупада. Он со своими учениками остановился в поместье Титтенхёрст, куда их пригласил Джон Леннон. После утренней прогулки по поместью Шрила Прабхупада садился один в своей маленькой комнатке для встреч, снимал носки и воспевал молитвы, играя на фисгармонии, *мриданге* или *караталах.*

Однажды утром я тихо сидела на лестнице около его комнаты и слушала, как Прабхупада поет. Не знаю, как он понял, что я была там, но после того, как он закончил, он сразу позвал меня. Я зашла в комнату, и он спросил:

— Чем ты занимаешься?

— Слушаю, Шрила Прабхупада. Вы очень красиво поете.

— А ты не хочешь приходить ко мне и слушать тут, в комнате?

— Да, конечно же. Очень хочу!

Он сказал, что я могу играть на *мриданге,* в то время как он будет играть на фисгармонии, а Пурушоттама может играть на *караталах.* Затем в течение нескольких дней по утрам мы записывали на магнитофон, как Шрила Прабхупада поет молитву Нароттамы Даса Тхакура, *Хари Хари Бипхале* из «Вигьяпати».

хари хари! бипхале джанама гонаину
мануший-джанама паийа, радха-кришна на бхаджийа,
джанийа шунийа биша кхаину

Когда я услышала, как Шрила Прабхупада поет, я спросила у него о значении этой молитвы, потому что в то время у нас не было песенников. Он объяснил смысл: «О Господь Хари! Моя жизнь прошла впустую. Всю свою жизнь я сознательно пил яд, ибо, получив редкую человеческую жизнь, не поклонялся Радхе и Кришне». Когда Шрила Прабхупада пел этот *бхаджан,* он очень глубоко погружался в настроение этой молитвы, настолько, что повторял последнюю строчку по восемь, девять, десять раз.

Затем он пел следующий куплет восемь-десять раз, все глубже и глубже погружаясь в смысл молитвы:

голокера према-дхана, хари-нама-санкиртана,
рати на джанмило кене тай
самсара-бишанале, диба-ниши хийа джвале,
джураите на коину упай

«Сокровище божественной любви Голоки Вриндаваны низошло на

Землю в виде совместного пения святых имен Господа Хари — *Харе Кришна Харе Кришна, Кришна Кришна Харе Харе, Харе Рама Харе Рама, Рама Рама Харе Харе*. Почему же это пение так и не привлекло меня? И днем, и ночью яд мирской суеты жжет мне сердце, и я так и не воспользовался возможностью избавиться от этих страданий».

После того, как Прабхупада закончил петь, он сказал: «Ну что ж, Ямуна прабху, какая же у тебя любимая молитва?» Я знала лишь молитву из введения к «Шримад-Бхагаватам», поэтому ответила, что мне нравится «Шикшаштака», на что получила одобрительный ответ. Спросив о его любимой молитве, я получила ответ, что именно этот *бхаджан, Хари Хари Бипхале*, является его любимым.

Группа примерно из двадцати преданных, треть из которых составляли женщины, приехала в Индию 4-го октября 1970-го года. Вплоть до марта 1972-го года мы все вместе служили Прабхупаде в путешествиях по Индии, воспевали святые имена, и в процессе этого служения мы начали относиться к друг другу как к членам семьи. Шрила Прабхупада милостиво позволил женщинам находиться в непосредственной близости к нему в рамках его личной группы *санкиртаны*. В истории *вайшнавизма* такое отношение с девушками было революционно, и это оказало очень сильный эффект в Индии. Честно говоря, это шокировало Индию. В каждом месте, куда бы мы ни приезжали, на первой полосе газет появлялись статьи о танцующих белых слонах преданных, которые шли по улицам, воспевая святые имена.

На Магх-Меле в феврале 1971-го года Шрила Прабхупада впервые рассказывал историю Аджамилы из шестой песни «Шримад-Бхагаватам». Каждый в нашей группе жил ради того, чтобы слушать Прабхупаду. Находиться рядом с ним — это одно, а слушать его лекции по «Шримад-Бхагаватам» каждое утро — это то, ради чего мы готовы были бежать сломя голову. Обычно я садилась рядом с его *вьясасаной*, прямо у лотосных стоп Прабхупады. В первые годы моего пребывания в сознании Кришны Прабхупада был настолько открыт и милостив по отношению к девушкам, что никогда не требовал от нас соблюдение дистанции. Но на этой Меле Ачьютананда Свами, который жил в храме Гаудия Матха в течение какого-то времени и разбирался в *вайшнавском* этикете, сказал мне: «Ямуна, ты не видела, где сидят остальные девушки?» На что я ответила, что знаю, где они находятся. Остальные девушки сидели очень далеко от *вьясасаны*. Ачьютананда продолжил: «Ты должна сидеть там же, с ними». Таким образом, на следующее утро я села так же далеко от Прабхупады, как и остальные девушки. Позже тем же утром Прабхупада позвал меня к себе, и, когда я вошла в его палатку, принеся поклоны и не успев подняться, он посмотрел на меня жалобными глазами и спросил:

— Тебе больше не нравится слушать меня?

— Мне нравится! Я люблю слушать Вас сейчас больше, чем когда-либо прежде, Шрила Прабхупада. Больше всего на свете я хочу слушать

Вас, — сквозь слезы ответила я.

— Тогда почему ты не сидела сегодня там же, где обычно?

— Ачьютананда Свами сказал мне, что по этикету я должна сидеть вдалеке вместе со всеми девушками.

— Да, это входит в *вайшнавский* этикет, — после небольшого молчания произнес Прабхупада.

— Шрила Прабхупада, сколько раз Вы встречались с Вашим Гуру Махараджем?

— С тех пор как я встретил его, — Прабхупада ответил незамедлительно, — я ни на секунду не расставался с ним.

— Но сколько раз Вы виделись с ним вживую? — все не унималась я.

— Очень мало, может пять-шесть раз, но те встречи были очень сокровенными и значимыми для меня, — затем он добавил, — многие из моих духовных братьев были *санньяси* с многолетним стажем, и они считали, что личное общение с духовным учителем является самым главным. Но в некотором роде они ничем не лучше комаров на коленях короля. И какое же дело у комара? Все просто — пить кровь. Поэтому не думай, что личное общение — это единственный способ общения с духовным учителем. Пытайся слушать внимательно.

Для меня это была потрясающе поучительная ситуация. До этого я и представить не могла, что разлучусь с Прабхупадой или что он умрет. Но в этот момент я осознала, что в будущем обязательно наступит момент, когда на физическом уровне я буду отдельно от него и мне придется смириться с этим.

В марте 1972-го года мы с моим мужем были переправлены во Вриндаван, чтобы помочь основать храм Кришны-Баларамы. Шрила Прабхупада хотел, чтобы Вриндаван и Майяпур стали центрами паломничества для преданных со всего света, чтобы у них была возможность «услышать *дхаму* и вкусить красоту *дхамы*». Прабхупада мечтал создать международный гостевой центр, где бы активно проповедовали сознание Кришны и занимались распространением *прасада*. Как он говорил: «Это особенно важно во Вриндаване. Вас не будут ценить за вашу ученость, за ваши знания. Но если вы будете хорошо распространять *прасад* и правильно поклоняться Божествам, то вас будут уважать».

Прабхупада милостиво раскрывал Вриндаван для нас, иногда с хорошей и доброй стороны, а иногда с жестокой и поучительной. Пока мы пытались реализовать Вриндаванский проект, Прабхупада дал нам много ценных наставлений, которые не всегда были приятными. Такие наказания являются особенной частью взаимоотношений ученика и духовного учителя. Иногда сложно осознать и оценить по достоинству всю важность такого наказания, но в ретроспективе они оказываются проявлением сладкой милости, уроки из которой мы продолжаем извлекать в течение многих лет. Когда тебя отчитывают, то ты можешь ощутить, как меняется твоя энергия, и иногда требуется много времени, чтобы осознать всю прелесть этого наставления.

Однажды Шрила Прабхупада был в Дели, я приехала из Вридавана и присоединилась к нему. Хотя он и знал, что я являлась частью Вриндаванского проекта и приехала в Дели посетить храм, Прабхупада сказал мне: «Как ты позволила этому случиться?» Я не понимала, о чем он говорил. Прабхупада продолжил:

— Ты оставила Кришну сидеть на заборе.

— Шрила Прабхупада, я всего лишь посещаю храм, — попыталась объяснить я, — у меня нет никаких обязанностей по отношению к Божествам здесь.

Но Прабхупада продолжал меня ругать, потому что это обязанность ученика — пытаться сохранить то, что дал им *гуру*. Он сказал: «Я обучил тебя, как служить Божествам». Он чувствовал, что я должна расширить свои полномочия на храм в Дели. Он также сказал одну вещь, обращаясь ко всем нам: «Вы можете думать, что Божества — это всего лишь каменные статуэтки, идолы, стоящие перед вами, и вы можете предполагать: "Хорошо, давайте-ка я повешу эту глупую гирлянду на эту каменную статую, и Кришна будет не против". Но если вы так поступите, то Кришна навсегда останется для вас лишь каменной статуей. Поэтому, пожалуйста, будьте осторожны».

Прабхупада очень ясно дал понять, как это важно — быть внимательным в нашем служении Кришне и преданным. Под присмотром духовного учителя, милостиво дающего наставления, и с любовью в сердце мы должны помогать друг другу вернуться домой к Богу. Это великолепная вещь для исследования, потому что она неисчерпаема. До тех пор, пока мы дышим, каждую секунду нашего существования нет никаких ограничений в возможности помогать друг другу обретать сознание Кришны, следуя наставлениям духовного учителя.

В начале вриндаванского проекта я была единственной женщиной в группе. Все остальные были мужчинами, и у каждого из нас была важная роль в этом проекте. В мои обязанности входило руководство департаментом Божеств и обустройство комнат Прабхупады. Когда мы строили храм, мы совершили все ошибки, какие только могут быть, и самой крупной из них был пол в комнате Шрилы Прабхупады. Пол был сделан с использованием технологии амальгамации с использованием неверной пропорции черного. Поэтому, когда пол высох, черный цвет продолжал сходить с пола, и мы не могли ничего сделать, чтобы это остановить. Прабхупада тогда спросил: «Кто это делал?» Я дала нелепый ответ: «Шрила Прабхупада, я не знаю, что теперь делать». На что он ответил: «Никакого разума, в этом нет никакого разума». «Да, все так и есть, Шрила Прабхупада. У вас есть какие-нибудь предложения, как я могу лучше позаботиться о комнате?» Он сказал: «Нет. Решай сама». Прошло много месяцев, пока этот пол не стал чистым.

Прабхупада также был очень строг со мной в отношении уборки.

Когда он отправлялся на утренние прогулки во Вриндаван, мы убирали его комнаты, и у нас была разработана целая система уборки, по принципу которой каждая поверхность в комнате была вымыта дважды. Однажды утром Прабхупада вернулся с прогулки, сел за рабочий стол, достал мини степлер из пластикового чехла, открыл степлер, протер мизинцем пространство между ручкой и скобой и сказал:

— Здесь пыль. Кто убирал мою комнату?

— Это была я, Шрила Прабхупада, — был мой ответ.

— Разве я не показывал тебе, как качественно убираться в комнате?

— Показывали, Шрила Прабхупада. Я так глупа, что никогда бы не подумала искать пыль в таком месте.

— *Асара*, бесполезная.

Прабхупада был строг со мной по многим вопросам, но я очень дорожу этим сейчас, дорожу этой пылью в степлере Прабхупады, потому что, когда духовный учитель строг, это помогает нам осознать, что представляет собой обусловленность. В противном случае «обусловленность» будет всего лишь словом. Утверждение «Я обусловлен с незапамятных времен» трудно понять. Обусловленность — большое и важное понятие. Если духовный учитель не обучит нас этому, то как мы выйдем из обусловленного состояния? Поэтому, когда духовный учитель ругает нас, давая наставления по простым вещам, это полезно.

В 1973-м году Шрила Прабхупада приезжал во Вриндаван много раз, потому что мы, западные ученики, не знали ни языка, ни множества обычаев святой *дхамы* и не имели ни малейшего представления о том, как вести дела. Но мы очень старались построить храм Кришны-Баларамы. Нам необходимо было принять все те препятствия, которые Кришна поставил перед нами, чтобы помочь нам узнать, как выбраться из этого материального мира. Шрила Прабхупада был вынужден приезжать множество раз, чтобы помогать нам своевременно двигать проект вперед.

Однаджы Прабхупада приехал на короткое время, и после этого Теджияс, Гурудас, Шьямасундара и я повезли его в аэропорт Дели. Его самолет задержали, поэтому мы этой маленькой группой сидели и ждали отправления. В это время мы услышали звуки «клик, клик, клик-клак, клик-клак», исходящие от двадцатилетней девушки, идущей на высоких каблуках в черных чулках и мини-платье. Шьямасундара сказал Прабхупаде: «Мы больше не во Вриндаване, Шрила Прабхупада». Прабхупада посмотрел на него и ответил: «Да, да, мы во Вриндаване. Разве это не Вриндаван?» Эти слова будто зажгли во мне лампочку, ведь, действительно, мы можем покинуть Вриндаван, но Вриндаван всегда находится в нашем сердце. Мы можем впитать Вриндаван всеми нашими органами чувств и тогда, когда мы покидаем *дхаму*, мы можем взять эту атмосферу с собой куда бы мы ни отправились.

Каждый раз, когда я вспоминаю эти жизнеопределяющие моменты, связанные со Шрилой Прабхупадой, я вновь и вновь чему-то учусь в этих ситуациях. Прабхупада однажды сделал простой, совсем очевидный комментарий: «Чтобы постоянно помнить, вы должны слушать и воспевать». Он сказал: «Ваше памятование будет становиться настолько менее эффективным, насколько меньше вы слушаете и воспеваете». Поэтому эти три вещи, — слушание, воспевание и памятование — которые входят в список девяти процессов *бхакти*, также являются основой моих отношений с Прабхупадой. Слушание о Шриле Прабхупаде и памятование о нем являются двумя самыми важными процессами в моей духовной практике. Слушание и памятование — это прекрасные дары для нас от Прабхупады, и я премного благодарна за эту трансцендентную милость.

Yasasvini devi dasi / Яшашвини деви даси

Яшашвини воспитывали христианкой, и всю жизнь она мечтала о возвращении в духовный мир, в царство Божье. Она не думала о возвращении к Богу только в присутствии Шрилы Прабхупады. Общество Прабхупады было совершенным и вызывало в ней чувство полного удовлетворения.

Я получила журнал «Обратно к Богу» вместе с приглашением посетить храм на Бери-Плейс в Лондоне. Я пришла в храм и находилась в одном помещении со студентами и индийцами, когда вошел Шрила Прабхупада и сел. Затем вошел преданный и поклонился ему, чего я прежде никогда не видела. Это было удивительное обращение одного живого существа к другому. Пока все ждали выступления Шрилы Прабхупады, он молча сидел минуты три-четыре. Я была поражена тем, насколько комфортно он себя чувствовал, и подумала: «Если бы все ждали, когда я заговорю, мне бы стало неловко». Обычно Прабхупада не поддавался социальному давлению. Он обладал необычайной силой и полной уверенностью в том, во что верил. Когда он наконец заговорил, то спросил, как нас зовут и откуда мы, а затем раздал каждому по кусочку *бурфи*.

Когда Шрила Прабхупада жил в Бхактиведанта-мэнор летом 1973-го года, каждое утро он проводил лекции, а после у нас были потрясающие киртаны. Это было похоже на пребывание в духовном мире. Его сила делала сильными всех остальных. Я была одной из немногих женщин, которые постоянно занимались санкиртаной, и однажды, когда я зашла в комнату к Шриле Прабхупаде, он искренне поблагодарил меня. Он прекрасно понимал, что мы делали, и был благодарен нам за то, что, даже находясь в обусловленном состоянии, мы отдавали свою энергию, чтобы помочь ему распространить эту миссию для удовлетворения Шрилы Бхактисиддханты.

Не в моей природе было заниматься санкиртаной, но эти трудности оказались только в моей голове. Однажды, когда Прабхупада произносил общую речь, его глаза остановились на моих, и он сказал: «Ты не можешь изменить свою природу». Он сделал паузу и сказал это второй, а затем третий раз: «Ты не можешь изменить свою природу». Он как будто говорил мне: «Будь собой для Кришны» — и это мне помогло.

Прабхупада никогда не любил тратить энергию впустую: каждое его движение имело цель. Он тщательно продумал и собрал воедино то, что написал. Его лекции были просты и элементарны. Когда я присоединилась, Прабхупада восемь дней читал лекцию на тему «Ты — не тело». Один мальчик спросил: «Мы каждый день слышим, что мы не тело. Может, теперь перейдем к чему-нибудь другому?» Прабхупада сказал: «Осознал ли ты, что ты не тело?» Мальчик ответил: «Нет». Прабхупада произнес: «Тогда мы продолжим».

Теперь, по прошествии многих лет, я начинаю понимать, насколько прекрасен Шрила Прабхупада, как сильно мы в нем нуждаемся и насколько он важен в нашей жизни. Мои отношения со Шрилой Прабхупадой укрепляются. Он стал реальностью. Мы не должны легкомысленно относиться к его словам. Со временем мое понимание его учения становится все глубже, и сейчас Прабхупада занимает в моей жизни больше места, чем занимал, когда был жив.

Yasodamayi devi dasi / Яшодамайи деви даси

Летом 1974-го года Амарендра и Гаятри сказали Яшодамайи, тогда еще недолго посещавшей храм в Гейнсвилле, что Шрила Прабхупада будет присутствовать на предстоящей Ратха-ятре в Филадельфии.

Я чувствовала, что, если мне интересна эта группа, я должна встретиться с ее лидером и узнать о нем. Итак, пять или шесть женщин запрыгнули в мой маленький дом на колесах, и мы поехали на Ратха-ятру, где я встретила Шрилу Прабхупаду.

Я думала, что на этой первой встрече меня ожидает прозрение или произойдет что-то удивительное; я думала, будет хоть несколько искр, если не фейерверк. Но из-за моего мирского видения все, что я увидела, это был приятный пожилой джентльмен из Индии. Я не видела чистого преданного, потому что, если ты сам не являешься чистым преданным, ты не сможешь распознать чистого преданного. Если смотреть на чистого преданного мирским взглядом, то он выглядит как обычный человек. Позднее, когда я ближе познакомилась с философией, я поняла, что на самом деле ты видишь чистого преданного не глазами, а ушами. Слушая его учение, читая философию, узнавая как можно больше о сознании Кришны, ты начинаешь осознавать, что человек является чистым преданным, а не обычным человеком, выдумывающим свою собственную философию.

Все в Движении было для меня ново; находиться в Филадельфии с сотнями преданных, приехавших со всего Восточного побережья, было шокирующим опытом. Но в то же время меня поразила преданность каждого из них. После Ратха-ятры мы отправились в Нью-Йорк, куда Шрила Прабхупада ехал дальше. После лекции Шрилы Прабхупады все подошли и получили от него печенье, и мне тоже досталось одно печенье лично от Шрилы Прабхупады. Просто получить это печенье было потрясающе. Я тут же его проглотила.

В основном я общалась с Прабхупадой через его книги. Постепенно я стала лучше понимать философию и в какой-то момент почувствовала, что философия имеет смысл, что это действительно Абсолютная Истина. Она отвечает на вопрос, почему с хорошими людьми случаются плохие вещи, — без кармы и реинкарнации этому нет объяснения.

Я поняла, что на самом деле мы все слуги. Мы служим нашим телам или детям, начальнику или обществу в целом: каждый является слугой кого-либо или чего-либо, и конечная цель жизни — стать слугой Кришны. Это осознание оказало на меня сильнейший эффект. Конечная цель жизни была проста — служить Кришне. Это имело безусловный абсолютный смысл. С того момента я стала ощущать, что сознание Кришны — это разумная философия и цель. Никакая другая философия не говорит вам, кем вы являетесь, а кем нет. В этом есть смысл: Бог является личностью, и Он лично участвует в жизни Своих преданных, так же, как они участвуют в Его жизни. И Кришны так много, что Его хватает на то, чтобы войти в жизнь каждого.

Вся моя жизнь привела меня к тому моменту, когда я познакомилась сознанием Кришны. Встреча со Шрилой Прабхупадой позитивно повлияла на всю мою оставшуюся жизнь. Мне никогда не приходило в голову, что может быть лучшая философия, или что, может, я ошиблась и зря потратила все эти годы. Напротив, никто никогда не может забрать служение на нашем духовном банковском счете. Оно там вечно. Я также осознала, что на словах легко предаться философии, но трудно реально жить ею.

Yasomati devi dasi / Яшомати деви даси

В 1971-м году, когда Яшомати была в монреальском храме, она услышал, а как Ишана плакал, читая письмо, полученное от Шрилы Прабхупады. Ощущение особой любви Ишаны к Шриле Прабхупаде стало началом отношений Яшомати с ним.

Я делилась наставлениями Шрилы Прабхупады в школе, но дома у меня была сложная ситуация. Президент храма сказал мне: «Может быть, Шрила Прабхупада должен услышать о твоей истории». К тому времени я почувствовала, что Шрила Прабхупада и Кришна были такими большими, а я такой незначительной, что, хотя я и делала попытки каждый день в течение недели, я не могла написать Шриле Прабхупаде. Это казалось неуместным. Мои отношения со Шрилой Прабхупадой всегда развивались без его личного присутствия, и я чувствовала, что он ответил на мое письмо через моих старших.

Я перебралась из Монреаля в Ванкувер, и в следующем месяце Шрила Прабхупада был в Портленде, штат Орегон. Я приехала туда, и мне выпала возможность послужить Шриле Прабхупаде, делая ему гирлянды и стирая одежду, и Прабхупада дал мне инициацию. Он сказал: «Твое имя — Яшомати, мать Кришны».

С самого начала я была счастлива, что Шрила Прабхупада посылал мне наставления через других. Когда я молюсь о наставлениях, они каким-то образом приходят ко мне через кого-то.

Иногда казалось, что мои духовные братья, сестры и даже младшие испытывают эмоциональную любовь к Шриле Прабхупаде, в то время как мои отношения более формальные. Это меня беспокоило. Я думала: «Может быть, я не люблю Шрилу Прабхупаду так, как другие». Я спросила об этом Шрилу Прабхупаду. Потом кто-то, не могу вспомнить кто, процитировал Шрилу Прабхупаду, сказав: «Как сильно вы любите меня, так же сильно и я буду любить вас». Я получила свой ответ. Я показываю свою любовь к Шриле Прабхупаде через свое служение, и он в такой же мере любит меня. Я незначительна, но у меня все еще есть личная связь со Шрилой Прабхупадой, и она проявляется в служении, которое я выбрала выполнять для него.

Список инициированных дочерей Шрилы Прабхупады

Abhaya devi dasi	Portland	2	1975
Acintyasakti devi dasi	Caracas	4	1976
Acyutapriya devi dasi	New York	4	1976
Adija devi devi dasi	Frankfurt	6	1974
Adisakti devi dasi	London	9	1973
Aditi devi dasi	London	8	1970
Aditi devi dasi	Mayapur	3	1977
Aditya devi dasi	Dallas	1	1973
Agni devi dasi	LA	6	1972
Aha devi dasi	San Diego	1	1972
Aharada devi dasi	Amsterdam	12	1975
Ahoula devi dasi	Sydney	5	1971
Aja devi dasi	San Diego	12	1972
Akara devi dasi	New York	7	1977
Akhilesvari devi dasi	Miami	3	1977
Aksunnasakti devi dasi	London	1	1974
Akuti devi dasi	Houston	7	1971
Akuti devi dasi	Montreal	9	1977
Alarka devi dasi	New Vrindaban	9	1972
Ali Krsna devi dasi	Paris	7	1972
Ali Krsna devi dasi	San Francisco	1	1968
Aliptavani devi devi dasi	Edinburgh	7	1974
Amara devi dasi	Ann Arbor	6	1976
Ambhoda devi dasi	Montreal	12	1975
Ambika devi dasi	Sydney	4	1972
Ambudhara devi dasi	New Vrindaban	6	1976
Amekhala devi dasi	London	6	1974
Amitasakti devi dasi	Caracas	7	1976
Amohamoha devi dasi	Germany	1	975
Amohamoha devi dasi	Italy	12	1975
Amrta devi dasi			
Amrtakeli devi dasi	Toronto	9	1977
Amrtaprada devi devi dasi	New Vrindaban	2	1975
Amrtavilasini devi dasi	Berkeley	7	1976
Amsumala devi devi dasi	Germany		1974
Anaghasuri? devi dasi	Toronto	9	1977
Anala devi dasi	Vancouver	1	1973
Anandacinmayi devi dasi	Miami	3	1977
Anandamurti devi dasi	Brazil	7	1976
Anandavidya devi dasi	LA		1973
Anandi devi dasi	London	9	1973
Anandini devi dasi	Caracas	3	1977
Anandini devi dasi	Philadelphia	5	1971
Anangamanjari devi dasi	Gainesville	7	1971

Name	Location		Year
Ananta devi dasi	Chicago	7	1974
Ananta devi dasi	New York		1967
Ananta devi devi dasi	Chicago	7	1975
Anantarupini devi dasi	France	9	1977
Anarta devi dasi	New Vrindaban	7	1977
Anasuya devi dasi	New York	1	1970
Anasuya devi dasi	New York	4	1973
Anavadyangi devi dasi	LA	9	1973
Andharupa devi dasi	Miami	1	1976
Anjana devi dasi	London	3	1975
Anjanasuta devi dasi	Caracas		1977
Annada devi dasi	Paris	1	1972
Annada-priya devi dasi	Brazil	3	1977
Annadasri devi dasi	Mayapur	3	1977
Annapurna devi dasi	Detroit	3	1977
Annapurna devi dasi	LA		1968
Antardhyana devi dasi	New Vrindaban	9	1972
Anumati devi dasi	Montreal	9	1976
Anuradha devi dasi	Denver	8	1972
Anuradha devi dasi	LA		1970
Anuttama devi dasi	Seattle	2	1977
Anuttara devi dasi	Mayapur	3	1977
Aparajita devi dasi	Melbourne	4	1976
Aparajita devi dasi	New York		
Apsara devi dasi	Mexico	6	1972
Aradhya devi devi dasi	Paris	6	1974
Araudra devi dasi	Boston	1	1973
Arca devi dasi	Sweden		
Arcamurti devi dasi	Toronto	9	1977
Arcana devi devi dasi	Nairobi	3	1974
Arcanasiddhi devi dasi	Washington	1	1977
Arci devi dasi	Atlanta		
Ardra devi dasi	Amsterdam	8	1976
Ariya devi devi dasi	Frankfurt	6	1974
Artiha devi dasi	Rome	1	1975
Arundhati devi dasi	Boston	1	1969
Aruni devi dasi	Melbourne	2	1973
Arya devi devi dasi	Vrndavana	4	1975
Asalata devi dasi	Toronto	1	1976
Asanga devi dasi	Germany	8	1976
Astasakhi devi dasi	Denver	4	1976
Astasakhi devi dasi	London	8	1972
Asurani devi dasi	Vrndavana	4	1976
Ati Candra devi dasi	Berkeley?		1973
Atigarvita devi dasi	Toronto	4	1973
Atitagamana devi dasi	Amsterdam	1	1975
Atitaguna devi dasi	Australia	4	1976

Name	Location	#	Year
Atmamaya devi dasi	San Francisco	7	1974
Atmarama devi dasi	St. Louis		1975
Atmasakti devi dasi	LA	1	1973
Atmavana devi dasi	San Diego	1	1972
Atri devi dasi	Sydney	2	1973
Atura devi dasi	Philadelphia	6	1974
Bahubhavini devi devi dasi	LA	7	1975
Bakula devi dasi	Trinidad		1976
Bala Gopala devi dasi	London	1	1971
Balai devi dasi	New York		1967
Balavati devi devi dasi	Dallas	2	1975
Ballabhi devi dasi	Atlanta	7	1971
Ballavi-devi devi dasi	Chicago	7	1975
Barhismati devi devi dasi	Toronto	7	1971
Bedangi devi dasi	Philadelphia	4	1971
Bhadra devi dasi	New York	5	1971
Bhadra devi devi dasi	Melbourne	4	1975
Bhadrakrti devi dasi	Caracas	3	1977
Bhadramurti devi dasi	Mexico	10	1973
Bhadrapriya devi dasi	Toronto	9	1975
Bhadravati devi dasi	Rome	3	1977
Bhagamalini devi dasi	Mexico		1974
Bhagavatasakti devi dasi	Miami	12	1973
Bhagavatcitta devi dasi	LA	3	1973
Bhagavati devi dasi	Fiji	4	1976
Bhagavati devi dasi	St. Louis	7	1971
Bhagyavati devi dasi	Washington		1972
Bhaismi devi dasi	Germany	4	1974
Bhaja Govinda devi dasi	Gainesville	7	1976
Bhakta devi dasi	Buenos Aires	10	1973
Bhaktanidhi devi dasi	Buffalo	10	1973
Bhaktapriya devi dasi	Denver	10	1973
Bhaktavasya devi dasi	Toronto	10	1973
Bhakti devi dasi	Houston	7	1976
Bhakti? devi dasi	?		
Bhaktilata devi dasi	Denver	8	1972
Bhaktilata devi dasi	Detroit	9	1977
Bhaktilata devi dasi	London	8	1973
Bhaktilata devi dasi	N. Varsana	7	1977
Bhaktilila devi dasi	Berkeley	11	1976
Bhaktilila devi dasi	Washington		1973
Bhaktinidhi devi dasi	New Vrindaban		1975
Bhaktinistha devi dasi	Buffalo	10	1976
Bhaktiprema devi dasi	Vrndavana	6	1977
Bhaktirasa devi dasi	Buffalo	10	1976
Bhanutanya devi dasi	Dallas	6	1972
Bhavanasini devi dasi	Buffalo	10	1973

Name	Location		Year
Bhavani devi dasi	London	9	1973
Bhavani devi dasi	St. Louis?	11	1977
Bhavatarini devi dasi	Bombay		1975
Bhavatarini devi dasi	Dallas	6	1972
Bhavatarini devi dasi	LA		1972
Bhismaka devi dasi	Vrndavana	9	1977
Bhogavati devi dasi	LA		
Bhogini devi dasi	Paris	9	1973
Bhrama-karika devi devi dasi	LA	7	
Bhranti devi dasi	Gainesville	4	1976
Bhumata devi dasi	Dallas	9	1972
Bhumi devi dasi	New York	4	1973
Bhutamata devi devi dasi	Brazil	6	1975
Bhuvanapavani devi dasi	Miami	12	1973
Bibhavati devi dasi	New York	2	1969
Bidhibhakti devi dasi	New York		1972
Bijoy Laksmi devi dasi	Boston	11	1971
Bimala devi dasi	New York	7	1971
Biramala devi dasi	Dallas	1	1972
Brahma-vadini devi devi dasi	Cleveland	6	1975
Brahmajanani devi dasi	Edinburgh	5	1973
Brahmani devi dasi	LA		
Brahmapatni devi dasi	Auckland	1	1976
Brahmaraksi devi dasi	Frankfurt	7	1976
Brahmi devi devi dasi	Toronto	7	1974
Brajavanesvari devi dasi	New York	4	1977
Buddhi devi dasi	San Francisco	4	1976
Bundhya devi dasi	LA	6	1976
Caitanya devi dasi	LA	4	1970
Caitanya Lila devi dasi	LA	9	1977
Caitanya Lila devi devi dasi	LA	7	1974
Caitanyavani devi dasi	Auckland		
Cakrini devi dasi	Paris		1976
Camari devi dasi	Melbourne	3	1974
Cancala devi dasi	New York	4	1973
Candi devi dasi	Hawaii	8	1977
Candra devi dasi	New York		1973
Candra-lila devi dasi	London?		1976
Candrabali devi dasi	San Francisco	3	1967
Candranibha devi dasi	San Francisco	5	1973
Candrarekhika devi dasi	New Vrindaban	1	1974
Candravamsi devi dasi	Laguna	5	1976
Candrika devi dasi	Dallas	6	1972
Candrt devi dasi	Gainesville	3	1974
Caranti devi devi dasi	Houston	1	1973
Caroni devi dasi	New York	7	1971
Catura devi dasi	LA	4	1975
Cekitana devi dasi	Sydney	4	1972

Champakadevi devi dasi	LA	11	1973
Chayadevi devi dasi	New York	7	1971
Cinmayi devi dasi	Denver	7	1973
Cinmayi devi dasi	LA	5	1973
Cintamoni devi dasi	Columbus	5	1969
Citisakti devi dasi	New York	7	1971
Citraketu devi dasi	Buffalo	6	1973
Citralekha devi dasi	LA	1	1970
Citraratha devi dasi	New York		
Citraratha devi dasi	Paris	8	1976
Citrarupini devi dasi	Rome	11	1975
Dainyahrt devi devi dasi	Baltimore	12	1974
Daivi devi dasi	Washington	7	1976
Daivi-sakti devi dasi	Philadelphia	8	1970
Daksayani devi dasi	Detroit	5	1973
Daksi devi dasi	Boston	10	1977
Daksina devi dasi	LA		1972
Daksinavari devi dasi	St. Louis	7	1973
Damadamini devi dasi	France		1975
Damagrahya devi devi dasi	New Vrindaban	2	1975
Damayanti devi dasi	London	8	1971
Damayanti devi dasi	Vrndavana	4	1976
Damodara Priya devi dasi	Dallas	7	1975
Danakeli devi dasi	San Francisco	7	1975
Danasila devi devi dasi	Chicago	2	1975
Dandakesi devi dasi	Paris	3	1974
Danta devi devi dasi	St. Louis	3	1975
Dantadhara devi dasi	Philadelphia	6	1974
Dapena devi dasi	Philadelphia		
Darpana devi dasi	Germany	4	1974
Darubrahma devi dasi	Berkeley	6	1976
Darumurti devi dasi	Montreal	3	1977
Dasarathi devi dasi	Seattle	10	1976
Daya devi dasi	Montreal	7	1976
Dayamayi devi dasi	Edinburgh	11	1972
Debraja devi dasi	New Orleans	2	1973
Desan Punanti devi devi dasi	Seattle	1	1974
Deva devi dasi	Brazil	12	1976
Devadarsana devi dasi	Melbourne	4	1972
Devadeva Priya devi devi dasi	Sydney	11	1974
Devadidhiti devi dasi	New York		1973
Devahuti devi dasi	Calcutta	3	1977
Devahuti devi devi dasi	Boston	4	1976
Devahuti devi devi dasi	LA		1969
Devaki devi dasi	Atlanta	4	1976
Devakulya devi dasi	Vancouver		1977
Devamata devi devi dasi	LA	10	1974
Devavani devi dasi	Siddh	3	1977

Name	Location		Year
Devayani devi dasi	Boston	7	1971
Devayani devi dasi	Gainesville	8	1977
Devi devi dasi	Florida	1	1971
Devidarsana devi dasi	Sydney		
Dhanasri devi dasi	Seattle	5	1974
Dhanistha devi devi dasi	San Francisco	7	1974
Dhanurdhari devi dasi	LA	1	1974
Dhanvantari devi dasi	Indonesia		1972
Dhanya devi dasi	Brazil	7	1976
Dhara devi devi dasi	Atlanta	7	1974
Dharini devi devi dasi	Vancouver	4	
Dharmada devi devi dasi	LA	6	1975
Dharmakala devi dasi	New Vrindaban		1974
Dharmapatni devi dasi	Brazil	9	1976
Dharmarupa devi dasi	Paris	12	1975
Dhatreyi devi dasi	LA	12	1973
Dhenumati devi dasi	Detroit	1	1974
Dhenuvati devi devi dasi	Edinburgh	7	1974
Dhira devi dasi	Miami	7	1976
Dhira-sevi devi dasi	LA	1	1974
Dhrti devi dasi	LA	10	1975
Diksa devi dasi	Miami	7	1976
Diksavati devi devi dasi	LA	10	1974
Dinadaya devi dasi	Cleveland	8	1976
Dinadayadri devi dasi	Detroit	2	1970
Dinasarana devi devi dasi	Germany	11	1974
Dinatarini devi dasi	Dallas		1972
Dinesvara devi dasi	LA		
Dirgha-devi devi dasi	Paris	6	1974
Divya devi dasi	LA	1	1974
Divyadrsti devi dasi	Berkeley	2	1977
Divyasakti devi dasi	Dallas	7	1976
Divyasakti devi dasi	London	8	1972
Draupadi devi dasi	London	9	1969
Duhkhahantri devi dasi	New York	8	1973
Duhsala devi dasi	Gainesville	8	1977
Duravanya devi devi dasi	San Diego	11	1974
Durgadevi devi devi dasi	Chicago	7	1974
Dvarakavasini devi dasi	Laguna	5	1976
Dvijapatna devi dasi	Washington		
Dvijapriya devi dasi	LA		1973
Dyuti devi dasi	Dallas	3	1974
Ekabuddhi devi dasi	New York	7	1976
Ekadasi devi dasi	France	6	1976
Ekanga devi dasi	Brazil	7	1976
Ekanti devi dasi	Germany	9	1976
Ekayani devi dasi	New York	12	1967
Gandhari devi dasi	New Orleans	2	1973

Name	Place		Year
Gandhari devi dasi	Portland	7	1974
Gandharvi devi dasi	Mayapur	3	1974
Gandharvika devi dasi	New York	7	1971
Gandharvika? devi dasi	Johannesburg	8	1977
Gandini devi dasi	Mexico	9	1977
Gandiva devi dasi	Bombay	10	1972
Ganga Gati devi dasi	Vrndavana	4	1976
Gangamayi devi dasi	London	8	1972
Garudi devi dasi	Paris		1976
Gati devi dasi	Montreal	9	1977
Gaura devi dasi	Chicago	3	1977
Gauranga devi dasi	Cleveland		1973
Gaurangi devi dasi	Sydney	5	1971
Gauravani devi dasi	Auckland	4	1976
Gauri devi dasi	New York		1970
Gavisi devi dasi	Vrndavana	1	1976
Gaya devi dasi	Hawaii	8	1977
Gayatri devi dasi	Gainesville	7	1971
Girija devi dasi	Montreal	9	1977
Girindra Mohini devi dasi	New Vrindaban	9	1972
Girisuta devi devi dasi	Mexico	2	1975
Girvani devi dasi	Frankfurt	7	1976
Gita devi dasi	Vancouver	1	1973
Gokularani devi dasi	London	3	1975
Gokulavasini devi dasi	Colombia	3	1977
Golokavasini devi dasi	Hawaii	1	1974
Gomata devi dasi	New Vrindaban	4	1973
Gopa Kanya devi dasi	Detroit	8	1975
Gopala devi dasi	Sydney	2	1973
Gopala-sakhi devi dasi	London		1976
Gopalasya Priya devi dasi	New Vrindaban	11	1975
Gopamatrika devi dasi	Baltimore	11	1976
Gopanandakari devi dasi	Denver	9	1975
Gopanandini devi dasi	New York?	4	1976
Gopanandini devi dasi	Paris	12	1975
Gopapatni devi dasi	Gainesville	4	1976
Gopi devi dasi	Heidelberg		1972
Gopika devi dasi	Berkeley	7	1971
Gopika devi dasi	Vrndavana	4	1975
Gopimata devi dasi	London		1977
Gopinatha devi dasi	Philadelphia		1973
Gopipriya devi dasi	Auckland	4	1973
Gopipriya devi devi dasi	London	1	1975
Govardhana devi dasi	Edinburgh	5	1973
Govatsa Rakhala devi dasi	London	4	1977
Govinda devi dasi	San Francisco	2	1967
Govinda Mohini devi dasi	Mayapur	9	1977
Govinda Mohini devi dasi	San Diego	9	1977

Name	Location		Year
Govinda Mohini devi dasi	Sydney	5	1971
Govinda-vallabha devi dasi	Boston	12	1973
Govindanandini devi dasi	Brazil	3	1977
Govindanandini devi dasi	Sydney	5	1971
Govindarupini devi dasi	St. Louis	7	1973
Gunamayi devi dasi	LA	8	1971
Gunaraja devi dasi	Edinburgh		1973
Gunavati devi dasi	Melbourne	6	1974
Gunyarupini devi dasi	New Vrindaban	4	1973
Guptalaya devi dasi	Paris	8	1974
Guru Carana Padma devi dasi	Chicago	9	1977
Gurubhakta devi dasi	Amsterdam	8	1976
Haladhara devi dasi	San Francisco	2	1967
Hamsarupa devi dasi	Mayapur		
Hamsini devi dasi	New Orleans	7	1973
Harakanta devi dasi	Boston	10	1977
Haranetrani devi dasi	New York		1973
Hardajna devi dasi	Philadelphia	7	1975
Harestanu devi dasi	Miami	1	1976
Hari devi dasi	Melbourne	11	1976
Harikanta devi dasi	Dallas	7	1975
Harilila devi dasi	Vancouver		1976
Harinama devi dasi	Chicago	7	1974
Haripriya devi dasi	Hamburg	4	1970
Haripriya devi dasi	London	3	1973
Haripriya devi dasi	Washington	7	1974
Haripuja devi dasi	Pittsburgh	6	1972
Harirani devi dasi	Montreal	3	1977
Harisevaka devi dasi	LA	1	1974
Harsarani devi dasi	San Francisco	2	1967
Harsita devi dasi	Nairobi	3	1977
Havirdhani devi dasi	San Francisco	3	1973
Hemalata devi dasi	Washington	7	1971
Herapancami devi dasi	LA	8	1972
Himavati devi dasi	San Francisco	5	1967
Hiranmayi devi devi dasi	Geneva	2	1975
Hiranyangi devi dasi	Sweden	2	1977
Hladini devi dasi	Detroit	3	1970
Hladini Sakti devi dasi	London	9	1973
Homavatsala devi dasi	Paris	8	1974
Hrimati devi dasi	Hamburg	4	1973
Hrtkamalaya devi dasi	Germany	8	1976
Iccha devi dasi	Stockholm	4	1974
Icchagati devi dasi	Boston	2	1976
Icchamati devi dasi	Detroit		1970
Ila devi dasi	New Vrindaban	3	1977
Ilavati devi dasi	Hamburg	1	1970

Name	Location		Year
Indira devi dasi	Germany		1973
Indira devi dasi	New York	12	1967
Indrani devi dasi	Hamburg	7	1970
Indriyani devi dasi	Baltimore		1971
Indujyoti devi dasi	Berkeley	7	1976
Indukanthi devi dasi	Frankfurt	7	1976
Indumati devi dasi	Brazil	12	1976
Indumati devi dasi	New York?		1968
Indurekha devi dasi	Bombay	5	1974
Indurekha devi dasi	Mexico	6	1972
Iravati devi dasi	LA		
Isa devi devi dasi	New York	9	1974
Isani devi dasi	New Vrindaban	9	1972
Isesvari devi dasi	Caracas	3	1977
Isvarapatni devi dasi	Germany	8	1976
Isvari devi dasi	London	9	1973
Jagaddeha devi dasi	Philadelphia	7	1975
Jagaddhatri devi dasi	London	3	1975
Jagaddhatri devi dasi	Seattle	8	1973
Jagadisvari devi dasi	Seattle	1	1973
Jagajjanani devi dasi	Denver	12	1976
Jagamohini devi dasi	LA	12	1971
Jaganmata devi dasi	New York	6	1975
Jaganmata devi devi dasi	Montreal	4	1975
Jaganmayi devi devi dasi	Ann Arbor	2	1975
Jaganmurti devi devi dasi	Buffalo	5	1975
Jagannatha Puri devi dasi	Berkeley	11	1976
Jagannathesvari devi dasi	Vrndavana	4	1976
Jagarini devi dasi	LA	5	1973
Jagatam devi dasi	Philadelphia	4	1976
Jagatikanda devi dasi	Toronto	4	1973
Jagatkarana devi dasi	LA	9	1977
Jagatkirti devi dasi	Paris	3	1974
Jagatpriya devi dasi	Sydney	8	1976
Jagattarini devi dasi	Hong Kong		1971
Jahnava devi dasi	Boston	2	1969
Jahnavi devi dasi	Caracas	3	1977
Jahnavi devi devi dasi	Chicago	7	1974
Jaladhosa devi dasi	Mexico	8	1974
Jalangi devi dasi	Gainesville	3	1975
Jalapriya devi dasi	Paris	8	1974
Jalasayi devi devi dasi	Denver	12	1974
Jalasthita devi dasi	London	6	1974
Jalatala devi dasi	Mayapur	3	1976
Jaleyu devi dasi	Melbourne	3	1977
Jalodari devi dasi	Brazil	7	1976
Jamatri devi dasi	Trinidad	4	1976
Jambavati devi dasi	Brazil	9	1977

Jambuvati devi dasi	LA	6	1969
Jambuvati devi dasi	Philadelphia		1969
Jami devi dasi	London		1977
Janaki devi dasi	London	9	1976
Janaki devi dasi	New York	9	1966
Janani devi dasi	New Vrindaban	8	1975
Janani devi dasi	New York	8	1977
Jananigati devi dasi	LA	3	1977
Janardana Prita devi devi dasi	London	12	1974
Janasakti devi devi dasi	Vrndavana	4	1975
Janesvari devi dasi	LA	3	1977
Janesvari devi dasi	Montreal	3	1977
Janjapukandhi-devi devi dasi	San Francisco	11	1974
Janmasunya devi dasi	Atlanta	9	1975
Jara devi dasi	Atlanta		
Jarati devi dasi	LA	8	1977
Jatila devi dasi	Atlanta	4	1976
Jaya devi dasi	London	3	1977
Jayabhadra devi dasi	Vancouver	12	1973
Jayagaurangi devi devi dasi	LA	11	1973
Jayagauri devi dasi	France	8	1976
Jayagopi devi devi dasi	LA	11	1973
Jayalaksmi devi dasi	Paris		1970
Jayalalita devi dasi	New York	7	1976
Jayanti devi dasi	Australia	11	1974
Jayapatni devi dasi	Puerto Rico	10	1977
Jayaprada devi dasi	New Orleans	8	1975
Jayaradhe devi dasi	Detroit	6	1972
Jayaradhe devi dasi	France		1971
Jayarama devi dasi	Venezuela		1976
Jayasri devi dasi	Dallas?		1974
Jayasri devi dasi	Hawaii	5	1969
Jijnasi devi dasi	London	8	1971
Jitamitra devi dasi	New York	1	1973
Jitasakti devi dasi	Australia	3	1977
Jiva devi dasi	Paris	8	1975
Jivana devi dasi	San Francisco		1972
Jivanamukta devi dasi	Paris	9	1977
Jivanausadhi devi dasi	Seattle	5	1975
Jnanamurti devi devi dasi	Melbourne	5	1975
Jotilla devi dasi	LA	1	1969
Jusaniya devi devi dasi	Gainesville	3	1975
Jyestha devi dasi	Paris	6	1974
Jyotiraditya devi dasi	Portland		1973
Jyotirmayi devi dasi	London	1	1970
Kadamba devi dasi	LA	10	1973
Kadambakusuma Priya devi dasi	Tokyo		1973
Kadambaripriya devi dasi	Seattle	7	1973

Kajjali devi devi dasi	Hawaii	1	1974
Kalakantha devi dasi	San Francisco	12	1973
Kalakantha? devi dasi			
Kalalapa devi dasi	Chicago	7	1973
Kalavati devi dasi	LA	5	1972
Kali devi dasi	Philadelphia		
Kalindi devi dasi	Buffalo		1968
Kalindi devi dasi	Vrndavana	4	1976
Kalki devi devi dasi	Sydney	4	1972
Kalpalatika devi devi dasi	San Francisco	11	1974
Kamadhenu devi dasi	France		1972
Kamadhuk devi dasi	Edinburgh	2	1973
Kamadhuki devi dasi	Brazil	9	1977
Kamagayatri devi dasi	Dallas	1	1974
Kamagayatri devi dasi	Sweden	9	1976
Kamagiri devi dasi	Cleveland?		1977
Kamaha devi dasi	Hawaii	5	1974
Kamaksi devi dasi	Hamburg	4	1973
Kamala devi dasi	LA		1972
Kamalakanti devi dasi	London	8	1972
Kamalakara devi dasi	Sydney		1972
Kamalaksi devi dasi	Winnipeg	11	1974
Kamalangi devi devi dasi	London	9	1973
Kamalatika devi dasi	San Francisco	12	1973
Kamalavati devi dasi	Denver	10	1971
Kamalini devi devi dasi	New York	12	1974
Kamanagari devi dasi	Dallas	10	1973
Kamarikanta devi dasi	New Orleans	8	1975
Kamarupa devi dasi	Sydney	2	1973
Kamatavi devi dasi	San Diego	1	1974
Kamesi devi dasi	Dallas	7	1975
Kamesvari devi dasi	New Vrindaban		
Kamini devi devi dasi	Hawaii	3	1975
Kamra devi devi dasi	New York	12	1974
Kamya devi dasi	Buffalo	3	1974
Kancanbala devi dasi	New York	12	1967
Kancani devi dasi	Germany	4	1974
Kandarpa-sundari devi dasi	San Francisco	12	1973
Kanka devi dasi	New York	7	1971
Kansa devi dasi	New York	7	1971
Kanta devi dasi	LA	2	1971
Kanti devi dasi	Paris	2	1974
Kantimati devi dasi	Seattle	7	1973
Kanva devi dasi	Berkeley	6	1976
Kanya Kumari devi dasi	New Orleans		1971
Kapardini devi dasi	London	5	1973
Karanakarana devi devi dasi	Ottawa	1	1975
Karlapati devi dasi	LA	9	1972

Name	Location		Year
Karmasaksi devi dasi	Mexico	6	1976
Karta devi dasi	LA	12	1973
Karuna devi dasi	Berkeley	8	1976
Karunaksi devi dasi	Seattle	2	1977
Karunamayi devi dasi	Berkeley		1970
Karunamayi devi dasi	San Francisco		1967
Karunapurnasakti devi dasi	Atlanta	7	1976
Karyatita devi dasi	New Vrindaban	12	1975
Kasturi devi dasi	Bombay	5	1974
Kasturika devi dasi	New York	4	1970
Katharuci devi dasi	Chicago?	3	1977
Katyayani devi dasi	Pittsburgh	7	1971
Kaulini devi dasi	San Francisco	5	1973
Kaumadi devi dasi	LA	5	1972
Kaumudaki devi dasi	New York	7	1971
Kausalya devi dasi	LA	1	1969
Kelicancala devi dasi	St. Louis	12	1973
Kelilalita devi devi dasi	San Francisco	11	1974
Kesava-ruci devi dasi	Calcutta	3	1977
Kesavapriya devi dasi	LA		
Kevala Bhakti devi dasi	Denver	9	1977
Khandabasi devi dasi	Berlin		1974
Khandavabha devi dasi	Vancouver	1	1974
Khandita devi devi dasi	Denver	8	1974
Khastha devi devi dasi	New Vrindaban	10	1974
Kilimba devi dasi	Seattle	2	1977
Kirtida Kanyaka devi dasi	LA	3	1973
Kirtika devi dasi	Buffalo	5	1971
Kirtima devi dasi	London	12	1969
Kirtimati devi dasi	Toronto	2	1971
Kisori devi dasi	Amsterdam		1971
Kisori devi dasi	Vrndavana	4	1976
Kisoriballabha devi dasi	Mayapur	3	1976
Klamahara devi devi dasi	Winnipeg	11	1974
Klesagni Bhakti devi dasi	Montreal	1	1977
Kratuphala devi devi dasi	New Vrindaban	2	1975
Kratusrestha devi dasi	Paris	3	1975
Kriyasakti devi devi dasi	Laguna	8	1974
Kriyasakti devi devi dasi	San Diego	11	1974
Krodhasamani devi dasi	Detroit	5	1973
Krpamayi devi dasi	Detroit	12	1971
Krsna devi devi dasi	Dallas	7	1974
Krsna devi devi dasi	San Francisco	2	1967
Krsnabamini devi dasi	New Vrindaban	6	1969
Krsnabhava devi dasi	Buffalo	1	1973
Krsnakamala? devi dasi	London		1972
Krsnakamini devi dasi	Columbus?	8	1969
Krsnakamini devi dasi	New Vrindaban	6	1976

Name	Location		Year
Krsnakamini devi dasi	Paris	7	1972
Krsnakanta devi devi dasi	Geneva	2	1975
Krsnakaruna devi dasi	Toronto	6	1976
Krsnakatha devi dasi	Hyderabad	12	1976
Krsnakirtana devi dasi	France	11	1977
Krsnakrpa devi dasi	Mississippi	4	1977
Krsnakrpa devi dasi	Washington	7	1976
Krsnakumari devi dasi	?		
Krsnakumari devi dasi	New Vrindaban	9	1972
Krsnalaulya devi dasi	Hawaii	9	1976
Krsnalaulya devi dasi	LA	1	1974
Krsnalila devi dasi	Seattle		
Krsnalila devi dasi	Vrndavana	7	1977
Krsnamayi devi dasi	Cleveland		1972
Krsnanandini devi dasi	Brazil	12	1976
Krsnanandini devi dasi	Dallas	9	1972
Krsnanga devi devi dasi	Edinburgh	7	1974
Krsnaparayani devi dasi	London		
Krsnapremanandi devi dasi	London	5	1973
Krsnapremavati devi dasi	Sydney	9	1977
Krsnapremi devi dasi	Sydney	5	1971
Krsnapriya devi dasi	Bombay		1975
Krsnapriya devi dasi	LA		1971
Krsnapriya devi dasi	Mayapur	3	1976
Krsnapriya devi dasi	Seattle	8	1974
Krsnapujya devi devi dasi	New Orleans	6	1975
Krsnarupa devi dasi	Vrndavana	8	1974
Krsnastuta devi dasi	LA	10	1975
Krsnatulasi devi dasi	Bombay	3	1971
Krsnavesa devi dasi	Germany	4	1974
Krsnavilasini devi dasi	LA	2	1970
Ksama devi dasi	Amsterdam	11	1971
Ksamakula devi dasi	New Zealand	1	1976
Ksiracora devi devi dasi	Toronto	1	1975
Kubja Krpamoya devi dasi	New York	7	1977
Kulaja devi dasi	Philadelphia	7	1975
Kulangana devi devi dasi	London	7	1974
Kulapriya devi dasi	LA	10	1975
Kulina devi dasi	Mayapur	3	1976
Kumari devi dasi	Philadelphia	7	1975
Kumkum devi dasi	Dallas	10	1971
Kunjamandana devi dasi	London	8	1971
Kunjari devi dasi	New Vrindaban	1	1974
Kunti devi dasi	Brazil	9	1977
Kunti devi dasi	Hamburg	9	1969
Kunti devi dasi	New Vrindaban	9	1972
Kurmayana devi devi dasi	Detroit	2	1975
Kusa devi dasi	Hawaii		1970

Name	Location	#	Year
Kusala-devi devi dasi	LA	6	1974
Kusuma-priya devi dasi	LA	5	1972
Kusumapida devi dasi	LA		1972
Kusumika devi dasi	LA	12	1973
Kutila devi dasi	New Vrindaban		1971
Labangalatika devi dasi	San Francisco?	2	1969
Labangamanjari devi dasi	LA	5	1972
Lajjavati devi dasi	New Vrindaban	4	1973
Lakhima devi dasi	Vancouver	6	1972
Laksmana devi devi dasi	Sydney	4	1972
Laksmi devi dasi	Miami		
Laksmi devi dasi	San Francisco	1	1968
Laksmimoni devi dasi	Buffalo	7	1969
Laksmipati devi dasi	LA		1972
Laksmipriya devi dasi	Mexico	6	1972
Lalagopala devi dasi	London	9	1976
Lalana devi dasi	Chicago	3	1974
Lalanamani devi dasi	New York	7	1976
Kusala-devi devi dasi	LA	6	1974
Kusuma-priya devi dasi	LA	5	1972
Kusumapida devi dasi	LA		1972
Kusumika devi dasi	LA	12	1973
Kutila devi dasi	New Vrindaban		1971
Labangalatika devi dasi	San Francisco?	2	1969
Labangamanjari devi dasi	LA	5	1972
Lajjavati devi dasi	New Vrindaban	4	1973
Lakhima devi dasi	Vancouver	6	1972
Laksmana devi devi dasi	Sydney	4	1972
Laksmi devi dasi	Miami		
Laksmi devi dasi	San Francisco	1	1968
Laksmimoni devi dasi	Buffalo	7	1969
Laksmipati devi dasi	LA		1972
Laksmipriya devi dasi	Mexico	6	1972
Lalagopala devi dasi	London	9	1976
Lalana devi dasi	Chicago	3	1974
Lalanamani devi dasi	New York	7	1976
Lalita devi devi dasi	Chicago	7	1975
Lakhima devi dasi	Vancouver	6	1972
Laksmana devi devi dasi	Sydney	4	1972
Laksmi devi dasi	Miami		
Laksmi devi dasi	San Francisco	1	1968
Laksmimoni devi dasi	Buffalo	7	1969
Laksmipati devi dasi	LA		1972
Laksmipriya devi dasi	Mexico	6	1972
Lalagopala devi dasi	London	9	1976
Lalana devi dasi	Chicago	3	1974
Lalanamani devi dasi	New York	7	1976
Kusala-devi devi dasi	LA	6	1974

Kusuma-priya devi dasi	LA	5	1972
Kusumapida devi dasi	LA		1972
Kusumika devi dasi	LA	12	1973
Kutila devi dasi	New Vrindaban		1971
Labangalatika devi dasi	San Francisco?	2	1969
Labangamanjari devi dasi	LA	5	1972
Lajjavati devi dasi	New Vrindaban	4	1973
Lakhima devi dasi	Vancouver	6	1972
Laksmana devi devi dasi	Sydney	4	1972
Laksmi devi dasi	Miami		
Laksmi devi dasi	San Francisco	1	1968
Laksmimoni devi dasi	Buffalo	7	1969
Laksmipati devi dasi	LA		1972
Laksmipriya devi dasi	Mexico	6	1972
Lalagopala devi dasi	London	9	1976
Lalana devi dasi	Chicago	3	1974
Lalanamani devi dasi	New York	7	1976
Lalita devi devi dasi	Chicago	7	1975
Lalita devi devi dasi	London	1	1975
Lalita devi devi dasi	Montreal	10	1974
Lalita devi devi dasi	Seattle	5	1975
Lalita-priya devi dasi	Edinburgh		1975
Lalitacara devi dasi	LA	4	1975
Lalitakrsna devi dasi	Houston	4	1977
Lalitakunda devi devi dasi	Frankfurt	6	1974
Lalitasakhi devi dasi	New Vrindaban	9	1972
Lalitasakhi devi dasi	New Vrindaban	6	1976
Lamba devi dasi	Berkeley	6	1976
Lasika devi dasi	Miami	7	1976
Lata-devi devi dasi	Pittsburgh?		1975
Latika devi dasi	Berkeley		
Lekhasravanti devi dasi	Detroit		1974
Lekhasravanti devi devi dasi	Germany	12	1974
Lelihana devi devi dasi	Vrndavana	4	1975
Lila devi dasi	LA	1	1974
Lila devi devi dasi	Denver	12	1976
Lila devi dasi	Portland	8	1974
Lilakatha devi dasi	Montreal	3	1977
Lilamanjari devi dasi	New York	7	1971
Lilamanjari devi dasi	Vancouver	7	1974
Lilamohini devi dasi	London	3	1977
Lilamrta devi dasi	Vancouver		1976
Lilarati devi dasi	Trinidad	3	1977
Lilasakhi devi dasi	Miami	3	1977
Lilasakti devi dasi	Detroit	1	1977
Lilasakti devi dasi	LA	4	1971
Lilasakti devi dasi	London	8	1970
Lilasmaranam devi devi dasi	San Francisco	7	1974

Name	Location		Year
Lilasmrti devi dasi	New York	7	1976
Lilasravana devi devi dasi	Hawaii	3	1975
Lilasuka devi dasi	New York	12	1967
Lilasuka devi dasi	Toronto	6	1976
Lilasukha-devi devi dasi	Toronto	7	1975
Lilasukhi devi dasi	Honolulu		1976
Lilasukhi devi dasi	Vancouver	4	1977
Lilavatara devi dasi	Caracas	4	1976
Lingini devi dasi	Seattle	2	1977
Locanapadma devi dasi	Gita Nagari	3	1977
Lohanga devi dasi	?		
Lokadevi devi dasi	New York	3	1977
Lokadrsti devi dasi	Toronto	3	1974
Lokahita devi devi dasi	Dallas	11	1974
Lokalila devi dasi	Denver	2	1974
Lokamangalam devi dasi	France	11	1977
Lokamata devi dasi	Amsterdam	8	1976
Lokesvari devi dasi	Rome	3	1977
Lola devi dasi	Vancouver	1	1974
Madana Mohana devi dasi	Hawaii	8	1977
Madana Mohana devi dasi	New York	7	1977
Madana Mohana Mohini dd	Paris	7	1972
Mahesvari devi dasi	Berkeley	11	1976
Mahesvari devi dasi	Toronto		1971
Mahimabhusana devi devi dasi	Paris	3	1975
Mahira-kanya devi dasi	Detroit	6	1976
Mahodhari devi dasi	San Diego	2	1976
Mahojjvala devi devi dasi	Philadelphia	7	1974
Mahojjvala devi devi dasi	Vancouver	7	1974
Maitahili devi dasi	San Francisco	3	1970
Maladhara devi dasi	Auckland		1973
Maladhari devi devi dasi	Portland	2	1975
Malati devi dasi	San Francisco	2	1967
Malini devi dasi	Toronto	12	1973
Mallika devi dasi	New York	7	1976
Mamata devi dasi	New York	7	1971
Mamavi devi dasi	?	11	1976
Manada devi dasi	Germany	4	1974
Manakumari devi dasi	New Vrindaban	9	1972
Manamohini devi dasi	Boston	2	1970
Manasa-ganga devi dasi	LA	9	1977
Manasvini devi dasi	Buffalo	10	1976
Manavi devi dasi	France	11	1976
Mandahasa devi dasi	Paris	3	1974
Mandari devi dasi	Regina	3	1974
Mandodari devi dasi	Guatemala	3	1977
Mangala devi dasi	San Francisco		1971
Mangalada devi dasi	Brazil	7	1976

Name	Location		
Mangalya devi dasi	Amsterdam	12	1975
Manimanjari devi dasi	Bombay	5	1974
Manimanjari devi dasi	Germany	1	1974
Manindra devi dasi	LA	12	1973
Manini devi devi dasi	San Francisco	11	1974
Manipuspaka devi dasi	San Francisco	11	1972
Manisa devi dasi	Dallas	3	1974
Manjari devi dasi	Hawaii	6	1971
Manjuali devi dasi	LA	5	1972
Manohara devi dasi	Detroit	8	1972
Manohara devi dasi	San Juan	8	1974
Manohara devi dasi	Vrndavana	4	1976
Manoharini devi dasi	Chicago	3	1977
Mantrini devi dasi	Chicago	7	1973
Manukanya devi dasi	New York	7	1976
Manupatni devi dasi	Rome	3	1977
Marutvati devi dasi	Amsterdam	1	1977
Mathura devi dasi	Mexico	8	1974
Mati devi dasi	Vrndavana	4	1976
Matida devi devi dasi	Sydney	11	1974
Matsya devi dasi	Brazil	12	1976
Mayapriya devi dasi	New Vrindaban	3	1975
Mayapura devi devi dasi	Brazil	9	1977
Mayavati devi dasi	Toronto	2	1971
Mayura devi dasi	LA	10	1976
Medha devi dasi	LA?		1974
Medhya devi devi dasi	Montreal	10	1974
Megha devi devi dasi	Philadelphia	7	1975
Meghamala devi devi dasi	New Vrindaban	7	1974
Mekhala devi dasi	Chicago	3	1974
Mekhala devi dasi	Melbourne	4	1972
Menaka devi dasi	Costa Rica	3	1977
Meru devi dasi	LA		
Meru devi devi dasi	Brazil	8	1977
Meru devi dasi	Portland	7	1975
Merumala devi dasi	Paris	6	1974
Merumala devi dasi	Santo Domingo	5	1974
Mina devi dasi	Boston		1972
Mirabai devi dasi	LA	8	1969
Mirabai devi dasi	Paris	7	1972
Misrani devi dasi	Toronto	12	1973
Mitravinda devi dasi	Denver	5	1972
Mitravrtti devi dasi	New York	3	1977
Modani devi dasi	Caracas	1	1974
Mohana devi dasi	New Vrindaban		
Mohanasini devi dasi	LA	9	1973
Mohini devi dasi	Montreal	9	1973
Mohini-sakti devi dasi	Melbourne	6	1974

Name	Location		Year
Moksa Laksmi-devi devi dasi	Vrndavana	4	1975
Moksada devi dasi	Trinidad	3	1977
Moksarupa devi dasi	San Francisco	7	1975
Mondakini devi dasi	London	1	1970
Mondakini Ganga devi dasi	Mexico	4	1977
Mrda devi dasi	Paris	9	1973
Mrdani devi dasi	Heidelberg	6	1973
Mrdapriya devi dasi	San Francisco	5	1973
Mrgaksi devi dasi	Cleveland	6	1973
Mrganetri devi dasi	LA	6	1970
Mrnalini devi dasi	New Vrindaban	7	1972
Mrnmayi devi dasi	Paris	2	1971
Mudakari-devi devi dasi	New Vrindaban	2	1975
Mukhara devi dasi	Dallas		1973
Mukhya-devi devi dasi	Detroit	2	1975
Mukti devi dasi	Caracas	8	1976
Muktihetu devi dasi	Brazil	7	1976
Mukunda-devi devi dasi	Chicago	7	1974
Mulaka devi dasi	Baltimore	8	1977
Mulaprakrti devi dasi	LA	10	1973
Munipatni devi dasi	LA	3	1972
Munipatni devi dasi	LA	10	1976
Murti devi dasi	Brazil	12	1976
Murti-vandya devi devi dasi	New York	6	1975
Murtimurti devi devi dasi	Caracas	2	1975
Nabhalinga devi dasi	Brazil	9	1977
Nabhasvati devi dasi	London	8	1972
Nada devi dasi	Berkeley	8	1976
Nagapatni devi dasi	LA	2	1971
Nagari devi dasi	Gainesville	3	1974
Nairvani devi dasi	Brazil	7	1976
Naiskarmi devi dasi	New Vrindaban	9	1972
Nama Sankirtana devi dasi	Hawaii	8	1977
Nanda devi dasi	Boston	6	1972
Nandadayini-devi devi dasi	Caracas	2	1975
Nandalala devi dasi	LA		1970
Nandapatni devi dasi	Vancouver	7	1976
Nandapriya devi dasi	London	8	1975
Nandarani devi dasi	San Francisco	3	1967
Nandidevi devi dasi	Washington	4	1975
Nandimukhi devi dasi	LA		
Nandini devi dasi	Mayapur	3	1977
Nandirupaka devi dasi	Paris	12	1975
Nandita Gokula devi dasi	Denver	5	1972
Naradevi devi dasi	New York	7	1971
Naradi-devi devi dasi	Atlanta	7	1974
Naravesa devi dasi	Berkeley	6	1976
Narayani devi dasi	Gainesville	7	1971

Name	Location		Year
Nari devi dasi	Pittsburgh	4	1973
Narmada devi dasi	New Vrindaban		
Narmadadevi devi dasi	Costa Rica	3	1977
Nartaka-gopala-devi devi dasi	Miami	1	1975
Nartaki devi dasi	Sydney	5	1971
Nataka Candrika devi dasi	Denver	8	1974
Navalanga-devi devi dasi	Paris	6	1974
Navasi devi dasi	New Vrindaban	9	1972
Navina devi dasi	Laguna	1	1972
Nayika devi dasi	San Diego	4	1976
Nidra-devi devi dasi	Denver	12	1976
Nidra-devi devi dasi	Montreal	3	1974
Nikhilesvari devi dasi	Atlanta	10	1973
Nikunjarasi Vilasi devi dasi	St. Louis	7	1973
Nikunjavasini devi devi dasi	Miami	7	1974
Nikunjavasini-devi devi dasi	Frankfurt	6	1974
Nilacala devi dasi	Costa Rica	5	1976
Nipuna devi dasi	LA	1	1973
Niradhara devi dasi	Mexico	9	1973
Nirakula devi dasi	LA	5	1973
Niranjana devi dasi	New York	6	1975
Nirguna-devi devi dasi	Vrndavana	4	1975
Nirlepa devi dasi	Mexico	9	1973
Nirmala-devi devi dasi	New Vrindaban	7	1974
Nirmala-devi devi dasi	Paris	3	1975
Nirupadi devi dasi	Laguna	10	1973
Nirupama devi dasi	Vancouver	7	1971
Niscintya devi dasi	LA	12	1973
Nitaipatni devi dasi	Montreal	7	1976
Nitigata devi dasi	Sydney		1973
Nitya devi dasi	London	8	1973
Nitya devi dasi	Mexico	9	1973
Nityalila devi dasi	Vrndavana	4	1976
Nityalila-sakhi devi dasi	China	3	1977
Nityamanjari devi dasi	St. Louis	10	1976
Nityarupa devi dasi	Berkeley	4	1976
Nityatrpta devi dasi	LA	6	1976
Nogomala? devi dasi	New Vrindaban?		1974
Nrsimha devi dasi	Minneapolis	11	1976
Nrsimhananda devi devi dasi	Vrndavana	8	1977
Ojasvini devi devi dasi	Mexico	2	1975
Omkara devi dasi	New York	1	1973
Padma devi dasi	Miami	7	1976
Padmahara devi dasi	Buffalo	3	1974
Padmaksi devi dasi	?		
Padmamalini devi devi dasi	Washington	1	1974
Padmamukhi devi devi dasi	Seattle	1	1974
Padmavati devi dasi	Bombay	3	1971

Name	Location		Year
Padyavali devi dasi	Vancouver	7	1974
Palika devi dasi	LA	4	1969
Pampa devi dasi	New York	7	1971
Pancajani devi dasi	Detroit	9	1977
Pancali devi dasi	Baltimore	5	1973
Pandurani devi dasi	Denver	12	1976
Pandurani devi dasi	LA		1972
Papaharinidevi devi dasi	Laguna	6	1974
Papasudana devi dasi	Cleveland	8	1976
Parama devi dasi	Germany		1974
Paramahamsi devi dasi	LA	6	1972
Paramamrta devi devi dasi	Melbourne	5	1975
Paramasakti devi dasi	Brazil	7	1976
Paramprabha devi dasi	San Diego	7	1976
Parasakti devi devi dasi	New York	12	1974
Paratpara devi dasi	Vancouver	1	1976
Parayana devi dasi	Seattle	1	1972
Parijata devi dasi	Paris	7	1972
Parvati devi dasi	LA	5	1972
Parvati devi dasi	Mayapur	3	1974
Pasupati devi dasi	Toronto	8	1972
Patri devi dasi	LA	5	1972
Patrimadhukantha devi dasi	Mexico	6	1972
Pattarajni devi dasi	Philadelphia	6	1974
Paurnamasi devi dasi	LA		1969
Paurnamasi devi dasi	Vancouver	8	1973
Pavani devi dasi	San Francisco	7	1975
Pavitra devi dasi	LA	9	1977
Payahsvini devi dasi	New York	7	1971
Phalini-devi devi dasi	LA	10	1974
Pitambara devi dasi	New Vrindaban	4	1977
Poulastini devi dasi	LA?		1970
Pouravi devi dasi	Philadelphia	7	1971
Prabala-devi devi dasi	San Francisco	7	1975
Prabhavati devi dasi	Bombay		1975
Prabhavati devi dasi	Boulder		1970
Pracetana devi devi dasi	Vancouver	7	1974
Praci devi dasi	Baltimore	7	1971
Pradhana-gopika devi dasi	Denver	9	1975
Praharana devi dasi	Toronto	8	1972
Prajnadevi devi dasi	Toronto	7	1974
Pralambahari devi dasi	Paris	12	1975
Pramada devi dasi	Cleveland	3	1974
Pramada devi dasi	LA	7	1971
Pranada devi dasi	LA	6	1976
Praphullamukhi devi dasi	Victoria	5	1971
Prasuti devi dasi	Melbourne	5	1976
Pratici devi dasi	New York		

Pratima devi dasi	New York		
Pratima devi dasi	Toronto	12	1973
Prayaga devi dasi	New York	7	1971
Premabhakti devi dasi	E. Berlin	8	1977
Premaka devi devi dasi	Buffalo	5	1975
Premamanjari devi dasi	Buffalo	10	1976
Premamayi devi dasi	New Vrindaban	9	1972
Pritha devi dasi	London	9	1969
Prsni devi dasi	Charlotte, NC	2	1977
Prsni devi dasi	LA		1971
Prsnigarbha devi dasi	Seattle		1972
Puja devi dasi	Denver	2	1974
Purnacandra devi dasi	London		1973
Purnamrta devi dasi	Italy		1976
Purnima devi dasi	Hyderabad	12	1976
Purnima devi dasi	New Vrindaban		
Purnima devi dasi	Vrndavana	10	1977
Purvacitti devi devi dasi	Buffalo	12	1973
Puspaka devi dasi	Miami	9	1977
Pusti devi dasi	LA	10	1975
Racitambara devi dasi	LA	6	1974
Radhabhavini devi dasi	New York	7	1971
Radhagokulananda devi dasi	France	10	1973
Radhakunda devi dasi	?		1970
Radhakunda devi dasi	New Vrindaban	9	1972
Radhanarupini devi dasi	Hawaii	2	1976
Radhapriya-devi devi dasi	London	1	1975
Radharani devi dasi	Mexico	6	1972
Radharasabihari devi dasi	Bombay	3	1977
Radhasakhi devi dasi	Hyderabad	8	1976
Radhathakurani devi dasi	Mexico	10	1973
Radhika-devi devi dasi	Boston		1970
Radhika-devi devi dasi	Nairobi		1976
Radhika-devi devi dasi	Vancouver	1	1977
Radhika-devi devi dasi	Vrndavana	9	1975
Radhikaramana devi dasi	New Zealand	11	1976
Raga-bhumi-devi devi dasi	Brazil	6	1975
Ragamathani devi dasi	Seattle	8	1973
Ragatmika devi dasi	Melbourne	10	1973
Ragatmika devi dasi	New York	3	1972
Raghunandini devi dasi	Miami	12	1973
Ragini devi dasi	Paris	3	1974
Rajadhidevi devi dasi	Mexico	9	1977
Rajalaksmi devi dasi	Australia	6	1974
Rajanatha devi dasi	New Orleans	2	1975
Rajani? devi dasi	India?		1975
Rajavidya devi devi dasi	Edinburgh	7	1974
Rama-devi devi dasi	Bombay	3	1977

Name	Place		Year
Rama-devi devi dasi	Edinburgh	11	1972
Rama-devi devi dasi	Melbourne	12	1976
Ramalila devi dasi	Bombay	3	1977
Ramanareti devi dasi	Denver	9	1977
Ramanareti devi dasi	Vrndavana	4	1976
Ramani devi dasi	Miami	1	1973
Ramaniya devi dasi	Amsterdam	8	1976
Ramaniya devi dasi	Melbourne	10	1973
Ramapriya devi dasi	Detroit	1	1977
Ramatulasi devi dasi	Denver	8	1972
Rambhavati devi dasi	New Vrindaban	9	1972
Rambhoru devi dasi	Germany	4	1974
Ramesvari devi dasi	New Vrindaban	9	1972
Ramesvari? devi dasi	Mayapur		1975
Ramya devi dasi	Heidelberg	6	1973
Ramya devi dasi	London		1973
Ranga devi devi dasi	Bombay	4	1974
Rangabhumi devi dasi	Bhubanesvar	1	1977
Rangavati devi dasi	Detroit	1	1974
Ranjani devi dasi	Chicago	7	1973
Rasabihari devi dasi	Brazil	12	1976
Rasajna-devi devi dasi	LA	10	1974
Rasakeli devi dasi	Santo Domingo	8	1974
Rasaliladevi devi dasi	Nairobi	12	1973
Rasaliladevi devi dasi	New Vrindaban	7	1974
Rasalubdha devi dasi	Denver	11	1972
Rasamandala devi dasi	Mayapur	3	1975
Rasamanjari devi dasi	Mayapur	9	1977
Rasamanjari devi dasi	San Diego	6	1972
Rasangi devi dasi	LA	12	1973
Rasaparayani devi dasi	LA	3	1973
Rasapurnada devi dasi	LA	3	1973
Rasarani-devi devi dasi	Sydney	5	1971
Rasasundari devi dasi	Argentina	12	1975
Rasavasini devi dasi	Argentina	12	1975
Rasesvari devi dasi	London	3	1976
Rasottunga? devi dasi	LA		1973
Rastrapalika devi dasi	New York	7	1971
Rathesvasi devi dasi	Berkeley		
Ratimanjari devi dasi	London	8	1972
Ratipriya devi dasi	Heidelberg	6	1973
Ratirupa devi dasi	Vancouver	3	1973
Ratnamala devi dasi	Delhi		1974
Ratnaranjini-devi devi dasi	Edinburgh		1974
Ratnavrnda-devi devi dasi	San Diego	7	1974
Ratnesvari devi dasi	Berkeley	12	1971
Ratri-devi devi dasi	Toronto	4	1975
Rauhina devi dasi	Berkeley	6	1976

Renuka devi dasi	Heidelberg		1972
Renuka? devi dasi	LA?		1977
Revati devi dasi	Germany		
Revati devi dasi	LA	3	1973
Revati devi dasi	New York	4	1976
Rocana devi dasi	Mexico	10	1973
Rocani devi dasi	S. Africa		1974
Rocira devi dasi	Montreal	9	1976
Rohini devi dasi	Frankfurt	1	1975
Rohini-devi devi dasi	Brazil	9	1977
Rohini-devi devi dasi	Miami		1969
Rsabhadevi devi dasi	Sydney	5	1971
Ruci devi dasi	Chicago	3	1974
Rucira devi dasi	London	3	1975
Rudrani-devi devi dasi	Toronto	12	1973
Rudrani-devi devi dasi	Vancouver	4	1975
Rudraramani-devi devi dasi	Detroit	2	1975
Rukmavati devi dasi	LA?		1975
Rukmavati devi dasi	Sydney	2	1973
Rukmini Priya devi dasi	London	7	1973
Rukmini-devi devi dasi	Montreal	8	1968
Rupa Ramesvari devi dasi	Denver	2	1973
Rupacandra devi dasi	LA	12	1973
Rupamanjari-devi devi dasi	LA	5	1972
Rupavati devi dasi	Australia	10	1977
Saci devi devi dasi	LA	1	1970
Sacimata devi dasi	Germany		1975
Sacimata devi dasi	Mayapur	3	1972
Sadabhuja devi devi dasi	Chicago	7	1974
Sadadhyeya devi dasi	San Francisco	7	1975
Sadanandini devi dasi	Buffalo		1969
Sadhvi devi dasi	Montreal	9	1973
Sahadevi devi dasi	LA	1	1970
Sahasraksi devi dasi	France	8	1976
Sailavasini devi dasi	Melbourne	4	1976
Sailendriya devi dasi	London	9	1973
Sailodgata-devi devi dasi	LA	6	1974
Sajjanajivana devi dasi	LA	1	1974
Sakhi devi dasi	Hawaii	2	1976
Saktimati devi devi dasi	Hawaii	6	1971
Saktimati devi devi dasi	London		1973
Sakuntala devi dasi	Boston	7	1971
Sama devi devi dasi	?		
Samapriya devi dasi	San Francisco	7	1975
Sambhavi devi dasi	London	5	1973
Samharina devi dasi	Seattle	8	1973
Samhartri devi dasi	Stockholm	11	1975
Sammita devi dasi	Baltimore	1	1972

Name	Location	#	Year
Samsaramocana devi dasi	Seattle	1	1972
Samsayaghni devi dasi	Mexico	9	1973
Sanandananda Manjari dd	Atlanta	5	1973
Sanatana-dhama devi dasi	Amsterdam		1977
Sanatani devi dasi	London	10	1977
Sanatani devi devi dasi	Miami	7	1974
Sandamini devi devi dasi	San Diego	5	1975
Sandini devi dasi	Columbus		1970
Sandipani devi dasi	LA	6	1972
Sanga devi devi dasi	Winnipeg	6	1975
Sangita devi dasi	LA	11	1973
Sanjaya devi dasi	New York	7	1976
Sankari devi dasi	LA	10	1973
Sankirtana devi devi dasi	Atlanta	8	1977
Santanandi devi dasi	LA	4	1971
Santanu devi dasi	Paris	8	1970
Santi devi dasi	St. Louis		1971
Santi devi devi dasi	Houston	6	1972
Santimati devi dasi	Hamburg	4	1973
Saptarsi devi dasi	New Vrindaban	9	1972
Sarada devi dasi	Montreal	1	1976
Sarada devi dasi	Seattle	8	1974
Saradi devi devi dasi	Edinburgh	7	1974
Saradiya devi devi dasi	San Francisco	1	1968
Sarala devi devi dasi	LA		1970
Sarana devi devi dasi	Laguna	9	1976
Saranagata devi dasi	LA	3	1973
Saranam devi dasi	San Diego	1	1972
Sararupa devi dasi	San Francisco	7	1975
Sarasani devi dasi	Argentina		1975
Sardhunya devi dasi	London		
Saridvara devi devi dasi	Mexico	2	1975
Sarmistha devi dasi	Boston	7	1971
Sarvadi devi dasi	New Vrindaban	1	1972
Sarvajna devi dasi	Auckland	1	1976
Sarvamangala devi dasi	London		1971
Sarvamayi devi devi dasi	Montreal	5	1973
Sarvani devi dasi	LA	9	1973
Sarvarupa devi dasi	San Francisco	7	1975
Sarvasaktimata devi dasi	Detroit		1973
Sarvesvari devi dasi	Italy	3	1977
Sarvesvari devi dasi	New Vrindaban	4	1973
Sasikala devi devi dasi	San Francisco	12	1973
Sasimukhi devi dasi	Bombay	5	1974
Sasimukhi devi dasi	Caracas	3	1977
Sasimukhi devi dasi	New York	7	1971
Sasthi devi dasi	LA		1971
Sastramayi devi dasi	Mexico	9	1973

Sasvata Pavana devi dasi	Paris	8	1974
Satadari devi dasi	LA	9	1973
Satadruti devi dasi	London	8	1972
Satananda devi devi dasi	San Diego	4	1975
Satarupa devi dasi	Dallas	4	1971
Satarupa devi dasi	Paris	8	1974
Sati devi dasi	Melbourne	4	1976
Satodara devi dasi	Mexico	9	1973
Satya devi dasi	Washington	7	1976
Satya devi devi dasi	LA	6	1972
Satyabhama devi devi dasi	Montreal	7	1968
Satyaki devi dasi	San Diego	4	1972
Satyarupa devi dasi	Melbourne	4	1976
Satyavati devi dasi	Melbourne	4	1972
Satyavati devi dasi	Mexico	9	1977
Satyavati devi dasi	Montreal		1968
Saubhagya-sundari devi dd	Caracas	2	1975
Saucarya devi dasi	Ottawa	10	1971
Saudamani devi dasi	Philadelphia	7	1971
Saumya devi dasi	France	11	1977
Saumyarupa devi dasi	Germany	12	1975
Saursani devi dasi	Mexico		1975
Savitri devi dasi	London	3	1975
Savitri devi dasi	St. Louis	7	1973
Seva devi devi dasi	New York	10	1977
Sevanandi devi dasi	Paris	3	1975
Sevya devi dasi	Costa Rica	4	1976
Siddhesvari devi dasi	London	9	1973
Siddhi devi dasi	Montreal	1	1977
Sikhandi devi devi dasi	LA	6	1972
Sikhandini devi dasi	New York	9	1972
Siladitya devi dasi	Buffalo	3	1974
Silavati devi devi dasi	San Francisco		1968
Silpakarini devi dasi	Germany?	1	1974
Sindhupriya devi dasi	Vrndavana	4	1976
Sindura devi dasi	Montreal	1	1977
Sita devi dasi	Buffalo		1972
Sita devi devi dasi	Hawaii	3	1975
Sita devi devi dasi	New York		
Sitala devi devi dasi	Detroit	12	1970
Sitapati devi devi dasi	Boston	1	1975
Sitarani devi dasi	Detroit	7	1971
Siva devi dasi	Hawaii	10	1975
Sivanidevi devi dasi	Gorakhpur		
Sivanidevi devi dasi	LA	7	1970
Smrti devi dasi	Vrndavana	4	1976
Snata devi devi dasi	Germany	11	1974
Snehalata devi dasi	Boston	2	1970

Snehalata devi devi dasi	Mayapur		1975
Snehalata devi devi dasi	New York	7	1976
Sobhavati devi dasi	New Vrindaban	2	1975
Sonapuri devi dasi	San Diego	6	1974
Sranti devi dasi	Brazil	2	1976
Sranti devi dasi	Gainesville	5	1975
Sravaniya devi dasi	St. Louis	8	1971
Srida devi dasi	Portland	4	1976
Srigopika devi dasi	New York	7	1976
Sriharini devi dasi	Stockholm	4	1974
Sriji devi dasi	Mexico	3	1973
Srikama devi dasi	London	11	1975
Srikari devi dasi	Montreal	9	1973
Srila devi dasi	LA	5	1972
Srilaksmi devi dasi	San Diego		
Srilekha devi dasi	Australia		1975
Srilekha devi dasi	Toronto	7	1970
Srimati devi dasi	Portland		1975
Srimati devi devi dasi	San Francisco	10	1968
Sriprada devi dasi	LA	4	1976
Sriradha devi devi dasi	Boulder	6	1975
Sriradha devi devi dasi	Vrndavana	4	1975
Sriradhika devi dasi	LA	3	1977
Srisa devi dasi	Laguna	4	1976
Srividya devi dasi	Paris	8	1976
Srnkhala devi dasi	Brazil	7	1976
Srutipriya devi dasi	New Zealand	12	1975
Srutirupa devi dasi	Miami	8	1974
Stritama devi dasi	Seattle	2	1977
Striyadisa devi dasi	Sydney	4	1973
Subhada devi dasi	Chicago		1974
Subhadra devi dasi	Chicago	12	1973
Subhadra devi dasi	LA	10	1973
Subhalaksmi devi dasi	Australia	6	1974
Subhanana devi dasi	Buenos Aires	1	1974
Subhangi devi dasi	Germany	8	1975
Subhavrata devi devi dasi	Vancouver		1975
Subhra devi dasi	LA	10	1976
Subuddhi devi dasi	Toronto	6	1976
Suci devi dasi	Edinburgh		1972
Sucikari devi devi dasi	Mayapur	10	1974
Sucitra devi devi dasi	LA		1970
Sudarsana devi dasi	New York		1967
Sudarsani devi dasi	Denver	11	1972
Sudevi devi dasi	Buffalo		1972
Sudhakari devi dasi	New York		1972
Sudharma devi dasi	Berkeley	6	1976
Sujana devi dasi	Toronto	2	1970

Sukhada devi dasi	Boston	7	1971
Sukhada devi dasi	Philadelphia	7	1975
Sukhasagari devi dasi	Detroit	7	1971
Sukhavaha devi dasi	Pittsburgh	5	1975
Sukhi devi dasi	Hawaii		1973
Sukla devi dasi	Melbourne	2	1973
Suksmarupini devi dasi	Atlanta	5	1973
Sukti devi devi dasi	Detroit	2	1975
Sukulina devi dasi	New Vrindaban	11	1975
Sulaksmana devi dasi	Montreal	8	1975
Sulocana devi dasi	Miami	12	1973
Sumana devi dasi	Mayapur	3	1972
Sumati devi dasi	Boston	3	1971
Sumitra devi devi dasi	Calcutta		
Sumukhi devi dasi	Calcutta		1974
Sundari devi dasi	San Francisco	7	1975
Sunita devi dasi	New York	12	1971
Suniti devi dasi	LA	6	1971
Suprabha devi dasi	Chicago	2	1975
Surabhi devi devi dasi	Amsterdam	8	1971
Surangi devi dasi	Seattle	2	1977
Surasa devi dasi	Atlanta	10	1974
Suruci devi devi dasi	LA	7	1970
Susarma devi dasi	Buffalo		
Susarma devi dasi	LA	3	1973
Susri devi dasi	San Francisco	2	1974
Susroni devi dasi	Denver	3	1974
Svaha devi dasi	Atlanta	10	1974
Svahna devi devi dasi	Toronto		1972
Svakiya devi devi dasi	Frankfurt	6	1974
Svarga devi dasi	Denver	2	1974
Svarga? devi dasi	Detroit	7	1971
Svargavasini devi dasi	London	7	1974
Svarupa devi dasi	Vancouver	12	1973
Svarupasakti devi dasi	Paris		
Svati devi dasi	London	10	1970
Svayamprabha devi dasi	Phoenix	1	1976
Syama devi dasi	New Vrindaban	3	1977
Syama devi dasi	San Francisco		1967
Syamadevi devi dasi	Washington	7	1974
Syamagha devi dasi	LA	9	1973
Syamapriya devi dasi	Gainesville	7	1976
Syamapriya devi dasi	San Diego	9	1977
Syamapriya devi dasi	Seattle	10	1976
Syamasundari devi dasi	Durban	6	1976
Syamasundari devi dasi	London	7	1972
Syamavallabha devi dasi	Montreal	12	1975
Tadita devi dasi	LA	3	1974

Name	Location		Year
Taijasatmika devi dasi	Detroit	5	1973
Taittareya devi dasi	LA	12	1973
Tamra devi dasi	New Vrindaban		1977
Tamra devi dasi	Seattle	2	1977
Tapasvini devi dasi	Philadelphia	7	1975
Tapati devi dasi	LA	3	1977
Tara devi dasi	LA		1974
Tara devi devi dasi	LA	7	1969
Taraka devi dasi	Laguna	3	1973
Tarani devi dasi	LA	4	1973
Tarkikcuramoni devi dasi	Pittsburgh	4	1972
Tarksi devi devi dasi	Melbourne	4	1975
Taruni devi devi dasi	New Vrindaban	6	1969
Taruni devi devi dasi	Vrndavana	4	1975
Tattva-dasini devi dasi	Trinidad	3	1977
Tejovati devi dasi	London	9	1973
Tilaka devi devi dasi	Seattle		1971
Tilakini devi dasi	Buffalo	10	1976
Tilakini devi dasi	Caracas	1	1974
Tirthanidhi devi dasi	Colombia	3	1977
Tirthapada devi dasi	Mexico	6	1976
Titiksa devi dasi	Atlanta	3	1974
Trailokyasundari devi dasi	Vancouver	9	1975
Trayi devi devi dasi	LA		1971
Tribhuvanesvari devi dd	Toronto	1	1975
Tripuramalini devi dasi	Seattle	8	1973
Trisakti devi dasi	Caracas	3	1977
Trisakti devi dasi	Detroit	12	1971
Trpti devi devi dasi	Denver	12	1974
Tryadhisa devi dasi	Boston	1	1975
Tulasi devi dasi	France		
Tulasi devi devi dasi	San Francisco	1	1968
Tulasi-carana devi dasi	LA	10	1976
Tulasi-manjari devi devi dasi	Seattle		1971
Tulasiananda devi dasi	Miami	9	1977
Tungabhadra devi devi dasi	LA		1969
Tungavidya devi dasi	Mexico	6	1972
Tusita devi dasi	LA	10	1976
Tusti devi dasi	LA	5	1973
Ucchalita devi dasi	Germany	4	1974
Ugrasena devi dasi	New York		1972
Ujjvala devi devi dasi	LA	1	1970
Ujjvalaprada devi dasi	Baltimore	10	1975
Ullasanti devi dasi	New York	7	1974
Uma? devi dasi	Philadelphia	7	1976
Urmila devi dasi	Chicago	12	1973
Urvasi devi dasi	New York	7	1971
Usa devi dasi	New York		1972

Name	Location		Year
Usamati devi dasi	Paris	8	1973
Uttama devi dasi	Vancouver	12	1973
Uttara devi dasi	Mexico	9	1977
Vaibhavi devi dasi	Sydney	5	1971
Vaijayanti-devi devi dasi	New York		1973
Vaikunthadevi devi dasi	Brazil	9	1977
Vaikunthadevi devi dasi	Montreal	3	1977
Vaikunthamurti devi dasi	LA		1976
Vaisnava devi dasi	Mombasa	3	1977
Vaisnavapriya-devi devi dasi	Dallas	11	1974
Vajasana devi dasi	New York	1	1973
Vajresvari devi dasi	New Vrindaban	4	1973
Vallidevi devi dasi	New Vrindaban	7	1974
Vamanadevi devi dasi	Dallas	11	1975
Vanamalini devi dasi	Mayapur	3	1974
Vara devi dasi	LA	12	1973
Varaha devi dasi	Berkeley	11	1976
Varahadeva devi dasi	Berkeley	12	1971
Varanasi devi dasi	New York	7	1971
Varuni devi dasi	Toronto	8	1972
Vasudevaya devi dasi	Cleveland?		1972
Vasudha devi dasi	Paris		
Vedagarbha devi dasi	Vancouver	9	1975
Vedajanani devi dasi	New Vrindaban	8	1973
Vedamata devi dasi	New Vrindaban	8	1975
Vedapriya devi dasi	New York	8	1975
Vedasmrti devi dasi	Amsterdam	1	1977
Vedatita devi dasi	Stockholm	11	1975
Vedavati devi dasi	Seattle	4	1976
Vegavati devi dasi	LA	6	1976
Venudhara devi dasi	Australia	5	1977
Venugit devi dasi	Nairobi	4	1973
Venurati devi dasi	Johannesburg	12	1975
Venuvilasa-devi devi dasi	Cleveland	2	1975
Vibhavari-devi devi dasi	New Vrindaban	2	1975
Vicitravasini devi dasi	Italy	11	1975
Vidambha devi dasi	Pittsburgh	11	1973
Vidarbha Kanya devi dasi	Philadelphia	1	1970
Vidarbha-suta-devi devi dasi	New York	7	1971
Vidarbharani devi dasi	Germany		1975
Vidhatri devi dasi	Seattle	8	1973
Viduttama devi dasi	New Vrindaban	8	1975
Vidya devi dasi	LA	6	1976
Vidya devi dasi	New Vrindaban	8	1973
Vidyabhadu devi dasi	London	8	1971
Viharini devi dasi	San Francisco	2	1974
Vijaya-devi devi dasi	Denver		1971
Vijaya-devi devi dasi	Detroit	6	1970

Name	Location		Year
Vijaya-devi devi dasi	Mombasa	3	1977
Vijayamurti devi dasi	Costa Rica	3	1977
Vikramini devi dasi	LA	4	1971
Vikuksi devi dasi	New Vrindaban	7	1977
Vilasi devi dasi	New Vrindaban	9	1972
Vilasini-devi devi dasi	New York	7	1971
Vimala devi dasi	Melbourne	4	1976
Vimalangi devi dasi	New York	8	1975
Vimoha devi dasi	Johannesburg	12	1975
Vinode Vani devi dasi	Houston	6	1972
Viraja-devi devi dasi	Caracas	2	1975
Visakha devi dasi	London	3	1969
Visakha-devi devi dasi	Vrndavana	11	1971
Visalaksmi devi dasi	New Vrindaban	9	1972
Visalini devi dasi	San Francisco		1972
Visesa devi dasi	Paris	8	1974
Visnumurti devi dasi	Berkeley	11	1976
Visnupadi-devi devi dasi	Caracas	2	1975
Visnupriya devi dasi	Portland	6	1972
Visnuvrata devi dasi	Detroit	9	1977
Visodhani-devi devi dasi	Caracas	2	1975
Visoka-devi devi dasi	Germany	11	1974
Visvadevi devi dasi	Heidelberg	6	1972
Visvadharini devi dasi	London	5	1973
Visvadhika devi dasi	New Vrindaban	8	1973
Vrajabhadu devi dasi	Mexico	10	1973
Vrajadevi devi dasi	Portland	6	1972
Vrajalalana devi dasi	Gainesville	7	1976
Vrajaraja-devi devi dasi	Dallas	11	1973
Vrajasakhi devi dasi	LA	6?	1976
Vrajasundari devi dasi	Berkeley	12	1971
Vrajesvari devi dasi	?		1976
Vrajesvari-devi devi dasi	LA		1973
Vrnda-devi devi dasi	Germany		1970
Vrnda-devi devi dasi	LA	8	1972
Vrnda-devi devi dasi	Toronto	7	1974
Vrndavana Viharini devi dasi	London	7	1972
Vrndavana Vilasini devi dasi	LA	8	1972
Vrndavanesvari devi dasi	LA	6	1972
Vrndavani-devi devi dasi	London	7	1974
Vrsabhanusuta devi dasi	Paris	8	1974
VrsavanuNandinidevi dasi ?			
Vrsnidevi devi dasi	LA		1975
Yadurani devi dasi	New York	10	1966
Yajaniya-devi devi dasi	Mexico	2	1975
Yajnapriya devi dasi	LA	5	1973
Yamini devi dasi	Columbus	6	1970
Yamuna-devi devi dasi	San Francisco	2	1967

Name	Location		Year
Yasasvini devi dasi	London	5	1973
Yasoda devi dasi	Chicago	12	1973
Yasodamayi devi dasi	London		1973
Yasodamayi devi devi dasi	London	7	1972
Yasodamayi-devi devi dasi	Gainesville	4	1976
Yasodanandanapatni devi dasi	Vancouver	9	1975
Yasogami devi dasi	Detroit	8	1975
Yasomati devi dasi	Vancouver	6	1972
Yasomati-stanya-payi devi dasi	London	4	1977
Yayati devi dasi	Sydney	2	1973
Yayati devi dasi	Vrndavana	12	1975
Yogamala devi dasi	Dallas	11	1975
Yogamandakari devi dasi	Rome	11	1975
Yogamaya-devi devi dasi	New York	7	1971
Yogini devi dasi	Brazil	12	1975

Минестерство Вайшнави.

Министерство Вайшнави находится под эгидой Руководящего совета (Джи-Би-СИ) ИСККОН, Основателя-Ачарьи Его Божественной Милости А.Ч. Бхакти-веданты Свами Прабхупады.

Наша Миссия:

Продвигать культуру сердечного вдохновения для Вайшнави посредством общения, образования, представительства, поддержки и служения.

Наши Цели:

1. Поддерживать наследие Шрилы Прабхупады в отношении Вайшнави.
2. Поощрять все возможности для укрепления Вайшнави, объединеня их через различные санги.
3. Поощрять обучение Вайшнави преданному служению.
4. Содействовать проявлению голосов Вайшнави в различных аспектах жизни преданных.
5. Увеличить возможности для Вайшнави полностью посвятить себя преданному служению в соответствии с талантами и склонностями, данными им Богом.
6. Создать устойчивую сеть личной поддержки для Вайшнави с помощью рекомендаций, консультаций и дружбы.
7. Вдохновлять женщин, интересующихся *бхакти*.

Если вы не были включены в эту книгу, но являетесь прямой ученицей Шрилы Прабхупады, пожалуйста, не стесняйтесь написать воспоминание и отправить его на страницу Министерства Вайшнави на Facebook.

Прибыль от этой книги пойдет на поддержку Министерства Вайшнави.

www.ingramcontent.com/pod-product-compliance
Lightning Source LLC
LaVergne TN
LVHW011753060526
838200LV00053B/3584